KB252943

國語學叢書 64

음운론적 변이와 변화의 상관성
- 함북 육진 방언을 중심으로

소신애 저

태학사

머리말

초등학교 2학년 때다. 우리 반의 한 친구는 '언니'의 '니'를 유별나게 발음했다. 다른 아이들은 다 [ɲi]라고 하는데 그 아이만은 또렷하게 [ni] 라고 발음했다. 마치 '언늬'라고 말하는 것처럼 들렸다. 그 아이의 '언니' 는 늘 내 귀 앞에서 한 바퀴 빙 돌곤 했다.

이런 말소리의 차이가 계속해서 풀리지 않는 궁금증으로 남아 있었 나 보다. 고등학교에 입학한 지 얼마 되지 않았던 어느 날, 문득 '언어 학'이라는 세 글자에 매료되어 언어학자가 되겠다는 꿈을 품었고, 시간 이 흘러 어느덧 음운론적 변이와 변화에 대한 학위 논문을 쓰게 되었 으니 말이다.

왜 사람들은 똑같이 말하지 않을까? 왜 말소리는 변할까? 말소리는 어떻게 변하는 걸까? 음운론적 변이와 변화에 관한 이러한 문제들 중 가장 먼저 관심을 가졌던 것은 바로 세 번째 문제이다. 음운 변화의 구 체적인 기제는 무엇이며 그 진행 과정은 어떠한가? 이러한 문제에 대 해 고민하다 보니 자연히 음운론적 변이에 대해서도 관심을 가지게 되 었다.

학위 논문을 준비하는 과정에서, 실증적인 언어 자료에 대한 천착의 중요성을 절실히 깨달았다. 언어는 정말 끊임없이 변하고 있고, 우리가 포착할 수 있는 것은 지극히 작은 부분에 지나지 않는다는 생각이 들 었다. 그나마도 조사자의 제한된 시야와 편견으로 인해 왜곡되는 부분 이 적지 않다는 사실을 인정해야만 했다. 뿐만 아니라 수집된 자료를 체계적으로 분석하여 이론화하는 작업은 자료 수집 자체보다도 더 중요하며 어렵다는 걸 새삼 깨달았다. 구슬이 서 말이라도 꿰어야 보배라고 하지 않았던가. 여전히 필자의 논문은 사방으로 흩어진 구슬을 부랴부랴 꿰어 놓은 티를 벗지 못한 것 같아 부끄러울 따름이다.

그러나 이러한 논문이라도 내어 놓을 수 있게 된 것은 참으로 많은 분들의 도움이 있었기 때문이다. 공부를 시작한 순간부터 지금까지 늘 아버지처럼 필자를 이끌어 주시는 곽충구 교수님의 은혜는 앞으로도 다 갚기 힘들 것 같다. 또 지난 8년에 걸쳐 만났던 중국 경신진 회룡봉촌의 모든 제보자들께서 베풀어 주신 은혜도 평생 잊을 수 없을 것이다. 특히, 매년 중국을 찾은 필자를 한 가족처럼 따뜻하게 대해 주신 박남성 아바니, 김복순 아매, 이경해 서기님과 사모님께 깊이 감사드린다. 그리고 학부 때부터 필자를 지도해 주신 이승욱 교수님, 정연찬 교수님, 서정목 교수님, 한동완 교수님과, 기꺼이 필자의 논문 심사를 맡아 주신 최전승 교수님, 박창원 교수님, 김종규 교수님께도 진심으로 감사드린다. UBC에 있는 동안 많은 도움을 주신 Ross King 교수님과 서강대의 모든 선배, 동학, 후배들께도 감사드린다.

누구보다도 필자의 공부를 이해하고 도와주는 남편 윤장혁과 자애로우신 시어머니께 감사드린다. 그리고 사랑하는 어머니, 아버지와 가족들 모두에게 고맙다는 말을 전하고 싶다. 부족한 논문을 국어학총서로 선정해 주신 국어학회와, 출판을 맡아 주신 태학사 지현구 사장님 및 편집부 선생님들께도 감사의 마음을 전한다.

끝으로, 내게 꿈을 주시고 그 꿈을 향해 걷도록 허락하신 하나님께 진심으로 감사드린다.

2009년 2월
로스앤젤레스에서 필자

차례

제3장 교체 지배 변이와 변화 • 93

제4장 기저형 지배 변이와 변화 • 379

제5장 결 론 • 501

제1장 서 론

1.1. 연구 목적

본고의 목적은 함북 육진 방언을 중심으로 공시적 음운 변이와 통시적 음운 변화의 원리를 밝히고 양자의 상호 관계를 규명하는 데 있다. 진행 중인 변화에 대한 정밀한 관찰을 바탕으로, 통시적 음운 변화는 공시적 음운 변이의 단계를 거쳐 점진적으로 이루어짐을 보이고자 한다.

이제껏 음운론적 변화를 음운론적 변이와의 관계 속에서 논의한 연구는 그다지 많지 않다. 일련의 역사·사회 언어학적 연구에서 언어 변이와 변화의 상관성을 강조하기 시작한 것도 비교적 최근의 일이라 할 수 있다. 특히 언어 내적인 측면에서 변이와 변화의 상관성을 밝히려는 시도는 더더욱 찾아보기 어렵다. 그 이유는 구조주의 언어학이 대두한 이래, 다음과 같은 몇 가지 전제가 널리 받아들여져 왔기 때문이라고 본다.

(1) 공시태(synchrony)는 정태적인 언어 상태로서, 언어의 진화 단계인 통시태(diachrony)와 엄밀히 구별되어야 한다.

(2) 동일 시기의 한 언어공동체 내 화자들의 문법은 동질적(homo geneous)이다.

(3) 언어 변이는 언어 능력(linguistic competence)의 차원에서 다룰 문제가 아니라 언어 수행(linguistic performance)의 차원에서 다룰 문제이다.

전제 (1)에 따르면 공시적 음운 변동과 통시적 음운 변화는 전적으로 다른 차원의 현상이다. 따라서 이들은 서로 무관한 별개의 연구 대상으로 간주될 수밖에 없다. 전제 (2)에 따르면 동일 언어 공동체 내의 이질적 속성 자체가 배제된다. 따라서 그 안에서의 언어 변이 또한 논리적으로 상정될 수 없다. Saussure를 비롯한 구조주의 언어학자들은 공시적 연구의 기초를 설립하기 위하여 언어의 동질성을 분석의 필요조건으로서 요청하였다.[1] 동질적인 분석 대상으로서의 언어를 기술하고자 한 생성주의 또한 언어 현실을 지나치게 이상화한 측면이 없지 않다. Chomsky(1965: 3-4)에 따르면, 언어 이론은 하나의 완전히 동질적인 언어 공동체 내의 이상적인 화·청자(speaker-listener)에게만 관심을 가진다.[2] 언어 분석의 대상인 언어 능력은 개인의 소유물이므로, 언어 이론은 오로지 그 공동체가 동질적일 때에 한해서만, 그리고 개별 제보자가 해당 공동체의 전형일 때에 한해서만 관여한다. 따라서 이러한 전제하에서는 설령 변이가 관찰된다 하더라도 그것은 전제 (3)이 말해 주듯이 언어 수행상의 문제로 간주된다. 여기서 언어 능력이란, 인간이 말하고, 말해진 것을 이해하는 능력의 근간을 이루는 본유적인, 대체로 무의식적인 지식을 가리킨다. 반면에 언어 수행이란, 이러한 본유적 지식이 일정한 상황에 적용되는 방식을 의미한다. 생성주의 언어학의 목표는 모어에 대한 화자의 본유적 지식의 정확한 설명을 형식화하는 것이고, 이

---

1) Bloomfield와 같은 미국 기술 언어학자들의 연구에서도 언어 공동체의 이질적 속성에 대한 관심은 엿보기 어렵다. 한편, 공시태의 개념이 등장하기 이전, Paul을 비롯한 소장 문법 학파(Neogrammarian)의 경우에는 언어 연구의 대상으로서 개인의 언어를 고립시킨 것으로 간주된다(Weinreich, Labov and Herzog 1968: 98-103).

2) '이상적인 화·청자'란, '해당 언어를 완벽하게 알고 있으며, 실제 언어 수행에 자신이 가진 그 언어에 대한 지식을 적용함에 있어서 기억의 한계, 주의 산만, 주의와 관심의 변화, 실수와 같은 문법적으로 무의미한 조건들에 의하여 영향받지 않는 화·청자'를 말한다(Chomsky 1965: 3-4).

러한 설명은 화자의 언어 수행에 관한 것이 아닌 언어 능력에 관한 것이다. 따라서 언어 변이를 단지 언어 수행상의 우발적인 문제로 간주하는 한, 이는 언어학의 설명 대상에서 제외될 수밖에 없다. Saussure 또한 공동체의 언어 관습 내에서의 이질성을 체계적 기술의 문제로 보지 않고, 언어 수행상 출현하는 일종의 용인 가능한 부정확함으로 간주하였다(Weinreich, Labov and Herzog 1968: 121).[3] 그러므로 이 같은 관점에서 언어 변이는 역시 유의미한 연구 대상이 될 수 없었다.

그러나 위의 전제는 다음과 같은 문제점을 지니고 있다.

첫째, 공시태가 불변하는 언어 상태라면 변화의 촉발(actuation)은 어떻게 가능한가?
둘째, 동일 시기의 한 언어 공동체 내 화자들의 발화에서 관찰되는 다양한 이질성은 어떻게 설명할 것인가?
셋째, 화자들의 발화에서 관찰되는 규칙적인 이질성(orderly hetero-geneity), 즉 구조를 갖추고 있는 변이(structured variation) 또한 언어 능력과 무관한 언어 수행상의 문제인가?

우리가 이상적인 화자들로 이루어진 언어 공동체의 언어 현상만을 다룬다면 기존의 전제가 문제되지 않는다. 그러나 이상적인 조건하의 언어가 아닌 있는 그대로의 언어를 기술, 설명하고자 한다면 기존의 전제는 반드시 수정되어야 한다.

이에 본고는 다음과 같은 가설을 제안하고 실제 발화 자료와 문헌 자료에 근거하여 이를 입증하고자 한다.

---

3) 이는 "언어 활동에 의해 맺어진 모든 개개인 사이에는 일종의 평균치가 이루어질 것이다. 모든 사람들은 동일한 개념에 결합된 동일한 기호를—정확히는 아니더라도 대개는 비슷하게—재현할 것이다."라는 그의 진술에서 알 수 있다(Saussure 1915/1972/1990: 24).

> (1) 공시태는 역동적 속성을 내포하고 있다. 이 같은 역동성이 통시
>   태의 원천이 된다.
> (2) 동일 시기의 한 언어 공동체 내 화자들의 문법은 세부적으로 일
>   정한 차이를 지닌다.
> (3) 다양한 변이 현상 중 산발적 변이가 아닌 규칙적 변이는 언어
>   능력의 차원에서 설명해야 할 문제이다.[4]

첫째, 공시태는 역동적 속성을 내포하고 있으며 이 같은 역동성이 통시태의 원천이 된다. 공시태를 '정적인 언어 상태'라고 정의한다면(Saussure 1915/1972/1990: 100) 엄밀한 의미의 공시태는 관찰 불가능하다. 언어는 끊임없이 변하고 있기 때문이다. 일찍이 Martinet(1975: 5-10)가 '역동적 공시태(synchronique dynamique, dynamic synchrony)'라는 절충적 개념을 제안한 까닭도 바로 여기에 있을 것이다. 물론 공시태와 통시태 개념은 여전히 언어 현상의 기술과 설명에 유용하며, 또 양자를 혼동해서도 안 된다. 그러나 공시태와 통시태의 배타적 이분법을 지나치게 강조하는 것은 오히려 실제 언어 현상을 설명하는 데 장애가 될 수 있다. 통시적 변화의 원천을 공시적 변이로 보는 견해가 최근 들어 점차 일반화되고 있는 것도 바로 이러한 이유에서일 것이다.[5] 이에 본고는 공시태와 통시태에 대한 접근 방식을 합리적인 방향으로 수정함으로써 기존의 이분법이 초래한 문제를 극복하고자 한다. 언어의 본질적인 가변성을 인정하여 공시태를 '상대적으로 변화가 적은 기간 동안의 언어 상태'라 규정하고, 세대교체가 개재하지 않는 기간, 즉 한 세대 내에서의 언어 상

---

4) Weinreich, Labov and Herzog(1968: 125)에서도 동질적인 체계로부터의 모든 일탈이 언어 수행상의 실수로 간주될 수는 없으며, 이들 역시 언어 공동체 구성원들의 언어 능력에 대한 실재적인 기술의 일부라고 주장한 바 있다.

5) Labov(1966, 1972, 1994, 1997), Milroy(1992), Guy(1980, 1997), Ohala(1989) 등의 논의가 여기에 해당한다.

태를 공시태로 간주하고자 한다.[6] 비약적인 언어 변화는 주로 세대교체와 더불어 일어나기 때문이다. 구체적으로는 노년층, 중년층, 청년층으로 대별된 세대(generation) 내에서의 화자별 언어 차이를 각각 공시적 변이로 간주하고, 이것을 시간축 상의 변화와 비교함으로써 공시태의 역동적 속성을 드러내 보이고자 한다.[7]

둘째, 동일 시기의 한 언어 공동체 내 화자들의 문법은 세부적으로 일정한 차이를 지닌다. 기존의 생성 음운론에서 문법이란 규칙의 체계(the system of rules)를 의미했다(Halle 1962, Kiparsky 1965, King 1969). 그리고 동일한 언어 공동체 내의 화자들은 모두 동일한 문법, 즉 동일한 규칙 체계를 가진 것으로 가정하였다.[8] 이러한 가정이 옳다면, 한 언어 공동체 내의 음운 현상은 모두 동일한 도출 과정으로 설명될 수 있어야 한다. 즉, 동일한 기저형에 동일한 순서로 동일한 규칙들이 적용되는 것으로 설명되어야 한다. 그러나 본고의 논의 대상인 육진 방언의 경우, 동일한 도출 과정을 상정해서는 결코 설명될 수 없는 일련의 음운 현상이 관찰된다. 예컨대, '好'에 해당하는 형태소에 대한 표면형이 '둏다', '돟다', '좋다([ʧotʰa])', '좋다([tsotʰa])' 등 화자마다 다르게 나타나며, 심지어 한 화자의 발화 내에서도 다양한 표면형이 공존하는 것이다. 그 밖에 '넣다(投入), 옇다, 넣다'의 공존, '무섭다(怖), 무섭다, 무셥다, 무셉다'의 공존, '쥭(粥), 죽'의 공존, '곁(傍), 곌, 곁'의 공존, '-(으)랴르(-도록), -(으)라르, -(으)래르, -(으)래르'의 공존 등이 폭넓게 관찰된다.[9] 한 언어

---

6) 공시태와 통시태의 개념에 대해서는 2.1에서 상술한다.

7) 사회적 차원의 변이가 아닌 언어적 차원의 변이를 논할 때, 동일 세대 내의 변이가 아닌 상이한 세대 사이의 변이는 어떤 의미에서 '공시적 변이'라고 보기 어려운 면이 있다. '세대'라는 변인은 '시간'이라는 요소와 밀접히 연관되어 있기 때문이다.

8) 여기서 '규칙 체계'란, 규칙들의 목록과 그들 간의 관계인 규칙순을 포괄하는 용어이다.

9) 중앙어 및 여타 방언에도 다양한 수의적 음운 현상이 존재한다. (유성음 간)ㅎ 탈

공동체 내 화자들의 문법이 동질적이라고 전제한다면, 이러한 다양한 표면형의 공존은 설명될 수 없다. 기존에 이 같은 변이 현상을 주된 논의의 대상으로 삼지 않은 이유도 사실상 그러한 전제와 무관하지 않을 것이다. 이상의 예들은 음운 현상을 지배하는 문법 부문인 음운부가 화자마다 부분적으로 차이를 보일 수 있다는 새로운 전제하에 합리적으로 설명될 수 있다.[10]

셋째, 규칙적 변이는 언어 능력의 차원에서 설명해야 할 문제이다. 기존의 생성 음운론에서 형태소의 발음과 관련된 다양한 변이는 대체로 언어 수행상의 우발적인 문제로 간주해 왔다. 따라서 이는 언어학적 설명의 대상에서 제외되었다. 그러나 그러한 변이 중에 지속적·규칙적으로 등장하는 일련의 현상이 있다면, 그것은 일회적·산발적으로 출현하는 발화상의 실수 따위와는 구별되어야 한다. 실제로 우리가 접하는 언어는 그 사용 맥락에 있어 규칙적인 이질성을 내포하고 있으며, 이러한 사실을 포괄적으로 수용할 수 있는 이론이야말로 진정한 언어 이론이라 할 수 있을 것이다(Weinreich, Labov and Herzog 1968: 98-103).

이러한 인식이 대두한 이래, 언어 변이와 변화에 대한 사회 언어학적 연구가 비교적 활발히 진행되어 왔다. 이들은 특히 언어 수행의 관점에서 변이와 변화를 조건짓는 언어 외적 요인 즉, 사회적 요인을 체계적으로 밝히고자 하였다.[11] 예컨대, Labov(1971: 432-437)은 기존에 자유 변

락, (치음 및 변자음 앞)유음 탈락, 활음화, 활음 삽입, 유음화, 변자음화, ㅕ→ㅖ→ㅔ 현상 등이 그러한 예이다.

10) 본고는 형태소의 발음과 관련된 현상을 음운 현상이라고 부른다. 이러한 맥락에서 음운부는 공시적 형태소, 즉 어휘소(lexeme)(金星奎 1987: 13)의 기저형 선택과 그것의 도출을 관할하는 부문을 의미한다. 이때 공시적 형태소란 공시적 분석과 공시적 결합이 모두 가능한 형태소를 말한다. 공시적 분석은 가능하나 공시적 결합이 불가능한 형태소는 독자적으로 공시 음운론의 단위가 될 수 없다. 崔明玉 (1988: 64)에서도 공시적 음운 현상의 판별 기준의 하나로 동화주를 포함하는 '어미의 통합력(즉, 생산력)'을 든 바 있다. 앞으로 본고에서 '형태소'라고 할 때는 이러한 '공시적 형태소'만을 가리킨다.

이(free variation)로 간주되었던 많은 수의적 현상들이 진정한 의미의 '자유 변이'가 아니며, 그것들은 발화의 사회적 맥락(sociological situation)에 의해 체계적으로 조건된 변이임을 논증하였다. 그러나 변이에 대한 이러한 사회 언어학적 해석을 수용한다 하더라도, 이러한 수행적 요인으로도 여전히 설명되지 않는 변이 현상이 존재한다. 예컨대, 동일 화자가 동일한 발화 환경에서 '둏다(好), 좋다, 죻다, 돟다' 등의 상이한 표면형을 번갈아 사용하는 경우가 빈번히 관찰되는 것이다. 따라서 언어 외적 요인의 관점에서도 규칙화되기 어려운 이러한 종류의 변이는 근본적으로 언어 수행의 차원이 아닌 언어 능력의 차원에서 설명될 필요가 있다.

---

11) Labov(1972)는 문법 내에 변항 규칙(variable rule)을 상정하여, 언어 변화에 작용하는 사회적 요인들을 언어 능력의 차원에 통합시켜 설명하고자 하였다. 그러나 변화를 조건 짓는 언어 외적 요인을 화자의 문법 안에 통합시켜 형식화하는 것은 여전히 많은 어려움을 안고 있다.

1.2. 연구 대상과 범위

본고의 연구 대상은 함북 육진 방언의 음운론적 변이와 변화이다. 함북 六鎭 方言이란, 두만강 연안에 위치한 함경북도 북부의 會寧, 鐘城, 穩城, 慶源, 慶興에서 쓰이는, 동북 방언의 한 하위 방언을 말한다(방언연구회 2001: 281). 본고는 이 중에서도 原 경흥 지역어의 자료를 주된 대상으로 삼는다.[12] 원 경흥 지역어란, 함북 경흥으로부터 이주한 사람들과 그 후손들이 사용하는 말로서, 경흥 지역어의 지리적 변종을 일컫는다.[13] 여기에는 중국 훈춘시 경신진 회룡봉촌의 언어와 러시아 카잔(Kazan)에서 간행된 문헌 자료의 언어가 포함된다.[14]

본고에서 이상의 자료를 연구 대상으로 삼은 이유는 아래와 같다.

첫째, 훈춘 지역어에서는 현재 다양한 음운 변화가 역동적으로 진행되고 있어 언어 변이와 변화의 기제 및 양자의 상관성을 밝히기에 매우 적합하다.

음운 변화에 대한 기존의 연구는 대부분 문헌 자료를 중심으로 이루어져 왔다. 변화의 양상을 살피기 위해서는 이전 시기의 언어 자료를 필요로 하는데, 이들은 대부분 문헌의 형태로만 남아 있기 때문이다. 그러나 문헌에 나타난 표기 중심의 연구는 음운 변화의 구체적인 기제를 밝히는 데 많은 한계를 안고 있다. 소리를 문자로써 표기할 때의 본질적인 제약과 더불어 표기의 보수성 또한 배제할 수 없기 때문이다. 그

---

12) 경흥 지역어를 중심으로 육진 방언권에서 공통적으로 관찰되는 음운 현상을 논의한다. 경흥 지역어 외의 육진 방언에 대한 자료는 郭忠求(1994b, 2000, 2005), 최명옥 외(2002) 등을 참고할 수 있다.

13) 경흥군은 한반도의 동북부에 위치한 곳으로, 동쪽은 두만강을 연하여 러시아 연해주와 마주보고 있고, 북쪽은 중국 훈춘시와 마주보고 있으며, 서쪽은 경원, 종성 양군과 인접하고, 남쪽은 동해 해안선에 임하고 있다(慶興郡誌 編纂委員會 1988: 1).

14) 앞으로 훈춘시 경신진 회룡봉촌의 언어를 훈춘 지역어로, 러시아 카잔에서 간행된 문헌 자료를 카잔 자료로 약칭한다.

밖에도 다양한 언어 외적 변인의 영향을 고려하면, 표기상의 변이가 실재적인 음운론적 변이를 반영하는 것이라고 단언하기 어렵다는 문제도 따른다. 본고는 이러한 기존 연구의 한계를 극복하기 위하여, 특정 지역어에서 현재 진행 중인 변화를 중심으로 변이와 변화의 기제를 밝히고자 한다. 뿐만 아니라, 이전 시기의 언어적 사실을 반영하는 정밀 전사된 문헌 자료를 아울러 검토함으로써, 언어 변화 연구에 있어 공시적 자료가 지닌 한계 또한 보완할 것이다.[15]

둘째, 육진 방언의 연구는 자료의 성격상 현장 시간 연구와 실재 시간 연구가 모두 가능하다. 현장 시간 연구(apparent time study)란, 상이한 연령 집단별 언어 행위의 차이를 통시적 변화의 결과로 간주하는 연구 방법이다.[16] 이는 공시적 자료를 토대로 언어 변화의 진행 과정과 방향을 연구하는 데 유용하다.[17] 그러나 엄밀한 의미에서 현장 시간상의 변화는 실재 시간상의 변화와 동일시될 수는 없다(Bynon 1977: 206). 동시대에 공존하는 세대 간의 상호 영향 수수와 같은 변수를 배제하기 어렵기 때문이다. 따라서 이러한 연구는 실재 시간 연구(real time study)에 의한 뒷받침을 필요로 한다. 육진 방언의 경우, 지금으로부터 약 100년 전에 정밀 전사된 자료가 있어 실재 시간상의 변화를 확인하는 것이 가능하다. 20세기 초의 육진 방언과 현재의 육진 방언을 비교함으로써 100년

---

15) 본고에서 이용한 문헌 자료는 일반 문헌 자료와는 달리, 해당 방언을 음성 기호로써 정밀 전사한 것이다. 따라서 여느 문헌 자료가 지닌 제약에서 비교적 자유롭다고 할 수 있다.

16) 진행 중인 변화를 반영하는 연령별 언어 차이와, 개인의 일생 중 특정 연령 시기에만 고정적·일시적으로 사용되고 사라지는 언어적 패턴인 '연령대별 언어 특징(age-grading)'은 구별되어야 한다.

17) 현장 시간 연구의 개념에 대해서는 Labov(1994: 43-72), Bynon(1977: 204-206), Chambers and Trudgill(1998: 76, 149), Holms(2001: 205-208), 이상규(2003: 300) 등을 참고할 수 있다. 세대 간의 음운론적 차이를 비교함으로써 음운 변화의 양상을 밝히고자 한 국내의 기존 논의로는 李秉根(1969), 朴慶來(1984), 蘇信愛(2002) 및 일련의 사회 언어학적 연구들이 있다.

동안의 변화를 확인할 수 있고, 현재의 세대별 변이를 통해 변화의 진행 과정과 방향을 동일 연장선 상에서 연구할 수 있다는 이점이 있다.

논의의 범위는 형태소 내부 및 경계에서 관찰되는 음운론적 변이와 변화로 하되, 형태소 내부의 현상에 중점을 둔다.[18] 즉 형태소의 음운 형식인 기저형의 변이와 변화를 주로 다룬다. 이에는 음운 과정과 같은 음운론적 요인에 의한 것과 재해석, 단일화, 유추 등 비음운론적 요인에 의한 것이 모두 포함된다.[19]

한편, 본고는 음운론적 변이와 변화의 원리를 밝히되 그것의 어휘 확산적 측면에 초점을 맞춘다. 또, 변이 및 변화를 지배하는 언어 외적인 원리보다는 언어 내적인 원리를 위주로 논한다.

첫째, 형태소 내부의 현상을 중심으로 논의하는 이유는 언어 변화에 관한 아래의 의문을 해결하고자 하는 의도에서이다.

(문제) 형태소 내부의 공시적 음운 교체가 불가능하다면, 형태소 내부의 통시적 음운변화는 어떻게 가능한가?

국어의 움라우트 현상의 공시성 여부를 둘러싼 논의에서 崔明玉(1988: 66)은 '교체의 유무'를 기준으로 음운 현상의 공시성과 통시성을 판별하

---

18) 형태소 내부에서의 변동에 의해 형태소 내부의 구조가 바뀌는 경우 외에, 형태소 경계에서의 변동에 기인하여 형태소 내부의 구조가 바뀌는 경우도 포함한다.

19) 본고에서 음운론적 변화란 형태소의 발음의 변화를 말한다. 형태소 내부의 경우로 한정하자면, 형태소의 음운 형식 즉 기저형의 변화를 가리킨다. 이를 흔히 재구조화(restructuring) 또는 재어휘화(relexicalization)라고 부른다. 재구조화는 음운 과정과 같은 음운론적 요인에 의해 일어나는 것은 물론, 재해석, 단일화, 유추 등 비음운론적인 요인에 의해서도 일어난다. 본고는 비음운론적 요인에 의한 재구조화의 경우까지 포괄적으로 설명하고자 하는 까닭에 '음운론적 변화'의 의미를 확대하여 사용한다. 즉, 변화의 요인이 '음운론적'인 경우에 국한시키지 않고, 변화의 대상이 '음운론적'인 경우에 대해서는 모두 '음운론적 변화'(앞으로는 '음운 변화'로 약칭)라는 용어를 사용한다. 이는 형태소의 결합 관계나 의미, 통사 구조 등의 변화가 아닌 음운 형식의 변화라는 점에서 '형태론적 변화'나 '의미론적 변화', '통사론적 변화' 등과 구별된다.

자고 제안하였다.[20] "'交替'란 동일 형태음소 또는 형태소에 둘 이상의 異音 또는 異形態가 나타나는 現象"이라고 정의하면서[21], "국어에서 共時的인 교체는 곡용과 활용에 한정된다."고 주장하였다.

교체의 유무로 공시성을 판별하자는 주장에는 본고도 동의한다. 공시적으로 교체가 일어난다는 증거가 있을 때, 그로 인한 음운 현상은 공시적이라 할 수 있다. 교체의 증거가 표면에서 확인되지 않음에도 불구하고 이를 교체로써 설명하고자 한다면 추상적 기저형을 설정해야 하는 문제가 따른다.

그러나 본고는 국어에서 공시적인 교체가 곡용과 활용에만 한정된다고는 보지 않는다. 현재 음운 변화가 진행 중인 훈춘 지역어에서는 형태소 경계는 물론, 형태소 내부에서도 음운 교체가 확인되기 때문이다. 비단 훈춘 지역어뿐 아니라, 중앙어를 비롯한 국어의 제 방언에서도 형태소 내부의 교체는 다양하게 관찰된다.[22] 과거 동일 시기의 문헌 자료, 심지어는 한 문헌 자료 내에서 출현하는 한 형태소의 다양한 異表記들도 같은 맥락에서 이해될 수 있다.[23]

대부분의 공시적 음운 변동이 주로 형태소 경계에서 일어나는 것은 사실이나, 그렇다고 해서 형태소 내부의 음운 변동을 단순히 예외적인 것으로 간주해서는 안 될 것이다. 형태소 경계에서의 교체만 인정하고, 형태소 내부의 공시적 음운 교체는 인정하지 않을 경우, 형태소 내부의

---

20) 그 밖에도 동화주를 포함하는 '어미의 통합력'과 교체형의 설명에 대한 '공시적 규칙의 적용 가능성'을 공시성 판별의 기준으로 제시하였다(崔明玉 1988: 79).

21) 교체의 개념에 대해서는 2.2.2에서 상술한다.

22) (유성음 간)ㅎ 탈락, 변자음화와 같은 위치 동화, ㅕ→ㅖ→ㅔ 와 같은 모음 전설화, 모음 상승 등이 그러한 예이다. 형태소 내부에서의 음운 교체는 수의적으로 일어날 때에만 그 교체형이 관찰되므로, 이들 교체는 모두 수의적이라는 공통점이 있다. 그 밖에 국어의 수의적 음운 현상에 대한 논의는 김경아(2000), Lee, M.-K.(2001), 申昇容(2004), 김옥영(2006) 등을 참고할 수 있다.

23) 이에 대한 논의로는 崔銓承(1986, 1998), 신승용(2003), 김남미(2005), 白斗鉉(1992, 2005) 등을 참고할 수 있다.

통시적 변화는 온전히 설명될 수 없다.[24] 형태소 내부의 음운이 화자의
발화 산출 과정에서 변동되는 것이 불가능하다면, 그것이 변화할 다른
경로는 없기 때문이다. 또, 언어 현상을 규칙화하기 위하여 언어 현실의
다양한 이질성을 모두 예외적인 것으로 간주할 경우, 오히려 언어의 본
질을 밝히려는 본래의 목적으로부터 멀어질 가능성도 있다.

이상의 문제는 근본적으로 공시 음운론과 통시 음운론을 철저히 이
원화한 전제로부터 파생되었다고 본다. 그러나 선험적 전제가 경험적
사실에 부합하지 않을 경우, 기존의 전제는 새로운 경험적 사실을 포섭
할 수 있는 방향으로 수정되는 것이 마땅하다. 전제에 어긋난다는 이유
로 실제 관찰되는 예외적 사실들을 설명 대상에서 배제하는 태도는 바
람직하지 않다고 본다. 이에 본고는 공시태가 내포한 역동성이 통시태
를 가능케 한다는 관점에서 다음과 같은 가설을 제안한다.

> (가설) 형태소 내부의 공시적 음운 교체가 가능하다. 이를 통해 형태소 내부의 통
> 시적 음운변화가 일어난다.

흔히 음운론적 변화라고 부르는 현상은 대개가 형태소 내부의 변화
를 가리키는 까닭에, 음운론적 변이와 변화의 상관성을 밝히는 데 있어
이상의 가설을 검증하는 것은 매우 중요한 의미를 지닌다. 이에 본고의
논의 또한 형태소 내부의 변이와 변화의 상관성을 밝히는 데 주안점을
둔다.

둘째, 어휘 확산적 측면으로 논의의 범위를 한정한 이유는 음운론적
변이 및 변화의 기제에 관한 논의에서 더 정밀화되어야 할 부분은 어

---

24) 申昇容(2004: 70-71)에서도 이러한 문제가 제기된 바 있다. "한 시기의 공시태에
서 형태소 내부에서 적용되는 규칙을 교체가 없다는 이유로 모두 통시적이라고
한다면, 형태소 내부는 논리적으로 공시적인 시기가 없게 되는 모순에 빠진다"고
지적하였다. 김경아(2000: 226)에서도 형태소 내부의 음운 현상이 기본적으로 형태
소 경계에서 실현되는 경우보다 통시적일 가능성은 분명하되, 생산적인 음운 현
상일 경우에는 형태소 내부에서의 현상도 공시적인 음운 현상으로 이해할 수 있
다고 하였다.

휘적 차원이라고 생각하기 때문이다.

음운 변화의 진행 과정은 크게 음성적 차원과 어휘적 차원, 사회적 차원에서 연구될 수 있다(Wang 1969: 13). 음성적 차원의 연구는 어떤 음운 A가 음운 B로 변화하는 과정 자체에 초점을 맞춘다. 반면, 어휘적 차원의 연구는 어떤 음운 A를 포함한 형태소들이 어휘부 전체에 걸쳐 B를 포함한 형태소들로 변화하는 과정에 초점을 맞춘다. 한편, 사회적 차원의 연구는 특정 음운 변화가 화자 A로부터 화자 B로 확산되는 과정에 초점을 맞춘다.

Wang(1969), Chen(1972), Chen and Wang(1975), Wang and Cheng(1977) 등이 제안한 어휘 확산 가설(Lexical Diffusion Hypothesis)이 대두한 이래, 그간 소홀히 다루어져 왔던 음운 변화의 진행 과정은 역사 언어학의 중요한 연구 대상으로 부상하였다.[25] 특히, 음운 변화가 음성적으로 점진적이냐 급진적이냐, 또 어휘적으로 점진적이냐 급진적이냐의 문제가 주된 논의의 대상으로 떠오르게 되었다. 예컨대, t 구개음화라는 음운 변화가 음성적으로 점진적이라면, ti > ʧi가 아니라 ti ...> tʲi...> ʧi 와 같은 과정을 거쳐 점차적으로 변화함을 의미한다. 한편, t 구개음화라는 음운 변화가 어휘적으로 점진적이라면, 어휘부 내에 ti라는 연쇄를 가진 형태소들이 일시에 모두 ʧi를 가진 형태소로 바뀌는 것이 아니라, 시간의 흐름에 따라 변화되는 형태소의 수효가 점차적으로 증가함을 뜻한다. 예컨대 ti라는 연쇄를 포함한 형태소가 총 100개라면, 처음에는 변화된 형태소가 10개(예. 바디>바지(袴), 고티>고치(繭) 등)였다가 시간이 지남에 따라 변화된 형태소가 50개, 60개, 70개가 되고, 마침내 모든 형태소에 변

---

25) 어휘 확산 가설이란, 기존의 역사 언어학 이론이 음운 변화의 '내적인 시간 차원 (internal time dimension)'과 '어휘적 차원(lexical dimension)'을 소홀히 해 온 데 대한 반성으로서, '음운 변화는 어휘적으로 점진적인 방식을 통해 수행된다'는 생각을 체계화한 이론이다. 즉 어떠한 음운 변화가 처음부터 모든 어휘에 일제히 적용되는 것이 아니라, 시간이 흐름에 따라 확산의 S-곡선(S-curve)(Bailey 1973)을 그리며 어휘에 따라 점진적으로 적용된다는 것이다.

화가 일어나게 된다는 것이다.[26] 단순히 변화의 '결과'를 기술하는 차원에서 나아가 변화의 구체적인 '진행 과정'을 밝히기 위해서는 이러한 문제에 대한 면밀한 검토가 이루어져야 할 것이다.

그런데 음운 변화의 어휘적 차원은 그 중간 과정으로서의 변이 단계를 인식하고 관찰할 수 있는 반면, 음운 변화의 음성적 차원은 그 중간 과정을 인식하고 관찰하는 데 한계가 있다. 전이 단계의 소리로서 인식 가능한 변이음의 존재를 인정한다 하더라도 우리가 논할 수 있는 음운 변화의 중간 과정은 '변화 전의 음운 A → 전이 단계의 소리(인식 가능 변이음) x → 변화 후의 음운 B'로 한정된다. 따라서 인식의 영역을 벗어난 음성적 차원에 대한 논의는 그것의 증명에 많은 제약이 따른다. 물론 음운 변화의 음성적 점진성에 대한 이론적 논의가 불가능한 것은 아니다. Paul(1886)을 비롯한 소장 문법 학파, Stampe(1969), Lass(1984), Donegan(1993), Bybee(2001) 등은 음운 변화의 음성적 점진성을 주장하였다.[27] 그러나 점진적인 음운 변화 과정을 체계적으로 형식화하기 위해서는 아직도 해결해야 할 문제가 많다.[28] 또, 그러한 점진성을 증명하기 위해서는 실험 음성학적 분석에 의존해야 할 필요가 있는데, 문헌 자료만으로 연구해야 하는 과거의 음운 변화에 대해서는 그 음성적 점진성을 직접적으로 증명할 방법이 없다는 것도 문제이다. 따라서 본고는 변이와 변화의 어휘적 차원을 중심으로 각각의 원리와 양자의 상관성을

---

26) 한편, 음운 변화가 한 언어 공동체 내 화자들 모두에게서 일시에 일어나느냐, 한 화자로부터 다른 화자로 점진적으로 확산되느냐 여부 또한 어휘 확산의 관점에서 논의될 수 있을 것이다.

27) 국내의 논의로는 김경아(2000), 蘇信愛(2002), 이봉원(2002), 신승용(2003) 등이 있다. 본고 또한 기본적으로 음운 변화가 음성적으로 점진적이라는 입장을 견지한다. 그러나 이에 대한 본격적인 논의는 후일로 미룬다.

28) 사용 기반 모형(usage-based model)을 제안한 Bybee(2001)은 음변화(sound change)를 음성적으로 명시된 기억 표상(memory representation)의 점진적 변화로서 기술한다. 그러나 이 또한 아직 구체적으로 형식화되지는 못했다는 한계를 지닌다.

논하고자 한다.

셋째, 변이와 변화의 상관성에 대한 언어 외적 차원의 연구는 최근 들어 비교적 활발히 이루어져 온 반면, 이에 대한 언어 내적 차원의 연구는 많지 않다.

음운론적 변이와 변화는 크게 언어 내적 차원과 언어 외적 차원에서 연구될 수 있다. 언어 내적 차원의 연구는 변이와 변화의 원인, 진행 과정, 진행 방향 등에 관여하는 음운론적 요인, 형태론적 요인, 통사론적 요인 등의 제반 언어적 요인을 밝히는 데 초점을 맞춘다. 반면, 언어 외적 차원의 연구는 변이와 변화의 원인, 진행 과정, 진행 방향 등에 관여하는 성별, 계층, 연령, 직업, 교육 수준 등의 제반 사회적 요인을 밝히는 데 주안점을 둔다. 또, 발화 스타일, 발화 환경, 화자 간의 사회적 관계 등을 고려하여 변이와 변화의 양상을 분석하는 것도 언어 외적 차원의 연구에 포함된다. 애초에 언어 변이와 변화에 대한 관심이 사회언어학 분야에서 시작되었던 만큼, 이제껏 언어 변이와 변화의 상관성에 대한 연구 또한 대부분 언어 외적 차원에서 이루어져 왔다.[29] 그러나 언어 변이와 변화의 원리는 언어 외적 요인과 언어 내적 요인에 대한 고려가 복합적으로 이루어질 때에야 비로소 온전히 구명될 수 있다고 본다. 특히, 동일한 발화 환경 및 발화 스타일 안에서 한 화자가 보이는 변이는 언어 외적인 요인만을 고려해서는 설명하기 어렵다. 이를 설명하기 위해서는 언어 내적 차원에서의 접근이 반드시 이루어져야만 하는 것이다. 이에 본고는 언어 외적인 관점에서 이루어져 온 기왕의 연구를 보완한다는 의미에서 변이와 변화를 지배하는 언어 내적 원리를 밝히는 데 중점을 둔다.[30]

---

29) 국내의 논의 중 이미재(1988, 1993), 朴贊來(1993), 강희숙(1994), 金圭南(1998), 崔銓承(1992, 1998), 홍미주(2002) 등이 이에 해당한다.

30) 변화와 변이를 지배하는 언어 외적 원리를 밝히는 것은 그 자체로서 중요한 연구 과제이며, 이 지역어의 경우에도 그러한 방면의 연구가 필요하다. 앞으로 언어 내

1.3. 연구 방법

1.3.1. 자료적 측면

자료적 측면에서 본고는 다음과 같은 연구 방법론을 취한다.

첫째, 동일 지역어의 최근 발화 자료와 과거의 문헌 자료를 아울러 검토한다. 음운론적 변이와 변화의 연구에서 어느 한 쪽의 자료만을 중심으로 논의했을 때의 한계를 보완하기 위해서이다. 공시적인 방언의 발화 자료는 이전 시기의 언어 자료가 없는 한 언어 변화 연구의 적극적인 논거로 이용하기 어렵다. 또, 문헌 자료 중심의 연구는 연구자가 실제 음성형을 확인하지 못하고 오직 표기에 의존해야 한다는 한계로 인하여 변이 및 변화의 구체적 기제를 밝히는 데 어려움이 따른다.[31] 이러한 한계를 상호 보완한다는 의미에서 본고는 현대 방언의 발화 자료와 과거의 문헌 자료를 함께 검토한다.

둘째, 진행 중인 변화에 대한 관찰과 분석을 통해 변이의 기제 및 변화의 과정을 설명한다.[32] 기존에는 변화 전의 상태와 변화 후의 상태,

---

적 요인과 언어 외적 요인에 의한 공동 변이(covariation)의 관점에서 보다 충분한 검토가 이루어져야 할 것이다.

31) Delbrück(1880)(Campbell 1996: 85)이 문헌어가 아닌 살아 있는 방언으로부터 언어 변화의 원리를 도출할 것을 강조한 점도 같은 맥락에서 이해된다. Brugmann (1897: 71)(崔銓承 1988/1995: 498-499) 또한, 문헌 자료에 반영된 음성 변화들의 실체는 완료된 결과로서 우리들의 관찰 대상으로만 주어지는 것이기 때문에, 다음과 같은 의문을 생동하는 현재의 언어 생활 속에서 추구할 때, 음성 변화의 탐구에 확고한 기반을 제공할 것으로 기대한다고 하였다. (1) 음성 변화가 출발의 첫 시작부터 그것의 종료에 이르기까지 어떻게 수행되는가? (2) 개인에서 다른 개인으로의 변화의 轉移가 어떠한 양상으로 일어나는가? 이러한 질문은 본고의 연구 목적과도 맥을 같이한다.

32) 어떠한 언어적 변항과 연관된 특정 변이형의 사용이 상이한 연령의 화자 집단에 걸쳐 일정한 성층을 이루며 지속적인 증감을 보일 때, 우리는 이를 '진행 중인 변화(change in progress)'로 해석한다(Labov 1994, Holmes 2001). 그런데 현재 이 지

즉 언어 변화의 결과만을 비교하였다. 때문에 변화의 진행 과정에 대한 연구가 제대로 이루어지지 못했다. 그러나 본고는 진행 중인 변화에 대한 관찰을 통하여 언어 변이와 변화의 기제를 구체화하고 이들 간의 상관성을 밝히고자 한다.

셋째, 현장 시간 연구와 실재 시간 연구를 병행한다. 진행 중인 변화를 연구하는 데에는 현장 시간 연구 방법이 적합하다. 그러나 현장 시간 자료는 엄밀한 의미에서 실재 시간 자료와 동일시될 수 없다. 따라서 공시적 자료를 바탕으로 도출된 결론은 실재 시간 자료, 즉 역사적 자료를 통해 검증될 필요가 있다. 이에 본고는 현지 조사를 통해 수집된 세대별 언어 자료와 100년 전의 문헌 자료를 토대로 변이와 변화의 원리 및 양자의 상관성을 밝히고자 한다.

1.3.2. 이론적 측면

본고는 기본적으로 생성 음운론의 관점에서 언어 변이와 변화를 논의한다. 그러나 기존의 생성 음운론과 몇 가지 점에서 차이를 보인다.

음운론적 변이 및 변화의 표면적 현상은 규칙(rule)의 관점에서 기술하되, 그 근본 원리는 제약(constraint)의 관점에서 설명하고자 한다. 단, 이때의 제약은 전통적인 생성 음운론의 '위반 불가능한 제약'이 아니라, '위반 가능한 제약'이란 차이를 지닌다. 그 이유는 대략 다음과 같다.

첫째, 위반 가능한 제약들의 상호 작용을 인정함으로써, 규칙으로는 포착할 수 없었던 음운 현상의 본질적 동인을 밝히고, 음운 현상들 간

역어의 구개음화와 관련된 변이가 바로 이러한 양상을 띠고 있다. 즉, 구개음화 및 관련 음운 현상의 적용을 받은 변이형의 사용이 노년층에서 청년층에 이르기까지 지속적인 추세로 증가하고 있는 것이다. t 구개음화와 어두 n 탈락, syV > sV, tsyV > tsV 변화의 개신형은 청년층으로 갈수록 증가하는 추세를 보인다. 또, yə > ye > e 및 ya > yɛ > ɛ와 같은 모음 전설화의 개신형 또한 세대별로 점진적인 증가를 보인다.

의 유기적 관계를 설명할 수 있다.[33] 예컨대, 동일한 조건 환경에서 일어나는 활음화와 활음 삽입, 모음 축약 현상을 규칙의 관점에서는 각각 별도의 규칙이 적용된 것으로 기술하고, 이들 규칙의 기능적 단일성(functional unity)을 포착하지 못했다.[34] 반면, 제약의 관점에서는 이들 교체가 모두 ONSET(두음 제약)[35]이라는 상위의 제약을 준수하기 위해 일어난 것으로 설명함으로써 개별 현상들 간의 유기적 관계, 소위 공모(conspiracy)를 포착함은 물론 이들 현상의 음운론적 동인까지도 설명한다.[36] 'ㄴㄹ' 연쇄에서 일어나는 유음화와 비음화 간의 기능적 단일성 또한 제약의 관점에서 보다 합리적으로 설명된다. 'ㄴ'과 'ㄹ'의 연쇄를 금지하는 단일한 제약의 존재를 통하여 서로 무관해 보이는 현상들 간의 내적인 관계를 포착할 수 있다는 장점도 있다.

둘째, 공시적 변이를 초래하는 수의적 음운 현상의 기술 자체는 규칙만으로도 가능하지만, 그러한 수의성의 본질은 제약의 관점에서 비로소

---

33) 생성 문법이 구조 언어학을 반대한 이유는 '어떻게(how)'에 대해서만 답할 뿐 '왜(why)'에 대해서는 답하지 못했기 때문이다. 음소론의 입장에서 언어 현상을 기술할 때는 단순한 환경만 나열했을 뿐 여러 환경들의 공통 요소를 추출하지 못했던 것이다. 그러나 기존의 생성 문법, 즉 규칙 기반 생성 문법 또한 규칙들을 나열했을 뿐 '왜'에 대해서는 충분히 설명하지 못했다고 할 수 있다.

34) Kim, J.-K.(2000: 77-78)은 규칙 기반 이론에서 서울말의 모음 충돌 회피 현상('두(置)-어'가 '두어~두워~뒤:~도:'로 실현되는 한편, '배우(學)-어'가 오직 '배워'(*배우어, *배우워, *배오)로만 실현되는 현상)을 기술하기 위해서는 수의적 모음 탈락 규칙, 필수적 모음 탈락 규칙, 수의적 활음화 규칙, 필수적 활음화 규칙, 수의적 활음 삽입 규칙, 필수적 활음 삽입 규칙, 수의적 축약 규칙 등과 같은 많은 수의 규칙과 그들 간의 가변적 규칙순에 의존해야 한다고 비판하였다. 이러한 방식의 접근은 모음 충돌 회피 현상에 관한 대부분의 문제에 대해 오직 기술적 방식으로만 답변했을 뿐 납득할 만한 설명을 제공하지는 못했다는 것이다.

35) ONSET: 음절은 두음(Onset)을 가져야 한다(Prince and Smolensky 1993/2002: 17).

36) "... constraint-dominance theory exposes the common conceptual core of a number of different-seeming phenomena, ...(제약 지배 이론은 외견상 달라 보이는 여러 현상들의 공통된 개념적 핵심을 표출시켜 준다)."(Prince and Smolensky 1993/2002: 23)

설명될 수 있다.

기존의 규칙 기반 생성 음운론에서는 수의적 음운 현상을 기술하기 위하여 수의적 규칙(optional rule) 혹은 규칙의 수의적 적용(optional application)을 가정하였다.[37] 그러나 규칙 적용을 관할하는 상위의 기제가 없는 상태에서 수의적 음운 규칙이나 규칙의 수의적 적용을 상정하는 것이 과연 설명적 타당성을 지니는지는 의문이다.[38] 음운 규칙은 기저형이 표면형으로 도출되는 과정에서 일어나는 음운론적 교체를 포착해 주는 기제이다.[39] 따라서 그러한 교체의 내용이 예측 가능할 경우에 한하여, 교체 전의 형태인 기저형으로부터 규칙 적용을 통해 표면형을 도출할 수 있다. 그러나 어떠한 교체가 필수적이지 않고 수의적이라면, 즉 규칙의 적용 여부가 필수적이지 않고 수의적이라면 이때의 표면형

---

37) "규칙은 변화를 위한 환경이 적정할 때면 으레 적용될 것으로 기대되지만, 모든 규칙이 다 그렇지는 않다. 실제로 적정 환경이 만족될 때마다 적용되는 의무 규칙과는 달리, 환경이 맞았을 때 적용이 되기도 하고 그렇지 않을 수도 있는 것은 수의 규칙(optional rule)이라고 부른다.(김영석 1987/1996: 159-160)" Hyman(1975: 12)도 이러한 맥락에서, 음운론에서 언어학적으로 유의미한 일반화를 드러내는 규칙들은 수의적(optional)이거나 필수적(obligatory)이라고 하면서, 동일한 화자가 A로도 B로도 발음할 수 있는 경우가 수의적 규칙에 해당하며, 항상 A로만 발음해야 하는 경우가 필수적 규칙에 해당한다고 하였다.

38) 姜吉錫(1985: 62-63, 1989: 21)에서도 수의적 규칙의 부당성을 지적한 바 있다. "음운 규칙에는 오직 적용/비적용의 구분만이 가능하지 '필수적/수의적 적용'이란 있을 수 없다"고 하였다. 본고도 이러한 비판에 동의한다. 그러나 그는 "어휘에 따라, 개신형과 기존형이 공존하든지 혹은 개신형이 소멸하든지 기존형이 소멸하든지 하는 것은 어휘론적인 문제"이며 음운론에서 설명할 문제가 아니라고 하였다. 즉 수의적 음운 현상이 규칙 적용에서의 수의성이 아닌 어휘 선택에서의 수의성에 기인한다고 본 것이다. 본고는 모든 수의적 음운 현상을 어휘 선택의 문제로 보는 이 같은 입장에는 동의하지 않는다.

39) Schane(1973: 75)에 따르면 규칙(rule)이란, 기저 표시를 도출 표시로 전환하면서 해당 언어의 과정(process)을 명시적으로 나타내는 것이다. Hyman(1975: 12-14)에서도 음운 규칙(P-rule)이란 (기저의 추상적인) 음운 표시를 (도출된 표면의) 음성 표시로 전환하는 것이다. 어떤 형태소나 단어의 이형태, 즉 교체형이 음운 규칙에 의하여 조건될 경우, 그 이형태의 음성형은 예측 가능하다. 반면 불규칙한 이형태는 음운 규칙에 의하여 도출된, 보다 규칙적인 이형태와는 구별된다.

은 예측 불가능하다. 따라서 예측 불가능한 표면형에 대한 정보는 기저형에 반영되어야 하고, 이러한 수의적 교체와 관련된 모든 형태소는 교체형과 비교체형으로 구성된 쌍형 기저형을 지닌다고 기술할 수밖에 없다.

그럼에도 불구하고 기존의 규칙 기반 음운론에서 수의적 음운 현상을 기저형 선택의 문제가 아닌 규칙 적용의 문제로 설명하고자 한 까닭은, 그러한 음운 현상이 자연성(naturalness)과 일반성(generality)을 지닌 공시적 음운 과정의 조건을 충족시키기 때문일 것이다. 해당 음운 현상의 음성적 동기가 표면에 드러나고 그러한 음운 현상이 일반적으로 관찰되며, 또한 그로 인한 교체형이 확인될 때 그러한 음운 현상은 공시적 음운 과정으로써 설명되어야 한다.[40] 본고 또한 이러한 입장을 받아들여 수의적 음운 현상을 기저형 선택의 문제가 아닌 수의적 규칙의 문제로 기술하고자 한다. 그러나 그러한 수의적 규칙의 존재를 좀더 타당하게 설명하기 위해서는 제약이라는 상위의 기제를 반드시 인정해야 한다는 입장이다.[41]

---

40) 자연 음운론(Natural Phonology)의 입장에 따르면 '음운 규칙'은 예외가 없으나 '음운 과정'은 예외가 있을 수 있으며, 수의적 적용이 가능하다. 이와 같은 음운 과정과 음운 표시의 관점에서 수의적 음운 현상을 정의하기도 한다. 김경아(2000)에 따르면, 필수적 음운 과정은 형태음운 표시에 적용되는 과정이고, 수의적 음운 과정은 음운 표시에 적용되는 과정이다. 어떠한 음운 과정이 형태음운 표시에 직접 적용되는 대신 음운 표시에 적용됨으로써 수의적인 음운적 변이형을 도출한다고 본다. 그러나 이러한 논의 또한 수의적 음운 현상의 요인을 발화 속도나 발화 스타일의 관점에서만 검토하였다는 한계를 지닌다. 그 밖에 어휘 음운론(Lexical Phonology)의 관점에서는 어휘 규칙과 후어휘 규칙을 구별함으로써 수의적 음운 현상에 접근한다.

41) 기존의 규칙 기반 생성 음운론에서도 제약의 존재를 인정하지 않은 것은 아니다. 기저형에 대한 제약인 형태소 구조 조건(Morpheme Structure Conditions, MSC's)과 표면형에 대한 제약인 표면 음성 제약(Surface Phonetic Constraints, SPC's), 중간 도출형에 대한 제약으로, 규칙의 적용 여부를 관할하는 상위 원리(meta-rule)로서의 제약들(예. 필수 굴곡 원리(Obligatory Contour Principle, OCP), 도출 제약 등)이 상정된 바 있다. 규칙의 차원에서 설명할 수 없는 현상들을 포괄하는 보다

　본고는 수의적 음운 교체의 표면적 현상은 수의적 규칙 적용으로써 기술하되, 그 근본 원리는 제약의 관점에서 설명하고자 한다. 수의적 교체는 위반 가능한(violable) 제약들로 이루어진 상이한 제약 위계의 경쟁에 그 동인이 있다. 그리고 그 결과 기저형이 표면형으로 도출될 때 일어나는 기저 분절음의 변동, 즉 음운론적 교체는 규칙이라는 기제에 의하여 기술된다.[42]

　기존의 규칙 기반 생성 음운론에서도 규칙의 상위 기제로서 제약을 상정함으로써 규칙 적용의 예외 및 공모 현상 등을 설명하고자 시도한 바 있다. Kisseberth(1970)은 표기 규약으로써는 묶일 수 없는 복수의 규칙들이 단일한 목적을 위해 공모하는 경우가 있음을 지적하고 이를 설명하기 위해 도출 제약(derivational constraint)을 상정하였다. 그러나 도출 제약을 통해 규칙을 간결화하는 것은 능동적 규칙이 아닌 수동적 규칙에 대해서만 가능하다. 또, 도출 제약을 어기는 연쇄를 도출하는 독자적 타당성을 지닌 규칙들이 있다는 것도 문제이다. 한편, Kisseberth(1972)는 형태소 구조 조건을 도출 제약으로 삼을 것을 제안했는데, 이것은 규칙들이 형태소 구조 조건에 의해 금지되지 않는 것을 위해서는 공모하는 일이 없다는 얘기가 되므로 역시 문제가 된다. Kiparsky(1972)는 음운 현상 가운데 표기 규약이라는 형식적 제약으로 나타낼 수 없는, 이른바 기능적 제약들이 있음을 지적하고 이들을 본질적 제약(substantive constraint)이라 불렀다. 음운론적 제약인 '부정 목표(negative target)'와 형태론적 제

　근본적인 원리를 찾고자 했던 것이다. 그러나 이들 제약은 위반 불가능함을 전제한다는 점에서 본고의 제약과는 성격이 다소 다르다.

42) 제약의 위반 가능성에서 수의적 교체의 원인을 찾고, 제약 위계의 미정에서 공시적 변이의 원인을 찾는다는 점에서는 본고와 최적성 이론이 같은 입장이다. 그러나 본고는 제약의 관점에서 수의적 교체의 동인을 설명하고, 실재적인 교체는 규칙에 의하여 이루어지는 것으로 기술한다는 점에서 최적성 이론과 구별된다. 최적성 이론에서는 규칙이 적용되어 표면형이 도출되는 과정을 상정하지 않고, 무한한 후보 집합에서 최적 후보가 선택되는 과정만을 인정하기 때문이다.

약인 '식별 조건(distinctness condition)', '평준화 조건(leveling condition)' 이
그것이다(Kiparsky 1972). 규칙은 입력형이 음소 배열 조건을 위반할 때,
또 규칙의 적용 결과 얻어지는 출력형이 그 조건을 만족시킬 때에 한하
여 적용된다고 본 Goldsmith(1990, 1993)의 조화 음운론(Harmonic Phonology)
도 제약과 규칙을 모두 인정한 이론적 시도 중 하나이다. Paradis(1988)
은 규칙 적용을 하나의 손질 작업으로 간주하고, 손질은 순차적으로 이
루어진다고 보는, 제약과 손질 책략 이론(Theory of Constraint and Repair
Strategies)을 제안한 바 있다.

　그러나 이때의 제약들은 몇 가지 문제를 지닌다. 우선, 제약이 규칙
적용을 관할하는 상위의 기제라면 제약은 결코 위반되어서는 안 된다.
규칙 적용의 예외를 설명하기 위해 상정한 제약 또한 위반 가능하다면,
제약의 예외를 설명하기 위한 상위의 기제가 또 다시 요구되기 때문이
다. 그러나 실제 언어에서 그러한 제약이 위반되는 경우는 빈번히 관찰
된다. 하나의 제약을 만족시키면서 동시에 다른 제약을 위배하는 결과
를 낳는 경우 또한 문제이다. 제약이 위반될 때에는 반드시 그러한 제
약 위반의 필연적 이유가 제시되어야 한다.

　따라서 본고는 기존의 위반 불가능한(inviolable) 제약이 아닌 위반 가
능한 제약을 상정함으로써 수의적 음운 현상의 본질을 설명하고자 한
다. 단, 제약은 그것이 위반됨으로써 보다 상위의 제약이 준수될 수 있
는 경우에 한하여 위반 가능하다. 본고가 상정하는 도출 과정은 아래와
같다.[43]

---

43) Prince and Smolensky(1993/2002: 4)가 제안한 최적성 이론(Optimality Theory)의 발
　화 산출 과정은 다음과 같다.
　　　a. Gen(Ink) $\rightarrow$ {Out$_1$, Out$_2$, ...}　b. H-eval(Out$_i$, $1 \leq i \leq \infty$) $\rightarrow$ Out$_{real}$
　어휘부 최적화를 통해 선택된 입력형(Ink)에 대하여, 생성부(Gen)에서 무한수의
　후보군(Out$_1$, Out$_2$, ...)을 만들어 내고, 평가부(H-eval)에서는 순위 매겨진 모든 제
　약들에 의거하여 동시에, 병렬적으로 후보들에 대해 평가한다. 이때 상위의 제약
　을 최소한으로 위반한 후보가 최적의 출력형(Out$_{real}$)으로 선택된다. 여기에는 순차

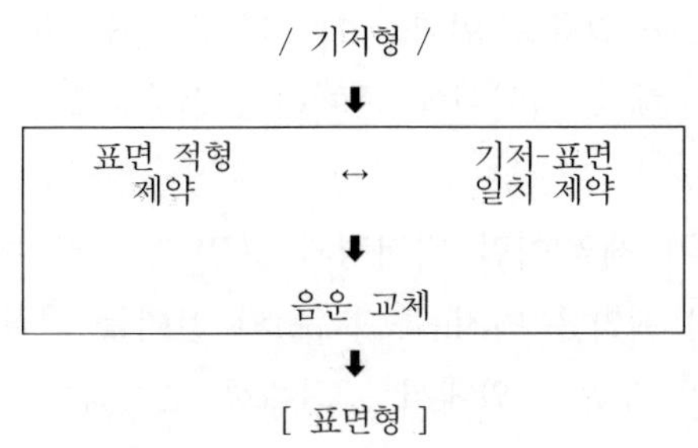

〔그림 1〕 표면형 도출 과정

표면형 도출 과정은 기저형으로부터 규칙을 적용시켜 표면형을 산출하는 과정이다. 이때 규칙의 적용은 제약의 지배를 받는다. 제약에는 표면 적형 제약(Surface Well-formedness Constraints, SWFC's)과 기저-표면 일치 제약(Underlying form-Surface form Identity Constraints, USIC's)이 있다. '표면 적형 제약'이란, 해당 언어의 표면 층위에 출현할 수 있는 음성 형식에 대한 제약이다.[44] 여기에는 음절 적형 제약, 음절 연결 제약, 음소 배열 제약 및 단어 적형 제약이 포함된다.[45] 이들은 또 다시 하위의

적 도출 과정이 상정되지 않으며, 어떠한 특정 대상에 특정 음운 과정이 적용되어 교체가 일어난다고 보지 않는다. 그런데 이러한 최적성 이론의 관점에서 제약의 상호 작용만으로 음운 현상을 설명할 때의 단점은, 무한의 후보군을 상정하고 CON(위계지어진 제약 집합)의 평가에 의해 최적형을 선택하는 과정이 화자들의 직관과 거리가 멀다는 점이다. 표면에 실현되지 않는 가상의 후보들을 과잉 생성(over-generation)한다는 점도 문제이다. 순차적 도출을 인정하지 않음으로써 발생하는 음운론적 불투명성 문제도 해결해야 할 과제이다. 문법은 언어 사용자들의 직관, 즉 모어 화자가 자신의 언어에 대해 가지고 있는 지식을 최대한 반영할 수 있어야 한다. 이에 본고는 화자들이 '알고 있는 것', '실제로 운용하는 것'은 '어떠한 규칙적인 패턴'이라는 직관을 받아들여 이를 '규칙(rule)'으로 기술하고자 한다. 대신, 외재적 규칙순과 추상적 중간 도출형은 인정하지 않는다.

44) 이것은 Kiparsky(1972: 216)의 부정 목표(negative target), Goldsmith(1990, 1993)의 적형 조건(Well-formedness Conditions, WFC's), Shibatani(1973)의 표면 음성 제약 (Surface Phonetic Constraints, SPC's), 최적성 이론의 유표성 제약(markedness constraints)과 유사한 성격을 지닌다. 단, 이때의 '음성'이란 해당 언어의 화자에 의하여 인식 가능한 변이음 단계까지의 음성만을 가리킨다.

제약들로 세분될 수 있을 것이다.[46] 이 제약은 조음(articulation)의 편이를 위한 제약으로서, 해당 지역어에 존재하는 음운 교체 현상의 음운론적 동인을 반영한다.

'기저-표면 일치 제약'이란 기저형과 표면형을 일치시키도록 요구하는 제약이다.[47] 이 제약은 인지(perception)의 편이를 위한 제약으로서, 기저 층위의 표시가 표면 층위에서도 최대한 보존되도록 작용한다. 이들은 또 다시 하위의 제약들로 세분될 수 있을 것이다. 크게 위 두 제약의 상호 위계에 따라서 음운 규칙의 적용 여부가 결정된다.[48] 그리고 이러한 제약들 간의 상호 위계가 가변적인 상태에서 공시적 변이가 출현한다.

한편, 단일한 표면 적형 제약의 준수를 위해 음운 규칙들끼리 경쟁하는 경우 또한 존재한다. 이른바 '공모'라 불리는 현상도 여기 포함될 것이다. 그런데 이때, 경쟁 관계에 있는 규칙들 간에도 일정한 상호 위계가 존재함을 발견하게 된다. 그러한 규칙 간의 상호 위계가 고정되어

---

45) 음절 적형 제약이란 음절 구조 제약과 음절 구성 제약을 아울러 이르는 말이다. 단어 적형 제약 또한 단어 구조 제약과 단어 구성 제약을 말한다. 음소 배열 제약은 음소의 관점에서 배열 가능한 연쇄를 한정하는 제약이다. 기존에는 음절 구조 제약이란 용어로써 가능한 음절 구조에 대한 제약(예. *CVCC, *CCV 등)을 가리키거나, 가능한 음절 성분에 대한 제약(예. 음절 말에는 유기음이 올 수 없다)을 가리키거나, 양자를 모두 가리키기도 하였다. 그러나 명확한 개념 정의 없이 동일한 용어를 논자에 따라 다른 의미로 사용하는 것은 바람직하지 않다. 본고는 음절의 구조에 대한 제약과 각 음절 성분의 내용에 대한 제약은 명확히 구별될 필요가 있다고 본다. 음운 표시의 형상적 제약(configurational constraints)은 내용(content)과 구조(structure)를 언급할 수 있다고 한 Archangeli and Pulleyblank(1986: 63)의 주장, 형상적 제약은 구조적 초점(structural focus)과 분절음적 초점(segmental focus)이라는 상이한 초점을 가질 수 있다고 한 Paradis(1988: 77)의 주장도 이와 같은 맥락이라고 본다.

46) 각 제약의 설정 근거 및 본고와 관련된 세부 제약들에 대해서는 3장에서 상술한다.

47) 이것은 Lacharité and Paradis(1993: 146)의 보존 원리(Preservation Principle), 최적성 이론의 충실성 제약(faithfulness constraints) 혹은 대응 제약(correspondence constraints) 등과 유사한 성격을 지닌다.

48) 그러나 보다 구체적인 차원에서는 표면 적형 제약들 간의 상호 경쟁 및 기저-표면 일치 제약들 간의 상호 경쟁도 가능할 것이다.

있지 않음으로써 그들 간의 경쟁 및 공시적 변이가 출현한다고 기술할 수 있을 것이다. 그러나 이 같은 규칙 간의 상호 위계는 보다 근본적인 차원에서 검토될 여지가 있다. 즉, 해당 규칙이 초래하는 음운 교체의 내용을 제약의 관점에서 재해석할 수 있기 때문이다. 제약의 관점에서 이 같은 현상을 분석하자면, 단일한 상위의 제약을 준수하기 위하여 상이한 하위의 제약들이 경쟁하는 것으로 설명될 수도 있을 것이다.[49]

물론 이상에 언급한 제약이 기술의 편의를 위하여 자의적으로 설정되는 것은 바람직하지 않다. 그렇다면 그것은 현상에 대한 분류학적 기술에 지나지 않을 것이다. 제약은 어디까지나 현상의 본질을 드러내는 것이라야 한다.[50] 국어의 음운 현상을 지배하는 일련의 제약들과 그들 간의 순위를 밝히는 일은 앞으로의 중요한 과제라 하겠다.[51]

요컨대 본고는 음운 규칙을 통하여 표면적인 음운 현상을 일차적으로 기술하고, 제약의 관점에서 음운 규칙 간의 관계 및 해당 음운 현상

---

49) 상이한 제약들의 상호 작용의 산물이 곧 실제 표면형이다. 경쟁하는 표면 적형 제약들 간의 상호 위계는 표면형들로부터 드러나는 경향성을 통해 파악할 수 있다. 이는 특정한 음절 구조, 음절 구성, 단어 구조 등에 대한 화자의 선호도를 반영한다. 이 같은 점층적인 선호도를 생산성이라고 부를 수도 있을 것이다. 생산성의 관점에서 보자면, 수의적 음운 현상은 생산성이 1~99%인 현상을 가리키게 될 것이다. 반면 필수적 음운 현상은 생산성이 100%인 현상이 될 것이다. 문제는 이러한 생산성의 측정 방법이 아직까지 합의되지 못했다는 것이다. 이는 바꾸어 말해, 특정한 제약 준수의 필수성 혹은 정도성 또한 생산성과 마찬가지로 측정되기 어려움을 뜻한다.

50) 이러한 맥락에서 Hayes(1996)은 음운론적 기능주의의 입장에서 제약에 대한 제약을 가할 것을 주장한다. 제약이 음성학적 근거(phonetic grounding)를 가질 것을 요구하는 것이다.

51) 본고에서 제약의 역할은 음운 교체의 ‘동인’을 제공하는 것이고, 규칙의 역할은 제약의 상호 작용 결과에 따라 기저형을 표면형으로 변경하는 것, 즉 음운 교체를 ‘수행’하는 것이다. 그러나 음운 현상의 기술에 있어서, 어느 단계까지를 규칙의 차원에서 기술하고 어느 단계에서부터 제약의 차원에서 기술할 것인가, 즉 규칙에 의한 기술과 제약에 의한 기술의 경계 설정을 어떻게 할 것인가는 여전히 문제로 남는다.

의 근본적인 동인을 설명하고자 한다. 이때 제약은 규칙 적용의 상위 기제이며, 그것이 위반됨으로써 보다 상위의 제약이 준수되는 경우에 한하여 위반 가능하다. 이러한 맥락에서 본고는 수의적 음운 현상을 일차적으로 수의적 규칙 적용을 통하여 기술하고, 수의적 규칙 적용의 필연적 이유를 상호 위계가 가변적인 경쟁적 제약(competing constraint)의 존재에서 찾고자 한다.

한편, 전통적인 생성주의 역사 언어학에서 음운 변화가 어휘적으로 급진적이라고 본 반면, 본고는 음운 변화가 어휘적으로 점진적이라고 본다. 이는 기본적으로 Wang(1969)의 어휘 확산 가설(Lexical Diffusion Hypothesis)을 수용한 것이다.[52] 그 이유는 다음과 같다.

Wang(1969) 이전에는 음운 변화가 모든 어휘에 있어서 일시에 (abruptly) 일어난다고 보는 입장이 일반적이었다. 그러나 이러한 견해는 음운 변화를 일회적 사건으로 규정함으로써 변이의 가능성을 원천적으로 배제한다. 기존의 입장을 따르면 우리는 변화의 결과만 관찰할 수 있을 뿐 변화의 과정을 관찰하는 것은 불가능하다.[53] 그러나 과거의 문헌 자료상으로나 최근의 방언 자료상으로나, 우리는 특정 변화의 개신형과 비개신형이 한 언어 공동체 내에 공존하는 현상을 빈번히 보게 된다. 본고의 논의 대상인 육진 방언의 경우에도 다양한 음운 변화의 개신형과 비개신형이 동일 시기, 동일 언어 공동체 내에 공존하고 있음을 볼 수 있다. 음운 변화가 모든 어휘에 있어서 일시에 일어난다면 이러한 개신

---

52) 그러나 어휘 확산론자들의 경우에도 어휘 확산의 기제, 즉 어떤 요인에 의하여 어떤 어휘 항목이 먼저 변화되는가, 또 무엇이 확산 중인 변화의 추진력을 결정하는가 등에 대해서는 아직까지 구체적인 설명을 하지 못했다(McMahon 1994: 56). Leslau(1969), Hooper(1976b), Phillips(1983, 1984), Bybee(2001) 등은 어휘 사용 빈도의 관점에서 이 문제에 접근한 논의들이다. 蘇信愛(2002)에서도 구개음화 및 관련 음운 변화를 반영하는 방언 자료를 검토함으로써 귀납적인 방식으로 어휘 확산의 기제를 논의한 바 있다.

53) 실제로 기존의 구조주의와 전통적인 생성주의 관점에서의 역사 언어학은 변화 전의 언어 상태와 변화 후의 언어 상태를 비교하는 작업에 한정되었다.

형과 비개신형의 공존을 어떻게 설명할 것인가? 이에 본고는 음운 변화가 어휘에 따라 점진적으로 수행되는 과정에서 음운론적 변이가 출현한다고 본다. 또 경쟁하는 음운 변화가 공존할 경우, 개별 어휘마다 음운 변화의 방향이 달라질 수도 있음을 아울러 언급하고자 한다.

1.4. 연구 자료

1.4.1. 방언 자료

본고는 21세기 초 중국 훈춘 지역에서 사용되는 육진 방언을 주된 자료로 삼는다. 자료 수집이 이루어진 지역과 조사 일시, 제보자 목록, 조사 방법 및 자료 제시 방법은 아래와 같다.

1.4.1.1. 조사 지역

1.4.1.1.1. 조사 지점은 中國 吉林省 琿春市 敬信鎭 回龍峰村이다. 이곳은 대략 1230년대 후반에 朝鮮 太祖 李成桂의 고조부인 穆祖 李安社가 본향 전주를 떠나 강원도 삼척으로 이거한 후, 다시 함남 덕원을 거쳐 1255년 두만강 건너로 이동하였을 때 거주하게 되었던 지역으로, ≪龍飛御天歌≫의 斡東(오동)이라는 곳이 바로 지금의 경신진이다.[54]

1982년 중국 인구 조사 자료에 따르면, 조선족 인구는 총 1,763,870명이며 이들의 주요 분포 지역은 東北 三省으로, 吉林省에 110만여 명, 黑龍江省에 43만여 명, 遼寧省에 약 20만 명이 있다고 한다. 이 중 조선족의 최대 집거 지역은 길림성 연변 조선족 자치주로서, 여기에 약 76만 명이 거주하고 있다(宣德五·趙習·金淳培 1990: 1).

전학석(1987: 312-313)에 따르면, 훈춘 지방에 거주하고 있는 조선족은 주로 19세기 중엽부터 20세기 초에 함경북도, 특히 경흥, 경원, 온성 등에서 이주해 온 사람들이며, 훈춘 지방 전체 인구인 143,364명(1980년도 말 통계) 중 조선족은 56.9%(81,559명)를 차지한다고 한다.

---

54) 이와 관련된 보다 자세한 내용은 郭忠求(1991), ≪新增東國輿地勝覽≫ 卷五十 慶興 편, 宋基中(1994), ≪조선시대 북방사 자료집≫(고구려연구재단, 2004) 등을 참고할 수 있다.

훈춘시에 소속된 지역 가운데 조선족이 비교적 많이 분포하는 곳은 경신진, 반석진, 밀강 공사이며, 그 중 경신진에 가장 많은 조선족이 살고 있다. 또, 경신진에 속하는 마을 중에서도 회룡봉촌, 벌등촌, 로전촌, 서가산촌, 대두찬촌, 백석촌, 조양촌, 금당촌에 조선족의 대부분이 거주하고 있다. 반면, 이도포, 권하촌, 구사평, 사도포 등지는 한족의 거주 비율이 높은 편이다. 본고의 조사 지점인 훈춘시 경신진 회룡봉촌은 이 지역 일대에서도 조선족의 비율이 가장 높은 곳이다. 거의 모든 주민이 조선족이며 한족은 찾아보기 어렵다. 또, 방천촌, 금당촌 등과 같이 여러 지역 출신이 모여 사는 곳이 아니라 주민의 대부분이 함북 경흥 혹은 회룡봉촌 출신이라는 점도 주목할 만하다.

회룡봉촌은 훈춘시에서 南으로 약 40㎞, 鎭 소재지인 경신으로부터 南으로 약 9㎞ 떨어진 곳에 자리잡고 있으며, 북한의 對岸은 咸北 慶興郡 阿吾地邑이다.[55] 이 지역 일대는 본래 회룡봉, 초벌등, 중벌등, 큰벌등으로 자연촌을 이루었는데, 1982년에 회룡봉촌과 벌등촌(玻璃洞村)으로 다시 나뉘었다.[56]

현재 이곳에는 1882년 이래 북한의 함북 경흥에서 이주하여 정착한 사람들과 그 후손들이 살고 있으며, 1985년의 통계로는 80호의 조선족 주민호에 350여 명의 조선족 주민이 거주하는 것으로 보고되어 있다(중국조선어실태조사보고 집필조 1985: 3). 결혼은 주로 이 지역 출신의 주민끼리 하는 경우가 많으며, 인근 지역 출신과 결혼하는 경우도 있다. 여타의 朝鮮族鄕에 비하여 漢族과의 교류 및 접촉은 매우 드문 편이다.[57]

---

55) 훈춘 지방은 길림성의 동남쪽에 자리한 변경 지대로, 연변 조선족 자치주 소재지인 延吉市에서 동쪽으로 약 240리(96㎞) 떨어져 있다. 동남쪽은 러시아와, 서남쪽은 북한의 慶興, 慶源, 穩城 등과 접해 있고 서쪽과 북쪽은 圖們市, 汪淸縣, 東寧縣과 접해 있다(전학석 1987: 312).

56) 이는 《회룡봉 혁명 투쟁 개황》(1985. 7. 15. 황춘산 정리)을 참고한 것이다.

57) 주민의 대부분은 중국어(漢語)를 사용하지 못한다. 따라서 이 지역어의 음운 변화에 중국어가 미치는 영향은 거의 없다고 보아도 무방하다.

주민의 주요 생업은 농업으로, 회룡봉촌의 총 경작지는 230여 헥타르 (ha)인데 그 중 논이 100ha, 밭이 130ha이다(1985년 기준).[58] 도로 사정이 열악하여 현재까지도 외지 출입에 많은 제약이 따르며, 유일한 대중 교통 수단으로서 회룡봉촌과 훈춘시를 오가는 버스가 하루에 한 번 있다. 교통권, 교육권, 상권은 모두 훈춘시를 중심으로 형성되어 있다.

함북 육진 지역과 조사 지점인 훈춘시 회룡봉촌의 지리적 위치는 아래와 같다.

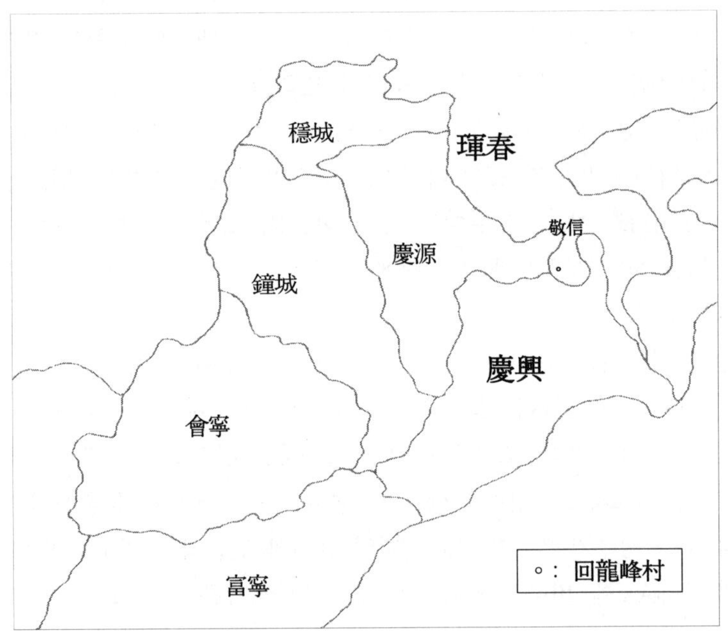

[지도] 함북 육진 지역과 훈춘시 회룡봉촌의 지리적 위치

---

58) 훈춘 지방의 주요 산업은 농업으로, 농촌 인구가 총 인구의 79.5%를 차지한다(전학석 1987: 312).

1.4.1.1.2. 함북 방언 특히 두만강 유역의 육진 방언은 타 방언에 비하여 아직까지 보수적인 성격을 강하게 유지하고 있다. 이는 국토의 최북단에 위치함으로써 언어의 개신파가 미치기 어렵다는 이 지역의 지정학적 조건에 말미암은 것이다. 특히, 본고의 조사 대상인 훈춘 지역어는 중국 조선족 자치주의 조선어 방언 중에서 가장 보수적일 뿐 아니라, 국어의 다양한 공간적 분화체 중에서도 이전 시기의 언어적 특징을 가장 많이 보존하고 있다. 실제로 북한의 경흥 지역(現 은덕군)에서는 그간 문화어의 보급으로 인하여 원래의 방언적 특징이 상당 부분 소실된 점을 고려하면, 오히려 원적지인 경흥 지역어의 특질은 중국의 훈춘 지역에 너 많이 남아 있다고 볼 수도 있을 것이다.

이 지역 노년층 화자들이 사용하는 언어는 음절 구조, 음운 현상, 성조 등에 있어서 중세 국어의 모습과 거의 동일하다. 그러나 중년층 및 청년층 화자들의 언어는 노년층의 그것과 상당한 차이를 보인다. 따라서 현재 이 지역의 세대별 화자들이 보이는 언어적 차이를 면밀히 조사·연구하는 것은 진행 중인 언어 변화의 원리를 밝히는 데 중요한 단서를 제공할 것이다. 뿐만 아니라, 고립 방언으로서 과거의 모습을 보존해 온 이 지역어에 대한 연구는 이전 시기의 국어의 모습을 구명하는 데 실증적 증거를 제공함으로써, 문헌 중심의 국어사 연구의 한계를 보완하는 데에도 일조할 것이다.

1.4.1.2. 조사 일시 및 제보자

논의의 바탕이 된 방언 자료는 총 8회의 현지 조사를 거쳐 필자에 의해 직접 수집되었다. 조사 일시와 제보자 목록은 아래와 같다.

차수	조사 일시 및 제보자 목록
1차	2000. 8. 3. ~ 8. 8.
주 제보자	高成俊, 金京子, 朴楠星, 金大鉉, 金福順, 羅仁淑, 金春月, 金紅蘭
2차	2001. 7. 11. ~ 7. 16.
주 제보자	朴楠星, 金福順, 朴京順, 董鶴振, 李星東, 金玉連, 朴正旭, 金香玉, 李成華
보조 제보자	金大鉉, 羅仁淑
3차	2002. 7. 21. ~ 7. 23.
주 제보자	朴楠星, 金福順
보조 제보자	李京海, 羅仁淑
4차	2003. 8. 21. ~ 8. 28.
주 제보자	朴楠星, 金福順, 李成華
보조 제보자	李京海, 羅仁淑
5차	2004. 1. 7. ~ 1. 17.
주 제보자	朴楠星, 金福順, 朴京順, 董鶴振, 李星東, 金玉連, 朴正旭, 金香玉, 金鐵松
보조 제보자	李京海, 羅仁淑, 李成華
6차	2004. 7. 9. ~ 7. 28.
주 제보자	朴楠星, 金福順, 高權弼, 朴京順, 董鶴振, 金愛淑, 李星東, 高炳龍, 金玉連, 朴正旭, 金香玉, 金淸日
보조 제보자	李京海, 羅仁淑, 李成華
7차	2005. 7. 10. ~ 7. 21.
주 제보자	金京子, 朴楠星, 金福順, 高權弼, 朴京順, 董鶴振, 李京海, 羅仁淑, 朴承權, 金愛淑, 高炳龍, 金玉連, 朴正旭, 金香玉, 金淸日
8차	2006. 1. 3. ~ 1. 8.
주 제보자	金京子, 金奎鉉, 高權弼, 朴京順, 董鶴振, 李京海, 羅仁淑, 朴承權, 金愛淑, 李星東, 高炳龍, 金玉連, 朴正旭, 金鐵松, 金淸日
보조 제보자	朴楠星, 金福順, 兪鳳春

〔표 1〕 조사 일시 및 제보자 목록

전체 제보자 목록과 제보자의 성별, 연령, 약호는 다음과 같다. 연령 표시는 2006년 기준이며, 언어적 차이를 고려하여 세대를 분류하였다.[59) 제보자의 학력, 직업, 배우자의 출신지 등 보다 자세한 사항은 뒷면의 부록 1을 참고하기 바란다.

---

59) M_6(60세)과 M_7(59세), F_7(44세)과 M_{11}(39세)의 세대 구획은 다소 자의적인 것으로 보일 수도 있으나, 이들 간의 언어적 차이는 사실상 뚜렷하게 나타난다. 일반적으로 '연령 집단(age-group)'은 물리적인 나이를 기준으로 하여 구분된 집단을 뜻하는 데 반해, '세대(generation)'는 화자 간의 언어적 차이에 근거하여 구분된 집단을 가리킨다. 언어 변화에 있어서 유의미한 구분은 '세대'이므로 본고 또한 '세대'의 개념을 바탕으로 논의를 전개하고자 한다.

세대	이름	성별	연령	약호
노년층	高成俊	男	85세	M_1
	金京子	女	79세	F_1
	金奎鉉	男	73세	M_2
	金大鉉	男	72세	M_3
	朴楠星	男	71세	M_4
	金福順	女	69세	F_2
	高權弼	男	69세	M_5
	朴京順	女	62세	F_3
	董鶴振	男	60세	M_6
중년층	李京海	男	59세	M_7
	羅仁淑	女	56세	F_4
	朴承權	男	55세	M_8
	金愛淑	女	54세	F_5
	李星東	男	48세	M_9
	高炳龍	男	45세	M_{10}
	金玉連	女	45세	F_6
	金春月	女	44세	F_7
청년층	朴正旭	男	39세	M_{11}
	金香玉	女	38세	F_8
	李成華	男	31세	M_{12}
	金鐵松	男	29세	M_{13}
	金淸日	男	29세	M_{14}
	金紅蘭	女	25세	F_9

〔표 2〕 세대별 제보자 목록

1.4.1.3. 조사 방법 및 자료 제시 방법

함북 경흥 또는 회룡봉촌 출신의 각 연령대별 남녀 제보자를 주 제보자로 선정하여 필자가 직접 面對面(face-to-face) 조사를 실시하였다. 질문지는 약식 질문지(informal questionnaire)를 사용하였으며, 질문 방식은 주로 명명식 질문(naming questions)―지시식 질문, 진술식 질문, 시늉식 질문, 대담식 질문(talking questions), 역질문(reverse questions)―을 사용하였다. 총 23명의 제보자를 대상으로 7년간 8회에 걸쳐 조사하였다.

해당 자료는 각 현상에 대한 제보자별 음성형을 반영한 [표]와, 그것

을 변이형으로 나타낸 [표]로써 제시하였다. 각 변이형의 출현 빈도가
드러나도록 가급적이면 출현한 음성형을 모두 반영하고자 하였으나, 지
면의 한계로 다 싣지는 못하였다. 음성 형태의 해석은 필자의 청취에
의거한 것이며, 필요한 경우 녹음 자료를 통해 재확인하였다.[60] 해당 항
목의 조사 자료가 결여되었거나 제보자가 해당 어휘 자체를 모르는 경
우는 '―'로 표시하였다.[61]

1.4.2. 문헌 자료

본고에서 검토한 문헌 자료는 20세기 초 러시아의 카잔에서 간행된
문헌 중 육진 방언을 반영하는 것들이다. 대상 문헌은 아래와 같다.[62]

1. *Азбука для Корей цевъ*, Изданіе Православнаго Миссіонерс
   каго Общества, Казанъ: Типографія в. м. Ключникова, 1902.
   (*Azbuka dlja Korejtsev*, Izdanie Pravoslavnago Missionerskago Obshchestva,
   Kazanj: Tipografija V. M. Kljuchnikova, 1902)
   (≪韓國人을 위한 綴字敎科書≫, 러시아정교선교협회 출판, 카잔: V. M.
   클류치니코프 인쇄소, 1902)

---

60) 청취상 구별이 어려운 미묘한 음성형에 대해서는 필자 개인의 판단에만 의존하
   지 않고, 함께 조사에 참여한 조사자들과 제보자들의 확인을 거쳤음을 밝힌다.
61) 김대현, 고성준 제보자는 각각 2002년, 2003년에 별세하신 관계로 그 이후에 보충
   조사를 하지 못했다. 김홍란, 이성화, 김춘월, 김향옥 제보자의 경우에도 거주지
   이전 시점 이후에는 보충 조사를 하지 못했다.
62) 필자가 본 ≪韓國人을 위한 綴字敎科書≫와 ≪露韓會話에 대한 單語와 表現≫은
   브리티시 컬럼비아 대학교(UBC)의 J. R. P. King 교수의 복사본이며, ≪露韓會
   話≫는 서울대학교 도서관 소장본, ≪試篇 露韓小辭典≫은 핀란드 헬싱키 대학
   도서관 Ramstedt 문고 소장본의 복사본이다. 문헌의 서지 사항은 기본적으로 원
   문의 서문에 근거한 것이다. 그 밖에 郭忠求(1986a, 1986b, 1987, 1994b), King, J. R.
   P.(forthcoming), 방언연구회(2001) 등을 참고하였다.

2. *Русско-Корейскіе Разговоры*, Изданіе Православнаго Миссі
   онерскаго Общества, Казанъ: Типографія в. м. Ключникова,
   1904.

   (*Russko-Korejskie Razgovory*, Izdanie Pravoslavnago Missionerskago Obshchestva,

   Kazanj: Tipografija V. M. Kljuchnikova, 1904)

   (≪露韓會話≫, 러시아정교선교협회 출판, 카잔: V. M. 클류치니코프 인

   쇄소, 1904)

3 *Слова и Выраженія къ Русско-Корейскимъ Разговорамъ*,
   Изданіе Православнаго Миссіонерскаго Общества, Казанъ:
   Типографія в. м. Ключникова, 1904.

   (*Slova i Vyrazhenija k Russko-Korejskim Razgovoram*, Izdanie Pravoslavnago

   Missionerskago Obshchestva, Kazanj: Tipografija V. M. Kljuchnikova, 1904)

   (≪露韓會話에 대한 單語와 表現≫, 러시아정교선교협회 출판, 카잔: V.

   M. 클류치니코프 인쇄소, 1904)

4. *Опытъ Краткаго Русско-Корейскаго Словаря*, Изданіе Пр
   авославнаго Миссіонерскаго Общества, Казанъ: Типографі
   я в. м. Ключникова, 1904.

   (*Opyt Kratkago Russko-Korejskago Slovarja*, Izdanie Pravoslavnago

   Missionerskago Obshchestva, Kazanj: Tipografija V. M. Kljuchnikova, 1904)

   (≪試篇 露韓小辭典≫, 러시아정교선교협회 출판, 카잔: V. M. 클류치니

   코프 인쇄소, 1904)

≪韓國人을 위한 綴字敎科書≫는 카잔 사범 학교 재학생인 세 명의
한국인이 편집한 교과서이다. 세 명 모두 한국의 북부 지역으로부터 이
주한 이래 30년 이상 러시아에 거주하고 있는 가정의 출신이다. 이 중
한 명(G. P. 徐 씨)은 시지미 마을 출신이고, 두 명(P. P. 韓 씨와 K. F. 姜
씨)은 찌진헤 마을 출신이다. G. P. 徐 씨는 20년 전 함북 길주에서 이주

한 가정 출신이고, P. P. 韓 씨는 1872년경 함북 경원으로부터 이주한 가정 출신이다. 서문에는 1872년경 함북 경흥으로부터 이주한 가정 출신인 K. F. 姜 씨의 발음이 이 출판물의 토대가 되었다고 기록되어 있다. 따라서 이 책의 ≪한국어 편≫에 문자 전사된 내용은 경흥 지역어를 반영한다고 해석할 수 있다. 본문의 내용은 대체로 톨스토이(L. N. Tolstoj)의 ≪새로운 綴字敎科書≫(Novaya Azbuka)에 실린 우화들에 대응된다.63) 이야기들은 모두 러시아의 키릴 문자를 이용한 전사 기호들로 정밀 전사되어 있으며, 문어체가 아닌 구어체 문장으로 되어 있는 것이 특징이다.

≪露韓會話≫는 경흥읍에서 연해주로 이주한 가정에서 출생한 카잔 사범학교 3년생인 姜 씨와 그의 동료 한국인들의 도움을 받아 편찬된 러시아어 한국어 대역 회화집이다. 따라서 여기 반영된 언어 또한 경흥 지역어라고 볼 수 있다. 본문의 내용은 주로 군사 및 교역을 위한 대화들로 구성되어 있다. 이들은 모두 키릴 문자를 이용한 전사 기호들로 정밀 전사되어 있으며, 액센트(성조)와 음장까지 표시되어 있다.

≪露韓會話에 대한 單語와 表現≫에 수록되어 있는 한국어는 앞서 편찬된 ≪露韓會話≫의 한국어 제보자인 K. F. Kana(姜) 씨의 한국어 방언이다. 서문에는 카잔 사범 학교 동료 학생인 P. P. Hana(韓) 씨가 이 책의 편집에 적극적으로 참여했다고 되어 있다. 이 책에는 간략한 한국어 문법 설명과 더불어 ≪露韓會話≫에 등장하는 단어와 표현이 실려 있다.

≪試篇 露韓小辭典≫은 당시 카잔 사범 학교에 재학 중이던 여섯 명의 한국인이 참여하여 편찬한 책으로[64], 대역 어휘집의 차원을 넘어선

---

63) ≪새로운 綴字敎科書≫(Novaya Azbuka)는 초급 러시아어 학습서로서 현재 많은 이본이 전한다. 필자가 본 것은 J. R. P. King 교수의 복사본이다. ≪韓國人을 위한 綴字敎科書≫에 경흥 지역어로 전사된 내용을 ≪새로운 綴字敎科書≫의 러시아어 원문과 대조함으로써 정확한 의미 해석을 할 수 있었다.

64) 그 중 姜 씨(K. F. Kana)와 韓 씨(P. P. Hana), 韓 씨(A. A. Hana)는 연해주의 아지미면 찌진헤 출신이고, 徐 씨(G. P. Shegaja)는 연해주의 시지미 출신, 吳 씨(V.

최초의 노한 사전이다. 이 사전의 한국어는 연해주 남우수리 지역 출신 한국인들 중의 한 사람(A. K. Hana(韓 씨))의 발음을 채록하여 기록한 것이다. 韓 씨의 한국에서의 선대 거주지가 밝혀져 있지 않기 때문에 동북 방언의 어느 하위 지역어인지 자세히 알 길이 없다. 그러나 이 사전의 한국어는 남우수리에 거주하는 전형적인 한국어 방언이므로 육진 지역 방언일 것임은 분명하다. 실제로 이 사전에 반영된 한국어 방언은 ≪露韓會話≫의 그것과 거의 동일하다. 따라서 이 사전의 한국어는 경흥 내지는 경흥에 바로 이웃하고 있는 지역의 방언일 것이다(郭忠求 1994b: 41).[65] 사전의 표제어는 러시아어로 되어 있으며, 그에 대한 한국어 뜻풀이는 모두 키릴 문자를 이용한 전사 기호들로 정밀 전사되어 있다. 액센트(성조)와 음장 또한 표시되어 있다.

1.4.3. 기타 보조 자료

그 밖에 다음과 같은 보조 자료를 참고하였다.[66]

1. 宣德五・趙習・金淳培(1990), ≪朝鮮語方言調査報告≫, 延邊人民出版社 [1991: 태학사 影印].
2. *Первоначальный Учебникъ Русскаго Языка для Корей ц евъ*, Изданіе Православнаг о Миссіонерскаг о Общества, К азанъ: Типографія в. м. Ключникова, 1901.

　　V. Ogaja)는 연해주의 화타시 출신, 韓 씨(A. K. Hana)는 연해주의 얀치헤 출신이다.
65) 방언연구회(2001: 453)은 이를 함북 경원 부근의 방언으로 추정하였다.
66) 필자가 본 ≪韓國人을 위한 初等 러시아어 教科書≫는 UBC의 J. R. P. King 교수의 복사본이며, ≪로한ᄌ뎐≫은 서울대학교 도서관 소장본, ≪韓國에 대한 偵探≫은 모스크바 레닌 도서관 소장본의 복사본이다. 문헌의 서지 사항은 기본적으로 원문의 서문에 근거한 것이다. 그 밖에 郭忠求(1988, 1994b), King, J. R. P. (forthcoming), 방언연구회(2001) 등을 참고하였다.

(*Pervonachaljnyj Uchebnik Russkago Jazyka dlja Korejtsev*, Izdanie Pravoslavnago Missionerskago Obshchestva, Kazanj: Tipografija V. M. Kljuchnikova, 1901) (≪韓國人을 위한 初等 러시아어 敎科書≫, 러시아정교선교협회 출판, 카잔: V. M. 클류치니코프 인쇄소, 1901.)

3. ≪로한ㅈ뎐≫(*Opyt Russko-Korejskago Slovarja*)
   (1874년 러시아 S. 페테르부르크에서 M. Putsillo에 의해 간행)

4. 중국조선어실태조사보고 집필조(1985), ≪중국조선어실태조사보고≫, 료녕민족출판사.

5. 小倉進平(1927), "咸鏡南北道方言," ≪朝鮮語≫ 2, 朝鮮敎育硏究會, 1～34.

6. 慶興郡誌 編纂委員會(1988), ≪咸鏡北道 慶興郡誌≫, 慶興郡誌 編纂委員會.

7. *Русско-Корей скій Словарь*, Г. ХабаровскЪ: Типографія Ка нцеляріи Приамурскаг о Генералъ-Губернатора, 1898.
   (A. N. Tajshin, Russko-koreiskij Slobarj, G. Habarovsk, 1898)
   (타이신 편, ≪露韓辭典≫, G. 하바로프스크: 연해주 총독부 관청 인쇄소, 1898.)

8. *Разведчику въ Корее*(Русско-Корей скій Словарь), С-Пете рбургЪ: Изданіе Военно-Статистическаго Отдела Главнаг о Штаба, 1904.
   (*Razvedchiku v Koree(Russko-Korejskij Slovarj)*, S. Peterburg: Izdanie Voenno-Statisticheskago Otdela Glavnago Shtaba, 1904)
   (≪韓國에 대한 偵探≫, S. 페테르부르크: 참모 본부 군사 통계국 출판, 1904.)

9. 金泰均(1986), ≪咸北方言辭典≫, 京畿大學校 出版局.

≪朝鮮語方言調査報告≫에는 1981～1982년 중국 사회과학원 민족연구소 및 관련 기관의 지원으로 吉林省 琿春縣 敬信鄕 回龍峰村에서 조사된 자료가 수록되어 있다. 자료 조사 지점이 본고의 조사 지점과 정확히

일치한다. 제보자는 田千수 씨로, 함북 경흥에서 이주해 온 사람이다. 제보자의 연령 및 성별은 명시되어 있지 않으나, "다른 방언의 영향을 가장 적게 받은, 어휘가 풍부하고 문법이 숙련되었으며, 발음이 정확한 할머니나 할아버지를 제보자로 삼았다"는 언급이 있다. 따라서 여기 제시된 자료는 당시의 노년층 화자의 발화를 전사한 것으로 생각된다. 이 자료는 조사된 어휘 항목의 수가 많다는 이점이 있으나, 정밀 전사가 아닌 광역 전사 자료라는 점에서 주된 자료로 이용하기에는 어려움이 있다. 이에 보조 자료로 이용하였다.

≪韓國人을 위한 初等 러시아어 敎科書≫는 카잔 사범 학교 학생인 4인의 한국인의 노력으로 편찬된 교과서이다.[67] 여기 전사된 한국어 방언은 함북 북부 방언으로 보인다. 그러나 이질적인 방언의 영향을 받은 흔적이 곳곳에 보이며, 전사의 정밀성도 상대적으로 낮은 까닭에 보조 자료로만 이용하였다.

한편, ≪로한ㅈ뎐≫에 전사된 한국어 방언은 19세기 중엽의 함북 북부 방언으로 추정된다(방언연구회 2001: 442). 이 자료 또한 대체로 육진 방언의 특징을 지니고 있으나 육진 이외의 방언 특징이 혼재되어 있으며, 전사의 정밀성도 앞의 자료들에 미치지 못하므로 보조 자료로만 이용하였다.[68] 그 밖의 문헌에 대한 서지 사항은 郭忠求(1994b)를 참고할 수 있다.[69]

---

67) 서문에 따르면 J. A. Kim은 Zarech'ja 마을 출신이고, M. P. Ljan(g)은 Nagornyj 마을 출신, M. V. Ten은 Krasnyj 마을 출신이다. 이상 세 명은 연해주 남우수리 지역 포시에트 관구 안치혜 출신이다. 한편, P. E. Xan은 같은 포시에트 관구 내의 아지미 면에 속하는 Tizinxe(찌진혜) 마을 출신이다(King, J. R. P. forthcoming 참고).

68) ≪로한ㅈ뎐≫의 한국어와 그 전사에 대한 자세한 사항은 郭忠求(1988), King, J. R. P.(forthcoming)을 참고할 수 있다.

69) 그 밖에 함경도 방언을 반영한 문헌 자료인 ≪북새기략 北塞記略≫, ≪연병지남 練兵指南≫, ≪북관노정록 北關路程錄≫, ≪이쥬풍쇽통 夷州風俗通≫ 등을 간접적으로 참고하였다.

1.5. 논의의 구성

본 논문은 서론과 결론을 포함하여 총 5개의 장으로 이루어진다. 2장에서는 변이와 변화의 개념과 유형을 살펴보고, 3장에서는 교체 지배 변이와 변화에 대하여, 4장에서는 기저형 지배 변이와 변화에 대하여 논의한다.

2장에서는 음운론적 변이와 변화에 대한 개념을 정의하고, 발화 산출 과정에 작용하는 수의성의 유형에 따라 변이 및 변화의 유형을 분류할 것이다. 표면형 도출 과정상의 수의성에 기인한 변이 및 변화는 '교체 지배 변이 및 변화'로, 기저형 선택 과정상의 수의성에 기인한 변이 및 변화는 '기저형 지배 변이 및 변화'로 분류한다. 공시적 변이와 통시적 변화를 공통된 원리에 의하여 파악하려는 이 같은 시도는 기존의 공시태 개념을 완화함으로써 통시태와의 상관성 속에서 공시태를 파악해야 할 필요성에서 비롯한 것이다. 공시적 변이와 통시적 변화의 상호 관계에 대한 본고의 가설은 이 장의 마지막에 제시될 것이다.

3장에서는 교체 지배 변이와 변화의 실제를 검토하고 그 원리를 밝힘으로써 양자의 상관성을 확인할 것이다. 함북 육진 방언이라는 실증적인 언어 자료를 토대로, 수의적 음운 교체에 의한 변이와 변화의 구체적인 기제에 관하여 논의할 것이다. 훈춘 지역어의 세대별 음운 변이의 양상을 비교하여 현장 시간상의 변화를 확인하는 한편, 이를 20세기 초의 카잔 자료와 비교함으로써 실재 시간상의 변화 양상도 살펴볼 것이다. 논의의 대상이 되는 음운론적 변항은 현재 진행 중인 음운 변화를 반영하고 있는 (ti), (tyV), (ni), (nyV), (syV), (ʦyV), (yə), (ya)이다.

4장에서는 기저형 지배 변이와 변화의 실제를 검토하고 그 원리를 밝힘으로써 양자의 상관성을 확인할 것이다. 함북 육진 방언이라는 실증적인 언어 자료를 토대로, 기저형의 수의적 선택에 의한 변이와 변화의 구체적인 기제에 관하여 논의할 것이다. 훈춘 지역어의 세대별 음운 변이의 양상을 비교하여 현장 시간상의 변화를 확인하는 한편, 이를 20세기 초의 카잔 자료와 비교함으로써 실재 시간상의 변화 양상도 살펴볼 것이다. 새로운 기저형의 첨가 기제를 크게 재해석, 단일화, 차용 및 유추로 나누고, 이들에 의한 변이 및 변화의 예들을 검토할 것이다.

끝으로 결론에서는 논의한 내용을 정리하고 남은 문제를 언급할 것이다.

제2장 변이와 변화의 개념과 유형

2.1. 공시태와 통시태의 개념

공시적 변이와 통시적 변화의 상관성을 논하기 위해서는 무엇보다 공시태와 통시태의 개념에 대한 이해가 선행되어야 한다. 우선, 기존의 공시태와 통시태의 개념에 대하여 비판적으로 검토하고, 실재적인 언어 현상의 분석에 있어서 양자의 배타적 이분법이 초래하는 문제점을 언급하고자 한다. 나아가 기존의 공시태 개념을 완화함으로써 통시태와의 상보적 관계에서 공시태를 파악할 수 있는 방안을 모색할 것이다.

Saussure(1915/1972/1990: 99-100)의 관점에서 언어란, 다수의 다양한 기호들로 이루어져 있는 정밀하고 복잡한 체계이다. 이러한 기호의 다양성으로 인하여, 우리는 동일 시기의 체계 내적 관계들과 서로 다른 시기에 걸쳐 있는 시간축 상의 관계들을 동시에 연구할 수가 없다. 그에 따르면, 정태 혹은 공시 언어학은 공존하며 체계를 이루는 사항 간의 논리적·심리적 관계를 다루는 반면, 진화 혹은 통시 언어학은 시간에 따라서 체계와 무관하게 개별적으로 일어나는 사항의 변화를 연구한다(金芳漢 1988a: 21). 이러한 맥락에서 Saussure는 언어 상태를 다루는 언어학과 언어 진화를 다루는 언어학을 구별할 필요성을 제기하였다.

Saussure(1915/1972/1990: 98-120)에 따르면, 공시태(synchronie, synchrony) 란 어느 특정 시기의 언어 상태를 말한다. 따라서 공시적 언어 연구란, 해당 언어의 이전 단계나 이후 단계에 대한 고려 없이 시간상의 어느 특정 지점에서의 언어 연구를 가리킨다(Holmes 2001: 399). 즉, 공시 언어학은 시간의 흐름에 따른 변화가 개입되지 않는 일정한 시간상의 한 시점에서 해당 언어의 구조를 관찰하고 기술하는 방법론을 말하는 것이다(최전승 외 1999: 192).[1]

공시태를 특정 시기의 언어 상태로 정의할 때, 통시태(diachronie, diachrony)란 그러한 언어 상태의 연속으로서, 언어의 진화 단계를 지칭한다. 이에 통시적 언어 연구란, 시간의 흐름에 따라 해당 언어가 겪은 변화를 추적하는 언어 연구를 가리킨다(Holmes 2001: 398). 즉, 통시 언어학은 언어가 시간의 흐름에 따라 그 구조를 변화시키거나 또는 유지해 오는 방식을 기술하며 고찰하는 것을 목적으로 한다고 할 수 있다(최전승 외 1999: 192).[2]

위와 같은 공시태와 통시태의 개념을 정립함으로써 Saussure는 공시적 현상과 통시적 현상을 철저히 구별해야 한다고 주장하였다.[3] 그에게 있어 공시적 현상이란, 동시적인(simultaneous) 요소들 간의 관계로서, 정태적 국면에 관련되는 모든 것이며, 여기에는 어떠한 시간의 개입도 배제된다. 반면 통시적 현상이란, 시간축 상에서 한 요소가 다른 요소로 대체되는 하나의 사건(event)으로서, 진화에 관련되는 모든 것이다

---

1) 공시론이란 수평적인 시간축 상의 언어 상태를 관찰, 기술함으로써 언어를 바라보는 관점을 뜻한다. 이 같은 관점에서는 '의사소통의 도구'로서 기능하는 언어의 측면을 다룬다. Saussure(1915/1972/1990: 109-110)에 따르면, 공시태는 하나의 관점 즉 화자들의 관점만을 인정한다.

2) 통시론이란 수직적인 시간축 상의 언어 상태들을 비교, 대조함으로써 언어를 바라보는 관점을 뜻한다. 통시론에서는 역동적으로 변화하는 언어의 측면을 다룬다. Saussure(1915/1972/1990: 110)에 따르면 통시 언어학의 관점은 다시, 시간의 흐름을 따르는 '전망적 관점'과 시간의 흐름을 거슬러 올라가는 '회고적 관점'으로 구별된다.

3) Saussure에 관한 최근 연구에 의하면, ≪Course de Linguistique Générale≫의 편집자들이 Saussure의 생각을 잘못 전한 것이며, Saussure 자신은 '공시적 진리'와 '통시적 진리'가 서로 배타적이라고 보지 않고 오히려 상보적이라고 보았다고 한다(金芳漢 1988a: 26). 그렇다고 하더라도 이제껏 공시태와 통시태에 대한 논의는 ≪Course de Linguistique Générale≫를 근거로 이루어져 왔으므로, 본고의 비판 또한 Saussure(1915/1972/1990)에 대한 것임을 밝혀 둔다.

(Saussure 1915/1972/1990: 99-110).[4]

그러나 공시태와 통시태에 대한 이 같은 배타적 이분법은 공시태 안에 잠재하는 통시적 변화의 가능성에 대한 검토를 원천적으로 차단함으로써, 통시적 변화에 대한 연구의 폭을 지나치게 한정한다는 문제를 지닌다. Jakobson(1931/1978: 116-117)에서도 언급하였듯이, 음운 변이(mutation)는 불변적 언어 요소들과 대등한 자격으로 공시적 연구의 대상이 될 수 있다. 언어의 공시적 상태에는 발음, 문법 등 여러 면에 걸쳐 변이가 존재하며, 그것이야말로 체계를 불안정하게 만드는 즉 체계 변화를 야기하는 항구적 원인이 된다(Jakobson 1929/1962: 19-20). 그는 특히 '정태(static)'와 '공시태'를 동의어로 보는 것은 심각한 오류이며, 정태적 단면은 허구라고 비판한다. 정적인 언어 상태란 유용한 과학적 보조 수단일 뿐, 결코 존재 방식의 특정한 양상이 아니라는 것이다.[5] Jakobson (1931/1978: 118-119)은 한편으로 '공시태', '정태', 그리고 '목적론의 적용 영역'을 동일시하고 다른 한편으로 '통시태', '동태(dynamic)', 그리고 '기계적 인과 관계의 영역'을 동일시하려는 시도는 공시태의 범위를 부당하게 축소해 버리고, 역사 언어학을 개별적 사실들의 집합체로 만들어 버릴 것이며, 공시태의 문제와 통시태의 문제들 사이에 피상적이고 해로운 환상의 심연을 만들어 낼 것이라고 비판하였다.

Saussure로부터 기원한 공시태와 통시태의 구별은 후대의 언어 연구에 지대한 공헌을 한 것이 사실이나, 양자의 이율배반은 여전히 많은 논란의 여지를 남기고 있다. Lehmann(1968: 6-14)은 Saussure의 이분법이 간결하고 또 교육상으로 유용한 반면에, 언어 연구에 있어서 용인 불가

---

4) 그는 "통시 언어학은 (공시 언어학과) 반대로, 단일한 집합적 의식(consciousness)에 의해 지각되지 않는 계기적 항목들, 서로가 서로에 의해 '대체되지만(substituted)' '그것들 간의 체계를 형성하지는 않는' 항목들을 연관시키는 관계들을 연구할 것"이라고 한다(Saussure 1915/1972/1990).

5) Jakobson은 언어에 있어서 움직임의 모습은 통시적 측면뿐 아니라 공시적 측면에도 나타나 있다고 주장하였다(Jakobson 1931/1978: 117).

능할 정도로 지나친 단순화를 낳았음을 비판하였다. 뿐만 아니라 진화적 언어 단계에 대립되는 것으로서의 정적인 언어 단계의 설정 자체가 인위적임을 꼬집었다. 그는 비록 Saussure의 형식화에 비해서는 덜 간결할지라도, 고도로 유동적인 언어적 작용(operation)의 다양한 세부 사항을 포괄하는 언어 변화 이론이 대두해야 함을 역설하였다.

실제로 고정적인 언어 상태의 존재란 현실적으로 불가능하다. 언어는 지금 이 순간에도 끊임없이 변하고 있기 때문이다. 이 같은 언어의 가변성(variability)을 인정한다면, Saussure식의 공시태 개념은 다른 방식으로 재해석 또는 수정되어야만 한다.[6] Martinet(1975: 5-10)의 '역동적 공시태'라는 용어가 그러한 대표적인 수정안 중 하나일 것이다. 이는 공시태가 본질적으로 변화의 속성을 내포하고 있다는 점을 잘 드러내 준다.[7] 또, 공시태와 통시태의 유기적인 상호 관계에도 주목할 필요가 있다. 최전승 외(1999: 191-194)에서도 언어의 공시적 연구 방법과 통시적 연구 방법 사이의 명시적 구분이 역사적 형성물인 언어의 본질과 구조를 공시적으로 파악하는 데 한계가 있음을 지적하고 있다. "언어의 변화는 장기적으로 여러 단계의 공시적 언어 구조에 걸쳐 진행될 수 있으며, 단기적으로는 일정한 공시적 단계 내에서 완료되기도 한다. 따라서 대부분의 언어 변화의 출발과 전파의 진행 과정은 언어의 공시적 구조 속에 내포되어 있을 가능성이 많다."고 진술하고 있는 것이다. 이는 언

---

6) Saussure가 말한 공시태와 통시태의 이율배반은 연구 대상인 언어 그 자체에 관한 것이 아니라 연구 방법에 관한 것이라는 Coseriu(1958, 1968)(金芳漢 1988b: 22에서 재인용)의 해석은 시사하는 바가 크다. 그는 공시태와 통시태의 구별은 언어 그 자체에 대응되는 구별이 아니라 관점의 차이 혹은 방법론적 구별에 지나지 않는다고 본다. 즉, 공시와 통시의 엄밀한 구별은 기술에 속하는 문제이지 대상에 속하는 문제는 아니라는 것이다.

7) "그러므로 동일한 연구 대상의 연속적인 상이한 상태를 유심히 비교하는 통시태 연구와, 유일하고 동일한 상태에 물론 주의가 집중되지만, 변이를 다시 일으키는 것, 각 특성의 진보적이거나 퇴보적인 성격을 평가하는 것을 단념하지 않는 역동적 공시태는 상반되는 것으로 나타날 것이다."(Martinet 1975: 9)

어가 공시적으로 기능할 때 변화한다고 봄으로써[8], 언어의 기능에 변화의 가능성이 내포되어 있다고 파악한 Coseriu(1958, 1968)의 견해와도 맥을 같이한다. 본고는 공시태와 통시태의 철저한 이분법을 지양하고 양자의 상호 관계에 주목한다는 점에서 위의 견해들과 동일한 입장이다. 특히 공시태의 '동질성'이 아닌 공시태의 '이질성'에 주목하여 공시적 변이와 통시적 변화의 상호 관계를 밝힌다는 측면에서, 본고는 Labov를 위시한 일군의 역사·사회 언어학자들의 공시태 개념을 바탕으로 한다.

그렇다고 해서 본고가 공시태와 통시태의 구별 자체를 부정하는 것은 결코 아니다. 공시태와 통시태의 이분법이 내포한 모순이 끊임없이 지적되어 왔음에도 불구하고, 공시태와 통시태가 여전히 유용한 개념적 장치임에는 틀림없다. 동일한 음운 과정에 대한 기술일지라도 공시적 관점에서의 기술과 통시적 관점에서의 기술은 엄격히 구별될 필요가 있다. 공시적 기술은 동일 시기의 화자와 청자가 어떠한 방식으로 언어를 통해 의사소통하는가의 문제를 다루는 반면, 통시적 기술은 언어가 시간이 흐름에 따라 화자 및 청자에 의하여 어떠한 방식으로 변화되는가의 문제를 다루기 때문이다.

그런데 여기서 문제가 되는 것은, 어떤 특정 시기의 언어 현상을 기술함에 있어서 공시적으로 기술해야 할 대상과 통시적으로 기술해야 할 대상을 어떻게 구별하느냐이다. 가령 공시적 음운 현상을 '어휘부나 규칙 체계의 변화를 야기하지 않는 음운 현상'으로 정의하는 한편, 통시적 음운 현상은 '어휘부나 규칙 체계의 변화를 야기하는 음운 현상'으로 정의한다고 가정해 보자. 그러할 경우, 어떠한 음운 변동이 일어남으로 인해 어휘부나 규칙 체계의 변화가 초래되지 않는다면, 그러한 음운 현상은 공시적 기술의 대상이 될 것이다. 반면, 어떠한 음운 변동의 결과 어휘부나 규칙 체계에 변화가 일어나는 경우는 모두 통시적 기술의 대

---

8) Coseriu(1958, 1968)에 의하면, "언어는 통시적으로 구성되고 공시적으로 기능한다".

상이 될 것이다.

 그러나 문제는 그리 간단하지 않다. 예컨대, 이 지역어의 t 구개음화 (예. '티-(打)'→'치-', '둏-→좋-'), tyV→tV(예. '뎌(彼)'→'더'), 어두 n 탈락(예. '니-(戴)'→'이-', '넣-(投入)'→'옇-'), nyV→nV(예. '녯날(昔)'→'녯날'), syV→sV (예. '쇼에(松魚)'→'소에'), ʦyV→ʦV(예. '죠애(紙)'→'조애'), yə→ye→e(예. '펴-(伸)'→'폐-'→'페-'), ya→yɛ→ɛ(예. '-(으)랴르(-도록)'→'-(으)래르'→'-(으)래르') 와 같이 형태소 내부에서 일어나는 수의적 음운 변동의 경우는 여느 공시적 음운 현상과 대등한 특성을 지니는 동시에 어휘부의 변화 또한 초래하고 있기 때문이다.[9] 형태소 내부의 수의적 교체가 어휘에 따라 점진적으로 필수화함으로써 기저형의 변화가 초래되고, 이는 곧 어휘부 의 변화로 간주되는 것이다. 동일 시기에 생산적으로 일어나는 음운 현 상이라는 점에서 이들은 통시적 변화와 무관한 소위 '공시적' 음운 현상 들과 공통적이다. 그러나 공시적 현상과 통시적 현상에 대한 앞의 가정 을 따르자면, 이들은 어휘부의 변화를 초래하는 까닭에 일제히 통시적 현상으로 간주되어야 할 것이다. 이들이 통시적 현상으로 간주된다는 것은 예컨대 '뎌(彼)'와 '더'의 공존(뎌~더)이 'tyV→tV'와 같은 음운 과정 에 의하여 기술되는 것이 아니라, 음운 변화에 의해 형성된 어휘부 내 의 쌍형 기저형('뎌'와 '더')으로부터 각 기저형이 수의적으로 선택되는 것으로 기술됨을 뜻한다. 그러나 과연 어휘부의 변화를 가져온다는 이 유만으로 이와 같이 생산적인 음운 현상을 모두 통시적 변화의 결과로 간주하는 것이 합리화될 수 있을지는 의문이다.

 Saussure의 공시태 개념을 여과 없이 받아들이고 공시태와 통시태의 이분법을 과도하게 적용할 경우, 공시적 음운 변동으로 설명할 여지가 있는 현상조차도 통시적인 것으로 치부함으로써 공시태의 범위를 축소 할 위험이 있음은 이미 Jakobson(1931/1978: 118-119)에서도 시사된 바이

---

9) 공시적 음운 과정의 판별 기준에 대해서는 2.2.2에서 상술한다.

다. 본고는 어느 특정 시기에 관찰되는 수의적 음운 현상이 어휘부의 점진적인 변화를 초래하는 이와 같은 경우, 개념적 장치에 충실하기 위하여 이를 통시적 현상으로 간주하기보다는, 개념적 장치를 완화하여 현상의 본질을 최대한 설명하는 것이 바람직하다고 생각한다. 이에 본고는 일정 시기의 언어 상태를 기술함에 있어서, 철저히 추상적인 공시태 개념이 아닌 보다 실재적인 공시태 개념을 사용하고자 한다. 기존의 공시태 개념을 완화하여, 공시태를 '상대적으로 변화가 적은 기간 동안의 언어 상태'라 규정하고, 세대교체가 개재하지 않는 기간, 즉 한 세대 내에서의 언어 상태를 잠정적으로 공시태로 간주하고자 한다. 비약적인 언어 변화는 주로 세대교체와 더불어 일어나기 때문이다. 구체적으로는, 노년층, 중년층, 청년층으로 대별된 세대(generation) 내에서의 화자별 언어 차이를 각각 공시적 변이로 간주하고, 이것을 시간축 상의 변화와 비교함으로써 공시태의 역동적 속성을 드러내 보이고자 한다.

2.2. 변이의 개념과 유형

2.2.1. 변이의 개념

일반적으로 음운론에서의 변이란, 어떤 음운이 상이한 음(音)으로 실현되는 현상을 말한다. 해당 음운이 그 놓이는 환경에 따라 다른 음으로 실현되며, 그러한 변이음의 실현이 상보적 분포를 보일 때, 이를 조건 변이 혹은 환경 변이(contextual variation)라고 한다. 반면, 어떤 음운이 그 놓이는 환경과 무관하게 다른 음으로 실현되며, 그러한 변이음의 실현이 중복 분포를 보일 때, 이를 무조건 변이 혹은 자유 변이(free variation) 라고 부른다.[10]

그런데 대립 기능을 수행하지 않는, 즉 의미 차이를 수반하지 않는 음(phone)의 차이뿐 아니라 음운(phoneme)의 차이 또한 존재한다. 영어의 economics의 e를 /i/로도 발음하고, /ɛ/로도 발음하는 것이 그러한 예이다.[11] 독자적 단어 내의 동일 환경에 분포하는 이러한 음운 간의 변이 또한 포괄적으로 자유 변이라 부른다.

한편, 방언학에서의 언어 변이는 크게 지역적 변이(regional variation)와 사회적 변이(social variation)로 나뉜다. 지역적 변이란, 한 언어의 공간적 분화체인 지역 방언들(regional dialects) 간에 차이를 보이는 언어 현상을 가리킨다. 한 지역의 화자들과 다른 지역의 화자들은 각각이 구사하는 지역 방언에 의하여 구별된다. 사회적 변이란, 한 언어의 사회적 분화체

---

10) 예컨대, 영어에서 cat의 /t/가 파열음 [tʰ]로 발음되기도 하고 미파음 [t˺]로 발음되기도 할 때, 국어에서 '두부'의 /ㅂ/이 유성 파열음 [b]로 발음되기도 하고 유성 마찰음 [β]로 발음되기도 할 때, /t/의 두 변이음 [tʰ, t˺]나 /ㅂ/의 두 변이음 [b, β]를 자유 변이음이라 한다. 이와 같이 동일한 환경에 나타나면서도 어휘 의미의 차이를 초래하지 않는 변이음들을 일컬어 자유 변이의 관계에 있다고 한다.

11) 'kook, cook, roof, root' 등에서 oo를 /u/로도 발음하고, /U/로도 발음하는 현상 또한 음운 간의 자유 변이에 속한다(Hyman 1975: 65-66).

인 사회 방언들(social dialects) 간에 차이를 보이는 언어 현상을 말한다. 이때 사회 방언이란 특정한 사회 계층 혹은 집단과 연관된 언어적 변종(variety)을 의미한다(Wardhaugh 1998: 130).

그 밖에도 발화 스타일에 따른 변이가 있다. 발화가 행해지는 상황(context)에 따라 동일한 화자가 상이한 언어적 실현을 보이는 경우, 이를 스타일상(혹은 말투상)의 변이라고 한다.[12]

그런데 기존에 조건 변이와 지역적 변이에 대한 연구가 활발했던 데 반하여, 자유 변이와 사회적 변이에 대해서는 상대적으로 많은 연구가 이루어지지 않았다. 사회 방언학의 대두와 더불어 기존의 자유 변이 개념은 비로소 사회적 변이의 관점에서 재검토되기 시작한다. 대표적으로 Labov(1971: 432-437)은 소위 '자유 변이'는 종종 사회적 의미를 가지며, 이러한 변이형은 계량적으로 설명되어야 한다고 주장하였다. '자유 변이형'의 상대적 빈도를 설명할 규칙이 제공되어야 한다는 것이다. 이로써 기존에 자유 변이로 간주되었던 현상들 중 일부는 진정한 의미의 자유 변이가 아닌, '사회적으로 조건된 변이'임이 밝혀졌다.[13]

그러나 기존에 자유 변이로 간주되었던 현상들, 이른바 수의적 현상들 중에는 사회적 요인으로도 여전히 설명되지 않는 것들이 있다. 동일한 지역 방언 내, 동일한 사회 계층 내, 동일한 발화 스타일 내에서 동일한 음운론적·형태론적 조건을 가진 음운 간의 변이가 그러한 경우

---

12) Labov(1966)은 화자가 자신의 발화에 의식을 집중하는 정도에 따라 5가지 스타일을 상정하였다. 최소 대립쌍 읽기 스타일, 단어 목록 읽기 스타일, 문장 읽기 스타일, 격식 스타일, 일상 스타일이 그것이다. 이 밖에도 발화 스타일의 선택에 영향을 미치는 변인에는 발화가 이루어지는 장소, 대화 참여자의 성별, 연령, 사회 계층, 친소 관계 등이 있다. 발화 속도(tempo)에 따른 변이도 넓은 의미에서 스타일상의 변이에 포함시킨다. 발화 스타일에 따른 변이에 대해서는 Zwicky(1972: 278), Hooper(1976a: 111-116), Donegan and Stampe(1979: 139) 등을 더 참고할 수 있다.

13) 이러한 관점에서 한 지역 방언 내의 사회적 계층에 따른 변이 현상도 중요한 연구 대상으로 부각되었다. 또, 발화 스타일이라는 언어 외적 요인에 의한 변이도 새롭게 조명되었다.

이다. 이에 본고는 음운론적 변이의 개념을 다음과 같이 정의하고, 이러한 범주에 드는 현상을 언어 내적인 관점에서 설명하고자 한다.

  음운론적 변이란, 한 화자 내에 혹은 한 언어 공동체 내의 화자 간에, 개별 형태소의 발음 혹은 동일한 음운이나 음운 연쇄를 포함한 전체 형태소들의 발음이 둘 이상 공존하는 현상을 말한다.[14] 변이가 실현되는 차원을 크게 사회적 차원과 어휘적 차원으로 나누고, 그에 따라 변이의 범위를 분류하면 아래와 같다.

구분	사회적 차원	예	어휘적 차원	예
협의	화자 내 변이	화자1 - 바지 - 단디 - 가매치 …	형태소 내 변이	바디~바지 단디~단지 가매티~가매치 …
광의	(한 언어 공동체 내) 화자 간 변이	화자1 - 바디 화자2 - 바지 화자3 - 바디	형태소 간 변이	바디 단지 가매치 …

[표 1] 변이의 범위

  협의의 변이란, 한 화자의 발화 내에서 동일한 형태소의 발음이 둘 이상 공존하는 현상을 말한다(예. 화자1 - 바지~바디(袴)). 광의의 변이란, 동일한 음운이나 음운 연쇄를 포함한 전체 형태소들의 발음이 한 언어 공동체 내에 둘 이상 공존하는 현상을 말한다(예. 화자1 - 바지, 화자2 - 단디(罐), 화자3 - 가매치(鍋焦)…).[15]

---

14) 이때 발화 스타일은 동일한 것으로 전제한다. 본고에서 제시한 방언 자료는 주로 제보자와 조사자의 면담이 이루어질 때 출현한 형태들이다. 그러나 사실상, 같은 면담 상황 내에서도 제보자는 다양한 발화 스타일을 번갈아 구사하는 경향이 있다. 대체로 격식 발화, 준 격식 발화, 자연 발화가 공존한다.

15) 동일 형태소에 대한 발음이 둘 이상이라는 말은, 한 형태소 내의 특정 음운 또는 음운 연쇄의 실현형이 둘 이상이라는 뜻이다. 동일한 음운이나 음운 연쇄를 포함한 전체 형태소들의 발음이 둘 이상이라는 말 또한, 이들 형태소에 공통적인 특정 음운이나 음운 연쇄의 실현형이 둘 이상이라는 뜻이다. 본고에서 '음운'은 형태소의 기저형을 구성하는 '기저 분절음'을 의미한다.

60 음운론적 변이와 변화의 상관성

그런데 우리가 흔히 예외(exception)라고 부르는 현상과 본고의 변이는 구별될 필요가 있다. 통시적 예외이건 공시적 예외이건, 예외는 협의의 변이에 들지 않는다. 형태소 내 변이나 화자 내 변이를 보이지 않기 때문이다. 동일한 음운이나 음운 연쇄를 포함한 형태소들이 상이한 방식으로 실현된다는 점에서 형태소 간 변이에는 포함될 수 있다.[16] 그러나 일부 특정 형태소 혹은 형태소들이, 같은 조건을 지닌 여타의 형태소들과 달리, 모든 화자의 발화에서 항상 동일한 형태로 실현된다는 점에서, 이는 화자 간 변이나 화자 내 변이를 보이지 않는다. 따라서 광의의 변이에도 포함될 수 없다.[17]

그렇다면 훈춘 지역 화자들의 발화에서는, 각 화자마다 특정 형태소 혹은 동일한 음운이나 음운 연쇄를 포함한 전체 형태소들이 어떻게 실현되고 있는가? 노년층의 발화를 중심으로 대표적인 몇 예만 살펴보자.

제보자 항목		M_1	F_1	M_3	M_4	F_2	M_5	F_3	M_6
		85세	79세	72세	71세	69세	69세	62세	60세
방언형	의미								
둏-	好	tyótʰa tótʰa	tótʰa ʧótʰa ʧótʰi	tyótʰa ʧótʰa	tyótʰa ʦótʰa ʧotʰa	tʸótʰa, ʧótʰa tyótʰa, ʦótʰa	ʧótʰa tókʰennɨnde tótʰi	ʧótʰa ʦótʰa	tyótʰa ʧótʰa ʦótʰa ʦ(~ʧ)óasə
어때	何	ə́t'ɛ	ə́t'ɛ(~t'ʸɛ) ət'ɛ́sə	ə́t'ɛsə ə́ʧ'ɛ, ə́t'ʸɛ	ə́t'ʸɛ ə́t'ɛsə ə́ʧ'ɛsə	ə́t'ɛ, ə́t'ʸɛ ə́t'ɛ(~t'ʸɛ)	ə́t'ɛ	ə́t'ɛ	ə́t'ɛ

[표 2] 변항 (tyV)의 화자별 음성 실현 양상[18]

---

16) 이 중에는 점진적 변화의 중간 단계를 반영하는 변이 현상이 포함될 수 있다. 그러한 성격의 예외는 해당 변화가 완료된 후에는 더 이상 예외가 아니라는 점에서 '외견상의 예외(apparent exception)'라 할 수 있다.

17) 구개음화가 완료된 지역어에서, '마디, 느티나무' 등은 통시적 예외에 속한다. 이들은 모든 화자의 발화에서 항상 비개신형인 '마디, 느티나무'로만 실현된다.

18) 가변적인 부분으로, 전체 형태소들에 포함된 동일한 음운이나 음운 연쇄를 음운론적 변항(phonological variable)이라 부르고, 이를 ( ) 속에 넣어 표기한다. 표는 각 항목의 음성 실현형을 보인 것이다. 이 지역어의 경우 /ʦ/(=/ㅈ/)의 변이음이 [ʦ]와 [ʧ]의 두 가지이고, 이러한 음성적 차이가 본 논의에서 중요한 의미를 지니는 까닭에 한글 전사형 대신 I.P.A.(국제음성기호) 전사형을 제시한다. 방언형 난에는 주로 노년층 화자들이 사용하는 어형을 제시하고, 그것의 의미를 병기하였다.

[표 2]는 (tyV)라는 변항에 대한 각 화자들의 음성 실현형을 보인 것이다. 이것을 변이형(variant)으로 분류하여 나타내면 다음과 같다.

제보자 항목	M₁ 85세	F₁ 79세	M₃ 72세	M₄ 71세	F₂ 69세	M₅ 69세	F₃ 62세	M₆ 60세
둏-	tyV, tV	tV, ʧV	tyV, ʧV	tyV, ʧV ʦV	tyV, ʧV ʦV	ʧV, tV	ʧV, ʦV	tyV ʧV, ʦV
어때	tV	tV	tyV, ʧV tV	tyV, tV ʧV	tyV, tV	tV	tV	tV

[표 3] 변항 (tyV)의 화자별 변이형 실현 양상[19]

우선, '둏(好)-'이라는 형태소의 실현 방식이 전체 언어 공동체 내에 둘 이상 존재한다(tyV, tV, ʧV, ʦV). 그리고 이 형태소는 한 화자의 발화 내에서도 다양하게 실현된다. 한편, '어때(何)'라는 형태소의 경우에도 화자 내 변이와 화자 간 변이를 모두 보인다. 이는 (tyV)라는 음운론적 변항이 형태소 내 변이와 형태소 간 변이를 모두 보임을 의미한다.[20] 결국, 훈춘 지역 노년층 화자들의 발화에서는 변항 (tyV)와 관련하여 협의의 변이와 광의의 변이가 모두 관찰되는 셈이다.

2.2.2. 변이의 유형

협의의 음운론적 변이란, 한 화자의 발화 내에 동일한 형태소의 발음이 둘 이상 공존하는 현상이다. 이것을 발화 산출 과정의 관점에서 간략히 도식화하면 아래와 같다.

---

19) 변이형이란 변이를 구성하는 요소를 말한다. 변이형은 식별 가능한 음의 차이를 기준으로 설정할 수 있다. 여기서는 인식 가능한 변이음 단계까지의 차이를 고려하여 변이형을 설정한다. /t, t', tʰ/, /ʦ, ʦ', ʦʰ/는 편의상 /t/, /ʦ/로 대표시켜 나타낸다.

20) 이와 관련된 더 많은 예는 3장에 제시한다.

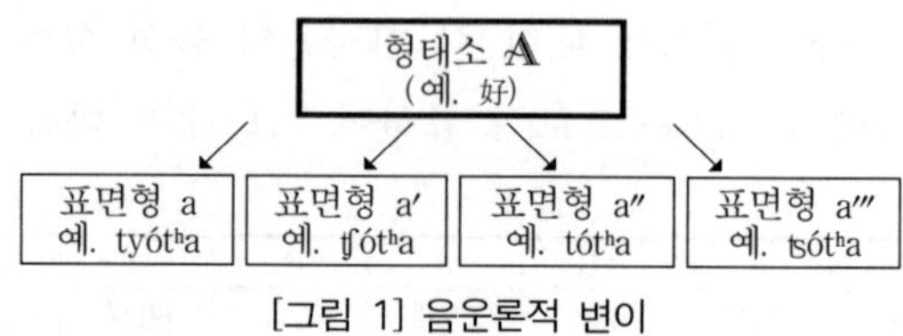

[그림 1] 음운론적 변이

'好'라는 의미를 지닌 형태소에 대해, 대략 네 가지의 변이형(tyV, ʃV, tV, ʦV)이 관찰된다. 그러나 이들 변이형 간의 관계는 어느 하나의 기준에 의해 포착되지 않는다. 변이형의 출현 기제가 다르기 때문이다. 본고는 이러한 변이형의 출현 기제를 발화 산출 과정에 작용하는 수의성(optionality)의 관점에서 설명하고자 한다. 다음과 같은 발화 산출 과정 중 어느 단계에 수의성이 작용하느냐에 따라 변이형의 성격이 결정된다.

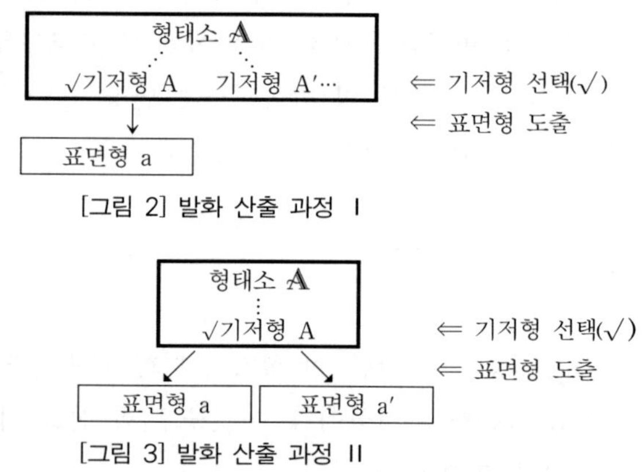

[그림 2] 발화 산출 과정 Ⅰ

[그림 3] 발화 산출 과정 Ⅱ

발화 산출 과정은 형태소의 기저형으로부터 표면형이 도출되는 과정이다. 다만, 한 형태소에 대한 기저형이 둘 이상인 경우[21], 기저형 선택

---

21) 한 형태소가 그 놓이는 환경과 무관하게 복수의 기저형을 가진 것으로 분석될 때, 이들 기저형은 쌍형 기저형으로 간주된다. 이들 각 기저형은 동일한 환경에서 선택될 수 있다. 쌍형 기저형에 대응되는 개념은 단형 기저형이 될 것이다. 반면, 한 형태소에 속한 기저형이되, 그 놓이는 환경이 상보적 분포를 이루는 기저형(혹은

과정이 여기 포함된다.[22] 따라서 발화 산출 과정상 수의성이 작용할 수 있는 경우는 기저형 선택 과정과 표면형 도출 과정에서이다.

표면형 도출 과정에 작용하는 수의성은 다시 두 가지로 나뉜다. 하나는 특정 교체의 적용 여부에 있어서의 수의성이고, 다른 하나는 경쟁적인 교체들 중 어떠한 것이 적용되느냐에 있어서의 수의성이다.[23] 단, 형태소 내부의 경우, 경쟁적 교체의 존재로 인한 변이는 특정 교체의 적용 여부로 인한 변이가 존재할 때에만 관찰될 수 있다.

수의성의 작용 영역을 기준으로 그것을 분류하면 아래와 같다.

작용 영역	유형	약호
표면형 도출 과정상	특정 교체의 적용 여부	C_1
	상이한 교체의 적용	C_2
기저형 선택 과정상	상이한 기저형 선택	D

[표 4] 수의성의 유형

수의성은 크게, 표면형 도출 과정상의 수의성과 기저형 선택 과정상의 수의성으로 나뉜다. 전자는 다시 특정 교체의 적용 여부에 따른 수의성과 상이한 교체의 적용에 따른 수의성으로 나뉜다. 본고는 이 같은 수의성의 유형에 따라 육진 방언의 변이를 분류하고자 한다.

그런데 하나의 형태소에 대한 표면형이 둘 이상인 경우, 이에 대해 두 가지 해석이 가능하다. 하나는 단일한 기저형에 수의적 음운 교체가 적용된 결과로 보는 것이고, 다른 하나는 복수의 기저형이 선택적으로

기저 이형태)들의 쌍으로 이루어진 경우, 그러한 기저형은 복수 기저형으로 간주된다. 한 형태소의 복수 기저형을 이루는 요소들은 결코 동일한 환경에서 선택될 수 없다. 이에 대응되는 개념은 단일 기저형이 될 것이다.

22) 기저형 선택 과정이 있다고 해서 형태소가 기저형과 유리된 채 별도의 층위에 존재함을 의미하는 것은 아니다. 모든 형태소(A)는 음운·형태·통사·의미론적 정보의 집합인 어휘 내항(lexical entry)을 가지며, 기저형(A)이란 곧 형태소의 음운론적 정보에 다름 아니기 때문이다. 이들은 비분리 상태로 존재하되, 1 : 多 대응일 경우에 한하여 선택이 이루어지는 것이다.

23) Kim, J.-K.(2000: 77)도 이러한 맥락에서 수의성을 두 가지로 구분하였다.

출현한 결과로 보는 것이다.[24]

여기서 수의적 음운 교체에 대해 논하기 전에, 전통적인 교체 개념을 먼저 살펴보기로 하자. 교체란 본래 형태음소론의 용어로서, 어떤 형태소가 경우에 따라 상이한 음운 형식으로 나타날 때 그 형태소는 교체를 보인다고 말해 왔다(Hockett 1958: 272)[25]. 일반적으로 합의된 교체의 유형에는 (1) 자동적 교체와 비자동적 교체 (2) 규칙적 교체와 불규칙적 교체 (3) 음운론적으로 조건된 교체와 형태론적으로 조건된 교체가 있다(Hockett 1958: 277-283). 한편, 생성 음운론에서 말하는 '형태소의 교체'란, 한 형태소가 그것이 놓이는 음운론적 환경으로 인하여 그 발음이 달라지는 현상이다(Spencer 1996: 49). 한 형태소의 이형태, 즉 교체형이 음운 규칙에 의하여 조건될 경우 그 이형태의 음성형은 예측 가능하다(Hyman 1975: 13).[26] 이 또한 기존의 형태음소론적(morphophonemic) 교체 개념에 가깝다.[27]

그런데 모든 형태소가 음소 혹은 형태음소로 이루어져 있음을 고려한다면, '형태소'의 교체는 동시에, 해당 형태소를 구성하는 '음소'나 '형태음소'의 교체를 포함하게 된다. "'交替'란 동일 형태음소 또는 형태소에 둘 이상의 異音 또는 異形態가 나타나는 現象"이라고 한 崔明玉(1988:

---

24) 이 두 가지가 모두 작용할 가능성도 있다.

25) 어떤 형태소가 하나 이상의 형태로 실현될 때, 그 형태소는 형태음소론적 교체를 나타낸다고 한다(趙成植 외 1990: 49). 한편, Saussure(1915/1972/1990: 185-186)은 교체를 '공존하는 두 종류의 형태 사이에서 규칙적으로 치환되는, 특정한 두 소리 혹은 두 소리 그룹 사이의 상응'이라고 정의하였다.

26) Schane(1973: 77)은 출현하는 변이형들을 설명하는 것이 곧 음운 규칙의 역할이라고 하였다.

27) 단, 기존의 형태음소론에서 이형태 교체를 다룰 때 이형태 중 하나를 기본형으로 상정하고 그로부터 이형태 교체를 설명했던 것과 달리, 생성 음운론에서의 기저형은 반드시 표면 이형태 중 하나일 필요는 없다는 점이 다르다. 즉, 기본형보다 기저형은 더 추상적일 수 있다. 또, 교체되는 음운들과 그 환경을 변별적 자질을 이용하여 규칙으로 형식화한다는 점도 다르다.

66)의 정의도 이러한 점을 감안한 것으로 해석된다.[28] 그런데 이러한 정의하에서 崔明玉(1988: 66)은 "국어에서 共時的인 교체는 곡용과 활용에 한정된다"고 주장하였다. 즉, 형태소 내부가 아닌 형태소 경계에서 공시적으로 일어나는 현상만을 교체로 보고자 한 것이다. 그러나 교체에 대한 崔明玉(1988: 66)의 정의와 공시적 교체를 곡용, 활용에 한정한다는 결론 사이에는 비약이 있다. 교체의 개념을 비단 '형태소의 교체'에 국한시키지 않고, 그의 정의에서도 언급한 것처럼 해당 형태소를 구성하는 '음소 혹은 형태음소의 교체'까지도 포괄하는 것으로 본다면, 한 형태소 내부에서 일어나는 '음소 혹은 형태음소의 교체'도 분명히 '교체'의 범위에 포함된다.[29] 그러므로 형태소 경계에서와 마찬가지로 형태소 내부에서도 '음소 혹은 형태음소'가 변동하는 현상이 관찰된다면 국어에서 교체를 굳이 '형태소 경계'에서만 가능한 것으로 한정할 필요는 없을 것이다.[30] 그런데 만약 형태소 경계에서의 변동과 달리 형태소 내부에서의 변동은 산발적으로 관찰된다는 이유로 이들을 공시적 음운 교체의 범위에서 배제시킨다면, 이는 실제 언어 현상을 지나치게 단순화하는 결과를 낳을 것이다. 예컨대 본고의 논의 대상인 훈춘 지역어의 경우, 중앙어에서 완료된 변화인 '둏->좋-(好)'과 같은 형태소 내부의 구개음

---

28) 崔明玉(1988: 66)은 '교체의 유무'를 기준으로 음운 현상의 공시성과 통시성을 판별하자고 제안하면서, '굳이, 같이, 해돋이'에서의 구개음화는 통시적 현상이라고 규정하였다. 그 이유는 그들 단어를 구성하는 형태소 t나 tʰ가 어떤 환경에서도 c나 cʰ로만 실현될 뿐, t~c나 tʰ~cʰ와 같은 교체를 보이지 않기 때문이라고 하였다.

29) 이때의 '음소 혹은 형태음소'란 생성 음운론의 '체계 음운'이나 '기저 분절음'에 해당할 것이다.

30) 이기문·김진우·이상억(2000: 249)에서도, "'둏다'의 두음 'ㄷ'은 y(yo)에 선행하므로, 국어에 구개음화 규칙이 첨가되었을 때 'ㅈ'으로 바뀌어 '좋다'가 되었다."라고 기술하고 있다. 기존의 규칙 기반 생성 음운론의 입장에서도 형태소 내부의 음운 교체를 인정하지 않은 것이 아니며, 통시적 변화 또한 규칙 첨가 및 첨가된 규칙의 적용으로 간주하였다. 다만, 대부분의 공시적 음운 현상이 주로 형태소 경계에서 일어나고, 통시적 변화가 모든 어휘에서 급진적으로 일어난다고 보았기 때문에, 형태소 내부의 교체에 대해서는 별로 언급하지 않은 것뿐이다.

화가 뒤늦게 발생하여 진행되고 있다. 그리고 그러한 변화는 현재 진행 중인 까닭에 어휘에 따라 다소 산발적인 양상을 보이고 있다. 바로 이와 같은 변화의 진행 과정에 대하여 타당한 공시적 기술을 하기 위해서는, 국어의 '공시적 교체'를 곡용과 활용에 한정한다는 견해의 수정이 불가피해진다. 이러한 현상을 더욱 폭넓게 설명하기 위해서는 기존의 교체 개념을 재검토하여, '음운의 교체'와 '형태소의 교체'를 관점에 따라 구별할 필요가 있다고 본다.[31]

본고에서 음운의 교체란, 형태소의 기저형이 표면형으로 도출되는 과정에서 일어나는 체계 음운(systematic phoneme) 혹은 기저 분절음(underlying segment)의 변동을 말한다. 崔明玉(1988: 66) 이래로 국어에서 형태소 내부의 공시적 음운 교체는 인정하지 않는 입장이 일반적이었으나, 본고는 형태소 내부의 음운 교체도 인정하는 입장이다. 국어에서 교체가 형태소와 형태소가 결합할 때에 한해서만 일어난다면, 인접 형태소의 영향을 받지 않는 형태소 내부의 음운 연쇄는 항상 동일하게 실현되어야 할 것이다. 그러나 실제 언어 현상은 그렇지 않다. 형태소의 발음, 즉 형태소 내부의 음운이나 음운 연쇄의 실현은 한 화자의 발화에서도 상이한 경우가 많다. 또, 형태소의 발음이 고정적·불변적이라면 형태소 내부에서의 통시적 변화 또한 있을 수 없을 것이다.[32] 음운론의 목표가

---

31) 예컨대 영어의 형태소 elektrik('electric')이 특정 환경(iti 앞('-ity'))에서 elektris로 교체된다고 기술하는 것은 '형태소'의 관점에서 교체를 기술한 것이라 할 수 있다. 한편, 영어에서 k가 특정한 환경에서 s로 교체한다('electric', 'electricity')고 기술하는 것은 해당 형태소를 구성하는 '음운'의 관점에서 교체를 기술한 것이라 할 수 있다. 단, 이때의 '음운'은 구조주의의 '(분류)음소'가 아닌 생성주의의 '체계 음운' 혹은 '기저 분절음'을 가리킨다.

32) 형태소 내부의 현상을 형태소 경계의 현상과 달리 형태소 구조 조건(MSC's)에 의하여 기술할 경우, 형태소 내부는 물론 그에 대한 일반화를 나타내는 형태소 구조 조건 또한 결코 변화할 수 없다는 결론에 이른다. 그러나 형태소 구조 조건은 해당 언어 내적인 요인이나 해당 언어 외적인 요인에 의하여 변화할 수 있다. Shibatani(1973: 102-104)은 한 언어의 표면 음성 제약(SPC's)이 추가적 언어 변화를 촉진한 예와 규칙적 언어 변화를 저지한 예, 차용어의 유입이 그 언어의 표면

화자들의 발음 능력을 설명하는 데 있고, 화자들의 능력은 표면의 현상을 통해서만 확인된다면, 언어 수행에서 나타나는 이러한 모든 현상이 음운론의 대상이 되어야 함은 물론이다. 뿐만 아니라, 같은 시기에 형태소 내부와 경계에서 공통적으로 관찰되는 음운 현상을 각각 통시적 현상과 공시적 현상으로 이원화시켜 기술하는 것 또한 합리적이지 않다.[33] 예컨대, 형태소 내부의 현상인 '무섭다~무셥다~무셉다(怖)'는 통시적 음운 변화의 결과로 인하여 쌍형 기저형이 공존하는 현상이고, 형태소 경계의 현상인 '마셔라~마셰라~마새라(마시(飮)-어라)'는 공시적 교체에 의한 수의적 음운 현상이라고 기술하는 것은 'yə→ye→e'라는 공통된 하나의 음운 현상을 이원적으로 기술하는 것이다. 오히려 이들을 단일한 음운론적 기제로 설명할 때 이 현상의 본질이 더 효과적으로 드러날 것이라고 본다. 이에 본고는 형태소 내부에서의 음운 변동 또한 공시적 교체의 범위에 포함시켜 논의하고자 한다.

공존하는 표면형들 간의 관계가 음운 교체로써 설명되는 경우에는 변이의 원인을 도출 과정의 측면에서 찾는 것이 바람직하다. 음운부의 기제로써 설명할 수 있는 현상을 어휘부의 소관으로 돌리는 것은, 문법의 경제성을 감소시킬 뿐 아니라 언어 능력에 대한 설명의 범위를 축소시키기 때문이다.[34] 이와 같이 도출 과정상의 수의적 교체에 기인한

음성 제약을 변화시킨 예를 들고 있다. 궁극적으로 이는 표면 층위의 현상과 기저 층위 현상 간에 활발한 상호 작용이 일어날 수 있음을 보인 것으로 이해된다. 표면 층위에서의 역동적인 변화를 인정한다면, 그로 인한 기저 층위에서의 변화도 합리적으로 설명해야 할 것이다.

33) Shibatani(1973: 91)에서도 단일한 음운론적 동인에 의해 일어나는 형태소 내부의 음운 현상과 형태소 경계의 음운 현상을 이원적으로 처리하는 입장(Kiparsky 1968b)에 대하여 비판한 바 있다. Kiparsky의 경우, 형태소 내부의 현상은 형태소 구조 조건(MSC's)으로, 형태소 경계의 현상은 음운 규칙으로 기술하고자 하였다. 반면 Shibatani는 M/SPC나 A/M/SPC를 설정함으로써 형태소 내부와 형태소 경계의 음운 현상을 단일하게 설명할 것을 제안하였다.

34) 그러나 두 표면형의 관계가 음운론적 기제로써 설명 가능한 경우라도 그들 간에 어휘적 의미차가 존재한다면 이들은 별개의 형태소로 다루어져야 한다.

변이를 본고는 '교체 지배 변이(Alternation-Governed Variation, AGV)'라 부르고자 한다. 반면, 공존하는 표면형들 간의 관계가 음운 교체(phonological alternation)로써 설명되지 않는 경우에는 변이의 원인을 기저형의 측면에서 찾을 수밖에 없다. 이와 같이 기저형의 공존 및 그로 인한 기저형의 수의적 선택에 의한 변이를 본고는 '기저형 지배 변이(Underlying Form-Governed Variation, UFGV)'라 부르고자 한다.[35]

그렇다면 음운 교체, 즉 공시적 음운 과정으로써 설명되는 현상과 그렇지 않은 현상을 구별하는 기준은 무엇인가?[36] 이는 크게 두 가지 측면에서 검토되어야 한다.

기준 1	하위기준	E	F	G	H
음운 과정인가	자연성	o	x	o	x
	일반성	o	o	x	x
ㄴ	여부	o	x	x	x

↓

기준 2	하위기준	E_1	E_2			
공시적 과정인가	교체형	o	x	↓	↓	↓
ㄴ	여부	o	x			

↓

공시적 음운 과정인가	여부	o	x	x	x	x

[표 5] 공시적 음운 과정 여부 판별 기준

---

35) 자유 변이(free variation)와 달리 일정한 규칙(rule)에 의하여 지배되는 변이를 기존에 '규칙 지배 변이(rule-governed variation)'라고 불러 왔다(Chambers 1992: 677). 그러나 규칙을 지배하는 근본 원리가 제약(constraint)이라고 본다면, 이는 근본적으로 '제약 지배 변이(constraint-governed variation)'로 소급될 수 있을 것이다. 본고는 일정한 규칙성을 지닌 변이를 크게 '수의적 교체'에 의한 것과 '기저형의 선택'에 의한 것으로 파악하는 까닭에, 규칙과 제약을 포괄하는 의미의 '교체 지배 변이'란 용어를 사용하고자 한다. 반면, 변이의 주된 원인이 기저형의 공존 및 그로 인한 기저형의 수의적 선택에 있는 경우의 변이를 '기저형 지배 변이'라 불러 구별하고자 한다.

36) 여기서 '음운 과정(phonological process)'이란 공시적 음운 변동과 통시적 음운 변화를 아우르는 포괄적 용어이다. 자연 음운론(Natural Phonology)(Stampe 1973/ 1979)에서 말하는 '음운 과정'과는 다른 개념이다.

먼저, 공존하는 표면형들 간의 관계가 음운 과정으로써 설명될 수 있는지 여부를 가려야 한다. 다시 말해, 공존하는 표면형들이 동일한 기저형으로부터 음운 규칙에 의해 도출될 수 있는지 여부를 판단해야 한다. 해당 표면형들의 관계를 포착하는 어떠한 과정(process)이 자연성(naturalness)[37]과 일반성(generality)[38]을 모두 갖추었을 때(유형 E), 이들의 관계는 음운 과정으로써 설명될 수 있다. 그렇지 않은 경우(유형 F, G, H)는 기저형 선택의 문제로 설명해야 할 것이다.

다음으로, 해당 음운 과정이 공시적 현상인지 여부를 가려야 한다. 표면형 간의 관계가 음운 과정으로써 설명 가능하더라도 그것이 통시적 변화의 흔적이라면 공시적 도출 과정으로 설명할 수 없기 때문이다. 그렇다면 어떤 음운 과정의 공시성은 무엇을 근거로 판단할 수 있는가? 그 기준은 교체형(alternant)의 有無라고 본다. 음운 과정의 작용 여부는 그것의 효과를 통해서만 확인할 수 있기 때문이다. 유형 E의 변이에 한하여, 교체형이 있는 경우(유형 E_1)는 공시적 현상으로, 교체형이 없는 경우(유형 E_2)는 통시적 현상으로 간주한다. 광의의 변이 개념하에, 유형 E_2는 기저형 지배 변이로 분류된다. 결국, 수의적 음운 교체로써 설명할 변이의 유형은 E_1뿐이다.

2.2.2.1. 교체 지배 변이

교체 지배 변이란, 수의적 음운 교체에 의한 변이를 말한다. 이는 발화 산출 과정 중 표면형 도출 과정에 수의성이 작용한 결과이다.

공존하는 표면형이 둘인 교체 지배 변이의 경우, 아래와 같은 도출 과정을 상정할 수 있다.

---

37) 어떠한 음운 과정의 음성적 동기가 표면에 드러날 때, 그것은 자연스러운 과정이라고 본다.

38) 어떠한 음운 과정이 여러 형태소에 대해, 또 여러 화자에게 적용될 때 일반성이 있다고 본다.

70 음운론적 변이와 변화의 상관성

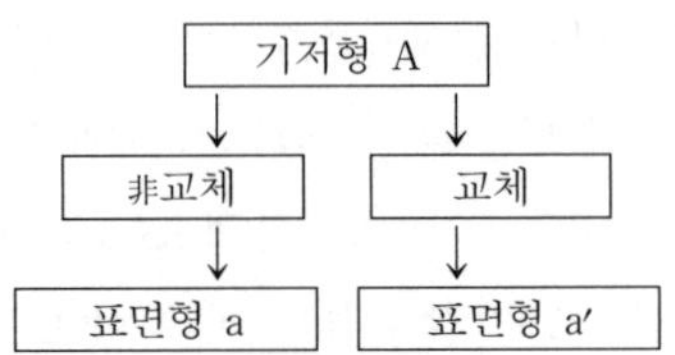

[그림 4] 교체 지배 변이 I (수의성 C_1)

표면형 a는 기저형 A가 아무런 교체 없이 출현한 형태이고, 표면형 a′
은 기저형 A에 어떤 교체가 일어난 형태이다. 특정 교체가 수의적으로
일어남으로써 하나의 기저형에 대한 두 가지의 표면형이 공존하는 것
이다. 이 지역어의 (ti) 관련 변이가 그 대표적인 예이다.[39]

항목＼제보자		M_1 85세	F_1 79세	M_3 72세	M_4 71세	F_2 69세	M_5 69세	F_3 62세	M_6 60세
방언형	의미								
가매티	鍋焦	kamɛtʰí	kamɛtʰʸí kamɛʧʰí	kamɛtʰí kamɛtʰí	kamɛtʰí	kamɛtʰí kɛmɛtʰí	kɛmétʃʰi	kamɛtʰí	kamɛtʰí
단디	罐	tandí	tandí	tandí	tandí tanʤí	tandí	taːnʤí	tandí	tandí
텬디꽃	杜鵑	tʰəndí k'oʤi	tʰendík'o ʤi	tʰenʤík'o ʤi tʰyənʤík' oʤi	tʰəndík'o ʤi tʰendík'o ʤi	tʰenʤí- ʧʰənʤí- cf. pʰenʤí- pʰyənʤík' oʤi	tʰənʤí- ʧʰənʤí- tʰyənʤí- tʰyənʤí- tʰenʤí- ʧʰenʤík'o ʤi	ʧʰənʤík'o ʤi	tʰenʤík'o ʤi tsʰenʤík'o ʤi
장딴디	小腿	—	ʧaŋt'andí ʧaŋt'andʸí	ʧaŋt'andʸí	ʧaŋt'andí	ʧaŋt'andí	tsaŋt'andʸí tsaŋt'andí	tsaŋt'andí	tsaŋt'andʸí
농디레	鯽魚	—	yoŋdíre	yoŋdíre	noŋʤíre yoŋdíre nyoŋʤíre ňoŋʤíre nyoŋdíre noŋdiré	yoŋdíre	yoŋʤíre	yoŋʤíre yoŋdíre	yoŋʤíre
디레	蚯蚓	tíre	tíre	tíre tʸíre ʧíre	tíre ʧíre	tíre	ʧíre	tíre ʧíre ʧirəŋʔí	ʧíre ʧirəŋí

[표 6] 변항 (ti)의 화자별 음성 실현 양상[40]

---

39) 그 밖에도 이 지역어의 (ni), (syV), (ʦyV) 관련 변이가 같은 유형에 해당한다.

[표 6]은 (ti)라는 변항에 대한 각 화자들의 음성 실현형을 보인 것이다.[41] 이것을 변이형으로 분류하여 나타내면 다음과 같다.

제보자 항목	M₁ 85세	F₁ 79세	M₃ 72세	M₄ 71세	F₂ 69세	M₅ 69세	F₃ 62세	M₆ 60세
가매티	ti	ti, ʧi	ti	ti	ti	ʧi	ti	ti
단디	ti	ti	ti	ti, ʧi	ti	ʧi	ti	ti
턴디꽃	ti	ti	ʧi	ti	ʧi	ʧi	ʧi	ʧi
장딴디	—	ti	ʧi	ti	ti	ʧi, ti	ti	ʧi
농디레	—	ti	ti	ʧi, ti	ti	ʧi	ʧi, ti	ʧi
디레	ti	ti	ti, ʧi	ti, ʧi	ti	ʧi	ti, ʧi	ʧi

〔표 7〕 변항 (ti)의 화자별 변이형 실현 양상

ti→ʧi라는 수의적 교체에 따른 변이는 하나의 음운론적 변항 (ti)에 대해서뿐 아니라 한 형태소에 대해서도 관찰된다. 또, 한 언어 공동체 내의 화자들 사이에서뿐 아니라, 한 화자의 발화 내에서도 관찰된다. F₁(79세)의 발화에서 [kamɛtʰi](가매티)와 [kamɛʧʰi](가매치)가 공존하는 현상은 협의의 변이에 해당하는 예이다. 이 같은 변이의 원인을 본고는 다음과 같은 도출 과정에서 찾고자 한다.

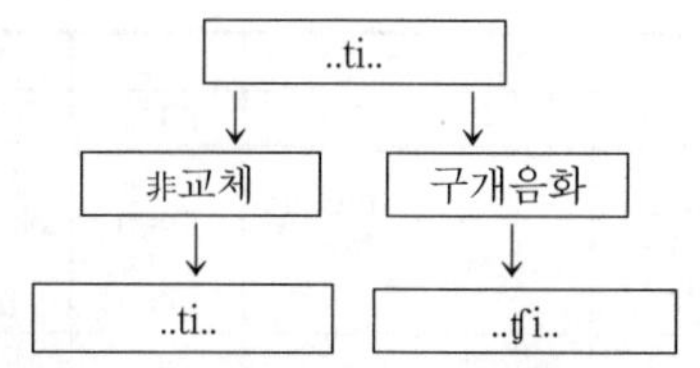

[그림 5] 교체 지배 변이 I (수의성 C₁)

---

40) 육진 방언형에 대응되는 한국어 표준어형과 각 어휘의 구체적인 의미는 뒷면의 부록 2를 참고하기 바란다.

41) 이 지역어의 성조소(toneme)는 고조(H)와 저조(L)이며, 음성적으로 고장조(H:), 저장조(L:), 상승조(LH), 하강조(HL)가 실현된다. 표에 제시한 음성형의 성조 표시가 다소 불균일한 이유는 억양(intonation)의 간섭이나 발화구 안에서의 성조 변동 때문이다. 그 자체로서 초분절음소 층위상의 변이, 즉 진행 중인 변화를 반영할 가능성도 있다.

한편, 공존하는 표면형이 셋인 교체 지배 변이의 경우에는 아래와 같
은 도출 과정을 상정할 수 있다.

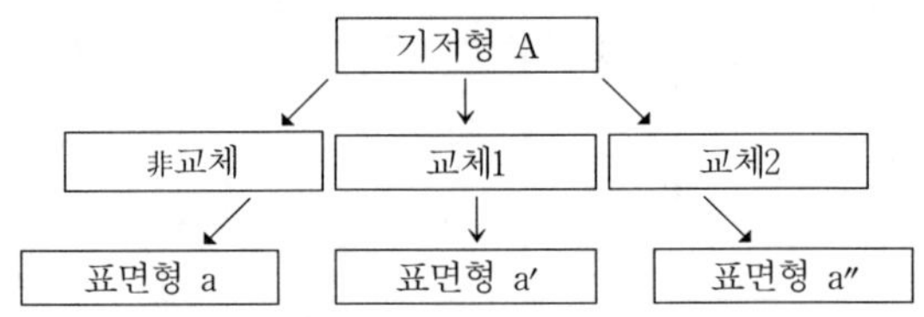

[그림 6] 교체 지배 변이 II (수의성 $C_1 + C_2$)

표면형 a는 기저형 A가 아무런 교체 없이 출현한 형태이고, 표면형 a′
과 a″은 기저형 A에 각각 어떤 교체(교체1, 교체2)가 일어난 형태이다.
이들은 모두 각각의 교체가 수의적으로 일어난 결과이다. 하나의 기저
형에 적용 가능한 교체가 둘 이상이라는 말은 이들 교체가 경쟁 관계
(competing relation)에 있음을 의미한다. 따라서 이들 교체의 수의성은 경
쟁적 음운 과정의 존재에 기인한다고 할 수 있다. 이 지역어의 (tyV) 관
련 변이가 그 대표적인 예이다.[42]

제보자 항목		M₁ 85세	F₁ 79세	M₃ 72세	M₄ 71세	F₂ 69세	M₅ 69세	F₃ 62세	M₆ 60세
방언형	의미								
둏-	好	tyótʰa tótʰa	tótʰa tʃótʰa tʃótʰi	tyótʰa tʃótʰa	tyótʰa tsótʰa tʃotʰa	tʸótʰa, tʃótʰa tyótʰa, tsótʰa	tʃótʰa tókʰennin de tótʰi	tʃótʰa tsótʰa	tyótʰa tʃótʰa tsótʰa ts(~tʃ)óasə
어때	何	ə́t'ɛ	ə́t'ɛ(~t'ʸɛ) ət'ə́sə	ə́t'ɛsə ə́tʃ'ɛ ə́t'yɛ	ə́t'yɛ ə́tʃ'ɛsə ə́t'ɛsə	ə́t'ɛ ə́t'ʸɛ ə́t'ɛ(~t'ʸɛ)	ə́t'ɛ	ə́t'ɛ	ə́t'ɛ
데일	第一	teíl	teíl, teél tél, terí	tʃeíl, teél téːl	teíl, téːl tél	téil, teíl téːl, tyéːl	téːl, tʃéːl teíl	tsé·l tél	tséːl tʃéːl
데수	弟嫂	tʸesú teswí	tesú	tesú tʃesú	teswí tesú tʃesúš'i	tesú	tesú	tʸesú	tesú tsesú
댱화	長靴	tyaŋɦwá tʸaŋɦwá	taŋɦwá	tyaŋɦwá tʸaŋɦwá	tʸaŋɦwá tsaŋɦwá	tʸaŋɦwá tyaŋɦwá	tʃaŋɦwá	tʃ(~ts)aŋɦ wá	tʃ(~ts)aŋɦ wá

---

								tsaɲɦwá	tʃaɲwá tsaɲwá
둥매 (꾼)	仲媒 (꾼)	tʸuŋmé	tʃuŋmé k'un	tʃuŋmɛ k'úni	tyuŋmé tuŋmé, tsuŋmé	tʃuŋmέ: k'uňi tʃuŋmé k'uňi	tʃuŋmɛ k'úňi	tsuŋmé k'uňi	tʃuŋmé k'un
댱수	長壽	tyaŋsú tʸaŋsú	taŋsú tsaŋsú	tsaŋsú tyaŋsú tʃaŋsú	tsaŋsú tyaŋsú	tʸaŋsú tyaŋsú tʃaŋsú tʃaŋsuⁿadá	tʃáŋsu	tsaŋsú	ts(~tʃ)áŋsu
댱손 가락	長指	tyaŋsoŋ k'urági	taŋsok'u rák taŋsok'u rági	tʃaŋsoŋk' arági tʃaŋsoŋk' aragí	tyanson k'urák tyanso k'urák tʸaŋsoŋ k'árak tyaŋsoŋk' arák	tʸaŋso(n) k'aragíra tyaŋsoŋ k'árak tyaŋsoŋ k'aragídi	tʃaŋsok'a rák	taŋsoŋk'a ragí	tʃaŋsoŋk'a ragí
댱사 (꾼)	商業 (꾼)	tʸaŋsák'u ni kʰoŋʤaŋ sa	taŋšEk'u ní taŋšik'uňí taŋsEk'ún tʃaŋsEk'ún tʃaŋsak'ún	tʸaŋsak'u ňí tʃáŋsa tʃaŋsak'ú ni	tyaŋsɛk'ú nira- tsaŋsak'ún tʃaŋsak'ú ni tyaŋ(~tʸaŋ) sek'úni tʸaŋsɛk'ún i tʃaŋsák'ūi tsáŋsa, tʃáŋsa kʰoŋdyáŋ sɛ kʰoŋʤánsɛ s'aldyaŋsέ	tʸaŋsak'u ňí tʃaŋsak'u ní tyaŋsak'u ňí tʃáŋsa s'aldʒaŋ sak'uňídi s'aldyaŋ sak'ún	tʃaŋsak'ú ňi ts(~tʃ)aŋ sak'uňirá s'aldʒaŋ sak'úňira tʃáŋsa tsáŋsa	tsaŋsak'ú ňi tsaŋsak'u ňíra-	tʃaŋsak'ún tsaŋsak'u ní tsansak'u ní tsáŋsa s'aldzaŋ sák'un

[표 8] 변항 (tyV)의 화자별 음성 실현 양상

[표 8]은 (tyV)라는 변항에 대한 각 화자들의 음성 실현형을 보인 것이다. 이것을 변이형으로 분류하여 나타내면 다음과 같다.[43]

---

43) 변이형 tsV는 다른 변이형과의 관계를 고려하여 tyV형을 기저형으로 삼았을 때 음운론적 과정에 의하여 도출될 수 없으므로, 변이형 tsV의 출현은 교체 지배 변이(유형 E₁)의 범위에서 벗어난다. tyV→tsV 현상은 그 음성적 동기가 표면에 드러나지 않기 때문이다. 이는 유형 F에 해당하는 기저형 지배 변이로 설명해야 할 것이다. 어휘 차용 후 대응 규칙 생성에 의한 기저형 공존 현상으로 본다.

제보자 항목	M₁ 85세	F₁ 79세	M₃ 72세	M₄ 71세	F₂ 69세	M₅ 69세	F₃ 62세	M₆ 60세
동	tyV, tV	tV, ʧV	tyV, ʧV	tyV, ʧV ʦV	tyV, ʧV ʦV	ʧV, tV	ʧV, ʦV	tyV ʧV, ʦV
어때	tV	tV	tyV, ʧV tV	tyV, ʧV tV	tyV, tV	tV	tV	tV
데일	tV	tV	tV, ʧV	tV	tV, tyV	tV ʧV	ʦV tV	ʦV, ʧV
데수	tyV, tV	tV	tV, ʧV	tV, ʧV	tV	tV	tyV	tV, ʦV
댱화	tyV	tV	tyV	tyV, ʦV	tyV	ʧV	ʧV, ʦV	ʧV, ʦV
듕매(꾼)	tyV	ʧV	ʧV	tyV, tV ʦV	ʧV	ʧV	ʦV	ʧV
댱수	tyV	tV, ʦV	tyV, ʧV ʦV	tyV, ʦV	tyV, ʧV	ʧV	ʦV	ʦV

〔표 9〕 변항 (tyV)의 화자별 변이형 실현 양상

tyV→ʧV, tyV→tV라는 수의적 교체에 따른 변이는 하나의 음운론적
변항 (tyV)에 대해서뿐 아니라 한 형태소에 대해서도 관찰된다. 또, 한
언어 공동체 내의 화자들 사이에서뿐 아니라, 한 화자의 발화 내에서도
관찰된다. M₄(71세)의 발화에서 [ʌt'yɛ](어때)와 [ʌʧ'ɛ](어째), [ʌt'ɛ](어때)가
공존하는 현상은 협의의 변이에 해당한다. 이 같은 변이의 원인을 본고
는 다음과 같은 도출 과정에서 찾고자 한다.

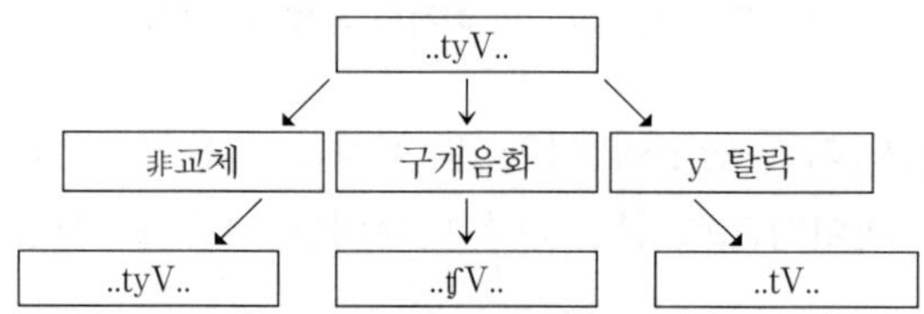

[그림 7] 교체 지배 변이Ⅱ (수의성 $C_1 + C_2$)[44]

---

44) 엄밀히 말하자면 ʧV형을 낳은 교체는 '구개음화' 및 '구개음 뒤의 y 탈락'이나, 편
   의상 이를 '구개음화'로 부르기로 한다. 사실, '구개음과 y의 연쇄'는 표면에서 확
   인되지 않는 추상적 중간 도출형이라는 점을 감안한다면, 이때 일어난 교체를 일
   종의 '축약'으로 해석할 여지도 있다. 그러나 그렇게 볼 경우, 음성적 동기가 동일
   한 t→ʧ/_ i 현상과 tyV→ʧV 현상을 각각 '동화'와 '축약'이라는 이원적 기제로 기
   술해야 한다. 또, '축약'으로 기술할 경우, 이 현상의 음성적 동기가 불분명해지는
   단점도 있다. 본고는 구개음화 규칙 및 구개음 뒤의 y 탈락 규칙이 내재적 규칙순

2.2.2.2. 기저형 지배 변이

기저형 지배 변이란, 기저형의 수의적 선택에 의한 변이를 말한다. 이는 발화 산출 과정 중 기저형 선택 과정에 수의성이 작용한 결과이다.[45]

하나의 형태소에 대한 기저형이 둘일 때의 변이는 아래와 같이 나타낼 수 있다.[46]

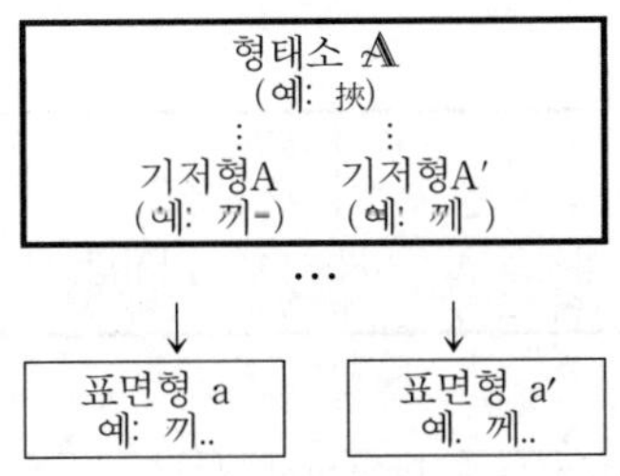

[그림 8] 기저형 지배 변이

두 기저형이 동일한 도출 과정을 겪는 경우에 한정하면[47], 표면형 a는 형태소 A에 대하여 기저형 A가 선택된 결과로, 표면형 a′은 기저형 A′이 선택된 결과로 해석된다.[48] 이들 표면형은 동일한 기저형으로부터 공

─────────────

에 따라 적용된다고 본다. 즉, 외재적 규칙순을 인정하지 않는다는 의미에서 '무규칙순' 가설을 따르므로, 인위적인 규칙순의 산물인 추상적 중간 도출형의 가능성을 배제한다.

45) 발화 산출 과정, 즉 특정 형태소의 발음 과정상의 변이를 음운론적 변이라고 보는 까닭에 기저형 지배 변이를 음운론적 변이에 포함시킨다. 기저형 선택 과정은 발화 산출 과정의 일부이며 형태소 선택상의 변이인 어휘적 변이(예. 가매티~누룽지, 천지꽃~진달래, 용디레~미꾸리 등)와는 구별될 필요가 있다.

46) 변이형에 따라 각각 독립된 표로 나타내어야 할 것이나 편의상 하나의 표로 나타낸다.

47) 선택된 기저형이 도출되는 과정에 또다시 수의성이 작용할 수 있다.

48) 이러한 복수의 기저형은 흔히 '쌍형어(doublets)'로 불리어 왔다. 이들을 별개의 형태소로 볼 가능성도 있으나, 그렇더라도 이들은 완전히 판이한 별개의 형태소

시적인 음운 과정에 의하여 도출될 수 없기 때문이다. 이 지역어에는 /끼-/→[께-] 또는 /께-/→[끼-]와 같은 공시적 음운 과정이 존재하지 않는다. /끼-/, /께-/는 동일 형태소에 대한 쌍형 기저형으로서, 하나의 기저형이 선택되면 다른 기저형이 출현할 수 없다는 점에서 경쟁 관계(competing relation)에 놓여 있다. 이러한 쌍형 기저형의 공존 및 이들의 수의적 선택이 공시적 변이의 원천이 된다.

하나의 형태소에 대한 기저형이 셋일 때의 변이는 아래와 같이 나타낼 수 있다.[49]

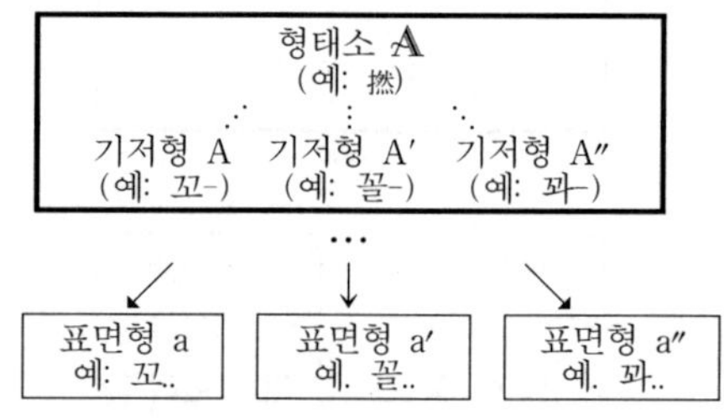

[그림 9] 기저형 지배 변이[50]

세 기저형이 동일한 도출 과정을 겪는 경우에 한정하면, 표면형 a는 형태소 A에 대하여 기저형 A가 선택된 결과로, 표면형 a′, a″은 각각 기저형 A′, A″이 선택된 결과로 해석된다. 이들 표면형 또한 동일한 기저형으로부터 공시적인 음운 과정에 의하여 도출될 수 없기 때문이다. 이 지역어에는 /꼬-/→[꼴-], [꽈-]나 /꼴-/→[꼬-], [꽈-] 혹은 /꽈-/→[꼬-],

---

와는 다르게 취급되어야 한다. 어원과 의미가 동일한 두 형태소를 하나로 묶어 줄, 즉 그들 간의 밀접한 관계를 포착해 줄 필요가 있는 것이다. 본고는 쌍형어가 지닌 밀접한 상관성을 고려하여 이들을 '쌍형 기저형'으로 이해한다. 즉, 하나의 형태소에 대한 둘 또는 그 이상의 음성 형식으로 간주한다.

49) 변이형에 따라 각각 독립된 표로 나타내어야 할 것이나 편의상 하나의 표로 나타낸다.

50) 이것은 같은 지역의 M_{10}(45세) 씨의 발화 자료((삯으(새끼를))꼴다, 꼰다, 꼬는, 꼬무, 꼴지, 꼴자, 꽈라, 꽈는, 꽈지, 꽈무, 꽈자)에 근거한 것이다.

[꼴-]과 같은 공시적 음운 과정이 존재하지 않는다. /꼬-/, /꼴-/, /짜-/는
동일 형태소에 대한 쌍형 기저형으로서, 하나의 기저형이 선택되면 다
른 기저형이 출현할 수 없다는 점에서 경쟁 관계에 놓여 있다.

2.3. 변화의 개념과 유형

2.3.1. 변화의 개념

음성 법칙(Lautgesetz, sound law)의 무예외성, 이른바 규칙성 가설을 주장한 Paul(1886) 등 소장 문법 학파(Neogrammarian)는 음변화의 대상을 음(sound) 자체로 보고 그 변화의 원인을 생리음성학적인 데에서 찾으려 하였다.[51] 그들은 동일한 방언 내의 동일한 조건 환경에서 음변화는 예외 없이 이루어진다고 주장하였다. 당시는 음소 개념 및 공시태 개념이 성립되기 이전이므로, 언어학의 기술 대상은 단지 개별 음의 변화 결과에 한정되었다. 따라서 이때의 연구는 언어 변화에 대한 원자론적 기술에 그칠 수밖에 없었다는 한계를 지닌다.

음운 체계의 관점에서 공시적 음운 현상을 기술한 구조주의의 경우, 음운 변화는 '음운 체계의 변화' 혹은 '대립 관계의 변화'로 간주되었다. 즉, 음운화나 비음운화, 재음운화 등으로 인하여 음소 간의 대립 관계가 생성, 소멸, 변화하는 것을 음운론적 변화로 인식하였다. 따라서 Jakobson(1931), Martinet(1955)를 위시한 유럽 구조주의의 입장에서, 역사 언어학이란 변화 전의 언어 체계와 변화 후의 체계를 비교하는 작업에 한정되었다.[52] 그러나 이러한 입장에 따르면, 공시적인 음운 체계는 각각 고정되어 있으며, 음운 체계 변화의 중간 과정은 인식할 수 없으므로 진행 중인 음변화에 대한 접근 자체가 불가능하다. 따라서 음운 변화의 결과만을 대조할 수 있을 뿐 변화의 구체적인 진행 과정은 관찰

---

51) Paul(1886)은 음변화(Lautwandel, sound change)가 운동 지각(Bewegungsgefühl, motory sensation)과 음성 영상(Lautbild, sound-picture)의 점진적 전위(Verschiebung, displacement)에 의하여 이루어진다고 보았다.

52) 한편, 미국 구조주의 언어학을 대변하는 Bloomfield의 경우, '음소가 변한다(phonemes change)'(Bloomfield 1933: 351)라는 말로 음변화에 대한 견해를 일축하였다.

하거나 기술할 수 없다.

음운 현상을 지배하는 공시적 문법을 '규칙들의 체계'로 파악한 생성 주의의 경우, 음운 변화는 화자의 '문법 변화'로 간주되었다(Halle 1962, Kiparsky 1965, 1968a, King 1969).[53] 즉, 문법에 대한 규칙 첨가(rule addition), 규칙 소실(rule loss), 규칙 재순위화(rule reordering), 단순화(simplification) 등의 결과 음운론적 변화가 일어난다고 보았다.[54] 그러나 이러한 설명은 이상적인 화자와 청자로 이루어진 동질적인 언어 공동체를 전제할 때 에만 가능하다. 이 경우, 공시태 내에서의 변이란 있을 수 없으며, 설령 그러한 변이가 관찰되더라도 그것은 통시적 변화와 무관한 현상으로 간주된다.[55] 결국 이 같은 견해는 언어 변화의 '결과'를 간결하게 형식화 하는 데까지는 성공했으나(Anttila 1974/1978), 역시 기존의 이론들과 마찬 가지로 변화의 역동적인 진행 과정에 대한 고찰이 결여되었다는 한계 를 지닌다.

최근의 제약 기반 이론의 관점에서는 위계지어진 제약들의 상호 작 용으로 인하여 공시적 음운 현상이 발생한다고 본다. 따라서 음운론적 변화란 각 제약의 등급이 다시 매겨지는 것(reranking)이며, 이는 곧 '제 약 위계(constraint hierarchy)의 변화'로 간주된다. 제약 위계의 변화로 음운 변화를 설명한 대표적인 논의로는 Kiparsky(1994), Bermúdez-Otero(1996,

---

53) 이때의 문법(grammar)이란, 한 언어에 대한 모어 화자의 본유적 지식, 이른바 언 어 능력(linguistic competence)을 말하며, 이는 곧 그 언어에서 각 문장의 소리와 의미의 연계를 결정짓는 '규칙의 체계(the system of rules)'를 의미한다(King 1969).

54) 이러한 규칙 체계의 변화는 이전 세대(G_{n-1})로부터 이후 세대(G_n)로 문법이 전승 되는 과정에서, 즉 이후 세대의 언어 습득 과정에서 발생한다고 보았다(King 1969: 79-87).

55) 한편, Stampe(1969/1979: 17-19)를 비롯한 자연 음운론(Natural Phonology)의 입장 에서는 전통적인 생성 음운론과 다른 각도에서 음변화를 바라본다. 음성 변화는, 표준 언어에서 적용되지 않는 어떤 본유적 과정을 언어 습득자인 어린이가 억제 하는 데 실패할 때 발생한다고 본다. 개신은 대개 필수적인 발음보다는 수의적인 발음으로 시작되어, 점진적으로 일어난다고 주장한다.

1999), Holt(1997), Anttilla and Y.-M. Yu Cho(1998) 등이 있다. 이 같은 입장에서 언어 변화, 즉 제약 위계의 변화는 특정 제약들 간의 상호 관할 관계가 불분명할 때 일어나는 것으로 본다. 특히, 한 세대에서 다음 세대로 불완전한 전이가 이루어질 때 제약의 등급이 다시 매겨질 가능성이 높다. 제약 기반 이론에서는 이러한 언어 변화의 중간 과정을 기존의 제약 위계가 새로운 제약 위계로 변화되는 과도기라고 설명한다.

이상에서 살펴본 바를 바탕으로, 본고는 음운 변화에 대한 형식적 기술은 규칙 기반 생성주의의 입장을 취하되, 변화의 근본적인 동인은 제약 위계 변화의 관점에서 밝히고자 한다.

한 화자의 공시적 발화 산출 과정은 기저형의 선택 과정 및 선택된 기저형으로부터 표면형을 도출하는 과정으로 이루어진다.[56] 그러므로 변화하는 것 또한 화자의 발화 산출 과정, 즉 기저형 선택 과정 및 선택된 기저형의 표면 도출 과정이라고 할 수 있다. 이때, 표면형의 도출 과정은 규칙 첨가, 규칙 소실, 단순화 등에 의하여 변화된다. 전통적인 생성주의 역사 언어학에서 도출 과정의 변화는 세대교체기(즉, Gn의 언어 습득기)에만 가능한 것으로 한정했던 것과 달리, 본고는 세대교체기를 지나서도 도출 과정의 변화가 야기될 수 있다고 본다. 차용을 통한 규칙 생성이나 규칙 전파는 언어 습득기와 무관하게 언어 접촉 개시 시점을 기준으로 일어나는 현상이기 때문이다. 또, 새로운 규칙이 해당 지역어 내에서 자생적으로 발달하는 경우라 하더라도 그 규칙이 형성되어 전체 어휘로 확산되는 데에는 비교적 긴 시간이 소요된다고 본다.[57]

---

56) 단, 기저형 선택 과정은 쌍형 기저형이 존재하는 경우에 한한다.

57) 규칙 전파(rule spread)란 한 방언에서 인접한 다른 방언으로 규칙이 차용되어 전이되는 것에 다름 아니다. 기존의 파동설(wave theory)에 따른 규칙 확산(rule diffusion)이 여기 해당한다. 규칙 생성(rule creation)이란, 개신된 방언과의 지속적인 접촉을 통해 대상 방언의 개신형들과 모(母) 방언의 비개신형들의 체계적인 대응 패턴을 화자가 인지함으로써, 모 방언의 언어 내적 요인과는 무관하게 새로운

이에 본고는 음운론적 변화의 개념을 다음과 같이 정의하고, 이러한 범주에 드는 현상을 언어 내적 관점에서 설명하고자 한다.

음운론적 변화란, 한 화자 혹은 한 언어 공동체 내 화자들의 개별 형태소의 발음, 혹은 동일한 음운이나 음운 연쇄를 포함한 전체 형태소들의 발음이 이전 시기와 달라지는 현상을 말한다.[58] 여기에는 기저형의 변화와 규칙의 변화가 모두 포함된다.[59] 변화가 실현되는 차원에 따라 그 범위를 분류하면 아래와 같다.

구분	사회적 차원	예	어휘적 차원	예
협의	개인의 변화	화자1 - 바디 > 바지 화사2 - 마니 화자3 - 바디 …	개별 형태소의 변화	바디 > 바지 단디 가매티 …
광의	한 언어 공동체의 변화	화자1 - 바디 > 바지 화자2 - 바디 > 바지 화자3 - 바디 > 바지 …	형태소 전체의 변화	바디 > 바지 단디 > 단지 가매티 > 가매치 …

[표 10] 변화의 범위

협의의 변화란, 한 화자의 개별 형태소의 발음이 이전 시기와 달라지

규칙을 스스로 만들어내는 것을 말한다(소신애 2005a). 그런데 규칙 생성은 비개신 방언의 화자에 의해 생성된 규칙이 접촉 대상 방언—개신된 방언—에 존재하지도 존재한 적도 없다는 점에서 규칙 차용(rule borrowing)과는 구별된다. 규칙 차용은 해당 규칙의 존재가 전제된 상태에서만 성립할 수 있는 것이기 때문이다. 이 지역어의 t 구개음화 규칙은 방언 접촉 및 차용을 통한 규칙 전파의 결과로 보인다.

58) 생성주의의 관점에서 '형태소의 음운 형식의 변화'란 형태소를 구성하는 체계 음운 혹은 기저 분절음의 변화를 뜻하는 것으로, 이때의 '음운 변화'는 구조주의의 '음소 변화'와는 다르다. 구조주의에서는 '형태음소 층위', '음소 층위', '음성 층위'를 상정하나, 생성주의에서는 '기저 분절음 층위(체계 음운 층위)'와 '표면 분절음 층위(체계 음성 층위)'만 상정한다. 생성주의의 입장에서는 구주조의의 '음소'를 '분류 음소'라고 부름으로써 생성주의의 '체계 음운'과 구별하기도 한다. 본고에서 다루는 '음운 변화'는 '형태소의 음운 형식의 변화'란 점에서 구조주의의 '음소 변화'보다는 '형태음소론적 변화'에 가깝다.

59) 그러나 규칙의 변화는 근본적으로 제약 위계의 변화에 기인한다.

는 현상을 말한다(예. 화자1 - 바디 > 바지(袴)). 광의의 변화란, 전체 언어 공동체 내에서 동일한 음운이나 음운 연쇄를 포함한 전체 형태소들의 발음이 이전 시기와 달라지는 현상을 말한다(예. 화자1 - 바디 > 바지, 화자2 - 단디 > 단지(罐), 화자3 - 가매티 > 가매치(鍋焦)…).[60]

2.3.2. 변화의 유형

협의의 음운론적 변화란, 한 화자의 발화 내에서 어떠한 형태소의 발음이 이전 시기와 달라지는 현상이다. 이는 곧 해당 형태소의 발음을 산출하는 발화 산출 과정의 변화로 해석될 수 있다. 이때, 발화 산출 과정은 기저형의 선택 과정과 선택된 기저형의 표면 도출 과정으로 이루어진다. 따라서 음운 변화의 유형 또한 기저형의 변화와 도출 과정의 변화라는 두 차원에서 논의될 필요가 있다. 그런데 형태소 내부의 변화를 논의할 경우, 여기 적용된 도출 과정의 변화는 기저형의 변화를 통해서만 그 변화 여부를 확인할 수 있다. 따라서 본고에서 다루는 대부분의 변화 유형은 기저형 변화의 유형에 한정된다.[61]

기저형 변화의 유형은 그 요인에 따라 크게 두 가지로 나누어진다.[62] 첫째, 공시적인 음운 교체에 의한 변화 유형이다.[63] 이는 화자의 발화

---

60) 개별 형태소의 발음이 달라진다는 말은, 한 형태소 내의 특정 음운 또는 음운 연쇄가 이전과 다르게 실현된다는 뜻이다. 동일한 음운이나 음운 연쇄를 포함한 전체 형태소들의 발음이 달라진다는 말 또한, 이들 형태소에 공통적인 특정 음운이나 음운 연쇄의 발음이 달라진다는 뜻이다.

61) 형태소 경계의 (yə), (ya) 변화는 기저형의 변화와 무관한 규칙 체계의 변화만으로 기술할 수 있을 것이다.

62) 음운 변화란 '변화의 대상'이 음운론적이라는 의미로, 그 요인은 음운론적일 수도 있고 비음운론적일 수도 있다.

63) 기존에는 일반적으로 '음운 과정에 의한 재구조화'와 '음운의 변화'에 의한 재구조화를 별도의 재구조화 유형으로 상정하였다. 그러나 음운의 변화는 본질적으로 음운 과정에 의한 변화로 환원될 수 있다는 점에서 본고는 양자를 단일한 기제로

산출 과정에서 촉발된 변화에 해당한다. 둘째, 기저형의 재인식에 의한
변화 유형이다. 기존에 '심리적 요인' 혹은 '형태론적 요인'에 의한 변화
로 분류했던 변화 유형이다. 이는 청자의 발화 해석 과정에서 촉발된
변화에 해당한다. 이제껏 음운 변화의 유형은 대부분 발화 산출의 관점
에서만 논의되어 왔다. 그러나 실제로 통시적인 변화는 공시적인 발화
산출 과정과 발화 해석 과정의 양방향에서 촉발되는 것을 경험적으로
관찰할 수 있으며, 이러한 양방향의 변화 요인을 포괄적으로 고찰할 필
요가 있다. 이에 본고는 이 두 가지 유형의 변화를 모두 논의하되, 전자
를 '교체 지배 변화(Alternation-Governed Change, AGC)', 후자를 '기저형 지
배 변화(Underlying Form-Governed Change, UFGC)'로 부르고자 한다.[64]

2.3.2.1. 교체 지배 변화

교체 지배 변화란, 도출 과정상 적용된 음운 교체로 인하여 기저형이
변화하는 경우를 말한다. 이는 발화 산출 과정에서 촉발된 변화이다.
기존의 문법에 수의적 교체가 첨가되고, 첨가된 수의적 교체가 점진적
으로 필수화함으로써 변화가 완료된다.

먼저, 수의성 C_1에 따른 형태소 내 변이 및 변화는 다음과 같은 교체
첨가 및 필수화 과정에 기인한다. 아래는 교체 첨가와 필수화의 통시적
과정을 발화 산출상 작용 비율의 관점에서 도식화한 것이다.

설명하고자 한다. 개별 음운의 변화 또한 무조건적으로 일어나는 것이 아니라 일
정한 조건 환경에서 일어나는 교체를 거쳐 점진적으로 진행된다고 보기 때문이다.
β(ㅸ)>w가 그 대표적인 예이다.

64) 본고의 교체 지배 변화는 종래에 음운 과정에 의한 변화로 간주했던 현상은 물론,
음운 자체의 변화로 보았던 현상까지 모두 포괄한다.

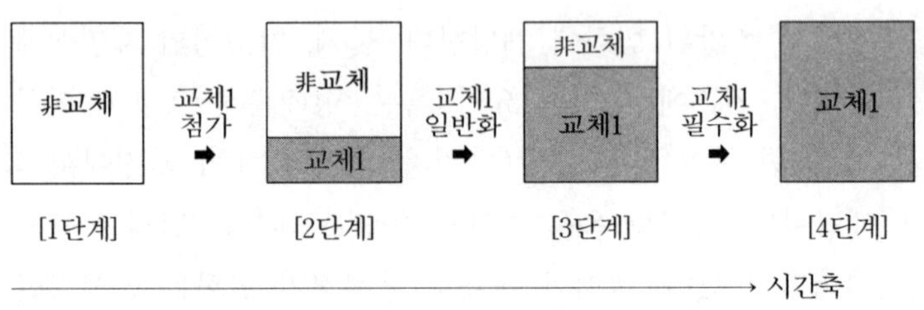

[그림 10] 교체 첨가 및 필수화 과정 I (수의성 C_1)

형태소 내 변이 및 변화는 기존의 문법에 새로운 교체가 첨가되고, 이것이 수의적 적용 단계를 거쳐 필수화하는 데 기인한다. 또, 새로 첨가된 교체1(예. 구개음화)은 모든 형태소에 대하여 일시에 적용되는 것이 아니라, 형태소에 따라 점진적으로 적용된다. 따라서 교체1의 필수화도 모든 형태소에 대하여 일시에 이루어지는 것이 아니라, 개별 형태소에 따라 점진적으로 이루어진다.[65] 이러한 중간 과정에서 형태소 간 변이가 출현한다.

새로 첨가된 교체1이 수의적으로 적용되는 단계인 [2단계]와 [3단계]에서 [표 6]과 같은 형태소 내 변이(예. 가매티[kamɛtʰi] ~ 가매치[kamɛtʃʰi])가 관찰되며, 그것이 전체 형태소로 확산되는 과정에서 형태소 간 변이 또한 포착된다.

결국, 어떤 형태소 내부에 교체1이 필수적으로 적용되는 단계([4단계])에 이르면, 그 형태소는 재구조화된다(가매티>가매치).[66] 표면에 더 이상

---

65) 예컨대, 이 지역어의 t 구개음화를 수의적 변항 규칙으로 나타낸다면 아래와 같을 것이다.

t→<ʧ>/_{i, y}; <형태소 내부<어휘 형태소<한자어<폐음절<동화주y<체언<평음 두음<고빈도어>

왼쪽으로부터 영향력이 큰 조건 인자(conditioning factor)를 나타낸다(蘇信愛 2002). 규칙의 세부 조건이 점진적으로 간소화하는 과정은 수의적 규칙의 필수화 과정에 대응된다. 변항 규칙에 대한 자세한 사항은 Labov(1997: 148-151)을 참고할 수 있다.

66) 각 형태소가 단일 기저형을 가지고 있는 경우를 전제한 포괄적인 설명이다. 한편, 어떠한 수의적 교체가 2단계나 3단계에서 소실되면서 일부의 어휘만 재구조화시

교체형이 존재하지 않기 때문이다.[67] 이는 음운 과정에 의한 재구조화가 공시적 변이의 단계를 거쳐 점진적인 방식으로 이루어짐을 뜻한다. 또, 그러한 점진적 재구조화는 소수의 형태소로부터 전체 형태소로 확산되어 간다는 점에서도 점진적이다. 실제로 이러한 재구조화 양상은 이 지역어에서 폭넓게 관찰된다(蘇信愛 2004b: 122-128).[68]

다음으로, 수의성 C_1+C_2에 따른 변이 및 변화는 다음과 같은 교체 첨가 및 필수화 과정에 기인한다.

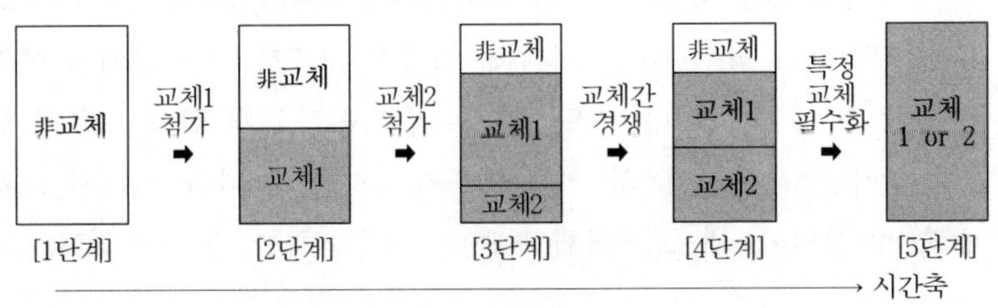

[그림 11] 교체 첨가 및 필수화 과정 II (수의성 C_1+C_2)

(tyV) 변이 및 변화의 경우, [그림 11]의 교체1과 교체2에는 각각 tyV → ʧV(구개음화)와 tyV → tV(y 탈락)가 해당할 것이다. 이들 교체가 점진적으로 일반화하는 과정에서 공시적 변이(예. 둏-～됴-～죻-(好))가 출현하고, 그것이 필수화하면서 변화가 완료된다(예. 둏- > 죻- 또는 둏- > 됴-).[69]

키는 경우도 있을 수 있다. 이는 변화가 진행되다가 중단됨으로써 잔재로서의 예외를 남기는 경우가 될 것이다. 계속해서 진행 중인 변화 또한 공시적으로는 예외를 가지나, 그러한 예외는 시간이 흘러 변화가 완료되면 더 이상 예외가 아니게 된다는 점에서 차이가 있다.

67) 형태소 경계에서는 해당 교체가 필수적으로 적용됨으로써, 수의적 적용을 보이는 교체와 구별될 것이다.

68) 여기서는 변이와 변화의 어휘적 측면에 대해서만 언급하였으나, 그것의 사회적 측면에 대해서도 같은 방식의 설명이 가능하다. 즉, 어떠한 교체가 소수의 어휘로부터 다수의 혹은 전체 어휘로 확산되는 과정에서 형태소 내 변이와 형태소 간 변이가 관찰되듯이, 어떠한 교체가 소수의 화자로부터 다수의 혹은 전체 화자로 확산되는 과정에서 화자 내 변이와 화자 간 변이가 출현한다고 할 수 있다.

[표 8]에서 확인되는 변이(예. 어때[ə́t'yɛ] ~ 어때[ə́t'ɛ] ~ 어째[ə́ʧ'ɛ])는 [3단계] 혹은 [4단계]를 반영할 것이다. 중년층과 청년층의 변이 양상을 고려하면, 교체1은 'y 탈락' 현상에, 교체2는 '구개음화' 현상에 해당할 것으로 보인다.[70] 이들 교체 현상은 새로 첨가되어 확산되는 과정이란 점에서, 또 출혈 관계(bleeding relation)의 경쟁적 교체가 존재한다는 점에서 수의적으로 적용된다. 만약 어떤 교체가 문법에 첨가되자마자 일시에 모든 형태소에 적용되고 필수화한다면 이 같은 변이는 관찰될 수 없을 것이다. 그러나 새로 첨가된 교체가 형태소에 따라 점진적으로 적용되고 또 점진적으로 필수화하는 까닭에, 경쟁적 교체로 인한 공시적 예외가 존재할 수 있는 것이다. 일반적으로, 공존하는 교체 현상 가운데 더 나중에 첨가된 교체(교체2)의 적용 빈도가 증가함에 따라 기존의 교체(교체1)는 소실되고, 새로운 교체(교체2)가 필수화하는 경향이 있다.[71]

2.3.2.2. 기저형 지배 변화

기저형 지배 변화란, 도출 과정상의 음운 교체와는 직접적인 관련 없이, 재해석, 단일화, 차용 및 유추 등으로 인하여 도입된 새로운 기저형으로 이전의 기저형이 대체되는 경우의 변화를 말한다. 이는 발화 해석 과정에서 촉발된 변화이다. 기존에는 이러한 비음운론적 요인에 의한

---

69) 개별 어휘에 따라 어떤 교체가 필수화하는지 여부에는 차이가 있을 수 있다. 교체1이 필수화하여 변화가 완료된 어휘들도 있기 때문이다. '뎌>더(彼), 뎡개>덩개(膝), 댱소까(꾸)락>당소까(꾸)락(長指), 뎨수>데수(弟嫂), -뎌르>-터르(-처럼)' 등이 그러한 예이다.

70) 흔히 '구개음화'라고 부르는 현상은 엄밀히 말해서 '구개음화 및 y 탈락 현상'이라고 해야 한다. 그러나 엄밀히 구별할 필요가 없는 곳에서는 이를 관습대로 '구개음화'로 부르기로 한다.

71) 형태소 경계에 필수적으로 적용되던 어떤 교체가 다른 교체로 바뀌었다면, 새로운 교체가 첨가되면서 기존의 교체가 소실된 결과, 교체의 변경(modification)이 일어난 것으로 기술된다.

기저형 변화를 음운 변화와는 무관한 현상으로 간주하였다. 뿐만 아니라, 이 같은 변화의 양상이 산발적이고 비체계적이라는 이유로 그에 대한 검토 또한 제대로 이루어지지 않았다. 그러나 본고는 음운론적 변화가 발화 산출 과정에서만 촉발되는 것이 아니라 발화 해석 과정에서도 촉발된다는 점을 중시하고자 한다. 때문에 변화에 대한 온전한 설명을 위해서는 양자를 모두 고려해야 한다는 입장이다. 실제로, 형태론적 요인에 의한 변화로 간주되었던 현상들 중에는 공시적인 음운 교체와 밀접한 관련을 맺고 있는 것들도 많은 까닭에, 이들은 결코 음운 변화에 대한 논의와 무관하지 않다.[72] 또, 외견상 불규칙적으로 보이는 이러한 변화들에도 일정한 규칙성이 존재한다는 점을 중시할 필요가 있다. 본고는 귀납적인 방식으로 그러한 규칙성을 발견하고, 그것을 지배하는 근본 원리를 밝히고자 한다.

기저형 지배 변화는 기존의 기저형에 새로운 기저형이 첨가되고, 새로운 기저형으로 점진적 단형화가 진행되어 변화가 완료된다.[73] 변화의 촉발은 발화 해석 과정에서, 그 진행은 발화 산출 과정에서 이루어진다.

동일한 환경에 출현하는 표면형이 둘인 경우의 기저형 지배 변이와 변화는 다음과 같은 신형의 첨가 및 필수화 과정에 기인한다. 아래는 신형 첨가와 필수화의 통시적 과정을 발화 산출상 선택 비율의 관점에서 도식화한 것이다.

---

72) 재해석은 해당 문법 내의 교체 현상에 근거하여 수행된다는 점에서 발화 산출 과정과도 무관하지 않다. 이러한 점은 郭忠求(1994a), 金玄(2003) 등에서 언급된 바 있다.

73) 구형이 신형으로 대체되는 과정 또한 어휘부의 경제성을 제고하는 일종의 단일화로 파악할 수 있다. 구형과 신형이 공존하는 동안은 쌍형 기저형이 존재하는 셈이기 때문이다. 본고는 이러한 쌍형 기저형의 단일화를 복수 기저형의 단일화와 구별하여 '쌍형 기저형의 단형화'로 부르기로 한다.

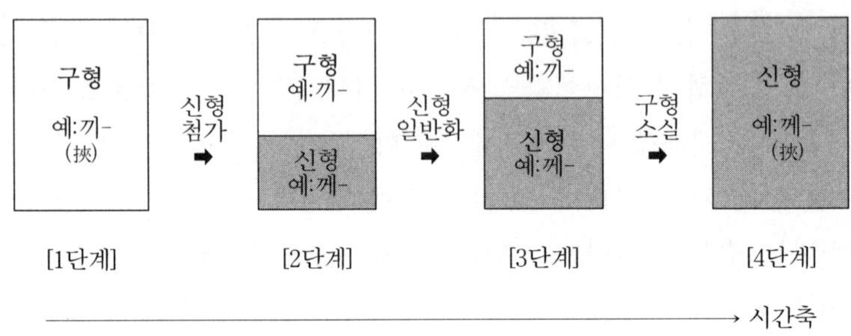

[그림 12] 신형 첨가 및 쌍형 기저형의 단형화 과정

특정 형태소에 대한 기저형이 하나만 존재할 경우(1단계와 4단계), 그 형태소는 단형 기저형을 가진 것으로 간주된다. 1단계와 4단계의 기저형만 비교하면, 이는 기저형의 변화(/끼-/>/께-/), 즉 재구조화로 해석된다. 그러나 1단계의 기저형이 일시에 4단계의 기저형으로 바뀐다고 볼 수는 없다. 특정 형태소에 대한 쌍형 기저형(/끼-/, /께-/)이 공존하는 단계(2단계와 3단계)가 관찰되기 때문이다. 이는 기저형의 변화가 신형의 첨가와 그것의 점진적인 필수화 과정으로 이루어짐을 의미한다.[74] 즉, 신형의 선택 빈도가 점차 높아지고 구형의 선택 빈도는 그에 따라 낮아지면서 결과적으로 구형은 소실되고 신형이 그 자리를 대신하게 되는 것이다. 이러한 기저형 대체의 중간 과정에서 공시적인 기저형 지배 변이가 출현한다.[75]

---

74) 이 지역어에서 관찰되는 기저형의 점진적 대체 과정에 대해서는 蘇信愛(2004b, 2005b)를 참고할 수 있다.

75) 변이와 변화의 사회적 측면에 대해서도 같은 방식의 설명이 가능하다. 즉, 기존의 기저형이 새로운 유형의 기저형으로 대체되는 현상이 다수의 혹은 전체 어휘로 확산되는 과정에서 형태소 내 변이와 형태소 간 변이가 관찰되듯이, 새로운 유형의 기저형이 소수의 화자로부터 다수의 혹은 전체 화자로 확산되는 과정에서 화자 내 변이와 화자 간 변이가 출현한다고 할 수 있다.

2.4. 변이와 변화의 상호 관계

어휘 확산 가설이 대두하기 전의 역사 언어학 이론들은 주로 음운 변화의 '결과'를 체계적으로 기술하는 데에만 관심을 기울였다. 반면, 음운 변화의 실제적인 '진행 과정'에 대해서는 상대적으로 많은 논의가 이루어지지 않았다.

구조주의 역사 언어학의 입장에서 음운 변화는 곧 음운 체계의 변화로 간주되었고, 이러한 관점에서 역사 언어학이란 변화 전의 체계와 변화 후의 체계를 비교하는 작업에 국한되었다. 따라서 음운 변화의 진행 과정 및 그것의 어휘적 확산 과정에 대한 연구는 원천적으로 불가능하였다.[76] 미국 구조주의 언어학을 대변하는 Bloomfield(1933)의 경우, '음소가 변한다(phonemes change)'(Bloomfield 1933: 351)라는 말로 음변화에 대한 견해를 일축한 데서도 알 수 있듯이, 음변화와 음소의 변화를 동일시한 이상, 동일한 음소를 포함한 모든 어휘는 일시에—즉, 급진적으로(abruptly)— 해당 변화에 참여한다고 본 것으로 해석된다(Wang and Cheng 1977).

한편, 생성주의 역사 언어학의 관점에서는 언어 변화를 화자의 문법에 대한 규칙 첨가(rule addition), 규칙 소실(rule loss), 규칙 재순위화(rule reordering), 단순화(simplification) 등의 결과로 파악하였다. 이러한 입장에서 음운 변화는 어휘적으로 급진적(lexically abrupt)인 방식을 통해 수행된다고 가정되었다. 규칙은 구조 기술이 충족되면 예외 없이 적용되는 것이 원칙이므로, 가령 어떠한 음운 규칙이 일단 화자의 문법 안에 첨가되었다면 그 규칙의 적용 대상이 되는 어휘부(lexicon) 안의 모든 음운 혹은 음운의 연쇄는 예외 없이—일시에— 그 음운 규칙의 적용을 받아 변화해야 하기 때문이다.

---

76) 체계의 관점에서 국어의 음운 변화를 기술한 기왕의 논의들도 동일한 한계를 지닌다.

구조주의와 생성주의에서 전제한 바와 같이 음운 변화가 모든 어휘에 있어서 일시에 일어난다면, 음운 변화의 과정은 다음과 같이 도식화될 수 있을 것이다.

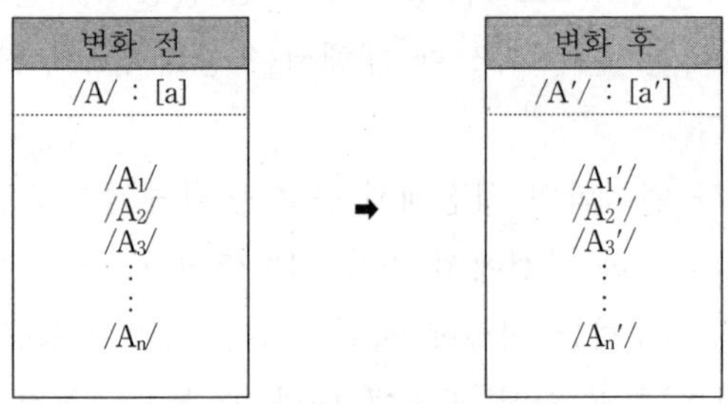

[그림 13] 어휘부의 급진적 변화

/A/는 특정 음운 또는 음운의 연쇄를 나타내고, /A_1, A_2, …, A_n/은 그러한 음운 또는 음운의 연쇄를 포함한 개별 형태소들을 나타낸다. [그림 13]은 어휘부 내에서 /A/를 포함한 전체 형태소의 발음이 일시에 [a′]으로 변화하는 것을 보여 준다. 이와 같이 음운 변화에 의하여 어휘부가 급진적으로 변화한다고 기술할 경우 /A/에 대한 발음이 둘 이상 공존하는 시기는 존재할 수 없다.

그러나 실제 우리 주변에서는 특정 음운 또는 음운 연쇄에 대한 발음이 둘 이상 공존하는 것을 흔히 볼 수 있다. 그리고 공존하던 선택적 발음들 중의 하나로 단일화가 이루어지는 경우도 발견할 수 있다. 현재 진행 중인 변화뿐 아니라, 과거의 문헌 자료에 나타난 변이형들의 공존과 그 변화 양상 또한 관찰할 수 있음은 물론이다. 기존의 생성주의나 구조주의의 입장을 따를 경우, 이 같은 변이형의 공존 및 변이형의 점진적 단일화 양상은 온전히 설명되기 어렵다.

결국 위와 같은 문제가 발생하는 근본적인 이유는, 구조주의나 생성주의를 바탕으로 한 기존 연구에서 음운 변화의 진행 과정, 특히 그 어휘적 측면에 대한 고찰이 부족했기 때문이라고 본다.[77] 따라서 기존 역사 언어학 이론이 지닌 이 같은 한계를 극복하고자 본고는 어휘 확산 가설을 적극적으로 수용하고 이를 정밀화하고자 한다. 변화는 어느 한 시점의 일회적 사건이 아니라 일정한 시간폭을 두고 완료되어 가는 현상이다. 이 같은 변화의 중간 과정에서 선택적 발음이 공존하는 현상이 바로 변이이다. 이러한 의미에서 음운론적 변이와 변화는 상호 불가분의 관계에 있다고 할 수 있다. 아래의 도식은 음운 변화가 개별 어휘에 따라 점진적으로 확산되어 가는 양상을 나타낸 것이다.

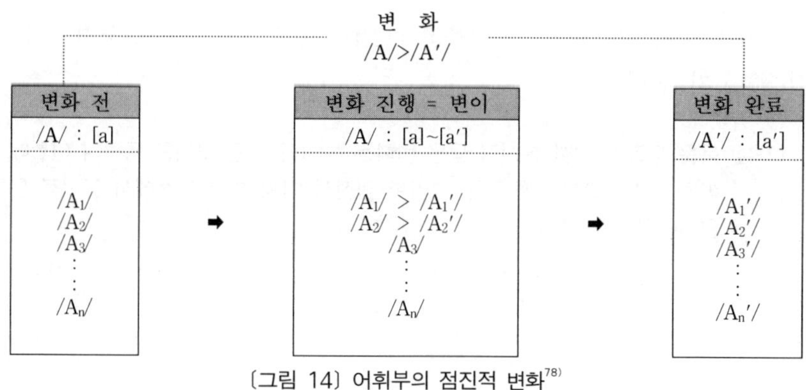

〔그림 14〕 어휘부의 점진적 변화[78]

　[그림 14]는 어휘부 내에서 /A/를 포함한 전체 형태소가 일시에 /A′/으로 변화하는 것이 아니라, 어휘에 따라 점진적으로 변화되어 가는 과

---

77) 물론 국내의 논의 중 金完鎭(1974)를 비롯하여 崔鉉承(1986, 1988), 宋敏(1986), 白斗鉉(1992), 김주필(1994), 郭忠求(2001) 등에서 음운 변화가 어휘에 따라 점진적으로 확산된다는 생각의 일면을 확인할 수는 있다. 그러나 이들 또한 어휘 확산 가설을 본격적으로 검증한 논의라고 보기는 어렵다. 이제껏 국어 음운사를 둘러싼 대부분의 기존 연구에서 음운 변화의 어휘적 점진성에 대한 암묵적 동의는 이루어져 온 반면, 실증적인 자료를 토대로 하여 그러한 점진성을 증명하고 어휘 확산 기제를 정밀화한 논의는 없었던 것이다.

78) 엄밀히 말해서 위의 그림은 형태소 내부에서 일어나는 교체 지배 변이와 변화에만 해당한다. 형태소 경계에서의 교체 지배 변이 및 기저형 지배 변이와 변화에 대해서는 다소 다른 모형이 상정될 수 있을 것이다.

정을 보여 준다. 수의적 발음([a]~[a′])의 출현 및 공존과 더불어 기저형의 재구조화 또한 어휘에 따라 점진적으로 진행된다. 음운 변화에 의하여 어휘부가 점진적으로 변화한다고 이해할 경우 /A/에 대한 발음이 둘 이상 공존하는 시기에 대한 설명이 가능하며, 그것은 변화의 중간 단계로 이해된다. 물론 어휘 확산 가설에 근거한 이 같은 설명 방식이 본고에서 처음 제안되는 것은 아니다. 그러나 변화의 중간 과정으로서의 공시적 변이의 기제를 밝히고 그것을 통시적 변화와의 상관성 속에서 파악한 논의는 이제껏 없었다고 본다. 그러므로 본고는 이상의 모형에 의거하여 다음과 같은 가설을 세우고, 국어의 실증적인 자료를 통해 이를 입증하고자 한다.

> (가설) 음운 과정에 의한 통시적 음운 변화는 수의적 음운 교체를 통하여 어휘에 따라 점진적으로 수행된다. 그러한 점진적 어휘 확산 과정에서 공시적 음운 변이가 출현한다.[79]

---

79) 이에 대한 검증은 3장에서 이루어진다. 한편, 재해석, 단일화, 차용 및 유추와 같이 음운 과정과 직접 연관되지 않은 통시적 음운 변화는 수의적인 기저형 선택을 통하여 어휘에 따라 점진적으로 수행될 것이다. 그러한 점진적 어휘 확산 과정에서 공시적 변이가 출현할 것으로 기대된다. 이에 대한 검증은 4장에서 이루어진다.

제3장 교체 지배 변이와 변화

교체 지배 변이란, 수의적 음운 교체에 의한 변이를 말한다. 즉, 공존하는 상이한 표면형들 간의 관계가 공시적인 음운 과정으로써 설명되는 경우의 변이를 가리킨다. 한편 교체 지배 변화란, 도출 과정상 적용된 음운 교체로 인하여 일어나는 변화를 말한다. 이 장에서는 교체 지배 변이와 변화의 실세를 분식함으로써 변이와 변화의 원리를 밝히고, 나아가 양자의 상관성을 확인하고자 한다.

우선, 훈춘 지역 노년층 화자들의 발화에서 관찰되는 음운 변이를 중심으로 공시적 변이의 기제와 요인에 대하여 논의한다.[1] 다음으로, 현장 시간상의 변화와 실재 시간상의 변화를 검토함으로써 음운 변화의 확산 과정과 방향에 대하여 언급한다. 현장 시간상의 변화는 노년층의 변이를 중년층 및 청년층의 변이와 비교함으로써 확인할 수 있다. 실재 시간상의 변화는 세대별 음운 변이를 비교한 결과 드러난 변화의 양상을 20세기 초의 카잔 자료 및 1980년대의 방언 조사 자료와 비교함으로써 확인할 수 있다.

3.1. 변이의 실제

현재 훈춘 지역어에서는 다양한 수의적 음운 현상 및 이로 인한 공

---

1) 노년층의 발화에서 관찰되는 변이를 주된 논의의 대상으로 삼는 이유는 중년층이나 청년층의 경우에 비하여 언어 외적 요인의 영향을 비교적 적게 받을 것으로 생각되기 때문이다.

시적 변이가 관찰된다. 비모음화, 변자음화, 원순모음화, 비음 탈락, 활음화, 활음 탈락, h 탈락, 유음 탈락, 모음 상승 등이 그러한 수의적 음운 현상의 예이다.[2] 특히 그 중에서도 ti, tyV, ni, nyV, syV, ʦyV, yə, ya 와 같은 음운 연쇄에서의 수의적 음운 현상은 세대 간의 뚜렷한 차이를 드러낸다는 점에서 주목할 만하다. 실제로, 이들 음운 연쇄에서의 변이는 일정한 방향성을 보이면서, 특정 변이형의 실현이 청년층으로 갈수록 지속적으로 증가하는 추세를 보인다. 이러한 점에서 이들 연쇄에서의 변이는 진행 중인 음운 변화를 반영하고 있다고 판단된다.

변이를 구성하는 가변적인 음운 혹은 음운의 연쇄를 음운론적 변항이라고 했을 때, 현재 이 지역어에서는 변항 (ti), (tyV), (ni), (nyV), (syV), (ʦyV), (yə), (ya)와 관련된 음운론적 변이가 관찰되는 셈이다. 이때, 변항 (yə), (ya)를 제외한 나머지 변항은 모두 중세 국어 단계에 치조음의 자연 부류를 이루었던 자음이 구개성 모음 및 활음과 연쇄된 것이라는 공통점을 지닌다. 중앙어의 경우, 이미 근대 국어 단계에 이들 음운 연쇄에서 일련의 변화가 일어난 반면, 고립 방언의 성격을 띤 육진 방언에서는 최근 들어서야 이러한 음운 연쇄에서 변화가 일어나고 있는 것이다. 오늘날 언어 변이와 변화를 발생시키는 제약과 요인은 그 본질과 유형에 있어 과거의 그것과 대체로 동일했을 것이라는 이른바

---

2) 이 지역어의 비모음화에는 ŋ 비모음화와 n 비모음화가 있다. 원래 이 지역어에는 ŋ 비모음화만 존재하였으나 최근 들어 n 비모음화가 추가되었다. 원순모음화에는 원순자음에 의한 것과 원순모음에 의한 것이 있다(예. 높은(高)→높운, 손으(手-을)→손우). 간혹 연구개음에 의한 원순모음화도 관찰된다(예. 약으(藥-을)→약우). 유성음 사이에서 h는 약화되거나 탈락된다. 뿐만 아니라 폐쇄음 뒤에서도 h의 약화 및 탈락이 관찰된다(예. 음틱하다(陰慝)→음틱아다). 유음 탈락은 치음 앞에서뿐만 아니라 순음, 연구개음 등의 변자음 앞에서도 일어난다(주물구(揉-고)→주무구). 모음 상승은 e, ɛ가 i로 되는 현상을 말한다(예. 멕겁다(欲食)→믹겁다, 점 잴로(簟子-로)→점질로). 그 밖에도 후행하는 m에 의한 r의 완전 동화 현상(예. 삶아(烹)→삼마), 순음 앞의 비원순모음화(예. 눕어(臥-어)→늡어), 용언 어간말 비음 뒤 경음화(예. 신고(履)→신꼬), 어간말 파찰음의 마찰음화(예. 꾸짖어도(叱-어도)→꾸짖어도) 등이 수의적으로 일어난다.

'동일 과정설의 원리(uniformitarian principle)'(Labov 1972, 1994)를 감안한다면, 현재 이 지역어의 변이 및 변화에 대한 연구는 국어 음운사적으로도 매우 중요한 의미를 지니게 된다. 이 지역어에서 일어나고 있는 변이와 변화의 기제를 관찰함으로써 근대 국어 단계에 중앙어에서 일어났던 변화의 진행 과정을 간접적으로나마 유추해 볼 수 있을 것이기 때문이다.

이러한 점을 감안하여, 이 장에서는 구개음화와 관련된 변항 (ti), (tyV), (ni), (nyV) 및 (syV), (ʦyV)를 중심으로 논의한다. 또한 변항 (yə), (ya)와 관련된 현상을 함께 검토함으로써 치조음 이외의 자음과 활음 연쇄에서의 현상도 대조적으로 고찰하고자 한다. 위의 변항들과 관련된 음운 변이의 실제를 검토함으로써 공시적인 교체 지배 변이의 기제와 요인을 밝히는 것이 이 장의 목적이다.

3.1.1. 자음 음운 및 음성 목록

이 지역어의 자음 음운(기저 분절음) 목록은 아래와 같다.

p	t	k	
p'	t'	k'	
pʰ	tʰ	kʰ	
	ʦ		
	ʦ'		
	ʦʰ		
	s		
	s'		
			h
m	n	ŋ	
	r		

[표 1] 훈춘 지역어의 자음 음운 목록[3]

---

3) 일부 노년층을 비롯하여 중년층 및 청년층의 경우에는 /ʔ/을 추가해야 할 것으로 보인다.

이 지역어의 /ㅈ/은 음운 목록상 여전히 치조음(/ts/)이다. 중세 국어에서와 마찬가지로 /ㄷ, ㅅ, ㅈ, ㄴ, ㄹ/이 치조음의 자연 부류를 이루고 있다.

한편, 훈춘 지역어의 자음 음성(표면 분절음) 목록은 아래와 같다.

b	d		g	
p˥	t˥		k˥	
p	t		k	
p'	t'		k'	
pʰ	tʰ		kʰ	
	dz	dʑ		
	ts	tʃ		
	ts'	tʃ'		
	tsʰ	tʃʰ		
	s	š		
	s'	š'		
				h
m	n	ň	ŋ	
	r			
	l	ʎ		

[표 2] 훈춘 지역어의 자음 음성 목록[4]

이 지역어의 /ㅅ, ㅈ, ㄴ, ㄹ/은 음운 목록상 치조음(/s, ts, n, r/)이지만, 각각의 경구개 변이음([š, tʃ, ň, ʎ])을 가진다. /i/나 /y/ 앞의 /ㅅ, ㅈ, ㄴ, ㄹ/은 경구개 변이음으로 실현된다. 일부 중년층을 포함하여, 청년층 화자들의 경우에는 /e, ɛ/와 같은 전설 모음 앞에서도 /ㅅ, ㅈ/이 경구개음으로 발음되는 경향이 있다. 반면, 그 외의 모음 /ɨ, ə, a, o, u/나 활음 /w/ 앞의 /ㅅ, ㅈ/은 모두 치음(dental sound) 내지 치조음(alveolar sound)([s, ts])으로 발음된다.[5]

---

4) 사실상 더 많은 종류의 음성이 존재하나, 논의와 직접 연관된 음성을 중심으로 간략히 제시하였다.

5) 그 밖에도 치조음 [ts, dz, ts', tsʰ]와 경구개음 [tʃ, dʑ, tʃ', tʃʰ]의 중간음 [ts~tʃ, dz~dʑ, ts'~tʃ', tsʰ~tʃʰ]를 비롯하여, 전동음 [r̃], 후두 유성 마찰음 [ɦ], 연구개 유성 마찰음 [ɣ], 성문 폐쇄음 [ʔ] 등 다양한 음성이 간취된다.

3.1.2. (ti) 변이와 (tyV) 변이

3.1.2.1. (ti) 변이의 양상

이 지역 노년층 화자들의 발화에서 'ti'라는 음운 연쇄를 포함한 형태소들은 다음과 같이 실현된다.

제보자		F_1	M_2	M_3	M_4	F_2	M_5	F_3	M_6
항목		79세	73세	72세	71세	69세	69세	62세	60세
방언형	의미								
가매티	鍋焦	kamɛtʰɨ́ kamɛtʃʰɨ́	kɛmɛtʰɨ́ra	kamɛtʰɨ́ kamɛtʰɨ́	kamɛtʰɨ́	kamɛtʰɨ́ kɛmɛtʰɨ́	kɛmétʃʰɨ	kamɛtʰɨ́	kamɛtʰɨ́
단디	罐	tandí	tandí	tandí	tandí tandʑí	tandí	taːndʑí	tandí	tandí
텬디꽃	杜鵑	tʰendík'o dʑi	tʰəndʑík'o dʑiu tʰyəndʑík'o dʑi	tʰendʑík'o dʑi tʰyəndʑík'o dʑi	tʰəndík'o dʑi tʰendík'o dʑi	tʰendʑí- tʃʰəndʑí- cf. pʰendʑí- pʰyəndʑík 'odʑi	tʰəndʑí- tʃʰəndʑí- tʰyəndʑí- tʰyəndʑí- tʰendʑí- tʃʰendʑík'o dʑi	tʃʰəndʑík'o dʑi	tʰendʑík'o dʑi tsʰendʑík' odʑi
장딴디	小腿	tʃaŋt'andí tʃaŋt'andʲí	tsa(n)t'an dʑí tsat'àndʑí	tʃaŋt'andʑí	tʃaŋt'andí	tʃaŋt'andí	tsaŋt'andʑí tsaŋt'andí	tsaŋt'andí	tsaŋt'andʑí
놓디레	鰍魚	yoŋdíre	yoŋ(~n)dí re yoŋdíre	yoŋdíre	noŋdʑíre yoŋdíre nyoŋdʑíre ňoŋdʑíre nyoŋdíre noŋdiré	yoŋdíre	yoŋdʑíre	yoŋdʑíre yoŋdíre	yoŋdʑíre
디레	蚯蚓	tíre	tíre	tíre tʲíre tʃíre	tíre tʃíre	tíre	tʃíre	tíre tʃíre tʃirəŋʔí	tʃíre tʃirəŋí
아오디	阿吾地	audí	aodí	aodí	audí aodí aodʑí	aodí aodʑí audí	audí audʑí	audí	aodí
딮	藁	típʰi típʰu pedipʰíra	pet'ipʰɨ	típʰira pedipʰí pet'íp tʃípʰira	típʰi pet'ipʰí	típʰu pet'ipʰío pet'ipʰɨ́l	tʃípʰi petʃ'ipʰúllu	típʰudu pet'ípʰi tʃípʰɨ	típʰi típʰul tʃípt'o pet'ípʰi pyət'ipʰɨ
명디	紬	meŋdíra	mendí menditsʰə́ ňira	meŋdí meŋdišíri	meŋdí mʲeŋdí meŋdišíri meŋdiba dí	meŋdišíri meŋdibadʲé myəŋdí myəŋdišíri	myəŋdʑí myəŋdišíri	myəŋdišíri	mʲeŋdʑí

고티-	改	kotʰídi kotʰé	kotʰígetʼa kotʰéya kotʰʸé	kotʰínda koʧʰígu koʧʰé(~ə́) watʼa	kotʰínda kotʰéra kotʰʸétʼa kotʰiwásə kotʰiwə́sə	kotʰígu kotʰéra kotʰʸéra kotʰʸéra koʧʰéra	kotʰídza mun kotʰéya	kotʰígo kotʰéra	kotʰéya kotʰʸə́ koʧʰé
다티-	觸	tatʰídi tatʰíʥi tatʰína tatʰénara tatʰésənin	tatʰídi tatʰímun tatʰétʼa tatʰé·tʼa	tatʰídi	tatʰídi	tatʰídi tatʰéra tatʰʸésə tatʰiwátʼa	tatʰídi tatʰímun taʧʰidí tatʰénͅa tatʰé	tatʰídi tatʰéra	tatʰídi tatʰʸédu
티-	打	tʰígusə tʰínda tʰínin tʰʸésə tʰésə	tʰíra tʰídi tʰétʼa tʰéra	tʰínda ʧʰínda	tʰídi tʰéra tʰʸéra tʰʸétʼa tʰʸédu	tʰínda tʰídi, tʰé tʰʸə́ra tʰʸə́du tʰʸətʼirɛtʼi tʰʸésʼo ʧʰétʼi ʧʰʸəya ʧʰé·do	tʰínda tʰʸésə tʰʸə́sə tʰéra, tʰé tʰétʼa ʧʰíndan ʧʰə́tʼa ʧʰə́ra	tʰínda tʰésə ʧʰígu ʧʰéra	tʰínda tʰʸə́ra tʰʸə́ tʰʸéra tʰéra ʧʰínda
띠-	蒸	tʼínda tʼésə	tʼígu tʼé	ʧʼídi tʼínda tʼ(ʸ)é, tʼyé	tʼínda tʼésə	tʼínda tʼyə́sə tʼyésə	tʼínda tʼyə́ra ʧʼínda ʧʼə́ra	tʼínda tʼéra ʧʼínda ʧʼéra	tʼínda tʼésə tʼéesə tʼʸésə
마사디_-	破	masádetʼa masáʥetʼa masádʸətʼa	masádinda masádetʼa masádeétʼa	masádinda masáʥ(~dʸ)inda masádʑətʼa	masádinda masádesʼi kʼuma	masádʸetʼa masádinda masádetʼa	masádʑinda masádʑə kʼuna masádʑesʼo	masádinda	masádetʼa
떨어디_-	落	tʼərə́ʥətʼa tʼərə́dʸətʼa tʼərə́detʼa	tʼərə́digetʼi tʼərə́detʼa tʼərə́dʸetʼa	tʼərə́dinda tʼərə́dyətʼa tʼərə́dʑinda tʼərə́dʑətʼa	tʼərə́dinin de tʼərə́dʸə tʼərə́detʼa tʼərə́desə	tʼərə́dinda tʼərə́dyətʼa tʼərə́dʸetʼa tʼərə́detʼa tʼərə́dyetʼa tʼərə́dʑinda	tʼərə́dʑinda tʼərə́dʑətʼa tʼərə́dinda tʼərə́digéːndu	tʼərə́dinda	tʼərə́dinda tʼərə́də(~e)tʼa tʼərə́dʸə tʼərə́detʼa
빠디-	沒	pʼáʥikʼá(~ə́) tɛníu pʼádirira pʼáʥinda pʼádinda pʼádetʼa pʼadékʼuna	pʼádimun pʼádigesͅiñi pʼádetʼa	pʼá án didi pʼádinda pʼádyətʼa pʼáʥiʥi	pʼádinda pʼádetʼa pʼadyəná gamyənsə	pʼádinda pʼádʸətʼa pʼádidi pʼádyetʼa pʼádesə pʼáːdesə pʼádetʼəra pʼádyətʼa	pʼádigu pʼádimun pʼáʥinda pʼádetͅi pʼádyətʼa pʼáʥəkʼuna pʼáʥenawa	pʼádinda pʼádin pʼádetʼa	pʼádinͅin pʼáʥinda pʼáde pʼádyetʼa
디르/딁-	刺	tirͅindá tilgə́ra ʧʼirͅímɯn ʧʼilgə́tʼa tʼirͅindá tilgə́	ti(r)gə́dz unda tigə́dalla tilgə́tʼa tirͅidí	ʧʼilgə́sərͅi ʧʼirͅínda	tirͅindá tilgə́ra tʼirͅínda tilgə́ra ʧʼirͅínda tilgétʼa	tʼilgábonda tirͅindá tʼilgə́tʼa ʧʼilgə́bogusa tʼilgésə	tirͅína tilgə́ tʼirͅgə́	tʼirͅindá tilgə́ra	tirͅindá tilgə́ tilgə́tʼa tirgə́ra ʧʼilgə́ra ʧʼirͅindá ʧʼirͅindá

바디	袴	padíra	padí t'arɨnbadí	padí pádʑi kɛbadí	padí meŋdiba díe padít'i	padí	padí	padʑí padí	padʑí padʑik'ərɨ mán padʸé
번디-	飜	pəndínda pəndé pənd(ʸ)é nara pə́ndedi mu	pəndə́di mun pəndédet'a	pəndínda pə́ndyədi mənsə pəndʑínda	pəndínda pəndésə pendyéra pəndʸébu rɨdi pəndéde t'a pəndyə́de ra pəndə́di danʷa pəndʑé dʑət'a	pəndínda pəndéra pəndyédu pəndʸédid əra pəndédin da pəndéde t'a pandʑésə	pəndíu pəndʑío pəndínda pə́ndinɨn pəndinɨ́n pəndyéra pəndé pəndéra pə́ndədʑin pəndə́dʑə sə	pəndínda pə́ndedin da	pəndíu pəndʑínd a pəndéra pəndétʃʰi wát'a pəndə́dim un pəndéde t'a
깨디-	破	k'ɛ́det'a k'ɛ́dʑ(~dʸ) ət'a	k'ɛ́·dinda k'ɛ́·det'a	k'ɛ́dinda k'ɛ̠dʑinda k'ɛ́dʑigu	k'ɛ́·dinda k'ɛ́dʸət'a k'ɛ́det'a	k'ɛ·dyə́t'a k'ɛ̠det'a k' ɛ̠des'ip t'ame k'ɛ́dinda k'ɛ·dínda	k'ɛ́dʑinda k'ɛ́dʑet'a godo	k'ɛ́dinda k'ɛ́·dimɨn k'ɛ̠det'a	k'ɛ́·dinda k'ɛ́det'a k'ɛ́·det'a
엎우러디-	倒	əpʰɯrédʑe t'a	əpʰurə́din da əpʰùrə́de t'a əpʰurə́dé t'a	əpʰurə́dʑə t'a	cf. əpʰə́dinda əpʰə́dera əpʰə́dʑət'a	əpʰúrədi gu əpʰúrədyə t'a əpʰúrədʸet 'a əpʰúrədʑə t'a cf. əpʰə́dinda əpʰə́dyet'a	əpʰúrədy ət'a əpʰúrədʑə nňa	cf. əpʰə́dinda	əpʰúrəde t'a
데디-	投	tedínda te(~ə)dí gu tedéra	tedínda tedéra	tedét'a p'urededé ra p'uredédi gu	tedígu tedéra	tedídi tedígu tedínɨn tedídʑagu tedéra tedét'a p'urededí gu p'urédedé t'a	tedéra tedína tedét'a	tedínda tedéra p'urédedé ra	tedínda p'urédede ra
모딜-	粗	módida módiradʸ ə(e)t'a	módida módira módin	módiradʑə t'a	módida módirasə	módirady ət'a	módin modʑin	módida	módida
떵-	春	t'innɨndá t'ikʰú t'ʸə̠sə	t'innɨndá t'ʸəə́ra	t'ídi t'innɨndá tʃ'innɨndá	t'ikʰú t'innɨndá t'ʸəra tʃ'innɨ́nda	t'innɨndá t'ikʰú t'ʸəə́ra tʃ'innɨndá	t'ikʰu t'ʸəə́sə tʃ'i·rari	t'íkʰu t'ʸə́ət'i tʃ'innɨdá tʃ'əə́ra	t'ikʰú tʃ'ikʰú t'ʸəə́ra
떡-	砍	t'igə́ra t'igə́sə	t'iŋnɨndá t'innɨndá t'igə́ra	tʃ'igə́t'a tʃ'igə́ra tʃ'iŋnɨndá	t'igə́ra tʃ'iŋnɨndá t'igədu	t'igə́t'a t'igə́ra t'iŋnɨndá	t'iks'ó	t'igə́t'a tʃ'igə́t'a tʃ'iŋnɨndá	t'igə́t'a t'iŋnɨ́nda tʃ'igə́sə

					t'inninda t'ikʰinda t'ikʰét'a			t'ikʰigu	
느베고티	繭	nɨbek'otʰi	nibek'otʰi	nʉ(~i)be k'otʰi nʉbek'otʰi	nibek'otʰi ragu nʉbegotʰi	nibek'otʰi nʉbek'otʰi	nibek'otʰi	nuek'otʰi	nuegotʰira
디그릇 (다둥기)	陶器 (陶盆)	tidungíra tidungú	tigɨ:ši tigirɨši	tigirɨši tidungí	tilgɨrišira cf. tihwári tidúngu	tigirɨsi tigirɨši tigirɨši tìdungí	tigɨrišira tigonegí	tilgirɨši	tigirɨši tidungí
디키-	守	tikʰinɨn	tikʰinda tikʰigu tikʰédalla	tikʰinda tʃikʰindatʃ ikʰigu tʃikʰigu	tikʰinda tikʰéra tikʰyəya	tikʰinda tʃikʰinin	tikʰinin tikʰéra	tikʰinda	tʃikʰinda
걸티-	橫, 披	kə́(l)tʰigu	kə́tʰigu kə́tʰegadʒi gu	kəltʰídi kəltʰinda kəltʃʰídi kə́tʰet'a	kə́ltʰinda kə́ltʃʰe	kəltʰídi kə́ltʰe	kəltʰinda kəltʰímu kəltʰésə	kə́ltʰinda kə́ltʰe	kəltʰídi
꺾어디-	折	k'ək'ə́din da k'ək'ə́dʒe (~dʲe)t'a	k'ək'ə́din da k'ək'ə́det'a	k'ək'ə́dʒə t'a	k'ək'ə́dinda k'ək'ə́det'a	k'ək'ə́din da k'ək'ə́de t'ara k'ək'ə́dʲə k'una k'ək'ə́dʒə t'a	k'ək'ə́dʒin da	k'ək'ə́din da	k'ək'ə́dim ʉ
디패	杖	tipʰέ	tipʰέ tipʰέri	tipʰεmak t'Egí tipʰέi	tipʰέε tipʰέ tipʰέi	tipʰεmak t'εgí tipʰέ tipʰέ·	tʃipʰέ tʃipʰεmak t'égi	tipʰέ tʃipʰaŋʔí	tipʰέε tipʰεmak t'έ tʃipʰεmak t'égi tʃipʰεŋʔí tipʰέdʒil
디경	地境	tig(ʸ)ədʒí ragu tigədʒí	—	tigέy	tigyə̃ira patʃ'igyəŋ tigyə́ira tigyə́é tigyə́ə tigyə̃i pat'igéyra godo pat'igədʒi é tigədʒíe pat'igʸə́dʒi	tigε̃i pat'igyə̃i pat'igə́y patʃ'igyə́y pat'igyáŋ pat'igé: tigyə́ə pat'igyáe pat'igyə́ə tigéeda tigyəŋs'a ú(á:)m pat'igyəŋ s'aúm	pat'igədʒí ra pat'igyáŋ nɛbat'igy áida	pat'igyə dʒí pat'igé· tigedʒí pat'igedʒí tigedʒírɨ tigedʒíe	tigedʒí tigyə̄dʒí tigyáŋ tigyə́širag odo tigyə́ə
평디	平地	—	—	pʰeŋdí	pʰyəŋdí	pʰyəŋdí	pʰyəŋdí	pʰeŋdí pʰeŋdʒí pʰyəŋdí	pʰeŋdʒí pʰyəŋdʒí
디-	落	tʲindá tét'a tyət'a tʃʲət'a	—	tʃʲindá tidʒí	tigét'a tét'a té·t'agu té·sə	tindá, tigó tyə́:t'a tyə́t'a	tʃʲinda tiípt'e tʃʲéya	tʃʲindá tʃʲə́sə tindá tét'a	tʃʲindá tʃʲiət'a tʃʲə́ət'a

						tyədu, tésə ték'et'a tés'ɨk'uma		tés'im	
-디	연 결 어 미	tatʰídi kitʰídi kotʰídi hadí kúmt'i kúmtʃ'i	tatʰídi tiridí	kəltʰídi kəltʃʰídi p'ádʒidʒi kitʃʰídʒi	t'ádi úldi kádʒi putʰídi oridí	tɨdídi talgúdi seúdi	tsʰɛrídʒi k'əktʃ'í tʃótʰi š'ipt'í	kitʰídi tatʰídi kwántʃʰi tɨmudʒi	máldi məkt'í podí tʃótʰi
-디	종 결 어 미	ərə́pt'i orédi tʃótʰi it'i tʃʰəps'ídʒi hadʒi pəsə́didi cf. hadʒim	morúdi tʰídi t'it'i mánɛt'i médi	it'i kyəndídi wɛbatʰídʒi héʧ'i tʃ'ídi tidʒí mitʃʃ'ət'i mudídʒi	mántʰi t'widi padɨlk'édʒi tʃotʰí tʃótʰi	andzaga dʒi sidʒúhadi tʃaŋt'andí di, udi, tandídi padídi kirədʒi hadʒi mudídʒi tʃʰét'i	sə́ndzəna di mántʰi tʃótʰi t'ərədʒidi tʃídi	tʃəŋšími dʒi tʃótʰi tʃ'iktʃ'í oktʃ'ógɨre didi tʃímidi	ʦukt'í haŋgadʒí di satʰurídi

[표 3] 단일 형태소 내 변항 (ti)의 화자별 음성 실현 양상[6]

논의의 편의를 위하여 변항 (ti)에 대한 화자들의 음성 실현형을 변이형으로 분류하여 도식화하면 아래와 같다.

항목＼제보자	M_1 85세	F_1 79세	M_2 73세	M_3 72세	M_4 71세	F_2 69세	M_5 69세	F_3 62세	M_6 60세
가매티	ti	ti, tʃi	ti	ti	ti	ti	tʃi	ti	ti
단디	ti	ti	ti	ti	ti, tʃi	ti	tʃi	ti	ti
텬디꽃	ti	ti	tʃi	tʃi	ti	tʃi	tʃi	tʃi	tʃi
장딴디	—	ti	tʃi	tʃi	ti	ti	tʃi, ti	ti	tʃi
농디레	—	ti	ti	ti	tʃi, ti	ti	tʃi	tʃi, ti	tʃi
디레	ti	ti	ti	ti, tʃi	ti, tʃi	ti	tʃi	ti, tʃi	tʃi

---

6) 제보자 M_1(85세)의 음성형은 아래와 같다. 자료상 공백이 많으므로 각주에 제시한다. kamɛtʰí(가매티), tandí(단디), tʰəndík'odʒi(텬디꽃), tíre(디레), aodí(아오디), típʰi, tipʰirágu, pet'íp, pet'ipʰɨ(딮), mɛndí(명디), kotʰínda, kotʰʸə́onda, kotʰédennɨ́ngá(고티-), tatʰídʒi, tatʰʸídi(다티-), tʰʸə́ra(티-), masádʸət'a(마사디-), t'ərə́dinda(떨어디-), p'ádʸət'a, p'ádʒət'a(빠디-), t'ʸilgə́ra, t'irigú(디르/딝-), pəndími, pəndinin, pəndínda, pəndéra(번디-), k'édʸət'a, k'ɛ́ɛdʸət'a, k'ɛ́ɛdʒət'a(깨디-), əpʰúradʒət'a(엎우러디-), tedínda, p'urededéra(데디-), t'ikt'í(떡-), kə́ltʰinda(걸티-), tigə́dʒiragu, tigʸə́dʒi(디경), tindá(디-), tatʰídʒi, tatʰʸídi, mutʰídi, mutʰídʒi, putʰídʒi(-디;연결 어미), puridí, sэ́ igetʃ'i(-디;종결 어미)

아오디	ti	ti	ti	ti	ti, ʧi	ti, ʧi	ti, ʧi	ti	ti
딮	ti	ti	ti	ti	ti	ti	ʧi	ti, ʧi	ti, ʧi
명디	ti	ti	ti	ti	ti	ti	ʧi, ti	ti	ʧi
고티-	ti	ti	ti	ti, ʧi	ti	ti, ʧi	ti	ti	ti, ʧi
다티-	ti	ti	ti	ti	ti	ti	ti, ʧi	ti	ti
티-	ti	ti	ti	ti, ʧi	ti	ti, ʧi	ti, ʧi	ti, ʧi	ti, ʧi
띠-	—	ti	ti	ti, ʧi	ti	ti	ti, ʧi	ti, ʧi	ti
마사디-	ti	ti, ʧi	ti	ti, ʧi	ti	ti	ʧi	ti	ti
떨어디-	ti	ti, ʧi	ti	ti, ʧi	ti	ti, ʧi	ʧi, ti	ti	ti
빠디-	ti, ʧi	ti, ʧi	ti	ti, ʧi	ti	ti	ti, ʧi	ti	ti, ʧi
디르/딹-	ti	ti, ʧi	ti	ʧi	ti, ʧi	ti, ʧi	ti	ti	ti, ʧi
바디	—	ti	ti	ti, ʧi	ti	ti	ti	ʧi, ti	ʧi, ti
번디-	ti	ti	ti	ti, ʧi	ti, ʧi	ti, ʧi	ti	ti	ti, ʧi
깨디-	ti, ʧi	ti, ʧi	ti	ti, ʧi	ti	ti	ʧi	ti	ti
엎우러디-	ʧi	ʧi	ti	ʧi	ti, ʧi	ti, ʧi	ti, ʧi	ti	ti
데디-	ti	ti	ti	ti	ti	ti	ti	ti	ti
모딜-	—	ti	ti	ti	ti	ti	ti, ʧi	ti	ti
떻-	—	ti	ti	ti, ʧi	ti, ʧi	ti, ʧi	ti, ʧi	ti, ʧi	ti, ʧi
떡-	ti	ti	ti	ʧi	ti, ʧi	ti	ti	ti, ʧi	ti, ʧi
느베고티	—	ti	ti	ti	ti	ti	ti	ti	ti
디그릇 (디둥기)	—	ti	ti	ti	ti	ti	ti	ti	ti
디키-	—	ti	ti	ti, ʧi	ti	ti, ʧi	ti	ti	ʧi
걸티-	ti	ti	ti	ti, ʧi	ti, ʧi	ti	ti	ti	ti
꺾어디-	—	ti, ʧi	ti	ʧi	ti	ti, ʧi	ʧi	ti	ti
디패	—	ti	ti	ti	ti	ti	ʧi	ti, ʧi	ti, ʧi
디경	ti	ti	—	ti	ti, ʧi	ti, ʧi	ti	ti	ti
평디	—	—	—	ti	ti	ti	ti	ti, ʧi	ʧi
디-	ti	ti, ʧi	—	ti, ʧi	ti	ti	ti, ʧi	ti, ʧi	ʧi
-디(연결)	ʧi, ti	ti, ʧi	ti	ti, ʧi	ti, ʧi	ti	ʧi, ti	ti, ʧi	ti
-디(종결)	ti, ʧi	ti, ʧi	ti	ti, ʧi	ti, ʧi	ti, ʧi	ti, ʧi	ti, ʧi	ti, ʧi

[표 4] 단일 형태소 내 변항 (ti)의 화자별 변이형 실현 양상

형태소 내부의 'ti' 연쇄는 'ti' 또는 'ʧi'로 실현되고 있다. ti형의 실현 비율이 ʧi형에 비하여 높게 나타난다. 한 형태소에 대하여 ti형과 ʧi형이 공존하는 현상이 두드러진 반면, ʧi형으로 기저형의 재구조화가 일어난 예는 아직 많지 않다.

아래와 같은 파생어 내부에서도 단일 형태소 내부에서와 유사한 양상이 관찰된다.

제보자 항목		F₁ 79세	M₂ 73세	M₃ 72세	M₄ 71세	F₂ 69세	M₅ 69세	F₃ 62세	M₆ 60세
방언형 같이	의미 共	kátʰi	kátʰi	kátʰi kátʃʰi	kátʰi	kátʰi cf. sɛŋsugátʼi	kátʰi	kátʰi cf. sɛŋsuŋgá tʰi	kátʰi tʼokʼátʰi
해돋이	日出	hɛdodí	hɛdòdí	hɛdodí	hɛdodí	hɛdodíɾi	hɛdodée	hɛdodí	hɛdodí
미닫이	門	midadí	midàdíɾa midadʸ (~ʥ)íɾi	midaʥí	midadí	midadí midaʥí	midadí midaʥí	midadí	midadí
고슴돋이	刺蝟	kosɨmdo tʰí	kosundo tʰí	kosɨmdo tʰí kosɨmdo tʰí	kosundo tʰí kosɨmdo tʰí kosumdo tʰí kosɨmdo ʃʰí	kosɨmdo tʰí kosɨmdo tʰí kosumdo tʰí	kosɨmdo tʰí	kósɨmdo tʰí kosɨmdo tʰí	kosɨmdo tʰí kosɨmdó ʃʰí kosumdo tʰí
길이-	遺	kitʰídi kitʰétʼa	kitʰína kitʰénna	kitʃʰíʥi ʃitʰétʼa	kitʰídi kitʰʸáɾa kitʰé kitʰétʼa	kitʰigú kitʰídi kitʰétʼa kitʰé kitʰé·sə kitʰʸátʼa kitʰə́tʼa	kitʰéɾa kitʰʸéɾa kitʰídi kitʰé kitʰésə	kitʰídi kitʰétʼa	kitʰétʼa
붙이-	貼	putʰínda putʰʸé (~tʰé)tʼa	putʰínda putʰéya	putʰígu putʰé·tʼi	putʰídi putʰéɾa	putʰínda putʰéɾa putʰétʼi	putʰína putʰéɾa putʰʸə́ məŋnin	putʰínda putʰéɾa	putʰínda putʰéɾa putʃʰínda

[표 5] 파생어 내 변항 (ti)의 화자별 음성 실현 양상[7]

이를 변이형으로 분류하여 도식화하면 다음과 같다.

제보자 항목	M₁ 85세	F₁ 79세	M₂ 73세	M₃ 72세	M₄ 71세	F₂ 69세	M₅ 69세	F₃ 62세	M₆ 60세
같이	—	ti	ti	ti, ʃi	ti	ti	ti	ti	ti
해돋이	ti	ti	ti	ti	ti	ti	ti	ti	ti
미닫이	ti	ti	ti	ʃi	ti	ti, ʃi	ti, ʃi	ti	ti
고슴돋이	ti	ti	ti	ti	ti	ti	ti	ti	ti, ʃi
길이-	ti	ti	ti	ʃi, ti	ti	ti	ti	ti	ti
붙이-	ti	ti	ti	ti	ti	ti	ti	ti	ti

[표 6] 파생어 내 변항 (ti)의 화자별 변이형 실현 양상

7) 제보자 M₁(85세)의 음성형은 다음과 같다. hɛdodigugyə́ŋ(해돋이), midadí(미닫이), kosɨmdotʰí(고슴돋이), kitʰídi(길이-), putʰínda, putʰéɾa(붙이-)

그런데 이때 '같이, 해돋이, 미닫이' 등에 포함된 접사 '-이'는 공시적으로 결합된다고 보기 힘든 까닭에, 이들 파생어는 이미 단일어화한 것으로 간주된다. 따라서 공시적 도출 과정에서 이들은 단일 형태소와 같은 자격을 지닌다.[8] 그러나 발화 해석 과정에서는 접사의 분석 가능성이 작용할 수 있으므로, 이러한 파생어는 단일 형태소 내의 'ti' 연쇄와 구별하여 다룰 필요가 있다. 실제로, 순정한 단일어에 비하여 단일어화한 파생어의 경우에는 ʧi형의 비율이 현저히 낮다. 여기에는 접사의 분석 가능성, 즉 형태소 경계에 대한 인식이 어느 정도 작용한 결과로 해석된다.

한편, 굴절 환경에서의 'ti' 연쇄는 단일하게 'ti'로 실현되고 있다.

제보자 항목		F₁ 79세	M₂ 73세	M₃ 72세	M₄ 71세	F₂ 69세	M₅ 69세	F₃ 62세	M₆ 60세
방언형	의미								
밭-이	田	patʰí nompʼatʰíra	patʰí	patʰídi wɛbatʰíʥi sukʼubátʰi	patʰíra kʼoppʼatʰí pʰulbatʰí	patʰí kʰoŋbatʰí susubatʰí pebatʰí nombatʰí	pátʰi	patʰí nombatʰí	patʰira handzəm batʰí
돝-이	猪	totʰí	totʰíra kʰɨndótʰi	totʰíra	totʰí ámtʼotʰi sútʼotʰi	totʰí cf. metʼotʰí ʧiptʼotʰí	totʰí	totʰí	totʰí
몬-이	釘	mó·di	módi	módi	módi	módi	módi	módi	módi
밑-이	底	mitʰí širɨmitʰí	mitʰíradu	mitʰí	mitʰí	mitʰí	mitʰíra	mitʰí širimitʰí kabimmí tʰi kʰomitʰíra	mitʰí cf. kʰommitʰí
붇-이	筆	púdi	púdi	púdi	púdi	púdi	púdi	púdi	púdi
낟-이	鎌	nádi	nádi	nádi	nádi	nádi	nádi	nádi	nádi

[표 7] 굴절 환경에서의 변항 (ti)의 화자별 음성 실현 양상[9]

---

8) 분석은 가능하나 생성은 불가능한 접사, 즉 생산성이 없는 접사가 결합되어 이루어진 파생어는 발화 산출 과정에서 하나의 어휘소(공시적 형태소)로 취급된다.

9) 제보자 M₁(85세)의 음성형은 다음과 같다. patʰí(밭-이), módi(몬-이), púdi(붇-이)

이를 변이형으로 분류하여 도식화하면 아래와 같다.

제보자 항목	M₁ 85세	F₁ 79세	M₂ 73세	M₃ 72세	M₄ 71세	F₂ 69세	M₅ 69세	F₃ 62세	M₆ 60세
밭-이	ti	ti	ti	ti	ti	ti	ti	ti	ti
돝-이	—	ti	ti	ti	ti	ti	ti	ti	ti
몰-이	ti	ti	ti	ti	ti	ti	ti	ti	ti
밑-이	—	ti	ti	ti	ti	ti	ti	ti	ti
붇-이	ti	ti	ti	ti	ti	ti	ti	ti	ti
낟-이	—	ti	ti	ti	ti	ti	ti	ti	ti

[표 8] 굴절 환경에서의 변항 (ti)의 화자별 변이형 실현 양상

앞에서 단일 형태소 내부, 파생어 내부, 굴절 환경에서의 'ti' 연쇄의 실현 양상을 살펴보았다. 굴절 환경의 경우를 제외한 앞의 [표 3], [표 5]에서 드러나듯이 이 지역어에서는 화자마다, 또 어휘마다 형태소 내부의 'ti' 연쇄가 상이한 실현을 보인다. 'ti'라는 분절음의 연쇄가 한 언어 공동체 내에서 둘 이상의 선택적 발음을 가지고 있는 것이다. 이러한 가변적 성분 'ti'를 하나의 음운론적 변항으로 간주하고, 이를 변항 (ti)라 부르기로 하자.

변항 (ti)에 대한 변이형은 크게 두 가지이다. ti형과 ʧi형이 그것이다. 한 언어 공동체 내에 동일한 음운 연쇄를 포함한 전체 형태소들의 발음이 둘 이상 공존하므로 이는 음운론적 변이라 할 수 있다. 이 같은 변항 (ti)의 변이는 전체 언어 공동체 차원에서뿐 아니라 한 화자의 발화 내에서도 관찰된다. 또, 전체 형태소 차원에서뿐 아니라 한 형태소 내에서도 관찰된다. F₁(79세)의 발화에서 '가매티(鍋焦)'에 대한 [kamɛtʰi](가매티)와 [kamɛʧʰi](가매치)가 공존하는 것이 좋은 예이다. 따라서 이 지역어의 (ti) 변이는 화자 간 변이인 동시에 화자 내 변이이며, 형태소 간 변이인 동시에 형태소 내 변이이다.

3.1.2.2. (tyV) 변이의 양상

이 지역 노년층 화자들의 발화에서 'tyV'라는 음운 연쇄를 포함한 형태소들은 다음과 같이 실현된다.

방언형	의미	F1 79세	M2 73세	M3 72세	M4 71세	F2 69세	M5 69세	F3 62세	M6 60세
동-	好	tótʰa ʧótʰa ʧótʰi	ʧótʰa, ʧóʉn ʧókʰet'a ʦókʰu	tyótʰa ʧótʰa	tyótʰa ʦótʰa ʧotʰa	tʸótʰa ʧótʰa tyótʰa ʦótʰa	ʧótʰa tókʰennɪn de tótʰi	ʧótʰa ʦótʰa	tyótʰa ʧótʰa ʦótʰa ʦ(~ʧ)óasə
어때	何	át'ɛ(~t'ʸɛ) ət'ésə	át'ɛ	át'ɛsə áʧ'ɛ át'ʸɛ	át'ʸɛ áʧ'ɛsə át'ɛsə	át'ɛ át'ʸɛ át'ɛ(~t'ʸɛ)	át'ɛ	át'ɛ	át'ɛ
데일	第一	teíl, teél tél, terí	ʧeíl	ʧeíl, teél téːl	teíl, téːl tél	téil, teíl, téːl tyéːl	téːl ʧéːl teíl	ʦé·l tél	ʦéːl, ʧéːl
데수	弟嫂	tesú	—	tesú ʧesú	teswí tesú ʧesúš'i	tesú	tesú	tʸesú	tesú ʦesú
당화	長靴	taŋɦwá	taŋɦ (~h)wá	tyaŋɦwá tʸaŋɦwá	tʸaŋɦwá ʦaŋɦwá	tʸaŋɦwá tyaŋɦwá	ʧaŋɦwá	ʧ(~ʦ)aŋɦ wá ʦaŋɦwá	ʧ(~ʦ)aŋɦ wá ʧaŋwá ʦaŋwá
듕매 (꾼)	仲媒 (꾼)	ʧuŋmé k'un	ʧumbé k'un	ʧuŋmɛ k'úni	tyuŋmé tuŋmé, ʦuŋmé	ʧuŋméː k'uňi ʧuŋmé k'uňi	ʧuŋmɛ k'úňi	ʦuŋmé k'uňi	ʧuŋmé k'un
댱수	長壽	taŋsú ʦaŋsú	ʦ(~ʧ)aŋs úɦanda	ʦaŋsú tyaŋsú ʧaŋsú	ʦaŋsú tyaŋsú	tʸaŋsú tyaŋsú, ʧaŋsú ʧaŋsuɦa dá	ʧáŋsu	ʦaŋsú	ʦ(~ʧ)áŋ su
댱손 가락	長指	taŋsok'u rák taŋsok'u rági	—	ʧaŋsoŋk' arági ʧaŋsoŋ k'aragí	tyansoŋk 'urák tyanso k'urák tʸaŋsoŋ k'árak tyaŋsoŋ k'arák	tʸaŋso(n) k'aragíra tyaŋsoŋ k'árak tyaŋsoŋ k'aragídi	ʧaŋsok'a rák	taŋsoŋk'a ragí	ʧaŋsoŋ k'aragí
댱사 (꾼)	商業 (꾼)	taŋšEk'u ní taŋšik'uňí taŋsEk'ún ʧaŋsEk'ún ʧaŋsak'ún	taŋsɛk'uňí	tʸaŋsak'u ňí ʧáŋsa ʧaŋsak'ú ni	tyaŋsɛk'ú nira- ʦaŋsak'ún ʧaŋsak'ú ni tyaŋ(~tʸaŋ) sɛk'úni	tʸaŋsak'u ňí ʧaŋsak'u ní tyaŋsak'u ňí ʧáŋsa	ʧaŋsak'ú ňi ʦ(~ʧ)aŋsa k'uňirá s'aldʑaŋs ak'úňira ʧáŋsa	ʦaŋsak'ú ňi ʦaŋsak'u ňíra-	ʧaŋsak'ún ʦaŋsak'u ní ʦansak'u ní ʦáŋsa s'aldzaŋ

					tʸaŋsɛk'úni ʧaŋsák'ūi tsáŋsa, ʧáŋsa kʰoŋdyáŋsɛ kʰoŋʤán sɛ s'aldyaŋsɛ́	s'alʤaŋs ak'uňídi s'aldyaŋs ak'ún	tsáŋsa		sák'un
당마 당	場	taŋmadáŋ ʧaŋmadã́i ragu šʷɛʤã́iru cf. taŋk'ərí tʸaŋk'ərí	taŋmadáŋ taŋ(~m) madáŋ tammadá	tʸãé tʸaŋe tyaŋma dáŋ	tʸaŋmadáni tyaí tyaŋmad aírago tʸaŋnárira tyaŋnári ra ʧaŋmadáŋ ʧaŋk'əri	tyaŋma dáŋ ʧaŋmadã́ iragu ʧaŋmadã́ il	ʧaŋmadáŋ	tsaŋmadáŋ tsaŋmadã́ esəna metsʰɨ́ldz ãɦao	ʧaŋmaã́i tsaŋmadã́i
말댱	杖	malt'ʸáŋ (~t'yáŋ) malt'ʸã́ira gu malt'yáŋ malt'áa	malt'ái malt'áa	malt'ʸã́· malt'ʸã́il	malt'yaí malt'yáŋ malts'áŋ	malt'ʸã́ira malt'yɛ́ malt'yáa malt'ʸã́ malt'yáŋ	malts'áŋ	malt'áira malt'áː malʧ'ã́ira godo	malt'ʸã́a malʧ'ã́a
댱가	丈家 (娶)	tsáŋgagan da ʧáŋgarɨ	ʧáŋgarɨ	ʧ(~ts)áŋg aganda	tsáŋga ʧáŋgaga nda tyáŋga	ʧ(~ts)áŋga ʧáŋgaga nda	ʧáŋga	tsáŋgagan da	ts(~ʧ)áŋga tsáŋga
딸르/ ᄯᆞᆯ-	短	ʧ'arín t'ʸarɨdí t'yarɨdeňa ʧ'aridá ʧ'algásə t'aridá t'algásə	t'agásə t'argásə t'arɨnbadɨ	t'yarigú t'yarida	t'yaridá t'yalgásə tʸalgásə ts'aridá ʧ'arɨda	t'yaridá t'yalgásə t'arigú ʧ'aridá ʧ'algásə	t'aridá t'algá ts'aridá ts'álgasə ʧ'arɨmyən ʧ'algásə	t'aridá t'algá ts'(~ʧ')ari dá ʧ'(~ts')alg ásə ʧ'aridá	t'aridá t'algásə t'ʸarín ts'algásə
듕 (듕새)	中	túŋšɛragu du túŋʧʰam tuŋgaunde rú pámt'yui ra pámt'uŋ pámt'ʸuŋ t'uŋgaňír agodo tuŋgàňíra go ʧuŋgàňí da	túŋsé tú(ŋ)sɛ pám(n) t'uŋ pánt'uŋ pánt'uira	—	pámt'uŋ pámt'yue pámt'ue ʧũída tyúŋsɛ, tʸúŋsɛ	pamt'yúŋ pámt'yue pámt'yũe pámt'ue pámt'yũy pámt'yuŋ k'əʤi ʧũída túŋšɛ, túŋsɛ	túŋsɛ ʧúŋtsʰam	túŋtsʰami ra pámt'yui pámts'ue pámts'uŋe ʧuída	ʧúŋtsʰam túŋtsʰam túŋšɛ túŋsɛ pámt'uŋ pámt'ũe tsũída
니빠 대	缺齒 人	nip'adɛ́	nip'adɛ́ra	—	nip'adɛ́ː (ɛ́ɛ) nip'adɛ́	nip'adɛ́ nip'adɛ́·	—	nip'adɛ́	ip'adɛ́ ip'alp'adɛ́

듕국	中國	ʧuŋgúge tuŋgugé	ʧuŋgúgidi	—	ʧuŋgúk	ʧuŋgúge sənin ʧuŋguge sə tuŋgugé tuŋguks' áram	ʧuŋgúgi ran	ʧuŋgúk	ʧuŋgúk
됴션	朝鮮	ʧosənesə ʧosənídi	ʧosəni	—	ʧošən ʧosən	ʧosəné pukʧ'osə ne sə	ʧosən ʧosəné	ʧosən	ʧosən

[표 9] 변항 (tyV)의 화자별 음성 실현 양상[10]

변항 (tyV)에 대한 화자들의 음성 실현형을 변이형으로 분류하여 도식화하면 아래와 같다.

제보자 항목	M_1 85세	F_1 79세	M_2 73세	M_3 72세	M_4 71세	F_2 69세	M_5 69세	F_3 62세	M_6 60세
동–	tyV, tV	tV, ʧV	ʧV, ʦV	tyV, ʧV	tyV, ʧV ʦV	tyV, ʧV ʦV	ʧV, tV	ʧV, ʦV	tyV, ʧV ʦV
어때	tV	tV	tV	tyV, ʧV tV	tyV, ʧV tV	tyV, tV	tV	tV	tV
뎨일	tV	tV	ʧV	tV, ʧV	tV	tV, tyV	tV, ʧV	ʦV, tV	ʦV, ʧV
뎨수	tyV, tV	tV	—	tV, ʧV	tV, ʧV	tV	tV	tyV	tV, ʦV
댱화	tyV	tV	tV	tyV	tyV, ʦV	tyV	ʧV	ʧV, ʦV	ʧV, ʦV
듕매(꾼)	tyV	ʧV	ʧV	ʧV	tyV, tV ʦV	ʧV	ʧV	ʦV	ʧV
댱수	tyV	tV, ʦV	ʦV	tyV, ʧV ʦV	tyV, ʦV	tyV, ʧV	ʧV	ʦV	ʦV
댱손가락	tyV	tV	—	ʧV	tyV	tyV	ʧV	tV	ʧV
댱사(꾼)	tyV, ʧV	tV, ʧV	tV	tyV, ʧV	tyV, ʧV ʦV	tyV, ʧV	ʧV, ʦV	ʦV	ʧV, ʦV
댱마당	tyV	tV, ʧV	tV	tyV	tyV, ʧV	tyV, ʧV	ʧV	ʦV, tV	ʧV, ʦV
말댱	ʧV	tyV, tV	tV	tyV	tyV, ʦV	tyV	ʦV	tV, ʧV	tyV, ʦV
댱가	—	ʦV, ʧV	ʧV	ʧV	ʦV, ʧV, tyV	ʧV	ʧV	ʦV	ʦV
따르/닳–	tyV	ʧV, tyV tV	tV	tyV	tyV, ʦV ʧV	tyV, tV ʧV	tV, ʦV ʧV	tV, ʦV ʧV	tV, tyV ʦV

---

10) 제보자 M_1(85세)의 음성형은 다음과 같다. tyótʰa, tótʰa(동–), ə́t'ɛ(어때), teíl(뎨일), tʸesú, teswí(뎨수), tyaŋɦwá, tʸaŋɦwá(댱화), tʸuŋmɛ́(듕매), tyaŋsú, tʸaŋsú(댱수), tyaŋsoŋk'urági(댱손가락), tʸaŋsák'uni, kʰoŋʤaŋsa(댱사(꾼)), tʸaŋmadáŋ(댱마당), malʧ'ãíragu(말댱), t'ʸaridá(따르–)

둥(둥새)	—	tV, tyV ʧV	tV	—	tV, tyV, ʧV	tyV, tV ʧV	tyV, ʧV	tyV, ʦV ʧV	tV, ʦV
니빠대	—	tV	tV	—	tV	tV	—	tV	tV
등국	—	ʧV, tV	ʧV	—	ʧV	ʧV, tV	ʧV	ʧV	ʧV
됴션	—	ʧV	ʧV	—	ʧV	ʧV	ʧV	ʧV	ʧV

[표 10] 변항 (tyV)의 화자별 변이형 실현 양상

형태소 내부의 'tyV' 연쇄는 'tyV', 'tV', 'ʧV' 또는 'ʦV'로 실현되고 있다.[11] 노년층 화자들 중에서도 연령이 높은 화자일수록 tyV형의 실현 비율이 높게 나타난다. 한 형태소에 대하여 tyV형과 tV형, ʧV형이 공존하는 경우가 많다.

한편, 'tyV' 연쇄에서 V가 ə일 때에는 아래와 같이 더욱 다양한 변이 양상을 보인다.

제보자 항목		F₁ 79세	M₂ 73세	M₃ 72세	M₄ 71세	F₂ 69세	M₅ 69세	F₃ 62세	M₆ 60세
방언형	의미								
텬디꽃	杜鵑	tʰendík'oʤi	tʰənʤík'oʤiu tʰyənʤík'oʤi	tʰenʤík'oʤi tʰyənʤík'oʤi	tʰəndík'oʤi tʰendík'oʤi	tʰenʤík'oʤi ʧʰənʤík'oʤi cf. pʰenʤík'ot pʰyənʤík'oʤi	tʰən- ʧʰən- tʰyən- tʰyən- tʰen- ʧʰenʤík'oʤi	ʧʰənʤík'oʤi	tʰenʤík'oʤi ʦʰenʤík'oʤi
덩게	彼處	təŋgé t(~tʸ)əgí	təgí	tʸəŋgé	tyəŋgé ʦəŋgé tyəŋge k'éna	tyəŋgeŋgá tʸəgi, təgí	ʧəŋgé təːgí cf. táːri	ʦə́gi tə́gi	təŋgé təgí ʧəgí
던깃불	電燈	təŋgip'úl tə́ŋgi cf. tyə́ŋgoŋ ʤil	təŋgìp'úl	ʧəŋgip'ú ri tyəŋgip'úl	ʦəŋgip'úl tyəŋgip'úl cf. ʧəŋgisə́l bi ʧəŋgi	tʸəŋgip'úl tyəŋgip'úl ʧəŋgip'úri	ʧəŋgip'úl ʧə́ŋgiɾi	təŋgip'úl ʧəŋgip'ú ri tə́ŋgiɾi ʦ(~ʧ)ə́ŋgi ʧ(~ʦ)ə́ŋgi	ʧ(~ʦ)əŋg ip'úrul ʧə́ŋgi
덩개	膝	təŋgɛ́	təŋgɛ́	təŋgɛma dí	tyəŋgá tyəŋgɛ́	tyəŋgɛ́	ʧəŋgɛ́	təŋgɛ́ təŋgɛma	təŋgɛ́

---

11) 노년층의 (tyV) 변이에서 나타나는 ʦV형은 여기서 논외로 한다. 이는 대부분 차용에 의한 것으로 해석되므로 교체 지배 변이가 아닌 기저형 지배 변이의 관점에서 다룰 문제이다.

						tyəŋgáŋmadi tyəŋgɛŋmadí tyəŋgáŋmadí tyəŋgɛmadí		dí	
쇼텹	小楪	šwɛtʰébi	sɛtʰébi	šwɛtʰébi	sötʰébi	setʰébi, šwetʰébi cf. notʰyábi	sɛʧʰábi sʷɛtʰyábi sɛtʰábi	setʰébi setʰébɨl	sɛʧʰábiran s(~š)ɛʧʰóp
뎔구	臼	tə(~tʸə)lgwí	tə(l)gí təlgí	tʸəlgwí tyəlgwí	ʦəlgú tyəlgwí	tyəlgwí	ʧəlgí ʧəlgʷie	tyəlgwí ʧəlgwí	ʦəlgwí
뎍-	寫	tə(~tʸə)ŋnindá tək'ú	tənnindá	tʸəŋnindá ʧək'ú tyəgə́ra	tyəgə́ra ʧəgə́ra	tyək'ú ʧəgə́	tʸ(~ʧ)əŋnindé ʧəgə́sə	ʧəŋnínda	ʦəŋnínda
뎜	點	tʸə́mi, tə́m	tə́mʉ(~i)	ʧə́m	tyə́mʉ, tʸə́mʉ ʦə́m, tyə́mi	tʸə́mʉ, tyə́m k'əmdəŋémi	ʧə́m	ʦə́m	ʦə́mʉ
뎜자	簟子	tʸəmdzɛ́ təmdzɛ́	ʧəmdzɛ́ k'alʧ'əmdzɛ́	—	tyəmdzɛ́ tʸəmdzɛ́ təmdzɛ́	təmdzɛ́ tyəmdzɛ́	ʧəmʤɛ́	təmdzɛ́ ʧəmdzɛ́	ʦəmdzɛ́ ʧəmʤɛ́
덩배기	頂	tʸəŋbɛgí təŋbɛgí	təmbégi təmbɛgé	tʸəŋbEgí tyəŋbɛgí	tyəŋbɛgí	tʸə(~tyə)ŋbɛgí tyəŋbɛgí ʧəŋbɛgí	tyəŋbɛgí təŋbɛgí ʧəŋbɛgí	tʸəŋbɛgí	tembégi
남뎡	男丁	namdéyga	namdéra namdé	namdɛ́i	namdéy namdʸé: namdé: namdʸɛ́i namdyɛ́i ragu namdyɛ́ namʤə́ŋ namdyé:y	namdéga namdyé: namdyéy namdéy namdé: namdée namdyə́ə	namdé· namdéy	namʤɛ́i namdége namdɛ́ɛga namdɛ́e	namdé
더	彼	tyə́ t(ʸ)ə́ tə́ cf. tʸə́gə tʸərən torongó (~ə́) tərəndeda imanʤə mánɦan	tə́ cf. təgə́	cf. kirəkʧ'ə rə́k ʧə́rəkʰu imanʤə́ maňi	tá, ʧə́ tyə́ cf. tágə, tyəgə́ tyəgə́t'u imandʸə́ man	tyə́, tá té, ʧə́ cf. təŕən tyə́gə təgə́ ʧə́gəsin tə́ge tə́ri tʸə́ri tyərəŋgə́ tʸə́ri tyə́rao	tá tə́: cf. təgə́ tə́:ri	tá cf. təŕən tvəgə́nin təgegu	tá ʧə́ cf. tyəgə́
-텨르	-처럼	-tʰ(ʸ)ə́ri -tʰyə́ri -tʰə́ri	-tʰə́ri	-tʰʸə́rə (~i)m -tʰyə́ri -tʰə́rə -tʰə́ri -ʧʰə́rəm	-tʰyə́rim, -tʰə́ri -tʰyə́rə, -tʰyə́ri, -ʦʰə́ri	-tʰə́ri -tʰyə́ri -tʰyə́ri -ʧʰə́ri	-tʰə́ri -tʰə́ri -tʰyə́ri	-tʰə́ri -tʰə́ri	-tʰə́ri

				−ʧʰə́ri −ʧʰə́rim	−ʦʰə́rim −ʧʰə́rəm −ʧʰə́ːrim				
뎜심	點心	ʧəŋším	ʧəŋsɨmúl ʧəŋsím	ʧəŋším	ʧəŋším	ʧəŋším ʧəŋšimt'ɛ tyəŋšim ɦúe tyəŋšimɨl	ʧəŋšimsaŋ k'ədʑí tyəŋšíme na	ʧəŋšími dʑi	ʧəŋším

[표 11] 변항 (tyə)의 화자별 음성 실현 양상[12]

이를 변이형으로 분류하여 도식화하면 아래와 같다.

제보자 항목	M₁ 85세	F₁ 79세	M₂ 73세	M₃ 72세	M₄ 71세	F₂ 69세	M₅ 69세	F₃ 62세	M₆ 60세
턴디꽂	tə	te	tə, tyə	te, tyə	tə, te	te, ʧə	tə, ʧə tyə, te, ʧe	ʧə	te, ʦe
덩게	ʧə	tə	tə	tyə	tyə, ʦə	tyə, tə	ʧə, tə	ʦə, tə	tə, ʧə
던깃불	tyə	tə	tə	ʧə, tyə	ʦə, tyə	tyə, ʧə	ʧə	tə, ʧə, ʦə	ʧə
덩개	tyə	tə	tə	tə	tyə	tyə	ʧə	tə	tə
쇼텹	tyə	te	te	te	te	te	ʧə, tyə, tə	te	yə
덜구	—	tə	tə	tyə	ʦə, tyə	tyə	ʧə	tyə, ʧə	ʦə
덕-	tyə	tə	tə	tyə, ʧə	tyə, ʧə	tyə, ʧə	tyə, ʧə	ʧə	ʦə
뎜	—	tyə, tə	tə	ʧə	tyə, ʦə	tyə, te	ʧə	ʦə	ʦə
뎜자	—	tyə, tə	ʧə	—	tyə, tə	tə, tyə	ʧə	tə, ʧə	ʦə, ʧə
덩배기	—	tyə, tə	tə	tyə	tyə	tyə, ʧə	tyə, tə, ʧə	tyə	te
남뎡	—	te	te	te	te, tye, tyə, ʧə	te, tye, tyə	te	ʧə, te	te
더	—	tyə, tə	tə	—	ʧə, tyə, tə	tyə, tə, te, ʧə	tə	tə	tə, ʧə
-텨르	tyə	tə, tyə	tə	tyə, tə, ʧə	tyə, tə, ʦə, ʧə	tə, tyə, ʧə	tə, tyə	tə	tə
뎜심	ʧə	ʧə	ʧə	ʧə	ʧə	ʧə, tyə	ʧə, tyə	ʧə	ʧə

[표 12] 변항 (tyə)의 화자별 변이형 실현 양상

---

12) 제보자 M₁(85세)의 음성형은 다음과 같다. tʰəndik'oʤi(턴디꽂), ʧə ː ŋgi, ʧəŋgé(덩게), tʸəŋgíp'ul(던깃불), tyəŋgɛ́(덩개), sotʰyábi(쇼텹), tʸəkk'ú(덕-), imandyáman(이만뎌만), -tʰʸəri(-텨르), ʧəŋším(뎜심)

형태소 내부의 'tyə' 연쇄는 'tyə', 'tə', 'ʧə', 'ʦə'뿐 아니라 'te', 'ʧe', 'ʦe'로도 실현되고 있다. 이는 'tyə' 연쇄에 yə→ye→e라는 또 다른 음운 과정이 작용한 결과이다. 이에 대해서는 3.1.6에서 후술한다.

위의 자료에서 드러나듯이 이 지역어에서는 화자마다, 또 어휘마다 형태소 내부의 'tyV' 연쇄가 상이한 실현을 보인다. 특히 'tyə' 연쇄의 경우에는 더욱 다양한 실현형이 관찰된다. 이러한 가변적 성분 'tyV'를 하나의 음운론적 변항으로 간주하고, 이를 변항 (tyV)라 부르기로 하자.

변항 (tyV)에 대한 변이형은 크게 네 가지이다. tyV형, tV형, ʧV형, ʦV형이 그것이다. 한 언어 공동체 내에 동일한 음운 연쇄를 포함한 전체 형태소들의 발음이 둘 이상 공존하므로 이는 음운론적 변이라 할 수 있다. 이 같은 변항 (tyV)의 변이는 전체 언어 공동체 차원에서뿐 아니라 한 화자의 발화 내에서도 관찰된다. 또, 전체 형태소 차원에서뿐 아니라 한 형태소 내에서도 관찰된다. M₄(71세)의 발화에서 '어때(何)'에 대한 [ət'yɛ](어때)와 [əʧ'ɛ](어째), [ət'ɛ](어때)가 공존하는 것이 좋은 예이다. 따라서 이 지역어의 (tyV) 변이는 화자 간 변이인 동시에 화자 내 변이이며, 형태소 간 변이인 동시에 형태소 내 변이이다.

3.1.2.3. 변이의 기제와 요인

앞에서 이 지역 노년층 화자들의 (ti) 변이 및 (tyV) 변이의 실제를 살펴보았다. 그렇다면 이 같은 변이는 어떠한 기제에 의하여 출현하는가? 이것은 수의적 음운 교체에 의한 변이인가, 기저형의 수의적 선택에 의한 변이인가?

이를 판단하기 위해서는 우선, 공존하는 변이형들 간의 관계가 음운 과정으로써 설명될 수 있는지 여부를 가려야 한다. 상이한 변이형들 간의 관계를 포착하는 어떠한 과정(process)이 자연성과 일반성을 모두 갖추었다면, 이때의 변이는 음운 과정으로써 설명될 수 있다.

먼저 (ti) 변이의 경우를 보자.

첫째, 변이형 ti와 ʧi의 관계는 동일한 기저 연쇄 /ti/에 ti→ʧi라는 조음 위치 동화가 일어난 것으로 설명 가능하며, 이러한 과정의 음성적 동기가 표면에 드러나므로 이는 자연성을 갖춘 과정으로 간주된다. 후행하는 구개 모음이 동화주로 작용하여 선행하는 非구개 자음이 구개음화하는 것은 언어 보편적인 현상이다. 물론, 이 지역어에 /ㅈ/의 경구개 변이음이 존재하지 않는다면 이 같은 과정이 자연성을 지닌다고 하기 어려울 것이다. 그러나 이 지역어의 /ㅈ/은 /i, y/ 앞에서 경구개 변이음으로 실현되고 있으므로, 이 같은 구개음화 현상은 자연스러운 과정이라고 할 수 있다.

둘째, ti→ʧi라는 과정은 일부 형태소에 국한되지 않고 'ti' 연쇄를 포함한 대부분의 형태소에서 관찰된다. 또, 일부 화자에게만 국한되지 않고 이 지역 화자들의 발화에서 폭넓게 관찰된다. 따라서 ti→ʧi라는 과정은 일반성을 갖춘 과정이라고 할 수 있다.[13]

즉, 변이형 ti와 ʧi의 관계는 자연성과 일반성을 모두 갖춘 ti→ʧi라는 음운 과정으로써 설명될 수 있다.

다음으로, (ti) 변이가 수의적 교체에 의한 것인지 기저형의 선택에 의한 것인지를 판단하기 위해서는 ti→ʧi라는 음운 과정의 공시성 여부를 가려야 한다. 만약 공존하는 변이형들 간의 관계가 음운 과정으로써 설명되더라도, 그것이 통시적 변화의 결과라면 이는 공시적 교체에 의한 변이로 볼 수 없기 때문이다. 이러한 음운 과정의 공시성을 본고는 교체형의 유무로 판단하고자 한다. 해당 음운 과정으로 인한 교체형이 확인되는 경우, 그 음운 과정은 공시적 현상으로 간주된다.

이러한 관점에서 볼 때, 이 지역어의 ti→ʧi 현상은 공시적 음운 과정, 즉 음운 교체라고 할 수 있다. 기저의 'ti' 연쇄에 아무런 교체도 일어나

---

13) 중부 이남 방언의 경우, ti 연쇄의 구개음화 현상은 이미 근대 국어 시기에 발생하여, 현재는 모두 ʧi형으로 기저형이 재구조화된 상태이다.

지 않은 형태(변이형 ti)와, ti→ʧi라는 교체가 일어난 형태(변이형 ʧi)가 공존하고 있기 때문이다.[14]

따라서 이 지역어의 (ti) 변이는 도출 과정에서의 수의적 음운 교체에 의한 것으로 해석된다.

그런데 한편으로 이 같은 변이형의 공존이 인접 방언이나 표준어의 차용에 의한 것일 가능성 또한 검토할 필요가 있다.[15] 사실상, 언어 변이와 변화는 언어 내적 요인과 언어 외적 요인의 복합적 작용에 의하여 이루어지는 것이 대부분이기 때문이다.

그러나 이 지역어에서 ʧi형으로 나타나는 형태소 중에는 표준어에 해당 형태소 자체가 없거나(예. *모질-), 표준어로서는 사용 빈도가 매우 낮은 것(예. 지경)도 포함되어 있다.[16] 표준어에 해당 형태소가 있더라도 그 형태가 동일하지 않은 것들(예. *지레, *명지, *지르/짊-, *지패)도 있다.[17] 이러한 형태소에 대하여 나타나는 ʧi형은 적어도 차용일 가능성이 없다. 아래와 같은 예들이 그러하다.

제보자 항목	M₁ 85세	F₁ 79세	M₂ 73세	M₃ 72세	M₄ 71세	F₂ 69세	M₅ 69세	F₃ 62세	M₆ 60세
모딜-	—	ti	ti	ti	ti	ti	ti, ʧi	ti	ti
디경	ti	ti	—	ti	ti, ʧi	ti, ʧi	ti	ti	ti
디레	ti	ti	ti	ti, ʧi	ti, ʧi	ti	ʧi	ti, ʧi	ʧi
명디	ti	ti	ti	ti	ti	ti	ʧi, ti	ti	ʧi
디르/딹-	ti	ti, ʧi	ti	ʧi	ti, ʧi	ti, ʧi	ti	ti	ti, ʧi
디패	—	ti	ti	ti	ti	ti	ʧi	ti, ʧi	ti, ʧi

[표 13] 차용 가능성이 없는 형태소의 변이형 실현 양상

---

14) 교체의 개념에 대해서는 2장을 참고하기 바란다.

15) 앞으로 본고에서 '표준어'란 모두 '연변 표준어'를 말한다. 연변 지역의 경우, 1977년 이전에는 중국 조선족 자체의 조선어 규범이 없이 북한의 조선어 규범을 그대로 따랐으나, 1977년 이후부터는 기본적으로 북한을 따르면서도 자체적인 조선어 규범을 정했다고 한다(최윤갑 1997: 64-67).

16) 이때의 '모질다'는 '(손가락, 나무 따위가) 굵다'를, '지경'은 '(밭 따위의) 경계'를 의미한다.

17) 이들의 표준어형은 '지렁이', '명주', '지르/질르-', '지팡이'이다.

  단지 표준어 차용에 의해서만 구개음화형이 실현되는 것이라면, 동일
하게 대응 표준어가 존재하는 상황에서도 왜 어휘에 따라 구개음화 여
부가 다른지를 합리적으로 설명해야 할 것이다. 물론 표준어형이 모두
구개음화형이고, 이를 화자들도 어느 정도 인식하고 있는 것은 사실이
다.[18] 그러나 동일한 발화 스타일 안에서도 구개음화형과 비구개음화형
이 번갈아 출현하는 현상은 언어 사용의 사회적 맥락(social context)을
고려하더라도 규칙화되기 어렵다. 표준어형을 모르거나 그에 대한 인식
이 드러나지 않는 경우에도 이와 같은 변이가 관찰되기 때문이다.

  다음으로 (tyV) 변이의 경우를 보자.

  첫째, 변이형 tyV와 tV의 관계는 동일한 기저 연쇄 /tyV/에 tyV→tV
라는 활음 탈락이 일어난 것으로 설명 가능하며, 이러한 과정의 음성적
동기가 표면에 드러나므로 이는 자연스러운 과정으로 간주된다. CGV와
같은 음절 구조에서 G(활음)가 탈락하는 현상은 한국어에서는 물론 언
어 보편적으로도 관찰되는 현상이다.[19] 특히, t와 같은 치조음과의 연쇄

---

18) 현재 이 지역어의 t 구개음화 규칙은 화자들에 의하여 공공연하게 인식되는 단계
   에 있다. 애초에 이 지역어의 t 구개음화 규칙이 표준어 및 타 방언과의 접촉을
   통해 유입된 데에도 그 원인이 있을 것이다. 반면, t 뒤의 y 탈락 규칙은 이 지역
   어 내에서 자생적으로 발생한 규칙이며, 여전히 화자들의 인식이 미치지 못하는
   단계에 있다. 비록 이들 규칙의 발생 경로는 이질적일지라도 이들이 현재 이 지역
   어 내의 공시적 규칙임에는 분명하므로, 이로 인한 변이는 문법 내적으로 설명될
   필요가 있다.
19) 중세 국어에서도 어두 자음군과 y의 연쇄(CCy)는 매우 제약되었으며, 이후 어두
   자음군이 사라지면서 한국어는 보다 무표적인 음절 구조를 갖게 되었다. 그러나
   현대 국어에서도 자음과 단모음의 연쇄에 비하여, 자음과 y의 연쇄에는 여전히 많
   은 제약이 존재한다. 鄭然粲(1968)에 따르면, 경상도 방언—고성·통영 부근—에
   서는 자음과 활음(/y, w/)의 연쇄가 불가능하다고 한다. '계시니>게시니, 혼례>홀
   레, 손녀>손네, 규칙>구칙, 수수료>수수로, 귀>기, 훼방>헤방, 되>데(升), 유쾌>
   유캐, 권총>건총, 과자>가자, 까자 등'이 그러한 예이다. 또 李秉根(1973)에 따르
   면, 동해안 방언—강릉, 삼척, 울진—의 경우, 음절 두음으로 자음을 취하지 않은
   음절에서 이중모음들의 음성 실현이 가장 뚜렷하고, 형태소 내부에서 선행음으로

에서 활음 y가 제약되는 경향은 동일 자질의 연접을 회피하려는 음성적 동인에 의하여 설명될 수 있다.[20] 뿐만 아니라, y에 후행하는 모음이 전설 모음일 경우 이 같은 y 탈락은 더욱 활발하다. 이 또한 전설성 활음과 전설 모음이 공유한 동일 자질의 연접을 회피하려는 음성적 동인의 작용으로 설명될 수 있을 것이다. 한편, 변이형 tyV와 ʃV의 관계는 동일한 기저 연쇄 /tyV/에 tyV→ʃV라는 구개음화가 일어난 것으로 설명될 수 있다.[21] 후행하는 구개성 활음이 동화주로 작용하여 선행하는 非구개 자음이 구개음화하는 것은 언어 보편적인 현상이다. 또, 동일한 자질을 지닌 구개 자음과 구개성 활음(y)의 연쇄가 제약되는 것도 자연스러운 현상이다. 그러나 변이형 tyV와 ʦV의 관계를 포착해 줄 자연스러운 음운 과정을 상정하기는 어렵다. tyV→ʦV라는 치조 파찰음화 과정의 음성적 동기가 불분명하기 때문이다. 물론, 폐쇄음이 그보다 공명도가 높은 활음 앞에서 파찰음화할 수는 있다. 그러나 왜 공명도가 더

자음을 취하는 경우에는 y계 이중모음들이나 w계 이중모음들이 모두 극히 불안한데, 그 중 y계 이중모음들이 더욱 심하다고 하였다. 서남 방언과 서북 방언의 경우에도 활음과 모음의 연쇄에는 많은 제약이 따른다. 영어에서도 CCy-나 CCw- 연쇄에는 극심한 제약이 따르는 것으로 알려져 있다(Hyman 1975: 11). 최근 들어서는 일부 /CyV/ 연쇄를 [CV] 연쇄로 발음하는 경향 또한 존재한다고 한다(예. [nuː] 'new', [duː] 'dew', [əkʰúːzətʰiv] 'accusative', [əsʼúːm] 'assume' 등.) 이러한 현상 역시 무표적인 음절 구조를 지향하는 변화의 하나로 해석될 수 있을 것이다.

20) 동일 층렬에 동일 요소가 인접하는 것을 금지하는 제약인 필수 굴곡 원리 (Obligatory Contour Principle, OCP)(Leben 1973, Goldsmith 1976, McCarthy 1986 등)는 언어 보편적인 제약 중 하나이다. 특히, 자질 계층 이론 중 협착 기반 모형 (constriction-based model)을 제안한 Clements and Hume(1995: 279)는 자음 (consonants)과 모음류(vocoids, 모음과 활음)에 공통된 자질을 설정하고 한국어의 기저 표시에 *ty, *sy, *cy, *yi가 금지되는 이유를 [coronal] 자질이 연접함으로써 OCP가 위반되기 때문이라고 보았다. 단, 이때 OCP는 "범주 교차적으로 (cross-categorially)" 즉, 자음이건 모음류이건 상관없이 적용된다고 전제하였다.

21) 엄밀한 의미에서 이는 '구개음화' 및 '구개음 뒤 y 탈락'의 두 과정으로 이루어진 현상이나, 편의상 '구개음화'로 약칭한다.

높은 일반 모음 앞에서는 파찰음화가 일어나지 않는지, 또 구개성 모음류(vocoids)인 i, y 앞에서 변동된 음이 왜 구개음이 아닌 치조음인지를 설명해야 한다. 결국, 변이형 tyV와 tV, ʃV의 관계를 포착하는 과정은 자연성을 지니나, tyV형과 ʦV형의 관계를 포착하는 과정은 자연성을 결하는 것으로 해석된다.

둘째, tyV→tV, tyV→ʃV, tyV→ʦV 과정은 일부 형태소에 국한되지 않고 'tyV' 연쇄를 포함한 대부분의 형태소에서 관찰된다. 또, 일부 화자에게만 국한되지 않고 이 지역 화자들의 발화에서 폭넓게 관찰된다. 실제로 이러한 음운 현상은 개별 어휘나 개별 화자에 따른 특수한 현상이 아니라 이 지역어에서 관찰되는 매우 일반적인 현상이다 따라서 이들 과정은 일반성을 갖추었다고 할 수 있다.[22]

요컨대, 변이형 tyV와 tV, ʃV의 관계는 자연성과 일반성을 모두 갖춘 tyV→tV, tyV→ʃV라는 음운 과정으로써 각각 설명될 수 있다. 반면, 변이형 tyV와 ʦV의 관계는 일반성을 갖추었으나 자연성을 결하므로 음운 과정으로써 설명할 수 없다. 이는 상이한 기저형의 수의적 선택에 의한 변이로 설명되어야 할 것이다.[23]

다음으로, (tyV) 변이가 수의적 교체에 의한 것인지 기저형의 선택에 의한 것인지를 판단하기 위해서는 tyV→tV, tyV→ʃV라는 음운 과정의 공시성 여부를 가려야 한다. 해당 음운 과정으로 인한 교체형이 확인되는 경우, 그 음운 과정은 공시적 현상으로 간주된다.

이러한 관점에서 볼 때, 이 지역어의 tyV→tV, tyV→ʃV 현상은 공시적 음운 과정, 즉 음운 교체라고 할 수 있다. 기저의 'tyV' 연쇄에 아무런 교체도 일어나지 않은 형태(변이형 tyV)와, tyV→tV, tyV→ʃV라는 교

---

22) 중부 이남 방언의 경우, tyV 연쇄의 구개음화 현상은 이미 근대 국어 시기에 발생하여, 현재는 모두 ʃV형으로 기저형이 재구조화된 상태이다.

23) 이는 방언 접촉 후의 대응 패턴 생성에 의한 기저형 지배 변이로 본다. 4장에서 상술한다.

체가 일어난 형태(변이형 tV와 ʃV)가 공존하고 있기 때문이다.

뿐만 아니라, 위 음운 과정의 생산성은 신어 실험의 결과를 통해서도 입증된다. 제보자들에게 '삼뎡'이라는 임의의 단어를 제시하고 이를 곡용시키도록 한 결과, samʥɔ́i(삼졍~이), samʥɔ́i(삼져이)(F8, 38세)와 같은 변이형이 관찰되었기 때문이다. 이는 tyV→ʧV라는 음운 과정이 공시적인 생산성을 지닌 과정임을 말해 준다.

따라서 이 지역어의 (tyV) 변이 중 변이형 tyV, tV, ʃV와 관련된 현상은 도출 과정에서의 수의적 교체에 의한 것으로 해석된다.[24]

그런데 한편으로 이 같은 변이형의 공존이 인접 방언이나 표준어의 차용에 의한 것일 가능성 또한 검토할 필요가 있다. 사실상, 언어 변이와 변화는 언어 내적 요인과 언어 외적 요인의 복합적 작용에 의하여 이루어지는 것이 대부분이기 때문이다.

우선, 변이형 tV는 차용에 의한 것일 가능성이 희박하다. 인접 방언 및 표준어에 해당 형태가 없기 때문이다.[25] 따라서 이는 이 지역어 내적인 요인에 의한 변이형으로 해석된다. 실제로, 노년층의 발화에서 수의적인 활음 탈락을 보이던 일군의 형태소들은 중년층 및 청년층의 발화에서 tV형으로 재구조화된 것으로 나타난다. 공시적 변이를 거쳐 통시적 변화가 이루어진 예라 하겠다. '뎌>더(彼), 뎡개>덩개(膝), 댱소까(꾸)락>당소까(꾸)락(長指), 뎨수>데수(弟嫂), -텨르>-터르(-처럼)' 등이 그러한 예이다.

---

24) tyV형은 없고 tV형과 ʃV형만 관찰되는 경우에 대해서는 두 가지 해석이 가능하다. 하나는 자료(tyV형)의 우연적 공백이라고 보는 것이고, 다른 하나는 각각의 표면형을 별도의 기저형으로 상정하는 것이다. 즉, 양방향으로 변화가 이루어져 쌍형 기저형이 형성된 것으로 보는 방법이다 단, tV와 ʦV만 존재하는 경우는 분명한 쌍형 기저형으로 간주된다. 양자의 출현을 설명할 수 있는 공시적 음운 과정이 존재하지 않기 때문이다.

25) 조사 대상 지역인 회룡봉촌 및 그 인근에서는 대부분 함북 경흥 지역어가 사용된다. 범위를 넓혀 훈춘시를 기준으로 하더라도, 그 인접 지역에서는 대개 길주, 명천 지역어를 비롯한 함북 방언이 사용되고 있다.

그렇다면 변이형 ʃV는 어떠한가? 이에 대해서는 두 가지 해석 가능성이 공존한다. 하나는 언어 내적 요인에 의한 변이형일 가능성이고, 다른 하나는 차용과 같은 언어 외적 요인에 의한 변이형일 가능성이다. 본고는 이 두 가지 가능성을 모두 인정한다. 외견상 동일한 변이형일지라도 그것의 출현 경로는 다를 수 있다고 보기 때문이다. 단, 이를 전적으로 언어 외적 요인에 의한 것으로 볼 수 없는 이유는 다음과 같다.

첫째, 변항 (tyV)와 관련된 연변 표준어의 형태는 ʃV형이 아니라 tsV형이다. '쟈져죠쥬'(=[ʃV])와 '자저조주'(=[tsV])의 발음 차이를 인식하는 이 지역 노년층 화자들이 표준어형을 차용했다면, 그것은 ʃV형이 아니라 tsV형일 것이다.[26] 한편, 이것이 한국어의 차용일 가능성은 더욱 희박하다. 이 지역 화자들이 한국어를 접촉할 기회는 극히 드문데다, TV를 통해서 접촉하기 시작한 것도 불과 몇 년 전부터이기 때문이다. 한국과의 교류가 있기 전 이 지역어를 조사한 자료에도 이미 ʃV형이 등장한다.[27] 이는 tyV→ʃV라는 음운 현상이 이 지역어에 이전부터 존재해 왔음을 의미한다.

둘째, 이 지역어에서 ʃV형으로 나타나는 형태소 중에는 표준어에 해당 형태소 자체가 없거나(예. *천지꽃, *정게, *정개, *소첩, *점자, *정배기), 표준어로서는 사용 빈도가 매우 낮은 것들(예. 장손가락, 장마당, 말장, 남정)도 포함되어 있다.[28] 표준어에 해당 형태소가 있더라도 그 형태가 동일

---

26) 4장에서 다루겠지만, 본고도 노년층 화자들의 발화에서 관찰되는 tsV형은 차용의 결과로 간주한다.

27) 20세기 초의 ≪試篇 露韓小辭典≫에 hwaŋ-dʒé(황제, 皇帝)와 ʃʰər pʰir(철필, 鐵筆)이, ≪露韓會話≫에 ʃəmšim(점심, 點心)이 나타난다. 한편, 1980년대의 조사 자료에 근거한 ≪朝鮮語方言調査報告≫에서는 (tyV)와 관련된 총 79개 항목 중 ʃəmdʒe(뎜제, 簞子), ʃəri(저리, 彼)와 같은 ʃV형이 29개(37%) 출현한다. 단, 이 자료에서는 [ʃ]와 [ts]가 모두 ʃ로 전사되어 있기 때문에 ʃ로 표기된 것이 모두 [ʃV]형이라고 단언할 수는 없다. 그러나 ʃyaŋin(장인, 丈人), todʒyuŋ(도중), ʃyuya(주야, 晝夜)와 같이 ʃyV로 표기한 예들이 간혹 등장한다는 점에서, 적어도 이들은 분명히 [ʃV]형을 나타낸 것이라 생각된다.

하지 않은 것들(예. *짜르/짤르-, *-처르)도 있다.[29] 이러한 형태소에 대하여
나타나는 ʧV형은 차용일 가능성이 없다. 아래와 같은 예들이 그러하다.

제보자 항목	M₁ 85세	F₁ 79세	M₂ 73세	M₃ 72세	M₄ 71세	F₂ 69세	M₅ 69세	F₃ 62세	M₆ 60세
텬디꽃	tV	tV	týV	tV, tyV	tV, tV	tV, ʧV	tV, ʧV tyV	ʧV	tV, ʦV
뎡게	ʧV	tV	tV	tyV	tyV, ʦV	tyV, tV	ʧV, tV	ʦV, tV	tV, ʧV
뎡개	tyV	tV	tV	tV	tyV	tyV	ʧV	tV	tV
쇼텹	tyV	tV	tV	tV	tV	tV	ʧV, tyV tV	tV	tyV
뎜자	—	tyV, tV	ʧV	—	tyV, tV	tV, tyV	ʧV	tV, ʧV	ʦV, ʧV
뎡배기	—	tyV, tV	tV	tyV	tyV	tyV, ʧV	tyV, tV ʧV	tyV	tV
댱손가락	tyV	tV	—	ʧV	tyV	tyV	ʧV	tV	ʧV
댱마당	tyV	tV, ʧV	tV	tyV	tyV, ʧV	tyV, ʧV	ʧV	ʦV, tV	ʧV, ʦV
말댱	ʧV	tyV, tV	tV	tyV	tyV, ʦV	tyV	ʦV	tV, ʧV	tyV, ʦV
남뎡	—	tV	tV	tV	tV, tyV tyV, ʧV	tV, tyV tyV	tV	ʧV, tV	tV
따르/딹-	tyV	ʧV, tyV tV	tV	tyV	tyV, ʦV ʧV	tyV, tV ʧV	tV, ʦV ʧV	tV, ʦV ʧV	tV, tyV ʦV
-텨르	tyV	tV, tyV	tV	tyV, tV ʧV	tyV, tV, ʦV, ʧV	tV, tyV ʧV	tV, tyV	tV	tV

[표 14] 차용 가능성이 없는 형태소의 변이형 실현 양상

단지 표준어 차용에 의해서만 구개음화형이 실현되는 것이라면, 동일
하게 대응 표준어가 존재하는 상황에서도 왜 어휘에 따라 구개음화 여
부가 다른지를 합리적으로 설명해야 할 것이다. 물론 표준어형이 모두
구개음화형이고, 이를 화자들도 어느 정도 인식하고 있는 것은 사실이
다.[30] 그러나 동일한 발화 스타일 안에서도 구개음화형과 비구개음화형

이 번갈아 출현하는 현상은 언어 사용의 사회적 맥락을 고려하더라도 규칙화되기 어렵다. 표준어형을 모르거나 그에 대한 인식이 드러나지 않는 경우에도 이와 같은 변이가 관찰되기 때문이다.[31]

　요컨대, 이 지역어의 (ti) 변이 및 (tyV) 변이는 도출 과정에서의 수의적 교체에 의한 것이라 할 수 있다. 이제 그러한 수의적 교체의 기제와 요인에 대하여 보다 구체적으로 살펴보기로 하자. 우선, 공시적인 (ti) 변이는 아래와 같은 수의적 교체에 의하여 일어난다.

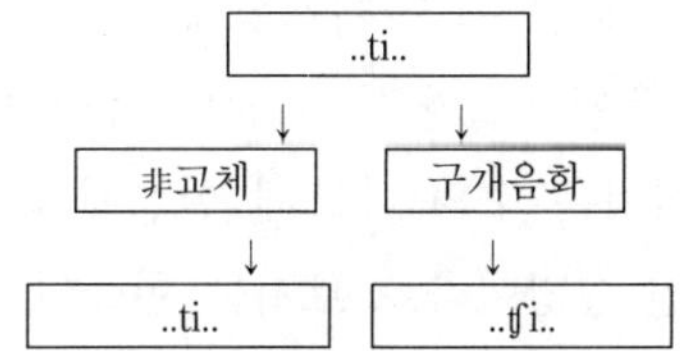

[그림 1] 교체 지배 변이 I (수의성 C_1)[32]

---

31) '아기～애기'와 같은 비움라우트형과 움라우트형의 공존을 金手坤(1978: 154-158)은 via-rule의 관점에서 설명하고자 하였다. 여기서 via-rule이란 음성적, 음운적, 형태음운적 규칙으로 설명될 수 없는, 소리가 비슷한 어휘들의 관계를 포착하는 규칙을 말한다. 그는 [±standard], [±privileged]와 같은 의미 자질의 차이를 지닌 '아기'와 '애기'는 via-rule에 의하여 발화 스타일에 따라 선택되어 나온다고 설명하였다. 그러나 이 같은 설명은 해당 어형들이 사회적 의미 차이를 지닐 때에만 가능하다. 상이한 스타일에 각각 상보적으로 출현하는 어형들에 대해서만 가능한 설명인 것이다. 그러나 본고에서 다루는 tyV형과 tV형, ʧV형의 관계는 '아기～애기'류의 현상과는 성격이 다르다. 이들 변이형 간에는 명백한 사회적 의미차가 존재하지 않으며, 동일한 발화 스타일 내에서도 각 변이형이 자유롭게 번갈아 등장하기 때문이다. 특히 tyV형과 tV형의 관계가 그러하다. 단, tyV형과 ʧV형 간에는 분명한 사회적 의미 차이가 존재하며, 따라서 이들의 관계는 '아기～애기'와 같이 via-rule에 의하여 설명될 수 있다.

32) 변이의 원인이 '교체'에 있다는 의미에서 이 같은 변이는 '교체 지배 변이 (Alternation-Governed Variation)'라고 부를 수 있을 것이다.

이 같은 수의적 교체를 규칙(rule)으로써 나타내면 다음과 같다.[33]

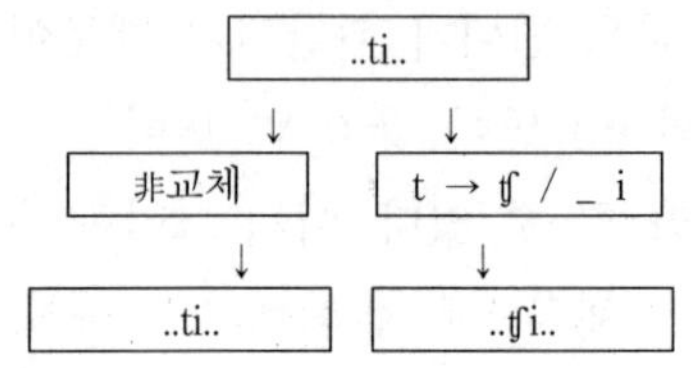

[그림 2] 규칙 지배 변이 I (수의성 C_1)[34]

(ti) 변이의 경우, ti 연쇄를 가진 기저형에 t → ʧ / _ i 라는 구개음화 규칙이 수의적으로 적용됨으로써 두 가지의 표면형이 공존한다고 기술할 수 있다. 그러나 이것은 수의적 교체 현상에 대한 표면적인 기술일 뿐 그에 대한 근본적인 설명이라고 보기는 힘들다. 동일한 조건 환경에서 어떠한 규칙이 적용되기도 하고 안 되기도 한다면, 그러한 규칙 적용의 수의성은 어디에 기인하는지를 밝혀야 할 것이다. 나아가서는, 왜 이 언어에 이러한 규칙이 존재하는지, 그리고 왜 이 규칙이 문법에 새로 첨가되었는지를 설명할 수 있어야 할 것이다.

한편, 공시적인 (tyV) 변이는 아래와 같은 수의적 교체에 의하여 일어난다.

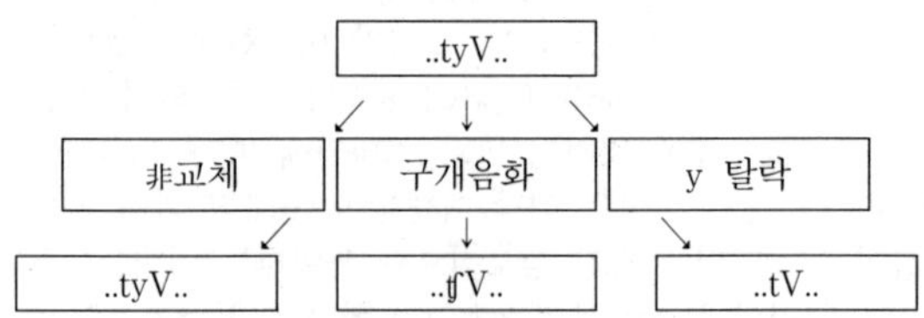

[그림 3] 교체 지배 변이 II (수의성 $C_1 + C_2$)

---

33) 규칙을 자질로 표기하는 것이 원칙이나, 편의상 분절음 단위로 표기한다.

34) 교체 지배 변이의 원인이 '규칙'에 있다는 의미에서 이 같은 변이는 '규칙 지배 변이(Rule-Governed Variation)'라고도 부를 수 있을 것이다.

이 같은 수의적 교체를 규칙으로써 나타내면 다음과 같다.

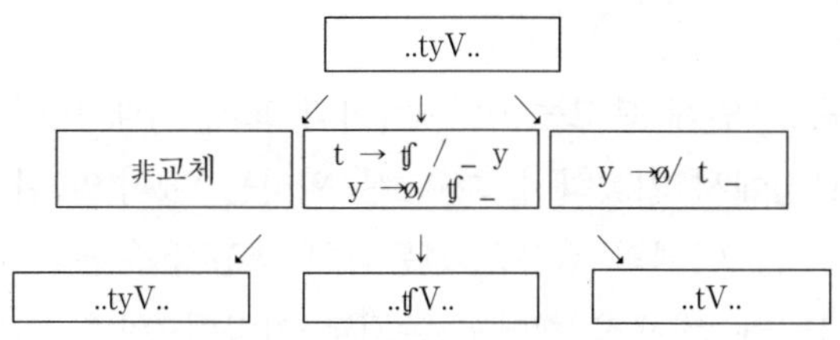

[그림 4] 규칙 지배 변이 II (수의성 $C_1 + C_2$)

(tyV) 변이의 경우, 변이형 tV는 tyV 연쇄를 가진 기저형에 $y \rightarrow ø /$ t _ V 라는 y 탈락 규칙이 적용된 것으로 기술할 수 있다. 변이형 tʃV는 tyV 연쇄를 가진 기저형에 $t \rightarrow tʃ / \_ y$ 라는 구개음화 규칙과 $y \rightarrow ø /$ tʃ _ V 라는 y 탈락 규칙이 적용된 것으로 기술할 수 있다.[35] 단, 이들 규칙은 모두 수의적으로 적용됨으로써 표면에 세 가지 변이형이 출현한다. 그러나 이러한 기술은 규칙 적용의 수의성 문제, 해당 규칙의 존재 이유, 규칙 첨가 문제에 대한 보다 근본적인 설명을 필요로 한다. 뿐만 아니라, 표면의 음운 현상을 규칙으로써 기술하는 차원에서는, 공존하는 두 음운 현상 간의 기능적 단일성(functional unity), 즉 공모(conspiracy) (Kisseberth 1970: 293)를 포착하지 못한다는 한계가 있다. 전통적인 생성 음운론의 이론틀 내에서는 형식적으로 유사한 규칙들 간의 관계만을 포착할 수 있기 때문이다. 만약 규칙의 형식적 공통점만을 따진다면, 변이형 tV와 tʃV를 낳은 두 교체 현상이 공존하는 것은 단지 우연에 지나지 않을 것이다. 따라서 이들 변이형의 관계에 대해서도 근본적인 설명을 할 수 없다. 그러나 사실 이 두 현상은 tyV라는 연쇄가 표면에 출현

---

35) 본고는 Koutsoudas, Sanders and Noll(1974), Stampe(1973/1979) 등에서 제안된 바 있는 무규칙순 가설(No Ordering Hypothesis)을 따른다. 규칙들 간에 고정된 적용 순서는 없으며 오직 상대적 순서만이 존재한다고 본다. 즉, 내재적 규칙순만 인정하며 외재적 규칙순은 인정하지 않는다.

하는 것을 막는다는 점, 즉 그 효과(effect)에 있어서 단일하다. *tyV라는 부정 목표(negative target)(Kiparsky 1972: 216)를 위해 기능적으로 공모하고 있는 것이다.

　이상의 이유로 인해 본고는 이 지역어의 교체 지배 변이를 기본적으로 '규칙'의 관점에서 기술하되, 그 근본 원리는 '제약'의 관점에서 설명하고자 한다.[36] 단, 이때의 제약은 전통적인 생성 음운론의 '위반 불가능한 제약'이 아니라, 경쟁적 제약의 존재로 인하여 '위반 가능한 제약'이란 차이를 지닌다.

　이러한 전제하에 유형 E_1(수의성 C_1)의 변이형 도출 과정을 도식화하면 아래와 같다.

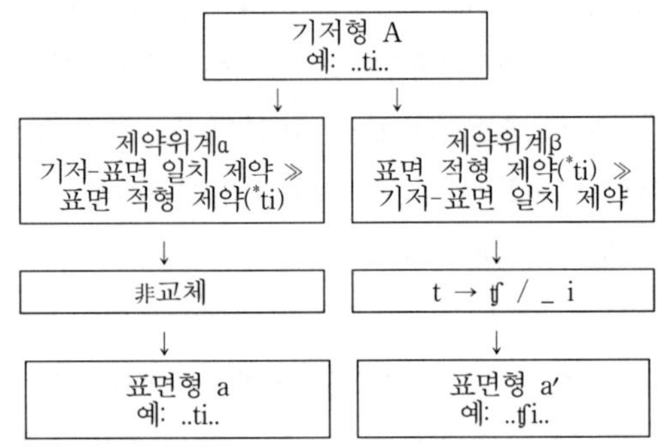

[그림 5] 제약 지배 변이 I (수의성 C_1)[37]

---

36) 박창원(1987: 301)은 '어떠한 음운 현상이 존재하는가'를 밝히는 것은 규칙이나 규칙의 예외를 찾는 과정에 해당하며, '그러한 음운 현상이 왜 존재하는가'를 밝히는 것은 음운 규칙에 내재되어 있는 내면적인 원리와, 그러한 규칙이 존재하게 되는 내재적인 원인이나 외부적인 제약을 찾는 과정이라고 하였다. 본고 또한 이러한 입장에서 음운 현상의 기술뿐 아니라 그것의 설명까지도 시도하고자 한다.

37) 교체 지배 변이의 근본 원인이 '규칙'에서 나아가 '제약'에 있다는 점에서 이 같은 변이는 궁극적으로 '제약 지배 변이(Constraint-Governed Variation)'라고 부를 수 있을 것이다. 최근의 최적성 이론에서 주장하는 바와 같이 모든 음운 현상이 제약의 상호 작용으로 이루어진다고 전제한다면, 위의 '기저-표면 일치 제약'과 '*ti'라는 '표면 적형 제약' 대신 충실성 제약인 IDENT-IO(feature)와 유표성 제약인 AGREE

표면형 a(ti형)는 기저형이 그대로 보존된 경우이고, 표면형 a′(ʧi형)은 기저형에 어떠한 교체가 일어난 경우이다. 이때 ti→ʧi라는 교체가 일어난 이유는 이 지역어의 표면 적형 제약(*ti)이 기저-표면 일치 제약보다 상위의 제약으로 작용한 데 기인한다.[38] 도출 과정에서 조음의 편이를 위한 제약이 인지의 편이를 위한 제약보다 우선시된 결과이다.[39] 반면, 기저의 ti 연쇄가 그대로 표면에 나타난 이유는, 기저-표면 일치 제약이 이 지역어의 표면 적형 제약(*ti)보다 상위의 제약으로 작용한 데 기인한다. 도출 과정에서 인지의 편이를 위한 제약이 조음의 편이를 위한 제약보다 우선시된 결과이다.

그런데 이러한 두 표면형이 공존하는 이유는 무엇인가? 그것은 양자의 출현을 좌우하는 두 제약 간의 위계가 고정되지 않았기 때문이다. 이 지역어에서 활성적인 제약들 간에는 일정한 위계가 존재하고[40], 그 위계에 따라 음운 현상이 일어난다고 가정할 때, 상호 위계가 가변적인 두 제약의 존재는 공시적 변이의 원인이 된다. 따라서 기저-표면 일치 제약이 표면 적형 제약(*ti)보다 상위에 놓인 제약 위계(위계α)가 작용할 때는 표면형 a(ti형)가 출현하고, 그 반대인 경우(위계β)에는 표면형 a′(ʧi형)이 출현한다.[41] 제약은 그것이 위반됨으로써 보다 상위의 제약이 준

(place)라는 제약을 상정할 수도 있을 것이다. 이때, IDENT-IO(feature)란, '입력형의 분절음과 그에 대응되는 출력형의 분절음은 자질상 일치해야 한다'는 제약이며 (McCarthy and Prince 1995: 16), AGREE(place)란 '인접한 분절음들은 조음 위치에 있어서 동일해야 한다'는 제약이다. 그러나 본고는 이러한 제약 설정의 가능성을 인정하되, 현 단계에서는 실제 관찰된 현상으로부터 확인 가능한 한도 내에서만 이 지역어의 활성적 제약을 설정하고자 한다.

38) 여기서 작용하는 표면 적형 제약은 'ti'라는 음운 연쇄의 출현을 금지한다는 점에서 음소 배열 제약으로 하위 구분될 수 있을 것이다.

39) 최적성 이론에서는 발화 산출을 지배하는 제약을 크게 충실성 제약(faithfulness constraint)과 유표성 제약(markedness constraint)으로 나눈다. 전자는 인지의 최적화를 위한 것이고 후자는 조음의 최적화를 위한 것이다.

40) 전체 제약의 목록은 모든 언어에서 동일할지라도, 그 중 활성적인 제약의 목록은 개별 언어마다 다를 수 있다고 본다.

수될 수 있는 경우에 한하여 위반 가능하다.[42]

수의적 음운 현상이 제약들 간의 위계 미정에 기인한다면, 필수적 음운 현상은 관련 제약들 간의 위계가 고정된 데 기인한다. 한 언어의 문법은 총체적 제약 위계와 그에 따른 규칙의 체계라고 볼 때, 제약들의 불완전한 등급 매김(partial ranking)은 수의적 음운 현상의 원인이 된다. 제약들 간의 상호 관할 관계가 미정되어 있을 때 공시적 변이가 출현한다.

기존의 규칙 기반 음운론에서는 표면형 a가 출현한 이유를 단지 t → ʧ / _ i 라는 규칙이 적용되지 않았기 때문이라고 기술하고, 왜 그 규칙이 적용되지 않았는지에 대해서는 설명하지 못했다. 또, 표면형 a′이 출현한 이유를 t → ʧ / _ i 라는 규칙이 적용되었기 때문이라고 기술하고, 왜 그 규칙이 저지되지 않았는지에 대해서는 설명하지 못했다. 그러나 본고는 제약이 본질적으로 '위반 가능함'을 전제하므로, 실재하는 언어 현상을 더 폭넓게 설명할 수 있다.

다음으로, 제약의 관점에서 유형 E_1(수의성 C_1+C_2)의 변이형 도출 과정을 도식화하면 아래와 같다.

---

41) 그렇다고 해서 상이한 제약 위계를 지닌 다중 문법이 존재함을 의미하는 것은 아니다. 동일한 제약들이 하나의 문법 내에 존재하되 제약들 간의 위계가 경우에 따라 달라질 수 있음을 의미할 뿐이다. 따라서 공시적 변이의 원인은 하나의 기저형에 적용 가능한(즉, 경쟁적인) 제약 위계가 둘 이상인 데 기인한다고 본다.

42) 제약이 언제든지 위반 가능하다면 그것은 음운 현상에 대한 근본적인 설명이 될 수 없다. 이에 본고는 제약이 위반 가능한 경우는 단지, 상호 위계가 가변적인, 경쟁 관계의 제약이 존재하는 경우로 한정하고자 한다.

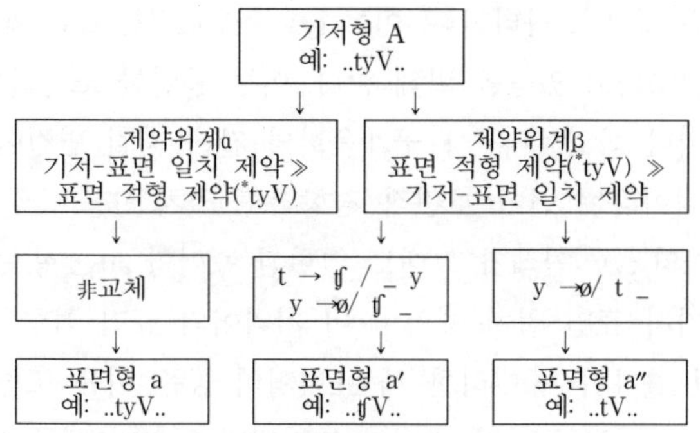

[그림 6] 제약 지배 변이 II (수의성 $C_1 + C_2$)[43]

표면형 a(tyV형)는 기저형이 그대로 보존된 경우이고, 표면형 a′(ʃV형)
과 a″(tV형)은 기저형에 각각 교체가 일어난 경우이다. 이때 tyV→ʃV,
tyV→tV라는 교체가 일어난 이유는 이 지역어의 표면 적형 제약(*tyV)
이 기저-표면 일치 제약보다 상위의 제약으로 작용한 데 기인한다.[44] 기
저형을 표면 적형 제약이 허용하는 음성 형식으로 만드는 이른바 손질
책략(repair strategy)(Paradis 1988)은 여러 가지일 수 있다. 동일한 목표를
위한 상이한 해결책이 존재하는 것이다. 따라서 공존하는 손질 책략, 즉
경쟁 규칙들은 그들 간의 상호 위계에 따라서 그 적용 여부가 결정된
다. 현재 이 지역어의 변이형 분포를 보면, tV형과 ʃV형 중 후자의 비

---

43) 최적성 이론의 관점에 따르면 모든 음운 현상은 제약의 상호 작용으로 설명된다.
따라서 위의 음운 현상도 궁극적으로는 충실성 제약인 IDENT-IO(feature)와 유표성
제약인 AGREE(place) 및 *COMPLEX의 상호 작용으로 설명될 수 있을 것이다. 이때
*COMPLEX란 '음절 성분 교점에 둘 이상의 요소가 연결될 수 없다'는 제약이다. 따
라서 tyV, ʃV, tV와 같은 세 표면형의 공존 이유 또한 이들의 출현을 좌우하는 제
약들 간의 위계가 고정되지 않았기 때문이라고 볼 수 있다. 이는 곧 서로 다른 제
약 위계 간의 경쟁에 기인한 것으로 해석된다. 그러나 이러한 제약 설정의 타당성
에 대해서는 앞으로 더 많은 검증이 필요하다고 판단되므로, 본고는 실제 관찰된
현상에 입각하여 귀납적인 방식으로 제약과 규칙을 설정하기로 한다.

44) 여기서 작용하는 표면 적형 제약은 'tyV'라는 음운 연쇄의 출현을 금지한다는 점
에서 음소 배열 제약으로 하위 구분될 수 있을 것이다.

율이 더 높은 것으로 나타난다. 이는 tyV→tV보다는 tyV→ʧV라는 손질 책략이 더 선호되고 있음을 말해 준다. 이는 동일한 조건하에서라면 탈락(tyV→tV)이나 삽입보다는 t 구개음화와 같은 자질 변경이 더 선호되는 교체 방식이라는 언어 보편적 경향과도 일치한다.[45]

반면, 기저의 tyV 연쇄가 그대로 실현된 표면형 a(tyV형)는 인지의 편이를 위한 기저-표면 일치 제약이 이 지역어의 표면 적형 제약(*tyV)보다 우선시된 결과이다. 이러한 세 표면형의 공존 이유 또한 이들의 출현을 좌우하는 제약들 간의 위계가 고정되지 않았기 때문이다. 이는 서로 다른 제약 위계(위계α, 위계β) 간의 경쟁을 반영한다.

공시적 음운 과정, 즉 음운 교체에 의한 변이는 교체의 수의성에 기인함을 보았다. 그렇다면 수의적 교체가 촉발된 요인은 무엇인가? 그것은 기존의 문법에 새로운 교체가 첨가되었기 때문이다. 새로 첨가된 교체 현상이 수의적 적용 단계를 거쳐 점차 필수화하는 과정에서 변이가 출현한다고 본다. 이는 곧 음운 변화의 점진적 진행 과정을 반영하는 것으로 해석된다.[46]

먼저, 수의성 C_1에 따른 변이 및 변화는 다음과 같은 교체 첨가 및 필수화 과정에 기인한다. 아래는 교체 첨가와 필수화의 통시적 과정을 발화 산출상 작용 비율의 관점에서 도식화한 것이다.

---

45) Singh(1987: 276)에 따르면, 손질 책략 중에도 우선 순위 즉 선호도의 차이가 존재한다. 많은 언어에서 '탈락, 삽입, 도치, 축약'보다는 '대체(substitution)'가 선호되는 경향을 확인할 수 있다. '탈락'은 오직 '대체'가 소기의 목적을 달성하지 못할 때에만 사용되며, '대체'가 가능한 상황에서는 '삽입'이 시도되지 않는 것이 일반적이다.

46) 실제로 이 지역어에서는 특정 변이형의 출현 빈도가 연령에 따라 점층적으로 증가하고 있다.

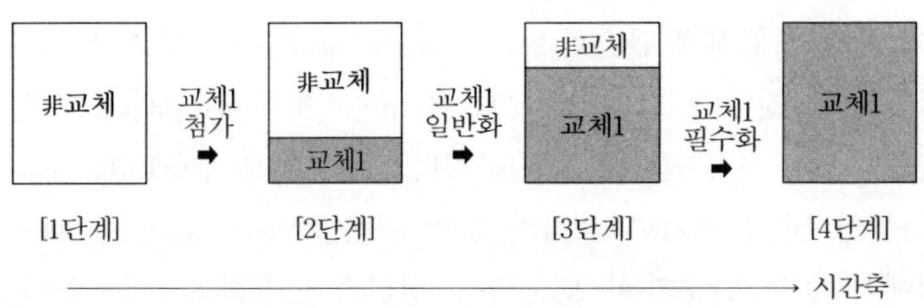

[그림 7] 교체 첨가 및 필수화 과정 I (수의성 C_1)

(ti) 변이 및 변화의 경우, [그림 7]의 교체1에는 ti → ʧi(구개음화)가 해당할 것이다. ti → ʧi(구개음화)가 점진적으로 일반화하는 과정에서 공시적 변이(예. 디레~지레(蚯蚓))가 출현하고, 그것이 필수화하면서 변화가 완료된다(예. 디레 > 지레).

다음으로, 수의성 C_1+C_2에 따른 변이 및 변화는 다음과 같은 교체 첨가 및 필수화 과정에 기인한다.

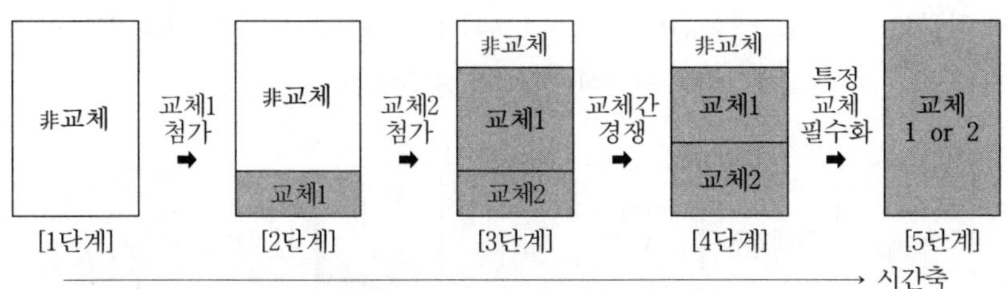

〔그림 8〕 교체 첨가 및 필수화 과정 II (수의성 C_1+C_2)

(tyV) 변이 및 변화의 경우, [그림 8]의 교체1과 교체2에는 각각 tyV → ʧV(구개음화)와 tyV → tV(y 탈락)가 해당할 것이다. 이들 교체가 점진적으로 일반화하는 과정에서 공시적 변이(예. 둏-~죻-~돟-(好))가 출현하고, 그것이 필수화하면서 변화가 완료된다(예. 둏- > 죻- 또는 둏- > 돟-).

Kiparsky(1965, 1968a)를 비롯한 전통적인 생성주의 역사 언어학은 유표적 상태의 무표화로서 언어 변화를 기술하고자 하였다.[47] 언어 변화의

---

47) 그 밖에도, 일반화(generalization)에 의한 음성 변화가 '과정들의 자질 명세의 단순

동인이 문법의 형식적 단순화(formal simplification) 혹은 무표화(unmarking)
에 있다고 본 것이다. 그러면서 그들은 규칙 첨가(rule addition)로 인하여
새로운 교체가 출현한다고 기술하였다. 그러나 Hooper(1976a: 85-98)도
지적하듯이, 규칙 첨가는 오히려 문법에 복잡성(complexity)을 배가한다
는 점에서 '문법 단순화'와 모순되며, 형식적 단순화로 모든 언어 변화
가 설명될 수 있는 것도 아니다.[48] 또, 기존의 문법에 새로운 규칙이 첨
가되어서 새로운 교체가 출현한다고 기술하는 것은 '왜(why)'에 대한 충
분한 답변이 될 수 없다. 새로운 교체가 첨가되는 보다 근본적인 이유
를 밝힐 필요가 있다.

본고는 발화 산출 과정상 표면형 도출을 지배하는 제약의 위계가 동
요함으로써 새로운 교체가 출현한다고 본다. 이는 공시적 변이의 요인
인 동시에 통시적 변화의 요인이기도 하다.

이러한 관점에서 (ti) 변이와 변화는 다음과 같은 제약 위계의 변화에
기인하는 것으로 해석된다. (여기서 A와 B는 교체의 적용을 좌우하는 임의
의 제약을 나타내며, ≫의 좌측이 상위의 제약이다.)

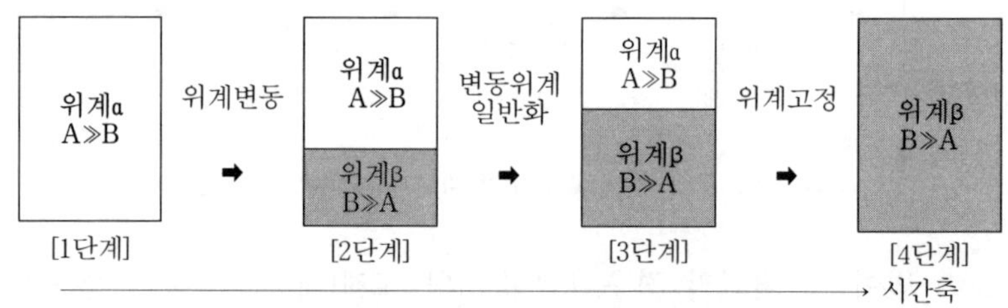

[그림 9] 점진적인 제약 위계 변화 과정 I (수의성 C_1)

화'로 이루어진다고 본 견해로는 Halle(1962), Chomsky and Halle(1968), King(1969)
등이 있다.

48) Donegan and Stampe(1979: 130)에서도, 간결성 척도는 음변화가 새로운 음성적
교체의 '증가'가 아닌 오래된 음성적 교체의 '소실'을 포함할 것으로 예측한다고
지적하였다.

　새로운 교체의 첨가는 제약 위계의 변동에 의하여 촉발된다. 단, 제약 위계의 변화 또한 일시에 이루어지는 것이 아니라 어휘에 따라 점진적으로 이루어진다. 하위에 있던 어떤 제약(B)의 등급이 상승함으로써 기존 제약 위계(A≫B)에 변화(B≫A)가 생기되, 이러한 변화가 점진적으로 이루어짐으로써 상이한 제약 위계들(위계α, 위계β)이 공존하는 과도적 단계가 개재한다. 해당 언어의 전체 제약 위계의 관점에서 보면, 두 제약 A, B 사이의 위계는 미정된 상태라 할 것이다.

　(ti) 변이 및 변화의 경우, [그림 9]의 제약 A, B에는 각각 기저-표면 일치 제약과 *ti라는 표면 적형 제약이 해당할 것이다. '기저-표면 일치 제약≫*ti'가 '*ti≫기저-표면 일치 제약'과 같은 위계로 변화하는 과정에서 공시적 변이(예. 디레~지레(蚯蚓))가 출현하고, 그 위계가 확정되면서 변화가 완료된다(예. 디레 > 지레).[49] 이러한 교체의 출현은 표면적으로 구개음화 규칙의 첨가에 의하여 기술될 수 있다. 그러나 규칙 첨가의 근본 원인은 제약 위계 변동의 관점에서 비로소 설명된다.

　(tyV) 변이 및 변화의 경우 또한 기존의 제약 위계가 새로운 위계로 변화하는 과정에서 공시적 변이(예. 둏-~둏-~좋-(好))가 출현하고[50], 그 위계가 확정되면서 변화가 완료된다(예. 둏- > 좋- 또는 둏- > 둏-).[51]

　교체 지배 변화의 경우, 제약 위계의 변화는 발화 산출 과정의 최적화를 추구하는 방향으로 진행된다. 물론 '왜 제약 위계가 변하는가'라는 가장 근본적인 촉발 문제(actuation problem)에 대해서는 여전히 만족스러

---

49) 중년층 및 청년층의 발화에서도 여전히 변이는 존재한다. 그러나 변이를 구성하는 변이형의 종류 및 그것들의 분포가 노년층의 경우와 다르다. 이와 같이 변이의 양상이 변화하는 과정은 음운 변화의 방향을 드러내 준다. 이에 대해서는 3.2에서 상술한다.

50) *tyV와 같은 표면 적형 제약의 등급 상승으로, tyV→tV, tyV→ʧV와 같은 새로운 교체가 발생한 것으로 이해된다.

51) 이때, 개별 어휘에 따라 어떤 제약 위계가 필수화하는지 여부에는 차이가 있을 수 있다.

운 답을 찾기 어렵다. 그러나 '왜 새로운 교체가 첨가되는가'라는 질문에 대해서는 본고의 논의가 기존의 접근 방식보다 상대적으로 더 본질적인 설명을 제공한다. 규칙이 내포하는 설명력보다는 제약이 내포하는 설명력이 더 크기 때문이다.

한편, 계속해서 공시적 현상으로 존속하는 변이는 통시적 변화로 이어지는 변이와 구별될 필요가 있다. 관련 제약들 간의 위계가 여전히 미정 상태일 경우의 변이는 계속해서 공시적 현상으로 존재하는 반면, 관련 제약들 간의 위계가 점차 어느 한 방향으로 고정되어 가는 경우의 변이는 통시적 변화로 이어진다.

3.1.3. (ni) 변이와 (nyV) 변이

3.1.3.1. (ni) 변이의 양상

이 지역 노년층 화자들의 발화에서 어두에 'ni'라는 음운 연쇄를 포함한 형태소들은 다음과 같이 실현된다.

제보자 / 항목		F_1	M_2	M_3	M_4	F_2	M_5	F_3	M_6
		79세	73세	72세	71세	69세	69세	62세	60세
방언형	의미								
니-	戴	nindá nigú nidʒá né· néːra niwə́dzu nɨn(使)	nigú neéra	nigó	nindá nigúsə néːra néːt'a nigú neéra nimú niní niúgu(使) niúnda(使) niwə́ra(使)	nigú neéra neédu niwə́ra(使)	nıgú nindá néːra niwə́dalla (使)	nindá nigú neéra	nindá nigú neéra indá
니매	額	nimɛ́	nimɛ́	nimɛ́	nimɛ́	nimɛ́	nimɛ́ imɛ́	nimɛ́	nimɛ́ imɛ́
닉-	熟	nigúmʉ nigə́t'a	nigɨ́mun	ňigə́nnɨŋ ga	nigə́t'a igə́t'a	nigúmʉ	nikʧ'í	igə́t'a nigɨŋgə́	igə́ya
니불	被	nibúri cf. nibudzarí	nibúru	ibúri	nibúl ňibúl	nibúl	nibúl	nibúl ibúl	ibúl nibúl cf. nibudzarí
닐어나-	起	nirə́nasə nirənagó	nirə́nanda	irə́nanda irə́nasərɨ	nirə́sərə ňirə́nas'o nirə́nanda	nirə́nanda irə́nanda	irə́nara irə́sənɨŋgu na	irə́nanda nirə́nanda	írənanda ìrə́nara
니르/닑-	讀, 謂	nilgə́ra nirɨdí nirɨndá nirɨgú nilgə́ra	nilgə́s'ɨ mun nirɨgú	nilgə́ra ilgə́ra nilgú irɨgú	nirɨndá niŋnɨndá nirɨdí nirɨmú nilgɨ́l nilgə́ra ilgə́ra	ilgə́ra nirɨndá nilgə́ra nirɨgú	irɨ́di ilgə́dzudi nirɨ́mu nirɨdí nílgəra	nirɨndá nilgə́dalla nirɨgú irɨgú iŋnɨndá ilgə́ra	nirɨndá irɨndá iŋnɨ́nda nilgə́ra ilgə́ra
닙-	服	nipk'ú nibə́ra	nipk'ú nibə́nna	ibə́t'a	nibə́ra ibə́ra nipʰígu(使)	nibə́ra	nibə́ra	nimnɨndá	nipt'í
니레	七日	niré	niré	—	niré nirwéna	niré	niré	niré	niré
니	齒	ní, níp'ari cf. nip'adɛ́	ní, nírɨ níra	í	ní, níp'al cf. nìp'ùrí	ní níp'ari	íp'al nip'ál	ní níp'ari nip'adigɛ́	níp'arɨn í, íp'al

		nik'əmʉ			nik'əəmira nik'əme				
니	蚕	ní	ní	í, ní	ní	ní	ní	ní	ní
니른	七十	nirín	nirínsal	nirín	nirín	nirín	nirín	nirín	nirín
닐굽	七	nilgupš'í nigupš'í nil(-r̃)gúp nilgúp ilgúp	nilgú(p)k'ɛ nigúpk'ɛ	nil(-r̃)gú bi	nilgúp niradɨpk'ɛ	nilgúp nirgúp	nilgúps'are nilguk'ɛdʒi niradɨps'ál	nilgúbi ilgups'aré	ilgúbi
닙쌀	稻米	níps'ari cf. tsʰanips'ál	níps'al	—	nips'ál	níps'ari nips'alt'i múreda	níps'ari	nips'alk'a lgɨllu íps'ari cf. tsʰanips'a rɨ	íps'ari cf. tsʰanips'ál
님재	主人	nímdzɛra go pannímdzɛ ʧimňim dzɛ́	nímdzɛ pannímdzɛ ʧimním dzɛ	—	nímdzɛ ímdza	nímdzɛ ʧimním dzɛ pannímdzɛ nonním dzɛ	nímdzɛ nímdza	nímdzɛ nímdza pannímdzɛ	ímdzɛ
닢	葉	nípʰi	nípʰi	nips'agʷí ípʰira	nípʰʉ nípʰi nípʰí	nípʰi	nípʰidʒi	nípʰi	naŋgiípʰí naŋgiípʰi namuípʰu ípʰi
니기-	揉	nigínda nigígu nigéra	nigínda nigéra	—	nigínda nigéra	nigínda nigésə nigéra	nigídi nigindam mário nigésə nigégadʒi gu nigewásə	nigídi igínda igénda igédi igé·ra nigésə	nigínda nigígu nigénda nigéra
닛-	忘	nidzǽp'uri nda nidzǽdidʒi nidzǽdesə nidzǽdʒə	nidzǽdes'o	—	nidzǽdesə nidzǽdin da nidzǽdʒinin nidzǽp'ur esə	nidzǽdidi nidzǽp'ure t'a idzǽp'ure t'a	idzǽ án dʒinda	idzǽp'uret'a	idzǽməgə t'a
닛-	連	nisɨmun nisə́ra	nisə́ra	—	nínninda nisə́ra	nisə́ra ník'u	nisə́ra	nisə́ya ník'o	ník'u nisə́ya

[표 15] 변항 (ni)의 화자별 음성 실현 양상[52]

논의의 편의를 위하여 변항 (ni)에 대한 화자들의 음성 실현형을 변이형으로 분류하여 도식화하면 아래와 같다.

---

52) 제보자 M₁(85세)의 음성형은 다음과 같다. nimá(니마), igə́t'a(닉-), ibúl(니불), níp'al(니빨), ik'ə́m(닛검), nirɨn(니른), nilgúp(닐굽). (使)는 사동형을, (被)는 피동형을 나타낸다.

제보자 항목	M₁ 85세	F₁ 79세	M₂ 73세	M₃ 72세	M₄ 71세	F₂ 69세	M₅ 69세	F₃ 62세	M₆ 60세
니-	—	ni	ni	ni	ni	ni	ni	ni	ni, i
니매	ni	ni	ni	ni	ni	ni	ni, i	ni	ni, i
닉-	i	ni	ni	ňi	ni, i	ni	ni	i, ni	i
니불	i	ni	ni	i	ni, ňi	ni	ni	ni, i	i, ni
닐어나	—	ni	ni	i	ni, ňi	ni, i	i	i, ni	i
니르/늙-	—	ni	ni	ni, i	ni, i	i, ni	i, ni	ni, i	ni, i
닙-	—	ni	ni	i	ni, i	ni	ni	ni	ni
니레	—	ni	ni	—	ni	ni	ni	ni	ni
니	ni	ni	ni	i	ni	ni	i, ni	ni	ni, i
니	—	ni	ni	i, ni	ni	ni	ni	ni	ni
니른	ni	ni	ni	ni	ni	ni	ni	ni	ni
닐굽	ni	ni, i	ni	ni	ni	ni	ni	ni, i	i
닙쌀	—	ni	ni	—	ni	ni	ni	ni, i	i
넘제	—	ni	ni	—	ni, i	ni	ni	ni	i
닢	—	ni	ni	ni, i	ni	ni	ni	ni	i
니기-	—	ni	ni	—	ni	ni	ni	ni, i	ni
닞-	—	ni	ni	—	ni	ni, i	i	i	i
닛-	—	ni	ni	—	ni	ni	ni	ni	ni

〔표 16〕 변항 (ni)의 화자별 변이형 실현 양상

어두의 'ni' 연쇄는 'ni' 또는 'i'로 실현되고 있다. ni형의 실현 비율이 i형에 비하여 현저히 높다. 한 형태소에 대하여 ni형과 i형이 공존하는 현상이 관찰된다. 한편, i형으로 기저형의 재구조화가 일어난 예는 그리 많지 않다.

위의 자료에서 드러나듯이 이 지역어에서는 화자마다, 또 어휘마다 어두의 'ni' 연쇄가 상이한 실현을 보인다. 'ni'라는 분절음의 연쇄가 한 언어 공동체 내에서 둘 이상의 선택적 발음을 가지고 있는 것이다. 이러한 가변적 성분 'ni'를 하나의 음운론적 변항으로 간주하고, 이를 변항 (ni)라 부르기로 하자.[53]

변항 (ni)에 대한 변이형은 크게 두 가지이다. ni형과 i형이 그것이

___

53) 어두에서는 ni → i와 같은 n 탈락이 일어나는 한편, 어중에서는 ni → ĩ 또는 i와 같은 비모음화 및 비음 탈락 현상이 일어난다. 원래 이 지역의 비모음화는 (ŋi)에 대해서만 일어났으나 최근 들어 (ni)에 대해서도 비모음화가 일어나는 추세이다.

다.[54] 한 언어 공동체 내에 동일한 음운 연쇄를 포함한 전체 형태소들의 발음이 둘 이상 공존하므로 이는 음운론적 변이라 할 수 있다. 이 같은 변항 (ni)의 변이는 전체 언어 공동체 차원에서뿐 아니라 한 화자의 발화 내에서도 관찰된다. 또, 전체 형태소 차원에서뿐 아니라 한 형태소 내에서도 관찰된다. M_6(60세)의 발화에서 '니르/닑-(讀)'에 대한 [nirindá](니른다)와 [irindá](이른다)가 공존하는 것이 좋은 예이다. 따라서 이 지역어의 (ni) 변이는 화자 간 변이인 동시에 화자 내 변이이며, 형태소 간 변이인 동시에 형태소 내 변이이다.

3.1.3.2. (nyV) 변이의 양상

이 지역 노년층 화자들의 발화에서 어두에 'nyV'라는 음운 연쇄를 포함한 형태소들은 다음과 같이 실현된다.

방언형	의미	F_1 79세	M_2 73세	M_3 72세	M_4 71세	F_2 69세	M_5 69세	F_3 62세	M_6 60세
넷날	昔	ňennaré nennare nín nénnare nin nʸénnare nin	yénnari cf. némmal	ňénnal nénnal yénnare	nénnal nyennaré	nʸénnare yénnal nénnare nyénnal	yénnal	yé·nnari cf. némmal yémmal	yénnal
뉵	六	nyuk'arák nuk'arági ragu núŋňən núkš'ibi nukš'ips'á rira	nuwəlt'ə́ri núkš'ibi	nyúwəl t'al nʸúwəlt'al	nyuɨp yuktʃ'in onyuŋny əndʒə́(n)	ňuwə́l nyúgil núkšip ňúk	yukš'ip s'ál	yúkš'ip yukk'ára gi	yúkš'ip
뇰(뇨)	料	nyórɨ, nórɨ nʸóri, nyóldu	nórɨ nóri	—	nyól, nyórɨ, nyóri, nyóldu	yóri	yórɨ, yóri yórirago yóldu	yóri nyórɨ nyóri nyóldu	nyórɨl yórɨ yóldu
뉴수/ 뉵	攪	nʸuk'í yuk'í nuk'ú	nuk'ú nuk'í nuk'údu	—	nuk'í, nuk'é nusubutʰə́	nuk'ú, nuk'í nuk'úbutʰə	yuk'ú yuk'utʰigí rɨ yuk'í	nuk'í nyuk'ú nyuk'í	yuk'í yuk'ú yuk'ídu

---

54) ňi형은 식별 가능성이 낮으므로 논외로 한다.

		nuk'í nuk'ísa nuk'ínɨn yuk'é yuk'íbutʰə yuk'ímã yusupʰáňi tálluk'u tʰinda	nusupʰán		nuk'úbutʰə nusubóda tálluk'u tálluk'ibu tʰə tallusutɕʰɛ́ gi tálluk'i tálluk'u mašwinú k'i nuk'ušwí nusupʰán nusutʰigí tallusutʰi gí tállusuⁿa gu mašwinu k'í tálluk'ibo da	nuk'íboda nuk'upʰán nuk'ipʰán nuk'upʰá nɨ nuk'ímaší nyusupʰán nyusupʰá ňirago	yuk'íra yuk'upʰá ňiragu yuk'úbu tʰə yuk'ipʰáňi yuk'upʰá ňira	nyuk'íbutʰə nyuk'íe yuk'í nʸuk'í man nʸuk'í du nʸuk'íbutʰə nyuk'u tʰigirɨ́ nyuk'u pʰánɨ nyuk'ipʰá ňi	yuk'íma(n) yuk'upʰán
농디레	鮒魚	yoŋdíre	yoŋ(~n)dí re yoŋdíre	yoŋdíre	noŋdʑíre yoŋdíre nyoŋdʑíre ňoŋdʑíre nyoŋdíre noŋdiré	yoŋdíre	yoŋdʑíre	yoŋdʑíre yoŋdíre	yoŋdʑíre
농마루 /농닭	龍 屋脊	nʸoŋmalgí ra nʸoŋmalg íman nʸoŋmalt'ɛ nyoŋmal gí cf. nyoŋ nyoítʰərɨ	yomma(l) gíra yoŋmagɨ́ yoŋ(~m) malt'ɛ yommat'ɛ rɨ	—	nyoŋmalgɨ́ nyoŋmal gí nyoŋmal gé nyoŋmarɨ butʰə́	noŋmalgí ra noŋmalgɨ́ noŋmalgé noŋmalgí butʰə noŋmalgí man	yoŋmalgí yoŋmalgɨ́ yoŋmalgí rɨ	yoŋmalgíra yoŋmalgírɨ yoŋmalgí man	yoŋmàlgí ra yoŋmàlgɨ́ yoŋmalgɨ́ man yoŋmalgɨ dú
네물	禮物	némurɨ cf. rémo	némul	yémul rémul	némul,ny émul cf.némo nédʑəri	némurɨ rémul cf.nédʑəri	yémurɨ cf. yémo	némul	ryémul rémul
냥반	兩班	nyáŋban	yáŋbaňi	yáŋ ban	nyáŋban ňáŋban	nyáŋbaňi ryáŋbaňi	yáŋbaňigo	ryáŋban	yáŋban

[표 17] 변항 (nyV)의 화자별 음성 실현 양상[55]

변항 (nyV)에 대한 화자들의 음성 실현형을 변이형으로 분류하여 도식화하면 아래와 같다.

---

55) 제보자 M₁(85세)의 음성형은 다음과 같다. nénnal(녯날), némul(네물), nʸémo(네모), yáŋban(냥반)

제보자 항목	M₁ 85세	F₁ 79세	M₂ 73세	M₃ 72세	M₄ 71세	F₂ 69세	M₅ 69세	F₃ 62세	M₆ 60세
넷날	nV	ňV, nV nyV	yV	ňV, nV, yV	nV, nyV	nyV, yV nV	yV	yV	yV
뉵	—	nyV, nV	nV	nyV	nyV, yV	ňV, nyV nV	yV	yV	yV
뇰(뇨)	—	nyV, nV	nV	—	nyV	yV	yV	yV, nyV	nyV, yV
뉴수/뉵	—	nyV, yV nV	nV	—	nV	nV, nyV	yV	nV, nyV yV	yV
농디레	—	yV	yV	yV	nV, yV, nyV, ňV	yV	yV	yV	yV
농마루/농맑	—	nyV	yV	—	nyV	nV	yV	yV	yV
네물	nV	nV	nV	yV, rV	nV, nyV	nV, rV	yV	nV	ryV, rV
냥반	yV	nyV	yV	yV	nyV, ňV	nyV, ryV	yV	ryV	yV

[표 18] 변항 (nyV)의 화자별 변이형 실현 양상

어두의 'nyV' 연쇄는 'nyV', 'nV' 또는 'yV'로 실현되고 있다. 노년층 화자들 중에서도 연령이 높은 화자일수록 nyV형의 실현 비율이 높게 나타난다. 한 형태소에 대하여 nyV형과 nV형, yV형이 공존하는 경우가 많다.

한편, 'nyV' 연쇄에서 V가 ə일 때에는 아래와 같이 더욱 다양한 변이 양상을 보인다.

제보자 항목		F₁ 79세	M₂ 73세	M₃ 72세	M₄ 71세	F₂ 69세	M₅ 69세	F₃ 62세	M₆ 60세
방언형	의미								
넣-	投入	nyə́·ra ňəkʰú nʸətʰí nyəkʰúsə nəkʰú nyə́·sə	nə́dəs'o	yə́ra	nyəə́ra ňə́ːra nyə́ːra nyə́ːra nə́əsə ňəkʰú yə́əsə	yənnɨndá nyə́ːra nyə́ra yə́ːra nyəə́ra yəkʰú nəə́ra nə́ːsə	yəə́sə yətʰí yə́ːra yə́·sə yəkʰú	nəkʰú nənnɨndá	nəkʰú nənnɨnda nə́əra nə́ːra
넘티	心臟	nʸəmtʰɨ́ː	nəmtʰí	yəmtʰʸí yəmtʰí	nyəmtʰíi nyəmtʰí nyəmtʰwí nyəmtʰwí	yəmtʰí yəmtʰí· yəmtʰɨ́ː	yəmtʰí	nyəmtʰí	yəmtʰí
넘려	念慮	nʸə́mne	nyə́mne nyə́mnʸə	nyə́mnʸə yə́mnyə	ňə́mne	ňə́mňə	yə́mňə	nyə́mňəʰ anda	yə́mňə

녀자	女子	yédʑa nédʑa	yədzakʰán	nyédʑa nyédʑdʑa	nyédza	yédʑa, nyédza	yédza	nyédza	yédza
녀름	夏	yərɨ́m nyərɨ́me	yərɨ́mi	yərɨ́m	nyərɨ́m yərɨ́m	yərɨ́m	yərɨ́me	yərɨ́m	yərɨ́m
넉-	聰明	nʸəkt'á nyəkt'á	yəkt'á yəgɨ́n	yəkt'á	nyəkt'á yəkt'á	yəkt'á nʸə(nyə) gɨ́n	yəgin yək'úna	nyəkt'á ňəks'ó	yəkt'á
넓구리	脇	nʸəpk'urí	nək'úri nək'urí	yəpk'úri	ňək'úri nyəpk'úri	yəpk'úri yəpk'urí	yək'urí	nyək'úri	yək'urí
년세	年歲	nens(~š)é cf. nentsʰɨ́	cf. yəntʃʰɨ́	nensé	nʸənsé ňənsé nyənsé nensé cf. nentʃʰɨ́	nensé cf. nentʃʰɨ́ nyəntʃʰɨ́	yənsé	nyənsé	yənšé
녀편네	女便	nepʰenné ra	nepʰenné nepʰenné		nepʰenné ra nepʰénne	yepʰenné yəpʰə́nne nʸepʰenné nyɔpʰɔnné nepʰenné nyəpʰyənné	yepʰenné	nepʰenné	yepʰenné
넓 (아리)	側	nyəpʰári nyəpʰɨ́ro	nyəpʰári nəpʰári nʸəpʰáre	yəpʰáro	ňəpʰáre yəpʰári ňəpʰáre nyəpʰɨ́	yəpʰári yəpʰɨ́	—	yəpʰári	yəpʰári
년	鳶	nyəní nyənɨ́	yənɨ́ yə·ňirado	—	nyəní	nyəní yəňí	yəňí	yənɨ́ yəní	yənɨ́ pɛktʃ'iyə nídi
년어	鰱魚	nyəné	nené	yəné	nyəné	—	yəné	ryəné	yəné

[표 Ⅴ-19] 변항 (nyə)의 화자별 음성 실현 양상[56]

이를 변이형으로 분류하여 도식화하면 아래와 같다.

제보자 \ 항목	M₁	F₁	M₂	M₃	M₄	F₂	M₅	F₃	M₆
	85세	79세	73세	72세	71세	69세	69세	62세	60세
넣-	yə	nyə, yə, nə	nə	yə	nyə, ňə, nə, yə	yə, nyə, nə	yə	nə	nə
넘티	yə	nyə	nə	yə	nyə	yə	yə	nyə	yə
넘려	nə	nyə	nyə	nyə, yə	ňə	ňə	yə	nyə	yə
녀자	—	yə, ne	yə	nyə, yə	nyə	yə, nyə	yə	nyə	yə
녀름	yə	yə, nyə	yə	yə	nyə, yə	yə	yə	yə	yə
넉-	—	nyə	yə	yə	nyə, yə	yə, nyə	yə	nyə, ňə	yə

---

56) 제보자 M₁(85세)의 음성형은 다음과 같다. yəə́ra(넣-), yəmtʰɨi(넘티), nə́mne(넘려), yərɨ́m(녀름)

넝구리	—	nyə	nə	yə	ňə, nyə	yə	yə	nyə	yə
년세	—	ne	—	ne	nyə, ňə, ne	ne	yə	nyə	yə
녀편네	—	ne	ne	—	ne	ye, yə, nye, ne, nyə	ye	ne	ye
넢(아리)	—	nyə	nyə, nə	yə	ňə, yə, nyə	yə	—	yə	yə
년	—	nyə	yə	—	nyə	nyə, yə	yə	yə	yə
년어	—	nyə	ne	yə	nyə	—	yə	ryə	yə

[표 20] 변항 (nyə)의 화자별 변이형 실현 양상

어두의 'nyə' 연쇄는 'nyə', 'nə', 'yə'뿐 아니라 'nye', 'ne', 'ye'로도 실현되고 있다. 이는 'nyə' 연쇄에 yə→ye→e라는 또 다른 음운 과정이 작용한 결과이다. 이에 대해서는 3.1.6에서 후술한다.

변항 (nyV)에 대한 변이형은 크게 세 가지이다. nyV형, nV형, yV형이 그것이다.[57] 한 언어 공동체 내에 동일한 음운 연쇄를 포함한 전체 형태소들의 발음이 둘 이상 공존하므로 이는 음운론적 변이라 할 수 있다. 이 같은 변항 (nyV)의 변이는 전체 언어 공동체 차원에서뿐 아니라 한 화자의 발화 내에서도 관찰된다. 또, 전체 형태소 차원에서뿐 아니라 한 형태소 내에서도 관찰된다. F_1(79세)의 발화에서 '뉴수/뉵'(搙)에 대한 [nʸuk'i](뉴끼)와 [nuk'i](누끼), [yuk'i](유끼)가 공존하는 것이 좋은 예이다. 따라서 이 지역어의 (nyV) 변이는 화자 간 변이인 동시에 화자 내 변이이며, 형태소 간 변이인 동시에 형태소 내 변이이다.

3.1.3.3. 변이의 기제와 요인

앞에서 이 지역 노년층 화자들의 (ni) 변이 및 (nyV) 변이의 실제를 살펴보았다. 그렇다면 이 같은 변이는 어떠한 기제에 의하여 출현하는

---

57) '년어(련-), 뉵(류), 농디레(룡-), 농마루(룡-), 네물(례-), 냥반(량-)' 항목은 참고로 제시한 것이다. 이들에 대한 기저형 지배 변이형 ryV와 여기서 파생된 rV형은 논외로 한다. ñV형은 식별 가능성이 낮으므로 역시 논외로 한다.

가? 이것은 수의적 음운 교체에 의한 변이인가, 기저형의 수의적 선택에 의한 변이인가?

먼저 (ni) 변이의 경우를 보자.

이를 판단하기 위해서는 우선, 공존하는 변이형들 간의 관계가 음운 과정으로써 설명될 수 있는지 여부를 가려야 한다. 즉, 자연성과 일반성 조건을 충족시키는지 검토해야 한다.

첫째, 변이형 ni와 i의 관계는 동일한 기저 연쇄 /ni/에 $_\omega$[ni→$_\omega$[i 라는 음운 탈락이 일어난 것으로 설명 가능하며, 이러한 과정의 음성적 동기가 표면에 드러나므로 이는 자연성을 갖춘 과정으로 간주된다.[58] 구개 모음 /i/ 앞의 n이 어두에서 탈락하는 것은 국어에서 보편적인 현상이다. /i/ 앞에서 n은 구개음화하고, 구개음화된 n, 즉 ñ은 어두에서 음성적으로 실현되기 어려운 까닭에 탈락한다. 물론, 이 지역어에 /ㄴ/의 경구개 변이음이 존재하지 않는다면 이 같은 과정이 자연성을 지닌다고 하기 힘들 것이다. 그러나 이 지역어의 /ㄴ/은 /i, y/ 앞에서 경구개 변이음으로 실현되고 있으므로, 이 같은 n의 구개음화 및 탈락은 자연스러운 과정이라고 할 수 있다.[59]

둘째, $_\omega$[ni→$_\omega$[i라는 과정은 일부 형태소에 국한되지 않고 'ni' 연쇄를 포함한 대부분의 형태소에서 관찰된다. 또, 일부 화자에게만 국한되지 않고 이 지역 화자들의 발화에서 폭넓게 관찰된다. 따라서 $_\omega$[ni→$_\omega$[i라는 과정은 일반성을 갖춘 과정이라고 할 수 있다.[60]

즉, 변이형 ni와 i의 관계는 자연성과 일반성을 모두 갖춘 $_\omega$[ni→$_\omega$[i라

---

58) $_\omega$는 단어(word) 표지로서, $_\omega$[... 는 어두를 나타낸다.

59) n의 구개음화는 노년층보다는 중년층 및 청년층의 경우에 더 일반적이다. 노년층의 경우에는 i, y 앞에서도 n을 여전히 치조음이나 치음으로 발음하는 것을 흔히 들을 수 있다. 노년층의 어두 n 탈락 비율이 상대적으로 낮은 이유도 바로 여기에 있을 것이다.

60) 중부 이남 방언의 경우, 어두 ni 연쇄의 n 탈락 현상은 이미 근대 국어 시기에 발생하여, 현재는 모두 i형으로 기저형이 재구조화된 상태이다.

는 음운 과정으로써 설명될 수 있다.

다음으로, (ni) 변이가 수의적 교체에 의한 것인지 기저형의 선택에 의한 것인지를 판단하기 위해서는 $_\omega$[ni→$_\omega$[i라는 음운 과정의 공시성 여부를 가려야 한다. 해당 음운 과정으로 인한 교체형이 확인되는 경우, 그 음운 과정은 공시적 현상으로 간주된다.

이러한 관점에서 볼 때, 이 지역어의 $_\omega$[ni→$_\omega$[i 현상은 공시적 음운 과정, 즉 음운 교체라고 할 수 있다. 기저의 /ni/ 연쇄에 아무런 교체도 일어나지 않은 형태(변이형 ni)와, $_\omega$[ni→$_\omega$[i라는 교체가 일어난 형태(변이형 i)가 공존하고 있기 때문이다.

따라서 이 지역어의 (ni) 변이는 도출 과정에서의 수의적 음운 교체에 의한 것으로 해석된다.

그런데 한편으로 이 같은 변이형의 공존이 인접 방언이나 표준어의 차용에 의한 것일 가능성 또한 검토할 필요가 있다. 사실상, 언어 변이와 변화는 언어 내적 요인과 언어 외적 요인의 복합적 작용에 의하여 이루어지는 것이 대부분이기 때문이다.

그러나 이 지역어에서 i형으로 나타나는 형태소 중에는 표준어에 해당 형태소가 있더라도 그 형태가 동일하지 않은 것들(예. *이르/읽-, *일곱)이 포함되어 있다.[61] 이러한 형태소에 대하여 나타나는 i형은 적어도 차용일 가능성이 없다. 아래와 같은 예들이 그러하다.

항목 \ 제보자	M₁ 85세	F₁ 79세	M₂ 73세	M₃ 72세	M₄ 71세	F₂ 69세	M₅ 69세	F₃ 62세	M₆ 60세
니르/닑-	—	ni	ni	ni, i	ni, i	i, ni	i, ni	ni, i	ni, i
닐굽	ni	ni, i	ni	ni	ni	ni	ni	ni, i	i

[표 21] 차용 가능성이 없는 형태소의 변이형 실현 양상

---

61) 이들의 표준어형은 '읽-', '일곱'이다.

단지 표준어 차용에 의해서만 어두 n 탈락형이 실현되는 것이라면, 동일하게 대응 표준어가 존재하는 상황에서도 왜 어휘에 따라 n 탈락 여부가 다른지를 합리적으로 설명해야 할 것이다. 물론 표준어형이 모두 n 탈락형이고, 이를 화자들도 어느 정도 인식하고 있는 것은 사실이다. 그러나 동일한 발화 스타일 안에서도 n 탈락형과 n 유지형이 번갈아 출현하는 현상은 언어 사용의 사회적 맥락을 고려하더라도 규칙화되기 어렵다. 표준어형을 모르거나 그에 대한 인식이 드러나지 않는 경우에도 이와 같은 변이가 관찰되기 때문이다.

다음으로 (nyV) 변이의 경우를 보자.

첫째, 변이형 nyV와 nV의 관계는 동일한 기저 연쇄 /nyV/에 $_\omega$[nyV→$_\omega$[nV라는 활음 탈락이 일어난 것으로 설명 가능하며, 이러한 과정의 음성적 동기가 표면에 드러나므로 이는 자연스러운 과정으로 간주된다. CGV와 같은 음절 구조에서 G(활음)가 탈락되는 현상은 한국어에서는 물론 언어 보편적으로도 관찰되는 현상이다. 특히, n과 같은 치조음과의 연쇄에서 활음 y가 제약되는 경향은 동일 자질의 연접을 회피하려는 음성적 동인에 의하여 설명될 수 있다. 한편, 변이형 nyV와 yV의 관계는 동일한 기저 연쇄 /nyV/에 $_\omega$[nyV→$_\omega$[yV라는 어두 n 탈락이 일어난 것으로 설명될 수 있다. 구개성 활음 /y/ 앞의 n이 어두에서 탈락하는 것은 국어에서 보편적인 현상이다. /y/ 앞에서 n은 구개음화하고, 구개음화된 n, 즉 ñ은 어두에서 음성적으로 실현되기 어려운 까닭에 탈락한다. 따라서 변이형 nyV와 nV, yV의 관계를 포착하는 과정은 자연성을 지닌다고 하겠다.

둘째, $_\omega$[nyV→$_\omega$[nV, $_\omega$[nyV→$_\omega$[yV 과정은 일부 형태소에 국한되지 않고 'nyV' 연쇄를 포함한 대부분의 형태소에서 관찰된다. 또, 일부 화자에게만 국한되지 않고 이 지역 화자들의 발화에서 폭넓게 관찰된다. 실제로 이러한 음운 현상은 개별 어휘나 개별 화자에 따른 특수한 현상이 아니라 이 지역어에서 관찰되는 매우 일반적인 현상이다. 따라서 이

들 과정은 일반성을 갖추었다고 할 수 있다.[62]

요컨대, 변이형 nyV와 nV, yV의 관계는 자연성과 일반성을 모두 갖춘 $_\omega$[nyV→$_\omega$[nV, $_\omega$[nyV→$_\omega$[yV라는 음운 과정으로써 각각 설명될 수 있다.

다음으로, (nyV) 변이가 수의적 교체에 의한 것인지 기저형의 선택에 의한 것인지를 판단하기 위해서는 $_\omega$[nyV→$_\omega$[nV, $_\omega$[nyV→$_\omega$[yV라는 음운 과정의 공시성 여부를 가려야 한다. 해당 음운 과정으로 인한 교체형이 확인되는 경우, 그 음운 과정은 공시적 현상으로 간주된다.

이러한 관점에서 볼 때, 이 지역어의 $_\omega$[nyV→$_\omega$[nV, $_\omega$[nyV→$_\omega$[yV 현상은 공시적 음운 과정, 즉 음운 교체라고 할 수 있다. 기저의 'nyV' 연쇄에 아무런 교체도 일어나지 않은 형태(변이형 nyV)와, $_\omega$[nyV→$_\omega$[nV, $_\omega$[nyV→$_\omega$[yV라는 교체가 일어난 형태(변이형 nV와 yV)가 공존하고 있기 때문이다.

뿐만 아니라, 위 음운 과정들의 생산성은 신어 실험의 결과를 통해서도 입증된다. 제보자들에게 '뉴튼'이라는 임의의 단어를 제시하고 이를 곡용시키도록 한 결과, yúth in(유튼), nyúth iñi(뉴튼-이)(F₃, 62세), yúth ine(유튼-에), nyúth ine(뉴튼-에), ryúth in(류튼), rúth in(루튼)(M₁₁, 39세)과 같은 변이형이 관찰되었기 때문이다.[63] 이는 $_\omega$[nyV→$_\omega$[yV, $_\omega$[nyV→$_\omega$[nV라는 음운 과정이 공시적인 생산성을 지닌 과정임을 말해 준다.

따라서 이 지역어의 (nyV) 변이는 도출 과정에서의 수의적 음운 교체에 의한 것으로 해석된다.[64]

---

62) 중부 이남 방언의 경우, 어두 nyV 연쇄의 n 탈락 현상은 이미 근대 국어 시기에 발생하여, 현재는 모두 yV형으로 기저형이 재구조화된 상태이다.

63) M₁₁(39세)의 '류튼', '루튼'은 nyV형을 ryV형으로 과도 교정한 결과 출현한 응답형으로 해석된다.

64) nyV형은 없고 nV형과 yV형만 관찰되는 경우에 대해서는 두 가지 해석이 가능하다. 하나는 자료(nyV형)의 우연적 공백이라고 보는 것이고, 다른 하나는 각각의 표면형을 별도의 기저형으로 상정하는 것이다. 즉, 양방향으로 변화가 이루어져 쌍형 기저형이 형성된 것으로 보는 방법이다.

그런데 이 같은 변이형의 공존이 인접 방언이나 표준어의 차용에 의한 것일 가능성 또한 검토할 필요가 있다. 사실상, 언어 변이와 변화는 언어 내적 요인과 언어 외적 요인의 복합적 작용에 의하여 이루어지는 것이 대부분이기 때문이다.

우선, 변이형 nV는 차용에 의한 것일 가능성이 희박하다. 인접 방언 및 표준어에 해당 형태가 없기 때문이다.[65] 따라서 이는 이 지역어 내적인 요인에 의한 변이형으로 해석된다.

그렇다면 변이형 yV는 어떠한가? 이에 대해서는 두 가지 해석 가능성이 공존한다. 하나는 언어 내적 요인에 의한 변이형일 가능성이고, 다른 하나는 차용과 같은 언어 외적 요인에 의한 변이형일 가능성이다. 본고는 이 두 가지 가능성을 모두 인정한다. 외견상 동일한 변이형일지라도 그것의 출현 경로는 다를 수 있다고 보기 때문이다. 단, 이를 전적으로 언어 외적 요인에 의한 것으로 볼 수 없는 이유는 다음과 같다.

첫째, 변항 (nyV)와 관련된 한자어의 연변 표준어형은 yV형이 아니라 nyV형이나 ryV형임에도 불구하고 이들 어휘에 대하여 yV형이 출현한다.[66] 따라서 표준어의 '념려(念慮), 녀자(女子), 년세(年歲), 녀편네(女便)'나 '룡마루(龍-), 륙(六), 례물(禮物), 량반(兩班), 련어(鰱魚)'에 대응되는 한자어에서 나타나는 yV형은 표준어 차용일 가능성이 없다. 한편, 이것이 한국어의 차용일 가능성은 더욱 희박하다. 이 지역 화자들이 한국어를 접촉할 기회는 극히 드문데다, TV를 통해서 접촉하기 시작한 것도 불과 몇 년 전부터이기 때문이다. 한국과의 교류가 있기 전에 이 지역어를 조사한 자료에도 이미 yV형이 등장한다.[67] 이는 $_\omega$[nyV→$_\omega$[yV라는 음

---

65) '넣-(投入)'의 경우가 유일한 예외이다. 표준어형이 nV형인 '넣-'의 경우, yV형 '옇-'은 표준어 차용일 가능성이 없다.

66) 현재 연변 표준어의 표기법은 형태주의 원칙을 따르므로 해당 한자음을 어두에서건 비어두에서건 동일한 형태로 쓰도록 한다.

67) 宣德五·趙習·金淳培(1990)에 제시된, 'yogaŋ 뇨강(尿罐), yaŋsik 량식(糧食), yən p'uri 련뿌리(蓮根), yənɛ 련애(戀愛)'와 ≪試篇 露韓小辭典≫의 'yaŋ-šik, yaŋ-šigí,

운 현상이 이 지역어에 이전부터 존재해 왔음을 의미한다.

둘째, 표준어형이 nV형인 '넣-(投入)' 항목의 경우에도 yV형 '옇-'의 실현이 관찰될 뿐만 아니라, 이는 전 세대별로 매우 일반적인 변이형이다. '넣-'과 같이 사용 빈도가 높은 기초 어휘에 대하여 나타나는 이 같은 변이형은 이 지역어 내적인 요인에 의해 형성된 것일 가능성이 높다.[68]

셋째, 이 지역어에서 yV형으로 나타나는 형태소 중에는 표준어에 해당 형태소 자체가 없거나(예. *욜, *용지레(용디레)), 표준어로서는 사용 빈도가 매우 낮은 것(예. 역다)도 포함되어 있다.[69] 표준어에 해당 형태소가 있더라도 그 형태가 동일하지 않은 것들(*염치(염티), *유수/윰)도 있다.[70] 이러한 형태소에 대하여 나타나는 yV형은 차용일 가능성이 없다. 아래와 같은 예들이 그러하다.

제보자 항목	M₁ 85세	F₁ 79세	M₂ 73세	M₃ 72세	M₄ 71세	F₂ 69세	M₅ 69세	F₃ 62세	M₆ 60세
뇰(뇨)	—	nyV, nV	nV	—	nyV	yV	yV	yV, nyV	nyV, yV
뇽디레	—	yV	yV	yV	nV, yV, nyV, ňV	yV	yV	yV	yV
녁-	—	nyV	yə	yV	nyV, yV	yV, nyV	yV	nyV, ňV	yV
념티	yV	nyV	nə	yV	nyV	yV	yV	nyV	yV
뉴수/뉴	—	nyV, yV, nV	nV	—	nV	nV, nyV	yV	nV, nyV, yV	yV

〔표 22〕 차용 가능성이 없는 형태소의 변이형 실현 양상

단지 표준어 차용에 의해서만 어두 n 탈락형이 실현되는 것이라면, 동일하게 대응 표준어가 존재하는 상황에서도 왜 어휘에 따라 n 탈락

량식(糧食)'이 그러한 예이다.

68) 기초 어휘란, 언어 생활에서 빈도수가 높고 분포가 넓으며, 이차 조어의 근간이 되는 최소한의 필수어를 말한다(임지룡 1992: 98).

69) '욜, 용지레(용디레)'의 대응 표준어는 '료(料), 미꾸라지'이다. '역다'는 '눈치가 빠르고 영리하다'를 의미한다.

70) 이들의 표준어형은 '염통'과 '윷'이다.

여부가 다른지를 합리적으로 설명해야 할 것이다. 물론 표준어형이 모두 n 탈락형이고, 이를 화자들도 어느 정도 인식하고 있는 것은 사실이다.[71] 그러나 동일한 발화 스타일 안에서도 n 탈락형과 n 유지형이 번갈아 출현하는 현상은 언어 사용의 사회적 맥락을 고려하더라도 규칙화되기 어렵다. 표준어형을 모르거나 그에 대한 인식이 드러나지 않는 경우에도 이와 같은 변이가 관찰되기 때문이다.[72]

요컨대, 이 지역어의 (ni) 변이 및 (nyV) 변이는 도출 과정에서의 수의적 교체에 의한 것이라 할 수 있다. 이제 그러한 수의적 교체의 기제와 요인에 대하여 보다 구체적으로 살펴보기로 하자.

우선, 공시적인 (ni) 변이는 아래와 같은 수의적 교체에 의하여 일어난다.

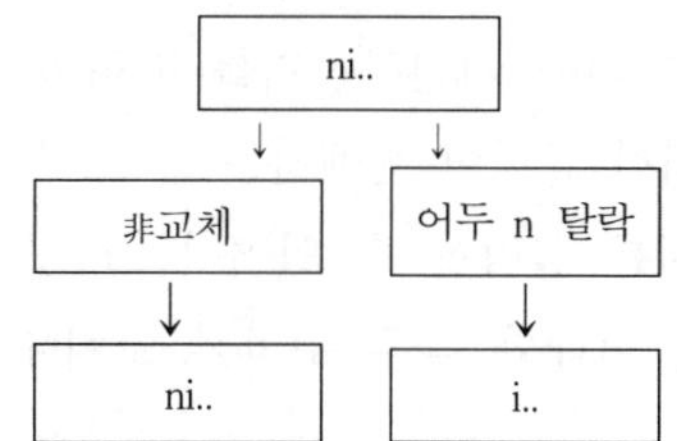

[그림 10] 교체 지배 변이 I (수의성 C_1)

이 같은 수의적 교체를 규칙으로써 나타내면 다음과 같다.

---

71) 이 점을 고려할 때 nyV→nV 현상에는 표준어의 영향이 개입했을 가능성이 없음이 더욱 분명해진다.

72) 본고에서 다루는 nyV형과 nV형, yV형의 관계는 앞서 말한 '아기~애기'류의 현상과는 성격이 다르다. 이들 변이형 간에는 사회적 의미차가 존재하지 않으며, 동일한 발화 스타일 내에서도 각 변이형이 자유롭게 번갈아 등장하기 때문이다. 특히 nyV형과 nV형의 관계가 그러하다.

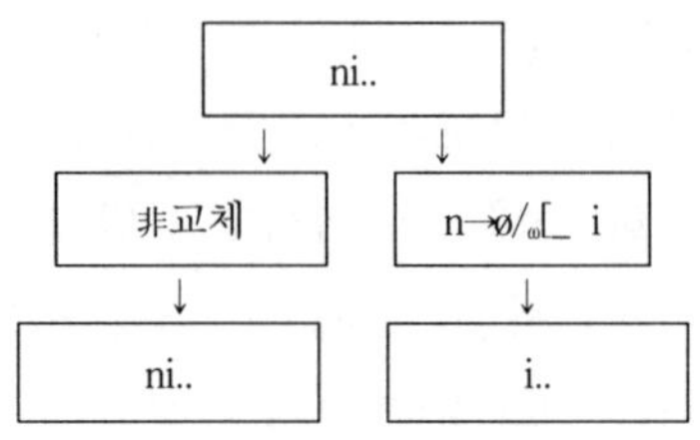

[그림 11] 규칙 지배 변이 I (수의성 C_1)

(ni) 변이의 경우, ni 연쇄를 가진 기저형에 n → ø /ω[_ i 라는 어두 n 탈락 규칙이 수의적으로 적용됨으로써 두 가지의 표면형이 공존한다고 기술할 수 있다. 그러나 이것은 수의적 교체 현상에 대한 표면적인 기술일 뿐 그에 대한 근본적인 설명이라고 보기는 힘들다. 동일한 조건 환경에서 어떠한 규칙이 적용되기도 하고 안 되기도 한다면, 그러한 규칙 적용의 수의성은 어디에 기인하는지를 밝혀야 할 것이다. 나아가서는, 왜 이 언어에 이러한 규칙이 존재하는지, 그리고 왜 이 규칙이 문법에 새로 첨가되었는지를 설명할 수 있어야 할 것이다.

한편, (nyV) 변이는 아래와 같은 수의적 교체에 의하여 일어난다.

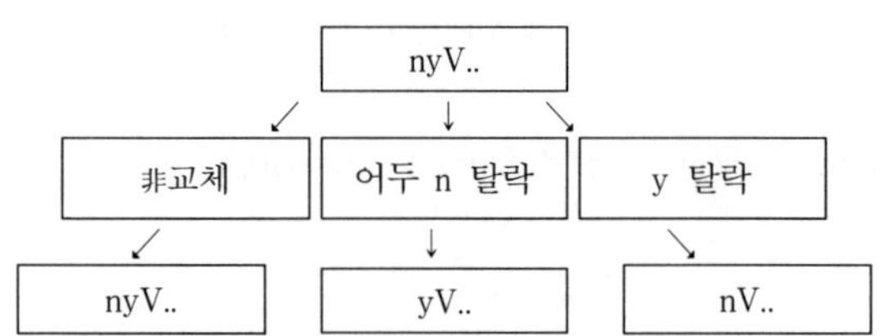

[그림 12] 교체 지배 변이 II (수의성 $C_1 + C_2$)

이 같은 수의적 교체를 규칙으로써 나타내면 다음과 같다.

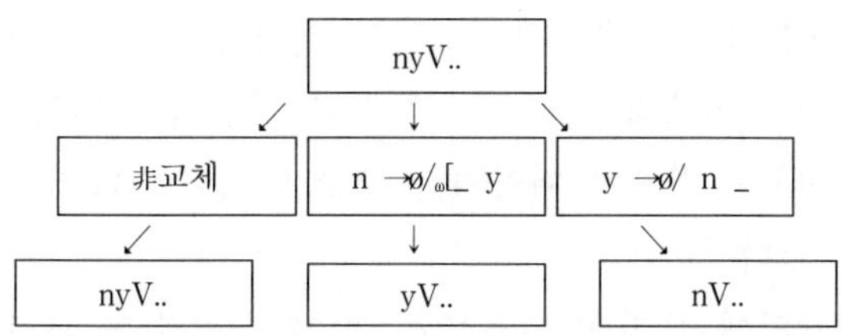

[그림 13] 규칙 지배 변이Ⅱ(수의성 C_1+C_2)

(nyV) 변이의 경우, 변이형 nV는 nyV 연쇄를 가진 기저형에 y → ø / n _ V 라는 y 탈락 규칙이 적용된 것으로 기술할 수 있다. 변이형 yV는 nyV 연쇄를 가진 기저형에 n →ø / ω[_ y 라는 n 탈락 규칙이 적용된 것으로 기술할 수 있다.[73] 단, 이들 규칙은 모두 수의적으로 적용됨으로써 표면에 세 가지 변이형이 출현한다. 그러나 이러한 기술은 규칙 적용의 수의성 문제, 해당 규칙의 존재 이유, 규칙 첨가 문제에 대한 보다 근본적인 설명을 필요로 한다. 뿐만 아니라, 표면의 음운 현상을 규칙으로써 기술하는 차원에서는, 공존하는 두 음운 현상 간의 기능적 단일성, 즉 공모를 포착하지 못한다는 한계가 있다. 전통적인 생성 음운론의 이론틀 내에서는 형식적으로 유사한 규칙들 간의 관계만을 포착할 수 있기 때문이다. 만약 규칙의 형식적 공통점만을 따진다면, 변이형 nV와 yV를 낳은 두 교체 현상이 공존하는 것은 단지 우연에 지나지 않을 것이다. 따라서 이들 변이형의 관계에 대해서도 근본적인 설명을 할 수 없다. 그러나 사실 이 두 현상은 어두의 nyV라는 연쇄가 표면에 출현하는 것을 막는다는 점, 즉 그 효과에 있어서 단일하다. *ω[nyV라는 부정 목표를 위해 기능적으로 공모하고 있는 것이다.

이상의 이유로 인해 본고는 이 지역어의 교체 지배 변이를 기본적으

---

73) 이를 n → ñ / _ y 및 ñ → ø / ω[_ y 의 적용에 의한 현상으로 보다 상세히 기술할 수도 있을 것이다. 그러나 이 지역 노년층 화자들의 경우에는 n 구개음화가 필수적이지 않으므로 여기서는 n → ø / ω[_ y 라는 하나의 규칙으로 기술하고자 한다.

로 '규칙'의 관점에서 기술하되, 그 근본 원리는 '제약'의 관점에서 설명하고자 한다. 단, 이때의 제약은 전통적인 생성 음운론의 '위반 불가능한 제약'이 아니라, 경쟁적 제약의 존재로 인하여 '위반 가능한 제약'이란 차이를 지닌다.

이러한 전제하에 유형 E_1(수의성 C_1)의 변이형 도출 과정을 도식화하면 아래와 같다.

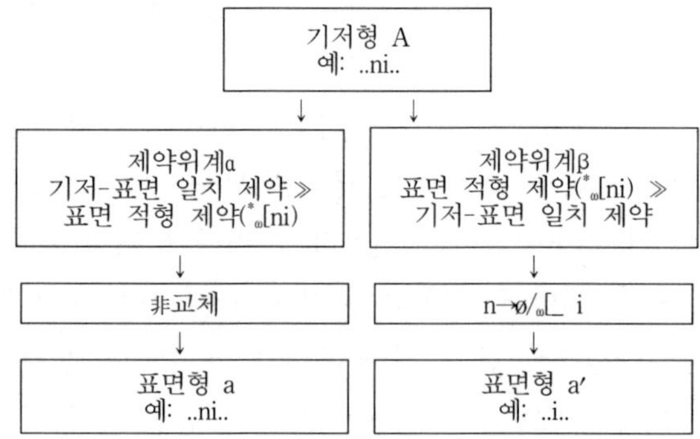

[그림 14] 제약 지배 변이 I (수의성 C_1)[74]

표면형 a(ni형)는 기저형이 그대로 보존된 경우이고, 표면형 a′(i형)은 기저형에 어떠한 교체가 일어난 경우이다. 이때 $_\omega$[ni→$_\omega$[i라는 교체가 일어난 이유는 이 지역어의 표면 적형 제약($^*_\omega$[ni)이 기저-표면 일치 제약보다 상위의 제약으로 작용한 데 기인한다. 반면, 기저의 ni 연쇄가 그대로 표면에 나타난 이유는, 기저-표면 일치 제약이 이 지역어의 표면 적형 제약($^*_\omega$[ni)보다 상위의 제약으로 작용한 데 기인한다.[75]

---

74) 최적성 이론의 입장에서라면, 위의 '기저-표면 일치 제약'과 '$^*_\omega$[ni'라는 '표면 적형 제약' 대신 충실성 제약인 MAX-IO와 유표성 제약인 AGREE(place)라는 제약을 상정할 수도 있을 것이다. 이때, MAX-IO란, '입력형의 모든 분절음은 출력형에 그 대응물을 가져야 한다'는 제약(McCarthy and Prince 1995: 16)으로, 음운론적 탈락을 금지하는 효과를 지닌다.

75) 여기서 작용하는 표면 적형 제약은 'ni'로 시작하는 단어의 출현을 금지한다는 점

　그런데 이러한 두 표면형이 공존하는 이유는 무엇인가? 그것은 양자의 출현을 좌우하는 두 제약 간의 위계가 고정되지 않았기 때문이다. 이 지역어에서 활성적인 제약들 간에는 일정한 위계가 존재하고, 그 위계에 따라 음운 현상이 일어난다고 가정할 때, 상호 위계가 가변적인 두 제약의 존재는 공시적 변이의 원인이 된다. 따라서 기저-표면 일치 제약이 표면 적형 제약($^*_\omega$[ni)보다 상위에 놓인 제약 위계(위계α)가 작용할 때는 표면형 a(ni형)가 출현하고, 그 반대인 경우(위계β)에는 표면형 a′(i형)이 출현한다. 제약은 그것이 위반됨으로써 보다 상위의 제약이 준수될 수 있는 경우에 한하여 위반 가능하다.

　기존의 규칙 기반 음운론에서는 변이형 i의 출현 요인을 단지 n→ø/$_\omega$[_ i 라는 수의적 규칙이 첨가되었기 때문이라고 기술하고, 왜 이 규칙이 첨가되었는지 또 이 규칙의 음운론적 동인은 무엇인지를 설명하지 못했다. 그러나 제약의 관점에서는 이것을 유표적 음운 연쇄의 출현을 금지하는 표면 적형 제약으로 설명함으로써 이 현상의 음운론적 동인을 밝힐 수 있다. 뿐만 아니라, 같은 시기에 출현하게 된 변이형 ʧi와의 연관성 또한 *ti와 *ni라는 '치조음-i' 연쇄를 금지하는 제약의 등급 상승으로써 설명할 수 있다.[76]

　다음으로, 제약의 관점에서 유형 E_1(수의성 C_1+C_2)의 변이형 도출 과정을 도식화하면 아래와 같다.

　에서 단어 적형 제약으로 하위 구분될 수 있을 것이다.

76) 어중의 ni 연쇄가 ĩ로 비모음화하는 현상도 *ni 제약의 관점에서 이해된다. 20세기 초 카잔 자료상으로는 이 지역어에 ŋ 비모음화만 존재하고 n 비모음화는 존재하지 않는 것으로 나타난다. 그러나 최근 들어 청년층으로 갈수록 n 비모음화 및 그로 인한 n 탈락 현상이 증가하고 있다. 이는 어두 n 탈락 현상과 거의 비슷한 시기에 촉발된 것으로 보인다.

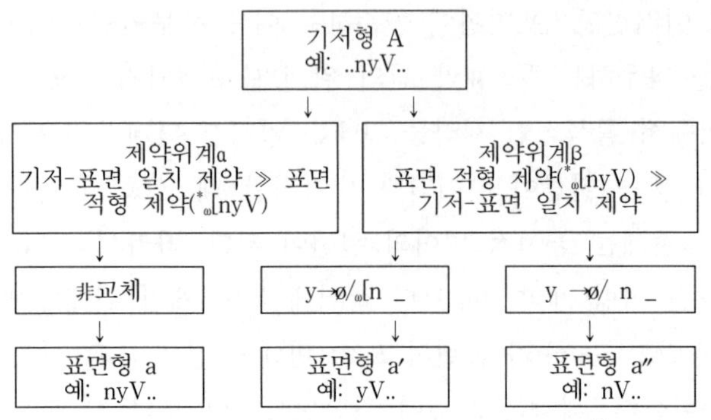

[그림 15] 제약 지배 변이 II (수의성 C_1+C_2)[77]

표면형 a(nyV형)는 기저형이 그대로 보존된 경우이고, 표면형 a′(yV형)과 a″(nV형)은 기저형에 각각 교체가 일어난 경우이다. 이때 $_\omega$[nyV→$_\omega$[yV, nyV→nV라는 교체가 일어난 이유는 이 지역어의 표면 적형 제약($^*_\omega$[nyV)이 기저-표면 일치 제약보다 상위의 제약으로 작용한 데 기인한다.[78] 기저형을 표면 적형 제약이 허용하는 음성 형식으로 만드는 손질 책략은 여러 가지일 수 있다. 동일한 목표를 위한 상이한 해결책이 존재하는 것이다. 따라서 공존하는 손질 책략, 즉 경쟁 규칙들은 그들 간의 상호 위계에 따라서 그 적용 여부가 결정된다. 현재 이 지역어의 변이형 분포를 보면, nV형과 yV형 중 후자의 비율이 더 높은 것으로 나타난다. 이는 nyV→nV보다는 $_\omega$[nyV→$_\omega$[yV라는 손질 책략이 더 선호되고 있음을 말해 준다. 이는 동일한 조건하에서라면 탈락(nyV→nV)이나 삽입보다는 n 구개음화와 같은 자질 변경이 더 선호되는 교체 방식이

---

77) 최적성 이론의 관점에 따르면 모든 음운 현상은 제약의 상호 작용으로 설명된다. 따라서 위의 음운 현상도 궁극적으로는 충실성 제약인 IDENT-IO(feature)와 유표성 제약인 AGREE(place) 및 *COMPLEX의 상호 작용으로 설명될 수 있을 것이다. 따라서 nyV, yV, nV와 같은 세 표면형의 공존 이유 또한 이들의 출현을 좌우하는 제약들 간의 위계가 고정되지 않았기 때문이라고 해석할 여지가 있다.

78) 여기서 작용하는 표면 적형 제약은 'nyV'로 시작하는 단어의 출현을 금지한다는 점에서 단어 적형 제약으로 하위 구분될 수 있을 것이다.

라는 언어 보편적 경향과도 일치한다. ω[nyV→ω[yV는 실질적으로 ω[nyV→ ω[ňyV와 같은 n 구개음화를 거쳐 일어나는 것으로 해석되기 때문이다.[79]

반면, 기저의 nyV 연쇄가 그대로 실현된 표면형 a(nyV형)는 인지의 편이를 위한 기저-표면 일치 제약이 이 지역어의 표면 적형 제약(*ω[nyV)보다 우선시된 결과이다. 이러한 세 표면형의 공존 이유 또한 이들의 출현을 좌우하는 제약들 간의 위계가 고정되지 않았기 때문이다. 이는 서로 다른 제약 위계(위계α, 위계β) 간의 경쟁을 반영한다.

공시적 음운 과정, 즉 음운 교체에 의한 변이는 교체의 수의성에 기인함을 보았다. 그렇다면 수의적 교체가 촉발된 요인은 무엇인가? 그것은 기존의 문법에 새로운 교체가 첨가되었기 때문이다. 새로 첨가된 교체 현상이 수의적 적용 단계를 거쳐 점차 필수화하는 과정에서 변이가 출현한다. 그리고 보다 근본적으로는 발화 산출 과정 중 표면형 도출 과정을 지배하는 제약의 위계가 동요함으로써 새로운 교체가 일어난다. 이는 공시적 변이의 요인인 동시에 통시적 변화의 요인이기도 하다.

이러한 관점에서 (ni) 변이와 변화는 다음과 같은 제약 위계의 변화에 기인하는 것으로 해석된다.

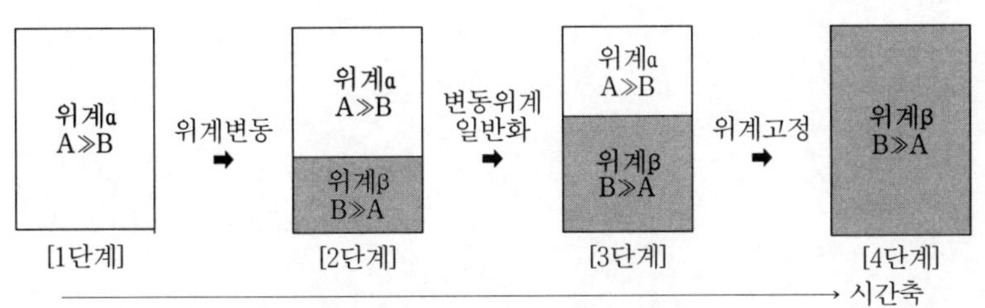

[그림 16] 점진적인 제약 위계 변화 과정 I (수의성 C_1)

---

79) n 구개음화가 일어나지 않는, 따라서 표면 음성 목록에 [ň]이 존재하지 않는 방언에서는 어두 n 탈락 현상도 일어나지 않는다는 사실이 이러한 해석을 뒷받침한다.

(ni) 변이 및 변화의 경우, [그림 16]의 제약 A, B에는 각각 기저-표면 일치 제약과 $^*_\omega$[ni라는 표면 적형 제약이 해당한다. 기존의 제약 위계가 새로운 위계로 변화하는 과정에서 공시적 변이(예. 니~이(齒))가 출현하고, 그 위계가 확정되면서 변화가 완료된다(예. 니 > 이). 이러한 교체의 출현은 표면적으로 어두 n 탈락 규칙의 첨가에 의하여 기술될 수 있다. 그러나 규칙 첨가의 근본 원인은 제약 위계 변동의 관점에서 비로소 설명된다.

(nyV) 변이 및 변화의 경우 또한 기존의 제약 위계가 새로운 위계로 변화하는 과정에서 공시적 변이(예. 넣-~녛-~옇-(投入))가 출현하고[80], 그 위계가 확정되면서 변화가 완료된다(예. 넣- > 녛- 또는 넣- > 옇-).[81]

---

80) $^*_\omega$[nyV와 같은 표면 적형 제약의 등급 상승으로, $_\omega$[nyV→$_\omega$[nV, $_\omega$[nyV→$_\omega$[yV와 같은 새로운 교체가 발생한 것으로 이해된다.

81) 이때, 개별 어휘에 따라 어떤 제약 위계가 필수화하는지 여부에는 차이가 있을 수 있다.

3.1.4. (syV) 변이

3.1.4.1. (syV) 변이의 양상

이 지역 노년층 화자들의 발화에서 'syV'라는 음운 연쇄를 포함한 형태소들은 다음과 같이 실현된다.

제보자 항목		F_1 79세	M_2 73세	M_3 72세	M_4 71세	F_2 69세	M_5 69세	F_3 62세	M_6 60세
방언형	의미								
쇼에	松魚	šoerágodo	soé	soé, šoé yənšoédʑi	šoé, soé	šoé	soé	soé	soé
슈에	鱐魚	súe	súe	šúe	súe, šue, sué	šúe	súe	súe	súe
슈갑	手匣 (掌匣)	šúgap súgabɨl	súgabira	šúgabi	šúgap súgap	šúgabi súgabi	súgabi	súgabi	súgap
슈박	西瓜	šúbak	súbagi	š(~sy)ú bagi súbagi	šúbak súbak	súbagi šúbak syúbagi	súbagi	súbagi	súbak
슈슈/ 슈	高粱	šuk'í šuk'ú suk'ú paps'uk'í susú šušuárira kəš'uk'í kəsusuári šusumá	suk'í suk'ídu	šuk'í suk'ú susú susun ñípʰi	šuk'í suk'ú susú susun ñípʰi	šuk'í t'ins(~š)u k'ira šusú ʦʰasuk'í ʦʰalšuk'i mesuk'í mešuk'í	suk'í suk'é šuk'únɨnš uk'ínɨn šuk'í suk'údu suk'udú suk'ú suk'iál susuál susú ʦʰalšuk'í ʦʰalsuk'í mešuk'í paps'uk'í susubatʰí susunnípʰi suk'unní pʰi	suk'í suk'ú ʦʰalsuk'í mesuk'í paks'uk'í paks'usú ʦʰalsuk'í mesuk'í	suk'í paps'usú	susú suk'í suk'ú ʦʰalsusú ʦʰalsuk'í ʦʰalsuk'ú susúal susuá ʦʰalsusúa ll mesuk'i nín
옥슈 슈/옥 슈	玉高 粱	okš'uk'í oks'uk'ú okš'uk'ú oks'uk'úllu ʦʰaroks'u k'í oks'uk'í oks'úk'i oks'usumá	oks'uk'ú oks'uk'í oks'uk'í du o(k)s'uk'í	—	okš'uk'í	oks'uk'í oks'uk'ú oks'usu kwɛʒgí oks'usu soŋʧʰí ʦʰaroks'u k'í oks'usug algí	oks'usú oks'uk'ú oks'uk'í	oks'uk'í oks'uk'ú	oks'uk'í oks'uk'ú ʦʰaroks'u k'í meoks'wí

샹튀	튈	šáṇtʰwi	sánʧʰi	sáṇtʰwi(~uy) sáṇtʰwi	sáṇtʰwi sʸáṇtʰwi	šáṇtʰwi(~uy) šáṇtʰwi	sáṇtʰwi	šáṇtʰwiri	sáṇtʰi

[표 23] 변항 (syV)의 화자별 음성 실현 양상[82]

변항 (syV)에 대한 화자들의 음성 실현형을 변이형으로 분류하여 도식화하면 아래와 같다.

제보자 항목	M_1 85세	F_1 79세	M_2 73세	M_3 72세	M_4 71세	F_2 69세	M_5 69세	F_3 62세	M_6 60세
쇼에	šV, sV	šV	sV	sV, šV	šV, sV	šV	sV	sV	sV
슈에	—	sV	sV	šV	sV, šV	šV	sV	sV	sV
슈갑	šV	šV, sV	sV	šV	šV, sV	šV, sV	sV	sV	sV
슈박	—	šV	sV	šV, sV	šV, sV	sV, šV, syV	sV	sV	sV
슈슈/슊	sV	šV, sV	sV	šV, sV	šV, sV	sV, šV	sV	sV	sV
옥슈슈/옥슊	—	šV, sV	sV	—	šV	sV	sV	sV	sV
샹튀	šV, sV	šV	sV	sV	sV, syV	šV	sV	šV	sV

[표 24] 변항 (syV)의 화자별 변이형 실현 양상

형태소 내부의 'syV' 연쇄는 'šV'나 'sV'로 실현되고 있다. 노년층 화자들 중에서도 연령이 높은 화자일수록 šV형의 실현 비율이 높게 나타난다. 한 형태소에 대하여 šV형과 sV형이 공존하는 경우가 많다.[83]

한편, 'syV' 연쇄에서 V가 ə일 때에는 아래와 같이 더욱 다양한 변이 양상을 보인다.

---

82) 간혹 권설음처럼 들리는 '샤셔쇼슈' 발음도 간취되었다. 이를 'š(~sy)'로 전사하였다. 제보자 M_1(85세)의 음성형은 다음과 같다. šōé(쇼에), šúgap(슈갑), suk'í(슈슈/슊), šáṇtʰi, sáṇtʰu(샹튀)

83) 그러나 음성적으로는 [šV]일지라도 이들은 음운론적으로 /syV/로 분석된다. 화자들의 진술에서도 [šV]는 /syV/로 인식됨을 알 수 있다. 제보자들로 하여금 [šV]가 포함된 단어를 소리나는 대로 표기하도록 주문한 경우에도 '사서소수'가 아닌 '샤셔쇼슈'로 표기하였다.

항목 / 방언형	의미	F₁ 79세	M₂ 73세	M₃ 72세	M₄ 71세	F₂ 69세	M₅ 69세	F₃ 62세	M₆ 60세
셔른	三十	šərín s(ʸ)ərín sərín	sərínsal	šərín	šərín	šərín	sərín	sʸárin sərɨ́ňi šərín	šərín
셔방 (가-)	書房 (娶)	šəbáŋ(áa) ganda šəbá·gan da səbé·raŋ	səbága ya	šəbáagan da šəbá·gan da səbá:gan da	syəbá: š(~sy)əbáŋ ganda šəbáganda səbaŋdzé:	səbɛ́ səbá səbérɨ səbáɛ́)a ganda səbá:gan da səbáado səbaŋʤɛ́i	səbáŋ səbaá səbá·gan da səbaŋdzɛ́ səbɛʤí bu	səbágan da səbá səbaŋdzɛ́	səbágago səbá
셔울	京	šəúl s(~š)əúl	səúriu	səurí šəurí šəúl	səúl, šəúl	səurí səúl šəúrira	səúl səúri	səuríra	səuríget'i
셔답	洗踏	s(~š)ədá bɨ sədapʰú ru	sədabí	sədábi	šədabí šədábi	sədabí	sədabi sədáp	sədapʰú ru	sədáp
보선	襪	pošəní	posó(~ə) ňi	pɔšáňi	pošán posán pošán	pošəňí	təp'əsán	pošəňí	posɛ́i posánɨ
셕매	石磨	šəŋmé səŋmé	səmmé	səŋmé šəŋmé	šəŋmé šəŋmɛk'á niragu səŋmé	šəŋmé sʸəŋmé səŋmé	səŋmé	səŋmé	səŋmé šəŋmé
셕경	石鏡	šék'e(ey)	sék'ey	sék'ẽy sék'ẽi	sék'yə̃ira gu sékk'yə sékk'e· sékk'yəŋ butʰə swék'yəŋ	sék'ey sék'yə sék'ei sék'e sék'ẽi	sék'yə·	sék'ẽi sék'yə sék'ei sék'e:	sék'yəŋ
섬	島	s(~š)ə́m	sə́mira	sə́mi	šə́mi šə́m	sə́mi	sə́mi	sə́mi	sə́mirago
온성	穩城	wɛnšəŋg uníragu	onsəí onsə́ira onsə̀iu	onsəŋgún du	onšə́ŋ onšəŋgún onsɛ́esə	onšə́ŋ onsə́ŋ	onsə́ŋ	onsɛ́ige ʧ'i	onšɛ́i
성	姓	šə́ŋ, šɛ́i šə́i	séi	šé:(ée) sɛ́ira	šə́ira šɛ́ira	šɛ́i, séi sə́ŋ sɛ́ira šɛ́i, šə́y šɛ́y, šɛ́:, šée	sə́ŋš'i sə́i	sɛ́i sə́i	šɛ́i, sɛ́i sɛ́, sə́ŋ šə́ŋdo
구셥-	窮	kušápt'a	kusáp t'a	kušápt'a	kušápt'a	kušá:pt'a kušápt'a kušábasə	kušápt'a	kusápt'a	kušábə sə
무셥-	怖	mušá·pt'a muséept'a	musá k'e	mušé(~ə) bə mušə́pt'a	muséept'a mušéeba sə	mus(~š)é ept'a mušə́pt'a	mušápt'i	musápt'a mušépt'a nin	mušápt'a musápt'a

					mušə́bul musə́pt'a musə́bəh anda cf. musébi	mušéept'a mušéːpt'a musébasə mušə́·pt'a mušə́ːpt'a musə́pt'a mušə́un mušə́bun		muséba sə	
셔마 셔마	立	šəə́ma šəə́ma cf. niráš́ənda	səra səra	səəmá səəmá səəma səəma	šəə́ma šəə́ma sə́ːma sə́ːma cf. sə́sə šə́sə,səra šə́ra	səə́·ma səə́·ma sə́ːma sə́ːma sə́ːma cf. səran	səəma səəma	sə́ːma sə́ːma cf.səra	sə́ːma sə́ːma cf.səra səra

[표 25] 변항 (syə)의 화자별 음성 실현 양상[84]

이를 변이형으로 분류하여 도식화하면 아래와 같다.

항목 \ 제보자	M_1 85세	F_1 79세	M_2 73세	M_3 72세	M_4 71세	F_2 69세	M_5 69세	F_3 62세	M_6 60세
셔른	—	šə, sə	sə	šə	šə	šə	šə	sə, syə, šə	šə
셔방 (가-)	sə	šə, sə	sə	šə, sə	syə, šə, sə	sə	sə	sə	sə
셔울	šə, sə	šə, sə	sə	sə, šə	sə, šə	sə, šə	sə	sə	sə
셔답	sə, šə	sə	sə	sə	šə	sə	sə	sə	sə
보션	šə	šə	so	šə	šə, sə	šə	sə	šə	sə
셕매	sə	šə, sə	sə	sə, šə	šə, sə	šə, syə, sə	sə	sə	sə, šə
셕경	se	še	se	se	se	se	se	se	se
셤	šə	sə	sə	sə	šə	sə	sə	sə	sə
온셩	—	šə	sə	sə	šə	šə, sə	sə	sə	šə
셩	sə	šə	se	še, šə	šə	šə, se, sə, še	sə	sə	šə, sə
구섭-	sə, šə	šə	sə	šə	šə	šə	šə	sə	šə
무섭-	se, šə	šə, se	sə	še, šə	se, še, šə, sə	se, šə, še, sə	šə	sə, še, se	šə, sə
셔마셔마	šə	šə	sə	sə	šə, sə	sə	sə	sə	sə

[표 26] 변항 (syə)의 화자별 변이형 실현 양상

---

84) 제보자 M_1(85세)의 음성형은 다음과 같다. səbáa(셔방-을), šəúriʤi, səúrida(셔울), sədáp, šədabí(셔답), pošənedága(보션), s(~š)əŋmɛk'án(셕매), sék'yəŋ(셕경), šə́m(셤), sə́i(셩), kusə́pt'ən, kušə́əpt'a, kušə́pt'a(구섭-), muséept'a, mušə́pt'a, musébat'a(무섭-), šəə́ma šəə́ma(셔마셔마)

형태소 내부의 'syə' 연쇄는 'šə', 'sə'뿐 아니라 'še', 'se'로도 실현되고 있다. 이는 'syə' 연쇄에 yə→ye→e라는 또 다른 음운 과정이 작용한 결과이다. 이에 대해서는 3.1.6에서 후술한다.

위의 자료에서 드러나듯이 이 지역어에서는 화자마다, 또 어휘마다 형태소 내부의 'syV' 연쇄가 상이한 실현을 보인다. 특히 'syə' 연쇄의 경우에는 더욱 다양한 실현형이 관찰된다. 이러한 가변적 성분 'syV'를 하나의 음운론적 변항으로 간주하고, 이를 변항 (syV)라 부르기로 하자.

변항 (syV)에 대한 변이형은 크게 두 가지이다. šV형, sV형이 그것이다. 한 언어 공동체 내에 동일한 음운 연쇄를 포함한 전체 형태소들의 발음이 둘 이상 공존하므로 이는 음운론적 변이라 할 수 있다. 이 같은 변항 (syV)의 변이는 전체 언어 공동체 차원에서뿐 아니라 한 화자의 발화 내에서도 관찰된다. 또, 전체 형태소 차원에서뿐 아니라 한 형태소 내에서도 관찰된다. M₄(71세)의 발화에서 '슈갑(手匣, '掌匣'의 의미)'에 대한 [šúgap](슈갑)과 [súgap](수갑)이 공존하는 것이 좋은 예이다. 따라서 이 지역어의 (syV) 변이는 화자 간 변이인 동시에 화자 내 변이이며, 형태소 간 변이인 동시에 형태소 내 변이이다.

3.1.4.2. 변이의 기제와 요인

앞에서 이 지역 노년층 화자들의 (syV) 변이의 실제를 살펴보았다. 그렇다면 이 같 변이는 어떠한 기제에 의하여 출현하는가? 이것은 수의적 음운 교체에 의한 변이인가, 기저형의 수의적 선택에 의한 변이인가?

이를 판단하기 위해서는 우선, 공존하는 변이형들 간의 관계가 음운 과정으로써 설명될 수 있는지 여부를 가려야 한다. 즉, 자연성과 일반성 조건을 충족시키는지 검토해야 한다.

첫째, 변이형 sV는 기저 연쇄 /syV/에 syV→sV라는 활음 탈락이 일어난 것으로 설명 가능하다. CGV와 같은 음절 구조에서 G(활음)가 탈락되는 현상은 한국어에서는 물론 언어 보편적으로도 관찰되는 현상이다. 특히, s와 같은 치조음과의 연쇄에서 활음 y가 제약되는 경향은 동일 자질의 연접을 회피하려는 음성적 동인에 의하여 설명될 수 있다. 한편, 변이형 šV는 동일한 기저 연쇄 /syV/에 syV→šV라는 구개음화가 일어난 것으로 설명될 수 있다. 따라서 변이형 sV와 šV는 동일한 기저형으로부터 자연스러운 음운 과정에 의하여 도출 가능하다.[85]

둘째, syV→sV, syV→šV 과정은 일부 형태소에 국한되지 않고 'syV' 연쇄를 포함한 대부분의 형태소에서 관찰된다. 또, 일부 화자에게만 국한되지 않고 이 지역 화자들의 발화에서 폭넓게 관찰된다. 실제로 이러한 음운 현상은 개별 어휘나 개별 화자에 따른 특수한 현상이 아니라 이 지역어에서 관찰되는 매우 일반적인 현상이다. 따라서 이들 과정은 일반성을 갖추었다고 할 수 있다.[86]

요컨대, 변이형 sV와 šV의 도출은 자연성과 일반성을 모두 갖춘 syV→sV, syV→šV라는 음운 과정으로써 각각 설명될 수 있다.

다음으로, (syV) 변이가 수의적 교체에 의한 것인지 기저형의 선택에 의한 것인지를 판단하기 위해서는 syV→sV, syV→šV라는 음운 과정의 공시성 여부를 가려야 한다. 해당 음운 과정으로 인한 교체형이 확인되는 경우, 그 음운 과정은 공시적 현상으로 간주된다.

이러한 관점에서 볼 때, 이 지역어의 syV→sV, syV→šV 현상은 공시적 음운 과정, 즉 음운 교체라고 할 수 있다. syV→sV, syV→šV라는 교

---

85) 앞의 (ti), (tyV), (ni), (nyV) 변이의 경우에는 표면형 중 하나가 기저형과 일치했던 반면, (syV) 변이의 경우에는 그렇지 않다. [syV]형은 거의 관찰되지 않기 때문이다. 그러나 이 지역 화자들이 [šV]를 모두 /syV/로 인식하고 있다는 점을 고려하여 기저형을 /syV/로 설정한다.

86) 중부 이남 방언의 경우, syV 연쇄의 y 탈락 현상은 이미 근대 국어 시기에 발생하여, 현재는 모두 sV형으로 기저형이 재구조화된 상태이다.

체가 일어난 형태(변이형 sV와 šV)가 공존하고 있기 때문이다.

따라서 이 지역어의 (syV) 변이는 도출 과정에서의 수의적 음운 교체에 의한 것으로 간주한다.

그런데 이 같은 변이형의 공존이 인접 방언이나 표준어의 차용에 의한 것일 가능성 또한 검토할 필요가 있다. 사실상, 언어 변이와 변화는 언어 내적 요인과 언어 외적 요인의 복합적 작용에 의하여 이루어지는 것이 대부분이기 때문이다.

변이형 sV에 대해서는 두 가지 해석 가능성이 공존한다. 하나는 언어 내적 요인에 의한 변이형일 가능성이고, 다른 하나는 차용과 같은 언어 외적 요인에 의한 변이형일 가능성이다. 본고는 이 두 가지 가능성을 모두 인정한다. 외견상 동일한 변이형일지라도 그것의 출현 경로는 다를 수 있다고 보기 때문이다. 단, 이를 전적으로 언어 외적 요인에 의한 것으로 볼 수 없는 이유는 다음과 같다.

첫째, 이 지역어에서 sV형으로 나타나는 형태소 중에는 표준어에 해당 형태소 자체가 없거나(예. *서답, *석매, *구섭다, *서마서마), 표준어로서는 사용 빈도가 매우 낮은 것(예. 석경)도 포함되어 있다.[87] 표준어에 해당 형태소가 있더라도 그 형태가 동일하지 않은 것들(예. *소에, *수에, *수수/슈, *옥수수/옥슈, *보선)도 있다.[88] 이러한 형태소에 대하여 나타나는 sV형은 차용일 가능성이 없다. 아래와 같은 예들이 그러하다.

---

87) '서답, 석매, 구섭다, 서마서마'의 대응 표준어는 '빨래, 연자방아, 아쉽다(부족하다), 서라서라'가 될 것이다. '석경'은 '거울'을 뜻한다.

88) 이들의 표준어형은 '송어, 숭어, 수수, 옥수수, 버선'이다. 이 지역어에서 '장가가다'의 의미로 쓰이는 '서방가다'나, '장갑'의 의미로 쓰이는 '수갑'의 경우에도 표준어 차용일 가능성은 희박하다.

162 음운론적 변이와 변화의 상관성

제보자 항목	M₁ 85세	F₁ 79세	M₂ 73세	M₃ 72세	M₄ 71세	F₂ 69세	M₅ 69세	F₃ 62세	M₆ 60세
셔답	sV, šV	sV	sV	sV	šV	sV	sV	sV	sV
셕매	sV	šV, sV	sV	sV, šV	šV, sV	šV, syV, sV	sV	sV	sV, šV
구섭-	sV, šV	šV	sV	šV	šV	šV	šV	sV	šV
셔마셔마	šV	šV	sV	sV	šV, sV	sV	sV	sV	sV
셕경	sV	šV	sV	sV	sV	sV	sV	sV	sV
쇼에	šV, sV	šV	sV	sV, šV	šV, sV	šV	sV	sV	sV
슈에	—	sV	sV	šV	sV, šV	šV	sV	sV	sV
슈슈/슉	sV	šV, sV	sV	šV, sV	šV, sV	sV, šV	sV	sV	sV
옥슈슈/옥슉	—	šV, sV	sV	—	šV	sV	sV	sV	sV
보션	šV	šV	sV	šV	šV, sV	šV	sV	šV	sV

[표 27] 차용 가능성이 없는 형태소의 변이형 실현 양상

　단지 표준어 차용에 의해서만 y 탈락형이 실현되는 것이라면, 동일하게 대응 표준어가 존재하는 상황에서도 왜 어휘에 따라 y 탈락 여부가 다른지를 합리적으로 설명해야 할 것이다. 물론 표준어형이 모두 y 탈락형이고, 이를 화자들도 어느 정도 인식하고 있는 것은 사실이다. 그러나 동일한 발화 스타일 안에서도 y 탈락형과 y 유지형이 번갈아 출현하는 현상은 언어 사용의 사회적 맥락을 고려하더라도 규칙화되기 어렵다. 표준어형을 모르거나 그에 대한 인식이 드러나지 않는 경우에도 이와 같은 변이가 관찰되기 때문이다.

　둘째, 이 지역에서 쓰이는 중국어(漢語) 차용어 중 syV 연쇄를 포함한 것들에 대해서도 y 탈락형(sV형)이 관찰된다. '쌰구재', '쌰재(瞎子)'를 '싸구재', '싸재'로 발음하는 것이 그러한 예이다.[89] 이는 syV→sV라는 음운 과정이 이 지역어의 음운론적 제약을 반영하고 있음을 의미한다.

---

89) '쌰구재'는 '미치광이(狂人)'란 뜻의 중국어 차용어이다. '쌰재'는 본래 '소경(장님)'을 뜻하는 중국어인 瞎子를 차용한 것인데, 이곳에서는 주로 '애꾸눈이(眇目), 외눈박이'의 뜻으로만 쓰인다. '눈쌰(~싸)재, 눈깔쌰(~싸)재, 외눈깔쌰(~싸)재'라 하기도 한다.

요컨대, 이 지역어의 (syV) 변이는 도출 과정에서의 수의적 교체에 의한 것이라 할 수 있다. 이제 그러한 수의적 교체의 기제와 요인에 대하여 보다 구체적으로 살펴보기로 하자.

공시적인 (syV) 변이는 아래와 같은 수의적 교체에 의하여 일어난다.

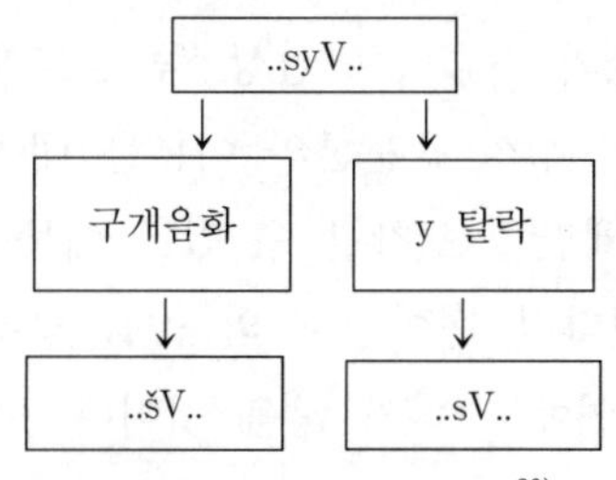

[그림 17] 교체 지배 변이[90]

이 같은 수의적 교체를 규칙으로써 나타내면 다음과 같다.

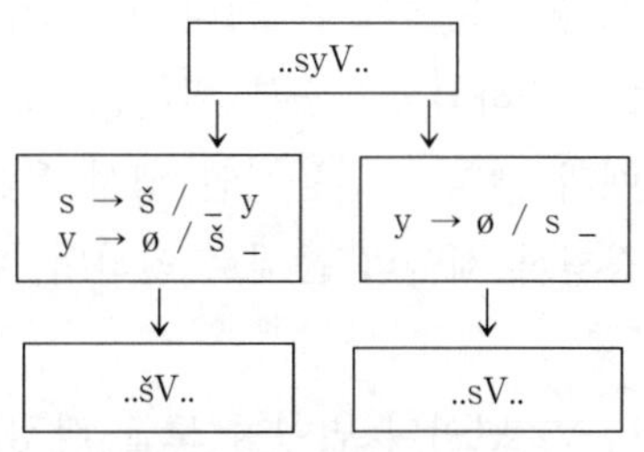

[그림 18] 규칙 지배 변이

(syV) 변이의 경우, 변이형 sV는 syV 연쇄를 가진 기저형에 y → ø / s _ V 라는 y 탈락 규칙이 적용된 것으로 기술할 수 있다. 변이형 šV는 syV 연쇄를 가진 기저형에 s → š / _ y 라는 구개음화 규칙 및 y → ø /

---

90) 엄밀히 말하자면 šV형을 낳은 교체는 '구개음화' 및 '구개음 뒤의 y 탈락'이나, 편의상 이를 '구개음화'로 부르기로 한다.

š _ V 라는 y 탈락 규칙이 적용된 것으로 기술할 수 있다. 단, 이들 규칙은 모두 수의적으로 적용됨으로써 표면에 두 가지 변이형이 출현한다.[91] 그러나 이러한 기술은 규칙 적용의 수의성 문제, 해당 규칙의 존재 이유, 규칙 첨가 문제에 대한 보다 근본적인 설명을 필요로 한다. 뿐만 아니라, 표면의 음운 현상을 규칙으로써 기술하는 차원에서는, 공존하는 두 음운 현상 간의 기능적 단일성, 즉 공모를 포착하지 못한다는 한계가 있다. 전통적인 생성 음운론의 이론틀 내에서는 형식적으로 유사한 규칙들 간의 관계만을 포착할 수 있기 때문이다. 만약 규칙의 형식적 공통점만을 따진다면, 변이형 šV와 sV를 낳은 두 교체 현상이 공존하는 것은 단지 우연에 지나지 않을 것이다. 따라서 이들 변이형의 관계에 대해서도 근본적인 설명을 할 수 없다. 그러나 사실 이 두 현상은 syV라는 연쇄가 표면에 출현하는 것을 막는다는 점, 즉 그 효과에 있어서 단일하다. *syV라는 부정 목표를 위해 기능적으로 공모하고 있는 것이다.

이상의 이유로 인해 본고는 이 지역어의 교체 지배 변이를 기본적으로 '규칙'의 관점에서 기술하되, 그 근본 원리는 '제약'의 관점에서 설명하고자 한다. 단, 이때의 제약은 전통적인 생성 음운론의 '위반 불가능한 제약'이 아니라, 경쟁적 제약의 존재로 인하여 '위반 가능한 제약'이란 차이를 지닌다.

이러한 전제하에 (syV) 변이의 변이형 도출 과정을 도식화하면 아래와 같다.

---

91) 노년층의 발화에서 간혹 [syV]와 같이 구개음화하지 않은 [s]가 실현되는 경우도 있으나 이는 극히 드물다.

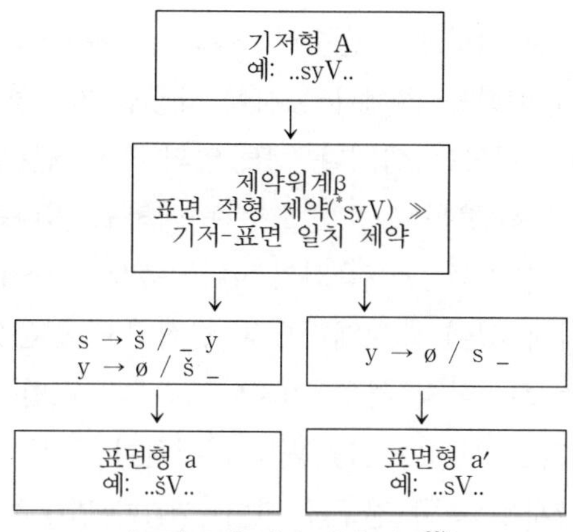

[그림 19] 제약 지배 변이[92]

　표면형 a(šV형)와 표면형 a′(sV형)은 기저형에 각각 교체가 일어난 경우이다. 이때 syV→šV, syV→sV라는 교체가 일어난 이유는 이 지역어의 표면 적형 제약(*syV)이 기저-표면 일치 제약보다 상위의 제약으로 작용한 데 기인한다.[93] 기저형을 표면 적형 제약이 허용하는 음성 형식으로 만드는 손질 책략은 여러 가지일 수 있다. 동일한 목표를 위한 상이한 해결책이 존재하는 것이다. 따라서 공존하는 손질 책략, 즉 경쟁 규칙들은 그들 간의 상호 위계에 따라서 그 적용 여부가 결정된다. 그런데 현재 이 지역어의 변이형 분포를 보면, 노년층의 경우 šV형과 sV형이 거의 대등한 비율로 출현하고 있는 반면, 중년층 및 청년층으로 갈수록 sV형의 비율이 압도적으로 높다. 이는 syV→šV보다는 syV→sV

---

92) 최적성 이론의 관점에 따르면 모든 음운 현상은 제약의 상호 작용으로 설명된다. 따라서 위의 음운 현상도 궁극적으로는 유표성 제약인 AGREE(place)와 *COMPLEX의 상호 작용으로 설명될 수 있을 것이다. 따라서 šV, sV와 같은 표면형의 공존 이유 또한 이들의 출현을 좌우하는 제약들 간의 위계가 고정되지 않았기 때문이라고 해석할 여지가 있다.

93) 여기서 작용하는 표면 적형 제약은 'syV'라는 음운 연쇄의 출현을 금지한다는 점에서 음소 배열 제약으로 하위 구분될 수 있을 것이다.

라는 손질 책략이 더 선호됨을 반영하는 것으로 해석될 수 있다. 그러나 이 같은 변이 및 변화에는 순수한 교체 이외에 /syV/의 /sV/로의 재해석(reinterpretation)이라는 기제가 동시에 작용할 가능성이 있으므로 쉽게 단언할 수 있는 문제는 아니다.[94] 또, 앞의 (tyV) 변이 및 (nyV) 변이와 달리 화자들은 šV형을 /syV/형으로 인식하고 있다는 점도 고려할 필요가 있다. 즉, 음소적 구개음화가 아닌 음성적 구개음화가 일어난 šV형은 화자들에게 있어 非교체형으로 인식되고 있음을 유의해야 한다.[95] 이는 노년층 화자들의 경우, 기저의 /syV/가 표면에서 필수적으로 [šV]형으로 실현되는 시기가 있었음을 의미한다. 중부 이남 방언의 경우, 중세 국어 단계에 /s/의 경구개 변이음 [š]가 발생하였던 것과 마찬가지로, 이 지역어에서도 이미 오래 전에 /i, y/ 앞의 /s/는 단일하게 [š]로 실현되는 변화가 일어났음을 보여 주는 것이다. 따라서 현재 이 지역 노년층 화자들은 표면형 [šV]를 음운론적으로 /syV/로 인식하며, 새로 첨가된 수의적 교체에 의하여 표면형 [sV]를 산출하고 있는 것이다. 따라서 이와 같은 두 표면형의 공존 이유는 특정 제약을 준수하기 위하여 적용되는 상이한 규칙 간의 위계가 고정되지 않았기 때문이라 할 수 있다. 이는 단일한 제약을 준수하기 위한 서로 다른 규칙 간의 경쟁을 반영한다.[96]

---

94) Andersen(1973: 765-772)에서는 음운 연쇄의 애매한(ambiguous) 음향적 속성으로 인하여 제 2세대의 청자가 해당 음운 연쇄를 재해석(reinterpretation)함으로써 특이한 음운 변화가 일어난 다양한 언어의 예를 들고 있다(예. 체코어의 Teták 방언과 Peták 방언, 라틴어, 영어 등). 이 지역 중년층 및 청년층 화자들의 /syV/>/sV/ 변화 또한 /syV/의 불명료한 음성 실현과 그에 대한 음운론적 재해석에 의하여 일어났을 가능성이 크다.

95) 형태소 내부의 경우, 경쟁적 교체의 존재로 인한 변이는 특정 교체의 적용 여부로 인한 변이가 존재할 때에만 관찰될 수 있다. 그러나 (syV) 변이의 경우, 아무런 교체도 적용되지 않은 표면형, 즉 syV형([syV])이 표면에 존재하지 않는다는 점에서 이는 수의성 C_2에 의한 변이라 하기 어렵다. 오히려 수의성 C_1에 의한 변이에 가깝다.

96) 기존의 특정 제약을 준수하기 위하여 새로운 교체가 첨가된 이러한 경우 또한 근

  공시적 음운 과정, 즉 음운 교체에 의한 변이는 교체의 수의성에 기인함을 보았다. 그렇다면 수의적 교체가 촉발된 요인은 무엇인가? 그것은 기존의 문법에 새로운 교체가 첨가되었기 때문이다. 새로 첨가된 교체 현상이 수의적 적용 단계를 거쳐 점차 필수화하는 과정에서 변이가 출현한다. 이는 공시적 변이의 요인인 동시에 통시적 변화의 요인이기도 하다.

  (syV) 변이 및 변화의 경우, 기존의 제약 위계가 새로운 위계로 변화하는 과정에서 공시적 변이(예. 쇼에~소에(松魚))가 출현하고, 그 위계가 확정되면서 변화가 완료된다(예. 쇼에 > 소에). 이러한 교체의 출현은 표면적으로 s 뒤 y 탈락 규칙의 첨기에 의하여 기술될 수 있다. 그러니 규칙 첨가의 근본 원인은 제약 위계 변동의 관점에서 비로소 설명된다.

본적으로는 제약 위계의 변화로 환원될 수 있을 것이다. 즉, *syV를 준수하기 위하여 syV→sV라는 교체가 첨가된 필연적 이유 또한 어떠한 하위 제약의 등급 상승에 있을 가능성이 있다.

168 음운론적 변이와 변화의 상관성

3.1.5. (ʦyV) 변이

3.1.5.1. (ʦyV) 변이의 양상

이 지역 노년층 화자들의 발화에서 'ʦyV'라는 음운 연쇄를 포함한 형태소들은 다음과 같이 실현된다.

방언형	의미	F₁ 79세	M₂ 73세	M₃ 72세	M₄ 71세	F₂ 69세	M₅ 69세	F₃ 62세	M₆ 60세
죠애	紙	ʧoɛra ʧoira ʧoɦi	ʧoɛrɨ	ʧoi, ʧoɛ	ʧoɛ, ʧoi ʧoʷɛ ʧoɦɛ tsoi tsoɲi	ʧoɛ tsoɲi	ʧoɛ	ʧoɛʧ'ãi ʧoɲi, ʧoɛ ʧoiʧ'ãi	ʧoɛ, ʧoi ʧoɲi tsoɲi
죠개	蛤	ʧogɛ ʧogɛʥip	ʧogɛ	ʧogɛ	ʧogɛ	ʧogɛ ʧogɛmudi	ʧ'ogɛ	ʧogɛ ts(~ʧ)ogɛ tsolgɛ	ʧ(~ts)ogɛ tsogɛ tsolgɛ
쟈랑	誇	ʧaráː(áa)	ʧaráa	ʧaráɲɦan da	ʧaráɲ ʧáraɲ tsaráɲ	ts(~ʧ)ará (ã)a ʧaráɦera ʧaráɦak' uma ʧaráɲɦan da	ʧará	ts(~ʧ)ará ʧará	ts(~ʧ)ará
쵸	燭	ʧʰó ʧʰorɨ ʧʰop'úri	ʧʰó	ʧʰó	ʧʰó ʧʰopp'úl tsʰop'ulbó da	ʧʰorɨ ʧʰopp'úl	ʧʰó	ʧʰó, tsʰorɨl tsʰop'úldu	ʧʰ(~tsʰ)orɨ ʧʰo
쥭	粥	ʧ(~ts)úgu ʧúgun	ʧ(~ts)úgu nips'alʥ úgu	ʧúgɨ	ʧúgu ʧúk tsúgu	ʧúgʉ, ʧúgi totʰuʥúgi	ʧúgu	ʧúgʉ ʧ(~ts)úgʉ tsúgu	ts(~ʧ)úk ʧúk s'alʥúgu tsúgu
쟝	醬	ʧáa ʧãina	ʧãi cf. koʧʰiʥãe t'inʥãe	ʧãeda	ʧáɲ, ʧãa cf. kanʥá	ʧãi, ʧãa cf. kanʥãi koʧʰiʥãi ʧaɲmurí gu ʧaɲt'uɲgí	ʧáa	ʧãirago tsãiraɲ ʧ(~ts)aɲ múl	ʧáa ʧãa cf. koʧʰiʥáɲ
쟐기	袋	ʧalgí ʧalgɨ	ʧalgírago peʥalgɨ	ts(~ʧ)algí	ʧalgí ʧalgɨ ʧaributʰó	ʧalgí	ʧalgí	ʧ(~ts)algí	tsalgí
쟉-	少, 小	ʧákt'a ʧagin	ʧákt'əndi	ʧák'u	ʧákt'a ʧákt'i	ʧákt'a	ʧákt'a	ʧákt'a tsagɨn	ts(~ʧ)ákt'a ʧákt'i
-쟈	청유	nóʥa niʥá	ts(~ʧ)aʥá məkʧ'á	tsaʥá	tsaʥá	teɲgíʥa ʧaʥá	ʧaʥá	tsaʥ(~dʑ)á tsaʥ(~dʑ)á tʰáʥa	tsaʥa tsaʥ(~dʑ)á

[표 28] 변항 (ʦyV)의 화자별 음성 실현 양상[97]

변항 (ʦyV)에 대한 화자들의 음성 실현형을 변이형으로 분류하여 도식화하면 아래와 같다.

제보자 항목	F₁ 79세	M₂ 73세	M₃ 72세	M₄ 71세	F₂ 69세	M₅ 69세	F₃ 62세	M₆ 60세
죠애	ʧV	ʧV	ʧV	ʧV, ʦV	ʧV, ʦV	ʧV	ʧV	ʧV, ʦV
죠개	ʧV	ʧV	ʧV	ʧV	ʧV	ʧV	ʧV, ʦV	ʧV, ʦV
쟈랑	ʧV	ʧV	ʧV	ʧV, ʦV	ʦV, ʧV	ʧV	ʦV, ʧV	ʦV
쵸	ʧV	ʧV	ʧV	ʧV, ʦV	ʧV	ʧV	ʧV, ʦV	ʧV
쥭	ʧV	ʧV	ʧV	ʧV, ʦV	ʧV	ʧV	ʧV, ʦV	ʦV, ʧV
쟝	ʧV	ʧV	ʧV	ʧV	ʧV	ʧV	ʧV, ʦV	ʧV
쟐기	ʧV	ʧV	ʦV	ʧV	ʧV	ʧV	ʧV	ʦV
쟉-	ʧV	ʧV	ʧV	ʧV	ʧV	ʧV	ʧV, ʦV	ʦV, ʧV
-쟈	ʧV	ʧV	ʧV	ʧV	ʧV	ʧV	ʧV	ʧV

[표 29] 변항 (ʦyV)의 화자별 변이형 실현 양상

형태소 내부의 'ʦyV' 연쇄는 'ʧV'나 'ʦV'로 실현되고 있다. ʧV형의 실현 비율이 ʦV형에 비하여 높게 나타난다. 노년층 화자들 중에서도 연령이 낮은 화자일수록 ʦV형의 출현 비율이 높다. 한 형태소에 대하여 ʧV형과 ʦV형이 공존하는 현상도 관찰된다. 그러나 ʦV형으로 기저형의 재구조화가 일어난 예는 거의 없다.

한편, 'ʦyV' 연쇄에서 V가 ə일 때의 실현 양상을 보이면 아래와 같다.

제보자 항목		F₁ 79세	M₂ 73세	M₃ 72세	M₄ 71세	F₂ 69세	M₅ 69세	F₃ 62세	M₆ 60세
방언형	의미								
졎	乳	ʧə́ʤi	ʧə́dzɨ	ʧ(~ʦ)ə́dzɨ	ʧə́dzi ʧə́t	ʧə́ʤi ʦə́ʤi cf. ʧə́tʰɔ́y	ʧə́ʤi	ʧə́ʤi	ʦə́dzi ʧə́ʤi
져낙	夕	ʧənák poriʤəna kt'ɛ́	ʧənák ʧənági	ʧənák ʧənáge ʧənʸák	ʧəňák ʦəňák ʧinák ʧənʸák ʧənák	ʧənák ʧənagí ʧənáge ʧ(~ʦ)əna gí	ʧənáge	ʦəňák ʧəňəgédo ʦənagé	ʧəňák ʧəňə̀gí ʦəňák ʦənák ʧənàgé

---

97) 제보자 M₁(85세)의 음성형은 다음과 같다. ʧaráŋ, ʦaráŋ(쟈랑)

						tsənági tsəňakt'ɛ			tʃəňəkp'á bi
젊-	幼	tʃámt'a tʃəlmə́sə tʃəmmə́sə cf. tʃəmdɛ́ɛn tʰa tʃə(l)múñi	tʃəmmɨ́n tʃəmə́sə	tʃ(~ts)əlmɨ́ñi cf. kʰindʑəlmɨ́ñi	tʃámt'a tʃəlmə́sə tsámt'a cf. tʃəlmɨ́ni tsəlmɨ́ni	tsámt'a tʃəlmún tsəmmə́sə cf. tʃámdʑen tʰa tʃámdɛ·n tʰa	tʃəlməsə́n cf. tsámdʑen tʰɨra tsámdenin tʃəlmɨ́ñi tsəmmún dɨl	tsámt'a tsəmmún ts(~tʃ)ə́m t'a	tsámt'a tʃ(~ts)ə́m t'a ts(~tʃ)əlmə́sə
천	千	tʃʰə́ñi tʃʰəndzá	tʃʰəñí	—	tʃʰə́ñi tsʰəllí	tʃʰə́n	tʃʰə́ñí tʃʰəndzá	tʃʰəñí	tsʰəñíŋga
처	妻	tʃʰə́	tʃʰə́, tsʰə́ tʃʰədá	—	tʃʰərágu	tʃʰə́ cf. hútsʰə	tʃʰə́	tʃʰə́	tsʰərágudu
저물-	昏	tʃəmúrət'a	tʃəmúda	—	tʃəmúrədi nda	tsəmɨ́lda	tʃəmúda tʃəmúrə t'a	tʃəmúrədin da	tsəmúlda

[표 30] 변항 (tsyə)의 화자별 음성 실현 양상

이를 변이형으로 분류하여 도식화하면 아래와 같다.

제보자 항목	F₁ 79세	M₂ 73세	M₃ 72세	M₄ 71세	F₂ 69세	M₅ 69세	F₃ 62세	M₆ 60세
젖	tʃə	tʃə	tʃə	tʃə	tʃə, tsə	tʃə	tʃə	tsə, tʃə
져낙	tʃə	tʃə	tʃə	tʃə, tsə, tʃi	tʃə, tsə	tʃə	tsə, tʃə	tʃə, tsə
젊-	tʃə	tʃə	tʃə	tʃə, tsə	tsə, tʃə	tʃə	tsə	tsə, tʃə
천	tʃə	tʃə	—	tʃə, tsə	tʃə	tʃə	tʃə	tsə
처	tʃə	tʃə, tsə	—	tʃə	tʃə	tʃə	tʃə	tsə
저물-	tʃə	tʃə	—	tʃə	tsə	tʃə	tʃə	tsə

[표 31] 변항 (tsyə)의 화자별 변이형 실현 양상

형태소 내부의 'tsyə' 연쇄는 'tʃə'나 'tsə'로 실현되고 있다. 'tyə', 'nyə', 'syə' 연쇄의 경우와는 달리, 'tʃe'나 'tse'는 관찰되지 않는다.

위의 자료에서 드러나듯이 이 지역어에서는 화자마다, 또 어휘마다 형태소 내부의 'tsyV' 연쇄가 상이한 실현을 보인다. 이러한 가변적 성분 'tsyV'를 하나의 음운론적 변항으로 간주하고, 이를 변항 (tsyV)라 부르기로 하자.

변항 (tsyV)에 대한 변이형은 크게 두 가지이다. tʃV형, tsV형이 그것이다. 한 언어 공동체 내에 동일한 음운 연쇄를 포함한 전체 형태소들

의 발음이 둘 이상 공존하므로 이는 음운론적 변이라 할 수 있다. 이 같은 변항 (ʦyV)의 변이는 전체 언어 공동체 차원에서뿐 아니라 한 화자의 발화 내에서도 관찰된다. 또, 전체 형태소 차원에서뿐 아니라 한 형태소 내에서도 관찰된다. F₂(69세)의 발화에서 '저낙(夕)'에 대한 [ʧənagí](저낙-이)와 [ʦənági](저낙-으)가 공존하는 것이 좋은 예이다. 따라서 이 지역어의 (ʦyV) 변이는 화자 간 변이인 동시에 화자 내 변이이며, 형태소 간 변이인 동시에 형태소 내 변이이다.

3.1.5.2. 변이의 기제와 요인

앞에서 이 지역 노년층 화자들의 (ʦyV) 변이의 실제를 살펴보았다. 그렇다면 이 같은 변이는 어떠한 기제에 의하여 출현하는가? 이것은 수의적 음운 교체에 의한 변이인가, 기저형의 수의적 선택에 의한 변이인가?

이를 판단하기 위해서는 우선, 공존하는 변이형들 간의 관계가 음운 과정으로써 설명될 수 있는지 여부를 가려야 한다. 즉, 자연성과 일반성 조건을 충족시키는지 검토해야 한다.

첫째, 변이형 ʦV는 기저 연쇄 /ʦyV/에 ʦyV→ʦV라는 활음 탈락이 일어난 것으로 설명 가능하다. CGV와 같은 음절 구조에서 G(활음)가 탈락되는 현상은 한국어에서는 물론 언어 보편적으로도 관찰되는 현상이다. 특히, ʦ와 같은 치조음과의 연쇄에서 활음 y가 제약되는 경향은 동일 자질의 연접을 회피하려는 음성적 동인에 의하여 설명될 수 있다. 한편, 변이형 ʧV는 동일한 기저 연쇄 /ʦyV/에 ʦyV→ʧV라는 구개음화가 일어난 것으로 설명될 수 있다. 따라서 변이형 ʦV와 ʧV는 동일한 기저형으로부터 자연스러운 음운 과정에 의하여 도출 가능하다.[98]

---

98) 앞의 (syV) 변이의 경우와 마찬가지로, /ʦyV/에 대한 [ʦyV]형은 거의 관찰되지 않는다. 그러나 이 지역 화자들이 [ʧV]를 모두 /ʦyV/로 인식하고 있다는 점을 고려하여 기저형을 /ʦyV/로 설정한다.

둘째, ʦyV→ʦV, ʦyV→ʧV 과정은 일부 형태소에 국한되지 않고 'ʦyV' 연쇄를 포함한 대부분의 형태소에서 관찰된다. 또, 일부 화자에게만 국한되지 않고 이 지역 화자들의 발화에서 폭넓게 관찰된다. 실제로 이러한 음운 현상은 개별 어휘나 개별 화자에 따른 특수한 현상이 아니라 이 지역어에서 관찰되는 매우 일반적인 현상이다. 따라서 이들 과정은 일반성을 갖추었다고 할 수 있다.[99]

요컨대, 변이형 ʦV와 ʧV의 도출은 자연성과 일반성을 모두 갖춘 ʦyV→ʦV, ʦyV→ʧV라는 음운 과정으로써 각각 설명될 수 있다.

다음으로, (ʦyV) 변이가 수의적 교체에 의한 것인지 기저형의 선택에 의한 것인지를 판단하기 위해서는 ʦyV→ʦV, ʦyV→ʧV라는 음운 과정의 공시성 여부를 가려야 한다. 해당 음운 과정으로 인한 교체형이 확인되는 경우, 그 음운 과정은 공시적 현상으로 간주된다.

이러한 관점에서 볼 때, 이 지역어의 ʦyV→ʦV, ʦyV→ʧV 현상은 공시적 음운 과정, 즉 음운 교체라고 할 수 있다. ʦyV→ʦV, ʦyV→ʧV라는 교체가 일어난 형태(변이형 ʦV와 ʧV)가 공존하고 있기 때문이다.

따라서 이 지역어의 (ʦyV) 변이는 도출 과정에서의 수의적 음운 교체에 의한 것으로 해석된다.

그런데 이 같은 변이형의 공존이 인접 방언이나 표준어의 차용에 의한 것일 가능성 또한 검토할 필요가 있다. 사실상, 언어 변이와 변화는 언어 내적 요인과 언어 외적 요인의 복합적 작용에 의하여 이루어지는 것이 대부분이기 때문이다.

변이형 ʦV에 대해서는 두 가지 해석 가능성이 공존한다. 하나는 언어 내적 요인에 의한 변이형일 가능성이고, 다른 하나는 차용과 같은 언어 외적 요인에 의한 변이형일 가능성이다. 본고는 이 두 가지 가능성을 모두 인정한다. 외견상 동일한 변이형일지라도 그것의 출현 경로

---

99) 중부 이남 방언의 경우, ʦyV 연쇄의 y 탈락 현상은 이미 근대 국어 시기에 발생하여, 현재는 모두 ʧV형으로 기저형이 재구조화된 상태이다.

는 다를 수 있다고 보기 때문이다. 단, 이를 전적으로 언어 외적 요인에 의한 것으로 볼 수 없는 이유는, 이 지역어에서 tsV형으로 나타나는 형태소 중에는 표준어에 해당 형태소가 있되 그 형태가 동일하지 않은 것들(예. *조애, *잘기, *저낙)이 포함되어 있기 때문이다.[100] 이러한 형태소에 대하여 나타나는 tsV형은 차용일 가능성이 없다. 아래와 같은 예들이 그러하다.

제보자 항목	F₁ 79세	M₂ 73세	M₃ 72세	M₄ 71세	F₂ 69세	M₅ 69세	F₃ 62세	M₆ 60세
죠애	tʃV	tʃV	tʃV	tʃV, tsV	tʃV, tsV	tʃV	tʃV	tʃV, tsV
잘기	tʃV	tʃV	tsV	tʃV	tʃV	tʃV	tʃV	tsV
져낙	tʃV	tʃV	tʃV	tʃV, tsV	tʃV, tsV	tʃV	tsV, tʃV	tʃV, tsV

[표 32] 차용 가능성이 없는 형태소의 변이형 실현 양상

단지 표준어 차용에 의해서만 y 탈락형이 실현되는 것이라면, 동일하게 대응 표준어가 존재하는 상황에서도 왜 어휘에 따라 y 탈락 여부가 다른지를 합리적으로 설명해야 할 것이다. 물론 표준어형이 모두 y 탈락형이고, 이를 화자들도 어느 정도 인식하고 있는 것은 사실이다. 그러나 동일한 발화 스타일 안에서도 y 탈락형과 y 유지형이 번갈아 출현하는 현상은 언어 사용의 사회적 맥락을 고려하더라도 규칙화되기 어렵다. 표준어형을 모르거나 그에 대한 인식이 드러나지 않는 경우에도 이와 같은 변이가 관찰되기 때문이다.

요컨대, 이 지역어의 (tsyV) 변이는 도출 과정에서의 수의적 교체에 의한 것이라 할 수 있다. 이제 그러한 수의적 교체의 기제와 요인에 대하여 보다 구체적으로 살펴보기로 하자.

공시적인 (tsyV) 변이는 아래와 같은 수의적 교체에 의하여 일어난다.

---

100) 이들의 표준어형은 '종이, 자루, 저녁'이다.

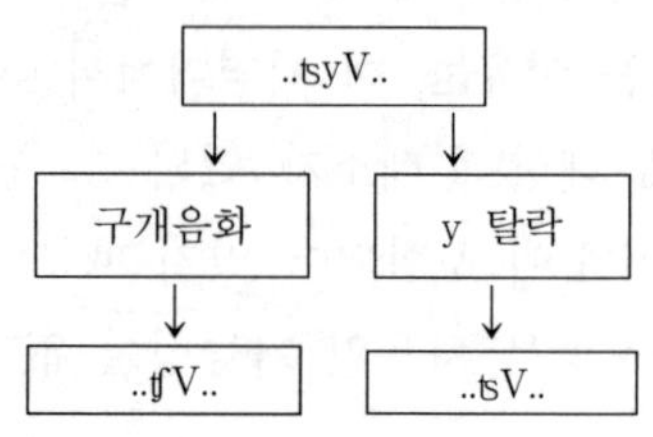

[그림 20] 교체 지배 변이[101]

이 같은 수의적 교체를 규칙으로써 나타내면 다음과 같다.

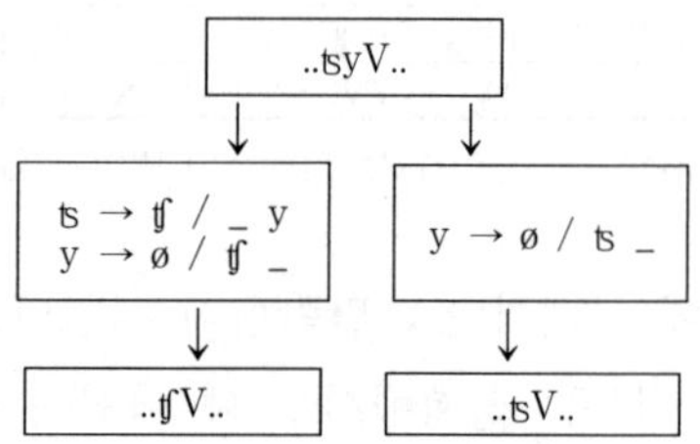

[그림 21] 규칙 지배 변이

(ʦyV) 변이의 경우, 변이형 ʦV는 ʦyV 연쇄를 가진 기저형에 y → ø / ʦ _ V 라는 y 탈락 규칙이 적용된 것으로 기술할 수 있다. 변이형 ʧV 는 ʦyV 연쇄를 가진 기저형에 ʦ → ʧ / _ y 라는 구개음화 규칙 및 y → ø / ʧ _ V 라는 y 탈락 규칙이 적용된 것으로 기술할 수 있다. 단, 이들 규칙은 모두 수의적으로 적용됨으로써 표면에 두 가지 변이형이 출현한다. 그러나 이러한 기술은 규칙 적용의 수의성 문제, 해당 규칙의 존재 이유, 규칙 첨가 문제에 대한 보다 근본적인 설명을 필요로 한다. 뿐만 아니라, 표면의 음운 현상을 규칙으로써 기술하는 차원에서는, 공존하는 두 음운 현상 간의 기능적 단일성, 즉 공모를 포착하지 못한다

---

101) 엄밀히 말하자면 ʧV형을 낳은 교체는 '구개음화' 및 '구개음 뒤의 y 탈락'이나, 편의상 이를 '구개음화'로 부르기로 한다.

는 한계가 있다. 전통적인 생성 음운론의 이론틀 내에서는 형식적으로 유사한 규칙들 간의 관계만을 포착할 수 있기 때문이다. 만약 규칙의 형식적 공통점만을 따진다면, 변이형 ʃV와 ʦV를 낳은 두 교체 현상이 공존하는 것은 단지 우연에 지나지 않을 것이다. 따라서 이들 변이형의 관계에 대해서도 근본적인 설명을 할 수 없다. 그러나 사실 이 두 현상은 ʦyV라는 연쇄가 표면에 출현하는 것을 막는다는 점, 즉 그 효과에 있어서 단일하다. *ʦyV라는 부정 목표를 위해 기능적으로 공모하고 있는 것이다.

이상의 이유로 인해 본고는 이 지역어의 교체 지배 변이를 기본적으로 '규칙'의 관점에서 기술하되, 그 근본 원리는 '제약'의 관점에서 설명하고자 한다. 단, 이때의 제약은 전통적인 생성 음운론의 '위반 불가능한 제약'이 아니라, 경쟁적 제약의 존재로 인하여 '위반 가능한 제약'이란 차이를 지닌다.

이러한 전제하에 (ʦyV) 변이의 변이형 도출 과정을 도식화하면 아래와 같다.

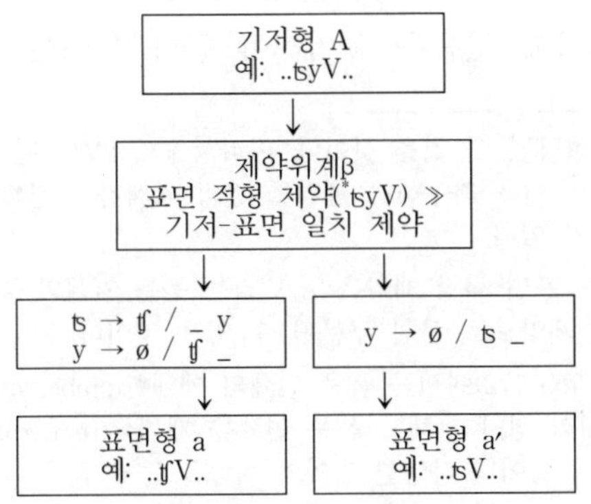

[그림 22] 제약 지배 변이[102]

---

102) 최적성 이론의 관점에 따르면 모든 음운 현상은 제약의 상호 작용으로 설명된다. 따라서 위의 음운 현상도 궁극적으로는 유표성 제약인 AGREE(place)와 *COMPLEX의

표면형 a(ʃV형)와 표면형 a′(ʦV형)은 기저형에 각각 교체가 일어난 경우이다. 이때 ʦyV→ʃV, ʦyV→ʦV라는 교체가 일어난 이유는 이 지역어의 표면 적형 제약(*ʦyV)이 기저-표면 일치 제약보다 상위의 제약으로 작용한 데 기인한다.[103] 기저형을 표면 적형 제약이 허용하는 음성 형식으로 만드는 손질 책략은 여러 가지일 수 있다. 동일한 목표를 위한 상이한 해결책이 존재하는 것이다. 따라서 공존하는 손질 책략, 즉 경쟁 규칙들은 그들 간의 상호 위계에 따라서 그 적용 여부가 결정된다. 그런데 현재 이 지역어의 변이형 분포를 보면, 노년층의 경우 ʃV형의 실현 비율이 ʦV형보다 높은 반면, 중년층 및 청년층으로 갈수록 ʦV형의 비율이 압도적으로 높다. 이는 ʦyV→ʃV보다는 ʦyV→ʦV라는 손질 책략이 더 선호됨을 반영하는 것으로 해석될 수 있다. 그러나 이 같은 변이 및 변화에는 순수한 교체 이외에 /ʦyV/의 /ʦV/로의 재해석이라는 기제가 동시에 작용할 가능성이 있으므로 쉽게 단언할 수 있는 문제는 아니다.[104] 또, 앞의 (tyV) 변이 및 (nyV) 변이와 달리 화자들은 ʃV형을 /ʦyV/형으로 인식하고 있다는 점도 고려할 필요가 있다. 즉, 음소적 구개음화가 아닌 음성적 구개음화가 일어난 ʃV형은 화자들에게 있어 非교체형으로 인식되고 있음을 유의해야 한다.[105] 이는 노년층 화자들의

상호 작용으로 설명될 수 있을 것이다. 따라서 ʃV, ʦV와 같은 표면형의 공존 이유 또한 이들의 출현을 좌우하는 제약들 간의 위계가 고정되지 않았기 때문이라고 해석할 여지가 있다.

103) 여기서 작용하는 표면 적형 제약은 'ʦyV'라는 음운 연쇄의 출현을 금지한다는 점에서 음소 배열 제약으로 하위 구분될 수 있을 것이다.

104) Andersen(1973: 765-772)에서는 음운 연쇄의 애매한(ambiguous) 음향적 속성으로 인하여 제 2세대의 청자가 해당 음운 연쇄를 재해석(reinterpretation)함으로써 특이한 음운 변화가 일어난 다양한 언어의 예들을 들고 있다(예. 체코어의 Teták 방언과 Peták 방언, 라틴어, 영어 등). 이 지역 중년층 및 청년층 화자들의 /ʦyV/>/ʦV/ 변화 또한 /ʦyV/의 불명료한 음성 실현과 그에 대한 음운론적 재해석에 의하여 일어났을 가능성이 크다.

105) 형태소 내부의 경우, 경쟁적 교체의 존재로 인한 변이는 특정 교체의 적용 여부로 인한 변이가 존재할 때에만 관찰될 수 있다. 그러나 (ʦyV) 변이의 경우, 아무

경우, 기저의 /tsyV/가 표면에서 필수적으로 [ʃV]형으로 실현되는 시기가 있었음을 의미한다. 중부 이남 방언의 경우, 중세 국어 단계에 /ts/의 경구개 변이음 [ʃ]가 발생하였던 것과 마찬가지로, 이 지역어에서도 이미 오래 전에 /i, y/ 앞의 /ts/는 단일하게 [ʃ]로 실현되는 변화가 일어났음을 보여 주는 것이다. 따라서 현재 이 지역 노년층 화자들은 표면형 [ʃV]를 음운론적으로 /tsyV/로 인식하며, 새로 첨가된 수의적 교체에 의하여 표면형 [tsV]를 산출하고 있는 것이다. 따라서 이와 같은 두 표면형의 공존 이유는 특정 제약을 준수하기 위하여 적용되는 상이한 규칙 간의 위계가 고정되지 않았기 때문이라 할 수 있다. 이는 단일한 제약을 준수하기 위한 서로 다른 규칙 간의 경쟁을 반영한다.[106]

공시적 음운 과정, 즉 음운 교체에 의한 변이는 교체의 수의성에 기인함을 보았다. 그렇다면 수의적 교체가 촉발된 요인은 무엇인가? 그것은 기존의 문법에 새로운 교체가 첨가되었기 때문이다. 새로 첨가된 교체 현상이 수의적 적용 단계를 거쳐 점차 필수화하는 과정에서 변이가 출현한다. 이는 공시적 변이의 요인인 동시에 통시적 변화의 요인이기도 하다.

(tsyV) 변이 및 변화의 경우, 기존의 제약 위계가 새로운 위계로 변화하는 과정에서 공시적 변이(예. 죠애~조애(紙))가 출현하고, 그 위계가 확정되면서 변화가 완료된다(예. 죠애 > 조애). 이러한 교체의 출현은 표면적으로 ts 뒤 y 탈락 규칙의 첨가에 의하여 기술될 수 있다. 그러나 규칙 첨가의 근본 원인은 제약 위계 변동의 관점에서 비로소 설명된다.

런 교체도 적용되지 않은 표면형, 즉 tsyV형([tsyV])이 표면에 존재하지 않는다는 점에서 이는 수의성 C_2에 의한 변이라 하기 어렵다. 오히려 수의성 C_1에 의한 변이에 가깝다.

106) 기존의 특정 제약을 준수하기 위하여 새로운 교체가 첨가된 이러한 경우 또한 근본적으로는 제약 위계의 변화로 환원될 수 있을 것이다. 즉, *tsyV를 준수하기 위하여 tsyV→tsV라는 교체가 첨가된 필연적 이유 또한 어떠한 하위 제약의 등급 상승에 있을 가능성이 있다.

3.1.6. (yə) 변이와 (ya) 변이

3.1.6.1. (yə) 변이의 양상

이 지역 노년층 화자들의 발화를 중심으로 'yə'라는 음운 연쇄를 포함한 형태소들의 실현 양상을 보기로 한다. 단, 'yə'가 놓이는 음운론적 환경에 따라 이를 다섯 가지 부류로 나누어 살펴본다. 외견상 동일하게 ye나 e로 실현되는 경우라 할지라도 그 음운론적 환경에 따라 해석이 달라질 수 있기 때문이다. 100년 전의 카잔 자료에 근거하여 볼 때, 과거 이 지역어에서는 움라우트 및 첨사 i의 결합으로 인한 모음의 변화가 활발하였다.[107] 또, 당시 움라우트의 개재 자음 조건을 위반하는 경우에도 유독 피동화 모음이 y계 상향 이중모음(yə, ya, yo, yu)인 경우에는 움라우트에 준하는 모음 전설화가 일어났다(郭忠求 1994b: 129-132).[108] 따라서 yə→ye→e 및 yə>ye>e의 관점에서 (yə)의 통시적 변화 양상을 살피기 위해서는 이 같은 변수들을 모두 고려한 상태에서 자료 검증이 이루어져야 할 것이다.

아래의 [표 33]은 움라우트나 첨사 i의 결합 가능성이 없는 경우의 (yə) 실현 양상을 나타낸 것으로, 'yə'를 포함한 음절 두음이 연구개음, 순음, 후음인 예들이다.[109] 이때의 ye형이나 e형은 순수하게 yə→ye→e의 결과로 간주될 수 있다.

---

107) 현재 이 지역어에서 움라우트는 공시적인 음운 교체가 아니다. 일종의 규칙 소실 (rule loss)이 일어난 셈이다.

108) 郭忠求(1994b: 128-129)에 따르면, 당시 이 방언에서는 /n, r, s, s', ts, tsʰ, ts', t, tʰ, t', tʃ, tʃʰ, tʃ'/를 제외한 자음, 즉 [-coronal] 자질을 지닌 자음이 개재할 경우에만 움라우트가 가능하였으며, 또 피동화주가 /a, ə/일 때에만 움라우트가 실현되었다.

109) [표 33] 안의 굵은 가로선은 음절 두음(kʰ/k/pʰ/p/m/h)의 구분선이다. F_2(69세)의 mendorɨ (면도-를), mendodʑiri (면도질-을), médwən (몇 원), tʃoŋgéɲɦanin (존경하는) 등이 추가적인 예이다.

방언형	의미	F₁	M₄	F₂	M₅	F₃	M₆
		79세	71세	69세	69세	62세	60세
(불을) 켜-	點火	kʰédi kʰyəgú kʰegúsə cf.s'ʸəra (~š'ə́ra) š'ədó š'ədá	kʰyə́ra kʰyə́du kʰédu kʰegú kʰyəgú kʰyə́sə kʰyəndá cf. š'ə́ra š'ə́ra s'(s'~š')yə́ra s'yə́ra hyə́ra š'əndá	kʰyəgú kʰyə́ra kʰyə́o cf. š'əgú š'ə́ra	kʰyə́ra kʰyədí kʰyədʑí kʰyə́s'o kʰyə́nin	kʰyə́ra kʰyəgó kʰyəndá	kʰyə́ra kʰyəgú kʰyədí kʰyə́t'i
(톱으 로)켜-	鉅	š'ə́ra, kʰə́ra kʰədó	kʰyə́ra, kʰyəndá s'yəndá	kʰyə́ra kʰyəndá	kʰyə́sə	kʰyəndá	kʰyə́ra
(기지 개)켜-	伸	kʰendá kʰéra cf. s'indá	kʰyəndá kʰyəgú kʰyə́ra	kʰyə́ra kʰyəgú kʰéra	cf. s'ɨdi s'indá s'ə́ra	kʰyərá kʰyəmú cf. s'indá s'ərá	cf. nɨlgunda
(물이) 켜우-	渴	kʰʸeúnda kʰewə́sə	kʰeúnda kʰewə́sə	—	kʰyəwə́ kʰyəúnda	kʰeúnda kʰewə́sə	kʰyəúnda kʰyeúnda kʰyewə́sə
겨누-	照準	kyənúnda kyənə́ra cf. kyəndʑúnda kyəndʑə́bara kyəndʑʷə́sə	kyənúnda kyənʷə́ra	kyənɨ́di kyənɨ́nda kyənɨ́gu kyənə́t'a kyənúnda kyənúəra kyənə́ra kyənúmu kyənugú	kyənɨ́nda kyənə́ra ʧ'ənɨ́na ʧ'ənɨ́di ʧ'ənə́ra	kyənúgo kyənə́ra kyəndzə́ra	kyənúnda kyənúgu kyənʷə́ra kyənə́ra
겨르/ 결-	編	kyərə́sə kyə́llɨnda kyə́lk'u kyə́lt'i kyə́lt'anaňi kyərə́ra	kyə́llɨnda kyə́k'u kyə́t'i kyə́nnɨnda kyərɨ́ps'o kyə́s'ɨps'o kyərə́ra kyərə́t'a kyə́s'ɨt'əgu ma kyəlgét'a(被) kyək'ét'a(被)	kyə́nnɨnda kyə́llɨnda kyə́kk'u kyə́k'u kyə́t'i kyərə́s'o kyərə́s'ɨt'əgu ma	ʧ'ərə́naʧ'i ʧ'ə́s'o	ʧ'ə́nnɨnda ʧ'ə́ə́, ʧ'ə́t'a kyə́nnɨnda kyək'es'o kyərə́ya kyəkt'í kyəŋnɨndá	ʧ'ə́nnɨnda ʧ'ərə́ra ʧ'ə́k'u ʧ'ə́t'i ʧ'ə́ːn ʧ'ə́nna kyərə́ra
곁	傍	kʸetʰɨ́di nɛgyətʰɨ́ro	kyətʰé kyetʰé kyətʰɨ́ro	kyətʰé kyə(e)tʰéda kyətʰéda kyətʰésə kyətʰɨ́ kyətʰɨ́ kyətʰɨro	kyətʰe ʧ'ətʰésə ʧ'ətʰɨ́l	kyətʰɨ́ro ketʰe kʸetʰé kʸetʰésə kʸə(~e)tʰɨ́da kyətʰɨ́	kyətʰɨ́da kyətʰɨ́ro kyətʰé
겨드	腋	kyədɛ́gi	kyədɨrʥe	kyədɨrãi	kyədɨrãi	kedɨraí	cf.ʧ'ɛgém

랑이		cf.ʧagɛ́ːmi	(~ɛ)	cf.ʧɛgɛ́mi	cf.ʧɛgɛ́ɛmi	kyədɪráŋ cf.ʧɛgɛ́mi	ʦɛgɛ́ɛmi
겨울	冬	kyəɨriragodo	kyəúl, kyəúl kyəɨredo kyəɨrira	kyəɨri kyəɨl kyəɨre	kyəúrira kyəúri	kyául	kyəúl
겨릅	麻骨	kyərɨpt'égi	kyərɨpʰun kyərɨpt'égi kyərɨpʰiga kerɨpt'ɛ	kyərɨpt'ɛ́k kyərɨpt'égimun kyərɨpʰi	ʧərɨpʰira ʧərɨpt'ɛ ʧərɨpt'égira ʧiript'ɛgé	kyərɨpt'égi	ʧərɨpt'égi ʧərɨpʰi
펴-	伸	pʰédi pʰegú pʰéra pʰét'a pʰédet'a	pʰéra pʰegú pʰemú pʰéde pʰyədá pʰyəndá pʰyədə́ňi pʰyədə́ra pʰyədí pʰedə́ra pʰedí, pʰé pʰyə́ pʰenɨ́n pʰyə́ra pʰedaɣá pʰédet'a	pʰyədá pʰyəgú pʰyára	pʰegú pʰyə́ pʰyə́o pʰédiman	pʰyə́nda pʰyəgúsə pʰégu pʰegú pʰyə́	pʰegú pʰyəgú pʰéo pʰés'o pʰyé pʰé pʰyəndá
녀편 네(- 편)	女便	nepʰennéra	nepʰennéra nepʰénne	yepʰenné yəpʰə́nne nʸepʰenné nyepʰenné nepʰenné nyəpʰyənné	yepʰenné	nepʰenné	yepʰenné
남편	男便	nampʰyə́ňira	nampʰyə́nbo dasa nampʰyə́ňi	nampʰə́nɨl	nampʰyə́ňira godo	nampʰéňiragu	nampʰyə́n nampʰyə́ňida
편하-	便	pʰyəná:n pʰenanagú	pʰenanáo	pʰyənadá pʰəna:ní	pʰyənanadá	pʰenanadá	pʰenaňí
병	瓶	pyəŋsarí pyəíragodo	pʰyəŋdzɛ́ pʰeŋšɛ́ri sulpʰeŋdzɛ́ sulpʰeŋdzɛ́ri sulp'yə́ɨira sulp'yə́ŋ cf. pʰyəŋdzɛk'o dʑí	cf. pʰyəŋdzɛk'ót	pʰyəŋdzɛ́e	pʰeŋdzɛré pʰéŋdzɛre pʰeŋdzɛ́ri pʰeŋdzɛ́rɨ mulpʰeŋdzɛ́rɨ	sulp'yə́ə sulp'ɛ́i pɛ́i sulp'ɛ́e
병	病	taŋnop'yə́ŋ taŋnop'yə́i tele(m)p'éi	pyə́i pyə́i, pɛ́i mamap'yə́i gu sokp'yə́ɨinnɨn	péi, pyə́ɨ pɛ́i, p'ɛ́ɨ peŋman maŋtʰɛgibeí pyə́iram pʰep'yə́ sokp'yə́ɨinnɨn	musún pee	pɛ́i šimdzaŋp'ɛ́i	pɛŋnalbɛ́ira godo
(햇)볕	陽	pyətʰɨ, pʸətʰɨ	pyətʰé	pye(~ə)tʰɨ	pyətʰɨ	petʰɨ	petʰé

		pethí pets'ám	hɛp'yəthé hɛp'yəthí pyəthí pyəthɨ	pethɨ́, pethí pyethí pyə(~e)thé hɛp'yəthé hɛp'yəthí hɛp'yəthɨ́	pyəthí pets'á(~ɛ)ːmɛ ra	hɛp'ethí hɛp'ethé hɛp'ethɨ́	pethí pethɨ́ hɛ́p'yəthi hɛ́p'yəthi
변소	便所	pénsoe pensok'anɨ́l	pénsodi	—	pensok'án	pénso pensok'áne	pensoé pyənsoé
며츨	幾日	metshɨ́l metshɨ́rin	metshɨ́l metshɨ́riu	metshɨ́l metshɨ́re metshɨ́ri	metshɨ́l myətshɨ́rimun	metshɨrí metshɨ́ldzã metshɨ́ril metshɨ́l metʃh(~tsh)íl	metshɨ́l metʃhíl metʃh(~tsh)íl metshɨ́ldzãɦao
-(으)며	-(으)며	məgɨ́me məgɨ́mʸe cf. khɨmensá tólmensə	nirɨmyə́sə kuphɨ́myə	megíme tɛŋgíme hɨndɨlgímyə hɨllimyə sorithimyə sãírame püerame kogírame	p'ádʑime thíme cf. tɨlménsə núlgumʸensə	t'əlgúme hameŋ pʰadótʃhime karɨmé	perɨmé tsutshumgərí me karɨmé k'išuk'əríme noólmyə k'ɨsɨmé ts'ogɨrabuth umyə
며느 리	婦	menɨ́ri	menɨ́ri myənɨ́ri menúri	menɨ́ri menúri menɨ́ributhə menúri menɨ́riboda menɨ́re menɨregé cf. m(ʸ)enúri mik'us'ik'ɛ́	myənɨ́ri	menɨ́lle	menɨ́ri
형(님)	兄	hyəí hyəŋñímira hyəndʸék'iri cf. sɨ́ɦyəŋ siɛ́	hyəŋñím hyáŋ, hyəə́ hyəí cf. sɨ́ɦyəi sɨ́hyəŋ, šíɦɛ	hyəŋñím	hyəíra tseɦyəŋthyə́ri	h(y)əŋñímira	hyə́ŋñim

[표 33] 형태소 내 변항 (yə)의 화자별 음성 실현 양상 I

이를 변이형으로 분류하여 도식화하면 아래와 같다.

항목＼제보자	F₁ 79세	M₄ 71세	F₂ 69세	M₅ 69세	F₃ 62세	M₆ 60세
(불을)켜-	yə, e	yə, e	yə	yə	yə	yə
(톱으로)켜-	ə	yə	yə	yə	yə	yə
(기지개)켜-	e	yə	yə, e	—	yə	—
(물이)켜우-	ye, e	e	—	yə	e	yə, ye
겨누-	yə	yə	yə	yə	yə	yə
겨르/견-	yə	yə	yə	yə	yə	yə
곁	ye, yə	yə, ye	yə	yə	yə, e, ye	yə

겨드랑이	yə	yə	yə	yə	e, yə	—
겨울	yə	yə	yə	yə	yə	yə
겨릅	yə	yə, e	yə	yə	yə	yə
펴-	e	e, yə	yə	e, yə	yə, e	e, yə, ye
녀편네(-편)	e	e	e, ə, yə	e	e	e
남편	yə	yə	ə	yə	e	yə
편하-	yə, e	e	yə, ə	yə	e	e
병	yə	yə, e	yə	yə	e	yə, e
병	yə, e	yə, e	e, yə, ye	e	e	e
(햇)볕	yə, e	yə	ye, e, yə	yə, e	e	e, yə
변소	e	e	—	e	e	e, yə
며츨	e	e	e	e, yə	e	e
-(으)며	e, ye	yə	e, yə	e	e	e, yə
며느리	e	e, yə	e	yə	e	e
형(님)	yə	yə	yə	yə	ə	yə

〔표 34〕 형태소 내 변항 (yə)의 화자별 변이형 실현 양상 I

연구개음, 순음, 후음, 이른바 변자음에 후행하는 'yə' 연쇄는 'yə' 또
는 'ye', 'e'로 실현되고 있다. 이 중 yə형의 실현 비율이 상대적으로 높
다. 한 형태소에 대하여 여러 변이형이 공존하는 경우도 많다.

아래의 [표 35]는 움라우트나 첨사 i의 결합 가능성이 없는 경우의
(yə) 실현 양상을 나타낸 것으로, 'yə'를 포함한 음절 두음이 치조음인
예들이다.[110]

항목＼제보자		F_1 79세	M_4 71세	F_2 69세	M_5 69세	F_3 62세	M_6 60세
방언형	의미						
덩게	彼處	təŋgé t(~tʸ)əgí	tyəŋgé, ʦəŋgé tyəŋgek'éna	tyəŋgeŋgá tʸági, təgí	ʧəŋgé təːgí cf. təːri	ʦági tági	təŋgé təgí ʧəgí
덩개	膝	təŋgɛ́	tyəŋgá tyəŋgɛ́ tyəŋgáŋmadi tyəŋgɛŋmadí tyəŋgáŋmadí tyəŋgɛmadí	tyəŋgɛ́	ʧəŋgɛ́	təŋgɛ́ təŋgɛmadí	təŋgɛ́
덜구	臼	tə(~tʸə)lgwí	ʦəlgú tyəlgwí	tyəlgwí	ʧəlgí ʧəlgʷie	tyəlgwí ʧəlgwí	ʦəlgwí

110) [표 35] 안의 굵은 가로선은 음절 두음(t/tʰ/n/s/s'/ʦ)의 구분선이다. 여기서 해당
음절 두음은 변화가 일어나기 전 어형의 두음을 기준으로 한 것이다.

뎍-	寫	tə(~tʸə)ŋnindá tək'ú	tyəgə́ra ʧəgə́ra	tyək'ú, ʧəgə́	tʸ(~ʧ)əŋnindé ʧəgə́sə	ʧəŋnɨnda	ʦəŋnɨnda
뎜자	簾子	tʸəmdzέ təmdzέ	tyəmdzέ tʸəmdzέ təmdzέ	təmdzέ tyəmdzέ	ʧəmʤέ	təmdzέ ʧəmdzέ	ʦəmdzέ ʧəmʤέ
뎡배기	頂	tʸəŋbɛgí təŋbɛgí	tyəŋbɛgí	tʸə(~tyə)ŋbɛgí tyəŋbɛgí ʧəŋbɛgí	tyəŋbɛgí təŋbɛgí ʧəŋbɛgí	tʸəŋbɛgí	tembέgi
더	彼	tyə́, t(ʸ)ə́ tə́ cf. tʸə́gə tʸərən toroŋgó(~ə́) tərəndeda imanʤəmán ɦan	tə́, ʧə́, tyə́ cf. tə́gə, tyəgə́ tyəgə́t'u imandʸə́man	tyə́, tə́ té, ʧə cf. tərə́n, tyə́gə, təgə́ ʧə́gəsin tə́ge tə́ri tʸə́ri tyərəŋgə́ tʸə́ri tyə́rao	tə́, tə́ː cf. təgə́ tə́ːri	tə́ cf. tərə́n tvəgə́nin tə́gegu	tə́, ʧə́ cf. tyəgə́
-뎌르	-처럼	-tʰ(ʸ)ə́ri -tʰyə́ri -tʰə́ri	-tʰʸə́rim -tʰə́ri -tʰʸə́rə -tʰʸə́ri -tʰʸə́ri -ʦʰə́ri -ʦʰə́rim -ʧʰə́rəm -ʧʰə́ːrim	-tʰə́ri -tʰʸə́ri -tʰʸə́ri -ʧʰə́ri	-tʰə́ri -tʰə́ri -tʰʸə́ri	-tʰə́ri -tʰə́ri	-tʰə́ri
넣-	投入	nyə́·ra ňəkʰú nʸətʰí nəkʰú nyə́·sə	nyə́əra ňə́ːra nyə́ːra nyə́ːra nə́əsə ňəkʰú yə́əsə	yənnindá nyə́ːra nyə́ra, yə́ːra nyə́əra yəkʰú nə́əra nə́ːsə	yə́əsə yətʰí yə́ːra yə́·sə yəkʰú	nəkʰú nənnindá	nəkʰú nənnə́ɨnda nə́əra nə́ːra
녀자	女子	yə́ʤa néʤa	nyə́dza	yə́ʤa nyə́dza	yə́dza	nyə́dza	yə́dza
녀름	夏	yərɨ́m	nyərɨ́m yərɨ́m	yərɨ́m	yərɨ́me	yərɨ́m	yərɨ́m
녁-	聰明	nʸəkt'á nyəkt'á	nyəkt'á yəkt'á	yəkt'á nʸə(nyə)gɨ́n	yəgin yək'úna	nyəkt'á ňəks'ó	yəkt'á
녑구리	脇	nʸəpk'urí	ňək'úri nyəpk'úri	yəpk'úri yəpk'úri	yək'urí	nyək'úri	yək'urí
년세	年歲	nens(~š)é cf. nenʦʰí	nʸənsé ňənsé nyənsé nensé cf. nenʧʰí	nensé cf. nenʧʰí nyənʧʰí	yənsé	nyənsé	yənšé
녚 (아리)	側	nyəpʰári nyəpʰɨro	ňəpʰáre yəpʰári ňəpʰáre nyəpʰɨ́	yəpʰári yəpʰɨ́	—	yəpʰári	yəpʰári

년어	鰱魚	nyəné	nyəné	—	yəné	ryəné	yəné
셔른	三十	šərín	šərín	šərín	sərín	sʸárin səríňi šərín	šərín
셔방 (가-)	書房 (娶)	šəbáŋ(áa)ga nda šəbá·ganda səbé·raŋ	syəbáː š(~sy)əbáŋ ganda šəbáganda səbaŋdzéː	səbé·, səbá səbéri səbá(ǎ)agan da səbáːganda səbáado səbaŋʥǽi	səbáŋ səbaá səbá·ganda səbaŋdzé səbɛʥíbu	səbáganda səbá səbaŋdzé	səbágago səbǎ
셔울	京	šəúl s(~š)əúl	səúl, šəúl	səurí səúl, šəúrira	səúl, səúri	səuríra	səuríget'i
셔답	洗踏	s(~š)ədábi sədapphúru	šədabí, šədábi	sədabí	sədábi sədáp	sədaphúru	sədáp
셕매	石磨	šəŋmɛ́	šəŋmɛ́, səŋmɛ́ šəŋmɛkʼánira gu	šəŋmɛ́ sʸəŋmɛ́ səŋmɛ́	səŋmɛ́	səŋmɛ́	səŋmɛ́ šəŋmɛ́
구셥-	窮	kusəpt'ən kušə́əpt'a kušə́pt'a	kušə́pt'a	kušə́ːpt'a kušə́pt'a kušə́basə	kušə́pt'a	kusə́pt'a	kušə́basə
무셥-	怖	mušə́·pt'a muséept'a	muséept'a mušéebasə mušə́bul musə́pt'a musə́bəhanda cf. musébi	mus(~š)éept' a mušə́əpt'a mušéept'a mušéːpt'a musé·basə mušə́·pt'a mušə́ːpt'a musə́pt'a mušə́un mušə́bun	mušə́pt'i	musə́pt'a mušépt'aniɨn musébasə	mušə́pt'a musə́pt'a
셔마 셔마	立	šəə́ma šəə́ma cf. nirə́šənda	šəə́ma šəə́ma sə́ːma sə́ːma cf. sə́sə šə́sə, sə́ra šə́ra	səə́·ma səə́·ma sə́ːma sə́ːma cf. sə́ran	səə́ma səə́ma	sə́ːma sə́ːma cf. sə́ra	sə́ːma sə́ːma cf. sə́ra sə́ra
쩌개	蟻	š'ə(s'ə)gé š'əgé	s'əgé	š'əgé	—	s'əgé	s'əgé
졂-	幼	ʧʼámt'a ʧʼəlmə́sə ʧʼəmmə́sə cf. ʧʼəmdɛ́ɛntha ʧʼə(l)múňi	ʧʼə́mt'a ʧʼəlmə́sə ʦʼə́mt'a cf. ʧʼəlmúňi ʦʼəlmúňi	ʦʼə́mt'a ʧʼəlmún ʦʼəmmə́sə cf. ʧʼə́mʥɛɛntha ʧʼə́mʥɛntha	ʧʼəlmə́sə́n cf. ʦʼə́mʥɛnthira ʦʼə́mdɛnin ʧʼəlmúňi ʦʼəmmúndiɨl	ʦʼə́mt'a ʦʼəmmún ʦ(~ʧ)ə́mt'a	ʦʼə́mt'a ʧʼ(~ʦ)ə́mt'a ʦʼ(~ʧ)əlmə́sə
져물-	昏	ʧʼəmúrət'a	ʧʼəmúrədinda	ʦʼəmílda	ʧʼəmúda ʧʼəmúrət'a	ʧʼəmúrədinda	ʦʼəmúlda

[표 35] 형태소 내 변항 (yə)의 화자별 음성 실현 양상Ⅱ [111]

이를 변이형으로 분류하여 도식화하면 아래와 같다.

제보자 항목	F₁ 79세	M₄ 71세	F₂ 69세	M₅ 69세	F₃ 62세	M₆ 60세
뎡게	ə	yə	yə	yə, ə	yə, ə	ə, yə
뎡개	ə	yə	yə	yə	ə	ə
뎔구	ə	yə	yə	yə	yə	yə
덕-	ə	yə	yə	yə	yə	yə
뎜자	yə, ə	yə, ə	ə, yə	yə	ə, yə	yə
뎡배기	yə, ə	yə	yə	yə, ə	yə	e
뎌	yə, ə	ə, yə	yə, ə, e	ə	ə, yə	ə, yə
-뎌르	ə, yə	yə, ə	ə, yə	ə, yə	ə	ə
녛-	yə, ə	yə	yə, ə	yə	ə	ə
녀자	yə, e	yə	yə	yə	yə	yə
녀름	yɔ	yɔ	yə	yə	yə	yɘ
녁-	yə	yə	yə	yə	yə	yə
넢구리	yə	yə	yə	yə	yə	yə
년세	e	yə, e	e, yə	yə	yə	yə
넢(아리)	yə	yə	yə	—	yə	yə
년어	yə	yə	—	yə	yə	yə
셔른	yə	yə	yə	ə	yə	yə
셔방(가-)	yə, ə	yə, ə	ə	ə	ə	ə
셔울	yə, ə	ə, yə	ə, yə	ə	ə	ə
셔답	ə	yə	ə	ə	ə	ə
셕매	yə	yə, ə	yə, ə	ə	ə	ə, yə
구셥-	yə	yə	yə	yə	ə	yə
무셥-	yə, e	ye, yə, ə	e, yə, ye, ə	yə	ə, ye, e	yə
셔마셔마	yə	yə, ə	ə	ə	ə	ə
쎠개	yə	ə	yə	—	ə	ə
졂-	yə	yə, ə	ə, yə	yə, ə	ə	ə, yə
져물-	yə	yə	ə	yə	yə	ə

[표 36] 형태소 내 변항 (yə)의 화자별 변이형 실현 양상 II [112]

치조음에 후행하는 'yə' 연쇄는 'yə' 또는 'ye', 'e', 'ə'로 실현되고 있다. 이 중 yə형의 실현 비율이 가장 높다. 그런데 이때 yə형이나 ye형으로

---

111) F₂(69세)의 tesée (저승-에), M₅(69세)의 merenágu (미련하고), merénana (미련하나) 등이 추가적인 예이다.

112) /ㅈ/을 두음으로 하는 yə 연쇄에서 [tʃə]로 실현되는 경우는 변이형을 yə로, [tsə]로 실현되는 경우는 변이형을 ə로 해석하였다.

186 음운론적 변이와 변화의 상관성

분석된 변이형은 사실상 두 부류로 나뉜다. 하나는 기존의 두음을 그대로 유지한 경우이고, 다른 하나는 기존의 두음이 후행하는 활음 y에 동화되어 구개음으로 바뀐 경우이다. 변자음을 두음으로 한 yə 연쇄의 경우에는 후행 활음 y가 선행 자음을 동화시키는 대신 후행 모음 ə를 동화시키는 경향이 강한 것과 대조적이다. 치조음 뒤에서 활음 y가 탈락된 ə형이 관찰되는 것 또한 변자음에 후행하는 'yə' 연쇄의 경우와 다른 점이다.

아래의 [표 37]은 움라우트나 첨사 i의 결합 가능성이 없는 경우의 (yə) 실현 양상을 나타낸 것으로, 'yə'를 포함한 음절이 자음 두음을 갖지 않는 예들이다.

제보자 항목 방언형 / 의미		F₁ 79세	M₄ 71세	F₂ 69세	M₅ 69세	F₃ 62세	M₆ 60세
여스/ 엮	狐	yək'í yək'ɨ yək'ɨbutʰə yək'ídu yək'íga yəsɨ́ga yəsɨ́mã yəsɨdú yəsɨbutʰə́ yəsɨsɛk'íra yəsɨgúrira	yək'í, yək'ɨ yəsɨgé yək'igé yəsɨbutʰə yək'igá(-과) yəsɨbóda yəsɨ́ga(-과) yəsɨdú yəsɨsɛ́k'i yəsɨsɛk'í yəsɨgúl	yək'í, yək'ɨ yək'igé yək'ée yək'ɨbutʰə yək'íboda yək'idɛgaré yək'idɛgaríri yək'idɛgaryé yək'isɛk'ɨ yək'isɛk'íri yək'igúl yəsɨgúre yəsɨgúru	yək'í, yək'ɨ yək'ídu yək'isɛk'í	yək'í, yək'ɨ yək'igé yək'íge yək'ié yək'íbutʰə yək'íya yək'isɛk'í yək'isɛ́k'ira ʥi yək'igúridi	yək'ɨnin yək'í yek'íge yək'é yək'ídu yək'íma yək'ɨbutʰə yək'isɛk'í yək'ígul yək'íguri
열콩	江南 豆	yə́lkʰoŋ	yəlkʰoŋnətsʰúri yə́lkʰoŋ	yə́kʰõirame	yə́lkʰoɨllu yə́lkʰoŋ yə́lkʰoi yə́lkʰo yə́(~ó)lkʰoidu	yə́lkʰoŋgom mu(~o)l yə́lkʰoina	yə́lkʰõi yə́lkʰo nətsʰúl
열-	開	yə́·di yərə́ra	yərə́ra yə́lgu yə́ldi yəlgét'əra(被)	yəlgé(被) yəlget'a(被)	yərə́ra yə́na yəlgét'ɨra(被)	yə́lgo yəlgígu(被) yəlgésə(被) cf. yə́lt'ɛ	yə́lgu yə́lʥi
여물-	熟	yəmú(l)mun yəmúrət'a	yəmúrət'a tsaryəmúrət'a	yəmúnda yəmúrət'a	yəmúrət'əra	yəmúrət'a	yəmúrət'a
엿	飴	yəší yə́širaŋ yə́sɨ	yə́sɨ cf. yək'irím	yə́sɨ	yə́ši	yə́ši	yə́·ši yə́sɨ

[표 37] 형태소 내 변항 (yə)의 화자별 음성 실현 양상Ⅲ

이를 변이형으로 분류하여 도식화하면 아래와 같다.

제보자 항목	F₁ 79세	M₄ 71세	F₂ 69세	M₅ 69세	F₃ 62세	M₆ 60세
여스/엮	yə	yə	yə	yə	yə	yə, ye
열콩	yə	yə	yə	yə	yə	yə
열-	yə	yə	yə	yə	yə	yə
여물-	yə	yə	yə	yə	yə	yə
엿	yə	yə	yə	yə	yə	yə

[표 38] 형태소 내 변항 (yə)의 화자별 변이형 실현 양상Ⅲ

자음을 두음으로 갖지 않는 'yə' 연쇄는 단일하게 'yə'로 실현되고 있다.[113] 이는 'yə' 연쇄와 관련된 교체 및 그에 따른 변이형의 출현이 선행 자음과 밀접한 관계를 맺고 있음을 시사한다.

아래의 [표 39]는 i나 y를 가진 음절이 'yə'에 후행하되, 움라우트의 개재 자음 조건에 위반되는 경우의 (yə) 실현 양상을 나타낸 것이다. 즉, 개재 자음이 /n, r, s, s', ʦ, ʦʰ, ʦ', t, tʰ, t'/인 예들이다. 따라서 이 또한 움라우트나 첨사 i의 결합 가능성이 없는 경우에 포함된다.

제보자 항목		F₁ 79세	M₄ 71세	F₂ 69세	M₅ 69세	F₃ 62세	M₆ 60세
방언형	의미						
견디-	耐	kyəndínda kyəndígu kyəndée kyəndéra	kyəndínda kyəndíu kyə(ə~e)n dígu kyəndé·ra	kyəndínda kyəndʸé·ra kyəndéra kyəndídəra	kyándiʥi ʧəndíget'a ʧəndínda ʧəndʸéet'a	kyəndínda kyəndéra kyendígu	kyəndyə́ra
평디	平地	cf. pʰyəí(平)	pʰyəŋdí	pʰyəŋdí	pʰyəŋdí	pʰeŋdí pʰeŋʥí pʰyəŋdí	pʰeŋʥí pʰyəŋʥí
명디	明紬	meŋdíra	meŋdí mʸeŋdí meŋdišíri meŋdibadí	meŋdišíri meŋdibadʸé myəŋdí myəŋdišíri	myəŋʥí myəŋdišíri	myəŋdišíri	mʸeŋʥí

---

113) '엮/여스'에 대하여 ye형이 한 예 관찰되나, 이는 후행하는 i에 의한 움라우트형 (엮-이→예끼)으로 간주되므로 논외로 한다. 이 지역어의 움라우트는 공시적 현상 이 아니다.

208 음운론적 변이와 변화의 상관성

텬디꽃	杜鵑	tʰendík'oʤi	tʰəndík'oʤi tʰendík'oʤi	tʰenʤík'oʤi ʧʰənʤík'oʤi cf. pʰenʤík'ot pʰyənʤík'oʤi	tʰən- ʧʰən- tʰyən- tʰyən- tʰen- ʧʰenʤík'oʤi	ʧʰənʤík'oʤi	tʰenʤík'oʤi tsʰenʤík'oʤi
넘티	心臟	nʸəmtʰíː	nyəmtʰíi nyəmtʰí nyəmtʰʰwí nyəmtʰwí	yəmtʰí yəmtʰí· yəmtʰíː	yəmtʰí	nyəmtʰí	yəmtʰí
편지	簡	pʰyenʤí pʰenʤí pʰyənʤeé	pʰyənʤí pʰenʤí pʰenʤ(y)é	—	pʰyənʤí pʰyənʤie	pʰenʤigá pʰenʤíe	pʰenʤí pʰenʤíe pʰyənʤí
다련	熨斗	taryənʤíri taryáňira	tɛréňi	—	tɛryáňira tɛryándo taryənʤíri	tarenʤíri taréňi tarʸéni	tɛréni tɛryeniro
보션	襪	pošəní	pɔšán posán pošán	pošəňí	təp'əsán	pošəňí	posʃi posáni
년	鳶	nyəní nyəni	nyəní	nyəní yəňí	yəňí	yəní yəni	yəní pɛkʧ'iyənídi
져녁 (져낙)	夕	ʧ'ənák poriʤənakt'ɛ	ʧ'əňák tsəňák ʧ'inák ʧ'ənyák ʧ'ənák	ʧ'ənák ʧ'ənagí ʧ'(~ts)ənagí ʧ'ənáge tsənágí tsəňakt'ɛ	ʧ'ənáge	tsəňák ʧ'əňəgédo tsənagé	ʧ'əňák ʧ'əňəgí tsəňák tsənák ʧ'ənàgé ʧ'əňəkp'ábi
천	千	ʧʰəňi ʧʰəndzá	ʧʰəňi tsʰəllí	ʧʰən	ʧʰəňí ʧʰəndzá	ʧʰəňí	tsʰəňiŋga
넘려 (념-)	念慮	nʸámne	ňámne	ňámňə	yámňə	nyámňəɦanda	yámňə
뎜심	點心	ʧ'əŋším	ʧ'əŋším	ʧ'əŋšim ʧ'əŋšimt'ɛ tyəŋšimɦúe tyəŋšimɵ́l	ʧ'əŋšimsaŋk'ə ʤí tyəŋšímena	ʧ'əŋšímiʤi	ʧ'əŋším
명심하 -	銘心 (操心)	meŋšimɛ́ra myəŋšimɛ́ɛra	meŋšimɛ́ra myəŋšima dɛnimún	myəŋšimɦáo meŋšimɦáo meŋšimɛ́	myeŋšimɦɛ́ra meŋšimɛ	meŋšimɛ́·ra	myəŋšimɛ́·ra
졎	乳	ʧ'ɛ́ʤi	ʧ'ɛ́dzi, ʧ'ɛ́t	ʧ'ɛ́ʤi, tsɛ́ʤi cf. ʧ'ətʰɵ́y	ʧ'ɛ́ʤi	ʧ'ɛ́ʤi	tsɛ́dzi ʧ'ɛ́ʤi

[표 39] 형태소 내 변항 (yə)의 화자별 음성 실현 양상Ⅳ[114]

이를 변이형으로 분류하여 도식화하면 아래와 같다.

---

[114] M_4(71세)의 tʰyəndyáe(텬댱(天障)-에), mendyáɦadi, mendʸɛ́ɦɛdí (면댱(面長)-하지), nyəʤimmál (여진말), neʤimmál (여진말), F_2(69세)의 méndʸɛ (면댱), myəŋňán (명년(明年)), myŋňəmp'utʰɔ́ (명년-부터), moserí, mošerí(모셔리), F_3(62세)의 heŋpʰéňi (형편-이), perindá, perindá (버린다), M_6(60세)의 pʰenpʰeni(편편-이), méʧʰina (몇-이나) 등이 추가적인 예이다.

제보자 항목	F_1 79세	M_4 71세	F_2 69세	M_5 69세	F_3 62세	M_6 60세
견디-	yə	yə	yə	yə	yə, ye	yə
평디	yə	yə	yə	yə	e, yə	e, yə
명디	e	e, ye	e, yə	yə	yə	ye
텬디꾲	e	ə, e	e, yə	ə, yə, e, ye	yə	e, ye
넘티	yə	yə	yə	yə	yə	yə
편지	ye, e, yə	yə, e	—	yə	e	e, yə
다련	yə	e	—	yə	e, ye	e, ye
보션	yə	yə, ə	yə	ə	yə	ə
년	yə	yə	yə	yə	yə	yə
져낙	yə	yə, ə	yə, ə	yə	ə, yə	yə, ə
쳔	yə	yə, ə	yə	yə	yə	ə
념려(념-)	yə	yə	yə	yə	yə	yə
뎜심	yə	yə	yə	yə	yə	yə
명심하-	e, yə	e, yə	yə, e	ye, e	e	yə
졎	yə	yə	yə, ə	yə	yə	ə, yə

[표 40] 형태소 내 변항 (yə)의 화자별 변이형 실현 양상Ⅳ

'yə' 연쇄는 'yə' 또는 'ye', 'e', 'ə'로 실현되고 있다. 이 중 yə형의 실현 비율이 상대적으로 높다. 한 형태소에 대하여 여러 변이형이 공존하는 경우도 눈에 띈다.

아래의 [표 41]은 움라우트나 첨사 i의 결합 가능성이 있는 경우의 (yə) 실현 양상을 나타낸 것이다. 첫째, 형태소 내부에 움라우트 환경이 포함되어 있는 경우 둘째, 폐음절로 끝나는 체언 뒤 첨사 i의 결합으로 인하여 움라우트 환경이 조성되는 경우 셋째, 개음절로 끝나는 체언 뒤 첨사 i의 결합으로 인하여 일련의 모음 변화가 일어날 수 있는 경우의 예들이다.[115] 움라우트나 여기 상정된 일련의 모음 변화는 과거에 이 지

---

115) 개음절로 끝나는 체언(예. 겨, 혀, 쳐)의 yə 연쇄는 첨사 i의 결합으로 인하여 통시적으로 ye나 e가 되었을 가능성이 있다. ŋ 말음 체언(예. 디졍, 남뎡, 온셩, 셩) 또한 첨사 i의 결합으로 인하여 비모음화된 후 유사한 변화를 겪었을 가능성이 있다. 동일 환경에서 움라우트가 일어났을 가능성도 있다. 이 지역어에서 n 말음 체언(예. 다련, 쳔)의 비모음화는 일반적으로 일어나지 않았다.

역어에서 일어났던 음운 현상들이다. 따라서 이러한 통시적 음운 현상으로 인하여 'yə' 연쇄가 'ye'나 'e'로 변화된 경우는 공시적인 교체로 인한 변이형의 공존과는 구별될 필요가 있다. 물론, 아래의 예들을 모두 통시적 변화의 결과로 간주하는 것은 아니다. 다만, 그러한 가능성을 지닌 예라는 점에서 앞의 예들과는 성격이 다르다.

		F_1	M_4	F_2	M_5	F_3	M_6
제보자 항목		79세	71세	69세	69세	62세	60세
방언형	의미						
디경	地境	tig⁽ʸ⁾ədʑira gu tigədʑí	tigyəira patʧʼigyəŋ tigyə́ira tigyəé tigyə́ə tigyə́i patʼigéyrago do patʼigədʑié tigədʑie patʼigʸə́dʑi	tigɛ̃i patʼigyəi patʼigɛ́y patʧʼigyə́y patʼigyə́ŋ patʼigé: tigyə́ə patʼigyə́e patʼigyə́ə tigéeda tigyəŋsʼaú (á:)m patʼigyəŋsʼa úm	patʼigədʑira patʼigyə́ŋ nɛbatʼigyə́i da	patʼigyədʑí patʼigé· tigedʑí patʼigedʑí tigedʑíri tigedʑie	tigedʑ̃i tigyədʑí tigyə́ŋ tigyə́iragodo tigyə́ə
남덩	男丁	namdéyga	namdéy namdʸé: namdé: namdʸɛ́i namdyə́iragu namdyə́ namdʑə́ŋ namdyé:y	namdéga namdyé: namdyéy namdéy namdé: namdée namdyə́ə	namdé· namdéy	namdʑə́i namdége namdɛ́ɛga namdə́ɛe	namdé
온성	穩城	wɛnšəŋguní ragu	onšə́ŋ onšəŋgún onsə́esə	onšə́ŋ onsə́ŋ	onsə́ŋ	onsə́igeʧʼi	onšə́i
성	姓	šə́ŋ, šə́i, šə́i	šə́ira, šə́ira	šə́i, séi, sə́ŋ sə́ira, šə́i šə́y, šéy šə́:, šée	sə́ŋšʼi sə́i	sə́i sə́i	šə́i, sə́i, sə́ sə́ŋ šə́ŋdo
겨	糠	ké, pekʼé pekʼédu nabekʼéri	ké, kédo pyəkʼé kéeda nabɛkʼé	ké kéeda nabɛkkʼéri	tiŋgyə́irago pekʼéra pekʼé	pekʼé pʰinakʼeéda pʰinakʼé pekʼédi	ké, kéril pekʼé
혀	舌	šetʼé	sé, setʼí šetʼí, hé	setʼí šetʼí	séragodo setʼéragodo	setʼí	setʼí, hé s(š)etʼí
쳐	妻	ʧʰə́	ʧʰərágu	ʧʰə́ cf. hútsʰə	ʧʰə́	ʧʰə́	tsʰərágudu
쇼텹	小楪	šwɛtʰébi	sötʰébi	setʰébi šwetʰébi	sɛʧʰə́bi swɛtʰyábi setʰə́bi	setʰébi setʰébɨl	sɛʧʰə́biran s(~š)ɛʧʰə́p

뎜	點	tʸə́mɨ, tə́m	tʸə́mɨ tʸə́mɨ ʦə́m tyə́mi	tʸə́mɨ tyə́m k'əmdəŋdém ira	ʧə́m	ʦə́m	ʦə́mɨ
셤	島	s(~š)ə́m	šə́mi, šə́m	sə́mi	sə́mi	sə́mi	sə́mirago
녀편네 (녀-)	女便	nepʰennéra	nepʰennéra nepʰénne	yepʰenné yəpʰə́nne nʸepʰenné nyepʰenné nepʰenné nyəpʰyənné	yepʰenné	nepʰenné	yepʰenné
여비-	瘦	yəbín yəbímun yəbé·t'a	yebímu yebéet'a	yəbín yəbínda yəbéːt'a yəbéet'a	yəbída yəbéːt'i yəbéek'una yəbéenna	yebínda yebíñik'anɨn yebéesə yebésə yebéet'a yebéet'ɨra	yəbínda yəbindéda yəbéesə yəbé·sə yəbée(éː)t'a
석경 (셕-)	石鏡	šék'e·(ey)	sék'yəiragu ɜ́ɕk'yə sékk'e· sékk'yəŋbutʰə swék'yəŋ	sék'ey sék'yə sék'ei sék'e, sék'ẽi	sék'yə·	sék'ẽi sék'yə sék'ei sék'eː	sék'yəŋ
던깃 불	電燈	təŋgip'úl tə́ŋgi cf. tyə́ŋgoɲʥil	ʦəŋgip'úl tyəŋgip'úl cf. ʧəŋgisə́lbi ʧəŋgi	tʸəŋgip'úl tyəŋgip'úl ʧəŋgip'úri	ʧəŋgip'úl ʧə́ŋgirɨ	təŋgip'úl ʧəŋgip'úri tə́ŋgirɨ ʦ(~ʧ)ə́ŋgi ʧ(~ʦ)ə́ŋgi	ʧ(~ʦ)əŋgip'úrul ʧə́ŋgi
겹히-	疊	kepʰé kepʰɨ́gu cf. kopʰínda kopʰé	kepʰiúnda kepʰínda kepʰinɨŋ gə́ cf. yəpʧ'əgúri	—	kepʰína kepʰék'una kepʰʸék'una	kepʰɨ́gu kepʰéra kepʰésənɨn	kepʰínda kepʰɨ́di kepʰéra kepʰé

[표 41] 형태소 내 변항 (yə)의 화자별 음성 실현 양상 V [116]

이를 변이형으로 분류하여 도식화하면 아래와 같다.

제보자 항목	F₁ 79세	M₄ 71세	F₂ 69세	M₅ 69세	F₃ 62세	M₆ 60세
디경	ə	yə, e, ə	e, yə	ə, yə	yə, e	e, yə
남뎡	e	e, ye, yə	e, ye, yə	e	yə, e	e
온셩	yə	yə, ə	yə, ə	ə	ə	yə
셩	yə	yə	yə, ə, ye	ə	ə	yə, ə
겨	e	e, yə	e	yə, e	e	e

---

116) M₄(71세)의 myə́i (명(命)-이), šélgi (셜기(雪糕)), F₃(62세)의 tsʰə́nende (처녀-인
데), M₆(60세)의 pʰenpʰeni(편편-이), péri (벼(禾)-를) 등이 추가적인 예이다.

192 음운론적 변이와 변화의 상관성

혀	ye	e, ye	e, ye	e	e	e
쳐	yə	yə	yə, ə	yə	yə	ə
쇼텹	e	e	e	yə, ə	e	yə
뎜	yə, ə	yə	yə, e	yə	yə	yə
셤	ə	yə	ə	ə	ə	ə
너편네(녀-)	e	e	ye, yə, e	ye	e	ye
여비-	yə	ye	yə	yə	ye	yə
셕경(셕-)	ye	e, we	e	e	e	e
뎐깃불	ə, yə	yə	yə	yə	ə, yə	yə
겹히-	e	e	—	e	e	e

[표 42] 형태소 내 변항 (yə)의 화자별 변이형 실현 양상 Ⅴ

'yə' 연쇄는 'yə' 또는 'ye', 'e', 'ə'로 실현되고 있다. 앞의 예들에 비해서 e형의 실현 비율이 현저히 높게 나타난다. 그러나 이때의 'ye'나 'e'는 후행하는 y나 i에 의한 통시적 변화의 결과일 가능성이 있으므로, 이를 근거로 노년층 화자들의 발화에서 'yə→ye→e'라는 교체 현상이 일반적이라고 단언하기는 힘들다.

한편, 형태소 경계의 (yə) 실현 양상은 다음과 같다.

항목 \ 제보자		F₁ 79세	M₄ 71세	F₂ 69세	M₅ 69세	F₃ 62세	M₆ 60세
방언형	의미						
니기-	揉	nigínda nigígu nigéra	nigínda nigéra	nigínda nigésə nigéra	nigídi nigindam mário nigésə nigégadʑigu nigewásə	nigídi igínda igénda igédi igé·ra nigésə	nigínda nigígu nigénda nigéra
구기-	繰	kugéedʒ(dʸ)e t'a	kugígu kugéra kugéedek'una	k'ugéra k'ugímu	k'ugínda k'ugédedina	k'ugígo k'ugéra	k'ugídi kugídi kugé·ra
먹이-	使食	megésə megígu megʸésə megéra	megínda megínɨn megíu megígu megímyənsə megéra megé	megínɨn megínda megígo megída megíme megídʒa megéra megédzunda	megíu megídi megét'a megéra	megídi megé megéra megínda cf.(애를) mek'indu	megínda megímun migidí megírɛrɨ megéra megʸéra megéya
기-	匐	kígu, kídi kídʒa, kée	kée, kígu kéesə kídəra kímun	kígu, ké kée	kée kíu kínda	kée, kígo	kée kínda

끼-	挾	k'ígu, k'índa k'éra	k'éra, k'ígu k'ídi, k'é cf.(눈곱) k'índa, k'éet'a k'ímu	k'é·t'a k'igú k'eét'a k'edí cf.(동녹) k'ét'a k'ʸét'a	k'ék'una k'iŋgé, k'é k'égəra k'ídamun	k'índa k'eéra	k'índa k'endá k'eéra k'eé
우비-	抶	ubínda ubé· ubéra	ubínda ubéra	ubínda ubímu, ubígu ubéra, ubésə ubédinda ubʸéedinda	ubíninguna ubéra	ubínda ubéra ubédinda	ubínda ubéera
여비-	瘦	yəbín yəbímun yəbé·t'a	yebímu yebéet'a	yəbín yəbínda yəbéːt'a yəbéet'a	yəbéːt'i	yebínda yebésə	yəbínda yəbindéda yəbéesə yəbé·sə yəbée(éː)t'a
갑히-	澁	kɛpʰédʷ(~o)əya kɛpʰè kɛpʰét'a kɛpʰé kɛpʰímun kɛpʰésə	kapʰínda kapʰét'a	kɛ(æ)pʰínda kɛpʰímu kɛpʰínda kapʰét'a kɛpʰígu kɛpʰét'a	kɛpʰínde kɛpʰínda kɛpʰék'una	kɛpʰígo kɛpʰét'a kɛpʰék'una	kɛpʰínda kɛpʰiŋ gésa kɛpʰésə kɛpʰét'a
비-	空	pé·s'o, pín peék'una piwədwəra (使)	pínda pígu peésə péːt'a	pínda, pímu pígu, peét'a peésə, péesə péːsə, péː	pín, píu pínde peék'una peét'a piúʤi(使) piwəra(使)	pígo peét'a peé	pínda peét'a
피-	開	pʰiət'a, pʰíňi pʰíʤim pʰét'a, pʰéːt'a pʰiwəra(使)	pʰínda, pʰígu pʰeét'a pʰéet'a	pʰínda, pʰígu pʰídəra pʰéesə pʰímu pʰéet'a	pʰíʤi, pʰígu pʰínda pʰéet'ira	pʰindá pʰiət'əra	pʰínda pʰéet'a
히- (희-)	白	hínsɛgidi héesə	hída, héesə héet'a, hiət'a	hída, híu hé·sə héesə	hí(ɨ)da heét'əra	hídi, hída héesə	hɨ́da, hɨ́n hída, héːsə
히- (희-)	泳	hígu, híʤi héra	hída, hɨ́da hɨ́·da, hɨ́nda	hendá, heé seé	hínda, héera héːra, hiĭm hé·bara	hénda hégu heé	hínda hínɨn heé, hé
올리-	昇	ollínda olléra ollénona	ollínda ollímu olléra, ollé	ollídi ollínda ollyəra ollyə́ ollyéra olléra ollyə́nonninda	ollínda ollyéra ollénara	ollénara ollénonninda ollʸénonninda	ollénonda ollénonninda ollénokʰú ollénonnɨn
내리-	降	nɛrínda nɛréra	nɛrínda nɛrégagu nɛrə́ondan nɛrét'an nɛré nɛréandzat'a nɛrigagídu nErébonɨn	nɛrímu nɛrígu nɛríge nɛréra nɛryə́ra nɛryə́odi nɛréomʸensə nɛréganda	nérera nɛrínda nɛrét'ɨra nɛrégagu	nɛré nɛryə́(~é) nɛréya nɛrígu nɛréga	nɛrínda nɛrera nɛréganda nɛryə hirɨ́nda nɛréganda

				nɛrʸə́wat'a nɛréganɨn nɛrʸét'a nɛrə́(é)ganda			
빠디-	沒	p'ádik'á(~ə́)t'ɛ níu p'ádirira p'ádʑinda p'ádinda p'ádet'a p'adék'una	p'ádinda p'ádet'a p'adyənága myənsə	p'ádinda p'ádʸət'a p'ádidi p'ádyet'a p'ádesə p'áːdesə p'ádet'əra p'ádyət'a	p'ádigu p'ádimun p'ádʑinda p'ádet'i p'ádyət'a p'ádʑək'u na p'ádʑenawa	p'ádinda p'ádin p'ádet'a	p'ádinɨn p'ádʑinda p'áde p'ádyet'a
번디-	飜	pəndínda pəndé pənd(ʸ)énara pə́ndedimu	pəndínda pəndésə pendyéra pəndʸéburɨdi pəndédet'a pəndyádera pəndə́didanʷa pəndʑédʑət'a	pəndínda pəndéra pəndyédu pəndʸedidəra pəndédinda pəndédet'a panʥésə	pəndíu pənʥío pəndínda pə́ndinɨn pəndinɨ́n pəndyéra pəndé pəndéra pə́ndəʥin pəndə́ʥəsə	pəndínda pə́ndedinda	pəndíu pənʥínda pəndéra pəndéʧʰiwát'a pəndə́dimun pəndédet'a
견디-	耐	kyəndínda kyəndígu kyəndée kyəndéra	kyəndínda kyəndíu kyə(ə-e)ndígu kyəndé·ra	kyəndínda kyəndʸé·ra kyəndéra kyəndídəra	kyə́ndiʥi ʧəndíget'a ʧəndínda ʧəndʸéet'a	kyəndínda kyəndéra kyendígu	kyəndínda kyəndyə́ra kyəndéra
데디-	投	tedínda te(~ə)dígu tedéra	tedígu tedéra	tedídi, tedígu tedínɨn tedíʥagu tedéra tedét'a p'urededígu p'urédedét'a	tedéra tedína tedét'a	tedínda tedéra p'urédedéra	tedínda p'urédedera
깨디-	破	k'ɛ́ɛdet'a k'ɛ́ɛʥ(~dʸ)ə t'a	k'ɛ́·dinda k'ɛ́dʸət'a k'ɛ́ɛdet'a	k'ɛ·dyə́t'a k'ɛ́ːdet'a k'ɛ́ːdes'ɨpt'a me k'ɛ́dinda k'ɛ·dínda	k'ɛ́ʥinda k'ɛ́ʥet'agodo	k'ɛ́dinda k'ɛ́·dimun k'ɛ́ːdet'a	k'ɛ́·dinda k'ɛ́ɛdet'a k'ɛ́·det'a
디-	落	tʸindá tét'a tyə́t'a ʧə́t'a	tigét'a tét'a té·t'agu té·sə	tindá, tigó tyə́ːt'a tyə́t'a tyə́du, tésə ték'et'a tés'ɨk'uma	ʧínda tiípt'e ʧéya	ʧíndá ʧə́sə tindá tét'a téš'im	ʧíndá ʧiə́t'a ʧəə́t'a
다티-	觸	tatʰídi tatʰíʥi tatʰína tatʰénara tatʰésənɨn	tatʰídi	tatʰídi tatʰéra tatʰyésə tatʰiwát'a	tatʰídi tatʰénňa	tatʰídi tatʰímun taʧʰidí tatʰéra, tatʰé	tatʰídi tatʰyédu
고티-	改	kotʰídi kotʰé	kotʰínda kotʰéra kotʰyét'a kotʰiwásə	kotʰígu kotʰéra kotʰyéra kotʰyéra	kotʰídzamun kotʰéya	kotʰígo kotʰéra	kotʰéya kotʰyə́ koʧʰé

			kotʰiwə́sə	kotʃʰéra			
길이-	遣	kitʰídi kitʰét'a	kitʰídi kitʰyə́ra kitʰé kitʰét'a	kitʰigú kitʰídi kitʰét'a kitʰé kitʰé·sə kitʰyə́t'a kitʰə́t'a	kitʰéra kitʰyéra kitʰídi kitʰé. kitʰésə	kitʰídi kitʰét'a	kitʰídi kitʰét'a kitʰyə́ya
티-	打	tʰígusə tʰínda tʰínin tʰyésə tʰésə	tʰídi tʰéra, tʰyédu tʰyéra tʰyét'a	tʰínda, tʰídi, tʰé, tʰyə́ra tʰyə́du tʰyə́t'irɛt'i tʃʰés'o tʃʰé·do tʃʰét'i tʃʰə́ya	tʰínda tʰyésə tʰyə́sə tʰéra, tʰé tʃʰíndan tʃʰə́ra	tʰínda tʰésə tʃʰígu tʃʰéra	tʰínda tʰyə́ra tʰyə́, tʰyéra tʰéra tʃʰínda
띠-	蒸	t'índa t'ésə	t'índa t'ésə	t'índa t'yə́sə t'yésə	t'índa, t'yə́ra tʃ'índa tʃ'ə́ra	t'índa, t'éra tʃ'índa, tʃ'éra	t'índa. t'ésə t'éesə, t'yésə
마시-	飮	mašigu mašéra	mašínda maší·ps'o mašéra	mašínda mašéra mašédu masés'o	mašírari mašíu maséra cf. maíu	mašígo mašínda maséra masésə	mašínda mašéya mas'yéra
쑤시-	刺	s'ušínda s'uséra	s'ušínda	s'ušét'a s'ušésə	s'ušína s'usé	s'ušínda s'uséra cf.s'ušénanin dʒi(痛)	s'ušínda s'ušédalla s'ušéera
지-	肥	sáldʒinda tʃ'imún tʃ'ə́t'i, tʃ'ə́sə sáldʒət'an	tʃ'imú tʃ'indán tʃ'id(ɛ)ɛnét'a tʃ'ə́t'a, tʃ'eét'a	tʃ'igú tʃ'ə́t'a tʃ'ə́du	tʃ'igú tʃ'ə́nniŋa sári tʃ'ə́	tʃ'indá tʃ'ə́ət'a	tʃ'indá tʃ'ə́ət'a tʃ'ét'a, tʃ'éya tʃ'ə́s'im
지-	負	tʃ'igú tʃ'inín tʃ'eéra	tʃ'indá tʃ'eéra tʃ'imú, tʃ'iňí tʃ'e̠(eé)sə tʃ'eét'a(tʃ'é̠t'a) tʃ'é̠(~eé)ra	tʃ'indá tʃ'eédu tʃ'eéra	tʃ'igú tʃ'é̠ra	tʃ'indágodo tʃ'eéra	tʃ'indá, tʃ'éra tʃ'igú, tʃ'iə́ra tʃ'eéra
지-	敗	tʃ'inín tʃ'ə́t'a	tʃ'indá tʃ'ə́ət'a	tʃ'indá tʃ'ə́t'a tʃ'ə́t'əra	tʃ'inín, tʃ'indá tʃ'idɨra, tʃ'ə́t'a	tʃ'igú, tʃ'indá tʃ'ə́ənna	tʃ'inín tʃ'ə́ət'a tʃ'iə́k'una tʃ'ə́ə
가지-	持	kadʒígu kadʒéonara kadʒédasə	kotʰégadʒigo kadʒés'o kadʒéonara kadʒéonəra kadʒə́onəra kadʒə́gao kadʒéra kadʒéwat'a cf. kɛ̠́onara kɛɛ́ was'o kɛ̠́da	kadʒét'a kadʒé̠t'a kadʒéonara kadʒə́onara cf. kɛ̠́dadzugo kɛ́· onara	yə́·gadʒigo kadʒígu kadʒə́ kadʒə́ra	kadʒígo k'inégadʒigo kadʒə́onara kadʒə́onəra kadʒə́ora	kadʒílla kadʒə́onəra kadʒə́onara
치-	添	tʃʰínda tʃʰésə tʃʰéra	tʃʰínda tʃʰéra tʃʰésə	tʃʰə́ra	cf. tʃʰígu(養) tʃʰédu	tʃʰillá tʃʰéya	tʃʰínda tʃʰét'a
니-	戴	nindá, nigú nidʒá, né·	nindá, nimú niní, nigúsə	nigú neéra	nigú nindá	nindá nigú	nindá nigú

		né꞉ra niwə́dzunin (使)	nigú, né꞉ra neéra, né꞉t'a	neédu	né꞉ra niwə́dalla(使)	neéra	neéra indá
쏘이-	被螫	s'oín s'oígu s'oyə́sə s'oésə	s'oímu s'oét'a	s'oyə́ra(使) s'oét'a cf. s'okʰígu s'okʰét'a cf. s'oígu(使)	s'ɛwat'á s'ɛúňi s'oék'una s'ɛwə́k'una s'ɛulʦ'úl s'oimyə́n s'ɛumyə́n	cf. s'olgímun s'olgìdɛnét'a s'olgét'a s'olgiwát'a	s'oímun s'oé s'oét'a
쌓이-	積	s'aímun s'aínda s'aé	s'aét'a cf. s'ɛwə́t'a	—	s'ɛunéni s'ɛét'a s'ɛék'una s'ɛésə s'ɛíniŋguna	s'aínda s'aésə	s'aét'a s'ɛímun s'ɛɛsə

[표 43] 형태소 경계 변항 (yə)의 화자별 음성 실현 양상[117]

이를 변이형으로 분류하여 도식화하면 아래와 같다.

항목 ＼ 제보자	F₁ 79세	M₄ 71세	F₂ 69세	M₅ 69세	F₃ 62세	M₆ 60세
니기-	e	e	e	e	e	e
구기-	e	e	e	e	e	e
먹이-	e, ye	e	e	e	e	e, ye
기-	e	e	e	e	e	e
끼-	e	e	e	e	e	e
우비-	e	e	e	e	e	e
여비-	e	e	e	e	e	e
갑히-	e	e	e	e	e	e
비-	e	e	e	e	e	e
피-	e	e	e	e	iə	e
히-(희-)	e	e, iə	e	e	e	e
히-(희-)	e	—	e	e	e	e
올리-	e	e	yə, ye, e	ye, e	e, ye	e
내리-	e	e, ə	e, yə, ye, ə	e	e, yə	e, yə
빠디-	e	e, yə	yə, ye, e	e, yə	e	e, ye
번디-	e	e, ye, yə, ə	e, ye	ye, e, ə	e	e, ə
견디-	e	e	ye, e	ye	e	yə, e
데디-	e	e	e	e	e	e
깨디-	e, yə	yə, e	yə, e	ye	e	e
디-	e, yə	e	yə, e	ye	yə, e	iə, yə

---

117) F₂(69세)의 kiʧʰéra (그치-어라)가 추가적인 예이다.

다티-	e	—	e, ye	e	e	ye
고티-	e	e, ye	e, ye	e	e	e, yə
길이-	e	yə, e	e, yə	e, ye	e	e, yə
티-	ye, e	e, ye	e, yə, ye	ye, yə, e	e, ye	yə, ye, e
띠-	e	e	yə, ye	yə	e, ye	e, ye
마시-	ye	ye	ye, e	e	e	ye
쑤시-	e	—	ye	e	e	ye
지-	yə	yə, ye	yə	yə	yə	yə, ye
지-	ye	ye	ye	ye	ye	ye, iə
지-	yə	yə	yə	yə	yə	yə, iə
가지-	ye	ye, yə	ye, yə	yə	yə	yə
치-	ye	ye	yə	—	ye	ye
니-	e	e	e	e	e	e
쏘이-	ye, e	e	yə, e	e	—	e
쌓이-	e	e	—	e	e	e

[표 44] 형태소 경계 변항 (yə)의 화자별 변이형 실현 양상[118]

형태소 경계에서 형성된 'yə' 연쇄는 'yə' 또는 'ye', 'e', 'ə'로 실현되고 있다. 그 중 e형의 실현 비율이 가장 높게 나타난다. 특히 음절 두음이 순음이나 연구개음을 포함한 변자음일 때 e형의 실현이 두드러진다. yə, ye, ə형은 두음이 치조음인 경우에 국한되어 나타나는 경향이 있다. 물론 치조음 두음인 경우에도 e형의 출현은 일반적이다. 이는 현재 yə→ye→ e 현상이 형태소 경계에서 매우 활발하게 일어나고 있음을 시사한다.

이상의 자료에서 드러나듯이 이 지역어에서는 화자마다, 또 어휘마다 'yə' 연쇄가 상이한 실현을 보인다. 'yə'라는 분절음의 연쇄가 한 언어 공동체 내에서 둘 이상의 선택적 발음을 가지고 있는 것이다. 이러한 가변적 성분 'yə'를 하나의 음운론적 변항으로 간주하고, 이를 변항 (yə)라 부르기로 한다.

변항 (yə)에 대한 변이형은 크게 네 가지이다. yə형, ye형, e형, ə형이 그것이다.[119] 한 언어 공동체 내에 동일한 음운 연쇄를 포함한 전체 형

---

118) /ㅈ/을 두음으로 하는 yə 연쇄에서 [ʧə]나 [ʧe]로 실현되는 경우는 변이형을 yə나 ye로 해석하였다.

119) 단, ə형은 주로 치조음이 두음으로 오는 경우에 국한되어 나타난다.

태소들의 발음이 둘 이상 공존하므로 이는 음운론적 변이라 할 수 있다. 이 같은 변항 (yə)의 변이는 전체 언어 공동체 차원에서뿐 아니라 한 화자의 발화 내에서도 관찰된다. 또, 전체 형태소 차원에서뿐 아니라 한 형태소 내에서도 관찰된다. M₆(60세)의 발화에서 '펴-(伸)'에 대한 [pʰyəgú](펴구)와 [pʰegú](페구)가 공존하는 것이 좋은 예이다. 따라서 이 지역어의 (yə) 변이는 화자 간 변이인 동시에 화자 내 변이이며, 형태소 간 변이인 동시에 형태소 내 변이이다.

3.1.6.2. (ya) 변이의 양상

이 지역 노년층 화자들의 발화를 중심으로 'ya'라는 음운 연쇄를 포함한 형태소들의 실현 양상을 보기로 한다. 단, 'ya'가 놓이는 음운론적 환경에 따라 이를 다섯 가지 부류로 나누어 살펴본다. 외견상 동일하게 yɛ나 ɛ로 실현되는 경우라 할지라도 그 음운론적 환경에 따라 해석이 달라질 수 있기 때문이다. 100년 전의 카잔 자료에 근거하여 볼 때, 과거 이 지역어에서는 움라우트 및 첨사 i의 결합으로 인한 모음의 변화가 활발하였다. 또, 당시 움라우트의 개재 자음 조건을 위반하는 경우에도 유독 피동화 모음이 y계 상향 이중모음(yə, ya, yo, yu)인 경우에는 움라우트에 준하는 모음 전설화가 일어났다. 따라서 ya→yɛ→ɛ 및 ya>yɛ>ɛ의 관점에서 (ya)의 통시적 변화 양상을 살피기 위해서는 이 같은 변수들을 모두 고려한 상태에서 자료 검증이 이루어져야 할 것이다.

아래의 [표 45]는 움라우트나 첨사 i의 결합 가능성이 없는 경우의 (ya) 실현 양상을 나타낸 것으로, 'ya'를 포함한 음절 두음이 연구개음, 순음인 예들이다.[120] 이때의 yɛ형이나 ɛ형은 순수하게 ya→yɛ→ɛ의 결과로 간주될 수 있다.

---

120) [표 45] 안의 굵은 가로선은 음절 두음(k/p)의 구분선이다.

방언형	의미	F₁ 79세	M₄ 71세	F₂ 69세	M₅ 69세	F₃ 62세	M₆ 60세
달걀	鷄卵	talgárira talgári	talgéri tařgéri talgéri tagéri tagéri talgélboda talgére	talgʸéri talgáldo talgári	tagári talgyári talgyál talgárira	talgárina ta(ɛ)lgárigu talgál talgálla	tagál talgál talgáríl talgári talgárina
해갸불	向日花	hegyabúri hegyabúl hegyabúldu	hegʸabúri hegyàbúri hegebúri hegaburigé hegabúriri hegeburé hegebúru hegebúlbutʰə hegebul k'odzú cf. kyabúrera kyebúrera k'ibúrera keúrindagu kebúrera	hegebúri hegabúri hegabúributʰə hegabúribodà hegabúrie hegabúrʸc hegabúre	hegabúri hegabúl	hegabúl hegabúre	hegabúri hegabúre hegabúlbutʰə
갈쿰 하-	갸름 하-	—	kyalkʰumadá kyalkʰuméɛsə cf. kilkʰumadá	kɛlkʰuːmadá kɛlkʰuːméɛsə kɛlkʰumaŋ gé	cf.kilkʰumur eːɦagúna	kyalkʰòːmɦà dá kyalkʰòːmag é	cf. kilkʰuːmàdá
방우 리	鷄雛	pyaurí pyaurídu	pɛurí pɛúri	pɛúri	pɛúri pʸɛurí	pʸɛurí pɛurí	pɛrí pɛúri

[표 45] 형태소 내 변항 (ya)의 화자별 음성 실현 양상 I [121]

이를 변이형으로 분류하여 도식화하면 아래와 같다.

항목	F₁ 79세	M₄ 71세	F₂ 69세	M₅ 69세	F₃ 62세	M₆ 60세
달걀	a	ɛ	yɛ, a	a, ya	a	a
해갸불	ya	ya, ɛ, a	ɛ, a	a	a	a
갈쿰하-	—	ya	ɛ	—	ya	—
뱡우리	ya	ɛ	ɛ	ɛ, yɛ	yɛ, ɛ	ɛ

[표 46] 형태소 내 변항 (ya)의 화자별 변이형 실현 양상 I

121) M₄(71세)의 hyaŋdwíri (향뒤(상여)-를), hyaŋdwíedaga (향뒤에다가), F₂(69세)의
hyaŋdwí, hyɛŋdwí (향뒤)(cf. M₅ hwaŋdí (황뒤(상여)), hwaŋdimágira (황디막이라))
등이 추가적인 예이다.

연구개음, 순음 이른바 변자음에 후행하는 'ya' 연쇄는 'ya' 또는 'yɛ', 'ɛ', 'a'로 실현되고 있다. 한 형태소에 대하여 여러 변이형이 공존하는 경우가 많다.

아래의 [표 47]은 움라우트나 첨사 i의 결합 가능성이 없는 경우의 (ya) 실현 양상을 나타낸 것으로, 'ya'를 포함한 음절 두음이 치조음인 예들이다.[122]

방언형	의미	F1 79세	M4 71세	F2 69세	M5 69세	F3 62세	M6 60세
댱화	長靴	taŋɦwá	tʸaŋɦwá tsaŋɦwá	tʸaŋɦwá tyaŋɦwá	ʧaŋᶣwá	ʧ(~ts)aŋᶣwá tsaŋɦwá	ʧ(~ts)aŋɦwá ʧaŋwá tsaŋwá
댱수	長壽	taŋsú tsaŋsú	tsaŋsú tyaŋsú	tʸaŋsú tyaŋsú ʧaŋsú ʧaŋsuᶣadá	ʧáŋsu	tsaŋsú	ts(~ʧ)áŋsu
댱손가 락	長指	taŋsok'urák taŋsok'urági	tyansoŋk'urák tyansok'urák tʸaŋsoŋk'árak tyaŋsoŋk'arák	tʸaŋso(n)k'a ragíra tyaŋsoŋk'árak tyaŋsoŋk'ara gídi	ʧaŋsok'arák	taŋsoŋk'aragí	ʧaŋsoŋk'aragí
댱사 (꾼)	商業 (꾼)	taŋšEk'uní taŋšik'uňí taŋsEk'ún ʧaŋsEk'ún ʧaŋsak'ún	tyaŋsɛk'únira- tsaŋsak'ún ʧaŋsak'úni tyaŋ(~tʸaŋ)sɛ k'úni tʸaŋsɛk'úni ʧaŋsák'ũi tsáŋsa, ʧáŋsa kʰoŋdyáŋsɛ kʰoŋʤánsɛ s'aldyaŋsέ	tʸaŋsak'uňí ʧaŋsak'uní tyaŋsak'uňí ʧáŋsa s'aldʑaŋsak'u ňídi s'aldyaŋsa k'ún	ʧaŋsak'úňi ts(~ʧ)aŋsa k'uňirá s'aldʑaŋsak'ú ňira ʧáŋsa tsáŋsa	tsaŋsak'úňi tsaŋsak'uňíra-	ʧaŋsak'ún tsaŋsak'uní tsansak'uní tsáŋsa s'aldzaŋsá k'un
댱마당	場	taŋmadáŋ ʧaŋmadãira gu šʷɛʤãiru cf. taŋk'ərí tʸaŋk'ərí	tʸaŋmadáɲi tyaí tyaŋmadaírago tʸaŋnárira tyaŋnárira ʧaŋmadáŋ ʧaŋk'əri	tyaŋmadáŋ ʧaŋmadãira gu ʧaŋmadãil	ʧaŋmadáŋ	tsaŋmadáŋ tsaŋmadãesə na metsʰɨldzãɦao	ʧaŋmadãi tsaŋmadãi
댱가	丈家(娶)	tsáŋgaganda ʧáŋgari	tsáŋga ʧáŋgaganda tyáŋga	ʧ(~ts)áŋga ʧáŋgaganda	ʧáŋga	tsáŋgaganda	ts(~ʧ)áŋga tsáŋga
따르/	短	ʧ'arɨn, t'ʸarɨdí	t'yarɨdá	t'yarɨdá	t'arɨdá	t'arɨdá	t'arɨdá

<hr>

122) [표 47] 안의 굵은 가로선은 음절 두음(t/t'/r/n/s/ts)의 구분선이다. 여기서 음절 두음은 변화가 일어나기 전 어형의 두음을 기준으로 한 것이다.

항목							
닭-		t'yaridɛňíňa ʧ'aridá ʧ'algásə t'aridá t'algásə	t'yalgásə tʸalgásə ʦ'aridá ʧ'árida	t'yalgásə t'arigú ʧ'aridá ʧ'algásə	t'algá ʦ'aridá ʦ'álgasə	ʦ'(~ʧ')aridá ʧ'(~ʦ')algásə ʧ'aridá	t'algásə t'ʸarín ʦ'algásə
-(으)랴르	-도록	hiriryári pyenbyen haryári k'odzɨrari ʧoirʸarɨ	tolgás'irɛri tillyéri andzirɛ́ri k'illɛ́ra məgɨ́rɛri harɛ́·rɨ karaandzirɛ́ra	orɛ́ri tɛŋgírɛri sɛ́di mallɛ́ri	mallyárɨ meryarɨ́ terá·rɨ, sərári oŋgírari putʰɨrári mašírari harɛ́rɨ, ʧ'i·rári ʦugúrʸarɨ koórari	niburyárɛ modurɛ́ri neregáryarɨ megírɛri	koŋbú šikʰirɛri
냥반	兩班	nyáŋban	nyáŋban ňáŋban	nyáŋbaňi ryáŋbaňi	yáŋbaňigo	ryáŋban	yáŋban
샹튀	鬐	šáŋtʰwi	sáŋtʰwi sʸáŋtʰwi	šáŋtʰwi(~uy) šáŋtʰwi	sáŋtʰwi	šáŋtʰwiri	sáŋtʰi
쟈랑	誇	ʧará·(áa)	ʧaráŋ ʧáraŋ ʦaráŋ	ʦ(~ʧ)ará(ã́)a ʧaráⁿɛra ʧarã́ɦak'uma ʧaráŋɦanda	ʧará̃	ʦ(~ʧ)ará̃ ʧará̃	ʦ(~ʧ)ará̃
쟉-	少, 小	ʧákt'a ʧagin	ʧákt'a ʧákt'i	ʧákt'a	ʧákt'a	ʧákt'a ʦagin	ʦ(~ʧ)ákt'a ʧákt'i
-쟈	청유	nódʒa, nidʒá	ʦadʒá	tɛŋgidʒa ʧadʒá	ʧadʒá	ʦadʒ(~dz)á ʦadʒ(~dz)á tʰádʒa	ʦadʒá ʦadʒ(~dz)á

[표 47] 형태소 내 변항 (ya)의 화자별 음성 실현 양상 II

이를 변이형으로 분류하여 도식화하면 아래와 같다.

제보자 항목	F₁ 79세	M₄ 71세	F₂ 69세	M₅ 69세	F₃ 62세	M₆ 60세
댱화	a	ya	ya	ya	ya	ya
댱수	a, ya	ya	ya	ya	ya	ya
댱손가락	a	ya	ya	ya	a	ya
댱사(꾼)	a, ya	ya	ya	ya	ya	ya
댱마당	a, ya	ya	ya	ya	ya	ya
댱가	ya	ya	ya	ya	ya	ya
따르/닭-	ya, a	ya	ya, a	ya	ya	ya
-(으)랴르	ya, a	ɛ, yɛ	ɛ	ya, a, ɛ	ya, ɛ	ɛ
냥반	ya	ya	ya	ya	ya	ya
샹튀	ya	a, ya	ya	a	ya	a
쟈랑	ya	ya, a	a, ya	ya	ya, a	a, ya
쟉-	ya	ya	ya	ya	ya, a	a, ya
-쟈	ya	ya	ya	ya	ya	ya

[표 48] 형태소 내 변항 (ya)의 화자별 변이형 실현 양상 II

치조음에 후행하는 'ya' 연쇄는 'ya' 또는 'yε', 'ε', 'a'로 실현되고 있다. 이 중 ya형의 실현 비율이 가장 높다. 그런데 이때 ya형으로 분석된 변이형은 사실상 두 부류로 나뉜다. 하나는 기존의 두음을 그대로 유지한 경우이고, 다른 하나는 기존의 두음이 후행하는 활음 y에 동화되어 구개음으로 바뀐 경우이다. 변자음을 두음으로 한 ya 연쇄의 경우에는 후행 활음 y가 선행 자음을 동화시키는 대신 후행 모음 a를 동화시키는 경향이 강한 것과 대조적이다.

아래의 [표 49]는 움라우트나 첨사 i의 결합 가능성이 없는 경우의 (ya) 실현 양상을 나타낸 것으로, 'ya'를 포함한 음절이 자음 두음을 갖지 않는 예들이다.[123]

항목＼제보자		F_1	M_4	F_2	M_5	F_3	M_6
		79세	71세	69세	69세	62세	60세
방언형	의미						
약	藥	yágɨ kaŋgiyágina	yágɨ, yágɨllu tenʧʼiyágira tenʧʼiyák	yágɨ, yágɨ tenʧʼiyági tenʧʼiyák yágʉ(ɨ)	yágɨ kaŋgiyágɨ	yágɨ tóyagiʥi karɨyági	yági pəlgiyágil
호야 재	豁牙 子	hoyádzɛ	hoyáːdzɛ hoyáːdzɨ	nipʼadɛ hoyέdzɛ, hoʸέdzɛ	hoyódzɛ	hoyádʒɛ	ipʼal hoέyadzɛ
야쟝 (야-)	冶匠	yέʥɛ yέʥɛdo yɛʥaŋkʼané yɛʥaŋkʼaní di	yɛdzaŋkʼán yɛdzaŋkʼáne yɛdzaŋkʼáňi yέdzɛ, yέdzɛɛ yádzairadi, yádzaŋ yádzaa, yadzaŋne yadzaŋkʼán yádzairago	yɛdzakʼáne yɛdzaŋkʼán yɛdzaŋkʼaňí ra yέdzɛː, yέdzɛrɨ	yáʥaŋdɨri yáʥãira yέʥɛra yadzaŋkʼán na	yɛdzaŋkʼané yɛdzáŋdɨri yɛdzaŋkʼuňírã di yέdza hanɨn	yέdzɛ yɛdzaŋkʼáni

[표 49] 형태소 내 변항 (ya)의 화자별 음성 실현 양상III[124]

---

123) '야쟝'의 '야'는 y를 가진 음절('쟝')이 'ya'에 후행하므로 일견 움라우트의 가능성이 있는 것으로 보인다. 그러나 개재 자음이 /ʦ/이므로 움라우트의 개재 자음 조건을 어긴다. 따라서 이 또한 움라우트 가능성이 없는 경우에 포함된다. M_4(71세)의 hyaŋdwitʰyəé (향뒤텽-에)도 추가적인 예이다.

124) '호야재'란 '이빨이 빠진 사람'을 일컫는 말로서 중국어 차용어이다. 화자들은 이

이를 변이형으로 분류하여 도식화하면 아래와 같다.

제보자 항목	F_1 79세	M_4 71세	F_2 69세	M_5 69세	F_3 62세	M_6 60세
약	ya	ya	ya	ya	ya	ya
호야재	ya	ya	yɛ	yo	ya	ya
야쟝(야-)	yɛ	yɛ, ya	yɛ	ya, yɛ	yɛ	yɛ

[표 50] 형태소 내 변항 (ya)의 화자별 변이형 실현 양상Ⅲ

자음을 두음으로 갖지 않는 'ya' 연쇄는 주로 'ya'로 실현되고 있다. 이는 'ya' 연쇄와 관련된 교체 및 그에 따른 변이형의 출현이 선행 자음과 일정한 관계를 맺고 있음을 시사한다. '야쟝'에 대하여 관찰되는 yɛ 형은 두 가지로 해석될 수 있다. 첫째, 후행하는 y의 영향을 받아 통시적으로 변화한 것일 가능성이 있다. 100년 전의 카잔 자료에는 움라우트의 개재 자음 조건을 위반하는 환경에서도 유독 피동화주가 yə나 ya인 경우에는 ye나 yɛ로 실현된 예들이 많기 때문이다. 둘째, 중년층 및 청년층이 사용하는 어형에 영향을 받았을 가능성이 있다. 제보자 M_4(71세)의 진술에 따르면, 자신은 '야쟝깐', '야쟝'이라고 하는 반면, 젊은 사람들은 'yédzaŋk'án 애쟝깐(대장간)', 'yédzɛ 애재(대장장이)'라 한다고 한다.

아래의 [표 51]은 움라우트나 첨사 i의 결합 가능성이 있는 경우의 (ya) 실현 양상을 나타낸 것이다. 첫째, 형태소 내부에 움라우트 환경이 포함되어 있는 경우 둘째, ŋ 말음 체언 뒤 첨사 i의 결합으로 인하여 움라우트 환경이 조성되거나, 비모음화 후 일련의 모음 변화가 일어날 수 있는 경우의 예들이다.[125] 움라우트나 여기 상정된 일련의 모음 변화는

것이 중국어에서 온 말이란 사실만 알 뿐, 그에 대응하는 정확한 중국어 단어는 알고 있지 않다. 발음과 의미를 고려했을 때, 아마도 豁牙子(huōyázi)가 이에 해당하지 않을까 한다.

125) ŋ 말음 체언(예. 구냥, 말댱, 고향, 쟝)의 ya 연쇄는 첨사 i의 결합으로 인하여 비모음화된 후 통시적으로 yɛ나 ɛ가 되었을 가능성이 있다. 동일 환경에서 움라우트

과거에 이 지역어에서 일어났던 음운 현상들이다. 따라서 이러한 통시적 음운 현상으로 인하여 'ya' 연쇄가 'yɛ'나 'ɛ'로 변화된 경우는 공시적인 교체로 인한 변이형의 공존과는 구별될 필요가 있다. 물론, 아래의 예들을 모두 통시적 변화의 결과로 간주하는 것은 아니다. 다만, 그러한 가능성을 지닌 예라는 점에서 앞의 예들과는 성격이 다르다.

항목 \ 제보자		F_1 79세	M_4 71세	F_2 69세	M_5 69세	F_3 62세	M_6 60세
방언형	의미						
구낭	穴	kuňɛ́ kuňá kunɛ́	kuňɑ̃́ kuňɛ̃́ kunɛ̃́	kunɛ́ kuňáa kunári, kunɛ́ri kunáːˌ, kuňɑ̃́ kunɛé kunɛ́ːda kunɛ́lli̇	kuňáːru muŋk'uňá kuňá	kʰok'unɛ́	kuňáŋ, kuňɑ̃́ kuňɛ́, kuňɛ̃́ kuňɛɛ́ kuňɛ́ː tswiguňɛ́man kunɛ́
고냥이	猫	kónɛ	kónɛtʰəri̇ saŋk'ónɛ	konɛs(š)ɛk'í	kóňɛ kónɛ	kónɛ konɛsɛk'í	koyɛ̃́i, kónɛ koňɑ̃́i
말댱	杖	malt'ʸáŋ(~t'yáŋ) malt'ʸɑ̃íragu malt'ʸáŋ malt'áa	malt'yaí malt'yáŋ malʦ'áŋ	malt'ʸɑ̃íra malt'yɛ́ malt'yáa malt'yɑ̃́ malt'yáŋ	malʦ'áŋ	malt'áira malt'áːˌ malʧ'ɑ̃́iragodo	malt'yɑ̃́a malʦ'ɑ̃́a
고향	故鄕	kóʱyaŋ kóʱyãi	kóyãy kóyaŋira kóʱyai	kóʱyaidi kóʱya(~ɛ)ː kóʱyɛ, kóɦɛ kóʱyae kóʱyai kóʱyaa	kóyaigu	kóhɛ̃ira kóhyãa kóhyaŋe	kóyãi
장	醬	ʧɑ̃́a ʧɑ̃́ina	ʧɑ̃́eda	ʧáŋ, ʧɑ̃́a kanʤɑ̃́	ʧɑ̃́i, ʧɑ̃́a cf. kanʤɑ̃́i koʧʰiʤɑ̃́i ʧaŋmurígu ʧaŋt'uŋgí	ʧɑ̃́a	ʧɑ̃́irago ʦɑ̃́iraŋ ʧ(~ʦ)aŋmúl
잘기	袋	ʧalgí ʧalgi̇́	ʦ(~ʧ)algí	ʧalgí, ʧalgi̇́ ʧaributʰɚ́	ʧalgí	ʧalgí	ʧ(~ʦ)algí

[표 51] 형태소 내 변항 (ya)의 화자별 음성 실현 양상IV[126]

가 일어났을 가능성도 있다.

126) M_4(71세)의 tʰyəndyáe (텬댱(天障)-에), tʰyəndɛ̃́· (텬댱), tʰyəndyáidi (텬댱-이지), hyáŋdɛ (향댱(鄕長)), tsʰóndyaŋ, tsʰóndɛ̃́ (촌댱(村長)), tsʰóndyai (촌댱-이), tsʰɛkt'yáa (책댱(책장)-을), húndyɛ̃́ (훈댱(訓長)), mendyãɦadi, mendʸɛ̃́ɦiɛdí (면댱(面長)-하지), p'yáda, p'yásə, p'asə, p'yádu, p'yán (빠-(꽃)), F_2(69세)의 hyáŋdyɛ̃́, hyáŋdyãi, hyáŋdyaŋ (향댱), tsʰóndʸɛ̃́ (촌댱), húndyɛ̃́ (훈댱), méndʸɛ̃́ (면댱) 등이 추가적인 예이다.

이를 변이형으로 분류하여 도식화하면 아래와 같다.

제보자 항목	F_1 79세	M_4 71세	F_2 69세	M_5 69세	F_3 62세	M_6 60세
구냥	yɛ, ya, ɛ	ya, ɛ	ɛ, ya, a	ya	ɛ	ya, yɛ, ɛ
고냥이	ɛ	ɛ	ɛ	yɛ, ɛ	ɛ	yɛ, ɛ, ya
말댱	ya, a	ya	ya, yɛ	ya	a, ya	ya
고향	ya	ya	ya, yɛ	ya	ɛ, ya	ya
쟝	ya	ya	ya	ya	ya	ya, a
쟐기	ya	a	ya	ya	ya	ya

[표 52] 형태소 내 변항 (ya)의 화자별 변이형 실현 양상IV

'ya' 연쇄는 'ya' 또는 'yɛ', 'ɛ', 'a'로 실현되고 있다. 앞의 예들에 비해서 yɛ형과 ɛ형의 실현 비율이 비교적 높게 나타난다. 그러나 이때의 'yɛ'나 'ɛ'는 후행하는 i에 의한 통시적 변화의 결과일 가능성이 있으므로, 이를 근거로 노년층 화자들의 발화에서 'ya→yɛ→ɛ'라는 교체 현상이 일반적 이라고 단언하기는 힘들다.

한편, 형태소 경계의 (ya) 실현 양상은 다음과 같다.

제보자 항목		F_1 79세	M_4 71세	F_2 69세	M_5 69세	F_3 62세	M_6 60세
방언형	의미						
-디 않(아 니)-	-지 않(아 니)-	ašimtʰέňik'u ma ašimtʰέɛntʰa p'ádik'á(ə)t'ɛ níu asɨmtʰέɛːnňa t'yaridèňiňa	asɨmtʰʸénik'ʉ ma ašimtʰέňik'u ma t'yaridéntʰa mòdidéntʰa kubudénda	ašimtʰɛ(έ)ɛn tʰa ašimtʰέ·nio ašimtʰέňik'u ma kírəʧʰɛŋkʰu kwán tʰέntʰa	ašimtʰέːňiu ašimtʰέɛňiu sádyɛňiu	asimtʰέɛntʰa ašimtʰέːntʰa kírəʧʰɛŋkʰu kipt'ɛέntʰana	ašimtʰέňik'u ma kwantʰéntʰa kwán ʧʰέntʰa

[표 53] 형태소 경계 변항 (ya)의 화자별 음성 실현 양상[127]

---

127) 이때 '-디 않(아니)-'은 움라우트나 첨사 i의 결합 가능성이 없는 경우에 해당한 다. M_4(71세)의 kwán tʰayántʰi (관턍디; 괜찮지), F_2(69세)의 kwántʰyantʰí (관턍 디), ʦáan(ʦánin) (져(彼)-아(兒)-는), kírəʧʰɛŋkʰu (그렇쟎고), t'yaridyántʰa (따르 (短)댷다), pap'ʉdέ·nna (바쁘댆나) 등이 추가적인 예이다.

이를 변이형으로 분류하여 도식화하면 아래와 같다.

제보자 항목	F_1 79세	M_4 71세	F_2 69세	M_5 69세	F_3 62세	M_6 60세
-디 않(아니)-	ɛ	yɛ, ɛ	ɛ, yɛ	ɛ, yɛ	ɛ, yɛ	ɛ, yɛ

[표 54] 형태소 경계 변항 (ya)의 화자별 변이형 실현 양상

형태소 경계에서 형성된 'ya' 연쇄는 'yɛ' 또는 'ɛ'로 실현되고 있다.[128] 그 중 ɛ형의 실현 비율이 더 높다. 이는 현재 ya→yɛ→ɛ 현상이 형태소 경계에서 매우 활발하게 일어나고 있음을 시사한다.

이상의 자료에서 드러나듯이 이 지역어에서는 화자마다, 또 어휘마다 'ya' 연쇄가 상이한 실현을 보인다. 'ya'라는 분절음의 연쇄가 한 언어 공동체 내에서 둘 이상의 선택적 발음을 가지고 있는 것이다. 이러한 가변적 성분 'ya'를 하나의 음운론적 변항으로 간주하고, 이를 변항 (ya)라 부르기로 한다.

변항 (ya)에 대한 변이형은 크게 네 가지이다. ya형, yɛ형, ɛ형, a형이 그것이다.[129] 한 언어 공동체 내에 동일한 음운 연쇄를 포함한 전체 형태소들의 발음이 둘 이상 공존하므로 이는 음운론적 변이라 할 수 있다. 이 같은 변항 (ya)의 변이는 전체 언어 공동체 차원에서뿐 아니라 한 화자의 발화 내에서도 관찰된다. 또, 전체 형태소 차원에서뿐 아니라 한 형태소 내에서도 관찰된다. M_6(60세)의 발화에서 '고냥이(猫)'에 대한 [koňái](고냐이)와 [koyɛ́i](고얘이), [kónɛ](고내)가 공존하는 것이 좋은 예이다. 따라서 이 지역어의 (ya) 변이는 화자 간 변이인 동시에 화자 내 변이이며, 형태소 간 변이인 동시에 형태소 내 변이이다.

---

128) 자료를 제시하지는 못했으나 간혹 ya로 실현되는 경우도 관찰된다.
129) 단, a형은 주로 치조음이 두음으로 오는 경우에 국한되어 나타난다.

3.1.6.3. 변이의 기제와 요인

앞에서 이 지역 노년층 화자들의 (yə) 변이 및 (ya) 변이의 실제를 살펴보았다. 그렇다면 이 같은 변이는 어떠한 기제에 의하여 출현하는가? 이것은 수의적 음운 교체에 의한 변이인가, 기저형의 수의적 선택에 의한 변이인가?

이를 판단하기 위해서는 우선, 공존하는 변이형들 간의 관계가 음운 과정으로써 설명될 수 있는지 여부를 가려야 한다. 즉, 자연성과 일반성 조건을 충족시키는지 검토해야 한다.

먼저 (yə) 변이의 경우를 보자.

첫째, 변이형 yə와 ye의 관계는 동일한 기저 연쇄 /yə/에 yə→ye라는 모음 전설화(vowel fronting)가 일어난 것으로 설명 가능하며, 이러한 과정의 음성적 동기가 표면에 드러나므로 이는 자연스러운 과정으로 간주된다. 이는 선행하는 전설성 활음 y에 의하여 후행 모음이 전설화되는 동화 현상의 일종으로 볼 수 있다. 특히, 연구개음이나 순음과 같은 변자음이 y에 선행하는 경우에 이 같은 모음 전설화가 더 잘 일어나는 경향이 있다. 다음으로, 변이형 yə와 e의 관계는 동일한 기저 연쇄 /yə/에 yə→ye→e라는 모음 전설화 및 활음(y) 탈락이 일어난 것으로 설명될 수 있다. 선행하는 전설성 활음 y에 의하여 후행 모음이 전설화된 후, 전설성 활음과 모음의 연쇄(ye)에서 다시 활음 y가 탈락하는 현상은 동일 자질의 연접을 회피하려는 이화 현상의 일종으로 볼 수 있다.[130] 한편, 변이형 ə는 음절 초에 자음이 오는 경우에 한정되어 나타난다. 이

---

130) 이를 yə→e 축약이라는 단일한 과정으로 기술하지 않는 이유는 yə→ye 과정과 ye→e 과정이 모두 관찰되기 때문이다. 특히 ye→e 현상은 i 말음 체언과 처격 조사 '-에'의 결합으로 형성된 ye형에서도 활발히 일어난다. 만약 ye→e라는 과정이 존재하지 않으면서 yə→e 과정만 존재한다면 이를 yə→e라는 단일한 과정으로 기술할 수도 있을 것이다. yə→ye→e 현상에 관한 논의는 郭忠求(1982, 1994b, 1997)을 더 참고할 수 있다.

는 '자음-yə'로 이루어진 기저 연쇄에 활음 탈락(yə→ə)이 일어난 것으로 설명 가능하다. CGV와 같은 음절 구조에서 G(활음)가 탈락되는 현상은 한국어에서는 물론 언어 보편적으로도 관찰되는 현상이다. 이와 같이 활음 탈락의 음성적 동기가 표면에 드러나므로 이는 자연스러운 과정으로 간주된다. 특히, t, n, s, ʦ와 같은 치조음과 yə의 연쇄에서 y 탈락형이 많이 출현한다. 치조음과 활음 y의 연쇄가 제약되는 경향은 동일 자질의 연접을 회피하려는 음성적 동인에 의하여 설명될 수 있다.

결국, 변이형 yə와 ye, e, ə의 관계를 포착하는 과정들은 모두 자연성을 지닌다고 할 수 있다.

둘째, yə→ye, yə→ye→e, yə→ə 과정은 일부 형태소에 국한되지 않고 'yə' 연쇄를 포함한 대부분의 형태소에서 관찰된다. 또, 일부 화자에게만 국한되지 않고 이 지역 화자들의 발화에서 폭넓게 관찰된다. 실제로 이러한 음운 현상은 개별 어휘나 개별 화자에 따른 특수한 현상이 아니라 이 지역어에서 관찰되는 매우 일반적인 현상이다. 따라서 이들 과정은 일반성을 갖추었다고 할 수 있다.

요컨대, 변이형 yə와 ye, e, ə의 관계는 자연성과 일반성을 모두 갖춘 yə→ye, yə→ye→e, yə→ə라는 음운 과정으로써 각각 설명될 수 있다.

다음으로, (yə) 변이가 수의적 교체에 의한 것인지 기저형의 선택에 의한 것인지를 판단하기 위해서는 yə→ye, yə→ye→e, yə→ə라는 음운 과정의 공시성 여부를 가려야 한다. 해당 음운 과정으로 인한 교체형이 확인되는 경우, 그 음운 과정은 공시적 현상으로 간주된다.

이러한 관점에서 볼 때, 이 지역어의 yə→ye, yə→ye→e, yə→ə 현상은 공시적 음운 과정, 즉 음운 교체라고 할 수 있다. 기저의 'yə' 연쇄에 아무런 교체도 일어나지 않은 형태(변이형 yə)와, yə→ye, yə→ye→e, yə→ə라는 교체가 일어난 형태(변이형 ye, e, ə)가 공존하고 있기 때문이다.

뿐만 아니라, 위 음운 과정의 생산성은 신어 실험의 결과를 통해서도 입증된다. 제보자들에게 '디티다'라는 임의의 동사를 제시하고 이를 녕

령형이나 과거형으로 말하도록 한 결과, tit^{h}é : ra(디테라), tit^{h}é noat'a(드테 놓았다), tit^{h}é it'ira(드테 있드라)(M$_4$, 71세), tit^{h}éra(디테라), tit^{h}ét'i(디텠디), tit^{h}énna(디텠나)(F$_2$, 69세), tit^{h}é n^{w}ara(드테 놔라), tit^{h}é nat'a(드테 났다)(F$_3$, 62세), tit^{h}ék'una(드텠구나)(F$_6$, 45세), tit^{h}é nat'a(디테 났다)(M$_{11}$, 39세)와 같은 변이형이 관찰되었기 때문이다. 이는 yə→e라는 음운 과정이 공시적인 생산성을 지닌 과정임을 말해 준다.

따라서 이 지역어의 (yə) 변이 중 변이형 yə, ye, e, ə와 관련된 현상은 도출 과정에서의 수의적 음운 교체에 의한 것으로 해석된다.

그런데 한편으로 이 같은 변이형의 공존이 인접 방언이나 표준어의 차용에 의한 것일 가능성 또한 검토할 필요가 있다. 사실상, 언어 변이와 변화는 언어 내적 요인과 언어 외적 요인의 복합적 작용에 의하여 이루어지는 것이 대부분이기 때문이다.

그러나 이들 변이형은 차용에 의한 것일 가능성이 희박하다. 인접 방언 및 표준어에 해당 형태가 없기 때문이다.[131] 따라서 이는 이 지역어 내적인 요인에 의한 변이형으로 해석된다.

뿐만 아니라, 중년층 및 청년층의 발화에서 e→yə와 같은 과도 교정 현상 또한 활발히 일어나고 있다는 점에서 yə→e 현상은 공시적인 생산성을 지닌 과정이라 할 수 있다. M$_{10}$(45세), F$_6$(45세), F$_8$(38세), M$_{13}$(29세), M$_{14}$(29세) 등의 발화에서 관찰되는 '-겝-(欲)→-겹-', M$_{12}$(31세)의 발화에서 관찰되는 '헤-(泳)→혀-' 등이 그러한 예이다. 그 밖에 M$_{14}$(29세)의 경우, 이 지역 방언형 'hap^{h}em 하펨(欠)'에 대한 hap^{h}yámi hada 하펨으 하다(하품을 하다), hap^{h}yámi nadá 하펨이 나다(하품이 나다)를 비롯, '메-(肩負)'에 대한 '메-', '며-', '베-(斬)'에 대한 '볘-', '벼-'와 같은 과도 교정형도 보여 주었다.

다음으로 (ya) 변이의 경우를 보자.

---

131) 단, syə, ʦyə 연쇄에서의 y 탈락형, 즉 sə형과 ʦə형은 표준어의 영향을 받았을 가능성이 있다.

첫째, 변이형 ya와 yε의 관계는 동일한 기저 연쇄 /ya/에 ya→yε라는 모음 전설화가 일어난 것으로 설명 가능하며, 이러한 과정의 음성적 동기가 표면에 드러나므로 이는 자연스러운 과정으로 간주된다. 이는 선행하는 전설성 활음 y에 의하여 후행 모음이 전설화되는 동화 현상의 일종으로 볼 수 있다.[132] 특히, 연구개음이나 순음과 같은 변자음이 y에 선행하는 경우에 이 같은 모음 전설화가 더 잘 일어나는 경향이 있다. 다음으로, 변이형 ya와 ε의 관계는 동일한 기저 연쇄 /ya/에 ya→yε→ε라는 모음 전설화 및 활음(y) 탈락이 일어난 것으로 설명될 수 있다. 선행하는 전설성 활음 y에 의하여 후행 모음이 전설화된 후, 전설성 활음과 모음의 연쇄(yε)에서 다시 활음 y가 탈락하는 현상은 동일 자질의 연접을 회피하려는 이화 현상의 일종으로 볼 수 있다. 한편, 변이형 a는 음절 초에 자음이 오는 경우에 한정되어 나타난다. 이는 '자음-ya'로 이루어진 기저 연쇄에 활음 탈락(ya→a)이 일어난 것으로 설명 가능하다. CGV와 같은 음절 구조에서 G(활음)가 탈락하는 현상은 한국어에서는 물론 언어 보편적으로도 관찰되는 현상이다. 이와 같이 활음 탈락의 음성적 동기가 표면에 드러나므로 이는 자연스러운 과정으로 간주된다. 특히, t, n, s, ʦ와 같은 치조음과 ya의 연쇄에서 y 탈락형이 많이 출현한다. 치조음과 활음 y의 연쇄가 제약되는 경향은 동일 자질의 연접을 회피하려는 음성적 동인에 의하여 설명될 수 있다.

결국, 변이형 ya와 yε, ε, a의 관계를 포착하는 과정들은 모두 자연성을 지닌다고 할 수 있다.

둘째, ya→yε, ya→yε→ε, ya→a 과정은 일부 형태소에 국한되지 않고 'ya' 연쇄를 포함한 대부분의 형태소에서 관찰된다. 또, 일부 화자에게만

---

132) 이를 ya→ε 축약이라는 단일한 과정으로 기술하지 않는 이유는 ya→yε 과정과 yε→ε 과정이 모두 관찰되기 때문이다. 만약 yε→ε라는 과정이 존재하지 않으면서 ya→ε 과정만 존재한다면 이를 ya→ε라는 단일한 과정으로 기술할 수도 있을 것이다.

국한되지 않고 이 지역 화자들의 발화에서 폭넓게 관찰된다. 실제로 이러한 음운 현상은 개별 어휘나 개별 화자에 따른 특수한 현상이 아니라 이 지역어에서 관찰되는 매우 일반적인 현상이다. 따라서 이들 과정은 일반성을 갖추었다고 할 수 있다.

요컨대, 변이형 ya와 yɛ, ɛ, a의 관계는 자연성과 일반성을 모두 갖춘 ya→yɛ, ya→yɛ→ɛ, ya→a라는 음운 과정으로써 각각 설명될 수 있다.

다음으로, (ya) 변이가 수의적 교체에 의한 것인지 기저형의 선택에 의한 것인지를 판단하기 위해서는 ya→yɛ, ya→yɛ→ɛ, ya→a라는 음운 과정의 공시성 여부를 가려야 한다. 해당 음운 과정으로 인한 교체형이 확인되는 경우, 그 음운 과정은 공시적 현상으로 간주된다.

이러한 관점에서 볼 때, 이 지역어의 ya→yɛ, ya→yɛ→ɛ, ya→a 현상은 공시적 음운 과정, 즉 음운 교체라고 할 수 있다. 기저의 'ya' 연쇄에 아무런 교체도 일어나지 않은 형태(변이형 ya)와, ya→yɛ, ya→yɛ→ɛ, ya→a라는 교체가 일어난 형태(변이형 yɛ, ɛ, a)가 공존하고 있기 때문이다.

따라서 이 지역어의 (ya) 변이 중 변이형 ya, yɛ, ɛ, a와 관련된 현상은 도출 과정에서의 수의적 음운 교체에 의한 것으로 해석된다.

그런데 한편으로 이 같은 변이형의 공존이 인접 방언이나 표준어의 차용에 의한 것일 가능성 또한 검토할 필요가 있다. 사실상, 언어 변이와 변화는 언어 내적 요인과 언어 외적 요인의 복합적 작용에 의하여 이루어지는 것이 대부분이기 때문이다.

그러나 이들 변이형은 차용에 의한 것일 가능성이 희박하다. 인접 방언 및 표준어에 해당 형태가 없기 때문이다.[133] 따라서 이는 이 지역어 내적인 요인에 의한 변이형으로 해석된다.

뿐만 아니라, ɛ→ya와 같은 과도 교정 현상 또한 활발히 일어나고 있다는 점에서 ya→ɛ 현상은 공시적인 생산성을 지닌 과정이라 할 수 있

---

133) 단, sya, ʦya 연쇄에서의 y 탈락형, 즉 sa형과 ʦa형은 표준어의 영향을 받았을 가능성이 있다.

다. F_3(62세)의 '비앵기(飛行機)→비양기', M_14(29세)의 '배우면(學)→뱌우면', '(골이)대운다(觸)→대운다~댜운다' 등이 그러한 예이다.[134]

요컨대, 이 지역어의 (yə) 변이 및 (ya) 변이는 도출 과정에서의 수의적 교체에 의한 것이라 할 수 있다. 이제 그러한 수의적 교체의 기제와 요인에 대하여 보다 구체적으로 살펴보기로 하자.

우선, 공시적인 (yə) 변이는 아래와 같은 수의적 교체에 의하여 일어난다.

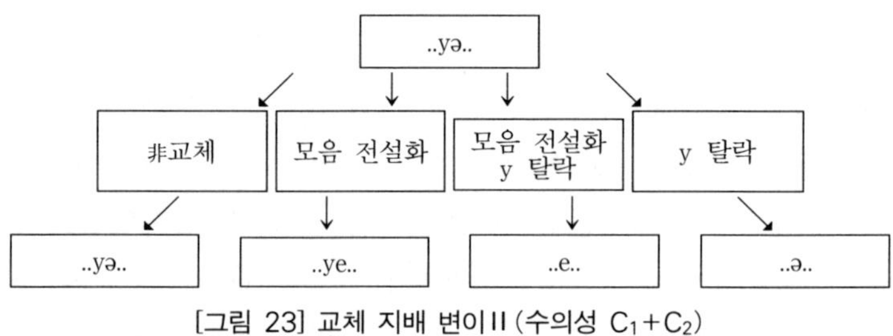

[그림 23] 교체 지배 변이 II (수의성 C_1+C_2)

이 같은 수의적 교체를 규칙으로써 나타내면 다음과 같다.

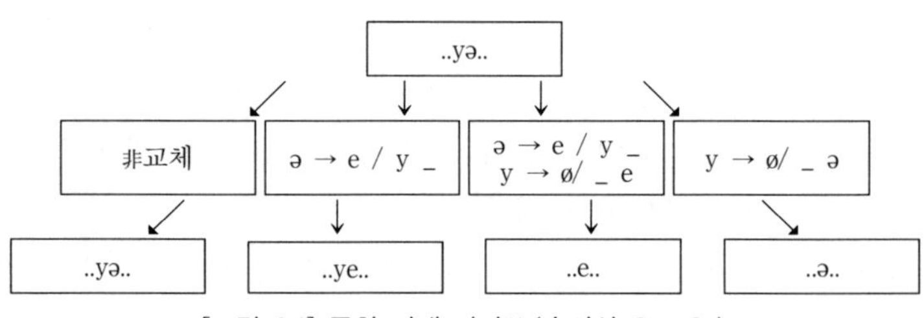

[그림 24] 규칙 지배 변이 II (수의성 C_1+C_2)

(yə) 변이의 경우, 변이형 ye는 yə 연쇄를 가진 기저형에 ə → e / y _ 라는 모음 전설화 규칙이 적용된 것으로 기술할 수 있다. 변이형 e는 yə 연쇄를 가진 기저형에 ə → e / y _ 라는 모음 전설화 규칙 및 y → ø /

---

134) ≪朝鮮語方言調査報告≫에도 '비행기 piyaŋgi'가 나타난다.

_ e 라는 y 탈락 규칙이 적용된 것으로 기술할 수 있다. 주로 치조음을 두음으로 하는 경우에 관찰되는 변이형 ə는 yə 연쇄를 가진 기저형에 y → ø / _ ə 라는 y 탈락 규칙이 적용된 것으로 기술할 수 있다. 단, 이들 규칙은 모두 수의적으로 적용됨으로써 표면에 네 가지 변이형이 출현한다. 그러나 이러한 기술은 규칙 적용의 수의성 문제, 해당 규칙의 존재 이유, 규칙 첨가 문제에 대한 보다 근본적인 설명을 필요로 한다. 뿐만 아니라, 표면의 음운 현상을 규칙으로써 기술하는 차원에서는, 현재 이 지역어에 공존하는 여러 음운 현상들 간의 내적인 관계를 포착하지 못한다는 한계가 있다. 전통적인 생성 음운론의 이론틀 내에서는 형식적으로 유사한 규칙들 간의 관게만을 포착할 수 있기 때문이다. 만약 규칙의 형식적 공통점만을 따진다면, ye→e 현상과 tyV→tV, nyV→nV, syV→sV, ʦyV→ʦV 현상은 서로 연관되지 않은 별개의 음운 현상들로 간주될 것이다.[135] 그러나 사실 이들 현상은 전설성이라는 동일 자질이 연접하는 것을 회피한다는 점에 있어서 공통적이다. ye→e에서의 y 탈락은 활음과 모음의 연쇄에서 전설성의 연접이 금지되는 현상이라면, tyV→tV, nyV→nV, syV→sV, ʦyV→ʦV에서의 y 탈락은 자음과 활음의 연쇄에서 전설성의 연접이 금지되는 현상이라 할 수 있다.[136] 이들 또한 넓은 의미에서 단일한 부정 목표를 위해 기능적으로 공모하고 있는 것이다.

이상의 이유로 인해 본고는 이 지역어의 교체 지배 변이를 기본적으로 '규칙'의 관점에서 기술하되, 그 근본 원리는 '제약'의 관점에서 설명

---

135) 치조음을 두음으로 하는 yə 연쇄에서의 '(치조음)yə→(치조음)ə' 현상은 V가 ə인 경우에 한하여 '치조음-yV→치조음-V' 현상과의 형식적 공통점을 발견할 수 있다.

136) 동일 자질의 연접을 회피한다는 근본적인 점에서 ye→e에서의 y 탈락은 ʧyV→ʧV, ɲyV→ɲV, ʃyV→ʃV, ʧyV→ʧV에서의 y 탈락과도 공통점을 찾을 수 있을 것이다. 즉, 이들 음운 과정은 모두 '전설성'이나 '구개성' 등의 특정 자질을 명세하지 않은 상위 제약으로서의 OCP를 준수하기 위한 현상 안에 포섭되는 것이다.

하고자 한다. 단, 이때의 제약은 전통적인 생성 음운론의 '위반 불가능
한 제약'이 아니라, 경쟁적 제약의 존재로 인하여 '위반 가능한 제약'이
란 차이를 지닌다.

이러한 전제하에 유형 E_1(수의성 C_1+C_2)의 변이형 도출 과정을 도식화
하면 아래와 같다.

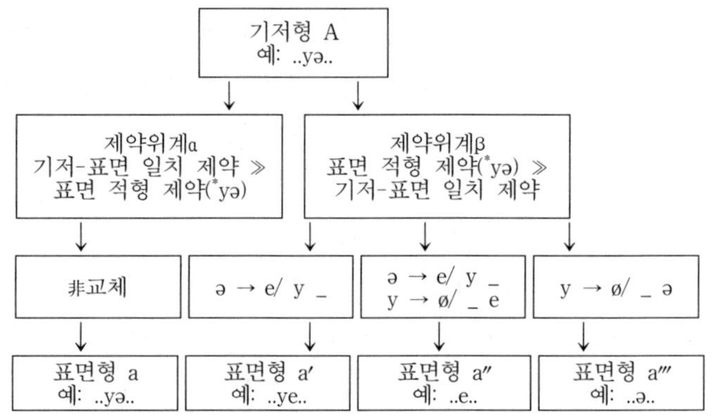

[그림 25] 제약 지배 변이 II (수의성 C_1+C_2)[137]

표면형 a(yə형)는 기저형이 그대로 보존된 경우이고, 표면형 a′(ye형),
a″(e형), a‴(ə형)은 기저형에 각각 교체가 일어난 경우이다. 이때 yə→ye,
yə→e, yə→ə라는 교체가 일어난 이유는 이 지역어의 표면 적형 제약
(*yə)이 기저-표면 일치 제약보다 상위의 제약으로 작용한 데 기인한
다.[138] 기저형을 표면 적형 제약이 허용하는 음성 형식으로 만드는 손질

---

137) 최적성 이론의 관점에 따르면 모든 음운 현상은 제약의 상호 작용으로 설명된다.
따라서 위의 음운 현상도 궁극적으로는 충실성 제약인 IDENT-IO(feature)와 유표성
제약인 AGREE(place), OCP 및 *COMPLEX의 상호 작용으로 설명될 수 있을 것이다.
따라서 yə, ye, e, ə와 같은 네 표면형의 공존 이유 또한 이들의 출현을 좌우하는
제약들 간의 위계가 고정되지 않았기 때문이라고 해석할 여지가 있다.

138) 변이형 ye와 e, ə는 '결과적으로' yə 연쇄를 회피한다는 점에서 공통적이다. 그러
나 엄밀히 말해서 ə형의 출현은 '자음(특히 치조음)-yə' 연쇄의 경우에 한정되며,
이때 y 탈락의 동인 또한 선행하는 자음과 y의 연접을 금지하기 위해서라고 판단

책략은 여러 가지일 수 있다. 동일한 목표를 위한 상이한 해결책이 존재하는 것이다. 따라서 공존하는 손질 책략, 즉 경쟁 규칙들은 그들 간의 상호 위계에 따라서 그 적용 여부가 결정된다. 현재 이 지역어의 변이형 분포를 보면, ye형과 e형, ə형 중 e형의 비율이 가장 높은 것으로 나타난다. 이는 현재 이 지역어에서 yə→e라는 손질 책략이 가장 선호되고 있음을 말해 준다. 그런데 실질적으로 yə→e 또한 yə→ye라는 동화를 거쳐 일어나는 현상임을 감안한다면, 이는 동일한 조건하에서라면 탈락(yə→ə)이나 삽입보다는 모음 전설화와 같은 자질 변경이 더 선호되는 교체 방식이라는 언어 보편적 경향에 부합한다고 할 수 있다.

반면, 기저의 yə 연쇄가 그대로 실현된 표면형 a(yɔ형)는 인지의 편이를 위한 기저-표면 일치 제약이 이 지역어의 표면 적형 제약(*yə)보다 우선시된 결과이다. 이러한 네 표면형의 공존 이유 또한 이들의 출현을 좌우하는 제약들 간의 위계가 고정되지 않았기 때문이다. 이는 서로 다른 제약 위계(위계α, 위계β) 간의 경쟁을 반영한다.

한편, (ya) 변이는 아래와 같은 수의적 교체에 의하여 일어난다.

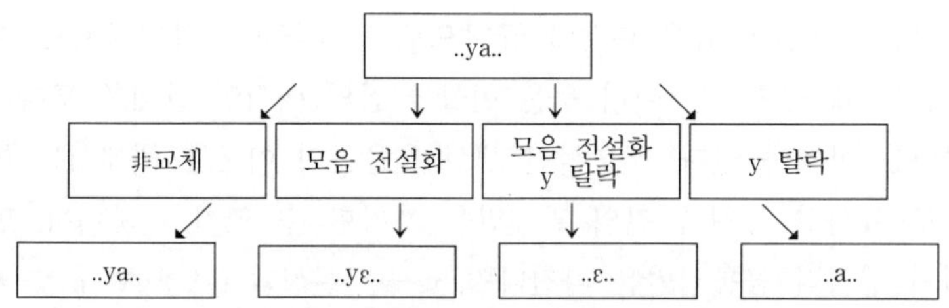

[그림 26] 교체 지배 변이 II (수의성 C_1+C_2)

이 같은 수의적 교체를 규칙으로써 나타내면 다음과 같다.

된다. 반면 ye형과 e형의 출현은 y와 후행 모음의 연쇄 제약에 기인한다. 여기서 작용하는 표면 적형 제약은 'yə'라는 음운 연쇄의 출현을 금지한다는 점에서 음소 배열 제약으로 하위 구분될 수 있을 것이다.

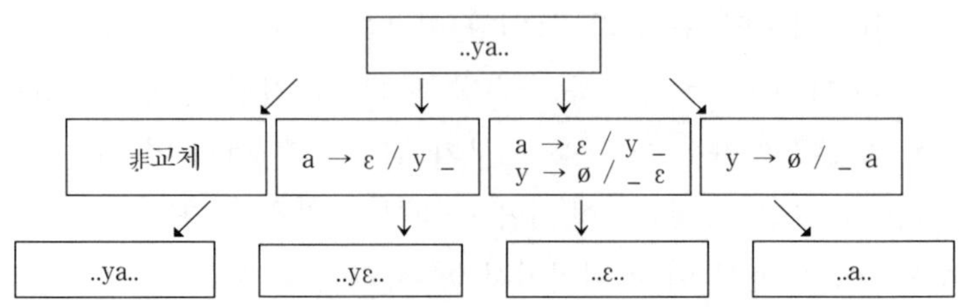

[그림 27] 규칙 지배 변이 II (수의성 C_1+C_2)

(ya) 변이의 경우, 변이형 yε는 ya 연쇄를 가진 기저형에 a → ε / y _ 라는 모음 전설화 규칙이 적용된 것으로 기술할 수 있다. 변이형 ε는 ya 연쇄를 가진 기저형에 a → ε / y _ 라는 모음 전설화 규칙 및 y → ø / _ ε라는 y 탈락 규칙이 적용된 것으로 기술할 수 있다. 주로 치조음을 두음으로 하는 경우에 관찰되는 변이형 a는 ya 연쇄를 가진 기저형에 y → ø / _ a 라는 y 탈락 규칙이 적용된 것으로 기술할 수 있다. 단, 이들 규칙은 모두 수의적으로 적용됨으로써 표면에 네 가지 변이형이 출현한다. 그러나 이러한 기술은 규칙 적용의 수의성 문제, 해당 규칙의 존재 이유, 규칙 첨가 문제에 대한 보다 근본적인 설명을 필요로 한다. 뿐만 아니라, 표면의 음운 현상을 규칙으로써 기술하는 차원에서는, 현재 이 지역어에 공존하는 여러 음운 현상들 간의 내적인 관계를 포착하지 못한다는 한계가 있다. 전통적인 생성 음운론의 이론틀 내에서는 형식적으로 유사한 규칙들 간의 관계만을 포착할 수 있기 때문이다. 만약 규칙의 형식적 공통점만을 따진다면, yε→ε 현상과 tyV→tV, nyV→nV, syV→sV, ʦyV→ʦV 현상은 서로 연관되지 않은 별개의 음운 현상들로 간주될 것이다.[139] 그러나 사실 이들 현상은 전설성이라는 동일 자질이 연접하는 것을 회피한다는 점에 있어서 공통적이다. yε→ε에서의 y 탈락은 활음과 모음의 연쇄에서 전설성의 연접이 금지되는 현상이라면,

---

139) 치조음을 두음으로 하는 ya 연쇄에서의 '(치조음)ya→(치조음)a' 현상은 V가 a인 경우에 한하여 '치조음-yV→치조음-V' 현상과의 형식적 공통점을 발견할 수 있다.

tyV→tV, nyV→nV, syV→sV, ʦyV→ʦV에서의 y 탈락은 자음과 활음의
연쇄에서 전설성의 연접이 금지되는 현상이라 할 수 있다.[140] 이들 또한
넓은 의미에서 단일한 부정 목표를 위해 기능적으로 공모하고 있는 것
이다.

　이상의 이유로 인해 본고는 이 지역어의 교체 지배 변이를 기본적으
로 '규칙'의 관점에서 기술하되, 그 근본 원리는 '제약'의 관점에서 설명
하고자 한다. 단, 이때의 제약은 전통적인 생성 음운론의 '위반 불가능
한 제약'이 아니라, 경쟁적 제약의 존재로 인하여 '위반 가능한 제약'이
란 차이를 지닌다.

　이러한 전제하에 유형 E_1(수의성 C_1+C_2)의 변이형 도출 과정을 도식화
하면 아래와 같다.

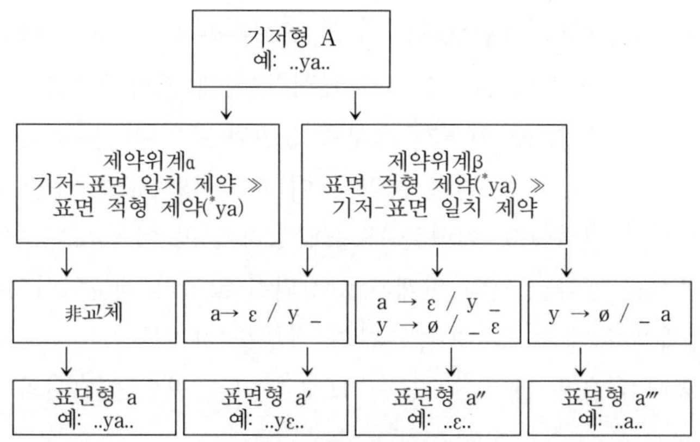

[그림 28] 제약 지배 변이 II (수의성 C_1+C_2)[141]

---

140) 동일 자질의 연접을 회피한다는 근본적인 점에서 yε→ε에서의 y 탈락은 ʧyV→
　　ʧV, ñyV→ñV, šyV→šV, ʧyV→ʧV에서의 y 탈락과도 공통점을 찾을 수 있을 것
　　이다. 즉, 이들 음운 과정은 모두 '전설성'이나 '구개성' 등의 특정 자질을 명세하지
　　않은 상위 제약으로서의 OCP를 준수하기 위한 현상 안에 포섭되는 것이다.

141) 최적성 이론의 관점에 따르면 모든 음운 현상은 제약의 상호 작용으로 설명된다.
　　따라서 위의 음운 현상도 궁극적으로는 충실성 제약인 IDENT-IO(feature)와 유표성

표면형 a(ya형)는 기저형이 그대로 보존된 경우이고, 표면형 a′(yɛ형), a″(ɛ형), a‴(a형)은 기저형에 각각 교체가 일어난 경우이다. 이때 ya→yɛ, ya→ɛ, ya→a라는 교체가 일어난 이유는 이 지역어의 표면 적형 제약(*ya)이 기저-표면 일치 제약보다 상위의 제약으로 작용한 데 기인한다.[142] 기저형을 표면 적형 제약이 허용하는 음성 형식으로 만드는 손질 책략은 여러 가지일 수 있다. 동일한 목표를 위한 상이한 해결책이 존재하는 것이다. 따라서 공존하는 손질 책략, 즉 경쟁 규칙들은 그들 간의 상호 위계에 따라서 그 적용 여부가 결정된다. 현재 이 지역어의 변이형 분포를 보면, yɛ형과 ɛ형, a형 중 ɛ형의 비율이 가장 높은 것으로 나타난다. 이는 현재 이 지역어에서 ya→ɛ라는 손질 책략이 가장 선호되고 있음을 말해 준다. 그런데 실질적으로 ya→ɛ 또한 ya→yɛ라는 동화를 거쳐 일어나는 현상임을 감안한다면, 이는 동일한 조건하에서라면 탈락(ya→a)이나 삽입보다는 모음 전설화와 같은 자질 변경이 더 선호되는 교체 방식이라는 언어 보편적 경향에 부합한다고 할 수 있다.

반면, 기저의 ya 연쇄가 그대로 실현된 표면형 a(ya형)는 인지의 편이를 위한 기저-표면 일치 제약이 이 지역어의 표면 적형 제약(*ya)보다 우선시된 결과이다. 이러한 네 표면형의 공존 이유 또한 이들의 출현을 좌우하는 제약들 간의 위계가 고정되지 않았기 때문이다. 이는 서로 다른 제약 위계(위계α, 위계β) 간의 경쟁을 반영한다.

공시적 음운 과정, 즉 음운 교체에 의한 변이는 교체의 수의성에 기

제약인 Agree(place), OCP 및 *Complex의 상호 작용으로 설명될 수 있을 것이다. 따라서 ya, yɛ, ɛ, a와 같은 네 표면형의 공존 이유 또한 이들의 출현을 좌우하는 제약들 간의 위계가 고정되지 않았기 때문이라고 해석할 여지가 있다.

142) 변이형 yɛ와 ɛ, a는 '결과적으로' ya 연쇄를 회피한다는 점에서 공통적이다. 그러나 엄밀히 말해서 a형의 출현은 '자음(특히 치조음)-ya' 연쇄의 경우에 한정되며, 이때 y 탈락의 동인 또한 선행하는 자음과 y의 연접을 금지하기 위해서라고 판단된다. 반면 yɛ형과 ɛ형의 출현은 y와 후행 모음의 연쇄 제약에 기인한다. 여기서 작용하는 표면 적형 제약은 'ya'라는 음운 연쇄의 출현을 금지한다는 점에서 음소 배열 제약으로 하위 구분될 수 있을 것이다.

인함을 보았다. 그렇다면 수의적 교체가 촉발된 요인은 무엇인가? 그것은 기존의 문법에 새로운 교체가 첨가되었기 때문이다. 새로 첨가된 교체 현상이 수의적 적용 단계를 거쳐 점차 필수화하는 과정에서 변이가 출현한다. 그리고 보다 근본적으로는 발화 산출 과정 중 표면형 도출 과정을 지배하는 제약의 위계가 동요함으로써 새로운 교체가 일어난다. 이는 공시적 변이의 요인인 동시에 통시적 변화의 요인이기도 하다.

(yə) 변이 및 변화의 경우, 기존의 제약 위계가 새로운 위계로 변화하는 과정에서 공시적 변이(예. 펴-∼페-∼폐-(伸))가 출현하고, 그 위계가 확정되면서 변화가 완료된다(예. 펴- > 폐-).

(ya) 변이 및 변화의 경우 또한 기존의 제약 위계가 새로운 위계로 변화하는 과정에서 공시적 변이(예. -(으)랴르∼-(으)래르∼-(으)래르∼-(으)라르(-도록))가 출현하고, 그 위계가 확정되면서 변화가 완료된다(예. -(으)랴르 > -(으)래르 또는 -(으)랴르 > -(으)라르).

3.2. 변화의 실제

앞에서 노년층의 발화에서 관찰되는 교체 지배 변이의 양상을 살펴보았다. 교체 지배 변이가 출현하는 요인은 기존 문법에 새로운 규칙이 첨가되어 그것이 수의적으로 적용되기 때문이라고 보았다. 새로운 규칙의 첨가는 이 지역어의 음운 현상을 지배하는 제약의 위계가 변화된데 기인한다고 해석하였다. 이 장의 목적은 변화의 실제를 검토함으로써 통시적인 교체 지배 변화의 확산 과정과 방향을 밝히는 것이다. 노년층의 변이를 중년층 및 청년층의 변이와 비교함으로써 현장 시간상의 변화를 논의하고, 이를 100년 전의 문헌 자료에 반영된 언어적 사실과 비교함으로써 실재 시간상의 변화 또한 확인하고자 한다. 여기서 제시하는 변화의 예들은 공시적 변이의 요인과 기제에 대한 앞의 가설을 실증적으로 뒷받침할 것이다. 즉, 이 장을 통하여 공시적인 교체 지배 변이와 통시적인 교체 지배 변화의 상호 관계에 대한 검증이 이루어질 것이다.

3.2.1. (ti) 변화와 (tyV) 변화

3.2.1.1. 현장 시간상의 변화

노년층의 발화가 논의의 중심이므로, 청년층 및 중년층의 자료는 대표적인 예들만 간략히 제시한다.

3.2.1.1.1. 이 지역 중년층 화자들의 발화에서 변항 (ti)는 다음과 같이 실현된다.[143]

---

143) 이때 변항 (ti)는 이전 시기에 'ti'라는 음운 연쇄를 포함했던 형태소들을 가리킨다.

항목	의미	F₄ 56세	M₈ 55세	F₅ 54세	M₉ 48세	M₁₀ 45세	F₆ 45세	F₇ 44세
가매티	鍋焦	kamɛʧʰí	kamɛtʰí	kamɛtʰí kamɛʧʰí kamɛʧʰi múri maringa mɛʧʰí	k'amaʧʰí	k'amaʧʰí	kɛmɛʧʰí	k'ɛmɛʧʰí
단디	罐	tanʥí k'ult'anʥí tá·nʥi	tanʥí k'ult'anʥí	tanʥí yuridandíga tʰin	tanʥí	tanʥí	tanʥí	tanʥí
텬디꽃	杜鵑	tsʰ(~ʧʰ)ən ʥí k'oʥi ʧʰ(~tsʰ)ən ʥí k'oʥi	tʰenʥík'o ʥiradi	ʧʰənʥík'o ʥi tʰenʥík'o ʥi	ʧʰənʥik'ó ʧʰiraɦa go tsʰənʥík'o ʥi	ʧʰənʥík'o ʥi	tʰe(~ə)nʥí k'oʥi tʰenʥík'o ʥi ʧʰənʥík'ot tsʰ(~ʧʰ)ən ʥik'ót tsʰənʥik'ó ʧʰi	ʧʰənʥí k'oʥi
장딴디	小腿	tsant'anʥí tsant'anʥí	ʧant'ánʥi	tsant'anʥí ts(~ʧ)ant'a nʥí	tsant'anʥí	tsant'anʥí tsant'anʥí	ʧánt'anʥir a tsant'anʥí	ʧant'anʥí
넘티	心臟	yəmtʰí yəmʧʰí	yəmtʰí	yəmtʰí yəmʧʰí	yəmtʰí	yəmtʰí	yəmtʰí	yəmtʰí
농디레	鰍魚	yoŋʥíre	yoŋʥíre	yoŋʥíre	yoŋʥíre	yoŋʥíre	yoŋʥíre	—
디레	蚯蚓	ʧíre	ʧíre ʧírəindé tsʰamʥíre kɛʥíre	ʧíre tíre	ʧírəní ʧíre	ʧíre	ʧírəní ʧíre	ʧíre
디경	地境	patʧʰigyáŋ ʧigyáŋ	tigəŋʥí tigyəŋʥí tigyə́ə paʧʰigyə́ira tigʸə́eda tigyəŋs'aú mi	tigeʥí pat'igé pat'igeý pat'igeíra	patʧʰigyáŋ ʧigyəŋʥí ʧigyə́ira mun	patt'igeʥí	ʧigyáŋ patʧʰigyáŋ	ʧigéý paʧʰigéy
평디	平地	pʰyəŋʥí pʰyəŋdí pʰeŋdí	pʰeŋʥí	pʰyəŋʥí	pʰyəŋʥí	pʰyəŋʥíe	pʰyəŋʥí pʰeŋʥí	pʰyəŋʥí
명디	明紬	meŋʥí meŋʥibadí meŋʥiba ʥí	meŋʥušíri ra meŋʥí meŋʥišíri	myəŋʥišíl myəŋʥišíri meŋʥišíl meŋʥitsʰə́ ňi	myəŋʥiba tʰé	meŋdišíl menditsʰə́n	meŋdzuba tʰé	meŋdi ʧʰə́n meŋdí
번디-	鱧	pənʥə́ pəndé pəndyə́ʥin da pənʥínda pónʥidza ňi pənʥígu	pəndínda pʰóndʸera pəndédek'ə din pəndédʸet'a póndededo	pənʥínda pənʥígu pəndéra pənʥéʥin da pənʥét'a	pənʥínda pənʥə́ra pəndʸə́ʥ t'a pónʥəʥə t'a	pəndígo pənʥígo pəndéra pənʥéra pəndíl pəndə́ʥet'a	pónʥigu pəndʸéʤət'a pəndyə́dyə t'a pəndə́ʥigə din pəndə́ʥin da	pənʥínda pənʥí nin pənʥé ra pənʥə́(e) ʤet'a

		pəndʒédet'a pəndʒédʒet'a pəndʒédʒe(ə) t'a pəndídes'ɨk'uma pəndʒédʒes'ɨk'uma						
디-	落	ʧ'indá, ʧ'índa ʧ'ét'a, ʧ'ét'a ʧ'ésə	ʧ'indá ʧ'ét'a ʧ'iňí ʧ'imésə	ʧ'índa ʧ'ét'a	ʧ'índa ʧ'ə́t'a	ʧ'indá ʧ'ʸə́t'a	ʧ'índa ʧ'ét'a	ʧ'indá
고티-	改	koʧʰínda koʧʰílla koʧʰé koʧʰét'a	koʧʰígu koʧʰímun kotʰéya	kotʰínda koʧʰéra kotʰéra	koʧʰígo kotsʰéya koʧʰéra	kotʰígo kotʰéya	koʧʰígu koʧʰéya koʧʰé	koʧʰílla
깊이-	遭	kiʧʰínda kiʧʰíʤi kiʧʰét'a	kitʰét'a kitʰésə kiʧʰéra	kitʰímun kitʰímu kitʰídi kitʰé kitʰéra	kiʧʰíʤi kiʧʰə́t'a kiʧʰénna kitʰʸə́t'a	kitʰíʤi kitʰét'a	kiʧʰíʤi kitʰídi kitʰét'a	kiʧʰínda kiʧʰímdu kiʧʰíniŋga
티-	打	ʧʰídzamʉn ʧʰínda tsʰí·nda tsʰét'a ʧʰéya tʰésə	tʰínɨn tʰíʤa tʰíge tʰé ʧʰínda ʧʰét'a	tʰídi tʰíʤi ʧʰínda tʰé, tʰín tʰidánaňi	ʧʰígo ʧʰə́ra ʧʰét'a ʧʰéra ʧʰéʤət'a	ʧʰílla ʧʰə́t'a	tʰínda tʰéra tʰé ʧʰínda ʧʰéra	—
띠-	蒸	ʧ'índa ʧ'é	ʧ'índa ʧ'éra	t'índa ʧ'ígu t'igenna t'é, t'ésə	ʧ'índa ʧ'ígu ʧ'ə́ra ʧ'ə́	t'íʤi t'ígo t'éra ʧ'ə́ra	ʧ'ín ʧ'éra	ʧ'íʤi ʧ'é

[표 55] 변항 (ti)의 화자별 음성 실현 양상[144]

이를 변이형으로 분류하여 도식화하면 아래와 같다.

---

144) 제보자 M7(59세)의 음성형은 다음과 같다. k'ɛmɛtʰi(가매티), ʧ'íre, tíre, tsʰamdiréɦagu, kɛdíre(디레), ʧʰəndʒík'ot(텬디꽃), kotʰigenniŋga(고티-)

제보자 항목	F₄ 56세	M₈ 55세	F₅ 54세	M₉ 48세	M₁₀ 45세	F₆ 45세	F₇ 44세
가매티	ʧi	ti	ti, ʧi	ʧi	ʧi	ʧi	ʧi
단디	ʧi	ʧi	ti, ʧi	ʧi	ʧi	ʧi	ʧi
텬디꽂	ʧi	ʧi	ʧi	ʧi	ʧi	ʧi	ʧi
장딴디	ʧi	ʧi	ʧi	ʧi	ʧi	ʧi	ʧi
넘티	ti, ʧi	ti	ti, ʧi	ti	ti	ti	ti
농디레	ʧi	ʧi	ʧi	ʧi	ʧi	ʧi	—
디레	ʧi	ʧi	ti, ʧi	ʧi	ʧi	ʧi	ʧi
디경	ʧi	ti, ʧi	ti	ʧi	ti	ʧi	ʧi
평디	ʧi, ti	ʧi	ʧi	ʧi	ʧi	ʧi	ʧi
명디	ʧi	ʧi	ʧi	ʧi	ti	—	ti
번디-	ti, ʧi	ti	ti, ʧi	ti, ʧi	ti, ʧi	ti, ʧi	ʧi
디-	ʧi	ʧi	ʧi	ʧi	ʧi	ʧi	ʧi
고티-	ʧi	ʧi, ti	ti, ʧi	ʧi	ti	ʧi	ʧi
긑이-	ʧi	ti, ʧi	ti	ʧi, ti	ti	ʧi, ti	ʧi
티-	ʧi, ti	ti, ʧi	ti, ʧi	ʧi	ʧi	ti, ʧi	—
띠-	ʧi	ʧi	ti, ʧi	ʧi	ti, ʧi	ʧi	ʧi

[표 56] 변항 (ti)의 화자별 변이형 실현 양상

중년층의 경우에도 변항 (ti)에 대한 변이가 관찰된다. 형태소 간 변이와 형태소 내 변이, 화자 간 변이와 화자 내 변이를 모두 보여 준다. 단, 변이형 ti와 변이형 ʧi 중 후자의 비율이 상대적으로 높다. 노년층의 경우 ti형의 출현 비율이 높았던 것과 대조적이다. 이는 이 지역어의 ti 연쇄가 점차 ʧi형으로 변화되어 가고 있음을 반영하는 것으로 해석된다.

한편, 이 지역 중년층 화자들의 발화에서 변항 (tyV)는 다음과 같이 실현된다.[145]

---

145) 이때 변항 (tyV)는 이전 시기에 'tyV'라는 음운 연쇄를 포함했던 형태소들을 가리킨다.

제보자 항목		F₄ 56세	M₈ 55세	F₅ 54세	M₉ 48세	M₁₀ 45세	F₆ 45세	F₇ 44세
방언형	의미							
똥-	好	ʧótʰa ʦótʰa ʧ(~ʦ)óɨndi	ʧótʰa	ʧótʰa ʦ(~ʧ)ótʰa	ʦótʰa ʧóaʥet'a	ʧ(~ʦ)okʰé t'ira ʦ(~ʧ)óasə ʧótʰi ʦótʰa	ʧótʰa ʦótʰa	ʧótʰa
어때	何	áʧ'ɛ	áʧ'ɛ	át'ɛ	áʧ'ɛ	át'ɛ, áʧ'ɛ át'ɛsə	áʧ'ɛ át'ɛ	áʧ'ɛ
데일	第一	ʧéːyl, ʦeíl	ʧeirí teíridi	tél, teíl ʧéil, ʧeíl	ʦéːl	ʧeíl	ʦé⁽ʸ⁾l tél	ʧéil ʧéːl
데수	弟嫂	—	ʧesú	tesú ʦesú	ʦésura	tesú ʧesú	ʦesúra	—
당화	長靴	ʦaɳɦwá ʦaɳwá ʧaɳɦwá	ʦaɳwá ʦaɳɦwá	ʦaɳwá	ʦaɳɦwarɨ	ʦaɳwá ʦaɳʔwá	ʦaɳɦwá	ʧ(~ʦ)aɳɦwá ʧaɳɦwára
듕매 (꾼)	仲媒 (꾼)	ʦ(~ʧ)uɳmɛ k'úñi	ʧuɳmɛk'ú nu	ʦuɳmé ʦuɳmɛk'u ñíra	ʦuɳmɛk'ɰíi ragodo	ʦúɳmɛri ʦ(~ʧ)uɳmɛ k'ùñí	ʦuɳmɛʥéɲi	ʧuɳmérɨ
댱수	長壽	ʦáɳsuɦan da	ʧaɳsunoin dirɨ	ʦáɳsuɦan da	ʦáɳsuɦan da	ʦáɳsuanda	ʦáɳsuɦan da	ʧáɳsuham ane
텬디꽃	杜鵑	tsʰ(~ʧʰ)ən ʥík'oʥi ʧʰ(~tsʰ)ən ʥík'oʥi	tʰenʥík'o ʥiradi	ʧʰənʥík'o ʥi tʰenʥík'o ʥi	ʧʰənʥik'ó ʧʰiraɦago tsʰənʥík'o ʥi	ʧʰənʥík'o ʥi	tʰe(~ə)nʥí k'oʥi tʰenʥík'o ʥi ʧʰənʥík'ot tsʰ(~ʧʰ)ən ʥik'ót tsʰənʥik'ó ʧʰi	ʧʰənʥík'o ʥi
뎡게	彼處	ʧəːgí, ʦəgí təgí	ʧəgí ʧəɳgé	tági, təgí təɳgé	ʦɨgí	tági, táːgi təɳgé ʧəgí, ʧəɳgé	ʦági tági təɳgé	ʧəgí
던깃불	電燈	ts(~ʧ)əɳgi p'úl ʦəɳgip'úl	ʧəɳgip'úri ʧəɳgidamá	ʧ(~ts)əɳgip 'úri ʧáɳgido	ʧəɳgip'úl ʧəɳgidamá	ʧ(~ts)áɳgi ʧəɳgip'úri	ts(~ʧ)əndɨɳ ʦəɳgidamá ʧəɳgip'úl	ʧáɳgirɨ
댱사 (꾼)	商業 (꾼)	ʦaɳsak'ún ts(~ʧ)aɳsa k'úñi cf. ʧáɳsaman	ʧaɳsak'ún ʦaɳsak'ún	ʦaɳsak'ún s'aldzaɳsa k'úñi ts(~ʧ)aɳsa k'úñi	ʦaɳsak'ɰíra ʦaɳsak'uíra s'aldzaɳsá k'un s'aldzansà k'úñi	ʧaɳsak'un dɨri ʧ(~ts)aɳsa k'undɨl ʦaɳsak'úndu s'aldzáɳsa	ʧaɳsak'ún ʧáɳsarɨ ʦáɳsa ʦaɳsak'ún s'aldzaɳsa k'ún	ʦaɳsak'uñí ʦáɳsara
뎡개	膝	təɳgé	ʧəɳgéʒ ʧəɳgɛmm agúri	təɳgé təɳgɛmadí	ʦəɳgɛ̃í ʧəɳgéʒ	təɳgɛmma dí	təɳgé	təɳgé

[표 57] 변항 (tyV)의 화자별 음성 실현 양상¹⁴⁶⁾

---

146) 제보자 M₇(59세)의 음성형은 다음과 같다. át'ɛ(어때), tyaɳɦwá, ʦaɳɦwá(당화),
ʦótʰi(똥-), ʧəɳgis'éga, ʧəɳgi(던기(電氣))

이를 변이형으로 분류하여 도식화하면 아래와 같다.

항목＼제보자	F₄ 56세	M₈ 55세	F₅ 54세	M₉ 48세	M₁₀ 45세	F₆ 45세	F₇ 44세
둥—	ʧV, ʦV	ʧV	ʧV, ʦV	ʦV, ʧV	ʧV, ʦV	ʧV, ʦV	ʧV
어때	ʧV	ʧV	tV	ʧV	tV, ʧV	ʧV, tV	ʧV
데일	ʧV, ʦV	ʧV, tV	tV, ʧV	ʦV	ʧV	ʦV, tV	ʧV
데수	—	ʧV	tV, ʦV	ʦV	tV, ʧV	ʦV	ʧV
댱화	ʧV, ʦV	ʦV	ʦV	ʦV	ʦV	ʦV	ʧV
듕매(꾼)	ʦV	ʧV	ʦV	ʦV	ʦV	ʦV	ʧV
댱수	ʦV	ʧV	ʦV	ʦV	ʦV	ʦV	ʧV
텬디꽂	ʦV, ʧV	tV	ʧV, tV	ʧV, ʦV	ʧV	tV, ʧV, ʦV	ʧV
덩게	ʧV, ʦV, tV	ʧV	tV	ʦV	tV, ʧV	ʦV, tV	ʧV
던깃불	ʦV	ʧV	ʧV	ʧV	ʧV	ʦV, ʧV	ʧV
댱사(꾼)	ʦV, ʧV	ʧV, ʦV	ʦV	ʦV	ʧV, ʦV	ʧV, ʦV	ʦV
덩개	tV	ʧV	tV	ʦV, ʧV	tV	tV	tV

[표 58] 변항 (tyV)의 화자별 변이형 실현 양상

중년층의 경우에도 변항 (tyV)에 대한 변이가 관찰된다. 형태소 간 변이와 형태소 내 변이, 화자 간 변이와 화자 내 변이를 모두 보여 준다. 단, 변이형 tyV는 관찰되지 않으며, 변이형 ʧV, tV, ʦV만 나타난다. 노년층의 경우 tyV형의 출현 비율이 높았던 것과 대조적이다. 이는 이 지역어의 tyV 연쇄가 점차 ʧV형 및 ʦV형으로 변화되어 가고 있음을 반영하는 것으로 해석된다.

3.2.1.1.2. 이 지역 청년층 화자들의 발화에서 변항 (ti)는 다음과 같이 실현된다.

항목＼제보자		M₁₁ 39세	F₈ 38세	M₁₂ 31세	M₁₄ 29세	F₉ 25세
방언형	의미					
가매티	鍋焦	k'ɛmɛʧʰí	kamɛtʰí k'amaʧʰí	kamaʧʰí	kamaʧʰí	k'amaʧʰí
단디	罐	tanʤí	tanʤí	tanʤí	tanʤí	tánʤi

텬디꽃	杜鵑	ʧʰənʥíkʼoʥi ʧʰ(~tsʰ)ənʥíkʼo ʥi	tʰenʥíkʼoʥi	ʧʰənʥíkʼoʥi tsʰənʥíkʼoʥi	tsʰənʥíkʼoʧʰi ʧʰənʥíkʼot ʧʰ(~tsʰ)ənʥíkʼoši	ʧʰənʥíkʼoʥi
장딴디	小腿	tsaŋtʼanʥí	tsaŋtʼanʥí	tsaŋtʼanʥí	tsaŋtʼanʥí	ʧaŋtʼanʥí
넘티	心臓	yəmtʰí	yəmtʰí	yə́mʧʰi	yəmtʰí	yəmtʰí
농디레	鮒魚	yoŋʥíre	yoŋʥíre	—	yoŋʥíre	—
디레	蚯蚓	ʧíre, ʧírəɲi	ʧíre, ʧírəɲí ʧ(~ts)irəɲí	ʧíre	ʧíre, ʧírəɲí	—
디경	地境	pat tigyə́ira pat ʧigyə́ira patʼigée tigyə́ira patʼigyə́ː	patʧʼigə́i ʧigyə́i paʧʼigyáŋ paʧʼigyə́· paʧʼigyə́i patʼigyə́e ʧigəʥí ʧigəʥírɨ ʧigəʥíe	tigyáŋ	paʧʼigéː santʼigé	—
평디	平地	pʰyəŋʥíra	pʰeŋʥí	pʰyeŋʥí	pʰyəŋʥí	—
명디	明紬	myəŋditsʰə́n	meŋdzúbaʥi meŋdzušʼíl	meŋʥušíriradiŋ ga	—	—
번디-	蘖	pənʥínda pənʥéra pənʥə́dzətʼa pənʥébara pəndə́ʥigetʼa pəndə́ʥigo	pənʥínda pənʥə́ʥigu pénʥe pənʥə́ra	pənʥínda pənʥígo pəndéʥetʼa	pəndígu pəndigíe pəndéra pə́ndəʥigu pə́ndyəʥin	—
디-	落	ʧindá, ʧəə́tʼa	ʧindá, ʧʰínda ʧʰídza	ʧindá	ʧʰída, ʧʰígo ʧʰə́ːtʼa, ʧʰəə́tʼa	—
고티-	改	koʧʰígo koʧʰə́ra	koʧʰínda koʧʰə́ra koʧʰə́ kóʧʰera kocʰéra	koʧʰínda	koʧʰída koʧʰə́ra	—
긑이-	遣	kiʧʰín kiʧʰétʼa kitʰétʼa kiʧʰénatʼa	kiʧʰíʥi kitʰétʼa kiʧʰédo kiʧʰə́tʼa	kiʧʰéra	kiʧʰída kiʧʰín kiʧʰə́ra kitʰyə́tʼa	—
티-	打	ʧʰínda ʧʰə́ra ʧʰéra ʧʰə́ soríʧʰesə	ʧʰínda ʧʰílla ʧʰídza ʧʰə́ra	ʧʰindá	ʧʰída ʧʰə́ra ʧʰə́(~é)ra	ʧʰínda
띠-	蒸	ʧʼédu	tʼínda	ʧʼínda ʧʼé	ʧʼída ʧʼə́ra	ʧʰínda

[표 59] 변항 (ti)의 화자별 음성 실현 양상

이를 변이형으로 분류하여 도식화하면 아래와 같다.

항목＼제보자	M₁₁ 39세	F₈ 38세	M₁₂ 31세	M₁₄ 29세	F₉ 25세
가매티	ʧi	ʧi	ʧi	ʧi	ʧi
단디	ʧi	ʧi	ʧi	ʧi	ʧi
텬디꽃	ʧi	ʧi	ʧi	ʧi	ʧi
장딴디	ʧi	ʧi	ʧi	ʧi	ʧi
넘티	ti	ti	ʧi	ti	ti
농디레	ʧi	ʧi	—	ʧi	—
디레	ʧi	ʧi	ʧi	ʧi	—
디경	ʧi, ti	ʧi, ti	ti	ʧi, ti	—
평디	ʧi	ʧi	ʧi	ʧi	—
명디	ti	—	—	—	—
번디-	ʧi	ʧi	ʧi	ti	—
디-	ʧi	ʧi	ʧi	ʧi	—
고티-	ʧi	ʧi	ʧi	ʧi	—
깊이-	ʧɨ, tɨ	ʧi	ʧɨ	ʧi, ti	—
티-	ʧi	ʧi	ʧi	ʧi	ʧi
띠-	ʧi	ti	ʧi	ʧi	ʧi

[표 60] 변항 (ti)의 화자별 변이형 실현 양상

청년층의 경우에도 변항 (ti)에 대한 변이가 관찰되기는 하나, 일부 항목에 국한되어 나타난다. 변항 (ti)는 거의 다 ʧi형으로 실현된다. 이 또한 ti형의 비율이 높았던 노년층의 경우와 대조적인 양상이다. 이는 이 지역어의 ti 연쇄가 점차 ʧi형으로 변화되어 가고 있음을 반영하는 것으로 해석된다.

한편, 이 지역 청년층 화자들의 발화에서 변항 (tyV)는 다음과 같이 실현된다.

항목＼제보자		M₁₁ 39세	F₈ 38세	M₁₂ 31세	M₁₄ 29세	F₉ 25세
방언형	의미	ts(~ʧ)ótʰa tsótʰa	tsótʰa	tsótʰa	ʧótʰa, tsótʰa ts(~ʧ)ótʰa ʧ(~ts)ótʰa	ʧótʰa
동-	好					
어때	何	ə́ʧʼɛ, ə́tʼɛ	ə́ʧʼɛ	ə́ʧʼɛ	ə́ʧʼɛ	—
데일	第一	tsézl	tézl, ʧél, ʧézl	tsél	ʧeíl	—
데수	弟嫂	tsesúra	tesú	tsesú	ʧesú	—
댱화	長靴	tsaŋɦwá	tyaŋɦwá	tsaŋɦwá	tsaŋʔwá	ʧaŋɦwá
듕매(꾼)	仲媒(꾼)	tsuŋmeín	tsuŋmɛ́	tsuŋmɛ́	tsuŋmɛ́	—

당수	長壽	ʦáŋsuɦanda	ʦáŋsuɦanda	ʦáŋsuɦandam	ʦ(~ʧ)áŋsuʰada	—
텬디꽃	杜鵑	ʧʰəndʑík'odʑi ʧʰ(~ʦʰ)əndʑík'odʑi	tʰendʑík'odʑi	ʧʰəndʑík'odʑi ʦʰəndʑík'odʑi	ʦʰəndʑík'oʧʰi ʧʰəndʑík'ot'	ʧʰəndʑík'odʑi
덩게	彼處	ʦogí	ʦəːgí	ʦə́gi	ʦəgí	—
던깃불	電燈	ʦəŋgip'úrira ʦəŋgit'amára	cf. ʦə́ndiŋ	ʦəŋgip'úri	ʦ(~ʧ)əŋgip'úl	—
당사 (꾼)	商業 (꾼)	ʦaŋsak'ún ʦaŋsak'uɲírago s'aldzaŋsak'ún	ʦaŋsak'ún s'aldzaŋsak'uɲí radʑi	ʦáŋsa	ʦaŋsak'ún ʦ(~ʧ)aŋsak'ún s'aldzaŋsak'ún cf. ʦáŋsaril	ʧáŋsak'un ʧ(~ʦ)aŋsak'uɲí
덩개	膝	təŋgέ	tyəŋgέ ʧəŋgέ, təŋgέ	təŋgέ	təŋgέ	təŋgέ

[표 61] 변항 (tyV)의 화자별 음성 실현 양상

이를 변이형으로 분류하여 도식화하면 아래와 같다.

항목＼제보자	M_{11} 39세	F_8 38세	M_{12} 31세	M_{14} 29세	F_9 25세
둏–	ʦV	ʦV	ʦV	ʧV, ʦV	ʧV
어때	ʧV, tV	ʧV	ʧV	ʧV	—
뎨일	ʦV	tV, ʧV	ʦV	ʧV	—
뎨수	ʦV	tV	ʦV	ʧV	—
댱화	ʦV	tyV	ʦV	ʦV	ʧV
듕매(꾼)	ʦV	ʦV	ʦV	ʦV	—
댱수	ʦV	ʦV	ʦV	ʦV	—
텬디꽃	ʧV	tV	ʧV, ʦV	ʦV, ʧV	ʧV
덩게	ʦV	ʦV	ʦV	ʦV	—
던깃불	ʦV	ʦV	ʦV	ʦV	—
댱사(꾼)	ʦV	ʦV	ʦV	ʦV	ʧV
덩개	tV	tyV, tV, ʧV	tV	tV	tV

[표 62] 변항 (tyV)의 화자별 변이형 실현 양상

청년층의 경우에도 변항 (tyV)에 대한 변이가 관찰되기는 하나, 변이의 폭이 상대적으로 좁다. 관찰되는 변이형은 ʧV, tV, ʦV인데, 이 중 ʦV형의 비율이 가장 높다. 이 또한 tyV형의 비율이 높았던 노년층의 경우와 대조적인 양상이다. 이는 이 지역어의 tyV 연쇄가 점차 ʧV형 및 ʦV형으로 변화되어 가고 있음을 반영하는 것으로 해석된다.

3.2.1.1.3. 이상에서 살펴본 변항 (ti)의 변이 양상을 도식화하면 대략 다음과 같다. 아래는 변화의 진행 과정이 드러나도록 각 변이형의 출현 비율을 세대별로 보인 것이다.[147]

시기	노년층	중년층	청년층
변이형	ti	ti	ti
	ʧi	ʧi	ʧi

[표 63] 변항 (ti)의 현장 시간상의 변화 양상

노년층, 중년층 및 청년층의 변이 양상을 비교함으로써 우리는 ti 연쇄가 점차 ʧi형으로 변화되어 가는 과정을 확인할 수 있다. 즉, i에 의한 t 구개음화라는 음운 변화가 현장 시간상에서 점진적으로 진행되고 있음을 알게 된다. 이로써 '음운 과정에 의한 음운 변화는 수의적 음운 교체를 통하여 어휘에 따라 점진적으로 수행된다'는 앞의 가설은 일정 부분 증명된 셈이다.

한편, 변항 (tyV)의 변이 양상을 도식화하면 대략 다음과 같다. 아래는 변화의 진행 과정이 드러나도록 각 변이형의 출현 비율을 세대별로 보인 것이다.

시기	노년층	중년층	청년층
변이형	tyV	ʦV	ʦV
	ʧV	ʧV	
	tV		ʧV
	ʦV	tV	tV

[표 64] 변항 (tyV)의 현장 시간상의 변화 양상

---

147) 변이형의 출현 비율은 해당 변항과 연관된 전체 형태소의 표면 실현형에 대한 각 변이형의 유형 빈도(type frequency)에 해당한다.

노년층, 중년층 및 청년층의 변이 양상을 비교함으로써 우리는 tyV 연쇄가 점차 ʧV형 및 ʦV형으로 변화되어 가는 과정을 확인할 수 있다.[148] 즉, y에 의한 t 구개음화라는 음운 변화가 현장 시간상에서 점진적으로 진행되고 있음을 알게 된다. 또, 동일한 tyV 연쇄에 대하여 구개음화 외에 t 뒤 y 탈락이라는 상이한 음운 변화가 동시에 일어날 수도 있음을 보게 된다.[149] tyV 연쇄에 있어서의 구개음화와 y 탈락은 동일 시기에 수행되고 있는 경쟁적 변화로서, 서로에 대하여 잔재(residue)를 남기고 있다. 그리고 이 같은 경쟁적 변화는 어휘에 따라 선별적으로 적용됨으로써, 모든 어휘는 그 고유의 역사를 가진다는 말을 다시금 떠올리게 한다. 즉, 음운 변화의 방향은 개별 어휘마다 다를 수 있음을 이 지역어의 자료가 보여 주는 것이다.

이상으로써 '음운 과정에 의한 음운 변화는 수의적 음운 교체를 통하여 어휘에 따라 점진적으로 수행된다'는 앞의 가설은 일정 부분 증명되었다.

---

148) tyV형이 구개음화된 결과는 ʧV형이다. 그러나 청년층의 경우, ʧV형보다는 ʦV형의 비율이 압도적으로 높다. 이는 다음의 몇 가지 기제에 의한 변화의 결과로 보인다. 첫째, tyV형으로부터 ʧV형으로 변화된 어형에 다시 y 탈락이라는 음운 변화가 일어난 결과일 가능성이 있다. 둘째, 불명료한 음성형의 청취로 인하여 이후 세대가 이전 세대의 [ʧV](/tsyV/)를 /ʦV/로 재해석한 결과일 가능성이 있다. 셋째, 연변 표준어 및 표기법의 영향으로 차용 및 유추가 일어났을 가능성이 있다. 본고는 이 세 가지 가능성을 모두 인정한다.

149) 특히 '뎡개>뎡개', '-텨르>-터르' 등 y 탈락에 의한 통시적 변화의 경우는 표준어의 영향과 같은 언어 외적 요인의 간섭 없이 순수하게 음운 과정에 의하여 이루어진 변화라는 점을 주목할 만하다. 노년층의 발화에서 수의적으로 적용되던 y 탈락 현상이 기저형의 재구조화를 가져 온 전형적인 예이기 때문이다.

3.2.1.2. 실재 시간상의 변화

세대별 변이의 양상을 비교함으로써 현장 시간상의 변화를 살펴보았
다. 그렇다면 실재 시간상의 변화는 어떠한지 확인해 보기로 한다.

3.2.1.2.1. 20세기 초의 카잔 자료에 반영된 변항 (ti)의 실현 양상은 다
음과 같다. ≪韓國人을 위한 綴字敎科書≫와 ≪露韓會話≫, ≪試篇 露韓小
辭典≫의 자료를 차례로 제시한다.[150] [표]의 전사형은 원문에 키릴 문자
를 이용한 전사 기호로 전사된 형태를 본고의 음성 전사 기호로 전환
한 것이다.[151]

방언형	의미	전사형	변이형	방언형	의미	전사형	변이형
디키-	守	tikʰirke tikʰyešə	ti	끊어디-	斷	kɨnədyešə	ti
고디식하-	老實	kodišɨɣan	ti	하딕하-	下直	hadik haʥa	ti
-디₁	연결	s'ɨdi	ti	일어디-	失	irədin irədyešə	ti
어딜-	賢	ədirə ədirgillɛ	ti	닭이-	刺	tirginda	ti
떨어디-	落	t'ərədigu t'ərədyešə	ti	떡-	啄	t'igə	ti
모딜₁-	猛	modirgi	ti	반반해디-	美	panban hɛɛ du tigu panbanɛ tyešə	ti
쟈빠디-	倒	ʧap'adyešə	ti	곱아디-	美	koba du tigillɛ	ti
디	기간	moɣɨndye	ti	다티-	觸	tatʰidi	ti
티-	打	tʰimyəŋ tʰyešə	ti	아깝아디-	惜	ak'aba tyešə	ti
고티-	改	kotʰigiri kotʰye	ti	신틱하-	申飭	šɨyntʰik hɛɛra	ti
저물어디-	昏	ʧəmurə dyešə	ti	나디-	出	nadigidu	ti

150) 각 문헌에 출현한 형태를 모두 제시하되, 동일한 형태가 다수 출현한 경우에는
  대표적인 것만 싣는다. ≪露韓會話에 대한 單語와 表現≫의 본문에 수록된 어형
  은 ≪露韓會話≫와 일치하므로, 서문에 새롭게 등장한 어형만 추가로 제시한다.
151) 카잔 자료의 전사 문자와 한국어 I.P.A.의 대응은 대부분 郭忠求(1994b: 51-53)에
  의거하였고, King(forthcoming)도 아울러 참고하였다.

차디	次知	tsʰadirɨda	ti	빠디-	沒	p'adyeňňa	ti
늙어디-	老	nɨrgədyešə	ti	디그릇	陶器	ti kɨrišɨy ti kɨrisɨ	ti
딮	藁	tipʰu tipʰullɨ	ti	티셰	致誠	tʰišerɨ	ti
엇디	何	ət'i	ti	몡디	明紬	myeŋdi	ti
엇디-	何	ət'imun ət'idi ət'iɣɛňňa	ti	디굴	地窟	ti guru	ti
어푸러디-	倒	əpʰurədyešə	ti	환해디-	明	hwanɛdyešə	ti
무디	堆	mudi mudyešə	ti	어듭아디-	暗	ədɨba tigira	ti
-던디₁	-던지	kadəndi hɛɛt'əndi	ti	밝아디-	明	parɣadyešə	ti
-던디₂	-든지	amugedəndi ərmɛdəndi	ti	깨애디-	破	k'ɛɛdindešə	ti
겪어디-	折	kək'ədimyəŋ kək'ədyešə	ti	붙이-	貼	putʰye putʰyəs'o putʰyešə	ti
(날)마디르	-마다	nar madirɨ	ti	같이	共	katʰi	ti
-디₂	반의	negedi hwanidi	ti	해돋이	日出	hɛ todye	ti
-디₃	종결	han kadʑidi	ti	매돝-이	野豬	mɛ totʰi mɛ totʰi mɛ tok kwa	ti
단디	罐	tandi tandyee	ti	암돝-이	母豬	am-totʰi am-tok kwa	ti
모딜₂-	粗	modin	ti	고순돝-이	刺蝟	kosun dotʰi kosun dotʰillɛ kosun dok kwa	ti
걸티-	滯	kərtʰyešə	ti	디나-	過	kina kinɛšə	ki

〔표 65〕 ≪韓國人을 위한 綴字敎科書≫의 (ti) 실현 양상[152]

---

152) kodišɨɣan은 kodišɨɣɣan(고디싁안)의 오기(sic)로, kinədyešə는 k'inədyešə(끊어데
셔)의 오기로, moɣindye는 məɣindye(먹은데)의 오기로 보인다.

방언형	의미	전사형	변이형	방언형	의미	전사형	변이형
디테	遲滯	titʰyerɨ	ti	단디	罐	tandí	ti
엇디	何	ə́t'i	ti	차디	次知	ʦʰadió	ti
-디	연결	s'adí mót-hauri əllídi marára šədí máo mantʰ-yɛníumni	ti	디키-	守	tikʰír	ti
딮	藁	típʰi, típʰu	ti	맡이-	任	matʰío	ti
디(데)	기간	ondyé oráo	ti	같이	共	kátʰi	ti
-던디	-든지	musugédəndi nʉygidəndi émmɛdəndi	ti	나무밭-이	林	namú patʰɨ cf. namú patʰɨ	ti
뗭-	春	t'yəə́sa	ti	피낟-이	稊稗 米	pʰinadí pʰinadíraŋ	ti
세어디-	强	sée=dyes'o	ti	밑-이	低	mitʰɨ	ti
고티-	改	kʊtʰʊ kotʰyé	ti	디나	過	kiná on kína kanɨn kína kark'á kína karmán kinán	ki

[표 66] ≪露韓會話≫의 (ti) 실현 양상[153]

방언형	의미	전사형	변이형	방언형	의미	전사형	변이형
떨어디-	落	t'ərə=dimun t'ərədigi	ti	구부러디-	曲	kuburədigi	ti
티-	打	tʰɨgi	ti	궁니스럽어디-	聰	kuŋni-sɨrəbədigi	ti
뿔어디-	殖	p'urə=digi	ti	(쇠로)디-	鑄	swɛllɨ tígi	ti
터디-	爆	tʰə-digi	ti	쟈빠디-	倒	ʧap'ádigi	ti
짜디-	撚	k'wá=digi	ti	넘어디-	倒	nəmədigi	ti
풀어디-	解	pʰúrə=digi	ti	디페	杖	tipʰé	ti
데디- (더디-)	投	tedígi	ti	모딜어디-	粗	modirədigi	ti
단디	罐	tandí	ti	똑똑해디-	聰	t'oktok-hɛɛdigi	ti
디경	地境	tigyəŋ tigyé	ti	잃어디-	失	irədigi	ti
모딜기	猛	módirgi	ti	하딕	下直	hádigɨ hagí	ti
내티-	黜	nɛtʰigi	ti	헤티-	破	hetʰɨgi	ti
어딜-	賢	ədirgi	ti	꺾어디-	折	k'ək'ədin k'ək'ədigi	ti
친디	親知	ʧʰindí	ti	뚜디-	索	t'udígi	ti
다티-	觸	tatʰɨgi	ti	밝아디-	明	pargádigi	ti

---

153) 여기서 '세어디다'는 '(값이)올라가다'를 의미한다. '돝(猪)'에 대한 어형은 '도틔'로
되어 있다.

고티	繭	kotʰí	ti	(한)가운디	中	han-kaúndi	ti
디셰	地稅	tíše	ti	썩어디-	腐	s'əgədigi	ti
떡-	啄	t'ik'í	ti	같이	共	kátʰi	ti
디르-	刺	tirɨgí	ti	맡이-	任	matʰígi	ti
마사디-	破	masádinɨn	ti	긑이-	遺	kitʰígi, kitʰyə	ti
어푸러디-	倒	əpʰurədigi	ti	붙이-	貼	putʰígi	ti
명디	明紬	myəŋdi	ti	고순돌-이	刺蝟	kosun-tót, -totʰí	ti
하디	總	hadí	ti	암돝-이	母豬	am-dotʰí	ti
무디	堆	mudí	ti	볕-이	陽	pyət, pyetʰí	ti
-던디	-든지	núgɨydəndi	ti	긑-이	末	kɨtʰi	ti
어듭어디-	暗	ədɨbədigi	ti	낟-이	鎌	sɛ nat, nádi	ti
고티-	改	kotʰígi	ti	밭-이	田	pʰur pat, -patʰí	ti
딮	藁	típʰi, típʰullɨ	ti	붇-이	筆	put, púdi	ti
-디	연결	parɨdí an=ín hadí marára	ti	밑-이	低	mitʰí cf. mitʰɨrɨ mitʰé, mitʰɨllɨ	ti
디키-	守	tikʰígi	ti	맏-이	長	mat, madí	ti
벗어디-	脫	pəsədigi	ti	숱-이	炭	sutʰí	ti
차디	次知	tsʰadí	ti	몯-이	釘	swɛ mot, -módi	ti

[표 67] ≪試篇 露韓小辭典≫의 (ti) 실현 양상[154]

카잔 자료상으로는 (ti) 변이가 관찰되지 않는다. 'ti' 연쇄를 포함한
형태소는 모두 ti형으로 실현된다. 단, ≪韓國人을 위한 綴字敎科書≫의
'kina(기나)', 'kinɛšə(기내셔)'는 본문에 'ʧina(지나)', 'ʧinɛšə(지내셔)'로 표기하
였으나, 별도의 페이지를 통하여 수정하도록 지시되어 있다. '디나-'에
대한 '기나-'형은 일종의 과도 교정형으로 간주된다. ≪露韓會話≫에 등장
하는 'kiná on(기나 온)', 'kína kanɨn(기나 가는)', 'kína kark'á (기나 갈까)',
'kína karmán(기나 갈만)' 또한 '디나-(過)'에 대한 과도 교정형으로 간주된
다. 이는 당시에 k 구개음화 및 t 구개음화 현상이 존재했음을 반영하

---

154) '우티(衣)'에 대한 어형은 '우틔', '우톄(-에)'로 나타난다. '쥬디(嘴)'에 대해서는 '쥬
   듸', '념티(心腸)'에 대해서는 '념튀', '무디-'에 대해서는 '무된'이 나타난다. '들-(入)'
   의 사동형 '들-이-(使入)'가 움라우트된 형태로 '딜여 가기, 딜이받아 보기, 딜이기'
   로 나타난다. '디나-(過)'에 대한 '기나 달'도 나타난다. 명백한 표기상의 오류로 간
   주되는 예들은 표에 제시하지 않았다.

는 것으로 해석될 수 있다.

한편, 20세기 초의 카잔 자료에 반영된 변항 (tyV)의 실현 양상은 다음과 같다.

방언형	의미	전사형	변이형	방언형	의미	전사형	변이형
덩게	彼處	tyəŋge	tyV	공댱	公論	koŋdya	tyV
댱손이	人名 (長孫)	tyaŋsoni	tyV	채뎡	栓子	tsʰɛdyə	tyV
눈멀대	盲人	nun mərtyɛ	tyV	어때	何	ət'yɛ	tyV
남뎡	男丁	namdyəŋ gwa namdyə namdyəa namdye	tyV	찬댱	船杖 (櫓)	tsʰwan tyaŋdəri	tyV
둉	奻	tyotʰa tyoungəni tyoortsəge	tyV	뎌슝	彼生	tyɔɛiŋešɔ	tyV
대뎝	盌	tɛdyəbɛda	tyV	살댱	杖	sartyaŋ	tyV
댱새	商人	tyaŋsɛ tyaŋsɛ gwa	tyV	듕	中	tyue, tyuešə	tyV
니빠대	缺齒人	nip padyɛ	tyV	언뎡하-	言定	əndyə hɛɛšə	tyV
셩듕	城中	šəŋdyuru šəndyuru šəŋdyuešə	tyV	관댱	官長	kuandyageri kuandyɛ	tyV
뎌	彼	tyə cf. ty aa	tyV	뎌긔	彼處	tyəgiy	tyV
뎌게 (뎌것)	彼	tyəge tyəɣək'e	tyV	뎐	絨	tyeni tyən həŋətsʰɨ	tyV
뎜	點	tyemi	tyV	텬반	天盤	tʰyənbani	tyV
댱즈	常	tyaŋdzi, tyandzi	tyV	댱개	丈家 (娶)	tyaŋgɛ	tyV
댱	場	tyãilli, tyãiri	tyV	듕스럽- (듕스레)	中	tyuŋ sɨrəbun tyuŋ sire	tyV
뎔	鐵	tʰyə-ri	tyV	검뎡	黑	kəmdyəŋ t'əgɨ	tyV
-뎌르	처럼	nɛtʰyəri	tyV	훈댱	訓長	hundyɛ hundya	tyV
텬하	天下	tʰyənai tʰyənalli	tyV	댜르-	短	tyarɨgi	tyV
뎔대	鐵臺	tʰyər t'ɛri	tyV	데디-	棄	tyedigu tyedyešə	tyV
뎡녀쿠	叮嚀	tyəŋnyəkʰu	tyV	톄급	膳物	tʰyegɨbirɨda tʰyegɨbu	tyV
말댱	杖	mar tyaallišə mar tyɛ	tyV	뎡	釘	tyə-i	tyV

[표 68] ≪韓國人을 위한 綴字教科書≫의 (tyV) 실현 양상[155]

방언형	의미	전사형	변이형	방언형	의미	전사형	변이형
뎌것 (뎌게)	彼	tyə-ɣət'əri tyəge	tyV	댱	場	tyaŋ	tyV
뎡	釘	tyəi	tyV	밤뚱	夜中	pám-t'yuŋ	tyV
둏–	好	tyós'upte tyóun, tyóon tyotʰ yɛnío	tyV	톄재	帖子	tʰyedzɛ	tyV
뎡게	彼處	tyəŋgé tyəŋgešə́	tyV	텰안	鐵丸	tʰyə́rani	tyV
뎌	彼	tyə-ʦ'agé tyə́ ʦʰoné	tyV	디톄	遲滯	titʰyerɨ́	tyV
텰	鐵	tʰyərɨ	tyV	어때	何	ə́t'yɛ	tyV
듕	中	ʦʰón-dyuŋk'əʤi	tyV	뎐쟝	典當	tyenʤá matʰío	tyV
댱개	丈家 (娶)	tyáŋgɛri	tyV	뎜심	點心	ʧəmším	ʧV

[표 69] ≪露韓會話≫의 (tyV) 실현 양상[156]

방언형	의미	전사형	변이형	방언형	의미	전사형	변이형
댱	場	tyaŋ, tyɛ̃	tyV	뎌	彼	tyə	tyV
니빠대~	缺齒 人	ni p'adyɛ̃	tyV	뎨엘	第一	tyéer	tyV
허뎨	許題	hədye	tyV	삼뎡	麻	sam-dyə́	tyV
대뎝	盌	tɛdyəp, tɛdyebí	tyV	댜	彼兒	ty a	tyV
톈쥬	天主	Tʰyen-ʤú	tyV	셤듕	島中	šəm tyuŋ, -tyũí	tyV
-텨르	-처 럼	kɨryɛngə tʰyərɨ kɛ tʰyərɨ	tyV	쳘필	鐵筆	ʧʰʰər pʰir, -i	ʧV
둏–	好	tyótʰa tyóa hánɨnge	tyV	됴졈	工場	tyó-ʤəm	tyV
고댱	處	kodyaŋ, -kodyɛ̃	tyV	텬반	天盤	tʰyən-bán, -i	tyV
셩듕	城中	šəŋ-tyuŋ, -tyũí šəŋ tyũ	tyV	관대	官長	kwan-dyɛ	tyV
본톄	膳物	póntʰye	tyV	텰안	鐵丸	tʰyəran, -i	tyV
댱즈	常	tyáaŋdzɨ	tyV	곡됴	曲調	koktyó	tyV
무텰	霰彈	mutʰyər, -í	tyV	듀쇽	黃銅	tyušók	tyV
댱가	丈家 (娶)	tyáŋgari	tyV	텬애	天下	tʰyən-ɛ	tyV
텰	鐵	tʰyərɨ	tyV	듕간	中間	tyuŋ kan, -í	tyV

---

155) kuandyageri와 kuandyɛ는 각각 kwandyageri(관댱게르)와 kwandyɛ(관대)의 오기 (sic)로 보인다. 형태소 경계의 예로는 '아쉼탄타, 아쉼탸니타'가 있다.

156) 형태소 경계의 예로는 '아쉼태니타', '아쉼태니오'가 있다. ≪露韓會話에 대한 單語 와 表現≫의 뎌(彼) tyə, 뎌게(彼) tyə-ge, 뎌런(彼) tyərən, 됴키(好) tyokʰi, 셩듕 (城中) šəŋ tyũi의 예를 추가할 수 있다.

뎜제	簟子	tyəmdzé	tyV	허뎍	許適	hədyək, hədyégi	tyV
됴션	朝鮮	tyo-šən Tyo-šən Tyo-šəní	tyV	듕	中	tyűe, tyuŋ	tyV
댱스	商人	tyáŋsɨy	tyV	말댱	杖	mar tyaŋ mar tyɛ̃	tyV
댜르-	短	tyarɨgí	tyV	뎌렇-	彼	tyərən tyərəkʰi	tyV
댱	張	tyaŋ, tyɛ̃í	tyV	댱부	丈父	tyáŋ-bu	tyV
텬디	天地	tʰyən-dí	tyV	댱모	丈母	tyáŋ-mo	tyV
살댱	杖	sar tyaŋ, -tyɛ̃	tyV	훈댱	訓長	hún-dyaŋ, -dyɛ̃	tyV
신톄	身體	šin-tʰyé	tyV	황졔	皇帝	hwaŋ-ʤé	ʧV
검뎡	黑	kəmdyəŋʧʰíri	tyV	뎌귀	摺鐵	tyəgúy	tyV
채뎡	栓子	tsʰɛdyəŋ, tsʰɛdyɛ́	tyV	뎡게	彼處	tyəŋgérɨ	tyV
댬댬하-	潛潛 (暗)	tyáamdyam-han	tyV	뎜심	點心	kyəŋšimú kyəŋšim, -í	kyV

[표 70] ≪試篇 露韓小辭典≫의 (tyV) 실현 양상[157]

카잔 자료상으로는 (tyV) 변이가 거의 관찰되지 않는다. 'tyV' 연쇄를 포함한 형태소는 거의 다 tyV형으로 실현된다. 단, ≪露韓會話≫에 ʧəmšim(졈심, 點心)이 한 예 나타나며, ≪試篇 露韓小辭典≫에 hwaŋ-ʤé(황졔, 皇帝)와 ʧʰər pʰir(쳘필, 鐵筆)이 등장한다. 이들 ʧV형은 t 구개음화의 초기 형태들로 간주된다. 뿐만 아니라, ≪試篇 露韓小辭典≫에는 'kyəŋšimú(경심우, 點心)', 'kyəŋšim(경심, 點心)'과 같은 '뎜심(點心)'에 대한 과도 교정형이 출현한다. 이는 당시 k 구개음화 및 t 구개음화 현상의 존재에 대한 방증으로 해석될 수 있다. 한편, ≪韓國人을 위한 綴字敎科書≫에서 'tɛdyebi(대뎁이, 待接), tɛdyəbu(대뎝우, 待接)'가 'tɛʤəbu(대접우, 待接)'와 공존하는 점도 주목할 만하다. '대접'은 15세기의 '디졉(待接)'에 소급되는 것으로서, '대뎝'이 '대접'에 대한 과도 교정형이라면 이는 당시에 t 구개음화 규칙이 존재했다는 사실을 뒷받침하는 증거가 될 수 있다. 15세기의 '몬져(先)'에 소급되는 '만져'에 대해서도 'mandyə(만뎌, 先)'와 'manʤə(만져, 先)'가 동일 문헌 내에 공존한다.[158] 이 또한 t 구개음화

---

157) 형태소 경계의 예로는 '아심탸니오'가 있다.

에 대한 일종의 과도 교정형으로 해석된다.

3.2.1.2.2. 1980년대에 조사한 자료인 宣德五·趙習·金淳培(1990)에 반영된 변항 (ti)의 실현 양상은 다음과 같다.[159]

표준어형	전사형	변이형	표준어형	전사형	변이형
건지다	kəŋʤida kənʤinda	ʧi	찍다(蓋, 印)	t'ikt'a, t'igəra	ti
걸치다	kəltʰida	ti	찔광이(山楂)	tilgubɛ	ti
고치(繭)	kotʰi	ti	찧다	t'inninda	ti
고치다	kotʰida	ti	염통	nyəmtʰi	ti
낙지	nakʧ'i	ʧi	칼치	kʰaltʰi	ti
넘어지다	nəmədida nəmədyət'a	ti	밀짚	ʧɛmildip	ti
단지	tandi	ti	흩어지다	hetʰedet'a	ti
도망치다	tomaŋtʰida	ti	터지다	tʰəʤinda	ʧi
륙지(陸地)	nyukt'i	ti	헤여지다	hedyət'a	ti
명주	myəŋdi	ti	지렁이	ʧire	ʧi
무너지다	munədida	ti	진달래	tʰendik'ot	ti
바지	padi	ti	누른밥	kamɛtʰi	ti
바치다	patʰida	ti	지식	ʧisik	ʧi
지구	tigu	ti	지도(地圖)	tido	ti
지팽이	tipʰe	ti	지주(地主)	tiʤyu	ti
지우개	tiugɛ	ti	지진	tiʤin	ti
지우다	tiuda	ti	치질	tʰiʤil	ti
지나다	ʧinada ʧinaganda	ʧi	저수지	ʧəsudi	ti
지내다	ʧinɛda	ʧi	양지(陽地)	yaŋʤi	ʧi
지다(落)	tida	ti	황지(荒地)	hwaŋdi	ti
지다(凋謝)	tida, tyət'a	ti	정치	ʧəŋtʰi	ti

---

158) '대접'과 '만져'에 대한 과도 교정형은 모두 《韓國人을 위한 綴字教科書》에서 출현한 것들로서, 구체적인 음성형은 변항 (tsyV)와 관련된 도표에 제시한다.

159) 제시한 표준어형은 연변 표준어형이다. 필요한 경우에 한해 의미를 병기한다. 원문에 음운 전사된 형태를, 예측 가능한 범위 내에서 본고의 음성 전사 기호로 바꾸어 제시한다. 이 자료에는 /ㅈ/이 모두 ʧ로 전사되어 있어서, 그것의 음가가 정확히 [ts]인지 [ʧ]인지 알 수 없다. 간혹 ʧyV와 같은 전사도 보이나 이는 매우 드문 데다 일관적이지 않다. /ㅅ/, /ㄴ/의 경우에도 [s]와 [š], [n]와 [ñ]를 구별하지 않고 모두 s, n으로 전사하였다. 성조 또한 표시되어 있지 않다. 따라서 여기서는 대체적인 변이의 양상을 파악하는 데 중점을 두기로 한다.

지라	tirɛ	ti	짚	tip	ti
지키다	tikʰida	ti	주디	ʧudi	ti
천지	tʰyəndi	ti	붙이다	putʰida	ti
치다(打)	tʰida	ti	미닫이	midadi	ti
치료	tʰiryo	ti	같이	katʰi	ti
꺼지다	k'ədida	ti	고슴도치	kosumdotʰi	ti
떨어지다	t'ərədida	ti	멧돼지	mɛt'otʰi	ti
빠지다	p'adida	ti	돼지	totʰi	ti
쓰러지다	s'irədida s'irədyət'a	ti	끝(-이)	k'it(k'itʰi)	ti
짠지	ʧ'anʤi	ʧi	낫(-이)	nat(nadi)	ti
찌다(蒸)	t'ida	ti	곳(-이)	kot(kodi)	ti
짚다	tipʰəra	ti	밭(-이)	pat(patʰi)	ti
찍다(斫)	t'ikt'a	ti			

〔표 71〕 ≪朝鮮語方言調査報告≫의 (ti) 실현 양상

이 자료는 당시에 (ti) 변이가 존재했음을 보여 주고 있다. 'ti' 연쇄를 포함한 대부분의 형태소가 ti형으로 실현되나, 일부는 ʧi형으로 실현되고 있다. 총 67개 항목 중 ti형은 58개(87%), ʧi형은 9개(13%)가 나타난다.

宣德五・趙習・金淳培(1990)에 반영된 변항 (tyV)의 실현 양상은 다음과 같다.

표준어형	전사형	변이형	표준어형	전사형	변이형
고장(地方)	kodyaŋ	tyV	체조	tʰedzo	tV
교장	kyoʧaŋ	ʧV	체육	ʧʰeyuk	ʧV
괜찮다	kwantʰyantʰa	tyV	어찌	ət'ɛ	tV
립장(立場)	nipʧ'aŋ	ʧV	대접(盞)	tɛdyəp	tyV
모기장	mogiʤaŋ	ʧV	저리(彼)	ʧəri	ʧV
부처	putʰye(nim)	tyV	짧다	tyarida	tyV
상점	syaŋdyəm	tyV	가운데손가락	tyaŋsonk'arak	tyV
시장	tyaŋmadaŋ	tyV	무릎	tyəŋgɛ	tyV
장마	tyaŋma	tyV	진달래	tʰendik'ot	tV
장사군	taŋsak'un	tV	서점	səʤəm	ʧV
장화	tyaŋwa	tyV	충고	ʧʰungo	ʧV
장끼	tyaŋk'o	tyV	중앙	ʧuŋaŋ	ʧV
장(張)	tyaŋ	tyV	중복(中伏)	tyuŋbok	tyV
장구	tyaŋgwi	tyV	공장	koŋʤaŋ	ʧV
저(彼)	tyə	tyV	중요	ʧuŋyo	ʧV

저기	tyəŋge	tyV	제외	tewɛ	tV
전기다마	tyəŋit'ama	tyV	도중	toʥyuŋ	ʧV
전보	tyənbo	tyV	신체	sintʰe	tV
전화	tyəna	tyV	운동장	undoŋʥaŋ	ʧV
절구	tyəlgwi	tyV	전차(電車)	tyənʧʰa	tyV
점수	tyəmsu	tyV	전등	tyəŋip'ul	tyV
접시	tʰyəps'i	tyV	조사(調査)	tyosa	tyV
정거장(정-)	tyəŋgɨdaŋ	tyV	장가(丈家)	ʧaŋga	ʧV
정거장(-장)	tyəŋgɨdaŋ	tV	장인	ʧyaŋin	ʧV
정수리	tyəŋbɛgi	tyV	장모	ʧaŋmo	ʧV
조선	tosyən	tV	강철	kaŋtʰyəl	tyV
좋다	tyotʰa	tyV	광장	kwaŋʥaŋ	ʧV
중국	tyuŋguk	tyV	형제	hyəŋde	tV
중매인	tyuŋmɛ	tyV	성장(省長)	səŋʥaŋ	ʧV
중학교	tyuŋhɛk'yo	tyV	긍정	kiŋdyəŋ	tyV
제수(弟嫂)	tesu	tV	감정(鑑定)	kamdyəŋ	tyV
천장	tʰyənban	tyV	목적	mokʧ'ək	ʧV
천지	tʰyəndi	tyV	결점	kyəlʧ'əm	ʧV
철도	tʰyəlk'il	tyV	철사	ʧʰəls'a	ʧV
도대체	toduʧʰe	ʧV	락제(落第)	nakʧ'e	ʧV
주야(晝夜)	ʧyuya	ʧV	정도(程度)	ʧəndo	ʧV
죽순(竹筍)	ʧuks'un	ʧV	가정(家庭)	kaʥəŋ	ʧV
조건	ʧok'ən	ʧV	선전(宣傳)	syənʥən	ʧV
철필	tʰənpʰil	tV	삿자리	ʧəmʥe	ʧV
남편	namde	tV			

[표 72] ≪朝鮮語方言調査報告≫의 (tyV) 실현 양상

이 자료는 당시에 (tyV) 변이가 존재했음을 보여 주고 있다. ‘tyV’ 연
쇄를 포함한 형태소가 tyV형, ʧV형, tV형으로 실현되고 있다.[160] 총 79개
항목 중 tyV형은 38개(48%), ʧV형은 29개(37%), tV형은 12개(15%)가 나타
난다. 그 밖에 ‘절(寺)’ 항목에 대한 ‘kyəlt'aŋ(결당)’, ‘점심(點心)’ 항목에 대
한 ‘kyəŋsim(경심)’, ‘접다(疊)’ 항목에 대한 ‘kyəpt'a(겹다)’의 존재가 특기할
만하다. 이들은 k 구개음화 및 t 구개음화와 연관된 과도 교정형들로
간주된다. ‘가장(最)’ 항목에 대한 ‘katyaŋ(가댱)’은 t 구개음화에 대한 과

---

160) 이 자료는 각 어휘 항목마다 中古 朝鮮語音을 병기하여 두고 있다. 이는 崔世珍
의 ≪訓蒙字會≫(심양 도서관 장본), 劉昌惇의 ≪李朝語辭典≫(서울, 1964)에 근
거한 것이라고 되어 있다(宣德五・趙習・金淳培 1990: 33).

도 교정형으로 해석된다.

3.2.1.3. 변화의 확산 과정과 방향

이상에서 살펴본 현장 시간상의 변화 양상과 실재 시간상의 변화 양상에 근거하여, 변항 (ti) 및 (tyV)의 통시적 변화 양상을 도식화하면 다음과 같다. 아래는 변화의 진행 과정이 드러나도록 각 변이형의 출현 비율을 시기별로 보인 것이다.

시기	20세기 초 카잔 자료	20세기 말 朝鮮語方言調査報告	21세기 초 노년층	중년층	청년층
변이형	ti	ti ʧi	ti ʧi	ti ʧi	ti ʧi

[표 73] 변항 (ti)의 통시적 변화 양상

시기	20세기 초 카잔 자료	20세기 말 朝鮮語方言調査報告	21세기 초 노년층	중년층	청년층
변이형	tyV (ʧV: 1예)	tyV ʧV(ʦV) tV	tyV ʧV tV ʦV	ʦV ʧV tV	ʦV ʧV tV

[표 74] 변항 (tyV)의 통시적 변화 양상[161]

이상에서 논의한 바를 통해 ti 연쇄 및 tyV 연쇄의 구개음화라는 음운 변화가 실재 시간상으로도 점진적으로 진행되어 왔음을 확인할 수

---

161) ≪朝鮮語方言調査報告≫의 자료는 ʧV형과 ʦV형이 정밀하게 구별되지 않고 모두 ʧ로 전사되었으므로 ʧV(ʦV)로 나타내었다. 이때 ≪朝鮮語方言調査報告≫의 제보자는 당시의 노년층이다.

있다. 또, 동일한 tyV 연쇄에 대하여 구개음화 외에 t 뒤 y 탈락이라는 상이한 음운 변화가 동시에 일어날 수도 있음을 알 수 있다. 현장 시간상에서 진행 중인 변화의 실례와 과거 이 방언에서 일어났던 음운 현상의 실제를 검토한 결과, 다음의 가설은 경험적 증거에 의하여 그 타당성이 입증되었다.

> (가설) 음운 과정에 의한 통시적 음운 변화는 수의적 음운 교체를 통하여 어휘에 따라 점진적으로 수행된다. 그러한 점진적 어휘 확산 과정에서 공시적 음운 변이가 출현한다.

그렇다면 이러한 음운 변화는 구체적으로 어떠한 과정을 거쳐 확산되는지에 대해 좀더 살펴보기로 하자.

교체의 적용 양상의 측면에서 볼 때, 변화의 확산은 수의적 교체의 점진적 필수화와 더불어 이루어진다. 이 지역어의 경우, 새로 출현한 교체는 수의적으로 적용되는 단계를 거쳐 점차 필수화하는 경향을 보인다.[162] 단, 기존의 문법에 둘 이상의 교체 현상이 첨가되는 경우에는 개별 어휘에 따라 양방향의 변화가 동시에 이루어지거나, 각각 상이한 방향으로 변화가 수행될 수 있다. 이때, 수의적 교체가 출현하는 이유는 기존의 제약 위계가 변동되었기 때문이고, 새로운 교체가 점진적으로 필수화한다는 것은 곧 새로운 제약 위계로의 변화를 뜻한다. 하나의 형태소 내부에 특정 교체가 필수적으로 적용되는 순간 그 형태소의 기저형은 변화되었다고 할 수 있다. 교체형이 없는 경우 화자들은 표면형을 기저형으로 인식하기 때문이다.[163]

---

162) 교체를 일차적으로 규칙에 의한 것으로 본다면, 수의적 규칙(optional rule)이 필수적 규칙(obligatory rule)으로 변모함과 더불어 변화가 확산된다고 할 수 있을 것이다.

163) 어휘부 최적화 원리(Lexicon Optimization Principle)는 제약 위반을 최소한으로 하는 기저형 후보를 입력형으로 선택하도록 하는 지침이다(Prince and Smolensky (1993/2002: 209). 이것은 특이한 어휘형을 기저형으로 삼아야 하는 근거가 없는 한 언어 학습자는 입력형이 출력형과 동일하다고 가정한다는 점을 시사한다(안상

(ti) 변화 및 (tyV) 변화의 경우, *ti, *tyV라는 음소 배열 제약의 등급이 상승함으로써 기존에 허용되던 음소 배열인 ti와 tyV가 허용되지 않는 쪽으로 변화가 이루어지고 있다. 그리고 이 같은 제약 위계의 변화에 따라 t 구개음화와 t 뒤 y 탈락이라는 상이한 음운 변화가 동시에 진행되고 있다. t 구개음화와 t 뒤 y 탈락이라는 변화의 진행 과정에서 바로 (ti) 변이 및 (tyV) 변이가 출현한다. 중부 이남 방언의 경우 이미 근대 국어 시기부터 t 구개음화 현상이 발생하여 확산되었음을 감안할 때, 그만큼 육진 방언은 보수적인 성격을 오랫동안 유지해 왔음을 알 수 있다.

이 같은 기제에 의한 기저형의 변화는 주로 이전 세대(G_{n-1})에서 이후 세대(G_n)로 이행되는 과정에서 비약적으로 일어난다. 기존의 어형에 대한 지식이 없는 언어 습득기의 화자들은 기저형의 재구조화를 야기할 가능성이 상대적으로 높기 때문이다. 물론 이와 더불어 이전 세대의 제약 위계를 이후 세대의 화자들이 습득함으로써 교체 지배 변이 및 변화는 이후 세대로 전승(transmission)될 수도 있다.[164] 이는 음운 변화의

철 2003: 15). 언어 사용자가 기저형을 계속하여 공시적 표면형과 일치시키고자 하는 경향은 공시태 가설(Synchrony Hypothesis)이라는 이름으로 제안되기도 하였다(Hutton 1996). 이러한 원리는 정반대의 증거가 없는 한 기저형은 표면형과 같아야 한다는 Stampe(1973)의 주장, 형태소에서 교체가 일어나지 않는 부분의 어휘 표시는 음성 표시와 동일해야 한다는 Vennemann(1974)의 강력 자연성 조건, 표면에 나타나지 않는 분절음을 기저에 설정하는 것을 금지하는 Kiparsky(1968b)의 교체 조건과 본질상 같은 맥락에서 이해된다.

164) 규칙 전승의 문제에 대해서는 Andersen(1973: 774-781)을 참고할 만하다. 그는 문법1(Grammar1)을 가진 제 1세대의 출력1(Output1)을 바탕으로 제 2세대가 문법2(Grammar2)를 귀추(abduction)하고, 일반적인 언어 법칙(Laws of languages)에 새로 귀추해 낸 문법을 적용시켜 연역(deduction)함으로써 출력2(Output2)를 도출한다고 본다. 즉 이전 세대의 '결론'과 일반적인 '대전제'를 바탕으로 하여 이후 세대가 '소전제'인 자신들의 문법을 형성하고, 이로써 다시 자신들의 '결론'을 연역해 낸다는 논리이다. 이 모형의 핵심은 제 1세대의 문법1이 해당 언어의 화자들에 의하여 제 2세대의 문법2로 전승되는 실질적인 방식에 대하여 설명해야 한다는 점을 인식하고, 제 1세대의 '출력1'로부터 제 2세대의 '문법2'가 형성된다는 점을 본

어휘 확산 과정이 한 세대 내에서 완료되는 것이 아니라 비교적 긴 시간적 폭을 요구하는 현상임을 의미하는 것이기도 하다. 요컨대, 통시적 변화는 공시적 도출 과정에서의 변이를 통하여 점진적으로 수행되며, 세대교체에 의하여 비교적 큰 폭의 확산이 이루어진다 하겠다.

한편, 음운 변화는 교체의 적용 양상의 측면에서뿐 아니라 그것의 적용 대상 혹은 적용 영역의 측면에서도 논의될 필요가 있다.[165] 즉, 해당 교체가 어떠한 세부 조건을 지닌 어휘에서부터 먼저 적용되어 점차 그 대상 혹은 영역을 확대해 나가는가의 문제를 살펴보아야 한다. 기본적으로 동일한 조건 환경을 갖춘 어휘일지라도 일제히 새로운 교체의 적용을 받아 재구조화되는 것은 아니기 때문이다. 이 지역어의 경우, 해당 교체가 적용되기 용이한 세부 조건을 지닌 어휘로부터 교체가 적용되기 시작하여 점진적으로 변화가 확산됨을 확인할 수 있다. t 구개음화의 경우, 다음과 같은 경향이 관찰된다.

첫째, 단일 형태소 내부로부터 변화가 발생하여 어기와 파생 접사 경계, 체언과 조사 경계로 확산된다.[166] 둘째, 해당 음운 변화를 언중이 의

질적으로 설명하고자 한 것이다. 즉, King(1969)가 말하는 '규칙 첨가' 등의 문법 변화는 '문법1 → 문법2'의 전승을 전제했다면, Andersen(1973)의 모형은 '출력1 → 문법2'에 초점을 맞춘다는 점이 다르다. 본고도 이전 세대의 발화에 근거하여 이후 세대가 자신들의 문법을 귀추함으로써 제약 및 규칙의 전승이 이루어진다고 본다.

165) 교체를 일차적으로 규칙에 의한 것으로 본다면, 소수 규칙(minor rule)이 주요 규칙(major rule)으로 변모함과 더불어 변화가 확산된다고 할 수 있을 것이다. 이때, 수의적 규칙 대 필수적 규칙의 차원, 소수 규칙 대 주요 규칙의 차원은 독립된 별개의 차원이며, 양자 간에 어떠한 필연적 관계가 성립하는 것은 아니다. 즉, 수의적 규칙은 모두 소수 규칙이라거나, 필수적 규칙은 모두 주요 규칙이라는 식의 관계는 성립하지 않는다. 다만, 이 지역어의 음운 변화 양상을 살펴본 결과, 새로 첨가된 규칙은 그 적용 양상에 있어서 수의적이고, 소수의 어휘에만 적용되다가 점차 그 적용 양상이 필수화하고, 적용 대상 어휘 또한 증가함을 확인할 수 있다. 경험적 사실을 통해 드러난 이러한 경향은 음운 변화의 진행 과정을 이해하는 데 시사하는 바가 크다.

166) 형태소 내부는 음운이 놓이는 위치, 즉 조건 환경이 고정적이라는 점에서 교체가 일어나기에 용이하며, 표면형의 변화가 기저형의 변화에 영향을 미치기도 쉽다.

식하지 못하는 상태에서는 비어두로부터 변화가 발생하여 어두로 확산되나, 특정 변화를 언중이 의식하게 된 상태에서는 그 역방향으로 변화가 확산된다. 셋째, 어휘 형태소에서 변화가 먼저 발생하여 문법 형태소로 확산되는 경향이 있다. 넷째, 체언에서 먼저 변화가 발생하여 용언으로 확산되는 경향이 있다. 다섯째, 개신형이 표준어형인 t 구개음화의 경우, 고유어보다 한자어에서의 개신율이 더 높게 나타난다. 여섯째, 폐음절 환경에서 변화가 먼저 발생하여 개음절 환경으로 확산되는 경향이 있다. 일곱째, 피동화음이 치조음인 t 구개음화의 경우, 동화주가 i인 어휘보다 동화주가 y인 어휘에서 변화가 먼저 발생하는 경향이 있다.[167]

t 뒤 y 탈락의 경우, y에 후행하는 모음이 전설 모음일 경우 y 탈락이 더 잘 일어난다. 이는 '전설성'이라는 동일 자질의 연접을 회피하고자 하는 음성적 동인에 기인하는 것으로 해석된다.

여기서 주목할 점은 't-y-V' 연쇄에서 V가 전설 계열 모음(e, ε)일 경우에는 구개음화 대신 y 탈락 현상이 우선적으로 일어나는 경향이 있다는 점이다. 이는 치조음과 전설성 활음 y의 연쇄에 대한 제약(*치조음-y)보다 전설성 활음 y와 전설 모음의 연쇄에 대한 제약(*y-전설 모음)의 등급(ranking)이 더 높음을 의미한다.[168]

그렇다면 이러한 일련의 음운 변화는 궁극적으로 어떠한 방향으로

---

167) 그 밖에 피동화음이 평음, 경음, 유기음인 순으로 변화가 확산되는 경향이 있다. 또, 저빈도어보다는 고빈도어에서 변화가 먼저 발생하는 경향이 있다. 그러나 이들 조건 인자(conditioning factors)는 그 영향력이 미미한 수준이므로 변화의 주된 확산 방향을 결정짓는 요인이 되기는 어렵다. 구개음화 및 관련 음운 현상의 어휘 확산 과정에 대한 보다 상세한 논의는 蘇信愛(2002)를 참고할 수 있다.

168) 한편, 기저의 '치조음-y-ə/a' 연쇄에 대해서는 변이형 '치조음-ə'나 '치조음-a'뿐 아니라 '치조음-y-e'나 '치조음-y-ε', '치조음-e'나 '치조음-ε' 또한 관찰된다. 이는 yə/ya 연쇄에 작용하는 조음 위치 동화 제약에 기인한다. yə→ye, ya→yε는 선행하는 전설성 활음에 의한 모음의 전설화로서, 동화의 일종이다. 변이형 ye, yε는 AGREE(place)와 MAX-IO 제약을 준수한 표면형이다. 기저의 yə, ya에 대한 변이형 e, ε는 AGREE(place) 제약과 *COMPLEX를 준수한 표면형이다. 이러한 변이형이 이 지역어에 공존하는 이유는 관련 제약들 간의 위계가 고정되어 있지 않기 때문이다.

전개되고 있는가?

　기존의 구조주의 역사 언어학에서는 체계의 균형을 이루는 방향으로 언어가 변화한다고 보았다. 그러나 실제로 모든 변화가 체계의 균형을 지향하여 일어난다고 보기는 어렵다. 한편, 규칙 기반 생성주의 역사 언어학에서는 문법이 단순화하는 방향으로 언어가 변화한다고 보았다. 그러나 역시 모든 변화가 문법 단순화의 관점에서 설명될 수 있는 것은 아니다. 사실상, 언어 변화의 방향은 언어 자체의 형식적 측면뿐 아니라 그것의 기능적 측면을 함께 고려할 때 보다 본질적으로 설명될 수 있다.[169]

　이에 본고는 언어 변화, 특히 음운론적 변화가 발화 산출과 발화 해석의 최적화를 향하여 일어나는 것으로 이해한다. 그 중에서 교체 지배 변이 및 변화는 발화 산출 과정이 최적화되는 방향으로 진행된다고 본다. 즉, 조음의 최적화와 식별의 최적화를 지향하여 제약 위계가 변화한다고 보는 것이다.[170]

　조음의 최적화를 위해서는 유표적 음운이나 음운의 연쇄를 금지하는 제약의 등급이 상승하는 쪽으로 변화가 진행된다. 음절 구조의 관점에서는 유표적 음절 구조를 금지하는 제약의 등급이 상승한다고 볼 수 있다. 유표적 음운이나 음운 연쇄, 음절 구조의 세부 목록은 개별 언어마다 조금씩 다를 수 있으나, 상위의 제약들은 대개 언어 보편적으로 일치한다. 동일한 유형의 음운 변화가 여러 언어에서 관찰되는 것도 이러한 맥락에서 이해할 수 있다.

　한편, 식별의 최적화는 때로 조음의 최적화를 위한 변화를 제한한다. 언어가 극단적인 무표적 구조로 고정되지 않고 끊임없이 변화하는 것

---

169) Kiparsky(1972)에서 언어 변화가 소위 '본질적 제약(substantive constraints)'이라는 기능적 제약들을 준수하는 방향으로 이루어진다고 본 것이 언어 변화에 대한 기능주의적 접근의 한 예이다.

170) 기저형 지배 변화는 발화 해석 과정의 최적화를 향하여 일어나는 것으로 본다. 이에 대해서는 4장에서 다룬다.

은, 발화 산출 과정에서 조음의 최적화와 식별의 최적화가 끊임없이 대
립하고 있기 때문이다.[171]

하나의 새로운 교체 현상이 출현하였을 경우 그것은 제약 위계의 변
동을 의미하고, 그 언어의 문법에는 새로운 제약 위계가 자리잡을 것임
을 예측할 수 있다.[172] 제약 위계가 변동된 이래 새로운 제약 위계가 기
존의 위계를 대체하기 전까지는 계속해서 변이가 존재한다. 이 지역어
의 세대별 (ti) 변이, (tyV) 변이 또한 점진적인 제약 위계의 변화 과정
을 잘 보여 준다. 변이를 구성하는 특정 변이형의 분포가 점차 확대되
어 가는 양상은 제약 위계의 점진적 변화 과정을 반영하는 것으로 해
석되기 때문이다.

그러나 새로운 교체 현상이 둘 이상 출현하였을 경우, 경쟁적 교체를
낳는 상이한 제약 위계 중 어느 쪽으로 위계가 고정되느냐 여부를 변
화의 초기부터 예측하기는 어렵다.[173] 현재 진행 중인 변화의 양상을 통
해 보건대, 이 지역어의 (tyV) 변이는 y 탈락형(tV형)을 최적형으로 하는
제약 위계와 구개음화형(ʃV형)을 최적형으로 하는 제약 위계 중 후자로
고정될 것임을 예측할 수 있다.[174]

한편, 이러한 변화의 진행에는 언어 외적 요인 또한 강하게 작용하는
것으로 보인다. 실제로 언어 변화를 주도하는 것은 화자와 청자이고 그

---

171) 일찍이 Martinet(1960/1971/1978: 178-183)이 '전달의 요구'와 '심적 생리적 활동을
    최소한 줄이려는 경향―기억과 조음상의 타성'의 이율 배반에 의하여 언어 진화
    가 규제된다고 언급한 것도 이와 같은 맥락에서 이해될 수 있을 것이다.
172) 그런데 왜 특정 상태에서 특정 제약 위계(A≫B 또는 B≫A)가 최적인가를 언어
    내적으로 밝히는 것이 중요한 문제이다. 궁극적인 설명을 위해서는, 경쟁하는 제
    약 위계들 중 어떠한 위계로 변화되어 갈 것인지를 이론 내적으로 예측할 수 있
    어야 할 것이다.
173) Kiparsky(1994: 4)는 어떤 변이형의 빈도는 그 안에서 그것이 최적의 출력형인, 허
    용되는 제약 위계(rankings)의 수의 함수라고 보았다.
174) 그러나 일부 어휘는 양방향의 변화를 모두 겪었거나 단일하게 y 탈락형으로 변화
    되었다.

들은 자신이 속한 언어 공동체에 작용하는 언어 내·외적 요인의 영향
하에 언어를 운용하므로, 언어 변화의 방향도 다분히 복합적인 요인에
의해 결정될 수밖에 없다.[175] 이 지역어의 경우에도 경쟁하는 변이형 중
세력을 얻어 언어 공동체 전체로 확산되고 있는 것은 표준어형 혹은
표준어형에 가까운 것이다.

---

175) Weinreich, Labov and Herzog(1968: 185)은 이를 내포 문제(the embedding
problems)라 부르며, 언어 내적 요인과 언어 외적 요인에 의한 공동 변이
(covariation)의 중요성을 강조하였다. 본고도 이러한 견해에 동의한다. 그러나 이
에 대한 본격적인 논의는 후일로 미루고, 여기서는 언어 변이 및 변화에 작용하는
언어 외적 요인의 중요성을 언급하는 데 만족하고자 한다.

3.2.2. (ni) 변화와 (nyV) 변화

3.2.2.1. 현장 시간상의 변화

3.2.2.1.1. 이 지역 중년층 화자들의 발화에서 변항 (ni)는 다음과 같이 실현된다.[176]

제보자 / 항목		M7	F4	M8	F5	M9	M10	F6	F7
방언형	의미	59세	56세	55세	54세	48세	45세	45세	44세
니-	戴	—	ňindá nigú niʤí neéra niúgu(使) niwádalla (使)	nigú nindá néːra niwá(使)	nigú nindá nidzámun néra neéra niúgu(使) niwádzʷə ra(使)	idá, igó yə́ra iwə́ra(使) iwə́dzwə ra(使)	nígo néːra niwə́dalla (使)	indá igú eéra éːdo	idá nigú
니매	額	nimɛ́	nimɛ́	imá nimɛ́	nimɛ́	imá imɛ́ nimɛ́	nimɛ́ imɛ́	nimɛ́	imɛ́ imá ňimɛ́ nimɛ́
닉-	熟	nigɨ́mun cf.tʷɛnigə́ t'a	igə́t'a	nigə́sə nigɨ́mun	nigə́t'a	igə́t'a	igə́t'a nik'ə́dɨ(~ə) n nikʰé(使)	igə́ya nikʧ'í nikʰéra (使)	igə́ya
니불	被	nibúrirado	ibúri ibúl	ibúri	nibúri	nibúl ibúl	ibúrira	íbul ibúri	ibúri
널어 나	起	irə́nasə	irə́nara	irəná	irə́nanniŋ ga	irə́nanda	irə́nanda	irə́nara	irə́nanda
니르/ 닑-	讀, 謂	ilgə́ra irɨgú iriʤí	ilgə́ra iŋnindá tsʰɛ́giks'o irɨndá nirɨndá irɨníŋgə nirɨníŋgə	niridá nílgəra nilgɨ́rɛdu nilgɨndán ni(l)gigó ni(r)gɨgí nilgɨdana igədú i(l)girá il(~ř)gə́ra ik'ó nígigədɨn nigə́ya nigə́nnɨn de	irɨgí irɨndá iŋnindá ilgə́ra	ikt'a ilgə́ra	ilk'usərɨ́ ilk'ó ilgə́ra ilkʰéra(使)	ilgə́ra iŋnɨndá	ilgə́ra

---

176) 이때 변항 (ni)는 이전 시기에 'ni'라는 음운 연쇄를 포함했던 형태소들을 가리킨다.

					ñik'ída nir̆s'ó				
니기-	揉	nigínda nigéra	nigínda nigéra	nigínda nigéra	nigínda nigét'a	igínda igéra	igéra, igíʥi nigígo	nigígu nigéra	—
닙-	服	nimnín	ibə́t'a ipʰéʥunda(使)	nípk'u nipk'ó nibín k'énibəra nipʰégaʥigu(使)	nipk'ú nibə́ra k'énimnin da nipʰédzudim(使) nipʰédzunda(使)	ipt'á ipʰéʥunda(使)	nipk'ú ibəra ipk'ó ipʰédzwəra(使)	imnínda ipʰéʥwəya(使)	ipʰéʥunda(使) ipʰyə́ʥunda(使)

[표 75] 변항 (ni)의 화자별 음성 실현 양상

이를 변이형으로 분류하여 도식화하면 아래와 같다.

제보자 항목	M₇ 59세	F₄ 56세	M₈ 55세	F₅ 54세	M₉ 48세	M₁₀ 45세	F₆ 45세	F₇ 44세
니-	—	ňi, ni	ni	ni	i	ni	i	i, ni
니매	ni	ni	i, ni	ni	i, ni	ni, i	ni	i, ni, ň
닉-	ni	i	ni	ni	i	i, ni	i, ni	i
니불	ni	i	i	ni	ni, i	i	i	i
닐어나	i	i	i	i	i	i	i	i
니르/닑-	i	i, ni	ni, i	i	i	i	i	i
니기-	ni	ni	ni	ni	i	i, ni	ni	—
닙-	ni	i	ni	ni	i	ni, i	i	i

[표 76] 변항 (ni)의 화자별 변이형 실현 양상

중년층의 경우에도 변항 (ni)에 대한 변이가 관찰된다. 형태소 간 변이와 형태소 내 변이, 화자 간 변이와 화자 내 변이를 모두 보여 준다. 변이형 ni와 변이형 i가 거의 대등한 비율로 나타난다. 노년층의 경우 ni 형의 출현 비율이 현저히 높았던 것과 대조적이다. 이는 이 지역어의 어두 ni 연쇄가 점차 i형으로 변화되어 가고 있음을 반영하는 것으로 해석된다.

한편, 이 지역 중년층 화자들의 발화에서 변항 (nyV)는 다음과 같이 실현된다[177].

항목 / 방언형	의미	F4 56세	M8 55세	F5 54세	M9 48세	M10 45세	F6 45세	F7 44세
넣-	投入	yənnindá yəkʰú yə:ra yərádʑi yə·ya	yəkʰúsə yə́tˀa yətʃʰí yəsə́ yə́sərɨ yə́nnindan tʃəgánəkʰu ňə́kʰusənɨn	yəkʰú yəə́ra yə:ra yənniŋgé yə́ya yətʃʰím yənnindá nənnindá	yənnindá yəə́ra yə́·ra yəkʰúsə ňəkʰú nəə́ra nəkʰó	yətʃʰí yə́:tˀa yə́ra yə́·ra yə́:ra yəkʰó nətʃʰí	yənnindá yə́·ra yə́ra yəkʰó yəmú nəkʰú	yəkˀú yənninda yəə́ra
넘티	心臟	yəmtʰí yəmtʃʰí	yəmtʰí	yəmtʰí yəmtʃʰí	yəmtʰí	yəmtʰí	yəmtʰí	yəmtʰí
넘려	念慮	yə́mňeri yə́mňə	nyə́mňəⁿan da	nyə́mnyəⁿ anda	nyə́mnyəa nda	yə́mňəⁿand a	nyə́mneⁿan da	némnehadʑi
녀자	女子	yə́dza	yə́dza	yə́dza	yədzá	yə́dza	yədzá	yə́dza
녀름	夏	yərɨ́m	yərɨ́m	yərɨ́m yərɨ́(ɨ)mi	yərɨ́me	yərɨ́m	yərɨ́mtʃʰəl	yərɨ́m
녁	聰明	yəktˀá yəkkˀí	yəktˀá yəkkˀí	yəktˀá yəkkˀí	yəktˀà	yəktˀá yəgɨ́n	yəktˀá	yəktˀá
녑구리	脇	yəkˀurí cf. yəpʰári	yəkˀúrieda	yəkˀurí cf. yəpʰári cf. yəpʰí	yə́kkˀuri cf. yəpʰí	yəpkˀurí cf. yəpʰári	yəkkˀúri cf. yəpʰí	yəpkˀurí
녀편네	女便	n(ʸ)epʰenné nepʰenné	nepʰenné yəpʰyənné	nepʰenné	nepʰenné	yəpʰyə(~e)n né nepʰenné	nepʰenné	—
뇰(뇨)	料	yórɨ, yóri yóriraŋge yóldu	yórɨ tagyóri yórina yóldu	yóri, yórɨ yóman	yórɨ	yórɨ, yóri yóridu yóributʰə	yórɨ	—
녯날	昔	yénnal	nennaré cf. némmara me nʸémmal yémmaridɨn nyémmal	yénnal	yénnal	yénnal cf. yémmal	yénnal	yénnal
뉴수/ 늒	撈	yukˀí yukˀú yukˀídu yukˀúga yukˀíga yukˀúbutʰə yukˀupʰán yukˀipʰá:n	yukˀí yukˀɨ yukˀíe yukˀíman yukˀinorí yukˀúrul yukˀú yukˀipʰáňi	yukˀí yukˀúraŋ yukˀú yukˀíraŋge yukˀupʰáňira yukˀúbutʰə yukˀíe	yukˀú yukˀipʰán yukˀí yukˀúbutʰə yukˀúdu yukˀé	yukˀí yukˀú yukˀíeda yukˀipʰáňi yukˀíra yukˀiɦago yukˀúmai	yukˀí yukˀú yukˀipʰán yukˀupʰán yukˀídu yukˀíman yukˀɨagú yukˀíbutʰə yukˀíe	—
농디레	鮒魚	yoŋdʑíre	yoŋdʑíre	yoŋdʑíre	yoŋdʑíre	yoŋdʑíre	yoŋdʑíre	—
농마루/ 농닭	龍屋 脊	yoŋmalgí yoŋmalgɨ́	n(~r)yoŋm arú	yoŋmalgí yoŋmalgɨ́	ryoŋduma rírɨ	yoŋmalgí ryoŋmagí	yoŋmalgí yoŋmalgírɨ	—

---

177) 이때 변항 (nyV)는 이전 시기에 'nyV'라는 음운 연쇄를 포함했던 형태소들을 가
리킨다.

		yoŋmalgídu yomal(g)bu thə	ryoŋmarú ryoŋmarú gu ryoŋmarú 'ga	yoŋmàlgído yoŋmàlgí man yoŋmàlgib uthə́ yoŋmalgé	ryoŋduma rí ryoŋduma ríbuthə	yoŋmagɨ́ yoŋmagíe yoŋmagɨ́b uthə yoŋmagíbo da	yoŋmalgídu	
녜물	禮物	yémul ryémuri rémuri	ryémul	ryémul	rʸémul ryémul	rémul	ryémul	rémuri rʷémuri
냥반	兩班	yáŋban	yáŋbaňinɨn	yáŋbaňi	yáŋban	yáŋban	ryáŋban	ryáŋbaňi

[표 77] 변항 (nyV)의 화자별 음성 실현 양상[178]

이를 변이형으로 분류하여 도식화하면 아래와 같다.

제보자 항목	F4 56세	M8 55세	F5 54세	M9 48세	M10 45세	F6 45세	F7 44세
녛–	yV	yV, nV, ňV	yV, nV	yV, ňV, nV	yV, nV	yV, nV	yV
넘티	yV	yV	yV	yV	yV	yV	yV
넘려	yV	nyV	nyV	nyV	yV	nyV	nV
녀자	yV	yV	yV	yV	yV	yV	yV
녀름	yV	yV	yV	yV	yV	yV	yV
녁–	yV	yV	yV	yV	yV	yV	yV
넢구리	yV	yV	yV	yV	yV	yV	yV
녀편네	nV	nV, yV	nV	nV	yV, nV	nV	—
뇰(뇨)	yV	yV	yV	yV	yV	yV	—
녯날	yV	nV, yV, nyV	yV	yV	yV	yV	yV
뉴수/뉴	yV	yV	yV	yV	yV	yV	—
뇽디레	yV	yV	yV	yV	yV	yV	—
뇽마루/뇽 맑	yV	ryV, nyV	yV	ryV	yV, ryV	yV	—
녜물	yV, ryV	ryV	ryV	ryV	rV	ryV	rV
냥반	yV	yV	yV	yV	yV	ryV	ryV

[표 78] 변항 (nyV)의 화자별 변이형 실현 양상

중년층의 경우에도 변항 (nyV)에 대한 변이가 관찰되기는 하나, 변이의 폭이 상대적으로 좁다. 관찰되는 변이형은 nyV, nV, yV 등인데, 이

---

178) 제보자 M7(59세)의 음성형은 다음과 같다. yol, yóri, yóri(뇰), nʸénnal(녯날), nuk'í, yuk'í, yuk'ú, yuk'é, yuk'íbuthə, yuk'iphán, nyuk'uphá ňi, nyusunóri(뉴수/뉴), yoŋdíre (뇽디레), rédzəl(례절), rémo(례모)

중 yV형의 비율이 가장 높다. 노년층의 경우 nyV형의 출현 비율이 가장 높았던 것과 대조적이다. 이는 이 지역어의 어두 nyV 연쇄가 점차 yV형으로 변화되어 가고 있음을 반영하는 것으로 해석된다.

3.2.2.1.2. 이 지역 청년층 화자들의 발화에서 변항 (ni)는 다음과 같이 실현된다.

방언형	의미	M₁₁ 39세	F₈ 38세	M₁₂ 31세	M₁₃ 29세	M₁₄ 29세	F₉ 25세
니-	戴	indá, índa ʸeéra, yeéra niə́t'a ewə́dzwəra(使) niwə́dzwəra(使)	indá, igó ímun, yə́ra eéra, ét'an iwə́dzwəra(使) iúnda(使)	índa	ída, ígo éra ewə́dzɯda(使) ewə́dzwəra (使)	ígo yə́·ra é·ra éra	—
니매	額	imá, nimɛ	imɛ	imá nimɛ	níma	imá, imɛ	imɛ
닉-	熟	iktʃ'í, igə́t'a ikʰyə́(使) ikʰyé(使) ikʰídza(使)	igə́t'a ikk'ó ikʰésə(使)	ígin	igə́t'a	igə́t'a	—
니불	被	ibúl	ibúl	ibúl	ibúril	ibúl	ibúl
널어 나	起	irə́nanda irə́nara	irə́nanda	irə́nanda	írənat'a	irə́náda	—
니르/ 닑-	讀, 謂	iŋnindá iŋnínda ilkʰó, iltsʰá illínda, iktʃ'í	iŋnindá iŋnínda ilgə́ra ilk'ó, ik'ó iktʃ'í, ikt'ə́ra ikʰínda(使) ilkʰéra(使)	iŋnínda	iŋnínda ilgə́ra, ilk'ó ilgə́bara ilkʰínda(使) ilkʰyə́ra(使)	ilk'ó iktʃ'í ilgə́do ikʰídʑi(使) ilkʰídʑi(使) ilkʰyə́ra(使)	—
니기-	揉	nigénda nigégo nigé̠ra	igínda igígo igéya	—	nigínda igéra nigéra igídʑi	igéda, igégu igéra	—
닙-	服	imnindá ipk'ó ibə́ra ipʰédzwəra ipʰígo(使)	imnínda nipk'ó nibɯso ipʰédzunda(使) ipʰéra(使) ipʰígu(使)	imnínda ipʰédʑ(~dz) unda(使)	ibə́ra ipk'ó ipʰyə́ra(使) ipʰígo(使)	ibə́ra ipʰyə́dzora(使)	—

[표 79] 변항 (ni)의 화자별 음성 실현 양상

이를 변이형으로 분류하여 도식화하면 아래와 같다.

제보자 항목	M₁₁ 39세	F₈ 38세	M₁₂ 31세	M₁₃ 29세	M₁₄ 29세	F₉ 25세
니-	i, ni	i	i	i	i	—
니매	i, ni	i	i, ni	ni	i	i
닉-	i	i	i	i	i	—
니불	i	i	i	i	i	i
닐어나	i	i	i	i	i	—
니르/닒-	i	i	i	i	i	—
니기-	ni	i	—	ni, i	i	—
닙-	i	i, ni	i	i	i	—

[표 80] 변항 (ni)의 화자별 변이형 실현 양상

청년층의 경우에도 변항 (ni)에 대한 변이가 관찰되기는 하나, 변이의 폭이 매우 좁다. 변항 (ni)는 거의 다 i형으로 실현된다. 이 또한 ni형의 비율이 현저히 높았던 노년층의 경우와 대조적인 양상이다. 이는 이 지역어의 어두 ni 연쇄가 점차 i형으로 변화되어 가고 있음을 반영하는 것으로 해석된다.

한편, 이 지역 청년층 화자들의 발화에서 변항 (nyV)는 다음과 같이 실현된다.

제보자 항목		M₁₁ 39세	F₈ 38세	M₁₂ 31세	M₁₄ 29세	F₉ 25세
방언형	의미					
넣-	投入	yənnindá, yəəra yəət'a, yəʦʰá	yənnínda, yə́ːtʰa yə́·sə, yəs'ó yə́kʰu, nəəra nənnínda, nəkʰó	yənnínda yə́ra	yətʰá, yə́·sə yə́sə, yəkʰó yə́ra, yəə́ra nə́·ra, nəə́ra nətʰá	yənnínda
넘티	心臟	yəmtʰí	yəmtʰí	yə́mʧʰi	yəmtʰí	yəmtʰí
넘려	念慮	némňəanda	nyə́mnyə́ʰanda	—	nyə́mryə	—
녀자	女子	yə́dza	nyə́dza, yə́dza	yə́dza	yə́dza	yə́dza
녀름	夏	yərɨ́m	yərɨ́m	yərɨ́m	yərɨ́m	—
녁-	聰明	yəkt'á	yəkt'á	yəkt'á	yəkk'é	yəkt'á
넓구리	脇	yəpk'úri	cf. yəpʰári	yəkk'urí	yək'urí, yəpk'urí	—
녀편네	女便	nʸepʰénne	nepʰenné	nepʰenné	nyəpʰyənné nyəpʰyənné	—
뇰(뇨)	料	yóri, yórɨ, yóldu	yórɨ	yór, yórɨl	yórɨl, yóri yóldo	—
녯날	昔	yénnal	yénnare	yénnal	yénnal	—

뉴수/뉴	撓	yuk'í, yuk'ú yuk'úbutʰə yuk'íbutʰə yuk'íe, yuk'ipʰán yuk'upʰán yuk'údu, yuk'ídu yuk'úman yuk'íman yuk'ínɨn	yuk'ú, yuk'údu yuk'ídu, yuk'í yuk'úbutʰə yuk'íman yuk'í(~ý)e yuk'upʰáňi yuk'ipʰáňi	yuk'ú, yuk'í yuk'úbutʰə	yuk'í, yuk'ú yuk'íe, yuk'údo yuk'íman yuk'upʰán yuk'úbutʰə yuk'uári yuk'uʧʰígi	—
농디레	鮒魚	yoŋʥíre	yoŋʥíre	—	yoŋʥiré	—
네물	禮物	nyémul, yémul	—	—	rʸemúl ryémul	cf. rʸéʥəri
냥반	兩班	yáŋban	—	—	ryáŋban	—

[표 81] 변항 (nyV)의 화자별 음성 실현 양상[179]

이를 변이형으로 분류하여 도식화면 아래와 같다.

제보자 항목	M₁₁ 39세	F₈ 38세	M₁₂ 31세	M₁₄ 29세	F₉ 25세
넣-	yV	yV, nV	yV	yV, nV	yV
넘티	yV	yV	yV	yV	yV
넘려	nV	nyV	—	nyV	—
녀자	yV	nyV, yV	yV	yV	yV
녀름	yV	yV	yV	yV	—
넉-	yV	yV	yV	yV	yV
넗구리	yV	yV	yV	yV	—
녀편네	nyV	nV	nV	nyV	
뇰(뇨)	yV	yV	yV	yV	
녯날	yV	yV	yV	yV	
뉴수/뉴	yV	yV	yV	yV	—
농디레	yV	yV	—	yV	—
네물	nyV, yV	—	—	ryV	ryV
냥반	yV	—	—	ryV	—

[표 82] 변항 (nyV)의 화자별 변이형 실현 양상

---

179) 제보자 M₁₃(29세)의 음성형은 다음과 같다. nəə́ra nəkʰó nəʧʰí nəə́t'a nət'a nəɫ
myən(넣-), yuk'ú yuk'í yuk'ídu yuk'ipʰán(뉴수/뉴)

청년층의 경우에도 변항 (nyV)에 대한 변이가 관찰되기는 하나, 변이의 폭이 매우 좁다. 관찰되는 변이형은 nyV, nV, yV 등인데, 대부분 yV형으로 실현된다. 이 또한 nyV형의 비율이 가장 높았던 노년층의 경우와 대조적인 양상이다. 이는 이 지역어의 어두 nyV 연쇄가 점차 yV형으로 변화되어 가고 있음을 반영하는 것으로 해석된다.

3.2.2.1.3. 이상에서 살펴본 변항 (ni)의 변이 양상을 도식화하면 대략 다음과 같다. 아래는 변화의 진행 과정이 드러나도록 각 변이형의 출현 비율을 세대별로 보인 것이다.[180]

시기	노년층	중년층	청년층
변이형	ni i	ni i	ni i

[표 83] 변항 (ni)의 현장 시간상의 변화 양상

노년층, 중년층 및 청년층의 변이 양상을 비교함으로써 우리는 어두 ni 연쇄가 점차 i형으로 변화되어 가는 과정을 확인할 수 있다. 즉, 어두 ni 연쇄의 n 탈락이라는 음운 변화가 현장 시간상에서 점진적으로 진행되고 있음을 알게 된다. 이로써 '음운 과정에 의한 음운 변화는 수의적 음운 교체를 통하여 어휘에 따라 점진적으로 수행된다'는 앞의 가설은 일정 부분 증명된 셈이다.

한편, 변항 (nyV)의 변이 양상을 도식화하면 대략 다음과 같다. 아래는 변화의 진행 과정이 드러나도록 각 변이형의 출현 비율을 세대별로 보인 것이다.

---

180) 변이형의 출현 비율은 해당 변항과 연관된 전체 형태소의 표면 실현형에 대한 각 변이형의 유형 빈도(type frequency)에 해당한다.

시기	노년층	중년층	청년층
변이형	nyV	nyV	nyV
		yV	yV
	yV		
	nV	nV	nV

[표 84] 변항 (nyV)의 현장 시간상의 변화

　노년층, 중년층 및 청년층의 변이 양상을 비교함으로써 우리는 어두 nyV 연쇄가 점차 yV형으로 변화되어 가는 과정을 확인할 수 있다. 즉, 어두 nyV 연쇄의 n 탈락이라는 음운 변화가 현장 시간상에서 점진적으로 진행되고 있음을 알게 된다. 또, 동일한 nyV 연쇄에 대하여 어두 n 탈락 외에 n 뒤 y 탈락이라는 상이한 음운 변화가 동시에 일어날 수도 있음을 보게 된다.[181] 즉, 음운 변화의 방향은 개별 어휘마다 다를 수 있음을 이 지역어의 자료가 보여 주는 것이다.

　이상으로써 '음운 과정에 의한 음운 변화는 수의적 음운 교체를 통하여 어휘에 따라 점진적으로 수행된다'는 앞의 가설은 일정 부분 증명되었다.

3.2.2.2. 실재 시간상의 변화

　세대별 변이의 양상을 비교함으로써 현장 시간상의 변화를 살펴보았다. 그렇다면 실재 시간상의 변화는 어떠한지 확인해 보기로 한다.

　3.2.2.2.1. 20세기 초의 카잔 자료에 반영된 변항 (ni)의 실현 양상은 다음과 같다.

---

181) 특히 '너편네 > 네펜네' 등 yə→ye→e에 의한 통시적 변화의 경우는 표준어의 영향과 같은 언어 외적 요인의 간섭 없이 순수하게 음운 과정에 의하여 이루어진 변화라는 점을 주목할 만하다. 노년층의 발화에서 수의적으로 적용되던 yə→ye→ e 현상이 기저형의 재구조화를 가져 온 전형적인 예이기 때문이다.

방언형	의미	전사형	변이형	방언형	의미	전사형	변이형
니르/닑-	讀, 謂	nirɨma nirɨdy anyešə nirgə nirgəra	ni	닐굽	七	nirgup	ni
니불	被	ni-bi-ri niburu	ni	님재	主人	nimdzɛ	ni
니	齒	ni, nidəri	ni	닙히-	使服	niphyešə	ni
닞-	忘	nidzə purigu	ni	닐어나	起	nirə našə	ni
닙쌀	稻米	nipsar ʃugu	ni	니악스럽- (니악하-)	惡	niak sɨrəbašə niak sɨrəbumi niakʰi	ni
니른	七十	nirɨn	ni				

[표 85] ≪韓國人을 위한 綴字敎科書≫의 (ni) 실현 양상

방언형	의미	전사형	변이형	방언형	의미	전사형	변이형
니르/닑-	讀, 謂	nirgə́ra nirɨó, nirɨo	ni	니른	七十	nirɨ́n	ni
닐야듭	七八	nir-yadɨb	ni	닐굽	七	nirgúb nirgúm nyaŋš'i nirgúpts'ɛ	ni
닐아웁	七九	nir-aúb	ni	cf.예닐굽	六七	tɛ-ɛ-ye-nirg úb	ni
니르 나무	七十餘	nirɨ́-namu	ni	닙쌀	稻米	níp-sarɨ	ni

[표 86] ≪露韓會話≫의 (ni) 실현 양상[182]

방언형	의미	전사형	변이형	방언형	의미	전사형	변이형
닙-	服	nipkɨ́, nimnɨn nibún, nipkú	ni	니르(/닑)-	讀, 謂	nirɨgɨ́	ni
니빠대~	缺齒人	ni p'adyɛ̃	ni	님재	主人	ním-dzɛ	ni
닐어나-	起	nirə nagɨ́	ni	닙쌀	稻米	níp-sar, -i	ni
닞-	忘	nidzəp'urigi	ni	닐굽	七	nirgúp nirgúbi	ni
니	齒	ni	ni	닉-	熟	nigɨn	ni
닢	葉	nip, nípʰi	ni	니하-	利	ní-han	ni
니매	額	nimɛ	ni	닐기-	使讀	nirgɨ́gi	ni
닙히-	使服	nipʰɨ́gi	ni	닐어서-	起立	nirə šəgɨ́	ni

[표 87] ≪試篇 露韓小辭典≫의 (ni) 실현 양상

---

182) '니레(七日)' 대신 '뉘레'가 나타난다. ≪露韓會話에 대한 單語와 表現≫의 닐굽
(七) nirgúp, nirgúbi의 예를 추가할 수 있다.

카잔 자료상으로는 (ni) 변이가 관찰되지 않는다. 어두에 'ni' 연쇄를 포함한 형태소는 모두 ni형으로 실현된다.

한편, 20세기 초의 카잔 자료에 반영된 변항 (nyV)의 실현 양상은 다음과 같다.

방언형	의미	전사형	변이형	방언형	의미	전사형	변이형
년	鳶	nyeni, nyənɨ nyənɨnin nyən sarɨ	nyV	넣-	投入	nyəkʰu nyəšə nyəəšə	nyV
내애기	話	nyɛɛgi	nyV	녀파리	側	nyəpʰarillɨ	nyV
녀름	夏	nvə-rɨ-mi	nyV	냥반	兩班	nyaŋbani nyaŋbanɨ	nyV
녜기-	想	nyegigu nyegyešə nyegye tallagu	nyV	념틔	心臟	nyəmtʰɨy	nyV
농막	農幕	nyoŋmagɨ	nyV	뉴하-	留	nyuhanɨn	nyV
냥	兩	nyaŋ	nyV	냥	兩 (화폐 단위)	nya, nyaa, nyɛ, nyae	nyV

[표 88] ≪韓國人을 위한 綴字敎科書≫의 (nyV) 실현 양상

방언형	의미	전사형	변이형	방언형	의미	전사형	변이형
냥	兩	nyáŋ-bɛk	nyV	녀동생	女同生	nyə́-toŋsɛ nyə́-toŋsɛnɨ cf. toŋsɛŋné toŋsɛŋnéraŋ	nyV
뉵	六	nyúk-šip sá	nyV	녀조캐	姪女	nyə́-ʦokʰɛ	nyV
냥	兩 (화폐 단위)	tú-nyaa nyaŋ-bánɨ sɨmu nyɛo	nyV	뉴하-	留	nyuár nyuanɨndéri	nyV
념녀	念慮	nyə́mnyeri	nyV	넣-	投入	nyəə́ra	nyV

[표 89] ≪露韓會話≫의 (nyV) 실현 양상[183]

---

183) ≪露韓會話에 대한 單語와 表現≫의 냥반(兩班) nyaŋ-ban-dər, 넣(投入)- nyə-tʰa, nyə-ə 등의 예를 추가할 수 있다.

방언형	의미	전사형	변이형	방언형	의미	전사형	변이형
녀인명	女人名	nyə-in myəŋ	nyV	내애기	話	nyɛɛgiri	nyV
냥반	兩班	nyáŋban, -i	nyV	녀종	婢女	nyə-ʤoŋ, -ʤõi	nyV
냨빠르-	聰明	nyak-p'aringé	nyV	뉵식	肉食	nyuk-šigi	nyV
넢구리	脇	nyək'urí	nyV	냥	兩	nyaŋ pɛk	nyV
녀파리	側	nyəpʰári	nyV	넘튀	心臟	nyəmtʰʉy	nyV
넣-	投入	nyəkʰi nyənnin	nyV	녀동새~	女同生	nyə-toŋ-sɛ̃	nyV
년의	鰱魚	nyəníy	nyV	네렴	閭閻	nyeryəm nyeryemí	nyV
넘네	念慮	nyəmnye	nyV	녯날	昔	nyen-nar-k'ət	nyV
녁실	贊	nyəkširi	nyV	뉴리	琉璃	nyurí	nyV
년	鳶	nyən, -í	nyV	녜기-	想	nyegígi	nyV
녀름	夏	nyərim, -i	nyV	냥푼	水盤	nyaŋ-pʰun, -í	nyV
녀편	女便	nyepʰyen, -i	nyV	냥	兩 (화폐 단위)	han nyaŋ, -nyɛ̃	nyV
냠냠하-	窀	nyámnyam-han	nyV	뉴하-	留	nyú-hagi	nyV
년	年	nyən-ʤəné	nyV	양식	糧食	yaŋ-šik yaŋ-šigí	yV

[표 90] ≪試篇 露韓小辭典≫의 (nyV) 실현 양상

카잔 자료상으로는 (nyV) 변이가 거의 관찰되지 않는다. 어두에 'nyV' 연쇄를 포함한 형태소는 'yaŋšik, yaŋšigí(양식, 糧食)' 한 예를 제외하고는 모두 nyV형으로 실현된다.

3.2.2.2.2. 1980년대에 조사한 자료인 宣德五・趙習・金淳培(1990)에 반영된 변항 (ni)의 실현 양상은 다음과 같다.

표준어형	전사형	변이형	표준어형	전사형	변이형
이(蝨)	ni	ni	입다	nibəra	ni
이기다(採)	nigida	ni	이(齒)	ni	ni
이다(戴)	nida	ni	이엉	niyə	ni
이레	nire	ni	일어서다	irəsəda	i
이마	nimɛ	ni	리상	nisaŋ	ni
이몸	nik'əm	ni	린색	rinsɛk	ri

이불	nibul	ni	림시	nimsi	ni
이불보	nibulpʼo	ni	립장	nipʧʼaŋ	ni
익다	nikʼta	ni	리별	nibyəl	ni
일곱	nilgup	ni	리론	niron	ni
일흔	niri̠n	ni	리유	riyu	ri
입쌀	nipsʼal	ni	리익	niik	ni
잇다	nisəra	ni	리용	niyoŋ	ni
잊다	niʤəsə niʤəpʼuryətʼa	ni	리혼	nion	ni
잎	nip	ni	리자	niʤa	ni
일어나다	nirənada	ni	리발	nibal	ni
읽다	nilgəra	ni	리(里)	ni	ni

[표 91] ≪朝鮮語方言調査報告≫의 (ni) 실현 양상

이 자료상으로는 (ni) 변이가 거의 관찰되지 않는다 어두에 'ni' 연쇄
를 포함한 형태소는 'irəsəda(일어서다)' 한 예를 제외하고는 모두 ni형으
로 실현되고 있다.

宣德五・趙習・金淳培(1990)에 반영된 변항 (nyV)의 실현 양상은 다음
과 같다.

표준어형	전사형	변이형	표준어형	전사형	변이형
녀성	nyəsyəŋ	nyV	력사(歷史)	nyəksʼa	nyV
녀자	nyəʤa	nyV	류동	nyudoŋ	nyV
년말	nyənmal	nyV	류행	nyufiɛŋ	nyV
년세	nyənse	nyV	령(柔)	nyəŋ	nyV
념려	nyəmnyə	nyV	령수(領袖)	nyəŋsu	nyV
념불	nyəmbul	nyV	련애	yənɛ	yV
여기다	nyəgida	nyV	량(量)	nyaŋ	nyV
연(鳶)	nyən	nyV	련못	nyənmot	nyV
염통	nyəmtʰi	nyV	례(例)	ne	nV
모이	nyol	nyV	례절	neʤyəl	nV
녀름	nyəri̠m	nyV	례배당	nebɛdaŋ	nV
옆	yəp	yV	류지	nyukʼti	nyV
옆구리	nyəkʼuri	nyV	륙십	nyuksʼip	nyV
이야기	nyɛgi	nyV	륙군	nyukʼun	nyV
옛날	nyennal	nyV	류행	nyufiɛ%	nyV
옛말	nyenmal	nyV	류학	nyufiak	nyV
넣다	nyəəra	nyV	령감	nyəŋgam	nyV
년대	nyəndɛ	nyV	렴치(廉恥)	nyəmtʰe	nyV

뇨소(尿素)	nyoso	nyV	렬사	nyəls'a	nyV
뇨강(尿罐)	yogaŋ	yV	런뿌리	yənp'uri	yV
냥(兩)	nyaŋ	nyV	런꽃	nyənk'ot	nyV
유리	yuri	yV	런습	nyənsip	nyV
룡(龍)	nyoŋ	nyV	량심	nyaŋsim	nyV
료해(了解)	nyoɦɛ	nyV	량해(諒解)	nyaŋɦɛ	nyV
료리	nyori	nyV	려관	nyəgwan	nyV
령도	nyəŋdo	nyV	려권	ryək'wən	ryV
량반	nyaŋban	nyV	려행	ryəɦeŋ	ryV
량식	yaŋsik	yV	력사	nyəks'a	nyV
련락	nyəllak	nyV			

[표 92] ≪朝鮮語方言調査報告≫의 (nyV) 실현 양상

이 자료는 당시에 (nyV) 변이가 존재했음을 보여 주고 있다. 'nyV' 연쇄를 포함한 대부분의 형태소는 nyV형으로 실현되나 일부는 yV형이나 nV형으로 실현되고 있다. 총 59개 항목 중 nyV형은 50개(85%), yV형은 6개(10%), nV형은 3개(5%)가 나타난다.[184]

3.2.2.3. 변화의 확산 과정과 방향

이상에서 살펴본 현장 시간상의 변화 양상과 실재 시간상의 변화 양상에 근거하여, 변항 (ni) 및 (nyV)의 통시적 변화 양상을 도식화하면 다음과 같다. 아래는 변화의 진행 과정이 드러나도록 각 변이형의 출현 비율을 시기별로 보인 것이다.

시기	20세기 초	20세기 말	21세기 초		
	카잔 자료	朝鮮語方言調査報告	노년층	중년층	청년층
변이형	ni	ni (i: 1예)	ni i	ni i	ni i

[표 93] 변항 (ni)의 통시적 변화 양상

---

184) ryV형도 nyV형에 포함시켜 계산하였다.

시기	20세기 초	20세기 말	21세기 초		
	카잔 자료	朝鮮語方言調査報告	노년층	중년층	청년층
변이형	nyV (yV: 1예)	nyV yV nV	nyV yV nV	nyV yV nV	nyV yV nV

[표 94] 변항 (nyV)의 통시적 변화 양상

 이상에서 논의한 바를 통해 어두 ni 연쇄 및 nyV 연쇄의 n 탈락이라는 음운 변화가 실재 시간상으로도 점진적으로 진행되어 왔음을 확인할 수 있다. 또, 동일한 nyV 연쇄에 대하여 어두 n 탈락 외에 n 뒤 y 탈락이라는 상이한 음운 변화가 동시에 일어날 수도 있음을 알 수 있다. 현장 시간상에서 진행 중인 변화의 실례와 과거 이 방언에서 일어났던 음운 현상의 실제를 검토한 결과, 다음의 가설은 경험적 증거에 의하여 그 타당성이 입증되었다.

 (가설) 음운 과정에 의한 통시적 음운 변화는 수의적 음운 교체를 통하여 어휘에 따라 점진적으로 수행된다. 그러한 점진적 어휘 확산 과정에서 공시적 음운 변이가 출현한다.

 그렇다면 이러한 음운 변화는 구체적으로 어떠한 과정을 거쳐 확산되는지에 대해 좀더 살펴보기로 하자.

 교체 자체의 측면에서 볼 때, 변이 및 변화의 확산은 수의적 교체의 점진적 필수화와 더불어 이루어진다. 단, 기존의 문법에 둘 이상의 교체 현상이 첨가되는 경우에는 개별 어휘에 따라 양방향의 변화가 동시에 이루어지거나, 각각 상이한 방향으로 변화가 수행될 수 있다.

 어두 (ni) 변화 및 어두 (nyV) 변화의 경우, $^*{}_\omega[\text{ni}}$, $^*{}_\omega[\text{nyV}$라는 단어 구조 제약의 등급이 상승함으로써 기존에 허용되던 음소 배열인 ni와 nyV

가 어두에서 허용되지 않는 쪽으로 변화가 이루어지고 있다. 그리고 이 같은 제약 위계의 변화에 따라 어두 n 탈락과 n 뒤 y 탈락이라는 상이한 음운 변화가 동시에 진행되고 있다. 어두 n 탈락과 n 뒤 y 탈락이라는 변화의 진행 과정에서 바로 (ni) 변이 및 (nyV) 변이가 출현한다. 중부 이남 방언의 경우 이미 근대 국어 시기부터 어두 n 탈락 현상이 발생하여 확산되었음을 감안할 때, 그만큼 육진 방언은 보수적인 성격을 오랫동안 유지해 왔음을 알 수 있다.

한편, 개별 어휘의 측면에서는 해당 교체가 적용되기 용이한 세부 조건을 지닌 어휘로부터 점진적으로 변이 및 변화가 확산된다. 어두 n 탈락의 경우, 다음과 같은 경향이 관찰된다.

첫째, 체언에서 먼저 변화가 발생하여 용언으로 확산되는 경향이 있다. 둘째, 한자어보다 고유어에서의 개신율이 더 높게 나타난다.[185] 셋째, 폐음절 환경에서 변화가 먼저 발생하여 개음절 환경으로 확산되는 경향이 있다. 넷째, 피동화음이 치조음인 n 구개음화의 경우, 동화주가 i인 어휘보다 동화주가 y인 어휘에서 변화가 먼저 발생하는 경향이 있다. 그에 따라 어두 n 탈락도 i 앞보다 y 앞에서 먼저 일어나는 경향이 있다.

n 뒤 y 탈락의 경우, y에 후행하는 모음이 전설 모음일 경우 y 탈락이 더 잘 일어난다. 이는 '전설성'이라는 동일 자질의 연접을 회피하고자 하는 음성적 동인에 기인하는 것으로 해석된다.

여기서 주목할 점은 'n-y-V' 연쇄에서 V가 전설 계열 모음(e, ɛ)일 경우에는 n 탈락 대신 y 탈락 현상이 우선적으로 일어나는 경향이 있다는 점이다. 이는 치조음과 전설성 활음 y의 연쇄에 대한 제약(*치조음-y)보다 전설성 활음 y와 전설 모음의 연쇄에 대한 제약(*y-전설 모음)의 등급이 더 높음을 의미한다.[186]

---

185) 이때, 고유어는 어두 n 탈락의 개신형이 표준어형이고('넣-' 제외), 한자어는 어두 n 탈락의 비개신형이 표준어형이란 점이 고려될 필요가 있다.

하나의 새로운 교체 현상이 출현하였을 경우 그것은 제약 위계의 변동을 의미하고, 그 언어의 문법에는 새로운 제약 위계가 자리잡을 것임을 예측할 수 있다. 제약 위계가 변동된 이래 새로운 제약 위계가 기존의 위계를 대체하기 전까지는 계속해서 변이가 존재한다. 이 지역어의 세대별 (ni) 변이, (nyV) 변이 또한 점진적인 제약 위계의 변화 과정을 잘 보여 준다. 변이를 구성하는 특정 변이형의 분포가 점차 확대되어 가는 양상은 제약 위계의 점진적 변화 과정을 반영하는 것으로 해석되기 때문이다.

그러나 새로운 교체 현상이 둘 이상 출현하였을 경우, 경쟁적 교체를 낳는 상이한 제약 위계 중 어느 쪽으로 위계가 고정되느냐 여부를 변화의 초기부터 예측하기는 어렵다. 현재 진행 중인 변화의 양상을 통해 보건대, 이 지역어의 (nyV) 변이는 y 탈락형(nV형)을 최적형으로 하는 제약 위계와 n 탈락형(yV형)을 최적형으로 하는 제약 위계 중 후자로 고정될 것임을 예측할 수 있다.[187]

한편, 이러한 변화의 진행에는 언어 외적 요인 또한 강하게 작용하는 것으로 보인다. 실제로 언어 변화를 주도하는 것은 화자와 청자이고 그들은 자신이 속한 언어 공동체에 작용하는 언어 내·외적 요인의 영향 하에 언어를 운용하므로, 언어 변화의 방향도 다분히 복합적인 요인에 의해 결정될 수밖에 없다. 이 지역어의 경우에도 경쟁하는 변이형 중 세력을 얻어 언어 공동체 전체로 확산되고 있는 것은 표준어형 혹은 표준어형에 가까운 것이다.

---

186) 한편, 기저의 '치조음-y-ə/a' 연쇄에 대해서는 변이형 '치조음-ə'나 '치조음-a'뿐 아니라 '치조음-y-e'나 '치조음-y-ɛ', '치조음-e'나 '치조음-ɛ' 또한 관찰된다. 이는 yə/ya 연쇄에 작용하는 조음 위치 동화 제약에 기인한다. 이때 yə→ye, ya→yɛ는 선행하는 전설성 활음에 의한 모음의 전설화로서, 동화의 일종이다.

187) 그러나 일부 어휘는 양방향의 변화를 모두 겪었거나 단일하게 y 탈락형으로 변화되었다.

3.2.3. (syV) 변화

3.2.3.1. 현장 시간상의 변화

3.2.3.1.1. 이 지역 중년층 화자들의 발화에서 변항 (syV)는 다음과 같이 실현된다.[188]

	제보자	F₄	M₈	F₅	M₉	M₁₀	F₆	F₇
항목		56세	55세	54세	48세	45세	45세	44세
방언형	의미							
쇼에	松魚	sɔɛ́, soyɛ́	soɛ́	soɛ́	sɔɛ́	soʸɛ́	soɛ́	—
슈에	鰡魚	súe, súyɛ	súe	súe	súɛ	súʸe	súɛ	—
슈갑	手匣(掌匣)	súgabi	súgabu	súgap	súgabi	súgabi	súgap	súgabi
슈박	西瓜	súbagi	—	subági	súbagɨ	súbagina	šúbak	súbagi
셔른	三十	šərɨ́n	sərɨ́n s(~š)erɨ́n	šərɨ́n	šərɨ́n	sərɨ́n s(~š)ərɨ́n	sərɨ́n	šərɨ́n
셕매	石磨	s(~š)əŋmɛ́ səŋmɛ́	səŋmɛ́	səŋmɛ́	səŋmá	səmmɛ́	səŋmɛ́	səŋmɛ́
셕경	石鏡	sék'ẽy sék'ey	sék'e	sékk'ey sék'e sék'ʸe sék'yə sék'ʸey	sék'ẽy sék'yəŋ	sékk'yəi sék'o(~ə) sék'ey sék'ə sék'e	sék'ə̄ sək'ə šék'ə	s(ʷ)ék'o
구섭-	窮	kušápt'a kusápt'a	kušápt'a kušá(~é)pt'a kušépt'i	kusápt'a kusába	kusábasə kusápt'an	kušə́əpt'a kusápt'a kusábəsə	kusápt'a	kusápt'a kusábasə
무섭-	怖	mušápt'a mušába musápt'a	musápt'a musába	musápt'a musábara	musápt'a musáwəra	musápt'a musábəsə	musə́p·ʧ'i	musé·basə muséebasə

[표 95] 변항 (syV)의 화자별 음성 실현 양상

이를 변이형으로 분류하여 도식화하면 아래와 같다.

제보자 항목	F_4 56세	M_8 55세	F_5 54세	M_9 48세	M_{10} 45세	F_6 45세	F_7 44세
쇼에	sV	sV	sV	sV	sV	sV	—
슈에	sV	sV	sV	sV	sV	sV	—
슈갑	sV	sV	sV	sV	sV	sV	sV
슈박	sV	—	sV	sV	sV	šV	sV
셔른	šV	sV	šV	šV	sV	sV	šV
셕매	sV	sV	sV	sV	sV	sV	sV
셕경	sV	sV	sV	sV	sV	sV, šV	sV
구셥-	šV, sV	šV	sV	sV	šV, sV	sV	sV
무셥-	šV, sV	sV	sV	sV	sV	sV	sV

[표 96] 변항 (syV)의 화자별 변이형 실현 양상

중년층의 경우에도 변항 (syV)에 대한 변이가 관찰되기는 하나, 변이의 폭이 매우 좁다. 관찰되는 변이형은 šV, sV인데, 대부분 sV형으로 실현된다. 노년층의 경우 šV형의 출현 비율이 비교적 높았던 것과 대조적이다. 이는 이 지역어의 syV 연쇄가 점차 sV형으로 변화되어 가고 있음을 반영하는 것으로 해석된다.

3.2.3.1.2. 이 지역 청년층 화자들의 발화에서 변항 (syV)는 다음과 같이 실현된다.

제보자 항목		M_{11} 39세	F_8 38세	M_{12} 31세	M_{14} 29세	F_9 25세
방언형	의미					
쇼에	松魚	soŋə́, sóɛ	soɛ́	soɛ́	soé	so(~ɔ)é
슈에	鱸魚	súɛ	súɛ	súɛ	súe	súe
슈갑	手匣 (掌匣)	súgabi	súgap	súgap	súgap	súgap
슈박	西瓜	súbak	súbak	súbagi	súbak, súbagi	súbak
셔른	三十	sərín	šə́rin	šérin	sərín	šə́rin
셕매	石磨	səmmé	səŋmé	səŋmé	səmé	—
셕경	石鏡	sék'ē̌ šék'e, sék'e	šék'ěi, sék'e sék'eril	sék'ěy sék'ə	sék'wə, sék'o sʷék'wə	—
구셥-	窮	kusə́pt'a	kusə́əpt'a	kusə́pt'a	kusə́pt'a kusə́wadzuk'et'a	—
무셥-	怖	musə́pt'a	musə́pt'a	musə́pt'a	musə́pt'a, musə́wəsə	mušə́pt'a

[표 97] 변항 (syV)의 화자별 음성 실현 양상

이를 변이형으로 분류하여 도식화하면 아래와 같다.

제보자 항목	M$_{11}$ 39세	F$_8$ 38세	M$_{12}$ 31세	M$_{14}$ 29세	F$_9$ 25세
쇼에	sV	sV	sV	sV	sV
슈에	sV	sV	sV	sV	sV
슈갑	sV	sV	sV	sV	sV
슈박	sV	sV	sV	sV	sV
셔른	sV	šV	šV	sV	šV
셕매	sV	sV	sV	sV	—
셕경	sV, šV	šV, sV	sV	sV	—
구섭-	sV	sV	sV	sV	—
무섭-	sV	sV	sV	sV	šV

[표 98] 변항 (syV)의 화자별 변이형 실현 양상

청년층의 경우에도 변항 (syV)에 대한 변이가 관찰되기는 하나, 변이의 폭이 매우 좁다. 관찰되는 변이형은 šV, sV인데, 대부분 sV형으로 실현된다. 이 또한 šV형의 출현 비율이 비교적 높았던 노년층의 경우와 대조적인 양상이다. 이는 이 지역어의 syV 연쇄가 점차 sV형으로 변화되어 가고 있음을 반영하는 것으로 해석된다.

3.2.3.1.3. 이상에서 살펴본 변항 (syV)의 변이 양상을 도식화하면 대략 다음과 같다. 아래는 변화의 진행 과정이 드러나도록 각 변이형의 출현 비율을 세대별로 보인 것이다.[189]

시기	노년층	중년층	청년층
변이형	šV	šV	šV
	sV	sV	sV

[표 99] 변항 (syV)의 현장 시간상의 변화 양상

---

189) 변이형의 출현 비율은 해당 변항과 연관된 전체 형태소의 표면 실현형에 대한 각 변이형의 유형 빈도(type frequency)에 해당한다.

노년층, 중년층 및 청년층의 변이 양상을 비교함으로써 우리는 syV 연쇄가 점차 sV형으로 변화되어 가는 과정을 확인할 수 있다. 즉, syV 연쇄의 y 탈락이라는 음운 변화가 현장 시간상에서 점진적으로 진행되고 있음을 알게 된다. 그런데 이때 /syV/>/sV/ 변화는 비단 y 탈락이라는 음운 과정에 의해서만 수행되는 것은 아니라고 생각된다. 중년층 및 청년층의 경우, [š(~s)V](/syV/)와 같은 불명료한 음성형의 청취로 인하여 이전 세대의 [šV](/syV/)를 /sV/로 재해석했을 가능성이 있기 때문이다. 이 같은 재해석은 이전 세대 화자의 발화에서 일어나는 수의적 y 탈락으로 인하여 이후 세대의 청자가 [šV]~[sV]와 같은 변이적 상황에 노출된 데 기인한다고 본다. 뿐만 아니라, /syV/>/sV/ 변화에는 sV형을 표준으로 삼는 언어 규범이 영향을 미쳤을 가능성도 배제할 수 없다. 이러한 사실은 노년층의 공시적 변이(šV~sV)가 수의적 음운 교체에 의한 것인 반면, 중년층 및 청년층의 공시적 변이(šV~sV)는 부분적으로 기저형의 수의적 선택에 의한 것일 수 있음을 의미한다. 따라서 /syV/>/sV/ 변화의 기제 또한 다분히 복합적이라고 할 수 있다.

3.2.3.2. 실재 시간상의 변화

세대별 변이의 양상을 비교함으로써 현장 시간상의 변화를 살펴보았다. 그렇다면 실재 시간상의 변화는 어떠한지 확인해 보기로 한다.

3.2.3.2.1. 20세기 초의 카잔 자료에 반영된 변항 (syV)의 실현 양상은 다음과 같다.

방언형	의미	전사형	변이형	방언형	의미	전사형	변이형
샤랑	舍廊(庫)	ša-rɛ ša-ra-a	šV	샹마	牡馬	šaŋ-mɛ	šV
시섀리	苧麻	šɨy-šɛ-ri	šV	셤기-	事	šeŋgira	še
쎠개	蟣	š'ə-gɛ	šV	말셕	馬革	mar šəgɨ	šV
셔당	書堂	šədɛ, šədarɨ šədaŋ a	šV	구셥-	窮	kušəba	šV
셔-	立	šə-gi, šəgu	šV	사셜	辭說	sašərɨ sašər du	šV
쎠-	點燈	š'ə-gi	šV	슝굼이	人名(順金)	šuŋ-gumi šuŋ-guma	šV
셩듕	城中	šəŋdyuru šəndyuru šəŋdyuešə	šV	셩뉘리	人名	šəŋnyüri	šV
업섀(우)-	無	əpšɛs'o əpšɛuginɨn əpšɛumni	šV	셩섐이	人名	šəŋsɛmi	šV
셰우-	使立	še-u-gi	šV	응드리셔-	露(齒)	ɨŋdɨrišəmyəŋ	šV
발쎠	已	parš'ə	šV	동셔	同壻	toŋše	šV
슈~에	鰡魚	šũe	šV	밴셰	餃子	pyɛnšeraŋ	šV
셕매재	石磨-	šəŋmɛʤɛ	šV	샹겁	賞給	šaŋgəbi šaŋgəbu	šV
임셕	飮食	imšəgɨ imšegi	šV	슈에싀	洗手	šuešɨy	šV
-셔	-서	pat^{h}ešə yəŋgešə mudyešə konyɛgešə kəŋgellɨšə pogušənɨn kɨryɛgillɛšə	šV	셰피	栗鼠	šep^{h}i gwa šep^{h}i šep^{h}idəri	šV
셔~왜	成火	šə̃wɛ	šV	화슌이	和順	hwašuni	šV
샤바귀	長靴	šabagʉy	šV	티셰	致誠	t^{h}išerɨ	šV
불섀~이(불생키)	憐	puršɛ̃i puršɛ puršɛŋk^{h}i	šV	무셥-	怖	mušəpku mušəbuŋge mušəba	šV
채셕	臺石	ʦ^{h}ɛ-še-gi	šV	셩	兄	šəŋ	šV
만셕	人名(萬石)	man šegige	šV	백셩	百姓	pɛkšẽi pɛkšəŋdəri	šV
셰-	量	šenɨnde	šV	셰져~하-	洗淨	šeʤə̃ hagu	šV
불셰르	不時-	puršerɨ	šV	일쎄	日勢(日氣)	irš'e	šV
앞셔	先	apšənɨn	šV	셻이	慟	šerbi	šV
샤괘	帽子	šak'wɛ	šV	슈건	手巾	šugən	šV
곡셕	穀食	kokšegiraŋ	šV				

[표 100] ≪韓國人을 위한 綴字敎科書≫의 (syV) 실현 양상[190]

방언형	의미	전사형	변이형	방언형	의미	전사형	변이형
셔당	書堂	šədɛ	šV	셔르 나무	三十餘	šərɨ-namu	šV
앞서	先	apš'ə	šV	밴셰	餃子	pyɛnšena	šV
셔른	三十	šərɨn	šV	슈번	守番	šúbəni	šV
셩뉴애	石硫黃	šəŋnyuɛ	šV	무셥-	怖	mušə́ba	šV
셔울	京	šəurío	šV	셕매	石磨	ʒɐŋ-mɛ	šV
쌔리	狂	š'ɛrɨ	šV	곡셕	穀食	kokšəgɨ / kokšəginɨ	šV
써-	鋸	š'əgɨ́	šV	셩	兄	šə́ɨ, šẽ, šə̃ge / šəŋnéraŋ	šV
발써	已	parš'ə	šV	셩님	兄	šəŋ-ním	šV
불쎄르	不時-	púrš'erɨ	šV	이샹	以上	íšaŋ	šV
사셜	辭說	sášəri / sášərina	šV	임셕	飮食	imšəgé	šV
셩	姓	šə́ŋ / šəŋ-ts'ɛrɨ	šV	샹년	上年	šaŋ-nyəné	šV
-셔	-서	tsʰonɨrɨšə yəŋgešə́ kəŋgešə ədɨmešə núegešə	šV	셔-	立	šədɨ́, šəgú šəndé, šás'o šəɣəra	šV
셰-	量	šeé	šV	셩냥	石牆	šəŋ-nyaállɨ	šV

[표 101] ≪露韓會話≫의 (syV) 실현 양상[191]

방언형	의미	전사형	변이형	방언형	의미	전사형	변이형
슈박	西瓜	šúbak / šúbɛgi	šV	샹갭(이)	賞給	šáŋ-gɛbi	šV
샤바귀	長靴	šabagɨ́y	šV	-(으)ㅂ쇼	종결어미	poŋɛopšó	šV
무셥-	怖	mušə́ba / mušəbun	šV	예슈	賞主	Yéšu / Yéšu kɨrisɨdo	šV
불샹하-	憐	púršaŋ hangé / púršə̃i	šV	숀	縬	šon, -ɨ́	šV
셰피	栗鼠	šepʰɨ́	šV	화샹	畫像	hwá-šaŋ, -šə̃	šV
불쎄르	不時-	púrš'erɨ	šV	셔당	書堂	šədáŋ, šədə̃	šV
슈군	水軍	šú-gundəri	šV	맹셰	盟誓	mɛŋ-šé	šV

---

190) 그 밖에 '암쇠, 수쇠, 염쇠, 암염쇠, 수염쇠, 마쉬르, 쉬 없어' 등의 예가 있다. 표제어 중 '셩', '쎠개'는 h 구개음화가 일어난 형태이다.

191) 표제어 중 '셩', '셩님'은 h 구개음화가 일어난 형태이다. 그 밖에 '쒸시기, 알 쒸, 예쉰이, 예쉬 나무, 마쉬덜, 쉐덜으, 쉐젖이나, 쉐고기, 수 쉐, 쇠지' 등의 예가 있다. ≪露韓會話에 대한 單語와 表現≫의 -셔(-서) tsʰonešə, 셩님(兄) šəŋ-ním, 셩듕(城中) šəŋ tyũi 등의 예를 추가할 수 있다.

들어셔-	入	tirə šəgí	šV	됴션	朝鮮	tyo-šən Tyo-šən Tyo-šəní	šV
-셔	-서	səišə patʰéšə tuéšə	šV	배셜	排設	pɛšəri	šV
셰우-	使立	šeúgi	šV	바션	襪	pašən, -i	šV
셰져~하-	洗淨	šeʤə hagí	šV	임셕	飮食	iym-šək iym-šegí imšək, imšəgí	šV
쇼식	消息	šošik, šošígi	šV	시섀리	苧麻	šišɛrí	šV
셜움	慟	šərum, -i	šV	셔~왜	成火	šəwɛri	šV
셟-	慟	šərbun	šV	셩뉴왜	石硫黄	šəŋnyuwɛ	šV
셩	城	šəŋ, šéí	šV	백셩	百姓	pɛk-šəŋ, -šẽ	šV
셩듕	城中	šəŋ-tyuŋ, -tyũí	šV	화풍션	汽船	hwa-pʰuŋ-šəní	šV
셕	(馬)革	šək, šégi	šV	셕판	石板	šək-pʰán, -i	šV
디셰	地稅	tí-še	šV	웅드리셔-	露(齒)	iŋdiríšegi	šV
셰납	稅納	šé-nap šé-nɛbi	šV	셔-	立	šəgí šəgú ik'í	šV
슌하-	順	šún-han	šV	셤	島	šəm, -i šəm tyuŋ, -tyũí	šV
셕매	石磨	šəŋ-mɛ	šV	소셩하-	蘇醒	sóšəŋ hagí	šV
셔방(가-)	書房 (壻)	šəbá kagí šəbaŋ, šəbẽ	šV	도셰	圖署	tošé	šV
곡셕	穀食	kok-šək, -kok-šégi kok-šək ár, -i kok-šək karí	šV	슈건	手巾	šugən, -í kʰo šugən, -í šwéši šugən, -í	šV
(불으)쪄-	點燈	púri š'əgi	šV	닐어셔-	起立	nirə šəgí	šV
앞셔-	先	ap=šəgi	šV	셰월	歲月	še-wər	šV
신션	神仙	šin-šən, -i	šV	슈운	水銀	šúun, -i	šV
듀쇽	黄銅	tyušók	šV	황셰~	皇城	hwaŋ-šẽ	šV
샤랑	舍廊 (庫)	šaráŋ, šarẽ	šV	검슈하-	儉素	kəmšú-han	šV
셕매재	石磨-	šəŋ-mɛʤɛ	šV	션생	先生	šən-sɛŋ, šən-sẽ šən-sẽí	šV
슈엠	鬚髯	šuem, -í	šV	생션	生鮮	sɛŋ-šən kuk	šV
샬	솔	šaly	šV	샵괘	帽子	šápkwɛ	šV
샬피	스카프	šárpʰiy	šV	사셜	辭說	sášər	šV
셮	衽	ʧəgúr šəpʰí	šV	슈양버들	垂楊	šuyyáŋ-pədir, -i	šV
쪄-	鋸	š'əgi	šV				

[표 102] ≪試篇 露韓小辭典≫의 (syV) 실현 양상[192]

카잔 자료상으로는 (syV) 변이가 관찰되지 않는다. 'syV' 연쇄를 포함
한 형태소는 모두 šV형으로 실현된다. 이를 통해 우리는 당시에 /s/가
/y/ 앞에서 경구개 변이음으로 실현되었음을 알 수 있다. 'šaly(샬), šárpʰ
iy(샬픠), šápkwɛ(샵꽤)'와 같이 러시아어 차용어에 대해서도 'syV' 연쇄가
[šV]형으로 실현된다.

3.2.3.2.2. 1980년대에 조사한 자료인 宣德五·趙習·金淳培(1990)에 반영
된 변항 (syV)의 실현 양상은 다음과 같다.

표준어형	전사형	변이형	표준어형	전사형	변이형
녀섯	nyɔɛyɔŋ	ɛyV	세력	ɕeryɔk	ɛV
상점	syaŋdyəm	syV	분석	punsək	sV
서른	syərin	syV	건설	kənsəl	sV
서울	syəul	syV	년세	nyənse	sV
수수	s'uk'i paps'uk'i	sV	선생	syənsɛ	syV
숭늉	syuŋnyui	syV	선전(宣傳)	syəndʑən	syV
세수하다	sweswiɦada	swV	선거	syəngə	syV
일어서다	irəsəda	sV	선수	syənsu	syV
섬(島)	səm	sV	선택	syəntʰɛk	syV
소(牛)	swe	swV	선물	səmmul	sV
송아지	swɛdʑi	swV	조선(朝鮮)	tosyən	syV
복숭아	poks'uwɛ	sV	소주(燒酒)	hodʑyu	hV
수박	syubak	syV	소포	syopʰo	syV
버선	posyən	syV	소조(小組)	syodʑo	syV
예순	yeswin	swV	소설	sosəl	sV
섬(石)	səm	sV	소개	sogɛ	sV
무섭다	musyəpt'a	syV	소년	syonyən	syV
서다	səra	sV	좌석	ʧwasyək	syV
신랑	syəbɛ	syV	사진	sadʑin	sV
소경	swegyəŋ	swV	사회	sawe	sV
미치광이	s'agudʑɛ	sV	사죄	sadʑwe	sV
서점	sədʑəm	sV	상세(詳細)	syaŋse	syV

---

192) šon은 šən(션)의 오기(sic)로 보인다. '샬', '샬픠', '샵꽤'는 각각 러시아어 шаль,
   шарфь, шапочка로부터 온 차용어이다. 그 밖에 '쉐 이름이, 수쉐, 마쉬, 쉐젖,
   쉐, 쉬양 버들, 쒺시기, 원쉬, 목쉬, 쉐시 슈건, 쉐 곱지, 쉐경, 쉐계~, 쉬' 등의 예가
   있다.

서방(書房)	syəbaŋ	syV	방석	paŋsyək	syV
저수지	ʧəsudi	sV	상품(商品)	syaŋpʰum	syV
주석(主席)	ʧyusyək	syV	상업	syaŋəp	syV
취소	ʧʰwisyo	syV	상(賞)	syaŋ	syV
로선	nosyən	syV	장갑	syugap	syV
서(西)	syə	syV	상(上)	syaŋ	syV
세탁	setʰak	sV	랭수(冷水)	nɛŋsu	sV
계속	kesok	sV	성장(省長)	səŋʤaŋ	sV
계수(桂樹)	kesu	sV	성적	syəŋʤək	syV
세월	syewəl	syV	성립	səŋnip	sV
세금	segim	sV	령수(領袖)	nyəŋsu	sV
예술	yesul	sV	추석	ʧʰwisyək	syV
부상병	pusaŋbyəŋ	sV	무성(茂盛)	musəŋ	sV
목수	moks'u	sV	숙사(宿舍)	suks'a	sV
각성	kaks'əŋ	sV	수술(手術)	susul	sV
세계	sege	sV	죽순(竹筍)	ʧuks'un	sV
석유	segyu	sV	석탄	syəktʰan	syV
벌써	pals'ə	sV			

[표 103] ≪朝鮮語方言調査報告≫의 (syV) 실현 양상

이 자료는 당시에 (syV) 변이가 존재했음을 보여 주고 있다. 'syV' 연쇄를 포함한 형태소가 syV형, sV형으로 실현되고 있다. 총 73개 항목 중 syV형은 35개(48%), sV형은 38개(52%)가 나타난다.[193]

3.2.3.3. 변화의 확산 과정과 방향

이상에서 살펴본 현장 시간상의 변화 양상과 실재 시간상의 변화 양상에 근거하여, 변항 (syV)의 통시적 변화 양상을 도식화하면 다음과 같다. 아래는 변화의 진행 과정이 드러나도록 각 변이형의 출현 비율을 시기별로 보인 것이다.

---

193) swV형(5개)과 hV형(1개)은 논외로 한다.

시기	20세기 초	20세기 말	21세기 초		
	카잔 자료	朝鮮語方言調査報告	노년층	중년층	청년층
변이형	šV	šV	šV	šV	šV
		sV	sV	sV	sV

[표 104] 변항 (syV)의 통시적 변화 양상

이상에서 논의한 바를 통해 syV 연쇄의 y 탈락이라는 음운 변화가 실재 시간상으로도 점진적으로 진행되어 왔음을 확인할 수 있다. 현장 시간상에서 진행 중인 변화의 실례와 과거 이 방언에서 일어났던 음운 현상의 실제를 검토한 결과, 다음의 가설은 경험적 증거에 의하여 그 타당성이 입증되었다.

(가설) 음운 과정에 의한 통시적 음운 변화는 수의적 음운 교체를 통하여 어휘에 따라 점진적으로 수행된다. 그러한 점진적 어휘 확산 과정에서 공시적 음운 변이가 출현한다.

그렇다면 이러한 음운 변화는 구체적으로 어떠한 과정을 거쳐 확산되는지에 대해 좀더 살펴보기로 하자.

교체 자체의 측면에서 볼 때, 변이 및 변화의 확산은 수의적 교체의 점진적 필수화와 더불어 이루어진다. (syV) 변화의 경우, *syV라는 음소 배열 제약의 등급이 상승함으로써 기존에 허용되던 음소 배열인 syV가 허용되지 않는 쪽으로 변화가 이루어지고 있다. 그리고 이 같은 제약 위계의 변화에 따라 s 뒤 y 탈락이라는 음운 변화가 진행되고 있다. s 뒤 y 탈락이라는 변화의 진행 과정에서 바로 (syV) 변이가 출현한다. 중부 이남 방언의 경우 이미 근대 국어 시기부터 /syV/>/sV/의 변화가 발생하여 확산되었음을 감안할 때, 그만큼 육진 방언은 보수적인 성격을 오랫동안 유지해 왔음을 알 수 있다.[194]

한편, 개별 어휘의 측면에서는 해당 교체가 적용되기 용이한 세부 조건을 지닌 어휘로부터 점진적으로 변이 및 변화가 확산된다. s 뒤 y 탈락의 경우, 다음과 같은 경향이 관찰된다.

첫째, 개신형이 표준어형인 s 뒤 y 탈락의 경우, 고유어보다 한자어에서의 개신율이 더 높게 나타난다. 둘째, 폐음절 환경에서 변화가 먼저 발생하여 개음절 환경으로 확산되는 경향이 있다. 뿐만 아니라, y에 후행하는 모음이 전설 모음일 경우 s 뒤 y 탈락이 더 잘 일어난다. 이는 '전설성'이라는 동일 자질의 연접을 회피하고자 하는 음성적 동인에 기인하는 것으로 해석된다.

하나의 새로운 교체 현상이 출현하였을 경우 그것은 제약 위계의 변동을 의미하고, 그 언어의 문법에는 새로운 제약 위계가 자리잡을 것임을 예측할 수 있다. 제약 위계가 변동된 이래 새로운 제약 위계가 기존의 위계를 대체하기 전까지는 계속해서 변이가 존재한다. 이 지역어의 세대별 (syV) 변이 또한 점진적인 제약 위계의 변화 과정을 잘 보여 준다. 변이를 구성하는 특정 변이형의 분포가 점차 확대되어 가는 양상은 제약 위계의 점진적 변화 과정을 반영하는 것으로 해석되기 때문이다. 현재 진행 중인 변화의 양상을 통해 보건대, 이 지역어의 (syV) 변이는 y 탈락형(sV형)을 최적형으로 하는 제약 위계로 고정될 것임을 예측할 수 있다.

한편, 이러한 변화의 진행에는 언어 외적 요인 또한 강하게 작용하는 것으로 보인다. 실제로 언어 변화를 주도하는 것은 화자와 청자이고 그들은 자신이 속한 언어 공동체에 작용하는 언어 내·외적 요인의 영향 하에 언어를 운용하므로, 언어 변화의 방향도 다분히 복합적인 요인에

---

194) 17, 18세기 근대 국어를 반영한 문헌 자료에서 '사서소수(=/sV/):샤셔쇼슈(=/syV/)'
가 혼기를 보이는 것은 잘 알려진 사실이다(郭忠求 1980, 金周弼 1985 등). 이러한
혼기는 중세 국어 단계에서 치조음이었던 /ㅅ/이 구개모음 i나 구개성 활음 y 앞
에서 경구개 변이음을 갖게 되면서 [sV](=사서소수)와 [šV](=샤셔쇼슈)가 점차 변
별되기 힘들어진 데 기인한다. 이는 결국 /syV/>/sV/라는 변화로 이어지는 결과
를 낳았다.

의해 결정될 수밖에 없다. 이 지역어의 경우에도 경쟁하는 변이형 중 세력을 얻어 언어 공동체 전체로 확산되고 있는 것은 표준어형 혹은 표준어형에 가까운 것이다.

278 음운론적 변이와 변화의 상관성

3.2.4. (ʦyV) 변화

3.2.4.1. 현장 시간상의 변화

3.2.4.1.1. 이 지역 중년층 화자들의 발화에서 변항 (ʦyV)는 다음과 같이 실현된다.[195]

방언형	의미	F_4 56세	M_8 55세	F_5 54세	M_9 48세	M_{10} 45세	F_6 45세	F_7 44세
죠애	紙	tʃóɛ tʃ(~ts)óí	tʃ(~ts)óí tʃóits'á	ts(~tʃ)óʸɛ tsoɲí, tʃóɛ	tsoɲí ts(~tʃ)oɲitʃ'ấi ts(~tʃ)óɛ tʃóɛ	tʃ(~ts)oɲí tʃ(~ts)óí tʃ(~ts)óɛ tʃóɛ	tʃóɛ tsóɛ tsoɲí tʃoɲí	tʃóí tʃ(~ts)oɲí
죠개	蛤	tsogɛ́	ts(~tʃ)ogɛ́ mimmuldʒ(~tʃ')ogɛ́ kaŋtʃ'ógɛ	tʃolgɛ́ tsogɛ́ tsolgɛ́	ts(~tʃ)ogɛ́ ts(~tʃ)olgɛ́ cf. tsolgɛ́k'əpt'égi	tsogɛ́ tʃogɛ́ tsolgɛ́	tʃogɛ́ tsolgɛ́	tʃ(~ts)ogɛ́
쟈랑	誇	ts(~tʃ)aráŋɦanda tsaráŋɦanda	tʃ(~ts)arấːⁿɛt'i	tsarấ tsaráa	tsaráŋɦanda	ts(~tʃ)aráⁿanda	tsaráŋɦadʒi	ts(tʃ)arấːɦadʒi
쵸	燭	tsʰó	tʃʰop'úriragu tsʰodú	tsʰoródu	tsʰopp'úri	tsʰóri	tʃʰó	tʃʰ(~tsʰ)orɨ́
죽	粥	tsúgi	ts(~tʃ)úk tsúgu cf. ips'aldʑ(~dʑ)úgu	tsúgu	tsúk	tsúgu	tsúk, tsúgi	ts(~tʃ)úgil
쟝	醬	tʃấa	tʃáŋdu tʃấa cf. kotʃʰidʒáeda	tʃ(~ts)áa cf. kotʃʰidzáŋ t'indʒ(~dz)áira twɛ́ndzairado	tsáŋ cf. téndzãi kotsʰudzấi	tsáa	ts(~tʃ)áŋ cf. kotsʰudzáŋ	—
졎	乳	tsə́dzɨ	tʃə́dzɨ	tʃə́dzɨ	tsə́dzɨ	ts(~tʃ)ə́dzɨ	tʃə́dzɨ	tʃ(~ts)ə́dʑɨ
-쟈	청유	tsadzá	kadzá	tsadzá tʃítsʰ(~tʃʰ)a máldʒ(~dz)a	tsádza	tsadzá	tsadʑá, tsadzá hadz(~dʒ)á	tsadz(~dʒ)á

[표 105] 변항 (ʦyV)의 화자별 음성 실현 양상

---

195) 이때 변항 (ʦyV)는 이전 시기에 'ʦyV'라는 음운 연쇄를 포함했던 형태소들을 가리킨다.

이를 변이형으로 분류하여 도식화하면 아래와 같다.

제보자 항목	F₄ 56세	M₈ 55세	F₅ 54세	M₉ 48세	M₁₀ 45세	F₆ 45세	F₇ 44세
죠애	ʧV	ʧV	ʦV, ʧV	ʦV, ʧV	ʧV	ʧV, ʦV	ʧV
죠개	ʦV	ʦV, ʧV	ʧV, ʦV	ʦV	ʦV, ʧV	ʧV, ʦV	ʧV
쟈랑	ʦV	ʧV	ʦV	ʦV	ʦV	ʦV	ʦV
쵸	ʦV	ʧV, ʦV	ʦV	ʦV	ʦV	ʧV	ʧV
죽	ʦV	ʦV	ʦV	ʦV	ʦV	ʦV	ʦV
쟝	ʧV	ʧV	ʧV	ʦV	ʦV	ʦV	—
졎	ʦV	ʧV	ʧV	ʦV	ʦV	ʧV	ʧV
-쟈	ʦV	ʦV	ʦV, ʧV	ʦV	ʦV	ʧV, ʦV	ʦV

[표 106] 변항 (ʦyV)의 화자별 변이형 실현 양상

중년층의 경우에도 변항 (ʦyV)에 대한 변이가 관찰된다. 형태소 간 변이와 형태소 내 변이, 화자 간 변이와 화자 내 변이를 모두 보여 준다. 변이형 ʧV와 변이형 ʦV가 거의 대등한 비율로 나타난다. 노년층의 경우 ʧV형의 출현 비율이 상대적으로 높았던 것과 대조적이다. 이는 이 지역어의 ʦyV 연쇄가 점차 ʦV형으로 변화되어 가고 있음을 반영하는 것으로 해석된다.

3.2.4.1.2. 이 지역 청년층 화자들의 발화에서 변항 (ʦyV)는 다음과 같이 실현된다.

제보자 항목		M₁₁ 39세	F₈ 38세	M₁₂ 31세	M₁₄ 29세	F₉ 25세
방언형	의미					
죠애	紙	tsoɲí, ʧoɛ́, tsoɛ́	tsoɲí, tsoɛ́ ʧoɲí, ʧohɛ́	tsoɲí	tsoɲʔí, ʧoɛ́ tsoɲí, ts(~ʧ)oɛ́	—
죠개	蛤	ʧogɛ́ tsolgɛ́	tsolgɛ́	tsogɛ́	ts(~ʧ)olgɛ́ tsolgɛ́	ʧ(~ts)ogɛ́
쟈랑	誇	tsaráɲɦanda	tsaráɲɦanda	tsaráɦanda	tsaráɲ	—
쵸	燭	tsʰorɨ́l	tsʰó	tsʰopʼúl	tsʰó, tsʰopʼúl	—
죽	粥	tsúgɨ	tsúk	tsúk	tsúk	ʧ(~ts)úk
쟝	醬	tsáŋ	tsáŋ	tsáŋ, tsǽː	tsáŋ	—

			cf. koʦʰudzáŋ		cf. tʰɔ́dzaŋ koʦʰudzáŋ	
젖	乳	ʦə́dʑi	ʦə́dzi	ʦə́dzɨ	ʧ(~ʦ)ə́dzɨl	ʧə́dzi ʧ(~ʦ)ə́dzɨ
-쟈	청유	ʦadzá	ʦadzá	ʦadzá	ʦadzá	ʦadzá

[표 107] 변항 (ʦyV)의 화자별 음성 실현 양상

이를 변이형으로 분류하여 도식화하면 아래와 같다.

제보자 항목	M₁₁ 39세	F₈ 38세	M₁₂ 31세	M₁₄ 29세	F₉ 25세
죠애	ʦV, ʧV	ʦV, ʧV	ʦV	ʦV, ʧV	—
죠개	ʧV, ʦV	ʦV	ʦV	ʦV	ʧV
쟈랑	ʦV	ʦV	ʦV	ʦV	—
쵸	ʦV	ʦV	ʦV	ʦV	—
쥭	ʦV	ʦV	ʦV	ʦV	ʧV
쟝	ʦV	ʦV	ʦV	ʦV	—
젖	ʦV	ʦV	ʦV	ʦV	ʧV
-쟈	ʦV	ʦV	ʦV	ʧV	

[표 108] 변항 (ʦyV)의 화자별 변이형 실현 양상

청년층의 경우에도 변항 (ʦyV)에 대한 변이가 관찰되기는 하나, 변이의 폭이 매우 좁다. 관찰되는 변이형은 ʧV, ʦV인데, 대부분 ʦV형으로 실현된다. 이 또한 ʧV형의 비율이 상대적으로 높았던 노년층의 경우와 대조적인 양상이다. 이는 이 지역어의 ʦyV 연쇄가 점차 ʦV형으로 변화되어 가고 있음을 반영하는 것으로 해석된다.

3.2.4.1.3. 이상에서 살펴본 변항 (ʦyV)의 변이 양상을 도식화하면 대략 다음과 같다. 아래는 변화의 진행 과정이 드러나도록 각 변이형의 출현 비율을 세대별로 보인 것이다.[196]

---

196) 변이형의 출현 비율은 해당 변항과 연관된 전체 형태소의 표면 실현형에 대한 각 변이형의 유형 빈도(type frequency)에 해당한다.

시기	노년층	중년층	청년층
변이형	ʧV ʦV	ʧV ʦV	ʧV ʦV

[표 109] 변항 (ʦyV)의 현장 시간상의 변화 양상

노년층, 중년층 및 청년층의 변이 양상을 비교함으로써 우리는 ʦyV 연쇄가 점차 ʦV형으로 변화되어 가는 과정을 확인할 수 있다. 즉, ʦyV 연쇄의 y 탈락이라는 음운 변화가 현장 시간상에서 점진적으로 진행되고 있음을 알게 된다. 그런데 이때 /ʦyV/>/ʦV/ 변화는 비단 y 탈락이라는 음운 과정에 의해서만 수행되는 것은 아니라고 생각된다. 중년층 및 청년층의 경우, [ʧ(~ʦ)V](/ʦyV/)와 같은 불명료한 음성형의 청취로 인하여 이전 세대의 [ʧV](/ʦyV/)를 /ʦV/로 재해석했을 가능성이 있기 때문이다. 이 같은 재해석은 이전 세대 화자의 발화에서 일어나는 수의적 y 탈락으로 인하여 이후 세대의 청자가 [ʧV]~[ʦV]와 같은 변이적 상황에 노출된 데 기인한다고 본다. 뿐만 아니라, /ʦyV/>/ʦV/ 변화에는 ʦV 형을 표준으로 삼는 언어 규범이 영향을 미쳤을 가능성도 배제할 수 없다. 이러한 사실은 노년층의 공시적 변이(ʧV~ʦV)가 수의적 음운 교체에 의한 것인 반면, 중년층 및 청년층의 공시적 변이(ʧV~ʦV)는 부분적으로 기저형의 수의적 선택에 의한 것일 수 있음을 의미한다. 따라서 /ʦyV/>/ʦV/ 변화의 기제 또한 다분히 복합적이라고 할 수 있다.

3.2.4.2. 실재 시간상의 변화

세대별 변이의 양상을 비교함으로써 현장 시간상의 변화를 살펴보았다. 그렇다면 실재 시간상의 변화는 어떠한지 확인해 보기로 한다.

3.2.4.2.1. 20세기 초의 카잔 자료에 반영된 변항 (ʦyV)의 실현 양상은 다음과 같다.

방언형	의미	전사형	변이형	방언형	의미	전사형	변이형
-쟈(자쟈)	청유	noŋguʤa ʦaʤagu	ʧV	쵸롱	燈籠	ʧʰorõi, ʧʰorõi ʧʰorõ	ʧV
좀	若干	ʧom	ʧV	강재~물	沆	kaŋʤẽ mure	ʧV
짐쟉하-	斟酌	ʧimʤak hani	ʧV	쟝뜩	滿	ʧaŋt'ik	ʧV
젖히-	潤	ʧeʧet'əndi	ʧV	챡	着錮	ʧʰak'e ʧʰak'iri	ʧV
졔~이	正	ʧẽi	ʧV	졂-	少	ʧərmun	ʧV
쟉-	少, 小	ʧaɣašə ʧaɣin ʧaktagu	ʧV	쥭	粥	ʧugu, ʧugi nipsar ʧugu	ʧV
쟑	袋	ʧar-gi, ʧargi	ʧV	쥬듸	嘴	ʧudiyri	ʧV
죵긔	鍾子(小盆)	ʧoŋdziy ʧondziy	ʧV	죡금	少	ʧok'om ʧok'om	ʧV
젼지	廚房	ʧənʤigu ʧənʤiri	ʧV	져구나	僅	ʧəɣuna ʧəguna	ʧV
져얼	冬	ʧə-ə-ri ʧəəre	ʧV	절반	折半	ʧər-bani ʧər-banši	ʧV
감쟉하-	動	kamʧa kani hagu	ʧV	졂운이	靑年	ʧərmuni	ʧV
정신	精神	ʧəŋšiyni	ʧV	만져	先	manʤə mandyə	ʧV tyV
광쟈위	鍬	kwaŋʧaʉyri	ʧV	죡구맣-	小	ʧok'uman	ʧV
쟝물	醬-(湯)	ʧaŋ-muri	ʧV	챗물	茶水	ʧʰam muru ʧʰam mur ʦani	ʧV
비져스	似	piʤəšiy	ʧV	죡지	柄	ʧokʧi	ʧV
젼듸-	耐	ʧəndiydi	ʧV	소곰재	蜻蛉	sogomʤɛ sogomʤɛri	ʧV
쟈빠디-	倒	ʧap'adyešə	ʧV	쳔(냥)	千(兩)	ʧʰen nyae ʧʰeňňaŋ ʧʰen nya ʧʰen nyɛ	ʧV
방졍하-	方正	paŋʤəŋtʰy anye	ʧV	방쳔	防川	paŋʧʰəne	ʧV
셰져~하-	洗淨	šeʤə hagu	ʧV	졈댜니-	雅	ʧəmdy anin	ʧV
셕매재	石磨-	šəŋmɛʤɛ	ʧV	정말	正-(事實)	ʧəŋ marida	ʧV
아젹	朝	a-ʤe-gi aʤəge	ʧV	쵸	燭	ʧʰori	ʧV
젖	乳	ʧədzi, ʧeʤi šö ʤədzi šö ʤeʤi šö ʤəʤiraŋ	ʧV	져낙	夕	ʧənage	ʧV

젖통	乳房	ʧə tʰo ʧə tʰoešə	ʧV	술막쟝	酒幕	sur makʧã	ʧV
부재	富者	puʤɛ puʤɛ nyaŋbani	ʧV	아재기	枝	aʤɛgiri aʧʰɛgyeda	ʧV
전	前	ki ʤən	ʧV	사정	私情	saʤẽ	ʧV
춍	銃	ʧʰõi, ʧʰõu	ʧV	대접	待接	tɛʤəbu tɛdyebi tɛdyəbu	ʧV tyV
챠통	茶罐	ʧʰa tʰo	ʧV	젼이	全然	ʧeni	ʧV
쳥하-	請	ʧʰəŋ ɣɛšə ʧʰəŋ hɛda	ʧV	졈졈	漸漸	ʧəmʤəm	ʧV
죵굴이-	動	ʧoŋgurigu	ʧV	마즁	迎	šö maʤu ne madzuu	ʧV ʦV
죡죡	每	t'ɛɛnin ʧokʧok	ʧV	쳔금	人名 (千金)	ʧʰəŋ gɨmi ʧʰəŋ gɨma	ʧV
긔졀하-	氣絶	kivʤər hɛɛšə	ʧV	져물-	昏	ʧəmurə dycǎə	ʧV
체	妻	ʧʰe, ʧʰegerɨ	ʧV	절당	寺	ʧər taŋ	ʧV
곁	傍	ʧətʰe, ʧətʰɨrɨ	ʧV				ʧV

[표 110] ≪韓國人을 위한 綴字敎科書≫의 (ʦyV) 실현 양상[197]

방언형	의미	전사형	변이형	방언형	의미	전사형	변이형
져낙	夕	ʧənagé	ʧV	우재	弄談	uʤɛri	ʧV
구쟈하-	苟且	kuʃá háuri	ʧV	챠	車	ʧarɨ	ʧV
졋	乳	ʧéʤi šwé-ʤəʤi	ʧV	생젼	生存	sɛŋʤən hɛɛ	ʧV
쳔	千	ʧel-lí ʧán myét-ʧenio	ʧV	체	妻	ʧe, ʧeó	ʧV
쟉-	少, 小	ʧáksumni	ʧV	-쟈	청유	pɨyʤagu	ʧV
져구나	僅	ʧáguna	ʧV	뎬쟈	典當	tyenʤá	ʧV
좀	若干	ʧom	ʧV	홍졍	興成	hiŋʤə haɣɛs'o	ʧV

197) ʧeʧet'əndi는 ʧeʧʰet'əndi(젯헷던디)의 오기(sic)로, kwaŋʃaʉyri는 kwaŋʃʰaʉyri(광
챠위르)의 오기로 보인다. 문헌 전체적으로 유성음 사이의 폐쇄음이나 파찰음은
유성음으로 전사한 것이 일반적임에 비추어 볼 때, 유성음 환경에서 무성 폐쇄음
이나 무성 파찰음으로 전사된 음은 경음이나 유기음일 가능성이 높다. 앞의 두 예
는 유기음으로 해석되는 반면, kamʧak은 kamʧ'ak(감짝)이나 k'amʧ'ak(깜짝)에 대
한 오기로 보인다. 어두 자음의 경우에도 유기음이나 경음을 평음으로 전사한 예
가 많다. 한편, 카잔 자료의 '쟈져죠쥬' 전사와 중세 국어의 '쟈져죠쥬'는 거의 일치
하는 점을 고려할 때, 15세기 문헌의 '졎히-'가 '졎젹-'로 전사된 점이 이례적이다.
표제어 중 '져얼', '져구나', '곁'은 k 구개음화가 일어난 형태이다.

만져	先	manʤə	ʧV	족지	條紙	ʧokʃíri	ʧV
쟈개	馬銜	ʧagɛri	ʧV	죠~에	紙	ʧõé	ʧV
대쟝	大將	tɛʤã	ʧV	아젹	朝	aʤəge	ʧV
춍	銃	ʧóŋdəriraŋ ʧoŋ-gwa	ʧV	져물-	昏	ʧəmúrə	ʧV
금젼	金錢	kim ʤəni kim ʤənilɨ	ʧV	깜쟉하-	動	k'amʧák hadí	ʧV
챠	茶	ʧarɨ	ʧV	감졔	甘藷	kámʤe	ʧV

[표 111] ≪露韓會話≫의 (ʦyV) 실현 양상[198]

방언형	의미	전사형	변이형	방언형	의미	전사형	변이형
부재	富者	púʤɛ	ʧV	졂-	幼	ʧərmún	ʧV
텬쥬	天主	Tʰyen-ʤú Tʰyen-ʤu-ními	ʧV	졋	乳	ʧət, ʧəʤi	ʧV
죠~에	紙	ʧõé	ʧV	셰져~하-	洗淨	šeʤə hagí	ʧV
졀	箸	ʧər, -i	ʧV	쥬듸	嘴	ʧudɨy	ʧV
챠~아제	鐵杷	ʧʰáadze	ʧV	젼	前	ʧəné	ʧV
마쥬~	迎	maʤű hagí maʤűi	ʧV	쟉/쟈르	袋	ʧargí ʧarɨdəri	ʧV
졋통	乳房	ʧət tʰoŋ, -tʰói	ʧV	우재	弄談	úʤɛ úʤɛri s'inin	ʧV
졍말	正-(事實)	ʧəŋ mar, -i ʧəŋ malɨ	ʧV	부격하-	不足,不適	pu-ʤək háo	ʧV
츙돌	錘	ʧʰut-tór, -i	ʧV	긔졀	氣絶	kɨy-ʤəri hagí kɨy-ʤər, kɨy-ʤeri	ʧV
두죡	頭足	tuʤók, tuʤógi	ʧV	대쟝간	冶場	tɛʤáŋ-kanéšə	ʧV
죠꿈	若干,少	ʧók'um ʧók'um han	ʧV	가쟝	極	káʤaŋ	ʧV
쟉-	少, 小	ʧágin ʧák'i	ʧV	졍신	精神	ʧəŋ-šin, -í ʧəŋšinɨ	ʧV
쇠졋	牛乳	šʷe ʧədzi šʷe ʧət	ʧV	쟈빠디-	倒	ʧap'ádigi cf. ʧap'á burigi	ʧV
체	妻	ʧʰe	ʧV	춍	銃	ʧʰóo nokʰí ʧʰoŋ magɛ ʧʰoŋ, ʧʰói	ʧV
쟝졔	垣墻	ʧáŋdze	ʧV	져막	周衣	ʧəmak, ʧəmagí	ʧV

198) kuʧá는 kuʧʰá(구챠)의 오기(sic)로, ʧel-lí, ʧán, myét-ʧenio는 ʧʰel-lí, ʧʰán, myét-ʧʰenio(쳴-리, 쳔, 몇-쳰이오)의 오기로, ʧarɨ는 ʧʰarɨ(챠(車, 茶)르)의 오기로, ʧe, ʧeó는 ʧʰe, ʧʰeó(체, 체오)의 오기로, ʧóŋdəriraŋ, ʧoŋ-gwa는 ʧʰóŋdəriraŋ, ʧʰoŋ-gwa(춍덜이랑, 춍과)의 오기로 보인다. sɛŋʤən은 sɛŋʤon(생존)에 대한 오기일 가능성이 있으나 단언하기 어렵다. 그 밖에 '젼쥐, 진쥐, 토쥐' 등의 예가 있다. ≪露韓會話에 대한 單語와 表現≫의 졉(燕) ʧéb-i, ʧéb-iri, ʧeb-igé, ʧəb-a, 먹 져뤼~(硯) mək ʧərᵾy, 죠~에 ʧõé, -쟈(청유) ha-ʤá 등의 예를 추가할 수 있다.

한글	漢字	전사		한글	漢字	전사	
청에	青魚	ʧʰə-é ʧəé	ʧV	호전	戶錢	hóʤən, -i	ʧV
청하-	請	ʧʰəŋ-hagi	ʧV	됴졈	工場	tyó-ʤəm	ʧV
제비	燕	ʧébi ʧébidəri	ʧV	절반	折半	ʧər-bán, -i	ʧV
져구리	襖	ʧəgur, -í	ʧV	죽	粥	ʧuk, ʧúgi	ʧV
죠룽	鳥籠	ʧorúŋ, -ʧorúy	ʧV	만져	先	manʤə	ʧV
고재	槪子	koʤɛ	ʧV	녀죵	婢女	nyə-ʤoŋ, -ʤõi	ʧV
구쟈	苟且	kúʧa	ʧV	죵	奴	ʧoŋ, ʧõi	ʧV
대쟝	冶匠	teʤɛ̃, teʤaŋdəri teʤɛ̃-gé teʤáŋ-kanéšə	ʧV	걱져~하-	憂	kəkʧə̃ hagí	ʧV
봄쳘	春	póm-ʧʰəri	ʧV	젹삼	衫	ʧəksam ʧəksɛmí	ʧV
절메기	乳兒	ʧər-megí	ʧV	배젹삼	布衫	pɛ ʧəksɛmí	ʧV
정승	政丞	ʧəŋ-siŋ, ʧəŋ-sɨ̃y	ʧV	단졍하-	端正	tan-ʤəŋ han	ʧV
제려	閭閻	ʧeryən, ʧeryéni	ʧV	쟝님	盲人	ʧaŋ-ním, -i	ʧV
챠	茶	ʧʰa ʧʰa tsan, -i ʧʰa tʰoŋ, tʰói ʧʰa sur karak, -karagí	ʧV	쥴입	出入	ʧúrip-hagi	ʧV
셕매재	石磨-	šəŋ-mɛʤɛ	ʧV	즁택이	網橐	ʧuŋtʰɛgí	ʧV
광쟈~위	鍬	kwaŋ-ʧãwílɨ	ʧV	쟝뜩	滿	ʧaŋtʼik	ʧV
쳔	千	ʧʰən, -i	ʧV	대졉	待接	teʤəbu hagí	ʧV
져낙	夕	ʧənak, ʧənɛgi	ʧV	아젹	朝	aʤək, aʤəgi	ʧV
쟈랑	誇	ʧaráŋ, ʧarã́i ʧarã́ hagí	ʧV	죡하-	足	ʧók-hagi	ʧV
쥬엔	主人	ʧú-en	ʧV	쟝물	醬- (湯)	ʧaŋ mur, -í	ʧV
쪽져피	鼠狼	ʧok-ʧəpʰí	ʧV	죠렁	鳥籠	ʧorəŋ, ʧoré̃	ʧV
죠꿈하-	小	ʧókʼum han	ʧV	져굴섶	衽	ʧəgúr šəpʰí	ʧV
화젹	和	hwanʤək, hwanʤəgi	ʧV				

[표 112] ≪試篇 露韓小辭典≫의 (ʦyV) 실현 양상[199]

---

199) ʧəé는 ʧʰəé(쳐~에)의 오기(sic)로, kúʧa는 kúʧʰa(구쟈)의 오기로, ʧúrip-hagi는 ʧʰúrip-hagi(츌입하기)의 오기로 보인다. 카잔 자료의 '쟈져죠쥬' 전사와 중세 국어의 '쟈져죠쥬'는 거의 일치하는 점을 고려할 때, 15세기 문헌의 'ᄀ쟝'이 '가쟝'으로, '춤말'이 '쟘(참)말'로, '(ᄌᄅ⌒)줄ㅇ(柄)'이 '쟐기'로 전사된 점이 이례적이다. 또, 15세기 문헌에서 時를 나타내는 말은 '젹'이었음에 비추어 볼 때, 의미상 和時로 해석되는 '화젹'이 '화젹'으로 전사된 점도 이해하기 힘들다. '부젹'의 경우에도 의미상으로는 不足 혹은 不適으로 해석된다. '졔련'은 '마을'을 뜻하는 러시아어 дер евня로부터 온 차용어이다. 한편, '쳘필', '황졔'는 t 구개음화형, '져어구나'는 k 구개음화형이다.

카잔 자료상으로는 (ʦyV) 변이가 거의 관찰되지 않는다. 'ʦyV' 연쇄를 포함한 형태소는 거의 다 ʧV형으로 실현된다. 즉, /ʦ/가 /y/ 앞에서 경구개 변이음으로 실현되는 것이다. 그러나 '마중(迎)'의 경우에는 ʧV형과 ʦV형이 공존하고 있다. ≪試篇 露韓小辭典≫에는 'maʤȗ hagí(마쥬~하기), maʤȗi(마쥐~이)'와 같이 모두 ʧV형으로 전사되어 있는 반면, ≪韓國人을 위한 綴字敎科書≫에는 'šö maʤu(쇠 마쥬), ne madzuu(네 마주우)'와 같이 각각 ʧV형과 ʦV형으로 전사되어 있는 것이다. 이때의 ʦV형은 ʦyV 연쇄에서의 수의적 y 탈락에 의한 것으로 간주된다. 또, '대접(待接), 만져(先)'의 과도 교정형으로 보이는 '대뎝', '만뎌'가 공존하는 것도 특기할 만하다.

3.2.4.2.2. 1980년대에 조사한 자료인 宣德五・趙習・金淳培(1990)에 반영된 변항 (ʦyV)의 실현 양상은 다음과 같다.[200]

표준어형	전사형	변이형	표준어형	전사형	변이형
자루(袋)	ʧalgi	ʧV	주의(主義)	ʧyui	ʧyV
장기(棋)	ʧaŋgi	ʧV	주석(主席)	ʧyusyək	ʧyV
조금	ʧogum	ʧV	도장(圖章)	toʤaŋ	ʧV
주전자	ʧwiʤənʤɛ	ʧwV	처(妻)	ʧʰə	ʧV
처남	ʧʰənɛmi	ʧV	보충	poʧʰuŋ	ʧV
차표	ʧʰapʰyo	ʧV	례절	neʤyəl	ʧyV
안주	anʤwi	ʧwV	제사	ʧesa	ʧV
젖	ʧət	ʧV	제도	ʧedo	ʧV
종(僕)	ʧoŋ	ʧV	대접(待接)	tɛʤyəp	ʧyV
저녁	ʧənak	ʧV	친절	ʧʰinʤyəl	ʧyV
먼저	manʤə	ʧV	친척	ʧʰinʧʰək	ʧV
족제비	ʧokʧʼepʰi	ʧV	군중	kunʤuŋ	ʧV
제비	ʧebi	ʧV	온천	onʧʰyən	ʧyV
자라(鱉)	ʧarɛ	ʧV	안전	anʤən	ʧV
조개	ʧogɛ	ʧV	완전	wanʤən	ʧV

---

200) 이 자료에는 /ㅈ/이 모두 ʧ로 전사되어 있다. 그러나 카잔 자료의 전사 및 현재 이 지역 화자들의 발음을 고려했을 때, 그것이 실제 [ʧ]를 나타낸다고 보기는 어렵다. 따라서 아래 표의 ʧ는 실제 음가와 차이가 있을 가능성이 있다.

된장	twɛnʥaŋ	ʧV	전진	ʧənʥin	ʧV
저고리	ʧəguri	ʧV	천(千)	ʧʰən	ʧV
자갈	ʧagɛdol	ʧV	천리(千里)	ʧʰəlli	ʧV
종이	ʧoŋwɛ	ʧV	전차(電車)	tyənʧʰa	ʧyV
점(占)	ʧəm	ʧV	전문(專門)	ʧənmun	ʧV
중(僧)	ʧuŋ	ʧV	권총	k'wənʧʰoŋ	ʧV
자랑	ʧaraŋ	ʧV	전쟁	ʧənʥaŋ	ʧV
좀(若干)	ʧom	ʧV	표준	pʰyoʥyun	ʧyV
천천이	ʧʰənʧʰəni	ʧV	표창(表彰)	pʰyoʧʰaŋ	ʧV
작다	ʧakt'a	ʧV	화물차	hwamulʧʰa	ʧV
자그만하다	ʧagɨmanada	ʧV	차(車)	ʧʰa	ʧV
적다	ʧakt'a	ʧV	가축	kaʧʰuk	ʧV
납작하다	napʧ'akʰada	ʧV	마차	maʧʰa	ʧV
젊다	ʧəmt'a	ʧV	장군	ʧyaŋgun	ʧyV
저가락(櫡)	ʧək'arak	ʧV	장차(將)	ʧaŋʧʰa	ʧV
총(銃)	ʧʰoŋ	ʧʼV	상미	ʧʼaŋmɯ	ʧʼV
기차	kiʧʰa	ʧV	명절	myəŋʥyəl	ʧyV
저수지	ʧəsudi	ʧV	경축(慶祝)	kyəŋʧʰuk	ʧV
저축	ʧəʧʰuk	ʧV	정신	ʧəŋsin	ʧV
지주(地主)	tiʥyu	ʧyV	정부(政府)	ʧəŋbu	ʧV
정책	ʧəŋʧʰɛk	ʧV	정치(政治)	ʧəŋtʰi	ʧV
정확	ʧəŋɦwak	ʧV	청년	ʧʰəŋnyən	ʧV
감정(感情)	kamʥəŋ	ʧV	경제	kyəŋʥe	ʧV
축하	ʧʰukkʰa	ʧV	죽(粥)	ʧuk	ʧV
출입	ʧʰurip	ʧV	작도(斫刀)	ʧakt'wi	ʧV
객차	kɛkʧʰa	ʧV	추석	ʧʰwisyək	ʧwV
첩(妾)	ʧʰyəp	ʧyV	정월	ʧəŋwəl	ʧV
주인	ʧwɛin	ʧwV	야장(冶匠)	yɛʥyaŋ	ʧyV
동정(領邊)	toŋʥyə	ʧyV			

[표 113] ≪朝鮮語方言調査報告≫의 (ʦyV) 실현 양상

이 자료상으로는 (ʦyV) 변이를 정확하게 확인하기 어렵다. 조사자가 /ㅈ/을 모두 ʧ로 전사함으로써 ʧV형과 ʦV형을 구별하지 않았기 때문이다. 카잔 자료상 철저히 구별되었던 ʦV형(중세 국어의 '자저조주'형) 또한 이 자료에서는 모두 ʧV형으로 전사되어 있다. 그러나 간혹 ʧ 뒤에 y를 개재시켜 ʧyV형으로 전사한 형태가 눈에 띈다. 이는 실제 ʧV로 실현된 음성형(중세 국어의 '쟈져죠쥬'형)에 대한 조사자의 인식이 반영된 것이라고 생각된다.

3.2.4.3. 변화의 확산 과정과 방향

이상에서 살펴본 현장 시간상의 변화 양상과 실재 시간상의 변화 양상에 근거하여, 변항 (ʦyV)의 통시적 변화 양상을 도식화하면 다음과 같다. 아래는 변화의 진행 과정이 드러나도록 각 변이형의 출현 비율을 시기별로 보인 것이다.

시기	20세기 초	21세기 초		
	카잔 자료	노년층	중년층	청년층
변이형	ʧV (ʦV: 1예)	ʧV ʦV	ʧV ʦV	ʧV ʦV

[표 114] 변항 (ʦyV)의 통시적 변화 양상

이상에서 논의한 바를 통해 ʦyV 연쇄의 y 탈락이라는 음운 변화가 실재 시간상으로도 점진적으로 진행되어 왔음을 확인할 수 있다. 현장 시간상에서 진행 중인 변화의 실례와 과거 이 방언에서 일어났던 음운 현상의 실제를 검토한 결과, 다음의 가설은 경험적 증거에 의하여 그 타당성이 입증되었다.

> (가설) 음운 과정에 의한 통시적 음운 변화는 수의적 음운 교체를 통하여 어휘에 따라 점진적으로 수행된다. 그러한 점진적 어휘 확산 과정에서 공시적 음운 변이가 출현한다.

그렇다면 이러한 음운 변화는 구체적으로 어떠한 과정을 거쳐 확산되는지에 대해 좀더 살펴보기로 하자.

교체 자체의 측면에서 볼 때, 변이 및 변화의 확산은 수의적 교체의 점진적 필수화와 더불어 이루어진다. (ʦyV) 변화의 경우, *ʦyV라는 음소 배열 제약의 등급이 상승함으로써 기존에 허용되던 음소 배열인

ʦyV가 허용되지 않는 쪽으로 변화가 이루어지고 있다. 그리고 이 같은 제약 위계의 변화에 따라 ʦ 뒤 y 탈락이라는 음운 변화가 진행되고 있다. ʦ 뒤 y 탈락이라는 변화의 진행 과정에서 바로 (ʦyV) 변이가 출현한다. 중부 이남 방언의 경우 이미 근대 국어 시기부터 /ʦyV/>/ʧV/의 변화가 발생하여 확산되었음을 감안할 때, 그만큼 육진 방언은 보수적인 성격을 오랫동안 유지해 왔음을 알 수 있다.[201]

한편, 개별 어휘의 측면에서는 해당 교체가 적용되기 용이한 세부 조건을 지닌 어휘로부터 점진적으로 변이 및 변화가 확산된다. ʦ 뒤 y 탈락의 경우, 다음과 같은 경향이 관찰된다.

첫째, 개신형이 표준어형인 ʦ 뒤 y 탈락의 경우, 고유어보다 한자어에서의 개신율이 더 높게 나타난다. 둘째, 폐음절 환경에서 변화가 먼저 발생하여 개음절 환경으로 확산되는 경향이 있다. 뿐만 아니라, y에 후행하는 모음이 전설 모음일 경우 ʦ 뒤 y 탈락이 더 잘 일어난다. 이는 ‘전설성’이라는 동일 자질의 연접을 회피하고자 하는 음성적 동인에 기인하는 것으로 해석된다.

하나의 새로운 교체 현상이 출현하였을 경우 그것은 제약 위계의 변동을 의미하고, 그 언어의 문법에는 새로운 제약 위계가 자리잡을 것임을 예측할 수 있다. 제약 위계가 변동된 이래 새로운 제약 위계가 기존의 위계를 대체하기 전까지는 계속해서 변이가 존재한다. 이 지역어의 세대별 (ʦyV) 변이 또한 점진적인 제약 위계의 변화 과정을 잘 보여 준다. 변이를 구성하는 특정 변이형의 분포가 점차 확대되어 가는 양상은 제약 위계의 점진적 변화 과정을 반영하는 것으로 해석되기 때문이다.

---

201) 17, 18세기 근대 국어를 반영한 문헌 자료에서 ‘자저조주(=/ʦV/):쟈져죠쥬(=/ʦyV/)’가 혼기를 보이는 것은 잘 알려진 사실이다(郭忠求 1980, 金周弼 1985 등). 이러한 혼기는 중세 국어 단계에서 치조음이었던 /ㅈ/이 구개모음 i나 구개성 활음 y 앞에서 경구개 변이음을 갖게 되면서 [ʦV](=자저조주)와 [ʧV](=쟈져죠쥬)가 점차 변별되기 힘들어진 데 기인한다. 이는 결국 /ʦyV/>/ʧV/라는 변화로 이어지는 결과를 낳았다.

현재 진행 중인 변화의 양상을 통해 보건대, 이 지역어의 (ʦyV) 변이는 y 탈락형(ʦV형)을 최적형으로 하는 제약 위계로 고정될 것임을 예측할 수 있다.

한편, 이러한 변화의 진행에는 언어 외적 요인 또한 강하게 작용하는 것으로 보인다. 실제로 언어 변화를 주도하는 것은 화자와 청자이고 그들은 자신이 속한 언어 공동체에 작용하는 언어 내·외적 요인의 영향 하에 언어를 운용하므로, 언어 변화의 방향도 다분히 복합적인 요인에 의해 결정될 수밖에 없다. 이 지역어의 경우에도 경쟁하는 변이형 중 세력을 얻어 언어 공동체 전체로 확산되고 있는 것은 표준어형 혹은 표준어형에 가까운 것이다.

3.2.5. (yə) 변화와 (ya) 변화

3.2.5.1. 현장 시간상의 변화

3.2.5.1.1. 이 지역 중년층 화자들의 발화에서 변항 (yə)는 다음과 같이 실현된다.[202]

아래의 [표 115]는 움라우트나 첨사 i의 결합 가능성이 없는 경우의 (yə) 실현 양상을 나타낸 것으로, 'yə'를 포함한 음절 두음이 연구개음, 순음, 후음인 예들이다[203]

제보자 항목		M_7 59세	F_4 56세	M_8 55세	F_5 54세	M_9 48세	M_{10} 45세	F_6 45세
방언형	의미							
켜-	點火	kʰyəgú kʰéra kʰyədí	kʰéra kʰédza kʰégi kʰendá kʰyəndá	kʰeniŋ gə́ kʰéra kʰémunɨn	kʰédaga kʰéʧʼi kʰédananĭ kʰendá kʰyəndá kʰyə́ra	kʰéda kʰedá kʰerá	kʰedí kʰegú kʰyə́ra kʰéra kʰegó	kʰedí kʰeʤí kʰéra
켜-	鉅	kʰyəndá kʰyədí	kʰéra kʰyəndá	kʰendá kʰegú kʰéra kʰétʼa	kʰyəndá kʰyəgú kʰyə́ra kʰyəniŋgé	kʰéda	kʰendá kʰegó kʰéra kʰenɨ́n	kʰénda
켜-	伸	kʰyəndá kʰyəgú	kʰendá pʰendá cf. sʼɨndá sʼɨmú	kʰendá kʰenɨ́nguna kʰerágusa	kʰyəndá kʰyə́ra cf. sʼɨndá sʼə́ra	cf. pʰyəndá	cf. pʰyəndá pʰyəʤí pʰéra pʰétʼəňi pʰegó pʰeʤí	kʰindá kʰéra
켜우-	渴	kʰyeúnda kʰewásə	kʰeúnda kʰyeúnda kʰewásə	kʰeúnda kʰéna	kʰyəúnda kʰyə(~e)wá sə	kʰyəúnda kʰewə́sə	kʰyəúnda kʰyəwásə	kʰyəúnda kʰyəwásə
겨누-	照準	kyənúgu kyənúnda kyənʷə́tʼa	kyənúnda kenúnda kenúna kyənə́ra kyənʷə́ra	kenúgu kenə́ra kendzúgu kʸendzwə́ra	kyənúgu kyənúmu kyənʷ(~ó)ə́ ra	kyənɨ́go kyənʷə́ra	kyənɨ́go kyənʷə́ra	kyənúgu kyənʷə́ra kʸə(~e)nʷə́ kye(~ə)nʷə́r a kʸenʷə́sə

---

202) 이때 변항 (yə)는 이전 시기에 'yə'라는 음운 연쇄를 포함했던 형태소들을 가리킨다.
203) [표 115] 안의 굵은 가로선은 음절 두음(kʰ/k/pʰ/p/m/h)의 구분선이다.

겨르/ 겯-	編	ʧə́nninda ʧə́k'u ʧərə́ra kyə́nninda kyə́k'u kyə́t'i kyərə́ra	ʧərə́ ʧərə́ra ʧə́lk'u ʧə́lʧ'i ʧə́lk'i ʧə́llɨnda	ʧə́nninda ʧərə́s'o ʧərə́sə ʧərə́	kyə́nninda kyərə́ra kyə́k'u kyəllɨn	kyə́lt'a ʧə́t'a ʧə́nninda ʧə́k'u ʧərɨ́n ʧərə́ra ʧə́ʧ'i ʧə́ʧ'a ʧə́s'ɨk'uma	ʧə́nninda ʧə́k'o, ʧə́ʧ'i ʧərə́gaʤigu ʧərə́ra ʧə́nnɨn	kyə́llinda kyə́lk'u
겯	傍	kʸetʰé kʸətʰí	kyə́tʰesə kyətʰɨró nɛgyətʰɨ́ro kyətʰé	nɛgʸetʰé kʸetʰí ketʰé kitʰé	kʸetʰé kyetʰé ketʰí kyətʰí kyətʰɨ́l	kyətʰɨro kyətʰé kyətʰí kyətʰɨ́l	kyətʰé kyətʰí kyətʰíra kyətʰɨ́	kyətʰé kyetʰé kyətʰí kyə(~e)tʰída kyətʰɨ́l
겨드 랑이	腋	kʸedɨrä́i kedɨrä́i cf. ʧɛgémi	kyədɨramí kyədɨráŋ cf. ʧɛgémi	cf. ʧ(~ts)ɛgémi	kyədɨraŋí cf. tsɛgémi tsɛgéːm	kyə(~e)tʰur aŋí cf. ʧɛgɛmítʰi	cf. tsɛgámira tsɛgémi	kyədɨraŋí cf. ʧɛgém
겨울	冬	kyəúri kyəuré	kyəúrira kyəɨ́l	kyə(~e)úri keúrɨn	kyəúl kyé(~ə)ul	kyəɨ́l kyəullɛné	kyəúre kyəúrira	kyəúl
겨릎	麻骨	keript'ɨ́i kyərɨ́birago kyərɨ́biraʤi	ʧəript'ɨ́i	—	kyərɨ́pʰira	ʧəript'ɛ́ ʧərɨ́p ʧərɨ́bi	—	kyəript'ék
펴-	伸	pʰyəgú	pʰegú pʰyendá pʰéra pʰeʤi pʰyéra pʰyə́ʤinda pʰéʤinda	pʰésə pʰét'a pʰeʤí	pʰendá pʰémun pʰyəgú pʰyə́mu pʰéra pʰét'a pʰéʤige	pʰyəgó pʰyə́ra	pʰé pʰéʤi pʰéra pʰét'a pʰegó pʰegú	pʰegú pʰéra pʰedí pʰét'a pʰyəo pʰéo
녀편 네 (-편)	女便	nepʰenné	n(ʸ)epʰenné nepʰenné	nepʰenné yəpʰyənné	nepʰenné	nepʰenné	yəpʰyə(~e)n né nepʰenné	nepʰenné
남편	男便	nampʰéñi	nampʰyán	nampʰéñi	nampʰén nampʰéñira	nampʰéira nampʰyán	nampʰyán nampʰéni	námpʰyən
편하-	便	pʰenañí pʰenaní pʰenanadá	pʰenaní pʰenanadá pʰyənáñi	pʰenanadá pʰenánago pʰenañí	pʰenanán	pʰyənañí	pʰenañí	pʰenaʤí
병	瓶	tɛdip'éi yuripʰeŋdzé sulpʰeŋdzé	pʰeŋsarí pʰeŋsé	peŋséri	pʰyəŋdzáe pʰeŋdzé šíktsʰopʰeŋdzé	pyəŋsarʸéda pyəŋsaréda	pyəŋsarí pyəŋsaréda pyəŋsaríe pyandzarí pʰyəŋsée pʰeŋsɛsúri	peŋsár(ʸ)eda
병	病	pée	pyə́ə pée pyə́ɨ péi	toep'édu peŋdari ʧíralp'yéira	péi šimdzaŋp'éi pésə(~e)ge	pyə́ŋe pyə́ŋi	pyɨ́isa kʰɨ́mbyəŋe kʰɨ́n byəə álbyəŋ álbyəŋira pyə́i álbyəə	pyə́ŋe péŋi pyə́ŋ

							pée	
(햇)별	陽	hɛp'yət^{h}í hɛp'yət^{h}ɨ	—	pet^{h}í pet^{h}ɨ pets'ɛúmɛra	pets'á:mɛra pets'ɛ:mɛra pet^{h}ɨ pet^{h}í	pyət^{h}írago do pyət^{h}ɨ pyət^{h}edá pet^{h}iram mári	hɛp'yət^{h}é hɛp'ye(~ə) t^{h}é hɛp'yət^{h}í pet^{h}ɨ	pets'oím pet^{h}í pet^{h}ɨl p^{y}et^{h}ɨl p^{y}e(~ə)t^{h}é
변소	便所	pyənsori	pénso pensok'aňí	pénsori	pénso	pyənso	pensok'aňí rago	pénso pensok'án
며츨	幾日	mets^{h}ɨlš'ik metʃ^{h}ilgán	mets^{h}ɨl mets^{h}íl	mets^{h}ɨl mets^{h}ɨri mets^{h}ɨri mets^{h}ils'ɛ mets^{h}ɨlš'ik	mets^{h}ɨl	myəts^{h}ɨl	mets^{h}ɨlš'ik	mets^{h}ɨ(~tʃ^{h}i)l me:ts^{h}ɨlš'ík
-(으)며	-(으)며	noólmɛ	k'obúlmɛ	némmara me tolgúme pom^{y}ć ko:sáme tsasime cf. tʃimésə	tedíme hame tidímyə karimé hetʃ^{h}íme p^{h}adótʃ^{h}ime tsabulmé heméme kuburá tɛngime	hiŋəlgəríme hiŋəlgərí myə hillíme t'əlgúme mas'əmé	isíme tɛngíme	pibíme
며느리	婦	menɨri	—	menɨri menɨridəri	menirírang	mímmyəni ri	menɨri	menúri
형(님)	兄	heíra heídʒi hyəíra	hyə́iňik'a hyə́ŋ henňím hyəŋňími	mɛhéna mɛhyəína cf. hendʒéga yadɨbyəŋ dze samyəŋdʒé t^{h}ə́ri hendʒénedɨl	hyəŋňími cf. hyəndʒegá ne	hyəŋňìmìrá go	hyəə́	henňímira

[표 115] 형태소 내 변항 (yə)의 화자별 음성 실현 양상 I [204]

이를 변이형으로 분류하여 도식화하면 아래와 같다.

---

204) F$_4$(56세)의 swep'yədéri (쇠뼈대-를), M$_8$(55세)의 pelme (별명), pelmef (별명-을), kugé：aniragu (구경하느라고), kéroŋk'ədʒi (결혼-까지), meŋsáni (명산-을), méndzəgi (면적-이), keŋ ňik'ída (경(經) 읽기다), mimbeŋdzódʒige (민병조직-에), pesɨriragu (벼슬-이라고), heŋp^{h}enəpší (형편없이), M$_{10}$(45세)의 p^{h}emp^{h}enan (편편한), heŋp^{h}enəpt'á (형편없다), heŋp^{h}énəps'o (형편없소), kasɨp^{h}yənena (가스(妻)편-에나) 등이 추가적인 예이다. 회룡봉행 버스 안의 중년 여성들이 k^{y}et^{h}e (곁-에)라고 하는 것도 흔히 들을 수 있었다.

항목＼제보자	M7 59세	F4 56세	M8 55세	F5 54세	M9 48세	M10 45세	F6 45세
(불을)켜-	yə, e	e, yə	e	e, yə	e	e, yə	e
(톱으로)켜-	yə	e, yə	e	yə	e	e	e
(기지개)켜-	yə	e	e	yə	—	—	i, e
(물이)켜우-	ye, e	e, ye	e	yə	yə, e	yə	yə
겨누-	yə	yə, e	e, ye	yə	yə	yə	yə, ye
겨르/견-	yə	yə	yə	yə	yə	yə	yə
곁	ye, yə	yə	ye, e, i	ye, e, yə	yə	yə	yə, ye
겨드랑이	ye, e	yə	—	yə	yə	—	yə
겨울	yə	yə	yə, e	yə, ye	yə	yə	yə
겨릅	e, yə	yə	—	yə	yə	—	yə
펴-	yə	e, ye, yə	e	e, yə	yə	e	e, yə
녀편네(-편)	e	e	e, yə	e	e	yə, e	e
남편	e	yə	e	e	e, yə	yə, e	yə
편하-	e	e, yə	e	e	yə	e	e
병	e	e	e	yə, e	yə	yə	e
병	e	yə, e	e, yə	e	yə	yə, e	yə, e
(햇)볕	yə	—	e	e	yə, e	yə, ye, e	e, ye
변소	yə	e	e	e	yə	e	e
며츨	e	e	e	e	yə	e	e
-(으)며	e	e	e, ye	e, yə	e, yə	e	e
며느리	e	—	e	e	yə	e	e
형(님)	e, yə	yə, e	e, yə	yə	yə	yə	e

[표 116] 형태소 내 변항 (yə)의 화자별 변이형 실현 양상 I

연구개음, 순음, 후음, 이른바 변자음에 후행하는 'yə' 연쇄는 'yə' 또는 'ye', 'e'로 실현되고 있다. 이 중 e형의 실현 비율이 상대적으로 높다. 노년층의 경우 yə형의 비율이 가장 높았던 것과 대조적이다. 이는 이 지역어에서 '변자음-yə' 연쇄가 점차 '변자음-e' 연쇄로 변화되어 가고 있음을 반영한다.

아래의 [표 117]은 움라우트나 첨사 i의 결합 가능성이 없는 경우의 (yə) 실현 양상을 나타낸 것으로, 'yə'를 포함한 음절 두음이 치조음인 예들이다.[205]

---

205) [표 117] 안의 굵은 가로선은 음절 두음(t/n/s/s')의 구분선이다. 통시적 변화 양상

항목 방언형	의미	M7 59세	F4 56세	M8 55세	F5 54세	M9 48세	M10 45세	F6 45세
덩게	彼處	təəŋgé təːgi	ʧəːgí, ʦəgí təgí	ʧəgí ʧəŋgé	tági, təgí təŋgé	ʦɨgí	tági, táːgi təŋgé ʧəgí ʧəŋgé	ʦági tági təŋgé
덩개	膝	təŋgéʒ	təŋgéʒ	ʧəŋgéʒ ʧəŋgɛmmagú ri	təŋgéʒ təŋgɛmadí	ʦəŋgẽʒí ʧəŋgé	təŋgɛmmadí	təŋgéʒ
넣-	投入	néːra nəkʰú	yənnɨndá yəkʰú yéːra yəráʥi yə·ya	yəkʰúsə yát'a, yəʧʰí yəsə́, yésərɨ yánnɨndam ʧəgánəkʰu ňákʰusənɨn	yəkʰú yəə́ra yə́ːra yənnɨŋgé yə́ya yəʧʰím yənnɨndá nənnɨndá	yənnɨndá yəə́ra yə́·ra yəkʰúsə ňəkʰú nəə́ra nəkʰó	yəʧʰí yə́ːt'a yə́ra, yə́·ra yə́ːra yəkʰó nəʧʰí	yənnɨndá yə́ra yə́ra yəkʰó yəmú nəkʰú
녀자	女子	yə́dzadi	yə́dza	yə́dza	yə́dza	yədzà	yə́dza	yədzà
녀름	夏	yərɨ́miʥi	yərɨ́m	yərɨ́m	yərɨ́m yərɨ́(i)mi	yərɨ́me	yərɨ́m	yərɨ́mʧʰəl
녁-	聰明	yək'í	yəkt'á yəkk'í	yəkt'á yəkk'í	yəkt'á yəkk'í	yəkt'á	yəkt'á yəgɨ́n	yəkt'á
넓구리	脇	yək'urí	yək'urí cf. yəpʰári	yək'úrieda	yək'urí cf. əpʰári cf. yəpʰí	yə́kk'uri cf. yəpʰí	yəpk'urí cf. yəpʰári	yəkk'úri cf. yəpʰí
셔른	三十	sərɨ́n šerɨ́ňinde	šərɨ́n	sərɨ́n s(~š)erɨ́n	šərɨ́n	šərɨ́n	sərɨ́n s(~š)ərɨ́n	sərɨ́n
셕매	石磨	səŋmɛéda səŋmɛt'óri	s(~š)əŋmé səŋmé	səŋmé	səŋmé	səŋmá	səmmé	səŋmé
구섭-	窮	kušábašə	kušápt'a kusápt'a	kušápt'a kušá(~é)pt'a kušépt'i	kusápt'a kusába	kusábasə kusápt'an	kušə́əpt'a kusápt'a kusábəsə	kusápt'a
무섭-	怖	mušápt'i mušápt'a	mušápt'a mušába musápt'a musə́pt'i	musápt'a musába	musápt'a musábara	musápt'a musəwəra	musápt'a musábəsə	musáp·ʧ'i
써개	蟻	s'əgéʒ	s'əgéʒ šəgé	s'əgéri	s'əgéʒ s'əgédo	s'əgéʒ	s'əgéʒ	s'ágɛ

[표 117] 형태소 내 변항 (yə)의 화자별 음성 실현 양상 II [206]

이를 변이형으로 분류하여 도식화하면 아래와 같다.

을 확인하기 위하여, 해당 음절 두음은 변화가 일어나기 전 어형의 두음을 기준으로 한다.

206) M8(55세)의 munége (문역(門邊)-에), sék'e (셕경(石鏡)), sék'ena (셕경-이나) 등이 추가적인 예이다.

제보자 항목	M₇ 59세	F₄ 56세	M₈ 55세	F₅ 54세	M₉ 48세	M₁₀ 45세	F₆ 45세
뎡게	ə	yə, ə	yə	ə	ɨ	ə, yə	yə, ə
뎡개	ə	ə	yə	ə	yə	ə	ə
넣-	ə	yə	yə, ə	yə, ə	yə, ə	yə, ə	yə, ə
녀자	yə	yə	yə	yə	yə	yə	yə
녀름	yə	yə	yə	yə	yə	yə	yə
녁-	yə	yə	yə	yə	yə	yə	yə
녚구리	yə	yə	yə	yə	yə	yə	yə
셔른	ə, ye	yə	ə, e	yə	yə	ə	ə
셕매	ə	ə	ə	ə	ə	ə	ə
구셥-	yə	yə, ə	yə, ye	ə	ə	yə, ə	ə
무셥-	ə, yə	yə, ə	ə	ə	ə	ə	ə
쎠개	ə	ə, yə	ə	ə	ə	ə	ə

[표 118] 형태소 내 변항 (yə)의 화자별 변이형 실현 양상 II

치조음에 후행하는 'yə' 연쇄는 'yə' 또는 'ə', 'ye', 'e'로 실현되고 있다. yə형과 ə형이 거의 대등한 비율로 나타나며, ye형과 e형은 소수라는 점에서 노년층의 경우와 크게 다르지 않다. 그러나 이때 yə형이나 ye형으로 분석된 변이형은 두 부류의 상이한 음성형을 포괄하고 있음을 유념해야 한다. 하나는 기존의 두음을 그대로 유지한 경우이고, 다른 하나는 기존의 두음이 후행하는 활음 y에 동화되어 구개음으로 바뀐 경우이다. 노년층의 yə형은 tyə 연쇄나 어두 nyə 연쇄가 tyə나 nyə로 실현된 형태들, 즉 기존의 두음을 그대로 유지한 yə형임에 반하여, 중년층의 yə형은 ʧə나 yə로 실현된 형태들, 즉 기존의 두음이 후행 활음의 영향으로 변화된 yə형이란 점에서 구별될 필요가 있다. syə 연쇄 및 ʦyə 연쇄가 sə 및 ʦə로 실현되는 비율이 노년층의 경우보다 높게 나타난다는 점도 주목할 만하다. 이러한 사실은 이 지역어에서 '치조음-y' 연쇄가 회피되는 쪽으로 음운 변화가 진행되고 있음을 반영하기 때문이다.

아래의 [표 119]는 움라우트나 첨사 i의 결합 가능성이 없는 경우의 (yə) 실현 양상을 나타낸 것으로, 'yə'를 포함한 음절이 자음 두음을 갖지 않는 예들이다.

제보자 / 항목		M₇	F₄	M₈	F₅	M₉	M₁₀	F₆
		59세	56세	55세	54세	48세	45세	45세
방언형	의미							
여스/엮	狐	yək'í yək'ɨ yək'ídu yək'ɨbutʰə yək'ɨdu	yək'í yək'ɨ yək'íga yək'isɛk'í yək'igúridi	yək'í yək'íri yək'íga yək'igé yək'ídu yək'íbutʰə yək'ígat'a	yək'í, yək'ɨ yək'ɨbutʰə yək'ɨboda yək'íga yək'isɛk'í yək'isɛk'í yək'ik'orí	yək'í yək'ɨ yək'ɨbutʰə yək'íege yək'išɛ́k'i yək'ígul	yək'í yək'ɨ yək'ídu yək'ɨdu yək'ɨagú yək'itʰərɨ yək'ɨbutʰə yək'ɨboda yək'íboda yək'išɛk"í yək'isɛk'í yək'igúrira	yək'í yək'ɨ yək'íe yək'ídu yək'ík'ədʑi yək'išɛk'í yək'igúl
열콩	江南豆	—	yəlkʰoŋnə tsʰúri	yóːkʰi yóːkʰɨl lu yó·kʰidu	yálkʰo yálkʰoi	yálkʰõinin	yəlkʰoŋnə tsʰúri yəlkʰoŋárɨl yálkʰoŋdu yálkʰo· yálkʰoi yálkʰoè yəlkʰoŋ ipʰé	yəlkʰoŋs'ón yálkʰõi yəlkʰoŋ nəúri
열-	開	yénda yərə́ra yə́ldi yə́lgo yəlgét'a(被)	yédi yərə́ra yəlgét'ə(~ɨ) ra(被)	yərə́ra yə́ldʑi yəlgé(被)	yərə́ra yəlgé(被)	yəllé(被)	yərə́ra yəlgé(被)	yərə́ra yə́lgu yəlgídʑianɛ (被)
여물-	熟	yəmúrə	yəmúldʑen ɛdú	yəmúdʑeňíŋ gə	yəmudaná	yəmúrəgan da yəlmúmu yəmúlmu	yəmúrət'a	yəmúrət'a

[표 119] 형태소 내 변항 (yə)의 화자별 음성 실현 양상Ⅲ[207]

이를 변이형으로 분류하여 도식화하면 아래와 같다.

제보자 / 항목	M₇	F₄	M₈	F₅	M₉	M₁₀	F₆
	59세	56세	55세	54세	48세	45세	45세
여스/엮	yə	yə	yə	yə	yə	yə	yə
열콩	—	yə	yo	yə	yə	yə	yə
열-	yə	yə	yə	yə	yə	yə	yə
여물-	yə	yə	yə	yə	yə	yə	yə

[표 120] 형태소 내 변항 (yə)의 화자별 변이형 실현 양상Ⅲ

---

207) M₈(55세)의 tʰeye(~ə)k'ún (테영꾼), tʰeʸek'uňí (테영꾼-이), yə́kts'ə (역정-에) 등
이 추가적인 예이다.

자음을 두음으로 갖지 않는 'yə' 연쇄는 단일하게 'yə'로 실현되고 있다. 이는 노년층의 경우와 동일한 양상이다.

아래의 [표 121]은 i나 y를 가진 음절이 'yə'에 후행하되, 움라우트의 개재 자음 조건에 위반되는 경우의 (yə) 실현 양상을 나타낸 것이다. 즉, 개재 자음이 /n, r, s, sʼ, ʦ, ʦʰ, ʦʼ, t, tʰ, tʼ/인 예들이다. 따라서 이 또한 움라우트나 첨사 i의 결합 가능성이 없는 경우에 포함된다.

제보자 항목		M7 59세	F4 56세	M8 55세	F5 54세	M9 48세	M10 45세	F6 45세
방언형	의미							
견디-	耐	kyəndínda kyəndéya kʸendínda kʸendínda	kendínda kendíl kʸendée	kendínda kendéra	kyendídɛŋ kʰu kye(~ə)ndi ndá kyəndindá kyendéra	kyəndiənɛmda kyəndyára kyəndígo	kyəndínda kyendínda kye(~ə)ndí ge kyə(~e)ndy ənɛ́nda	kʸendʸɛ́nɛn da kʸe(~ə)ndín da kyendéra
평디	平地	pʰyəndí pʰeŋdí	pʰyəndʑí pʰyəndí pʰeŋdí	pʰeŋdʑí	pʰyəndʑí	pʰyəndʑí	pʰyəndʑíe	pʰyəndʑí pʰeŋdʑí
명디	明紬	meŋdʑiba dʑíe meŋdibadée	meŋdʑí meŋdʑibadí meŋdʑiba dʑí	meŋdʑušírira meŋdʑí meŋdʑišíri	myəndʑišíl myəndʑišíri meŋdʑišíl meŋdʑitsʰə́ ňi	myəndʑiba tʰé	meŋdišíl meŋditsʰə́n	meŋdzɯbatʰé
텬디꽃	杜鵑	tʃʰəndʑíkʼo dʑi tʃʰ(~tsʰ)ən dʑíkʼodʑi	tsʰ(~tʃʰ)ən dʑíkʼodʑi tʃʰ(~tsʰ)ən dʑíkʼodʑi	tʰendʑíkʼo dʑiradi	tʃʰəndʑíkʼo dʑi tʰendʑíkʼo dʑi	tʃʰəndʑíkʼó tʃʰiraɦago tsʰəndʑíkʼo dʑi	tʃʰəndʑíkʼo dʑi	tʰe(~ə)ndʑí kʼodʑi tʰendʑíkʼo dʑi tʃʰəndʑíkʼot tsʰ(~tʃʰ)ən dʑikʼót tsʰəndʑíkʼó tʃʰi
넘티	心臟	yəmtʰí	yəmtʰí yəmtʃʰí	yəmtʰí	yəmtʰí yəmtʃʰí	yəmtʰí	yəmtʰí	yəmtʰí
편지	簡	pʰendʑí	pʰendʑí pʰendʑíe	pʰendʑí	pʰ(y)endʑí pʰendʑíe	pʰyəndʑí pʰyəndʑíe	pʰyəndʑí pʰyə(~e)n dʑiéda	pʰyəndʑíga pʰendʑíe
다련	熨斗	tɛréni	taréňi tɛréňi	tarémi	tɛryándʑiɽi tɛryáňi	tɛremí	tɛréňi	taryəndʑíl tarén
넘려 (념-)	念慮	—	yə́mňerɨ yə́mňə	nyə́mňəʰan da	nyə́mnyəʰa nda	—	yə́mňəʰan da	nyə́mneʰan da
젖	乳	—	tsə́dzɨ	tʃə́dzɨ	tʃə́dzɨ	tsə́dzɨ	ts(~tʃ)ə́dzɨ	tʃə́dzɨ

[표 121] 형태소 내 변항 (yə)의 화자별 음성 실현 양상Ⅳ[208]

이를 변이형으로 분류하여 도식화하면 아래와 같다.

항목＼제보자	M₇ 59세	F₄ 56세	M₈ 55세	F₅ 54세	M₉ 48세	M₁₀ 45세	F₆ 45세
견디-	yə, ye	e, ye	e	ye, yə	yə	yə, ye	ye
펴디	yə, e	yə, e	e	yə	yə	yə	yə, e
며디	e	e	e	yə, e	yə	e	e
텨디꽂	yə	yə	e	yə, e	yə	yə	e, yə
넘티	yə	yə	yə	yə	yə	yə	yə
편지	e	e	e	e	yə	yə	yə, e
다련	e	e	e	yə	e	e	yə, e
넘려(넘-)	—	yə	yə	yə	—	yə	yə
젖	—	ə	yə	yə	ə	ə	yə

[표 122] 형태소 내 변항 (yə)의 화자별 변이형 실현 양상Ⅳ

'yə' 연쇄는 'yə' 또는 'ye', 'e', 'ə'로 실현되고 있다. 이 중 e형의 실현 비율이 상대적으로 높다. 노년층의 경우 'yə'형의 비율이 가장 높았던 것과 대조적이다. 이는 이 지역어에서 '자음-yə' 연쇄가 점차 '자음-e' 연쇄로 변화되어 가고 있음을 반영한다.

아래의 [표 123]은 움라우트나 첨사 i의 결합 가능성이 있는 경우의 (yə) 실현 양상을 나타낸 것이다.

항목＼제보자		M₇ 59세	F₄ 56세	M₈ 55세	F₅ 54세	M₉ 48세	M₁₀ 45세	F₆ 45세
방언형	의미							
디경	地境	pat'igeý pat'igé pat'igyə́ŋ	patʧ'igyə́ŋ ʧigyə́ŋ	tigəŋʤí tigyəŋʤí tigyə́ə paʧ'igyə́ira tigʸə́eda tigyəŋs'aúmi	tigeʤí pat'igé pat'igeý pat'igeíra	patʧ'igyə́ŋ ʧigyəŋʤí ʧigyə́iram un	patt'igeʤí	ʧigyə́ŋ patʧ'igyə́ŋ
겨	糠	kéragadi pek'é pʰinak'édu nabek'é	ké nabek'é	kérɨ pek'é	ké, kérɨ pek'é tiŋgéeda	ké	ké pek'é	ké pek'érɨ
겹히-	疊	k'epʰéde	ʧəpʰét'a	ʧəpʰígu	k'o(~ə)pʰígu	kyəpʰyə́ʤi	kepʰét'a	k'əpʰígu

---

208) M₇(59세)의 ʧʰénšin (천신), F₄(56세)의 erébasə (어렵-아서), ʧʰénšin (천신), M₈(55세)의 hékt'iga (혁띠-가), meŋtʰím (명팀(team)), puʧʰeňími (부쳐님-이), puʧʰeňimk'é (부쳐님-께), k'énibəra (껴닙-어라), M₁₀(45세)의 k'énimninda (껴닙-는다)가 추가적인 예이다.

		ʧəpʰétʼa kʼepʰéʤetʼa ʧəpʰéʤe kʼepʰéra kʼepʰé kʼepʰímun	ʧəpʰéra ʧepʰígu ʧepʰíʤi	ʧəpʰíʤi ʧəpʰé tsəpʰínda	kʼopʰíʤi kʼopʰétʼa kʼopʰé	nda kyəpʰáʤinda kyəpʰìwá ʤətʼa kyəpʰínda	kʼepʰétʼa kʼepʰíʤi	kʼəpʰímun kʼəpʰétʼa kʼəpʰéra
혀	舌	s(~š)etʼí hyə́	šetʼéy s(š)etʼí	hé setʼée	setʼílli, setʼí hyə́ragudu	šətʼɛ šətʼí	šetʼí setʼí	hé, šʼetʼí s(š)etʼí
녀편네 (녀-)	女便	nepʰenné	n(y)epʰenné nepʰenné	nepʰenné yəpʰyənné	nepʰenné	nepʰenné	yəpʰyə(~e) nné nepʰenné	nepʰenné
여비-	瘦	yebíʤi yebéetʼa	yebínda yebétʼa yebé·sə	yəbétʼa yəbé·nna yəbímun	yə(~e)bínda yə(~e)bésə yəbéesə ye(~ə)béetʼa yebéesə yebíge yebímun	yəbínda yəbyə́tʼa yəbénna yəbyə́(~e)kʼuna	yəbímu yəbésə yəbétʼa	yəbíʤi yəbínda yəbéetʼa yebé·sə yəbé·ʧʼi
석경	石鏡	—	sékʼẽy sékʼey	sékʼe	sékkʼey sékʼe sékʼye sékʼyə sékʼyey	sékʼẽy sékʼyəŋ	sékkʼyəi sékʼə sékʼo(~ə) sékʼey sékʼe	sékʼə́ sə́kʼə šékʼə
던깃 불	電燈	ʧəŋgipʼúri ra	ts(~ʧ)əŋgip ʼúl tsəŋgipʼúl	ʧəŋgipʼúri ʧəŋgidamá	ʧʼ(~ts)əŋgipʼ úri ʧʼə́ŋgido	ʧəŋgipʼúl ʧəŋgidamá	ʧʼ(~ts)ə́ŋgi ʧəŋgipʼúri	ts(~ʧ)əndíŋ tsəŋgidamá ʧəŋgipʼúl

[표 123] 형태소 내 변항 (yə)의 화자별 음성 실현 양상 V [209]

이를 변이형으로 분류하여 도식화하면 아래와 같다.

제보자＼항목	M₇ 59세	F₄ 56세	M₈ 55세	F₅ 54세	M₉ 48세	M₁₀ 45세	F₆ 45세
디경	e, yə	yə	ə, yə	e	yə	e	yə
겨	e	e	e	e	e	e	e
겹히-	e, yə	yə, ye	yə	o	yə	e	ə
혀	ye, yə	ye, e	e, ye	ye, yə	yə	ye, e	e, ye
녀편네(녀-)	e	e	e, yə	e	e	yə, e	e
여비-	ye	ye	yə	yə, ye	yə	yə	yə, ye
석경	—	e	e	e	e	e	ə, e
던깃불	yə	yə	yə	yə	yə	yə	yə

[표 124] 형태소 내 변항 (yə)의 화자별 변이형 실현 양상 V

---

209) M₇(59세)의 métʰi (멫(幾)-이), sélgi (설기(雪糕)), F₄(56세)의 sélgi (설기), M₈(55세)의 pelme (별명), pelmeɬ (별명-을), méira (명(命)-이라), heŋpʰenəpšʼí (형편없이), M₁₀(45세)의 heŋpʰénəptʼá (형편없다), heŋpʰénəpsʼo (형편없소), pʰempʰenan (편편한)이 추가적인 예이다.

 'yə' 연쇄는 'yə' 또는 'ye', 'e', 'ə'로 실현되고 있다. 이 중 e형의 실현 비율이 가장 높다. 노년층의 경우에도 높게 나타났던 e형의 실현 비율이 더 증가된 것으로 드러난다. 그러나 이때의 'ye'나 'e'는 후행하는 y나 i에 의한 통시적 변화의 결과일 가능성이 있음을 염두에 둘 필요가 있다. 형태소 경계의 (yə) 실현 양상은 다음과 같다.

제보자 항목		M7 59세	F4 56세	M8 55세	F5 54세	M9 48세	M10 45세	F6 45세
방언형	의미							
니기-	揉	nigínda nigéra	nigínda nigéra	nigínda nigéra	nigínda nigét'a	igínda igéra	igéra, igíʥi nigígo	nigígu nigéra
구기-	綯	k'ugínda k'ugéet'a	k'ugínda k'uɲgígu k'ugímun k'ugé·ra k'ugéera	k'uɲgínda k'ugíʥi k'ugé·nna	k'ugínda k'ugígu k'ugée k'ugéet'a	k'ugígʊ k'ugyɘra	k'ugíʥi k'ugéʥet'a	k'ugígu k'ugéra
먹이-	使食	megigú megídi megídza megésɘ megéya megesɘ́ megʸera	megédu megéra me(~i)gígu megét'a cf.(애를) mek'inda	megé megéra megígu	megínda megímun megídi megésɘ megéra megédu megét'a megéya cf.(애를) mékk'ína	mɘgígo mɘgyɘra megéra	megíʥi megínda megíndan megéra mɘgyɘra megédu	megínin megé megéra
기-	匐	kénda kégu kéera, ké	kínda, kénda kégu, kéʥi kéera	kígu ké·, kée	kée, kégu kédi	kígo, kée	kígo ké~, kée	kígu, kée
끼-	挾	k'índa k'eéra	k'índa k'éra	k'índa, k'é·ra k'iwádzun da(使)	k'inda k'éra	k'ída k'era	k'ígo	k'indá k'ígu k'éera
우비-	抉	ubínda ubéra	ubínda ubé·ra	ubínda ubéra	ubínda ubéra	ubída ubígo ubéra	ubínda ubéra	ubínda ubéra
여비-	瘦	yebíʥi yebéet'a	yebínda yebét'a yebé·sɘ	yɘbé·t'a yɘbé·nna yɘbímun	yɘ(~e)bínda yɘ(~e)bésɘ yɘbéesɘ	yɘbínda yɘbída yɘbyɘ́t'a yɘbénna yɘbyɘ́(~e)k 'una yɘbé~t'a	yɘbímu yɘbésɘ yɘbét'a	yɘbíʥi yɘbínda yɘbéet'a yebé·sɘ yɘbé·tʃ'i
갑히-	澱	kɛpʰímun kɛpʰét'a	kapʰínda kapʰésɘ	kapʰín kapʰét'a	kapʰínda k'apʰígu kapʰé k'apʰé k'apʰét'a	kapʰíʥi kapʰé	kɛpʰínda kɛpʰésɘ	kapʰínda kapʰésɘ

비-	空	piə́t'i peés'il	pín pé·sə peés'o peét'a piúmun(使) piwára(使)	piə́, pín peék'una piúgu(使) piwát'a(使)	pígu peét'a pésə	piə́, pín pé·t'a	pímu pígu píge peét'a	pínda peét'a
피-	開	phímu phé·t'a phiwára(使) phiúnda(使)	phímun phé·t'a pheet'a pheés'it'əguma phiúdʑi(使) phiwára(使)	phímun phídi phyé·t'a phé·t'a phiwára(使) phiúnin(使)	phígu phíndan phét'a	phínda phígo phyə́t'a phét'a phyə́sə	phínda phígo phídʑi phíge phét'a	pheet'əra
히- (희-)	白	hída héesə	hída heésə	hídi, hín hé·sə	hída hé·sə	hída hʸeésə hiʸə́sə hʸeésə heésə	hída hé꞉sə hiə́sə	hída hésə
히- (희-)	泳	hínda heé	hénda heésə	hínda héra hé, hé·	hénda hédi héra héera hé꞉ra	hínda	hínda hénda héra hégu hígu	hé hénda
올리-	昇	ollídi ollʸét'a	ollídʑi ollígo ollénok'a ollét'a	ollínda ollé	ollígu olléra ollét'a	ollénʷara ollénʷara ollyə́nokho	ollígo olléra	ollídʑi
내리-	降	nɛrínda nɛrét'a nɛrə́on	nɛrínda nɛrét'a	nerínda nerə́oni	nɛrínda nɛrésə nɛréra	nɛrígo nɛréra nɛrégat'a	nɛrígo nɛrída nɛryə́ga nɛryə́ra nɛréra nɛréganda	nɛrínda nɛré(É)ra nɛré
번디-	飜	pəndínda pəndʑínda pəndét'a pəndə́dʑinda pəndédʑə pəndé	pəndʑə́ pəndé pəndyə́dʑinda pəndʑínda pə́ndʑidzaňi pəndʑígu pəndʑédet'a pəndʑédʑet'a pəndʑédʑe(ə)t'a pəndídes'ik'uma pəndʑédʑes'ik'uma	pəndínda pə́ndʸera pəndédek'ədin pəndédʸet'a pə́ndededo	pəndʑínda pəndʑígu pəndéra pəndʑédʑinda pəndʑét'a	pəndʑínda pəndʑéra pəndʸə́dʑət'a pə́ndʑədʑət'a	pəndígo pəndʑígo pəndéra pəndʑéra pəndíl pəndə́dʑet'a	pə́ndʑigu pəndʸédʑət'a pəndyə́dyət'a pəndə́dʑigədin pəndə́dʑinda
견디-	耐	kyəndínda kyəndéya kʸendínda kʸendínda	kendínda kendíl kʸendée	kendínda kendéra	kyendídɛŋ khu kye(~ə)ndin dá kyəndindá kyendéra	kyəndíənɛnda kyəndyə́ra kyəndígo	kyəndínda kyendínda kye(~ə)ndíge kyə(~e)ndyənɛ́nda	kʸendʸénɛnda kʸe(~ə)ndínda kyendéra

디-	落	ʧínda ʧét'a tseːsə	ʧindá, ʧínda ʧét'a ʧét'a ʧésə	ʧindá ʧé·t'a ʧiňí ʧimésə	ʧínda ʧét'a	ʧínda ʧə́t'a	ʧindá ʧʸə́·t'a	ʧínda ʧét'a
고티-	改	kotʰigenni ŋga kotʰígu kotʰéya	koʧʰínda koʧʰílla koʧʰé koʧʰét'a	koʧʰígu koʧʰímun kotʰéya	kotʰínda koʧʰéra kotʰéra	koʧʰígo kotsʰéya koʧʰéra	kotʰígo kotʰéya	koʧʰígu koʧʰéya koʧʰé
길이-	遺	kitʰídi kitʰét'i	kiʧʰínda kiʧʰíʤi kiʧʰét'a	kitʰét'a kitʰésə kiʧʰéra	kitʰímun kitʰímu kitʰídi kitʰé kitʰéra	kiʧʰíʤi kiʧʰə́t'a kiʧʰénna kitʰʸə́t'a	kitʰíʤi kitʰét'a	kiʧʰíʤi kitʰídi kitʰét'a
티-	打	ʧʰígu ʧʰé·do ʧʰét'a	ʧʰídzamʉn ʧʰínda, tsʰí·nda, tsʰét'a, ʧʰéya tʰésə	tʰíninɨ tʰíʤa tʰíge, tʰé ʧʰínda ʧʰét'a	tʰídi tʰíʤi ʧʰínda tʰé, tʰín tʰidánaňi	ʧʰígo ʧʰə́ra ʧʰét'a ʧʰéra ʧʰéʤət'a	ʧʰílla ʧʰə́t'a	tʰínda tʰéra tʰé ʧʰínda ʧʰéra
띠-	蒸	t'ígu t'ésə	ʧ'índa ʧ'é	ʧ'índa ʧ'éra	t'índa, t'ígu t'igenna t'é, t'ésə	ʧ'índa ʧ'ígu ʧ'ə́ra, ʧ'ə́	t'íʤi, t'ígo t'éra, ʧ'ə́ra	ʧ'ín ʧ'éra
마시-	飲	maséya masés'o mašés'o masét'ani maío mayédo	masígu masíʤi mašíʤi maséra	maséra maš(~s)íːp s'o(~ə) maš(~s)índa	mašínda maséra	mašígo maséra mašédu cf. maígo	mašígo maséra	mašínda mašíʤa cf. maéra
지-	肥	ʧimún ʧét'a ʧeét'a	ʧímun ʧét'a, ʧét'a ʧiúgu(使) ʧiwára(使)	sálʤək'una salʤiŋgə́ ʧímun ʧét'a, ʧéya	ʧimún ʧéːt'a ʧeét'a ʧé·sə	ʧínda ʧə́t'a ʧə́sə ʧy(~i)ə́t'a	ʧimú ʧét'a	ʧínda ʧét'a ʧé·sə
지-	負	ʧindá ʧigú ʧét'a ʧiwə́ra(使)	ʧigú ʧeéra ʧiwádalla(使) ʧiwə́dzunda (使) ʧiúgu(使)	ʧindá ʧinɨn ʧigú ʧeét'a	ʧigú ʧéː(eé)ra ʧiúgu(使) ʧiwára (使)	ʧindániɨn ʧigó ʧiəgaʤigu ʧiə́ra ʧy(~i)ə́ra	ʧínda ʧeéra ʧiwə́(使)	ʧígu ʧeéra ʧéra
가지-	持	kaʤínda kaʤé kaʤə́	kaʤílla kaʤə́onəra kaʤə́onəra	kaʤə́da kaʤéra kaʤínda	kaʤégagu kaʤə́onəra kaʤə́ora	kaʤə́ora kaʤə́wara	kaʤə́onəra kaʤédaga cf. kɛdaga kɛda	kaʤégara kaʤə́onara kaʤə́onəra kaʤə́óra
치-	添	ʧʰídi ʧʰé·ra	ʧʰínda ʧʰígu ʧʰéra	ʧʰígu ʧʰínéni ʧʰéra	ʧʰíʤi ʧʰínda ʧʰét'a ʧʰéra tsʰ(~ʧʰ)ésə	ʧʰída ʧʰə́(~é)ra ʧʰə́ra	ʧʰé	ʧʰínda ʧʰə́t'a
니-	戴	neéra igú nigú niwára(使) niúgu(使)	ňindá nigú, niʤí neéra niúgu(使) niwádalla (使)	nigú nindá néːra niwá(使)	nigú, nindá nidzámun néra, neéra niúgu(使) niwádzʷər a(使)	idá, igó yə́ra	nígo né·ra niwə́dalla (使)	indá igú eéra é·do

| 쏘이- | 被螫 | s'ɛúmun
s'ɛwát'a | s'oígu
s'oímu
s'oʸét'a
s'oyét'a
cf. s'ɛúgo
s'ɛwát'a
s'ɛɛ́t'a
s'ɛwə́t'a | s'oíŋgə
s'oʸét'a
s'oyét'a
s'oét'a
cf. s'olgín
s'olgét'a
s'olgénna | cf.
s'olgímun
s'olgésə
s'olgét'a
s'olgiúnda
s'olgiwá | s'oímyən
s'oyə́t'a | cf.
s'olgiúmu
s'olgiwə́t'a | s'oét'a
cf.
s'olgét'a |

[표 125] 형태소 경계 변항 (yə)의 화자별 음성 실현 양상

이를 변이형으로 분류하여 도식화하면 아래와 같다.

제보자 항목	M₇ 59세	F₄ 56세	M₈ 55세	F₅ 54세	M₉ 48세	M₁₀ 45세	F₆ 45세
니기-	e	e	e	e	e	e	e
구기-	e	e	e	e	yə	e	e
먹이-	e, ye	e	e	e	yə, e	e, yə	e
기-	e	e	e	e	e	e	e
끼-	e	e	e	e	e	—	e
우비-	e	e	e	e	e	e	e
여비-	e	e	e	e	yə, e	e	e
갑히-	e	e	e	e	e	e	e
비-	e	e	e	e	e	e	e
피-	e	e	e	e	yə, e	e	e
히-(희-)	e	e	e	e	ye, yə, e	e, iə	e
히-(희-)	e	e	e	e	—	e	e
올리-	ye	e	e	e	e, yə	e	—
내리-	e, ə	e	ə	e	e	yə, e	e
번디-	e, ə	yə, e, ye	ye, e	e, ye	yə	e, ye, ə	ye, yə, ə
견디-	e	e	e	e	iə, yə	yə	ye, e
디-	ye, e	ye	ye	ye	yə	yə	ye
고티-	e	ye	e	ye, e	e, ye	e	ye
깊이-	e	ye	e, ye	e	yə, ye	e	e
티-	ye	e, ye	e, ye	e	yə, ye	yə	e, ye
띠-	e	ye	ye	e	yə	e, yə	ye
마시-	e, ye	e	e	ye	e, ye	ye	—
지-	ye	ye	yə, ye	ye	yə	ye	ye
지-	ye	ye	ye	ye	iə, yə	ye	ye
가지-	ye, yə	yə, ye	yə, ye	ye, yə	yə	yə, ye	ye, yə
치-	ye	ye	ye	ye	yə	ye	yə
니-	e	e	e	e	yə	e	e
쏘이-	—	ye	ye, e	—	yə	—	e

[표 126] 형태소 경계 변항 (yə)의 화자별 변이형 실현 양상

형태소 경계에서 형성된 'yə' 연쇄는 'yə' 또는 'ye', 'e', 'ə'로 실현되고 있다. 노년층의 경우에도 높게 나타났던 e형의 실현 비율이 더 증가된 것으로 드러난다. 특히 음절 두음이 순음이나 연구개음을 포함한 변자음일 때 e형의 실현이 두드러진다. yə, ye, ə형은 두음이 치조음인 경우에 국한되어 나타나는 경향이 있다. 물론 치조음 두음인 경우에도 e형의 출현은 일반적이다. 이는 현재 yə→ye→e 현상이 형태소 경계에서 매우 활발하게 일어나고 있음을 시사한다.

한편, 이 지역 중년층 화자들의 발화에서 변항 (ya)는 다음과 같이 실현된다.[210]

아래의 [표 127]은 움라우트나 첨사 i의 결합 가능성이 없는 경우의 (ya) 실현 양상을 나타낸 것으로, 'ya'를 포함한 음절 두음이 연구개음, 순음인 예들이다.[211]

방언형	의미	M7 59세	F4 56세	M8 55세	F5 54세	M9 48세	M10 45세	F6 45세
달걀	鷄卵	talgéri	talgári talgári	talgári tɛgal hyə́ŋ	talgál talgári tagaríra	talgári talgál talgʸári talgyári	talgári talgáldu	talgári
해갸불	向日花	hɛgàbúri	hɛgàbúri hɛgàbúri hɛgàbúldu	hɛgàbúri hɛgabultʼɛ́ri	hɛgàbúri hɛgabúl	hɛdzabúri hɛdzabúl hɛdzabúre hɛdzabúlbutʰə	hɛgabúri hɛgabúre hɛgabúru	hɛbarági hɛbarágie
갈쿰하 -	갸름하 -	kɛlkʰumadá	kyalkʰuːmadá kyalkʰyuːmagé kyalkʰyuːmadá kʸalkʰyoːmɦá cf.kilkʰuːmadá	kyalkʰúmada cf. kilkʰúmada	kyalkʰumureɦadá kya(~ɛ)lkʰumureɦɛ́ya	kyalkʰúmage	kyalkʰomagé	—
뱡우리	鷄雛	pɛúri	pɛúri pyaúri	pɛúri	pʸɛurí pɛurí tsuŋpʼɛuríra	pʸɛurí pɛurí	pɛurí	pɛurí pʸɛurí peŋʔarí

[표 127] 형태소 내 변항 (ya)의 화자별 음성 실현 양상 I [212]

---

210) 이때 변항 (ya)는 이전 시기에 'ya'라는 음운 연쇄를 포함했던 형태소들을 가리킨다.
211) [표 127] 안의 굵은 가로선은 음절 두음(k/p)의 구분선이다.

이를 변이형으로 분류하여 도식화하면 아래와 같다.

제보자 항목	M₇ 59세	F₄ 56세	M₈ 55세	F₅ 54세	M₉ 48세	M₁₀ 45세	F₆ 45세
달걀	ε	a	a	a	a, ya	a	a
해갸불	a	a	a	a	ya	a	—
걀쿰하-	ε	ya	ya	ya	ya	ya	—
뱡우리	ε	ε, ya	ε	yε, ε	yε, ε	ε	ε, yε

[표 128] 형태소 내 변항 (ya)의 화자별 변이형 실현 양상 I

연구개음, 순음 이른바 변자음에 후행하는 'ya' 연쇄는 'ya' 또는 'yε', 'ε', 'a'로 실현되고 있다. 노년층의 경우와 유사한 양상을 보인다.

아래의 [표 129]는 움라우트나 첨사 i의 결합 가능성이 없는 경우의 (ya) 실현 양상을 나타낸 것으로, 'ya'를 포함한 음절 두음이 치조음인 예들이다.[213]

제보자 항목		M₇ 59세	F₄ 56세	M₈ 55세	F₅ 54세	M₉ 48세	M₁₀ 45세	F₆ 45세
방언형 댱화	의미 長靴	tsaŋʔwá	tsaŋɦwá tsaŋwá tʃaŋɦwá	tsaŋwá tsaŋʱwá	tsaŋwá	tsaŋɦwarɨ	tsaŋwá tsaŋwá	tsaŋɦwá
댱수	長壽	tsáŋsuan da	tsáŋsuʱanda	tʃaŋsunoin dɨrɨ	tsáŋsuʱanda	tsáŋsuɦanda	tsáŋsuanda	tsáŋsuɦanda
댱사 (꾼)	商業 (꾼)	tʃaŋsak'uňí	tsaŋsak'ún ts(~tʃ)aŋsa k'úňi cf. tʃáŋsaman	tʃaŋsak'ún tsaŋsak'ún	tsaŋsak'ún s'aldzaŋsa k'úňi ts(~tʃ)aŋsa k'úňi	tsaŋsak'ũíra tsaŋsak'uíra s'aldzaŋsá k'un s'aldzansà k'úňi	tʃaŋsak'un dɨri tʃ(~ts)aŋsa k'undɨl tsaŋsak'ún du s'aldzáŋsa	tʃaŋsak'ún tʃáŋsari tsáŋsa tsaŋsak'ún s'aldzaŋsa k'ún
-(으)랴 르	-도 록	tʃʰiréri	oryári tʃʰiréri nagaryári	haréri salléri tʃoiréri	irəps'ɨryεri t'irʸéri tʰarʸéri	tʃóadʑiryári	s'əgədʑiréri orʸári sεréri	komgíreri nálleri

---

212) M₇(59세), F₄(56세)의 héŋogi (향옥(香玉-이)가 추가적인 예이다.

213) [표 129] 안의 굵은 가로선은 음절 두음(t/r/n/ts)의 구분선이다. 통시적 변화 양상을 확인하기 위하여, 해당 음절 두음은 변화가 일어나기 전 어형의 두음을 기준으로 한다.

		məgíryarɨ kədirʸárɨ nagaryárɨ š'iwənaryárɨ matʃʰiryárɨ apʰiréri karárɨ	naréri pʰiréra	kommatʰə́ dirɛri		irənaréri	
냥반	兩班	yáŋbaňi	yáŋban	yáŋbaňinɨn	yáŋbaňi	yáŋban	yáŋban	—
쟈랑	誇	ʧ(~ts)aráɦanda ts(~ʧ)aráadi	ts(~ʧ)aráŋ ɦanda tsaráŋɦanda	ʧ(~ts)aráːɦ ɛt'i	tsará tsaráa	tsaráŋɦanda	ts(~ʧ)aráɦanda	tsaráŋɦadʒi
-쟈	청유	ts(~ʧ)adzá	tsadzá	kadzá	tsadzá ʧítsʰ(~ʧʰ)a máldʒ(~dz)a	tsádza	tsadzá	tsadzá tsadzá hadz(~dʒ)á

[표 129] 형태소 내 변항 (ya)의 화자별 음성 실현 양상 II

이를 변이형으로 분류하여 도식화하면 아래와 같다.

제보자 항목	M_7 59세	F_4 56세	M_8 55세	F_5 54세	M_9 48세	M_{10} 45세	F_6 45세
댱화	ya	ya	ya	ya	ya	ya	ya
댱수	ya	ya	ya	ya	ya	ya	ya
댱사(꾼)	ya	ya	ya	ya	ya	ya	ya
-(으)랴르	ɛ	ya, ɛ, a	ɛ	yɛ, ɛ	—	ɛ, ya	ɛ
냥반	ya	ya	ya	ya	—	ya	—
쟈랑	ya, a	a	ya	a	a	a	a
-쟈	a	a	a	a, ya	a	a	ya, a

[표 130] 형태소 내 변항 (ya)의 화자별 변이형 실현 양상 II

치조음에 후행하는 'ya' 연쇄는 'ya' 또는 'yɛ', 'ɛ', 'a'로 실현되고 있다. 이 중 ya형의 실현 비율이 가장 높으며 노년층에 비하여 a형의 실현 비율이 약간 상승하였다. 그러나 이때 ya형이나 yɛ형으로 분석된 변이형은 두 부류의 상이한 음성형을 포괄하고 있음을 유념해야 한다. 하나는 기존의 두음을 그대로 유지한 경우이고, 다른 하나는 기존의 두음이 후행하는 활음 y에 동화되어 구개음으로 바뀐 경우이다. 노년층의 ya형은 tya 연쇄나 어두 nya 연쇄가 tya나 nya로 실현된 형태들, 즉 기존의 두음을 그대로 유지한 ya형임에 반하여, 중년층의 ya형은 ʧa나 ya로 실현된 형태들, 즉 기존의 두음이 후행 활음의 영향으로 변화된 ya형이란 점에서 구별될 필요가 있다. ʦya 연쇄가 ʦa로 실현되는 비율이 노년층의 경우보다 높게 나타난다는 점도 주목할 만하다. 이러한 사실은 이 지역어에서 '치조음-y' 연쇄가 회피되는 쪽으로 음운 변화가 진행되고 있음을 반영하기 때문이다.

아래의 [표 131]은 움라우트나 첨사 i의 결합 가능성이 없는 경우의 (ya) 실현 양상을 나타낸 것으로, 'ya'를 포함한 음절이 자음 두음을 갖지 않는 예들이다.[214]

항목 \ 제보자		M₇ 59세	F₄ 56세	M₈ 55세	F₅ 54세	M₉ 48세	M₁₀ 45세	F₆ 45세
방언형	의미							
약	藥	yágɨ	ʦwiyagɨ́	yágɨ	yágɨ	yágɨ	tenʧ˝iyági	kariyák kalgiyák yágɨ
호야재	豁牙子	nip'adẽhó dzɛ hoyádzɛ	ip'al hó꞉dzɛ	hoyá꞉dzɛ	níp'al hó꞉dzɛ	ip'al hódzɛ	ip'al hódzɛ	hoédzɛ
야쟝 (야-)	冶匠	yédʒɛ yɛdʒaŋk'áň irago	yédʒɛ yédʒɛdu yadʒaŋk'án	yédʒaŋdʒir agu yédzɛinɨn	yadzaŋgaňí yadzaŋganɨ́ yédzɛ	yé꞉dzaŋ yédzaŋɨl	yɛdʒŋk'ané sə yédzãi yádzãi	yɛ(~a)dzaŋ k'aňí yɛdzaŋk'án yɛdzaŋk'àní yédzãi

[표 131] 형태소 내 변항 (ya)의 화자별 음성 실현 양상Ⅲ

이를 변이형으로 분류하여 도식화하면 아래와 같다.

항목 \ 제보자	M₇ 59세	F₄ 56세	M₈ 55세	F₅ 54세	M₉ 48세	M₁₀ 45세	F₆ 45세
약	ya	ya	ya	ya	ya	ya	ya
호야재	ya	—	ya	—	—	—	ɛ
야쟝(야-)	yɛ	yɛ, ya	yɛ	ya, yɛ	yɛ	yɛ, ya	yɛ

[표 132] 형태소 내 변항 (ya)의 화자별 변이형 실현 양상Ⅲ

---

214) '야쟝'의 '야'는 y를 가진 음절('쟝')이 'ya'에 후행하므로 일견 움라우트의 가능성이 있는 것으로 보인다. 그러나 개재 자음이 /ʦ/이므로 움라우트의 개재 자음 조건을 어긴다. 따라서 이 또한 움라우트 가능성이 없는 경우에 포함된다. F₅(54세)의 hɛŋdí (향디;상여), F₄(56세)의 saŋdí (상디;상여)도 추가적인 예이다.

자음을 두음으로 갖지 않는 'ya' 연쇄는 주로 'ya'로 실현되고 있다.
이는 노년층의 경우와 동일한 양상이다.

아래의 [표 133]은 움라우트나 첨사 i의 결합 가능성이 있는 경우의
(ya) 실현 양상을 나타낸 것이다.

항목 \ 제보자		M₇	F₄	M₈	F₅	M₉	M₁₀	F₆
		59세	56세	55세	54세	48세	45세	45세
방언형	의미							
구낭	穴	kunɛ́	kunɛ́	kunɛ́	kuňɛ́llu kuňɛ́ kunɛ́ kunɛ́llɨ kuňá kunɛ́butʰə	kunɛ́ kunɛ́rɨ kuňɛ́	kunɛ́	kunɛ́
고냥이	猫	kónɛ	kónɛ	kónɛ	kónɛ, súkʰonɛ ámkʰonɛ konɛk'(~kʰ)í	kónɛ konɛgé	kónɛ súkʰonɛ ámkʰonɛ	kónɛ
고향	故鄕	kóyʰyãy	kóyãi	kóʰyãi	kóyaŋida	koyaŋída	kóyaidi	kóʰyaŋiradi koʰyaŋɨ́n
쟝	醬	ʧaedàdú	ʧãa	ʧáŋdu ʧãa cf. koʧʰiʤáeda	ʧ(~ʦ)áa cf. koʧʰidzáŋ t'inʤ(~dz)á ira twɛ́ndzaira do	ʦáŋ cf. téndzãi koʦʰudzã́i	ʦáa	ʦ(~ʧ)áŋ cf. koʦʰudzáŋ

[표 133] 형태소 내 변항 (ya)의 화자별 음성 실현 양상Ⅳ[215]

이를 변이형으로 분류하여 도식화하면 아래와 같다.

항목 \ 제보자	M₇	F₄	M₈	F₅	M₉	M₁₀	F₆
	59세	56세	55세	54세	48세	45세	45세
구낭	ɛ	ɛ	ɛ	yɛ, ɛ, ya	ɛ, yɛ	ɛ	ɛ
고냥이	ɛ	ɛ	ɛ	ɛ	ɛ	ɛ	ɛ
고향	ya	ya	ya	ya	ya	ya	ya
쟝	ya	ya	ya	ya, a	a	a	a

[표 134] 형태소 내 변항 (ya)의 화자별 변이형 실현 양상Ⅳ

---

215) M₈(55세)의 kaŋňaidɨ́n (강냉이-든), húnʤɛra (훈쟝-이라)가 추가적인 예이다.

‘ya’ 연쇄는 ‘ya’ 또는 ‘yɛ’, ‘ɛ’, ‘a’로 실현되고 있다. 이 또한 노년층의 경우와 동일한 양상이다. 그러나 이때의 ‘yɛ’나 ‘ɛ’는 후행하는 i에 의한 통시적 변화의 결과일 가능성이 있음을 염두에 둘 필요가 있다.

한편, 형태소 경계의 (ya) 실현 양상은 다음과 같다.

항목 \ 제보자		M₇ 59세	F₄ 56세	M₈ 55세	F₅ 54세	M₉ 48세	M₁₀ 45세	F₆ 45세
방언형	의미							
-디 않(아니)-	-지 않(아니)-	asɨmtʰɛ́·ňik’uma asɨmtʰɛ́ɛ(ɛ̄)ntʰa asɨmtʰɛ́·ns’ik’uma kwán tʰeňíu əlgùʤɛíŋga	aší(ɨ)mʧʰ(ʦʰ) ɛ́ɛ(ɛ́y)k’uma ašimʧʰɛ́ɛntʰa ašimʧʰɛ́ɛk’uma ašimʧʰɛ́ɛ̄ŋ kʰuma koriʤɛ́nɛ kwɛn ʧʰɛ́ntʰira kwɛ́n ʧʰɛ́ɪo	kwán tʰeňíŋgemun kɨdakt’ɛ́ŋkʰuna ašimtʰɛ́ns’ik’uma ašimtʰɛ́ɛns’ik’uma iʧ’ɛíyo həlʧʰeňíu	kwántʰeňinde ašimtʰɛ́ɛ̄ntʰa ašimtʰɛ́ɛntʰa ašimtʰɛ́ňiu	ašimʧʰɛ́ňik’uma kwanʦʰɛntʰa madzaʦ’enna	asimtʰɛ́ňik’uma kirətʰɛ́ntʰandi tʰɨllidɛ́ŋkʰu	ašimtʰɛ́ňik’uma kwɛn ʧʰɛ́ntʰa

[표 135] 형태소 경계 변항 (ya)의 화자별 음성 실현 양상[216)]

이를 변이형으로 분류하여 도식화하면 아래와 같다.

항목 \ 제보자	M₇ 59세	F₄ 56세	M₈ 55세	F₅ 54세	M₉ 48세	M₁₀ 45세	F₆ 45세
-디 않(아니)-	ɛ, yɛ	yɛ	ɛ, yɛ	ɛ	yɛ	ɛ	ɛ, yɛ

[표 136] 형태소 경계 변항 (ya)의 화자별 변이형 실현 양상

형태소 경계에서 형성된 ‘ya’ 연쇄는 ‘yɛ’ 또는 ‘ɛ’로 실현되고 있다. 노년층의 경우와 대체로 유사한 양상이나, ‘-디 않(아니)-’의 축약형 ‘-댕(대니)-’ 대신 ‘-쟁(재니)-’으로 실현되는 비율이 높다는 점이 다르다. 이

---

216) M₄(71세)의 kwán tʰayántʰi (관탕디; 괜찮지), F₂(69세)의 kwántʰyantʰí (관탕디), ʦáan(ʦánin) (져(彼)-아(兒)-는), kírəʧʰɛŋkʰu (그렁쟎고), t’yaridyántʰa (댜르(短)댱다), pap’ɨdɛ́·nna (바쁘댕나) 등이 추가적인 예이다.

는 현재 ya→yɛ→ɛ 현상이 형태소 경계에서 매우 활발하게 일어나고 있음을 시사한다.

3.2.5.1.2. 이 지역 청년층 화자들의 발화에서 변항 (yə)는 다음과 같이 실현된다.

아래의 [표 137]은 움라우트나 첨사 i의 결합 가능성이 없는 경우의 (yə) 실현 양상을 나타낸 것으로, 'yə'를 포함한 음절 두음이 연구개음, 순음, 후음인 예들이다.[217]

항목 \ 제보자		M₁₁	F₈	M₁₂	M₁₃	M₁₄
		39세	38세	31세	29세	29세
방언형	의미					
켜-	點火	kʰegó kʰyə́ra kʰéra kʰyəʥi	kʰéra kʰegó kʰʸegó kʰʸédo kʰyə́ra	kʰénda	kʰégo kʰegó kʰémyən kʰéyaʥi kʰéra kʰyərá kʰyə́ra kʰyəgó	kʰʸyə́ra kʰʸyəgó kʰʸyə́da kʰʸyəʥi kʰegáʥigusəri kʰéʥi
켜-	鉅	kʰendá	kʰénda	—	kʰéra kʰénda	kʰʸyə́ra
켜-	伸	cf. pʰendá pʰerá	kʰendá kʰyə́ra kʰyədú kʰyə̌ni	—	cf. pʰéra pʰedá pʰegó pʰégo pʰeʥí	kʰyədá kʰyə́ra kʰedá
켜우-	渴	kʰewə́sə kʰeúna	kʰyəúnda kʰyəwásə	—	kʰyəúnda kʰyəwə́sə	kʰyəudá kʰyəwásə kʰyəúmyən
겨누-	照準	kyənúgo kyənúnda kyənwə́ra kyənʷə́ra	kyənúgo kyənʷə́ra	—	kyə́nugo kyənwə́ra	kyənúgo kyənɨ́myən kyənúʥi kyənə́bara
겨르/겯-	編	ʧə́nninda ʦə́·nda ʦərə́t'a ʧərə́ra ʧə́k'o ʦə́ʧ'i	kyəŋnɨ́nda kyək'ə́t'a kyə́k'o	—	ʦəmnɨ́nda	—
곁	傍	kʸetʰé kye(~ə)tʰé kyə(~e)tʰɨ	kyətʰé kyə(~e)tʰé kyətʰɨda	kyətʰé kyə(~e)tʰé kyə(~e)tʰéda	kyətʰé kyətʰɨda	kʸə(~e)tʰé kyətʰé nɛgyətʰé

---

217) [표 137] 안의 굵은 가로선은 음절 두음(kʰ/k/pʰ/p/m/h)의 구분선이다.

312 음운론적 변이와 변화의 상관성

		kyetʰɨl ketʰénin	kyətʰɨl	kyətʰɨro		kyətʰí kyətʰɨl kyəʦʰɨl kyətʰɨro
겨드랑이	腋	kediraɲi kyədiraɲi cf. ʧɛgémi	kyediráŋ kyediraɲi cf. ʧɛgém	kedirãí cf. ʧɛgémi	kyədɨraɲi	cf. ʧɛgám
겨울	冬	kyəúl	kyəúre	kyəúri	kyəúl	kyəɨre
펴-	伸	pʰendá pʰéra pʰé pʰyəúnda(被) pʰewəra(使)	pʰedá pʰéñikʼa pʰyəra pʰyəgó	—	pʰegó pʰyəgo pʰyəra pʰyəʤí pʰyá(~e)tʼa	pʰyəgó pʰyəra pʰyə(~e)ʤí pʰyəmyən pʰéʤindago
녀편네 (편-)	女便	nʸepʰénne	nepʰenné	nepʰenné	nepʰenné	nyəpʰyənné nyəpʰyənné
남편	男便	nampʰyən	nampʰyə́ira nampʰyən	—	nampʰyə́ñira	nampʰyən
편하-	便	pʰenágetʼa	pʰenanáda	—	pʰyənáñi	pʰyənañi
병	瓶	p(~pʰ)yəŋšɛrí sulpʼyə́ŋ sulpʰyəŋdzɛ́ pʰeŋdzɛ́ sulpʰeŋdzɛ́	—	—	sulpʼyə́ŋ	pyə(e)sarí pʰyəŋsɛ́ sulpʰyəŋsɛ́
병	病	pyə́ŋe	pyə́ŋe, pɛ́i pyə́ŋiro pyə́ŋʔi	—	pyə́ŋe	pyə́ŋ pyə́ŋe pyəí
(햇)볕	陽	petʰɨ petʰé petʰí	pyə(~e)tʰé pyətʰíra pyətʰɨ	—	—	petʰil, petʰí hɛpʼetʰí pyəʦʰɨl hɛpʼyəʦʰɨl hɛpʼyətʰé pyətʰé
변소	便所	pénso	pénso pénsoe	—	pénso	pyənso
며츨	幾日	meʦʰɨl meʦʰɨri mʸəʦʰɨl	meʦʰɨl meʧʰɨl meʦʰɨlsʼík	meʧʰɨl meʦʰɨl meʦʰɨri	meʧʰɨl	meʦʰɨl
-(으)며	-(으) 며	məgɨme	—	—	cf.pámməgimy ənsə	məgɨme
며느리	婦	menɨri	menɨri myənɨriga myənɨriboda	—	ménɨri	menɨri
형(님)	兄	hyəŋñímira hyəə́, hyəíñikʼa cf. šíʰyəira, šíe	kʰinɦyəŋñím	heŋñim	hyəŋñím	hyə́ŋ hyəŋñímida hʸəŋñím

[표 137] 형태소 내 변항 (yə)의 화자별 음성 실현 양상 I [218]

---

218) M₁₄(29세)의 pyə́gɨ (벽-을), pyəktʼolʤíp (벽돌집), pyə(~e)gé (벽-에), pyə́nanda (변한다) 등이 추가적인 예이다.

이를 변이형으로 분류하여 도식화하면 아래와 같다.

항목 \ 제보자	M_{11} 39세	F_8 38세	M_{12} 31세	M_{13} 29세	M_{14} 29세
(불을)켜-	e, yə	e, ye, yə	e	e, yə	yə, e
(톱으로)켜-	e	e	—	e	yə
(기지개)켜-	—	e, yə	—	—	yə, e
(물이)켜우-	e	yə	—	yə	yə
겨누-	yə	yə	—	yə	yə
겨르/곌-	yə	yə	—	yə	—
곁	ye, yə, e	yə	yə	yə	yə
겨드랑이	e, yə	ye	e	yə	—
겨울	yə	yə	yə	yə	və
펴-	e, yə	e, yə	—	e, yə	yə, e
녀편네(-편)	e	e	e	e	yə
남편	yə	yə	—	yə	yə
편하-	e	e	—	yə	yə
병	yə, e	—	—	yə	yə
병	. yə	yə, e	—	yə	yə
(햇)볕	e	yə	—	—	e, yə
변소	e	e	—	e	yə
며츨	e, yə	e	e	e	e
-(으)며	e	—	—	—	e
며느리	e	e, yə	—	e	e
형(님)	yə	yə	e	yə	yə

〔표 138〕 형태소 내 변항 (yə)의 화자별 변이형 실현 양상 I

연구개음, 순음, 후음, 이른바 변자음에 후행하는 'yə' 연쇄는 'yə' 또는 'ye', 'e'로 실현되고 있다. 이 중 e형의 실현 비율이 상대적으로 높다. 노년층의 경우 yə형의 비율이 가장 높았던 것과 대조적이다. 단, 중년층의 경우보다 e형의 비율이 다소 감소하고 yə형의 비율이 약간 상승한 이유는 표준어의 영향이 작용한 것으로 해석된다. 그러나 이 지역어에서 '변자음-yə' 연쇄가 점차 '변자음-e' 연쇄로 변화되어 가고 있는 경향만큼은 뚜렷하게 드러난다.

아래의 [표 139]는 움라우트나 첨사 i의 결합 가능성이 없는 경우의

314 음운론적 변이와 변화의 상관성

(yə) 실현 양상을 나타낸 것으로, 'yə'를 포함한 음절 두음이 치조음인 예들이다.[219]

항목 / 제보자		M₁₁ 39세	F₈ 38세	M₁₂ 31세	M₁₃ 29세	M₁₄ 29세
방언형	의미					
덩게	彼處	tsogí	tsəːgí	tsə́gi	ʧə́gi	tsə́gí
덩개	膝	təŋgɛ́	tyəŋgɛ́ ʧəŋgɛ́ təŋgɛ́	təŋgɛ́	təŋgɛ́	təŋgɛ́
넣-	投入	yənnɨndá yəə́ra yəə́t'a yəts^há	yənnɨnda yə́ːt^ha yə́k^hu yə́·sə yəs'ó nənnɨnda nəə́ra nək^hó	yənnɨnda yə́ra	nə́ːt'a nənnɨnda	yət^há yə́·sə yə́sə yək^hó yə́ra yəə́ra nə́·ra nəə́ra nət^há
녀자	女子	yə́dza	nyə́dza yə́dza	yə́dza	yə́dza	yə́dza
녀름	夏	yərɨ́m	yərɨ́m	yərɨ́m	yərɨ́m	yərɨ́m
녁-	聰明	yəkt'á	yəkt'á	yəkt'á	yəkt'á yəgɨ́n	yəkk'é
넓구리	脇	yəpk'úri	cf. yəp^hári	yəkk'urí	yɨk'uri	yək'urí, yəpk'úri
셔른	三十	sərɨ́n	šə́rin	šérin	šə́rin	sərɨ́n
셕매	石磨	səmmɛ́	səŋmɛ́	səŋmɛ́	səŋmɛ́	səmɛ́
구셥-	窮	kusə́pt'a	kusə́əpt'a	kusə́pt'a	kusə́pt'a	kusə́pt'a kusə́wadzuk'et'a
무셥-	怖	musə́pt'a	musə́pt'a	musə́pt'a	musə́pt'a	musə́pt'a musə́wəsə
쎠개	蟻	š'əgɛ́	s'əgɛ́	s'əgɛ́	s'əgɛ́	s'əgɛ́

[표 139] 형태소 내 변항 (yə)의 화자별 음성 실현 양상 II

이를 변이형으로 분류하여 도식화하면 아래와 같다.

---

219) [표 139] 안의 굵은 가로선은 음절 두음(t/n/s/s')의 구분선이다. 통시적 변화 양상을 확인하기 위하여, 해당 음절 두음은 변화가 일어나기 전 어형의 두음을 기준으로 한다.

항목 \ 제보자	M₁₁ 39세	F₈ 38세	M₁₂ 31세	M₁₃ 29세	M₁₄ 29세
뎡게	yə	yə	yə	yə	yə
뎡개	ə	yə, ə	ə	ə	ə
넣-	yə	yə, ə	yə	ə	yə, ə
녀자	yə	yə	yə	yə	yə
녀름	yə	yə	yə	yə	yə
녁-	yə	yə	yə	yə	yə
넢구리	yə	yə	yə	yə	yə
셔른	ə	yə	ye	yə	ə
셕매	ə	ə	ə	ə	ə
구셥-	ə	ə	ə	ə	ə
무셥-	ə	ə	ə	ə	ə
쎠개	yə	ə	ə	ə	—

[표 140] 형태소 내 변항 (yə)의 화자별 변이형 실현 양상 II

치조음에 후행하는 'yə' 연쇄는 'yə' 또는 'ə', 'ye'로 실현되고 있다. yə 형과 ə형이 거의 대등한 비율로 나타난다는 점에서 노년층 및 중년층의 경우와 크게 다르지 않다. 그러나 이때 yə형으로 분석된 변이형의 대부분은 기존의 두음이 후행하는 활음 y에 동화되어 구개음으로 바뀐 경우이다. 노년층의 yə형은 tyə 연쇄나 어두 nyə 연쇄가 tyə나 nyə로 실현된 형태들, 즉 기존의 두음을 그대로 유지한 yə형임과 대조적이다. 청년층의 yə형은 ʧə, ʦə나 yə로 실현된 형태들, 즉 기존의 두음이 후행 활음의 영향으로 변화된 yə형이란 점에서 구별될 필요가 있다. 또, syə 연쇄 및 ʦyə 연쇄 또한 sə 및 ʦə로 실현되는 비율이 노년층의 경우보다 높게 나타난다. 이러한 사실은 이 지역어에서 '치조음-y' 연쇄가 회피되는 쪽으로 음운 변화가 진행되고 있음을 반영한다.

아래의 [표 141]은 움라우트나 첨사 i의 결합 가능성이 없는 경우의 (yə) 실현 양상을 나타낸 것으로, 'yə'를 포함한 음절이 자음 두음을 갖지 않는 예들이다.

제보자 항목		M₁₁ 39세	F₈ 38세	M₁₂ 31세	M₁₃ 29세	M₁₄ 29세
방언형	의미					
여스/ 엮	狐	yək'í, yək'íri̥ yək'igé, yək'ídu yək'ímã, yək'íro yək'iⁿantʰésə yək'íbutʰə yək'íboda yək'ítʰəri̥m yək'is(š)ɛk'í yək'igúri	yək'í, yək'ɨ̇ yək'i(~y)é yək'ídu, yək'íman yək'ɨbutʰə yək'išɛk'í, yək'igúri yək'isɛk'irá	—	yək'í yək'ɨ̇l yək'ídu yək'íman yək'išɛk'í yək'ígul	yək'í, yək'íril yək'ído yək'íe yək'isɛk'í yək'igúl
열콩	江南 豆	yə́lkʰoi, yə́lkʰollo	—	—	yə́lkʰoŋ	yə́lkʰoŋ sonú pɛŋ̌ə̌lkʰoí pɛŋ̌ə̌lkʰó
열-	開	yə́lgu, yə́lʥi yəllínda(被) yəllyə́(被) yəllyə́t'a(被)	yərə́ra, yə́lgu, yə́lʥi yəlgídɛnda(被) yəlgídʒenda(被)	—	yərə́ra, yə́lgo yəlgínda(被) yəllé(被)	yərə́ra, yə́lʥi yə́lgo yəllyə́t'ə(~i)ra(被)
여물-	熟	—	yəmúrət'a	—	yəmúrət'a	yəmúlmyən yəmúrət'a yəmúlʥi

[표 141] 형태소 내 변항 (yə)의 화자별 음성 실현 양상Ⅲ[220]

이를 변이형으로 분류하여 도식화하면 아래와 같다.

제보자 항목	M₁₁ 39세	F₈ 38세	M₁₂ 31세	M₁₃ 29세	M₁₄ 29세
여스/엮	yə	yə	—	yə	yə
열콩	yə	—	—	yə	yə
열-	yə	yə	—	yə	yə
여물-	—	yə	—	yə	yə

[표 142] 형태소 내 변항 (yə)의 화자별 변이형 실현 양상Ⅲ

자음을 두음으로 갖지 않는 'yə' 연쇄는 단일하게 'yə'로 실현되고 있다. 이는 노년층 및 중년층의 경우와 동일한 양상이다.

아래의 [표 143]은 i나 y를 가진 음절이 'yə'에 후행하되, 움라우트의 개재 자음 조건에 위반되는 경우의 (yə) 실현 양상을 나타낸 것이다. 즉, 개재 자음이 /n, r, s, s', ʦ, ʦʰ, ʦ', t, tʰ, t'/인 예들이다. 따라서 이 또한 움라우트나 첨사 i의 결합 가능성이 없는 경우에 포함된다.

---

220) F₈(38세)의 yə́ši (엿(飴)-이)가 추가적인 예이다.

항목 \ 제보자		M₁₁ 39세	F₈ 38세	M₁₂ 31세	M₁₃ 29세	M₁₄ 29세
방언형	의미					
견디-	耐	kendínda kyendíget'a kyendéra	kyəndínda kyə(~e)ndyə́ra kyə(~e)ndígo	kʸendínda kendínda	kyəndyə́nɛra	kyəndída kyəndílmanˠañi
평디	平地	pʰyəŋʥíra	pʰeŋʥí	pʰyeŋʥí	pʰyəŋʥí	pʰyəŋʥí
명디	明紬	myəŋdisʰə́n	meŋdzúbaʥi meŋdzuš'íl	meŋʥušíriradiŋ ga	—	—
텬디꽃	杜鵑	ʧʰənʥík'oʥi ʧʰ(~ʦʰ)ənʥík'oʥi	tʰenʥík'oʥi	ʧʰənʥík'oʥi ʦʰənʥík'oʥi	ʧʰəʥík'oʥi	ʦʰənʥík'oʧʰi ʧʰənʥík'ot ʧʰ(~ʦʰ)ənʥík'oši
넘티	心臟	yəmtʰí	yəmtʰí	yə́mʧʰi	yəmtʰí	yəmtʰí
편지	簡	pʰenʥí pʰenʥíe	pʰenʥí pʰyənʥíe	—	pʰyənʥí pʰyənʥíe	pʰyənʥíga pʰyənʥíe
다련	熨斗	taryəmʥíri taremʥíri tarémi	tarími taryə́ñi	—	tarími	tarimí
넘려 (넘-)	念慮	némñəanda	nyə́mnyəˠanda	—	nyə́mn(~r)yəˠanda	nyə́mryə
졎	乳	ʦə́ʥi	ʦə́dzi	ʦə́dzi	ʦə́dzil, ʦə́ʥi	ʧ(~ʦ)ə́dzil

[표 143] 형태소 내 변항 (yə)의 화자별 음성 실현 양상Ⅳ

이를 변이형으로 분류하여 도식화하면 아래와 같다.

항목 \ 제보자	M₁₁ 39세	F₈ 38세	M₁₂ 31세	M₁₃ 29세	M₁₄ 29세
견디-	e, ye	yə	ye, e	yə	yə
평디	yə	e	ye	yə	yə
명디	yə	e	e	—	—
텬디꽃	yə	e	yə	yə	yə
넘티	yə	yə	yə	yə	yə
편지	e	e, yə	—	yə	yə
다련	yə, e	yə	—	—	—
넘려(넘-)	e	yə	—	yə	yə
졎	ə	ə	ə	ə	yə

[표 144] 형태소 내 변항 (yə)의 화자별 변이형 실현 양상Ⅳ

'yə' 연쇄는 'yə' 또는 'ye', 'e', 'ə'로 실현되고 있다. 이 중 e형의 실현 비율이 상대적으로 높다. 노년층의 경우 'yə'형의 비율이 가장 높았던

것과 대조적이다. 단, 중년층의 경우보다 e형의 비율이 다소 감소하고
yə형의 비율이 약간 상승한 이유는 표준어의 영향이 작용한 것으로 해
석된다. 그러나 이 지역어에서 '자음-yə' 연쇄가 점차 '자음-e' 연쇄로
변화되어 가고 있는 경향만큼은 확인할 수 있다.

아래의 [표 145]는 움라우트나 첨사 i의 결합 가능성이 있는 경우의
(yə) 실현 양상을 나타낸 것이다.

제보자 항목		M11 39세	F8 38세	M12 31세	M13 29세	M14 29세
방언형	의미					
디경	地境	pat tigyə́ira pat ʧigyə́ira pat'igée tigyə́ira pat'igyə́ː	patʧ'igə̃́i ʧigyə̃́i paʧ'igyə́ŋ, paʧ'igyə́· paʧ'igyə̃́i pat'igyə̃́e ʧigəʤí ʧigəʤíri ʧigəʤíe	tigyə́ŋ	—	paʧ'igéː sant'igé
겨	糠	kéra	pek'é	ké, pek'é	ké	pek'é
혀	舌	hyə́, šet'í šet'ɛ	šet'í	het'í het'é	set'é hyə́	hyə́, hyə́ro set'é
녀편네 (녀-)	女便	nʸepʰénne	nepʰenné	nepʰenné	—	nyəpʰyənné nyəpʰyənné
여비-	瘦	yə́inda yəbínda yəbésə	—	—	yəbímyən yəbét'a	yəbída yəbímyən yəbyə́nna yəbyə́sə
셕경	石鏡	sék'ẽ šék'e, sék'e	šék'ẽi, sék'e sék'erɨl	sék'ẽy sék'ə	—	sék'wə, sék'o sʷɛ́k'ʷə
던깃불	電燈	ʦəŋgip'úrira ʦəŋgit'amára	cf. ʦə́ndiŋ	ʦəŋgip'úri	ʧə́ŋgip'ul	ʦ(~ʧ)əŋgip'úl

[표 145] 형태소 내 변항 (yə)의 화자별 음성 실현 양상 V [221]

이를 변이형으로 분류하여 도식화하면 아래와 같다.

---

221) M13(29세)의 kyəpʰíʤi (겹히-지), kyəpʰyə́t'a (겹히-었다), M14(29세)의 kyəpʰígo
(겹히-고), ʧəpʰyə́, kyəpʰyə́, ʧəpʰə́, kyəpʰə (겹히-어) 등이 추가적인 예이다.

제보자 항목	M₁₁ 39세	F₈ 38세	M₁₂ 31세	M₁₃ 29세	M₁₄ 29세
디경	yə, e	yə, e, ə	yə	—	e
겨	e	e	e	e	e
혀	yə, ye	ye	e	ye, yə	yə, ye
녀편네(녀-)	e	e	e	—	yə
여비-	yə	—	—	yə	yə
셕경	e	e	e	—	e, wɛ
던깃불	yə	yə	yə	yə	yə

[표 146] 형태소 내 변항 (yə)의 화자별 변이형 실현 양상 V

'yə' 연쇄는 'yə' 또는 'ye', 'e', 'ə'로 실현되고 있다. 이 중 e형의 실현
비율이 가장 높다. 노년층의 경우에도 높게 나타났던 e형의 실현 비율
이 더 증가된 것으로 드러난다. 단, 중년층의 경우보다 e형의 비율이 다
소 감소하고 yə형의 비율이 약간 상승한 것은 역시 표준어의 영향이 작
용한 때문인 듯하다. 그러나 이때의 'ye'나 'e'는 후행하는 y나 i에 의한
통시적 변화의 결과일 가능성이 있음을 염두에 둘 필요가 있다.

형태소 경계의 (yə) 실현 양상은 다음과 같다.

제보자 항목		M₁₁ 39세	F₈ 38세	M₁₂ 31세	M₁₃ 29세	M₁₄ 29세
방언형	의미					
니기-	揉	nigénda nigégo nigéːra	igínda igígo, igéya	—	nigínda igéra, igíʥi nigéra	igéda, igégu igéra
구기-	繰	k'ugénda	k'ugígo k'ugíʥi k'ugyə́ra	—	k'ugígo k'ugyə́	k'ugída, k'ugyə́ k'ugímyən
먹이-	使食	megínda megío, megínɨn megíʥi megʸə́ra megéra megésə	megígo məgínda megéra meg(~ɣ)yə́ra	—	məgígo megígo məgyə́ra	megín, megígu megíndan məgyə́ra
기-	匐	kénda, kée kínda kiə́ganda	kégo kée kému	kée, kégo kínda, kénda kímu, kéʥi kíʥi	kénda, ké kígo, kíge kiə́ganda	kígo, kée, kíə
끼-	挾	k'endá, k'é k'eéra, kígo k'ék'una k'eédzwəra	k'índa k'ígo, k'éra k'yəbát'a	—	k'iə́t'a, k'ígo	k'ígo, k'íʥi k'yə́ra

우비-	抉	ubínda ubéra	ubínda ubyə́ra	—	úbinda ubéra	ubída ubyə́ra
여비-	瘦	yəínda yəbínda yəbésə	—	—	yəbímun yəbét'a yebét'a	yəbída yəbyə́nna yəbyə́sə
갑히-	澱	kɛpʰínda kɛpʰə́	kapʰínda kapʰyə́t'a kapʰyə́	—	kɛpʰínda kɛpʰét'a kɛpʰyə́t'a kɛpʰiwə́ kapʰiwə́	kapʰímyən kapʰyə́t'a kapʰyə́
비-	空	pígu, pé pé·, piə́	pígo pínda pídira piə́, pé·do pésə	—	pínda, piə́ pímyən pét'ira pé·t'ira, pét'a	pínda, pindá piə́, pé· piə́sə, pé·sə péet'a, péet'ara pédʑi, pídʑi peénda, pé·nda p(ʸ)ému, pímu
피-	開	pʰínda, pʰíl pʰésə	pʰígo, pʰímun pʰét'a	pʰyə́t'a pʰét'ira pʰét'a	pʰínda pʰyə́t'a pʰiə́sə	pʰída, pʰígo pʰyə́t'a
히- (희-)	白	hídʑi, hʸésə	hída, hídanaři hésə, hiə́sə	—	hída, hiə́sə	hída, hé·sə
히- (희-)	泳	heə́, hé·sə heéganda heégo, hé·dʑi	—	hyə́nda hédʑi hégo hyə́ra héra	hínda, hé· hégo, hédʑi	hé·, heə́, héda
올리-	昇	ollínda olléra ollénadzwəra ollénara	ollyə́ra	—	ollígo, ollyə́t'a ollénara ollénotʃʰi ollyə́dzwəra	ollída ollyə́t'a ollenoára
내리-	降	nɛréonda nɛréganda nɛréra nɛrébonɛra	nɛrínda nɛrét'a nɛryə́ra	—	nɛrínda nɛryə́t'a nɛeréganda nɛrégamun nɛryə́ra	nɛrída, nɛrígo nɛrʸə́t'a nɛryə́gara nɛryə́s'im
번디-	飜	pəndʑínda pəndʑə́dzət'a pəndʑébara pəndʑéra pəndə́dʑiget'a pəndə́dʑigo	pəndʑínda pəndʑə́dʑigu pándʑe pəndʑə́ra	pəndʑínda pəndʑígo pəndédʑet'a	pəndʑínda pəndʑə́ra pəndʑə́ pəndə́dʑət'a	pəndígu pəndigíe pəndéra pándədʑigu pándyədʑin
견디-	耐	kendínda kyendíget'a kyendéra	kyəndínda kyə(~e)ndyə́ra kyə(~e)ndígo	kʸendínda kendínda	kyəndínda kyəndyə́nɛra	kyəndída kyəndílmanʰaři
디-	落	tʃ'indá, tʃ'əə́t'a	tʃ'indá	tʃ'indá	tʃ'índa, tʃ'ə́t'a	tʃ'ída, tʃ'ígo tʃ'ə́ːt'a, tʃ'əə́t'a
고티-	改	kotʃʰígo kotʃʰə́ra	kotʃʰínda kotʃʰə́ra kotʃʰə́ kótʃʰera kotsʰéra	kotʃʰínda	kotʃʰígo kotʃʰə́dʑət'a kotʃʰə́ra	kotʃʰída kotʃʰə́ra
깉이-	遭	kitʃʰín, kitʃʰét'a	kitʃʰídʑi	kitʃʰéra	kitʃʰídʑi	kitʃʰída, kitʃʰín

		kitʰétʼa kiʧʰénatʼa	kitʰétʼa kiʧʰédo kiʧʰə́tʼa		kitʰétʼa kítʰedo	kiʧʰə́ra kitʰyə́tʼa
티-	打	ʧʰínda ʧʰə́ra, ʧʰéra ʧʰə́·, soríʧʰesə	ʧʰínda ʧʰílla ʧʰídza ʧʰə́ra	ʧʰindá	ʧʰída, ʧʰígo ʧʰétʼa, ʧʰéra	ʧʰída, ʧʰə́ra ʧʰə́(~é)ra
띠-	蒸	ʧʼédu	tʼínda	ʧʼínda ʧʼé	ʧʼínda, ʧʼígo ʧʼéːra, ʧʼétʼa	ʧʼída, ʧʼə́ra
마시-	飲	mašéra mašédu maséra cf. maínda	mašigetʼa mašígo mašə́ra	—	cf. maínda maíʤi, maéra	mašígo, mašíʤi mašímyən mašéra, mašə́tʼa mašə́ra
지-	肥	ʧidánaňi ʧə́tʼa, ʧə́·tʼa ʧə́sə	sáldʒetʼa	—	sáldzetʼa sáldʒetʼa ʧindá, ʧétʼa	ʧída, sáldʒida ʧétʼa, ʧə́·tʼa ʧə́nna, ʧə́·nna ʧeétʼa, ʧiúgo(使) ʧiwə́ra(使)
지-	負	ʧigó, ʧindá ʧeéra, ʧə́əra ʧeédzwəra	ʧínda, ʧə́tʼa ʧə́ra	—	ʧínda, ʧígo ʧé·ra	ʧígu, ʧiə́(ʧə́ː)ra ʧéra, ʧə́ːtʼa ʧiúgo(使) ʧiwánokʰu(使)
가지-	持	kaʤéwatʼa kaʤéonara kaʤə́onəra kaʤə́ora	kadzə́(~e)ora kadzə́ora kadzə́óna káʤeora kaʤə́ora	—	káʤetʼa kaʤégatʼa káʤegatʼa kádzeora káʤeora káʤegatʼa kadzə́ora kaʤə́ora	kaʤə́ora kaʤə́wara
치-	添	ʧʰéra	ʧʰə́ra, ʧʰéya	—	ʧʰínda, ʧʰígo ʧʰéra	ʧʰigetʼa, ʧʰímun ʧʰə́ra, ʧʰéra
니-	戴	indá, índa ʸeéra, yeéra niə́tʼa	indá, igó ímun, yə́ra eéra, étʼan	índa	ída, ígo éra	ígo, yə́ra é·ra, éra
쏘이-	被螫	sʼoyə́tʼa	cf. sʼolgímun sʼolgétʼa	—	sʼoyə́tʼa sʼoímun cf. sʼolgétʼa sʼolliwə́tʼa	cf. sʼolgìúʤi sʼolgiwátʼa

[표 147] 형태소 경계 변항 (ɣə)의 화자별 음성 실현 양상[222]

이를 변이형으로 분류하여 도식화하면 아래와 같다.

---

222) M₁₄(29세)의 hapʧʰésə (합치-어서)가 추가적인 예이다.

제보자 항목	M₁₁ 39세	F₈ 38세	M₁₂ 31세	M₁₃ 29세	M₁₄ 29세
니기-	e	e	—	e	e
구기-	—	yə	—	yə	yə
먹이-	ye, e	e, yə	—	yə	yə
기-	e, iə	e	e	e, iə	e, iə
끼-	e	e, yə	—	iə	yə
우비-	e	yə	—	e	yə
여비-	e	—	—	e	yə
갑히-	e	yə	—	e, yə	yə
비-	e, iə	iə, e	—	iə, e	iə, e
피-	e	e	yə, e	yə, iə	yə
히-(희-)	ye	e, iə	—	iə	e
히-(희-)	e	—	yə, e	e	e
올리-	e	yə	—	e, yə	yə, e
내리-	e	e, yə	—	yə, e	yə
번디-	yə, ye, ə	yə, ye	e	yə, ə	e, ə, yə
견디-	e	yə	—	yə	—
디-	yə	—	—	yə	yə
고티-	yə	yə, ye, e	—	yə	yə
깊이-	ye, e	e, ye, yə	ye	e	yə
티-	yə, ye	yə	—	ye	yə
띠-	ye	—	ye	ye	yə
마시-	ye, e	yə	—	—	ye, yə
지-	yə	ye	—	e, ye	ye, yə
지-	ye, yə	yə	—	ye	iə, ye, yə
가지-	ye, yə	ə, ye, yə	—	ye, e, ə, yə	yə
치-	ye	yə, ye	—	ye	yə, ye
니-	ye, iə	yə, e	—	e	yə, e
쏘이-	yə	—	—	yə	—

[표 148] 형태소 경계 변항 (yə)의 화자별 변이형 실현 양상

　　형태소 경계에서 형성된 'yə' 연쇄는 'yə' 또는 'ye', 'e', 'ə'로 실현되고 있다. 노년층의 경우에도 높게 나타났던 e형의 실현 비율이 더 증가된 것으로 드러난다. 특히 음절 두음이 순음이나 연구개음을 포함한 변자음일 때 e형의 실현이 두드러진다. 단, 중년층의 경우에 비하여 yə형의 실현 비율이 다소 증가하고 ye형의 실현 비율은 그만큼 감소하였다. 이 또한 표준어의 영향이 작용한 결과로 해석된다. yə, ye, ə형은 두음이 치

조음인 경우에 국한되어 나타나는 경향이 있다. 물론 치조음 두음인 경우에도 e형의 출현은 일반적이다. 이는 현재 yə→ye→e 현상이 형태소 경계에서 매우 활발하게 일어나고 있음을 시사한다.

한편, 이 지역 청년층 화자들의 발화에서 변항 (ya)는 다음과 같이 실현된다.

아래의 [표 149]는 움라우트나 첨사 i의 결합 가능성이 없는 경우의 (ya) 실현 양상을 나타낸 것으로, 'ya'를 포함한 음절 두음이 연구개음, 순음인 예들이다.[223]

항목 \ 제보자		M₁₁ 39세	F₈ 38세	M₁₂ 31세	M₁₃ 29세	M₁₄ 29세
방언형 / 달�걀	의미 / 鷄卵	talgárin	talgál, talgári talgári	—	tár(r̃)gal talgári	talgál
해갸불	向日花	hɛbarági hɛbarágie hɛbaragik'oʤí	hɛbarági hɛbarágy(~i)e hɛbarágiboda	—	hɛgabúri	hɛgabúl hɛgabúrinin hɛgabúrira
걀쿰하–	갸름하–	kyalkʰumàdá	—	—	—	cf. kilts'uːmàdá
뱡우리	鷄雛	pɛuríra	pɛurí pyaurína	—	pɛúri	pyaurí

[표 149] 형태소 내 변항 (ya)의 화자별 음성 실현 양상 I [224]

이를 변이형으로 분류하여 도식화하면 아래와 같다.

항목 \ 제보자	M₁₁ 39세	F₈ 38세	M₁₂ 31세	M₁₃ 29세	M₁₄ 29세
달걀	a	a	—	a	a
해갸불	—	—	—	a	a
걀쿰하–	ya	—	—	—	—
뱡우리	ɛ	ɛ, ya	—	ɛ	ya

[표 150] 형태소 내 변항 (ya)의 화자별 변이형 실현 양상 I

연구개음, 순음 이른바 변자음에 후행하는 'ya' 연쇄는 'ya' 또는 'ɛ', 'a'

---

223) [표 149] 안의 굵은 가로선은 음절 두음(k/p)의 구분선이다.

224) M₁₄(29세)의 hyaŋgíropt'a (향기롭다), hyaŋgírowa (향기로와)가 추가적인 예이다.

로 실현되고 있다. yɛ형은 나타나지 않는다. 조사 항목의 수가 적어 일반화하기는 어려우나, 노년층 및 중년층의 경우에 비하여 a형의 비율이 증가하였다.

아래의 [표 151]은 움라우트나 첨사 i의 결합 가능성이 없는 경우의 (ya) 실현 양상을 나타낸 것으로, 'ya'를 포함한 음절 두음이 치조음인 예들이다.[225]

항목 / 제보자		M₁₁ 39세	F₈ 38세	M₁₂ 31세	M₁₃ 29세	M₁₄ 29세
방언형	의미	ʦaɲɦwá	tyaɲɦwá	ʦaɲɦwá	ʦaɲʔwá	ʦaɳwá
댱화	長靴					
댱수	長壽	ʦáɲsuɦanda	ʦáɲsuɦanda	ʦáɲsuɦandam	ʦáɲsuɦanda	ʦ(~ʧ)áɲsuɦada
댱사 (꾼)	商業 (꾼)	ʦaɲsak'ún ʦaɲsak'uɲírago s'aldzaɲsak'ún	ʦaɲsak'ún s'aldzaɲsak'uɲí raʤi	ʦáɲsa	ʦáɲsak'ún	ʦaɲsak'ún ʦ(~ʧ)aɲsak'ún s'aldzaɲsak'ún cf. ʦáɲsaril
-(으)랴르	-도록	andzɨréri kolmúreri	ʦamgɰréri	—	—	tadɨryári mɛrɛri putʰɨ́reri
냥반	兩班	yáɲban	—	—	ryáɲban	ryáɲban
쟈랑	誇	ʦaráɲɦanda	ʦaráɲɦanda	ʦaráɦanda	ʦaráɲɦanda	ʦaráɲ
-쟈	청유	ʦadzá	ʦadzá	ʦadzá	ʦádza məkʦ'á	ʦadzá

[표 151] 형태소 내 변항 (ya)의 화자별 음성 실현 양상 II

이를 변이형으로 분류하여 도식화하면 아래와 같다.

---

225) [표 151] 안의 굵은 가로선은 음절 두음(t/r/n/ʦ)의 구분선이다. 통시적 변화 양상을 확인하기 위하여, 해당 음절 두음은 변화가 일어나기 전 어형의 두음을 기준으로 한다.

제보자 항목	M₁₁ 39세	F₈ 38세	M₁₂ 31세	M₁₃ 29세	M₁₄ 29세
댱화	ya	ya	ya	ya	ya
댱수	ya	ya	ya	ya	ya
댱사(꾼)	ya	ya	ya	ya	ya
-(으)랴르	ɛ	ɛ	—	—	ya, ɛ
냥반	ya	—	—	ya	ya
쟈랑	a	a	a	a	a
-쟈	a	a	a	a	a

[표 152] 형태소 내 변항 (ya)의 화자별 변이형 실현 양상Ⅱ

치조음에 후행하는 'ya' 연쇄는 'ya' 또는 'ɛ', 'a'로 실현되고 있다. yɛ형은 나타나지 않는다. 이 중 ya형의 실현 비율이 가장 높으며 노년층에 비하여 a형의 실현 비율이 약간 상승하였다. 다만, ya형으로 분석된 변이형의 대부분은 기존의 두음이 후행하는 활음 y에 동화되어 구개음으로 바뀐 것들이다. 노년층의 ya형은 tya 연쇄나 어두 nya 연쇄가 tya나 nya로 실현된 형태들, 즉 기존의 두음을 그대로 유지한 ya형임에 반하여, 청년층의 ya형은 ʧa, ʦa나 ya로 실현된 형태들, 즉 기존의 두음이 후행 활음의 영향으로 변화된 ya형이란 점에서 구별될 필요가 있다.[226] ʦya 연쇄가 전부 ʦa로 실현된다는 점도 주목할 만하다. 이러한 사실은 이 지역어에서 '치조음-y' 연쇄가 회피되는 쪽으로 음운 변화가 진행되고 있음을 반영하기 때문이다.

아래의 [표 153]은 움라우트나 첨사 i의 결합 가능성이 없는 경우의 (ya) 실현 양상을 나타낸 것으로, 'ya'를 포함한 음절이 자음 두음을 갖지 않는 예들이다.[227]

---

226) 단, 표준어의 영향으로 기존의 nyV 연쇄가 ryV 연쇄로 실현되는 경우가 관찰된다.

227) '야쟝'의 '야는 y를 가진 음절('쟝')이 'ya'에 후행하므로 일견 움라우트의 가능성이 있는 것으로 보인다. 그러나 개재 자음이 /ʦ/이므로 움라우트의 개재 자음 조건을 어긴다. 따라서 이 또한 움라우트 가능성이 없는 경우에 포함된다.

제보자 항목		M₁₁ 39세	F₈ 38세	M₁₂ 31세	M₁₃ 29세	M₁₄ 29세
방언형	의미					
약	藥	ʦənʧʼiyágira tenʧʼiyák mogiyágɨ	yágɨl	—	yágɨ	ʦənʤiyágira tenʧʼiyák tenʧʼiyák yágɨl
호야재	齘牙子	nipʼal hóodzɛ ipʼal hóodzɛ	ipʼal hódzɛ	—	ipʼal hoyádzɛ	hoyadzέ
야쟝 (야-)	冶匠	yɛdzaŋkʼañíra yɛdzaŋkʼán yɛdzaŋkʼané yédzaŋirago yédzaŋ, yédzaa yédzaŋ(ãː), yédzai	yadzaŋkʼañí yádzãi yadzaŋkʼanésə	—	yédzaŋ	yɛdzaŋkʼán yɛdzaŋkʼánga yɛdzaŋkʼañiraŋ gánɨn

[표 153] 형태소 내 변항 (ya)의 화자별 음성 실현 양상Ⅲ

이를 변이형으로 분류하여 도식화하면 아래와 같다.

제보자 항목	M₁₁ 39세	F₈ 38세	M₁₂ 31세	M₁₃ 29세	M₁₄ 29세
약	ya	ya	—	ya	ya
호야재	—	—	—	ya	ya
야쟝(야-)	yɛ	ya	—	yɛ	yɛ

[표 154] 형태소 내 변항 (ya)의 화자별 변이형 실현 양상Ⅲ

자음을 두음으로 갖지 않는 'ya' 연쇄는 주로 'ya'로 실현되고 있다. 이는 노년층 및 중년층의 경우와 동일한 양상이다.

아래의 [표 155]는 움라우트나 첨사 i의 결합 가능성이 있는 경우의 (ya) 실현 양상을 나타낸 것이다.

제보자 항목		M₁₁ 39세	F₈ 38세	M₁₂ 31세	M₁₃ 29세	M₁₄ 29세
방언형	의미					
구냥	穴	kunɛ́	—	—	cf. kumə́ŋ	kunɛ́, kunɛ́ril kunɛ́e kunɛ́boda kʰok'unɛ́
고냥이	猫	kónɛ ámkʰonɛ súkʰonɛ	kónɛ súkʰonɛ ámkʰonɛ	—	kónɛ	kónɛ ámkʰonɛ súkʰonɛ
고향	故鄕	kófiyãy kóhyaŋ kófʱyaŋ(~ã)e	kóhyaŋ kóhyaŋe	—	kófʱyaŋ kóyaŋi	kófʱyaŋ kófʱyaŋida
쟝	醬	ʦáŋ	ʦáŋ cf. koʦʰudzáŋ	ʦáŋ, ʦǽ꞉	ʦaŋʔé cf. koʦʰúdzaŋ	ʦáŋ cf. tʰɔ́dzaŋ koʦʰudzáŋ

[표 155] 형태소 내 변항 (ya)의 화자별 음성 실현 양상Ⅳ

이를 변이형으로 분류하여 도식화하면 아래와 같다.

제보자 항목	M₁₁ 39세	F₈ 38세	M₁₂ 31세	M₁₃ 29세	M₁₄ 29세
구냥	ɛ	—	—	—	ɛ
고냥이	ɛ	ɛ	—	ɛ	ɛ
고향	ya	ya	—	ya	ya
쟝	a	a	a	a	a

[표 156] 형태소 내 변항 (ya)의 화자별 변이형 실현 양상Ⅳ

‘ya’ 연쇄는 ‘ya’ 또는 ‘ɛ’, ‘a’로 실현되고 있다. 노년층 및 중년층의 경우에 비하여 ɛ형과 a형의 실현 비율이 다소 증가하였다. yɛ형은 나타나지 않는다. 그러나 이때의 ‘ɛ’는 후행하는 i에 의한 통시적 변화의 결과일 가능성이 있음을 염두에 둘 필요가 있다.

형태소 경계의 (ya) 실현 양상은 다음과 같다.

제보자 항목		M$_{11}$ 39세	F$_8$ 38세	M$_{12}$ 31세	M$_{13}$ 29세	M$_{14}$ 29세
방언형	의미	asïmtʰɛ́ñik'uma mə́ldʑeŋkʰu kwɛ́n ʧʰɛ́ntʰa	asïmtʰɛ́ɛntʰa kwɛ́n ʦʰɛ́ntʰa pap'ɥdzɛ́nda	ašïmtʰɛ́ns'ik'u ma	kwɛntsʰántʰa	kwɛʧʰɛ́ntʰa kwɛʧʰanadó
-디 않 (아니)-	-지 않 (아니)-					

[표 157] 형태소 경계 변항 (ya)의 화자별 음성 실현 양상

이를 변이형으로 분류하여 도식화하면 아래와 같다.

제보자 항목	M$_{11}$ 39세	F$_8$ 38세	M$_{12}$ 31세	M$_{13}$ 29세	M$_{14}$ 29세
-디 않(아니)-	ɛ, yɛ	ɛ, yɛ	ɛ	ya	yɛ, ya

[표 158] 형태소 경계 변항 (ya)의 화자별 변이형 실현 양상

형태소 경계에서 형성된 'ya' 연쇄는 'yɛ', 'ɛ' 또는 'ya'로 실현되고 있다. 노년층 및 중년층의 경우와 대체로 유사한 양상이나, '-댕(대니)-' 대신 '-쟁(쟁)-', '-잖(잖)'으로 실현되는 비율이 높다는 점이 다르다.[228] 이는 현재 ya→yɛ→ɛ 현상이 형태소 경계에서 매우 활발하게 일어나고 있음을 시사한다.

3.2.5.1.3. 이상에서 살펴본 변항 (yə)의 변이 양상을 차례로 도식화하면 대략 다음과 같다. 변화의 진행 과정이 드러나도록 각 변이형의 출현 비율을 세대별로 보이기로 한다.

첫째, 변자음을 두음으로 하는 'yə' 연쇄의 변화 양상은 아래와 같다.

---

228) '-잖(잖)'의 실현은 표준어의 영향에 의한 것으로 판단된다.

시기	노년층	중년층	청년층
변이형	yə (ə: 1예)	yə	yə
		ye	ye
	ye	e	e
	e		

[표 159] 형태소 내 변항 (yə)의 현장 시간상의 변화 양상 I

변자음을 두음으로 하는 (yə)의 경우, yə 연쇄가 점차 e형으로 변화되어 가는 과정을 확인할 수 있다.[229] 즉, 선행하는 y에 의한 모음 전설화 및 전설 모음 앞의 y 탈락이라는 음운 변화가 현장 시간상에서 점진적으로 진행되고 있음을 알게 된다.

둘째, 치조음을 두음으로 하는 'yə' 연쇄의 변화 양상은 아래와 같다.

시기	노년층	중년층	청년층
변이형	yə	yə (ye: 2예) (e: 1예)	yə (ye: 1예)
	ye		
	e		
	ə	ə	ə

[표 160] 형태소 내 변항 (yə)의 현장 시간상의 변화 양상 II

치조음을 두음으로 하는 (yə)의 경우, yə 연쇄 자체의 실현에는 세대 간의 차이가 크게 나타나지 않는다. 그러나 '치조음-yə' 연쇄에서 '치조음-y'의 변화는 세대 간에 뚜렷한 차이를 보인다. 이 경우에는 해당 치조음이 다른 음으로 바뀌거나 탈락하는 양상에 있어 변이가 관찰된다.

---

229) 단, 청년층의 경우 yə형의 비율이 다소 증가한 것은 표준어의 영향에 의한 것으로 보인다.

이는 앞서 살펴본 변항 (tyV)나 (nyV), (syV), (ʦyV)의 변이 및 변화와 맞물려 있는 현상이다. '변자음-y-모음'의 연쇄에서는 활음 y와 모음이 변화를 겪는 데 반해 '치조음-y-모음'의 연쇄에서는 자음인 치조음과 활음 y가 변화를 겪는다는 점에서, 이는 변자음과 치조음의 음운론적 강도의 위계를 보여 주는 한 증거로 해석될 여지도 있다.

　셋째, 자음을 두음으로 갖지 않는 'yə' 연쇄의 변화 양상은 아래와 같다.

시기	노년층	중년층	청년층
변이형	yə (ye: 1예)	yə	yə

[표 161] 형태소 내 변항 (yə)의 현장 시간상의 변화 양상Ⅲ

　자음을 두음으로 갖지 않는 (yə)의 경우, 전 세대에 걸쳐 단일하게 'yə'로 실현되고 있다. 이는 'yə' 연쇄와 관련된 교체 및 그에 따른 변이형의 출현이 선행 자음과 밀접한 관계를 맺고 있음을 보여 준다.

　넷째, 움라우트 환경에 놓여 있되 개재 자음 조건을 위반하는 'yə' 연쇄의 변화 양상은 아래와 같다.

시기	노년층	중년층	청년층
변이형	yə	yə	yə
		ye	ye
	ye		
	e	e	e
	ə	ə	ə

[표 162] 형태소 내 변항 (yə)의 현장 시간상의 변화 양상Ⅳ

　움라우트 환경에 놓여 있되 개재 자음 조건을 충족시키지 않는 (yə)의 경우, yə 연쇄가 점차 e형으로 변화되어 가고 있음을 확인할 수 있다.[230] 과거 이 지역어에서 움라우트의 개재 자음 조건을 위반하는 경우에도 유독 피동화주가 이중모음 yə, ya, yo, yu인 경우에 한하여 움라우트에 준하는 모음 전설화가 일어났음을 감안할 때, 위 표의 ye형이나 e형에는 과거의 음운 변화로 인하여 재구조화된 ye형과 e형 또한 포함되어 있을 것으로 보인다. 그러나 이러한 사실을 감안하더라도 e형의 꾸준한 증가는 선행하는 y에 의한 모음 전설화 및 전설 모음 앞의 y 탈락이라는 음운 변화가 현장 시간상에서 점진적으로 진행되고 있음을 보여 준다.

다섯째, 움라우트나 첨사 i의 결합 가능성이 있는 'yə' 연쇄의 변화 양상은 아래와 같다.

시기	노년층	중년층	청년층
변이형	yə	yə (ə: 3예)	yə (ə: 1예)
	ye	ye	ye
	e	e	e
	ə		

[표 163] 형태소 내 변항 (yə)의 현장 시간상의 변화 양상 V

움라우트나 첨사 i의 결합 가능성이 있는 (yə)의 경우, 세대 간의 차이가 아주 크지는 않지만 yə 연쇄가 점차 e형으로 변화되어 가고 있음을 확인할 수 있다.[231] 과거 이 지역어에서 움라우트나 첨사 i의 결합으로 인한 모음의 변화가 활발히 일어났음을 감안할 때, 여기에는 과거의

---

230) 단, 청년층의 경우 yə형의 비율이 다소 증가한 것은 표준어의 영향에 의한 것으로 보인다.

231) 단, 청년층의 경우 yə형의 비율이 다소 증가한 것은 표준어의 영향에 의한 것으로 보인다.

음운 변화로 인하여 재구조화된 ye형과 e형 또한 포함되어 있을 것으로 보인다. 그러나 이러한 점을 감안하더라도 현재 이 지역어에서 e형이 지속적으로 증가하고 있다는 사실은 선행하는 y에 의한 모음 전설화 및 전설 모음 앞의 y 탈락이라는 음운 변화가 현장 시간상에서 점진적으로 진행되고 있음을 입증해 준다.

끝으로, 형태소 경계에서 형성되는 'yə' 연쇄의 변화 양상은 아래와 같다.

시기	노년층	중년층	청년층
변이형	yə (ə: 5예)	yə(ə: 5예)	yə (ə: 4예)
	ye	ye	
			ye
	e	e	e

[표 164] 형태소 경계 변항 (yə)의 현장 시간상의 변화 양상

형태소 경계에서 형성되는 (yə)의 경우, 세대 간의 차이가 아주 크지는 않지만 yə 연쇄가 점차 ye형이나 e형으로 변화되어 가고 있음을 확인할 수 있다. 단, 청년층의 경우 yə형의 비율이 다소 증가한 것은 표준어의 영향에 의한 것으로 보인다. 이는 형태소 내부의 (yə) 변화와 동일한 양상이다.

한편, 변항 (ya)의 변이 양상을 차례로 도식화하면 대략 다음과 같다. 변화의 진행 과정이 드러나도록 각 변이형의 출현 비율을 세대별로 보이기로 한다.

첫째, 변자음을 두음으로 하는 'ya' 연쇄의 변화 양상은 아래와 같다.

시기	노년층	중년층	청년층
변이형	ya	ya	ya
	yɛ	yɛ	ɛ
	ɛ	ɛ	a
	a	a	

[표 165] 형태소 내 변항 (ya)의 현장 시간상의 변화 양상 I

변자음을 두음으로 하는 (ya)의 경우, ya 연쇄가 점차 ɛ형 또는 a형으로 변화되어 가는 과정을 확인할 수 있다. 단, 청년층의 경우 a형의 비율이 상대적으로 높게 나타난 것은 충분한 자료를 대상으로 하지 못한 방법상의 한계에 기인한 것이다. 이 점을 감안한다면, 현재 이 지역어에서 선행하는 y에 의한 모음 전설화 및 전설 모음 앞의 y 탈락, 그리고 '자음-ya' 연쇄에서의 y탈락이라는 두 가지 음운 변화가 현장 시간상에서 점진적으로 진행되고 있다고 할 수 있다.

둘째, 치조음을 두음으로 하는 'ya' 연쇄의 변화 양상은 아래와 같다.

시기	노년층	중년층	청년층
변이형	ya (yɛ: 1예)	ya	ya
		ɛ(yɛ: 1예)	ɛ
	ɛ		
	a	a	a

[표 166] 형태소 내 변항 (ya)의 현장 시간상의 변화 양상 II

치조음을 두음으로 하는 (ya)의 경우, ya 연쇄 자체의 실현에는 세대 간의 차이가 크게 나타나지 않는다. 그러나 '치조음-ya' 연쇄에서 '치조음-y'의 변화는 세대 간에 뚜렷한 차이를 보인다. 이 경우에는 해당 치조음이 다른 음으로 바뀌거나 탈락하는 양상에 있어 변이가 관찰된다.

이는 앞서 살펴본 변항 (tyV)나 (nyV), (syV), (ʦyV)의 변이 및 변화와 맞물려 있는 현상이다. '변자음-y-모음'의 연쇄에서는 활음 y와 모음이 변화를 겪는 데 반해 '치조음-y-모음'의 연쇄에서는 자음인 치조음과 활음 y가 변화를 겪는다는 점에서, 이는 변자음과 치조음의 음운론적 강도의 위계를 보여 주는 한 증거로 해석될 여지도 있다.

셋째, 자음을 두음으로 갖지 않는 'ya' 연쇄의 변화 양상은 아래와 같다.

시기	노년층	중년층	청년층
변이형	ya (yɛ: 1예)	ya (yɛ: 1예)	ya

[표 167] 형태소 내 변항 (ya)의 현장 시간상의 변화 양상Ⅲ

자음을 두음으로 갖지 않는 (ya)의 경우, 전 세대에 걸쳐 단일하게 'ya'로 실현되고 있다. 이는 'ya' 연쇄와 관련된 교체 및 그에 따른 변이형의 출현이 선행 자음과 밀접한 관계를 맺고 있음을 시사한다.

넷째, 움라우트 환경에 놓여 있되 개재 자음 조건을 위반하는 'ya' 연쇄의 변화 양상은 아래와 같다.

시기	노년층	중년층	청년층
변이형	ya	ya	ya
	yɛ	yɛ	yɛ

[표 168] 형태소 내 변항 (ya)의 현장 시간상의 변화 양상Ⅳ

움라우트 환경에 놓여 있되 개재 자음 조건을 충족시키지 않는 (ya)의 경우, 전 세대에 걸쳐 yɛ형의 비율이 높게 나타난다. 단, 이것은 '야장(冶匠)'이라는 한 항목만을 대상으로 한 결과라는 점을 염두에 둘 필요가 있다. 과거 이 지역어에서 움라우트의 개재 자음 조건을 위반하는 경우에도 유독 피동화주가 이중모음 yə, ya, yo, yu인 경우에 한하여 움라우트에 준하는 모음 전설화가 일어났음을 감안할 때, 위 표의 yɛ형에는 과거의 음운 변화로 인하여 재구조화된 yɛ형 또한 포함되어 있을 가능성이 있다. 그러나 이러한 사실을 감안하더라도 y에 의한 모음 전설화라는 음운 변화는 현장 시간상에서 점진적으로 진행되고 있는 것으로 해석된다. ‘야장’∼‘애장’을 모두 실현시키고 있는 M$_4$(71세)의 진술에 따르면, “요즘 젊은 사람들은 ‘애장깐(yɛdzaŋk'án)(대장간)’, 애재(yɛ́dzɛ)(대장장이)’라고 한다”고 하며, 자신을 비롯한 노년층 화자들은 원래 ‘야장’이라고 해 왔다고 하기 때문이다. 이는 곧 노년층의 발화에서 관찰되는 yɛ형이 중년층이나 청년층의 발화로부터 영향을 받은 결과일 가능성이 있음을 시사한다.[232]

다섯째, 움라우트나 첨사 i의 결합 가능성이 있는 ‘ya’ 연쇄의 변화 양상은 아래와 같다.

시기	노년층	중년층	청년층
변이형	ya	ya	ya
	yɛ	yɛ	ɛ
	ɛ	ɛ	
	a	a	a

[표 169] 형태소 내 변항 (ya)의 현장 시간상의 변화 양상 V

움라우트나 첨사 i의 결합 가능성이 있는 (ya)의 경우, 세대 간의 차이가 아주 크지는 않지만 ya 연쇄가 점차 ɛ형으로 변화되어 가는 양상

---

[232] 동시대의 상이한 세대의 화자들과 의사소통을 하는 가운데 이 같은 상호 간섭이 일어날 수 있으므로 엄밀한 의미에서 현장 시간상의 변화는 실재 시간상의 변화와 동일시될 수 없다. 이러한 한계를 보완하기 위하여 본고는 실재 시간상의 언어 변화 자료를 아울러 검토한다.

을 보여 준다. 과거 이 지역어에서 움라우트나 첨사 i의 결합으로 인한 모음의 변화가 활발히 일어났음을 감안할 때, 여기에는 과거의 음운 변화로 인하여 재구조화된 ε형 또한 포함되어 있을 것으로 보인다. 그러나 이러한 점을 감안하더라도 현재 이 지역어에서 ε형이 지속적으로 증가하고 있다는 사실은 선행하는 y에 의한 모음 전설화 및 전설 모음 앞의 y 탈락이라는 음운 변화가 현장 시간상에서 점진적으로 진행되고 있음을 입증해 준다.

끝으로, 형태소 경계에서 형성되는 'ya' 연쇄의 변화 양상은 아래와 같다.

시기	노년층	중년층	청년층
변이형	yε	yε	yε
	ε	ε	ε
			ya

[표 170] 형태소 경계 변항 (ya)의 현장 시간상의 변화 양상

형태소 경계에서 형성되는 (ya)의 경우, ya 연쇄가 대부분 yε 또는 ε형으로 실현되고 있다.[233] 이는 형태소 내부의 (ya) 변화와 평행한 양상이다.

3.2.5.2. 실재 시간상의 변화

세대별 변이의 양상을 비교함으로써 현장 시간상의 변화를 살펴보았다. 그렇다면 실재 시간상의 변화는 어떠한지 확인해 보기로 한다.

3.2.5.2.1. 20세기 초의 카잔 자료에 반영된 변항 (yə)의 실현 양상은 다음과 같다. ≪韓國人을 위한 綴字敎科書≫와 ≪露韓會話≫, ≪試篇 露韓小

---

233) 청년층의 일부 ya형은 표준어의 영향에 의한 것으로 보인다.

辭典≫의 자료를 차례로 제시한다.

　먼저, ≪韓國人을 위한 綴字敎科書≫에 반영된 변항 (yə)의 실현 양상을 살펴보기로 하자.

방언형	의미	전사형	변이형	방언형	의미	전사형	변이형
인경	人定	iŋgyəŋ sori	yə	사녕	獵	sanyə kašə sanyəŋ patʰe sanyəŋkundər	yə
곁	傍	kyətʰe kyətʰešə cf. tʃətʰiri tse ʤətʰešə	yə	넣-	投入	nyəkʰu nyəšə nyəəšə	yə
펴-	伸	pʰyəgu	yə	녀파리	側	nyəpʰarilɨ	yə
편안하-	便安	pʰyənanɛ pʰyənantʰy anyešə	yə	-(으)련 마ㄴ	-(으)련 마는	karyəmmanin ɛooniryɔmmani	yə
볏	肉冠	pyəsinin	yə	알령하다	安寧	aʎʎəŋ hanya aʎʎəŋ hada	yə
해볕	陽	hɛ byətʰe	yə	-(으)려 무나	-(으)려 무나	oryemuna	ye
무병하-	無病	mubyəŋhamur	yə	모력	蠻	moryəktəri	yə
-(으)명	-(으)며	tʰimyəŋ noŋgumyəŋ isɨmyəŋ harɨmyəŋ normyəŋ	yə	-셔	-서	patʰešə yəŋgešə mudyešə konyɛgešə kəŋgelišə pogušənɨn kiryɛgillɛšə	yə
며냄이	人名	myənɛmi	yə	셕매재	石磨-	šəŋʒɛʤɛ	yə
-여	-여 (호격)	naranimye	ye	사설	辭說	sašəri sašər du	yə
뎡게	彼處	tyəŋge	yə	무셥-	怖	mušəpku mušəbuŋge mušəba	yə
대뎝	盌	tɛdyəbɛda	yə	셔~왜	成火	šə̄wɛ	yə
뎌게 (뎌것)	彼	tyəge tyəɣəkʼe	yə	셔당	書堂	šədɛ šədarɨ šədaŋ a	yə
뎌	彼	tyə cf. ty aa	yə	구셥-	窮	kušəba	yə
뎡녀쿠	叮嚀	tyəŋnyəkʰu	yə	성샘이	人名	šəŋsɛmi	yə
채뎡	栓子	tsʰədyə	yə	성뉴리	人名	šəŋnyüri	yə
뎌승	彼生	tyəsiŋešə	yə	성	兄	šəŋ	yə
언뎡하-	言定	əndyə hɛʒšə	yə	발쎠	已	paršʼə	yə
뎌긔	彼處	tyəgiy	yə	쎠개	蟻	šʼə-gɛ	yə

검뎡	黑	kəmdyəŋ t'əgi	yə	말셕	馬革	mar šəgi	yə
텬반	天盤	tʰyənbani	yə	앞셔	先	apšənin	yə
-텨르	-처럼	nɛtʰyəri	yə	젖통	乳房	tʃə tʰo tʃə tʰoešə	yə
텬하	天下	tʰyənai tʰyənalli	yə	젼	前	ki dʑən	yə
텰대	鐵臺	tʰyər t'ɛri	yə	비져쓱	似	pidʑəšiy	yə
-는커녀느	-는커녕	tik'ininkʰənyəni	yə	정션	精神	tʃəŋšiyni	yə
구녀	穴	kunyə	yə	전듸-	耐	tʃəndiydi	yə
넘틔	心臟	nyəmtʰiy	yə	방정하-	方正	paŋdʑəŋtʰy anye	yə
녀름	夏	nyə-ri̥-mi	yə	셰져~하-	洗淨	šedʑə hagu	yə
졀반	折半	tʃər-bani̥ tʃər-banši	yə	졀당	寺	tʃər taŋ	yə
졂운이	靑年	tʃərmuni	yə	져얼	冬	tʃə-ə-ri̥ tʃəəre	yə
만져	先	mandʑə mandyə	yə	져구나	僅	tʃəɣuna tʃəguna	yə
져낙	夕	tʃənage	yə	쳥하-	請	tʃʰəŋ ɣɛšə tʃʰəŋ hɛda	yə
긔졀하-	氣絶	kiydʑər hɛɛšə	yə	졆-	少	tʃərmun	yə
졍말	正- (事實)	tʃəŋ marida	yə	방쳔	防川	paŋtʃʰəne	yə
져물-	昏	tʃəmurə dyešə	yə	천금	人名 (千金)	tʃʰəŋ gimi tʃʰəŋ gima	yə

[표 171] ≪韓國人을 위한 綴字敎科書≫의 형태소 내 (yə) 실현 양상 I

위의 [표 171]은 움라우트나 첨사 i의 결합 가능성이 없는 경우의 (yə)
실현 양상을 나타낸 것으로, 'yə'를 포함한 음절 두음이 연구개음, 순음,
치조음인 예들이다. 'oryemuna'와 'naranimye'에서 보듯이 '-(으)려무나'와
'-여' 두 항목이 ye형으로 실현된 것을 제외하고는 모두 yə형으로 실현
된다. 이는 당시에 이들 자음을 두음으로 한 경우의 yə→ye 현상이 그
다지 활발하지 않았음을 의미한다. 또 e형이 관찰되지 않는 점으로 보
아 해당 환경에서 ye→e 현상은 아직 발생하지 않았음을 알 수 있다.

방언형	의미	전사형	변이형	방언형	의미	전사형	변이형
영게	此處	yəŋge yəŋgešə	yə	열-	實	yəumni	yə
여르매	實	yərimɛraŋ	yə	여슷	六	yəsɨsɨ	yə
-여	-야 (종결)	tingeyə ʦʰumuriyə ʦɛdzʉyyə hartʰəyyə eminep'uniyə sɛk'igeyə wãiyə	yə	여긔	此處	yəgiy	yə
염쇠	殺	yəm-šö yəm-šö sɛk'idəri	yə	여~으	完	yəɨ pɛ	yə
허옇-	白	həyəkʰu	yə	열-	開	yəni, yərəšə yərə tagu yərgu	yə
여븨-	瘦	yəhɨyn yəbɨyda yəbɨygu	yə	역새	鳥名	yək sɛ	yə
역	邊	wandze yək yəgɨ mury əgɨrɨ mury əgešə	yə				

[표 172] ≪韓國人을 위한 綴字敎科書≫의 형태소 내 (yə) 실현 양상 Ⅱ

위의 [표 172]는 움라우트나 첨사 i의 결합 가능성이 없는 경우의 (yə)
실현 양상을 나타낸 것으로, 'yə'를 포함한 음절이 자음 두음을 갖지 않
는 예들이다. 이들은 단일하게 yə형으로 실현된다. 이는 당시에 자음을
두음으로 하지 않은 경우의 yə→ye 현상이 존재하지 않았음을 의미
한다.

방언형	의미	전사형	변이형	방언형	의미	전사형	변이형
별	星	pyeri	ye	젠이	全然	ʧeni	ye
샛별	人名 (明星)	sɛp pyeri	ye	손녜	孫女	soňňe soňňellɛšə soňňe gwa	ye
별 일	別-	pyell iriyə	ye	졈댜니-	雅	ʧəmdy anin	yə
텰	鐵	tʰyə-ri	yə	명년	明年	myeŋ nyəne	ye
몡디	明紬	myeŋdi	ye	-(으)려니	-(으) 려니	ʦuguryeni	ye

340 음운론적 변이와 변화의 상관성

-(으)명셔	-(으)면서	kiryɛmyeŋšə	ye	천(냥)	千(兩)	ʧʰen nyae ʧʰeňňaŋ ʧʰen nya ʧʰen nyɛ	ye
켜-	點火	kʰyešə	ye	젖	乳	ʧədzɨ, ʧeʥi šö ʤədzɨ šö ʤeʥi šö ʤəʥiraŋ	yə, ye
뎐	絨	tyeni tyən həngətsʰɨ	yə, ye	졈졈	漸漸	ʧəmʤəm	yə
년	鳶	nyeni, nyəni nyənɨnin nyən sarɨ	yə, ye	젼지	廚房	ʧənʥigu ʧənʥirɨ	yə
일 년	一年	iʎʎeni inəyyɨ iʎʎyɨ	yə, ye	젖히-	潤	ʧeʧʧet'əndi	ye

[표 173] ≪韓國人을 위한 綴字敎科書≫의 형태소 내 (yə) 실현 양상Ⅲ

위의 [표 173]은 i나 y를 가진 음절이 'yə'에 후행하되, 움라우트의 개
재 자음 조건에 위반되는 경우의 (yə) 실현 양상을 나타낸 것이다. 즉,
개재 자음이 /n, r, s, s', ʦ, ʦʰ, ʦ', t, tʰ, t'/인 예들이다. 따라서 이 또한
움라우트나 첨사 i의 결합 가능성이 없는 경우에 포함된다. 그럼에도
불구하고 이 경우에는 ye형으로 실현되는 비율이 yə형에 비하여 상대
적으로 높다.[234] 같은 형태소일지라도 i나 y를 가진 음절이 'yə'에 후행할
때에는 ye형으로 실현되고, 그렇지 않을 때에는 'yə'형으로 실현된다. 郭
忠求(1994b: 129-136)에서도 언급하고 있듯이, 피동화주가 이중모음 /ya,
yə, yo, yu/일 때의 이 같은 모음 전설화는 동화주 /i, y/와 피동화주의
음절 부음 /y/에 의하여 이루어지는 양방향적인 동화 현상이라 할 수
있을 것이다. 이 자료는 당시에 /n, r, s, s', ʦ, ʦʰ, ʦ', t, tʰ, t'/ 등의 자음
을 개재한 채 i나 y에 선행한 'yə' 연쇄의 모음 전설화가 비교적 활발히
이루어졌음을 보여 준다. 그러나 e형이 관찰되지 않는 점으로 보아 ye
→e 현상은 아직 발생하지 않았음을 알 수 있다.

---

234) 그러나 여전히 '텰', '졈댜니-', '졈졈', '젼지'와 같은 형태소들은 yə→ye 현상의 적
　　용을 받지 않은 것으로 나타난다.

방언형	의미	전사형	변이형	방언형	의미	전사형	변이형
뻬	骨	pyedɛtʰyəɾi	ye	병	病	pyə̄-i, pyē-i	yə, ye
여스/엮	狐	yəsɨ, yek'i yək'i yək'iɲin yək'i sɛk'iɾi yəsɨ gwa	yə, ye	뎜	點	tyemi	ye
남뎡	男丁	namdyəŋ gwa namdyə namdyəa namdye	yə, ye	동셔	同壻	toŋše	ye
베릭이	蚤	pyeɾɨygi pyeɾɨygidəɾi	ye	백셩	百姓	pɛkšē̃i pɛkšəŋdəɾi	yə, ye
아젹	朝	a-ʤe-gi aʤəge	ye, yə	졔~이	正	ʧē̃i	ye
대졉	待接	tɛʤəbu tɛdyebi tɛdyəbu	yə, ye	셔-	立	šə̄-gi, šəgu	yə
사졍	私情	saʤē̃	ye	응드리셔-	露(齒)	iŋdɨɾišəmyəŋ	yə
체	妻	ʧʰe, ʧʰegeɾɨ	ye	셟이	慟	šerbi	ye
셩듕	城中	šəŋdyuru šəndyuru šəŋdyuešə	yə	셤기-	事	šeŋgira	ye
뎡	釘	tyə̄-i	yə	임셕	飮食	imšəgi imšegi	yə, ye
쎠-	點燈	š'ə-gi	yə	채셕	臺石	ʦʰɛ-ʒǐ-še-gi	ye
셰피	栗鼠	šepʰi gwa šepʰi šepʰidəɾi	ye	만셕	人名 (萬石)	man šegige	ye
곡셕	穀食	kokšegiɾaŋ	ye				

[표 174] ≪韓國人을 위한 綴字敎科書≫의 형태소 내 (yə) 실현 양상Ⅳ

위의 [표 174]는 움라우트나 첨사 i의 결합 가능성이 있는 경우의 (yə) 실현 양상을 나타낸 것이다. ye형으로 실현되는 비율이 yə형에 비하여 현저히 높다.[235] 같은 형태소일지라도 i나 y를 가진 음절이 'yə'에 후행할 때에는 ye형으로 실현되고, 그렇지 않을 때에는 'yə'형으로 실현된다. 당시 이 방언에서 [-coronal] 자질을 지닌 자음이 개재할 경우에 움라우트가 가능하였으며, 또 피동화주가 /a, ə/일 때 움라우트가 실현되었다는

---

235) 그러나 여전히 '셩듕', '뎡', '쎠-', '셔-', '응드리셔-'와 같은 형태소들은 yə→ye 현상의 적용을 받지 않은 것으로 나타난다.

郭忠求(1994b: 128-129)를 따르면, 이 자료에서 나타나는 yə→ye 현상은 선행하는 y에 의한 모음 전설화일 가능성과 더불어, 후행하는 i나 y에 의한 움라우트일 가능성을 동시에 내포하고 있다. 따라서 이러한 환경에서 관찰되는 yə→ye 현상은 오로지 선행하는 y에 의해서만 일어나는 모음 전설화와는 구별될 필요가 있다.

한편, 형태소 경계의 변항 (yə)의 실현 양상은 다음과 같다.

방언형	의미	전사형	변이형	방언형	의미	전사형	변이형
열기-	被開	yergyenninde yergigu	ye	버무리-	拌	pəmurye	ye
먹이-	使食	megye	ye	번들거리-	燦	pəndɨrgərye	ye
녜기-	想	nyegigu nyegyešə nyegye tallagu	ye	얼리-	騙	əʎʎes'o a'ɪəyʎet'a	ye
댕기-	行	tɛŋgye tɛŋgyešə	ye	부리- (보조 동사)	masa buryešə nidzə puryešə nidzə puryek'una	ye
죽이-	殺	ʦugyešə ʦuygye	ye	뿌리-	投	p'urye tyedigu	ye
데디-	棄	tyedyešə tyedyes'o	ye	올리-	昇	oʎʎe kadi	ye
고티-	改	kotʰye	ye	나리-	降	narye wašə narye ogi narye ɣa	ye
티-	打	tʰyešə, tʰye tʰyək'uade	yə, ye	지-	肥	ʧešə, ʧedu	ye
내리-	降	nɛryešə nɛrye karʦ'uru nɛrye wašə nɛrye ɣa	ye	앉이-	使坐	anʥe, anʥešə anʥe noašə	ye
긇이-	沸	kɨryera	ye	가지-	持	kaʥe ɣašə kaʥe wat'a kaʥera kaʥeda kaʥešə	ye
(분부)나리-	下(命)	naryet'a naryek'ye	ye	젖히-	潤	ʧeʧet'əndi	ye
대리-	率	tɛrye ɣašə tɛrye wašə tɛryeda	ye				

[표 175] ≪韓國人을 위한 綴字教科書≫의 형태소 경계 (yə) 실현 양상 I [236]

위의 [표 175]는 움라우트 가능성이 없는 경우의 (yə) 실현 양상을 나타낸 것으로, 'yə'를 포함한 음절 두음이 연구개음, 치조음인 예들이다.[237] '티-(打)' 항목의 'tʰyək'uade(텻구아데)' 한 예를 제외하고는 모두 ye형으로 나타난다. 이는 당시에 형태소 경계에서의 yə→ye 현상이 매우 생산적이었음을 말해 준다. 그러나 e형이 관찰되지 않는 점으로 보아 해당 환경에서 ye→e 현상은 아직 발생하지 않았음을 알 수 있다.

방언형	의미	전사형	변이형	방언형	의미	전사형	변이형
두두리-	鼓	tuduryešə	ye	차-	養	ʧešə	ye
맞히-	使被打	matʃešə	ye	그지-	止	kitʃešə	ye
쥐-	握	ʦuešə	e	막히-	塞	kɨy mɛkʰyešə	ye
동지-	纏	tondʒešə	ye	듣기-	被聽	tɨk'yešə	ye
기-	匐	keešə	e	챙기-	備	ʦʰɛŋgyešə	ye
알아맞히-	解	ara matʃešə	ye	쑤기-	使	šɨygyešə	ye
모시-	事	mošešə	ye	버닥닥거리-	扑騰	pədaktak'əryešə	ye
늘이-	垂	niryešə	ye	닙히-	使服	nipʰyešə	ye
쉬-	息	suešə	e	달기-	被縣	targyešə	ye
옥기-	迷	wek'yešə	ye	아깝아디-	惜	ak'aba tyešə	ye
이기-	勝	igyešə	ye	쟈빠디-	倒	ʧap'adyešə	ye
놓이-	被置	no-yə-šə	yə	밝아디-	明	parɣadyešə	ye
디키-	守	tikʰyešə	ye	끊어디-	斷	kɨnədyešə	ye
떨어디-	落	t'ərədyešə	ye	빠디-	沒	p'adyeňňa	ye
일어디-	失	irədyešə	ye	반반해디-	美	panbanɛ tyešə	ye
져물어디-	昏	ʧəmurə dyešə	ye	늙어디-	老	nɨrgədyešə	ye
어푸러디-	倒	əpʰurədyešə	ye	환해디-	明	hwanɛdyešə	ye
걸티-	滯	kərtʰyešə	ye	겪어디-	折	kək'ədyešə	ye
차리-	裝	ʦʰɛryešə ʦʰɛryeňňa	ye	그불이-	使轉	kɨburyešə	ye
마시-	飮	mašešə	ye	허비-	搔	həbešə	e
이-	이- (계사)	matʦʰumyešə anʧüenyešə pãiyešə kɨymaniyešə	ye	채례디-	備	ʦʰɛrye ani tyɛšə	ye
부즉거리-	咔嗳	pudzɨk'əryešə	ye				

[표 176] ≪韓國人을 위한 綴字敎科書≫의 형태소 경계 (yə) 실현 양상 II [238]

---

236) kiryera는 k'iryera(끓예라)의 오기(sic)로 보인다.
237) [표 175] 안의 굵은 가로선은 음절 두음(k/t/tʰ/r/ʦ/ʦʰ)의 구분선이다.

위의 [표 176]은 i나 y를 가진 음절이 'yə'에 후행하되, 움라우트의 개재 자음 조건에 위반되는 경우의 (yə) 실현 양상을 나타낸 것이다. 즉, 개재 자음이 /n, r, s, s', ts, tsʰ, ts', t, tʰ, t'/인 예들이다. 따라서 이 또한 움라우트 가능성이 없는 경우에 포함된다. yə형과 e형이 일부 관찰되나, 대부분 ye 형으로 실현된다. 이는 당시에 형태소 경계에서의 yə→ye 현상이 매우 생산적이었음을 말해 준다. 그러나 e형은 소수만 출현하는 점으로 보아 해당 환경에서 ye→e 현상은 그다지 활발하지 않았음을 알 수 있다.

다음으로, ≪露韓會話≫에 반영된 변항 (yə)의 실현 양상을 살펴보기 로 하자.

방언형	의미	전사형	변이형	방언형	의미	전사형	변이형
경산	地名	Kyəŋ-sanéšə	yə	셔울	京	šəurío	yə
남편	男便	nɛmpʰyán-gwani	yə	셔당	書堂	šədɛ	yə
병대	兵隊	pyəŋdɛdəri	yə	셔른	三十	šərɨn	yə
명	名	pɛŋ-myəge suyn-myəgéma sam-ším-myə	yə	무섭-	怖	mušába	yə
-(으)명	-(으)며	noórmyəŋ muró tsumyəŋ	yə	셕매	石磨	šəŋ-mɛ	yə
뎌것 (뎌게)	彼	tyə-ɣət'əri tyəge	yə	셩	姓	šéŋ šəŋ-ts'ɛri	yə
뎡게	彼處	tyəŋgé tyəŋgešá	yə	앞셔	先	apš'ə	yə
뎌	彼	tyə-ts'agé tyə́ tsʰoné	yə	곡셕	穀食	kokšəgi kokšəgini	yə
뎜심	點心	tʃəmším	yə	발쎠	已	parš'ə	yə
텰	鐵	tʰyəri	yə	져낙	夕	tʃənagé	yə
텰안	鐵丸	tʰyə́rani	yə	만져	先	manʤə	yə
샹년	上年	šaŋ-nyəné šaŋ-nyən bogú	yə	아젹	朝	aʤə́ge	yə
녀동생	女同生	nyə́-toŋsɛ nyə́-toŋsɛni cf. toŋsɛŋné toŋsɛŋnéraŋ	yə	흥정	興成	hiŋʤə haɣés'o	yə
녀조캐	姪女	nyə́-tsokʰɛ	yə	금젼	金錢	kim ʤəni kim ʤənilli	yə

238) matʃešə는 matʃʰešə(맞혜셔)의 오기(sic)로, ʃešə는 ʃʰešə(쳬셔)의 오기로, kitʃešə 는 kitʃʰešə(그쳬셔)의 오기로, ara matʃešə는 ara matʃʰešə(알아 맞혜셔)의 오기로, kinədyešə는 k'inədyešə(끊어뎨셔)의 오기로 보인다.

넣-	投入	nyəə́ra	yə	져구나	僅	ʧə́guna	yə
임셕	飮食	imšəgé	yə	여슷	六	tɛ-ɛ-yəsi̵ yəsittsɛ	yə
셔르나무	三十餘	šəri̵-namu	yə	영게	此處	yəŋgé yəŋgešə́ yəŋgeri̵	yə
-셔	-서	tsʰoni̵rišə yəŋgešə́ kəŋgešə, ədi̵mešə núegešə	yə				

[표 177] ≪露韓會話≫의 형태소 내 (yə) 실현 양상 I [239]

위의 [표 177]은 움라우트나 첨사 i의 결합 가능성이 없는 경우의 (yə)
실현 양상을 나타낸 것으로, 'yə'를 포함한 음절 두음이 연구개음, 순음,
치조음인 예들이다. 자음 두음을 갖지 않는 경우의 예도 함께 제시하였
다.[240] 모두 yə형으로 실현된다. 이는 당시에 형태소 내부의 yə→ye 현상
이 일어나지 않았음을 반영한다. 또 e형이 관찰되지 않는 점으로 보아
해당 환경에서 ye→e 현상은 아직 발생하지 않았음을 알 수 있다.

방언형	의미	전사형	변이형	방언형	의미	전사형	변이형
몇	幾	myét-tani myét-pʰiri̵ myətts̍ʰi̵ myet kʰəudɛri̵ myéš-še, myétʧi myét-ʧenio myén-nio myə́t-hoio	yə, ye	셔-	立	šədí, šəgú šəndé, šás'o šəɣəra	yə
열	十	yer-yadi̵m-nyɛry ɛmun	ye	천	千	ʧel-lí, ʧán myét-ʧenio	yə, ye
넘녀(넘-)	念慮	nyə́mnyeri̵	yə	젖	乳	ʧéʤi šʷé-ʤəʤi	yə, ye
사셜	辭說	sášəri sášərina	yə	셩뉴애	石硫黃	šəŋnyuɛ	yə
셩냥	石牆	šəŋ-nyaálli̵	yə	셩님	兄	šəŋ-ním	yə

[표 178] ≪露韓會話≫의 형태소 내 (yə) 실현 양상 II [241]

---

239) 이 중 '져구나'는 k 구개음화가 일어난 형태이다.

240) [표 177] 안의 굵은 가로선은 음절 두음(k/pʰ/p/m/t/tʰ/n/s/s'/ts/ø(자음 두음 없음))
의 구분선이다.

241) myétʧi는 myétʧʰi(몇이)의 오기(sic)로, myét-ʧenio는 myét-ʧʰenio(몇 쳰이오)의

위의 [표 178]은 i나 y를 가진 음절이 'yə'에 후행하되, 움라우트의 개재 자음 조건에 위반되는 경우의 (yə) 실현 양상을 나타낸 것이다. 즉, 개재 자음이 /n, r, s, s', ʦ, ʦʰ, ʦ', t, tʰ, t'/인 예들이다. 따라서 이 또한 움라우트나 첨사 i의 결합 가능성이 없는 경우에 포함된다. 그럼에도 불구하고 ye형이 실현되는 비율이 높은 편이다.[242] 같은 형태소일지라도 i나 y를 가진 음절이 'yə'에 후행할 때에는 ye형으로 실현되고, 그렇지 않을 때에는 'yə'형으로 실현된다. 피동화주가 이중모음 /yə/일 때의 이 같은 모음 전설화는 동화주 /i, y/와 피동화주의 음절 부음 /y/에 의하여 이루어지는 양방향적인 동화 현상이라 할 수 있을 것이다. 이 자료는 당시에 /n, r, s, s', ʦ, ʦʰ, ʦ', t, tʰ, t'/ 등의 자음을 개재한 채 i나 y에 선행한 'yə' 연쇄의 모음 전설화가 비교적 활발히 이루어졌음을 보여 준다. 그러나 e형이 관찰되지 않는 점으로 보아 해당 환경에서 ye→e 현상은 아직 발생하지 않았음을 알 수 있다.

방언형	의미	전사형	변이형	방언형	의미	전사형	변이형
넘녀(녀-)	念慮	nyə́mnyerɨ	ye	써-	鋸	š'əgí	yə
체	妻	ʧe, ʧeó	ye	엿기름	麥芽	yək kirɨ́mu	yə
셩	兄	šə́í, šē, šə̄ge šəŋnéraŋ	yə, ye	감제	甘藷	kámʥe	ye
변변	適	pyénbyən háamni pyeénbyəni	yə, ye	기력(이)	鴻	kiryəgɨ́ kiryegídərɨ	yə, ye
군병	軍兵	kun-pyəge kun-pyəŋ ʦʰadió kun-pyəŋ kaúnde kun-pyə́é kun-pylEBD	yə, ye	뎡	釘	tyəi	yə
사셜	辭說	sášəri sášərina	yə				

[표 179] ≪露韓會話≫의 형태소 내 (yə) 실현 양상Ⅲ

오기로 보인다.

[242] 그러나 여전히 '셔-', '넘녀', '사셜', '셩냥', '졓', '셩뉴애', '셩님'과 같은 형태소들은 yə→ye 현상의 적용을 받지 않은 것으로 나타난다.

위의 [표 179]는 움라우트나 첨사 i의 결합 가능성이 있는 경우의 (yə)
실현 양상을 나타낸 것이다. ye형으로 실현되는 비율이 앞의 경우들에
비하여 현저히 높다.[243] 같은 형태소일지라도 i나 y를 가진 음절이 'yə'에
후행할 때에는 ye형으로 실현되고, 그렇지 않을 때에는 'yə'형으로 실현
된다. 당시 이 방언에서 움라우트 및 첨사 i의 결합에 의한 모음 변화가
일어났을 가능성을 고려한다면, 이 자료에서 나타나는 yə→ye 현상은
선행하는 y에 의한 모음 전설화일 가능성과 더불어, 후행하는 i나 y에
의한 움라우트일 가능성을 동시에 지니고 있다. 따라서 이러한 환경에
서 관찰되는 yə→ye 현상은 오로지 선행하는 y에 의해서만 일어나는
모음 전설화외는 구별될 필요가 있다.

한편, 형태소 경계의 변항 (yə)의 실현 양상은 다음과 같다.

방언형	의미	전사형	변이형	방언형	의미	전사형	변이형
대리-	率	tɛryéda tɛryé óo tɛryé ónəra tɛryé kágəra	ye	고티-	改	kotʰyé	ye
먹이-	使食	megyé-man ʦúo megyéra	ye	맥기-	任	mɛk'yés'o	ye
가지-	持	kaʥé óo	ye	내리-	降	nɛryéra	ye
뺏기-	使脫	p'ek'yéra	ye	덮이-	被蓋	tepʰyés'o	ye
들이-	使入	tírye nos'úri	ye	뗑-	春	t'yəə́sa	yə
신기-	使履	šiŋgyéra	ye	세어디-	强	sée=dyes'o	ye

[표 180] ≪露韓會話≫의 형태소 경계 (yə) 실현 양상[244]

위의 [표 180]은 ≪露韓會話≫에 나타나는 형태소 경계의 (yə) 실현
예를 모두 제시한 것이다. 이들 모두 움라우트 가능성이 없는 경우에
속한다. '뗑-(春)' 항목의 't'yəə́sa(뗘어사)' 한 예를 제외하고는 모두 ye형

---

243) 그러나 여전히 '셩', '사셜', '변변이', '쎠-', '엿기름', '뎡'과 같은 형태소들은 yə→ye
현상의 적용을 받지 않은 것으로 나타난다.

244) ≪露韓會話에 대한 單語와 表現≫의 '여스, 옉이, 엮으, 여스게, 엮아, 엮을르, 여
스게셔, 엮으는, 여스덜이, 옉이덜이'의 예를 추가할 수 있다.

으로 실현된다. 이는 당시에 형태소 경계에서의 yə→ye 현상이 매우 생
산적이었음을 말해 준다. 그러나 e형이 관찰되지 않는 점으로 보아 해
당 환경에서 ye→e 현상은 아직 발생하지 않았음을 알 수 있다.

끝으로, ≪試篇 露韓小辭典≫에 반영된 변항 (yə)의 실현 양상을 살펴
보기로 하자.

방언형	의미	전사형	변이형	방언형	의미	전사형	변이형
구경	看	kugyə ɦagí	yə	텰	鐵	tʰyəri	yə
곁	傍	kyətʰé kyətʰɨri	yə	-텨르	-처럼	kiryɛngə tʰyəri kɛ tʰyəri	yə
겹재우-	疊	kyəptsɛúnge	yə	텰안	鐵丸	tʰyəran, -i	yə
이백여	二百餘	i pɛgy-ə	yə	텬애	天下	tʰyən-ɛ	yə
결	寺	kyər, -i	yə	텬반	天盤	tʰyən-bán, -i	yə
결당	寺	kyər-t'áŋ, -t'ɛ̃	yə	무텰	霰彈	mutʰyər, -í	yə
겨얼	冬	kyəər, -i	yə	흉년	凶年	hyuŋ-nyən, -i	yə
편안	便安	pʰyənán háo pʰyənáni	yə	년의	鰱魚	nyənɨy	yə
남편	男便	nam-pʰyən, -i	yə	념튀	心臟	nyəmtʰɨ́y	yə
편	便	pʰyən, -i	yə	녀동새~	女同生	nyə-toŋ-sɛ̃	yə
병생	平生	pyəŋ-sɛŋ	yə	녁실	贊	nyəkširi	yə
녀편(-편)	女便	nyepʰyen, -i	ye	넢구리	脇	nyək'urí	yə
벼개	枕	pyəgɛ	yə	녀파리	側	nyəpʰári	yə
병난	兵亂	pyəŋ nán, -i	yə	년	鳶	nyən, -í	yə
벼슬	爵	pyəsiri pyəsir, -i	yə	녀름	夏	nyərim, -i	yə
별	星	pyər, -i	yə	아련하-	寃	aryən-han	yə
그별	奇別	kɨbyər, -i	yə	실력	氣絶	šily-lyək hagí	yə
별게	別-	pyərge	yə	-셔	-서	səišə, patʰéšə tuéšə	yə
며늘	婦	myənir, -i	yə	셜움	慟	šərum, -i	yə
며커리	麻鞋	myəkʰərí	yə	셥-	慟	šərbun	yə
-(으)명	-(으)며	kúyyɛ hamyəŋ sugímyəŋ	yə	셕매	石磨	šəŋ-mɛ	yə
뎌귀	摺鐵	tyəgúy	yə	셔방(가-)	書房(娶)	šəbá kagí šəbaŋ, šəbɛ̃	yə
덩게	彼處	tyəŋgéri	yə	셕매재	石磨-	šəŋ-mɛdʒɛ	yə
뎜제	簞子	tyəmdzé	yə	셔당	書堂	šədáŋ, šədɛ̃	yə
더렇-	彼	tyərən tyərəkʰi	yə	무셥-	怖	mušəba mušəbun	yə
뎌	彼	tyə	yə	션생	先生	šən-sɛŋ, šən-sɛ̃ šən-sɛ̃í	yə

삼덩	麻	sam-dyǝ̄	yǝ	사셜	辭說	sášǝr	yǝ
배셜	排設	pɛšǝri	yǝ	졍말	正- (事實)	ʧǝŋ mar, -i ʧǝŋ malli	yǝ
바션	襪	pašǝn, -i	yǝ	져낙	夕	ʧǝnak, ʧǝnɛgi	yǝ
셔~왜	成火	šǝ̄wɛri	yǝ	대졉	待接	tɛʤǝbu hagí	yǝ
셕판	石板	šǝk-pʰán, -i	yǝ	쇠젖	牛乳	šʷe ʧǝdzi šʷe ʧǝt	yǝ
소셩하-	蘇醒	sóšǝŋ hagí	yǝ	만져	先	manʤǝ	yǝ
신션	神仙	šin-šǝn, -i	yǝ	졀메기	乳兒	ʧǝr-megí	yǝ
생션	生鮮	sɛŋ-šǝn kuk	yǝ	졀	箸	ʧǝr, -i	yǝ
졈-	幼	ʧǝrmún	yǝ	져구리	襖	ʧǝgur, -í	yǝ
셰져~하-	洗淨	šeʤǝ̄ hagí	yǝ	호젼	戶錢	hóʤǝn, -i	yǝ
졍승	政承	ʧǝŋ-siŋ, ʧǝŋ-sɨ̵ỹ	yǝ	져막	周衣	ʧǝmak, ʧǝmagí	yǝ
젼	前	ʧǝné	yǝ	됴졈	工場	tyó-ʤǝm	yǝ
걱겨~하-	憂	kǝkʧǝ̄ hagí	yǝ	졀반	折半	ʧǝr-bán, -i	yǝ
젹삼	衫	ʧǝksam ʧǝksɛmí	yǝ	쳔	千	ʧʰon, -i	yɔ
배젹삼	布衫	pɛ ʧǝksɛmí	yǝ	쳥하-	請	ʧʰǝŋ-hagi	yǝ
단졍하-	端正	tan-ʤǝŋ han	yǝ	쳥에	靑魚	ʧʰǝ̄-é ʧǝé	yǝ
졋통	乳房	ʧǝt tʰoŋ, -tʰói	yǝ				

[표 181] ≪試篇 露韓小辭典≫의 형태소 내 (yǝ) 실현 양상 I [245]

위의 [표 181]은 움라우트나 첨사 i의 결합 가능성이 없는 경우의 (yǝ) 실현 양상을 나타낸 것으로, 'yǝ'를 포함한 음절 두음이 연구개음, 순음, 치조음인 예들이다.[246] '네펜' 한 예가 ye형으로 실현된 것을 제외하고는 모두 yǝ형으로 실현된다. 이는 당시에 이들 자음을 두음으로 한 경우의 yǝ→ye 현상이 아주 미미한 수준이었음을 의미한다. 또 e형이 관찰되지 않는 점으로 보아 해당 환경에서 ye→e 현상은 아직 발생하지 않았음을 알 수 있다.

---

245) pyǝŋ-sɛŋ은 pʰyǝŋ-sɛŋ(평생)의 오기(sic)로 보인다.

246) [표 181] 안의 굵은 가로선은 음절 두음(k/pʰ/p/m/t/tʰ/n/r/s/ʦ/ʦʰ)의 구분선이다.

방언형	의미	전사형	변이형	방언형	의미	전사형	변이형
모역	沐浴	moyək hánin	yə	여르매	實	yərimɛ	yə
영게	此處	yəŋgé	yə	열쇄	鑰匙	yər swɛ	yə
여슷	六	yəsit, yəsiši	yə	여븨-	瘦	yəbɨyn yəbɨygi	yə
-여	-야 (종결 어미)	sárɨmiyə	yə	영홰	榮華	yəŋ-hwɛ	yə
영	永	yəŋ	yə				

[표 182] ≪試篇 露韓小辭典≫의 형태소 내 (yə) 실현 양상 II

위의 [표 182]는 움라우트나 첨사 i의 결합 가능성이 없는 경우의 (yə) 실현 양상을 나타낸 것으로, 'yə'를 포함한 음절이 자음 두음을 갖지 않는 예들이다. 이들은 단일하게 yə형으로 실현된다. 이는 당시에 자음을 두음으로 하지 않은 경우의 yə→ye 현상이 존재하지 않았음을 의미한다.

방언형	의미	전사형	변이형	방언형	의미	전사형	변이형
핏곁	椴皮	pʰi-kʼyəʧʰɨ	yə	성듕	城中	šəŋ-tyuŋ, -tyūí	yə
네렴(녀-)	閭閻	nyeryəm nyeryemí	ye	평디	平地	pʰyəŋ-dí	yə
텬디	天地	tʰyən-dí	yə	별 일	別-	pyər ir, -i	yə
검뎡칠	黑	kəmdyəŋʧʰíri	yə	명디	明紬	myəŋ-di	yə
넘녜(넘-)	念慮	nyəmnye	yə	졔련	閭閻	ʧeryən, ʧeryéni	yə, ye
년전	年前	nyən-ʤəné	yə	됴션	朝鮮	tyo-šən Tyo-šən Tyo-šəní	yə
긔졀	氣絶	kɨy-ʤəri hagí kɨy-ʤər kɨy-ʤeri	yə, ye	셩뉴왜	石硫黃	šəŋnyuwɛ	yə
화풍션	汽船	hwa-pʰuŋ-šəní	yə	정신	精神	ʧəŋ-šin, -í ʧəŋšini	yə
셤듕	島中	šəm, -i šəm tyuŋ, -tyūí	yə	졎	乳	ʧət, ʧəʤi	yə
경심	點心	kyəŋšimú	yə	볕	陽	pyət, pyetʰɨ	yə, ye

[표 183] ≪試篇 露韓小辭典≫의 형태소 내 (yə) 실현 양상 III

위의 [표 183]은 i나 y를 가진 음절이 'yə'에 후행하되, 움라우트의 개재 자음 조건에 위반되는 경우의 (yə) 실현 양상을 나타낸 것이다. 즉, 개재 자음이 /n, r, s, sʼ, ts, tsʰ, tsʼ, t, tʰ, tʼ/인 예들이다. 따라서 이 또한 움라우트나 첨사 i의 결합 가능성이 없는 경우에 포함된다. yə형으로 실현되는 비율이 상대적으로 높은 것이 사실이나, '네렴이(네렴(閭閻)-이)', '긔졜이(긔절(氣絶)-이)', '졔렌이(졔련(閭閻)-이)', '볠이(볕(陽)-이)'와 같이 ye형으로 실현되는 예들도 종종 관찰된다. 같은 형태소일지라도 i나 y를 가진 음절이 'yə'에 후행할 때에는 ye형으로 실현되고, 그렇지 않을 때에는 'yə'형으로 실현된다. 이 또한 동화주 /i, y/와 피동화주의 음절 부음 /y/에 의하여 이루어지는 양방향적인 동화 현상이라 할 수 있을 것이다. 이 자료를 통해 당시에 이 같은 모음 전설화가 어느 정도 이루어지고 있었음을 알 수 있다. 그러나 e형이 관찰되지 않는 점으로 보아 해당 환경에서 ye→e 현상은 아직 발생하지 않았음을 알 수 있다.

방언형	의미	전사형	변이형	방언형	의미	전사형	변이형
인명	人名	nam-ín myəŋ nyə-in myəŋ nam-ín myəi na	yə	여물-	熟	yəmúrgi	yə
벼룩(이)	蚤	pyərigi	yə	명실	名日	myəŋ-šír, -i	yə
형	兄	hyəŋ, hyəi hyəŋ-nímu llɛ	yə	열-	開	yərgi	yə
별명	別名	pyər-myəŋ	yə	곈-	編	kyək'i	yə
관병	官兵	kwan-byəŋ, -byəí	yə	퍼-	伸	pʰyəgí	yə
명일	名日	myə-ír, -i	yə	무병	無病	mu-byəŋ háo mu-byəŋ, -byəi mu-byəŋ hagí	yə
인경	人定	ingyəŋ sorí ingyəŋ, ingyé ingyəŋ kan, -í	yə, ye	녜렴(-렴)	閭閻	nyeryəm nyeryemí	yə, ye
대뎝	盌	tɛdyəp, tɛdyebí	yə, ye	녜기-	想	nyegígi	ye
뼈대	骨	p'yedɛ	ye	들어셔-	入	tɨrə šəgí	yə
여스/엮	狐	yəsɨ, yek'í	yə, ye	백셩	百姓	pɛk-šəŋ, -šẽ	yə, ye
염쇠	羖	ám-yəm-šʷe	yə	앞셔-	先	ap=šəgi	yə
쳘필	鐵筆	ʧʰər pʰir, -i	yə	녀죵	婢女	nyə-ʤoŋ, -ʤõi	yə
졔비	燕	ʧ'ébi ʧ'ébidəri	ye	닐어셔-	起立	nirə šəgí	yə
부형	父兄	pú-hyəŋ, púhyẽ	yə, ye	몡	名	myəŋ, myẽi	yə, ye
물역	水邊	mur yək, -yégi murʸ=ək	yə, ye	역	邊	yək, yégi	yə, ye
셕	(馬)革	šək, šégi	yə, ye	임셕	飮食	ɨym-šək ɨym-šegí imšək, imšəgí	yə, ye

셰피	栗鼠	šepʰí	ye	황세~	皇城	hwaŋ-šē	ye
허뎍	許適	hədyək, hədyégi	yə, ye	셩	城	šəŋ, šēí	yə, ye
(불으)쎠-	點燈	púrɨ š'əgi	yə	열기-	被開	yərgín	yə
녀인명	女人名	nyə-in myəŋ	yə	셔-	立	šəgí šəgú ik'í	yə
녛-	投入	nyəkʰí nyənnɨn	yə	곡셕	穀食	kok-šək, kok-šégi kok-šək ár, -i kok-šək karí	yə, ye
도셰	圖署	tošé	ye	화젹	和	hwandʑək hwandʑəgi	yə
녀편(녀-)	女便	nyepʰyen, -i	ye	셢	衽	ʧəgúr šəpʰí	yə
념녜(-녀)	念慮	nyəmnye	ye	쎠-	鋸	š'əgi	yə
웅드리셔-	露(齒)	iŋdɨríšegi	ye	아젹	朝	adʑək, adʑəgi	yə
채뎡	栓子	tsʰɛdyəŋ, tsʰɛdyɛ́	yə, ye	져굴셢	衽	ʧəgúr šəpʰí	yə
병	病	pyəŋ, pyɛ́i pyə kotʰígi mún-byəŋ hagí	yə, ye	녹영	鹿	nógyē	ye
임셕	飮食	ɨym-šək ɨym-šegí	yə, ye	사녕	獵	sanyəŋ, sanyé sanyəŋ-gun, -i	yə, ye
손녀	孫女	soň-ňé	ye	안경	眼鏡	án-gyē	ye
모력	蠻	moryək, moryégi	yə, ye	과녁	的	kwányək, kwányegi	yə, ye
입역	口邊	ip yək, ip yégi iby=ək, iby=égi	yə, ye	바르뼉	壁	parɨ-p'yək, -p'yegi	yə, ye
디경	地境	tigyəŋ tigyɛ́	yə, ye	맹셰	盟誓	mɛŋ-šé	ye

[표 184] ≪試篇 露韓小辭典≫의 형태소 내 (yə) 실현 양상IV

위의 [표 184]는 움라우트나 첨사 i의 결합 가능성이 있는 경우의 (yə) 실현 양상을 나타낸 것이다. ye형으로 실현되는 비율이 앞의 경우들에 비하여 현저히 높다.[247] 같은 형태소일지라도 i나 y를 가진 음절이 'yə'에 후행할 때에는 ye형으로 실현되고, 그렇지 않을 때에는 'yə'형으로 실현된다. 당시 이 방언에서 움라우트 및 첨사 i의 결합에 의한 모음 변화가 일어났을 가능성을 고려한다면, 이 자료에서 나타나는 yə→ye 현상은 선행하는 y에 의한 모음 전설화일 가능성과 더불어, 후행하는 i나 y에

---

247) 그러나 여전히 '인명', '벼룩', '형', '별명', '관병', '명일', '염쇠', '쳘필', '쎠-', '녀인명', '녛-', '여물-', '명실', '열-', '견-', '펴-', '무병', '들어셔-', '앞셔-', '녀종', '닐어셔-', '열기-', '셔-', '화젹', '셢-', '쎠-', '아젹', '져굴셢'과 같은 형태소들은 yə→ye 현상의 적용을 받지 않은 것으로 나타난다.

의한 움라우트일 가능성을 동시에 내포하고 있다. 따라서 이러한 환경
에서 관찰되는 yə→ye 현상은 오로지 선행하는 y에 의해서만 일어나는
모음 전설화와는 구별될 필요가 있다.

한편, 형태소 경계의 변항 (yə)의 실현 양상은 다음과 같다.

방언형	의미	전사형	변이형	방언형	의미	전사형	변이형
대리-	率	tɛryə tíryə kagí tɛryə kagí tɛryəda ʦugí	yə	달기-	縣	mɛɛ targyəs'o	yə
들이-	使入	tíryə kagí tíryə nokʰí	yə	가지-	持	kaʤə kagí	yə
걸기-	縣	kərgyə ik'í	yə	앉이-	使坐	anʤə-na	yə
채리-	裝	ʦʰɛryə nipʰígi ʦʰɛryə nibún	yə	기디-	遺	kɪtʰyə tugi	yə
뿌리-	投	p'uryə tedígi p'uryə tədígi	yə	내리-	降	nɛryə kagí (naryə kagí)	yə
벗기-	脱	pek'yə	yə				

[표 185] ≪試篇 露韓小辭典≫의 형태소 경계 (yə) 실현 양상

위의 [표 185]는 ≪試篇 露韓小辭典≫에 나타나는 형태소 경계의 (yə)
실현 예를 모두 제시한 것이다. 이들 모두 움라우트 가능성이 없는 경
우에 속한다. ≪韓國人을 위한 綴字敎科書≫나 ≪露韓會話≫에서 ye형이
압도적이었던 것과 달리, ≪試篇 露韓小辭典≫에서는 모두 yə형으로만
나타난다. 이 자료에만 근거한다면 당시 이 방언에서 형태소 경계에서
의 yə→ye 현상이 일어나지 않았다고 보아야 할 것이다. 그러나 이는
동일 시기에 간행된 다른 문헌 자료들을 아울러 검토함으로써 종합적
으로 판단할 문제이다.

한편, 20세기 초의 카잔 자료에 반영된 변항 (ya)의 실현 양상은 다음
과 같다.

먼저, ≪韓國人을 위한 綴字敎科書≫에 반영된 변항 (ya)의 실현 양상
을 살펴보기로 하자.

방언형	의미	전사형	변이형	방언형	의미	전사형	변이형
뱌우리	鷄雛	pyɛuridəri	yɛ	샹겹	賞給	šaŋgəbi šaŋgəbu	ya
챤댱	船杖 (櫓)	tsʰwan tyaŋdəri	ya	쟈빠디-	倒	ʧapʼadyešə	ya
살댱	杖	sartyaŋ	ya	쟉-	少, 小	ʧaɣašə ʧaɣin ʧaktagu	ya
댱개	丈家 (娶)	tyaŋgɛ	ya	-쟈	-자 (종결 어미)	noŋguʣa tsaʣagu	ya
댜르-	短	tyarigi	ya	술막쟝	酒幕	sur makʧã	ya
댱손이	人名 (長孫)	tyaŋsoni	ya	짐쟉하-	斟酌	ʧimʤak hani	ya
공댜(댱)	公論	koŋdya	ya	쟝뜩	滿	ʧaŋtʼik	ya
댱새	商人	tyaŋsɛ tyaŋsɛ gwa	ya	광쟈위	鍬	kwaŋʧaʉyri	ya
댱즈	常	tyaŋdzi, tyandzi	ya	감쟉하-	動	kamʧak ani hagu	ya
댱	場	tyãilli, tyãiri	ya	쟝물	醬- (湯)	ʧaŋ-muri	ya
-(으)랴르	-도록	andziryari pöuryari karyari haryari məgiryari kariryari	ya	챳물	茶水	ʧʰam muru ʧʰam mur tsani	ya
만약	若	manyak	ya	챠통	茶罐	ʧʰa tʰo	ya
냥반	兩班	nyaŋbani nyaŋbani	ya	챡	着鋼	ʧʰakʼe ʧʰakʼiri	ya
-냐	-냐 (종결 어미)	marinya haninya pəbərinya	ya	얄	十	yar tasišiy	ya
사냥	獵	sanyari	ya	야라	幾	yara	ya
-ㄴ 양	樣	mot tenya paridy aninya purunanya	ya	약	藥	yagi	ya
냥	兩	nyaŋ bɛŋ nya nyaŋ nuni	ya	약하-	弱	yak hange	ya
샤랑	舍廊 (庫)	ša-rɛ ša-ra-a	ya	양냄이	人名	yaŋ-nɛmi	ya
샥괘	帽子	šakʼwɛ	ya	양목	養木	yaŋmok patʰi	ya
샤바귀	長靴	šabagʉy	ya	싀샤리	苧麻	šiy-šɛ-ri	yɛ

[표 186] ≪韓國人을 위한 綴字敎科書≫의 형태소 내 (ya) 실현 양상 I

위의 [표 186]은 움라우트나 첨사 i의 결합 가능성이 없는 경우의 (ya) 실현 양상을 나타낸 것으로, 'ya'를 포함한 음절 두음이 순음과 치조음 인 예들이다. 자음 두음을 갖지 않는 경우, i를 가진 음절이 후행하되 개재 자음 조건을 위반하는 경우의 예도 함께 제시하였다.[248] 'pyɛuridəri (배우리, 鷄雛)', 'šiyšɛri(싀섀리, 苧麻)'의 두 예를 제외하고는 모두 ya형으로 실현된다. 이는 당시에 형태소 내부의 ya→yɛ 현상이 그다지 활발하지 않았음을 반영한다. 또 ɛ형이 관찰되지 않는 점으로 보아 해당 환경에 서 yɛ→ɛ 현상은 아직 발생하지 않았음을 알 수 있다.

방언형	의미	전사형	변이형	방언형	의미	전사형	변이형
관댱	官長	kuandyageri kuandyɛ	ya, yɛ	훈댱	訓長	hundyɛ hundya	ya, yɛ
눈멀대	盲人	nun mərtyɛ nun mərtyɛnde	yɛ	냥	兩 (화폐 단위)	nya, nyaa, nyɛ nyae, yaʎʎãi nyaŋ bɐŋ nyɛ ʧʰen nyae du ʧʰen nya səŋ nya	ya, yɛ
니빠대	缺齒人	nip padyɛ	yɛ	불새~이 (불생키)	憐	puršɛ̃i, puršɛ puršɛŋkʰi	yɛ
말댱	杖	mar tyaallišə mar tyɛ	ya, yɛ	뒤새~	頭狀	tuyšɛ̃	yɛ
쟐	袋	ʧar-gi, ʧargi	ya	강재~물	沆	kaŋʤɛ̃ mure	yɛ
셕매재	石磨-	šəŋmɛʤɛ	yɛ	소곰재	蜻蛉	sogomʤɛ sogomʤɛri	yɛ
부재	富者	puʤɛ tyaŋsɛ puʤɛ nyaŋbani	yɛ	고내	猫	konyɛ konyɛri	yɛ
싱내	豺	šɨyŋnyɛ šɨyŋnyɛri šɨyŋnyɛdərini šɨyŋnyɛ gwa	yɛ	양	羊	am-yã-i su-yã-i su-yãgenin am-yãgenin yaŋdəri	ya
고내	猫	konyɛ konyɛri konyɛge	yɛ	희내	誇	hɨynyɛ	yɛ

[표 187] ≪韓國人을 위한 綴字敎科書≫의 형태소 내 (ya) 실현 양상 II [249]

---

248) [표 186] 안의 굵은 가로선은 음절 두음(p/t/r/n/s/ts/ø(자음 두음 없음))의 구분선 이다. 맨 끝의 '시섀리'는 i를 가진 음절('리')이 ya를 가진 음절('섀')에 후행하되, 개재 자음 조건을 위반하여 움라우트 가능성이 배제된 경우의 예이다.

위의 [표 187]은 움라우트나 첨사 i의 결합 가능성이 있는 경우의 (ya) 실현 양상을 나타낸 것이다. yɛ형의 실현 비율이 현저히 높다.[250] 같은 형태소일지라도 i나 y를 가진 음절이 'ya'에 후행할 때에는 yɛ형으로 실현되고, 그렇지 않을 때에는 'ya'형으로 실현된다. 당시 이 방언에서 움라우트 및 첨사 i의 결합에 의한 모음 변화가 일어났을 가능성을 고려한다면, 이 자료에서 나타나는 ya→yɛ 현상은 선행하는 y에 의한 모음 전설화일 가능성과 더불어, 후행하는 i나 y에 의한 움라우트일 가능성을 동시에 지니고 있다. 따라서 이러한 환경에서 관찰되는 ya→yɛ 현상은 오로지 선행하는 y에 의해서만 일어나는 모음 전설화와는 구별될 필요가 있다.

한편, 형태소 경계의 변항 (ya)의 실현 양상은 다음과 같다.

방언형	의미	전사형	변이형	방언형	의미	전사형	변이형
그리 아니-	그리 아니-	kɨry animu	ya	-디 아니-	-지 아니-	ašɨymtʰy anitʰagu məkty anyešə tyotʰy anitʰa udy anyešə tɨt'y anyešə tyotʰy anyešə nirɨdy anyešə	ya

[표 188] ≪韓國人을 위한 綴字敎科書≫의 형태소 경계 (ya) 실현 양상

위의 [표 188]은 ≪韓國人을 위한 綴字敎科書≫에 나타나는 형태소 경계의 (ya) 실현 예를 제시한 것이다. 이들은 움라우트가 가능한 환경이되 개재 자음 조건을 위반하는 경우에 해당한다. 모두 ya형으로 실현된다. 이 자료에만 근거한다면 당시 이 방언에서 형태소 경계에서의 ya→yɛ 현상이 일어나지 않았다고 보아야 할 것이다. 그러나 이는 동일 시기에 간행된 다른 문헌 자료들을 참고하여 종합적으로 판단해야 할 문

---

249) kuandyageri, kuandyɛ는 kwandyageri(관댜게르), kwandyɛ(관대)의 오기(sic)로 보인다.

250) 그러나 여전히 '쟈-이', '양-이'와 같은 경우에는 ya→yɛ 현상의 적용을 받지 않은 것으로 나타난다.

제이다.

다음으로, ≪露韓會話≫에 반영된 변항 (ya)의 실현 양상을 살펴보기로 하자.

방언형	의미	전사형	변이형	방언형	의미	전사형	변이형
뱌˜우리	鷄雛	pyɛ̃urí pyɛ̃urídəri	yɛ	작-	少, 小	ʧáksumni	ya
댱개	丈家 (娶)	tyáŋgɛri	ya	챠	車	ʧarɨ	ya
댱	場	tyaŋ	ya	챠	茶	ʧarɨ	ya
-(으)랴르	-도록	poryárɨ tɨrə karyárɨ ʦáraryarɨ mót-haryarɨ	ya	구챠하-	苟且	kuʧá háuri	ya
셩냥	石牆	šəŋ-nyaállɨ	ya	야듭	八	yadɨb še yadɨ́pʦɛ nir-yadɨb	ya
이샹	以上	íšaŋ	ya	얄	十	yar-amú yar hanna- ʦ'úm	ya
뎬쟈	典當	tyenʤá	ya	야든	八十	yadɨ́n	ya
쟈개	馬銜	ʧagɛrɨ	ya	야드 나무	八十餘	yadɨ́-namu	ya
대쟝	大將	tɛʤã	ya	양	羊	sú-yã ám-yã sú-yaŋdərɨ ám-yaŋdərɨ ám-yãá sú-yãá yaŋdərɨ yãá kogí	ya
-쟈	-자 (청유)	píyʤagu	ya	샹년	上年	šaŋ-nyəné	ya
깜쟉하-	動	k'amʧák hadí	ya	냥	兩	nyáŋ-bɛk nyáŋ-ʧel-li	ya

[표 189] ≪露韓會話≫의 형태소 내 (ya) 실현 양상 I [251]

위의 [표 189]는 움라우트나 첨사 i의 결합 가능성이 없는 경우의 (ya) 실현 양상을 나타낸 것으로, 'ya'를 포함한 음절 두음이 순음과 치조음

---

251) ʧarɨ(車)는 ʧʰarɨ(챠르)의, ʧarɨ(茶)는 ʧʰarɨ(챠르)의, kuʧá(苟且)는 kuʧʰá(구챠)의 오기(sic)로 보인다. nyáŋ-ʧel-li는 nyáŋ-ʧʰel-li(냥 첼 리(兩千里))의 오기(sic)로 보인다. 변항 (ya)에 대하여 ≪露韓會話에 대한 單語와 表現≫에는 '얄이, 얄 쌔, 야아, 야아덜아'의 예가 등장한다.

인 예들이다. 자음 두음을 갖지 않는 경우, y를 가진 음절이 후행하되 개재 자음 조건을 위반하는 경우의 예도 함께 제시하였다.[252] 'pyə̃urí, pyə̃ urídəri(배~우리, 鷄雛)' 한 예를 제외하고는 모두 ya형으로 실현된다. 이는 당시에 형태소 내부의 ya→yɛ 현상이 그다지 활발하지 않았음을 반영한다. 또 ɛ형이 관찰되지 않는 점으로 보아 해당 환경에서 yɛ→ɛ 현상은 아직 발생하지 않았음을 알 수 있다.

방언형	의미	전사형	변이형	방언형	의미	전사형	변이형
냥	兩 (화폐 단위)	tú-nyaa nyaŋ-bání tu-nyaŋ-bán sɨmu nyɛo yar-tan-nyá	ya, yɛ	우재	弄談	uʤɛri	yɛ
고향	故鄕	kõyɛ	yɛ				

[표 190] ≪露韓會話≫의 형태소 내 (ya) 실현 양상Ⅱ

위의 [표 190]은 움라우트나 첨사 i의 결합 가능성이 있는 경우의 (ya) 실현 양상을 나타낸 것이다. 모두 yɛ형으로 실현된다. 같은 형태소일지라도 i나 y를 가진 음절이 'ya'에 후행할 때에는 yɛ형으로 실현되고, 그렇지 않을 때에는 'ya'형으로 실현된다. 당시 이 방언에서 움라우트 및 첨사 i의 결합에 의한 모음 변화가 일어났을 가능성을 고려한다면, 이 자료에서 나타나는 ya→yɛ 현상은 선행하는 y에 의한 모음 전설화일 가능성과 더불어, 후행하는 i나 y에 의한 움라우트일 가능성을 동시에 내포하고 있다. 따라서 이러한 환경에서 관찰되는 ya→yɛ 현상은 오로지 선행하는 y에 의해서만 일어나는 모음 전설화와는 구별될 필요가 있다.

---

252) [표 189] 안의 굵은 가로선은 음절 두음(p/t/r/n/s/ʦ/ʦʰ/ø(자음 두음 없음))의 구분선이다. 맨 끝의 '샹년'은 y를 가진 음절('년')이 ya를 가진 음절('샹')에 후행하되, 개재 자음 조건을 위반하여 움라우트 가능성이 배제된 경우의 예이다. '냥-쳴-리' 또한 y를 가진 음절('쳴')이 ya를 가진 음절('냥')에 후행하되, 개재 자음 조건을 어긴 경우이다.

한편, 형태소 경계의 변항 (ya)의 실현 양상은 다음과 같다.

방언형	의미	전사형	변이형
-디 아니-	-지 아니-	ʦɨd-yɛnío ašimtʰ-yɛnítʰa s'ɨyd-yɛnínda ašimtʰ yɛnío	yɛ

[표 191] ≪露韓會話≫의 형태소 경계 (ya) 실현 양상

위의 [표 191]은 ≪露韓會話≫에 나타나는 형태소 경계의 (ya) 실현 예를 제시한 것이다. 이들은 움라우트가 가능한 환경이되 개재 자음 조건을 위반하는 경우에 해당한다. 모두 yɛ형으로 실현된다. 이 자료에만 근거한다면 당시 이 방언에서 형태소 경계에서의 ya→yɛ 현상이 매우 활발했다고 할 수 있다. 그러나 이는 동일 시기에 간행된 다른 문헌 자료들을 함께 검토함으로써 판단할 문제이다.

끝으로, ≪試篇 露韓小辭典≫에 반영된 변항 (ya)의 실현 양상을 살펴보기로 하자.

방언형	의미	전사형	변이형	방언형	의미	전사형	변이형
해개불	向日花	hɛ-gɛbur, -i	ɛ	가쟝	極	káʤaŋ	ya
뱌~우리	鷄雛	pãurí	a	쟈빠디-	倒	ʧap'ádigi cf. ʧap'á burigi	ya
뺘~아 새	小鳥	p'yã́a-sɛ	ya	대쟝간	冶場	tɛʤáŋ-kanéšə	ya
뺨	顋	p'yam, -i	ya	쟝물	醬-(湯)	ʧaŋ mur, -í	ya
댱즈	常	tyáaŋdzɨ	ya	쟝뜩	滿	ʧaŋt'ɨk	ya
댱가	丈家(娶)	tyáŋgarɨ	ya	쟝제	垣墻	ʧáŋdze	ya
댱싀	商人	tyáŋsɨy	ya	쟈랑	誇	ʧaráŋ, ʧarã́i ʧarã́ hagí	ya
댜르-	短	tyarɨgí	ya	광챠~위	鍬	kwaŋ-ʧãwíllɨ	ya
댱부	丈父	tyáŋ-bu	ya	구챠	苟且	kúʧa	ya
댱모	丈母	tyáŋ-mo	ya	챠~아제	鐵杷	ʧʰã́adze	ya
댬댬하-(-댬)	潛潛(暗)	tyáamdyam-han	ya	챠	茶	ʧʰa ʧʰa ʦan, -i ʧʰa tʰoŋ, tʰói ʧʰa sur karak, -karagí	ya

-ㄴ 양	樣	pundzú hanyá hagí purú-nanyá hagí	ya	양-	養	yaŋ émi yaŋ ɛbí	ya
냥반	兩班	nyáŋban, -i	ya	양국	洋國	Yáŋ-guk, -gugi	ya
냑빠르-	聰明	nyak-p'aɾɨngé	ya	고향	故鄉	kóyaŋ	ya
냥	兩	nyaŋ pɛk	ya	얄	十	yár, -i yar tasɨt, tasɨši	ya
냥푼	水盤	nyaŋ-pʰun, -í	ya	양목	養木	yaŋ-mók pat	ya
냠냠하- (-냠)	窕	nyámnyam-han	ya	약하-	弱	yák-hagi yák-han	ya
샤바귀	長靴	šabagúy	ya	야라	幾	yará pəni	ya
불샹하-	憐	púršaŋ hangé púršɛi	ya	담담하- (담-)	潛潛 (暗)	tyáamdyam-han	ya
샵쾌	帽子	šápkwɛ	ya	시샤리	苧麻	šišɛrí	yɛ
샹갭(이)	賞給	šáŋ-gɛbi	ya	양식	糧食	yaŋ-šik yaŋ-šigí	ya
샬피	스카프	šárpʰɨy	ya	쟝님	盲人	ʧaŋ-ním, -i	ya
샤랑	舍廊 (庫)	šaráŋ, šarẽ	ya				

[표 192] ≪試篇 露韓小辭典≫의 형태소 내 (ya) 실현 양상 I [253]

위의 [표 192]는 움라우트나 첨사 i의 결합 가능성이 없는 경우의 (ya) 실현 양상을 나타낸 것으로, 'ya'를 포함한 음절 두음이 연구개음, 순음, 치조음인 예들이다. 자음 두음을 갖지 않는 경우, i나 y를 가진 음절이 'ya'에 후행하되 움라우트의 개재 자음 조건에 위반되는 경우의 예도 함께 제시하였다.[254] ɛ형('해개불'), a형('바˘우리'), yɛ형('시새리')이 각각 한 예씩 관찰되는 것을 제외하고는 모두 ya형으로 실현된다. 이는 당시에 형태소 내부의 ya→yɛ 및 yɛ→ɛ 현상이 그다지 활발하지 않았음을 반영한다.

---

253) kwaŋ-ʧãwílli는 kwaŋ-ʧʰãwílli(광챠윌르)의, kúʧa는 kúʧʰa(구챠)의 오기(sic)로 보인다.

254) [표 192] 안의 굵은 가로선은 음절 두음(k/p/p'/m/t/n/s/ʦ/ʦʰ/ø(자음 두음 없음))의 구분선이다. 맨 끝의 네 예는 개재 자음 조건을 위반하여 움라우트 가능성이 배제된 경우의 예이다. '시새리' 한 예를 제외하고는 모두 ya형으로 실현된다.

방언형	의미	전사형	변이형	방언형	의미	전사형	변이형
약	藥	yak yági yak tambɛ	ya	말댱	杖	mar tyaŋ mar tyɛ̃	ya, yɛ
강내	後庭	kaŋnyɛ	yɛ	고내	猫	sú-kʰonyɛ ám-kʰonyɛ konyɛ sɛk'í	yɛ
댱	場	tyaŋ tyɛ̃	ya, yɛ	고댱	處	kodyaŋ -kodyɛ̃	ya, yɛ
구냥	穴	kunyáŋ -kunyɛ̃	ya, yɛ	훈댱	訓長	hún-dyaŋ -dyɛ̃	ya, yɛ
댱	張	tyaŋ tyɛ̃í	ya, yɛ	냠냠하- (냠-)	窕	nyámnyam-han	ya
살댱	杖	sar tyaŋ -tyɛ̃	ya, yɛ	냥	兩 (화폐단위)	han nyaŋ -nyɛ̃	ya, yɛ
관대	官長	kwan-dyɛ nyɛɛgiri	yɛ	고재	橛子	kodʒɛ	yɛ
화샹	畫像	hwá-šaŋ -šɛ̃	ya, yɛ	우재	弄談	údʒɛ údʒeri s'inin	yɛ
샬	솔	šaly	ya	쟐/쟈르	袋	ʧargí ʧarɨdəri	ya
부재	富者	púdʒɛ	yɛ	셕매재	石磨-	šəŋ-mɛdʒɛ	yɛ
쟉-	少, 小	ʧágin ʧák'i	ya	대쟝	冶匠	tɛdʒɛ̃ tɛdʒaŋdəri tɛdʒɛ̃-gé tɛdʒáŋ-kanéšə	ya, yɛ
양	羊	sú-yaŋ -yɛ̃ sú-yaŋ-sɛk'í ám-yaŋ ám-yɛ̃ yaŋtʰərí yã́a	ya, yɛ	오양	牛舍	oyáŋ oyɛ̃	ya, yɛ
싱냐	豺	šiŋnyá šiŋnyɛ	ya, yɛ	니빠대~	缺齒人	ni p'adyɛ̃	yɛ

[표 193] ≪試篇 露韓小辭典≫의 형태소 내 (ya) 실현 양상 II

위의 [표 193]은 움라우트나 첨사 i의 결합 가능성이 있는 경우의 (ya)
실현 양상을 나타낸 것이다. 후행 음절의 모음 i와 축약될 가능성이 있
는 경우도 여기 포함된다. yɛ형의 실현 비율이 앞의 경우에 비하여 현
저히 높다.[255] 같은 형태소일지라도 i나 y를 가진 음절이 'ya'에 후행할

---

255) 그러나 여전히 '약, 샬, 쟉-, 냠냠하-', '쟐/쟈르'와 같은 형태소들은 ya→yɛ 현
　　상의 적용을 받지 않은 것으로 나타난다.

때에는 yε형으로 실현되고, 그렇지 않을 때에는 'ya'형으로 실현된다. 당시 이 방언에서 움라우트 및 첨사 i의 결합에 의한 모음 변화가 일어났을 가능성을 고려한다면, 이 자료에서 나타나는 ya→yε 현상은 선행하는 y에 의한 모음 전설화일 가능성과 더불어, 후행하는 i나 y에 의한 움라우트일 가능성을 동시에 지니고 있다. 따라서 이러한 환경에서 관찰되는 ya→yε 현상은 오로지 선행하는 y에 의해서만 일어나는 모음 전설화와는 구별될 필요가 있다.

한편, 형태소 경계의 변항 (ya)의 실현 양상은 다음과 같다.

방언형	의미	전사형	변이형	방언형	의미	전사형	변이형
-디 아니-	-지 아니-	ašimtʰy=anío	ya	뎌 아	彼兒	ty a	ya

[표 194] ≪試篇 露韓小辭典≫의 형태소 경계 (ya) 실현 양상

위의 [표 194]는 ≪試篇 露韓小辭典≫에 나타나는 형태소 경계의 (ya) 실현 예를 제시한 것이다. 움라우트가 가능한 환경이되 개재 자음 조건을 위반하는 경우와, 움라우트의 가능성이 없는 경우를 각각 제시하였다. 이들 모두 ya형으로 실현된다. 이 자료에만 근거한다면 당시 이 방언에서 형태소 경계에서의 ya→yε 현상이 일어나지 않았다고 보아야 할 것이다. 앞서 살펴본 ≪韓國人을 위한 綴字敎科書≫에서는 모두 ya로 실현된 반면, ≪露韓會話≫에서는 모두 yε로 실현되었던 점을 아울러 고려할 필요가 있다.

3.2.5.2.2. 1980년대에 조사한 자료인 宣德五・趙習・金淳培(1990)에 반영된 변항 (yə)의 실현 양상은 다음과 같다.

표준어형	전사형	변이형	표준어형	전사형	변이형
켜다(鉅)	kʰyəda	yə	벽돌	pyəkt'ol	yə
켜다(點火)	kʰyəda	yə	별	pyəl	yə
겨누다	kyənuda	yə	병(病)	pyəŋ	yə
겨드랑이	ʧɛgɛmi	—	병원	pyəŋwən	yə
겨우	ʧegu	ye	민병(民兵)	mimbyəŋ	yə
겨울	toŋsam	—	변소	pyənso	yə
겹옷	ʧəbosi	yə	보온병	poonbyəŋ	yə
곁	kyət	yə	볕	pyət(tʰe)	yə
겪다	kyək'ət'a	yə	구별	kubyəl	yə
공격	koŋgyək	yə	송별	soŋbyəl	yə
존경	ʧoŋgyəŋ	yə	병사(兵士)	pyəŋsa	yə
단결	taŋgyəl	yə	부상병	pusaŋbyəŋ	yə
안경	aŋgyəŋ	yə	벼슬	pyəsil	yə
결혼	kyoron	yo	벽	pyək	yə
결과	kyəlgwa	yə	명태	myəŋtʰɛ	yə
경마	kyəŋma	yə	몇	met(meʧʰi)	e
경찰	kyəŋʧʰal	yə	귀머거리	kwimyəkt'ɛ	yə
겸(兼)	kyəm	yə	먹주머니	mɛkt'ɛlgɛ	ɛ
결단	kyəlt'an	yə	며느리	myəniri	yə
국경	kuk'yəŋ	yə	면도	mendo	e
소경	swegyəŋ	yə	루명(陋名)	rumyəŋ	yə
펴다	pʰyəda	yə	형(兄)	hyəŋ	yə
벼락	pyərak	yə	현(縣)	hyən	yə
벼랑	ʧəlbyək	yə	혈압	hyərap	yə
벼룩	pyərigi	yə			

[표 195] ≪朝鮮語方言調査報告≫의 (yə) 실현 양상 I [256]

위의 [표 195]는 움라우트나 첨사 i의 결합 가능성이 없는 경우의 (yə)
실현 양상을 나타낸 것으로, 'yə'를 포함한 음절 두음이 연구개음, 순음,
후음인 예들이다.[257] 이들 두음에 한해서는 (yə) 변이가 거의 관찰되지
않는다. 'yə' 연쇄를 포함한 형태소는 대부분 yə형으로 실현된다. '겨우'
항목이 ye형(ʧegu)으로, '몇', '면도' 항목이 e형(met, meʧʰi, mendo)으로, '먹
주머니' 항목이 ɛ형(mɛkt'ɛlgɛ)으로 실현되는 것이 예외적이다. ə형은 보
이지 않는다.

---

256) '먹주머니'란, '닭이나 날짐승의 식도에서 주머니 모양으로 불어난 부분'을 말한다.
257) [표 195] 안의 굵은 가로선은 음절 두음(kʰ/k/pʰ/p/m/h)의 구분선이다.

표준어형	전사형	변이형	표준어형	전사형	변이형
강철	kaŋtʰyəl	yə	손녀	sonnyə	yə
천장	tʰyənban	yə	환영(歡迎)	hwanyəŋ	yə
철사	ʧʰəls'a	yə	뇌염	nwemaŋnyəm	yə
상점	syaŋdyəm	yə	양력	yaŋnyək	yə
저(彼)	tyə	yə	부녀(婦女)	punyə	yə
저기	tyəŋge	yə	련습	nyənsɨp	yə
전보	tyənbo	yə	려관	nyəgwan	yə
전화	tyəna	yə	력사	nyəks'a	yə
절구	tyəlgwi	yə	령(零)	nyəŋ	yə
점수	tyəmsu	yə	련못	nyənmot	yə
정거장(정-)	tyəŋgidaŋ	yə	령감	nyəŋgam	yə
정수리	tyəŋbɛgi	yə	렬사	nyəls'a	yə
감정(鑑定)	kamdyəŋ	yə	련꽃	nyənk'ot	yə
대접(盌)	tɛdyəp	yə	주석(主席)	ʧyusyək	yə
무릎	tyəŋgɛ	yə	로션	nosyən	yə
긍정	kiŋdyəŋ	yə	서(西)	syə	yə
정도(程度)	ʧəŋdo	yə	각성	kaks'əŋ	ə
서점(-점)	sədʑəm	yə	선생	syənsɛ	yə
가정(家庭)	kadʑəŋ	yə	벌써	pals'ə	ə
선전(宣傳)(-전)	syəndʑən	yə	추석	ʧʰwisyək	yə
삿자리	ʧəmdʑe	yə	무성(茂盛)	musəŋ	ə
결점(-점)	kyəlʧʼəm	yə	석탄	syəktʰan	yə
목적	mokʧʼək	yə	좌석	ʧwasyək	yə
어렵다	əryəpt'a	yə	방석	paŋsyək	yə
뚜렷하다	t'uryəttʰada	yə	성적(성-)	syəŋdʑək	yə
노력	noryək	yə	일어서다	irəsəda	ə
훈련	hullyən	yə	섬(島)	səm	ə
단련	tallyən	yə	버선	posyən	yə
권력	kwəllyək	yə	섬(石)	səm	ə
효력	hyoryək	yə	무섭다	musyəpt'a	yə
가령	karyəŋ	yə	서다	səra	ə
려권	ryək'wən	yə	신랑	syəbɛ	yə
려행	ryaɛŋ	yə	서른	syərɨn	yə
음력	ɨmnyək	yə	녀성(-성)	nyəsyəŋ	yə
연(鳶)	nyən	yə	서방(書房)	syəbaŋ	yə
녀자	nyədʑa	yə	분석	punsək	ə
년말	nyənmal	yə	건설	kənsəl	ə
년세	nyənse	yə	선거	syəngə	yə
력사(歷史)	nyəks'a	yə	선택	syəntʰɛk	yə
념불	nyəmbul	yə	선물	səmmul	ə
녀름	nyərim	yə	조선(朝鮮)	tosyən	yə

옆구리	nyək'uri	yə	소설	sosəl	ə
넣다	nyəəra	yə	서울	syəul	yə
년대	nyəndɛ	yə	안전	anʤən	(y)ə
령도	nyəŋdo	yə	완전	wanʤən	(y)ə
련락	nyəllak	yə	전문(專門)	ʧənmun	(y)ə
풍년	pʰuŋnyən	yə	전쟁	ʧənʤaŋ	(y)ə
처녀	ʧʰənyə	yə	명절(-절)	myəŋʤyəl	yə
정월	ʧəŋwəl	(y)ə	친척	ʧʰinʧʰək	(y)ə
젊다	ʧəmt'a	(y)ə	온천	onʧʰyən	yə
저가락(楮)	ʧək'arak	(y)ə	처남	ʧʰənɛmi	(y)ə
저축	ʧəʧʰuk	(y)ə	젖	ʧət	(y)ə
처(妻)	ʧʰə	(y)ə	저녁	ʧənak	(y)ə
례절	neʤyəl	yə	먼저	manʤə	(y)ə
대접(待接)	tɛʤyəp	yə	저고리	ʧəguri	(y)ə
친절	ʧʰinʤyəl	yə	점(占)	ʧəm	(y)ə
성부(政府)	ʧəŋbu	(y)ə	징첵	ʃəɲʃʰɛk	(y)ə
첩(妾)	ʧʰyəp	yə	정확	ʧəŋɦwak	(y)ə
동정(領邊)	toŋʤyə	yə	감정(感情)	kamʤəŋ	(y)ə
천(千)	ʧʰən	(y)ə			

[표 196] ≪朝鮮語方言調査報告≫의 (yə) 실현 양상Ⅱ

위의 [표 196]은 움라우트나 첨사 i의 결합 가능성이 없는 경우의 (yə) 실현 양상을 나타낸 것으로, 'yə'를 포함한 음절 두음이 치조음인 예들이다.[258] 이 경우, 'yə' 연쇄를 포함한 대부분의 형태소가 yə형으로 실현되나, 일부는 ə형으로 실현되고 있다. ye형이나 e형은 보이지 않는다. 총 119개 항목 중 yə형은 108개(91%), ə형은 11개(9%)가 나타난다.

표준어형	전사형	변이형	표준어형	전사형	변이형
영광	yəŋgwaŋ	yə	엿	yət(yəsi)	yə
여물다	yəmurət'a	yə	여기	iəŋge	iə
련애	yənɛ	yə	열(十)	yəl	yə
옆	yəp	yə	연하다	yənada	yə

---

258) [표 196] 안의 굵은 가로선은 음절 두음(tʰ/t/r/n/s/ʦ)의 구분선이다. 통시적 변화 양상을 확인하기 위하여, 해당 음절 두음은 변화가 일어나기 전 어형의 두음을 기준으로 한다. /ㅈ/이 두음인 경우는 전사된 자료의 ʧə가 [ʧə](/ʧyə/)를 나타낸 것인지 [ʦə](/ʦə/)를 나타낸 것인지 확인할 수 없으므로 변이형을 (y)ə로 표시하였다. 이러한 변이형은 ye형, e형과의 비교를 위한 것이다.

역할	yək^hwal	yə	이영	niyə	yə
우연	uyən	yə	통역	t^hoyək	yə
무역	muyək	yə	여가	yəga	yə
열흘	yəril	yə	연기	yəŋgi	yə
염소	yəmswe	yə	련뿌리(蓮根)	yənp'uri	yə
열매	yərimɛ	yə	연구	yəŋgu	yə
영웅	yəŋuŋ	yə	영원	yəŋwən	yə
열쇠	yəls'we	yə	영화(映畵)	yəŋwa	yə
여섯	yəsit	yə	역(驛)	yək	yə
엿새	yəts'ɛ	yə			

[표 197] ≪朝鮮語方言調査報告≫의 (yə) 실현 양상Ⅲ

위의 [표 197]은 움라우트나 첨사 i의 결합 가능성이 없는 경우의 (yə)
실현 양상을 나타낸 것으로, 'yə'를 포함한 음절이 자음 두음을 갖지 않
는 예들이다. 이 경우, 'yə' 연쇄를 포함한 모든 형태소가 yə형으로 실현
된다.

표준어형	전사형	변이형	표준어형	전사형	변이형
견디다	ʧəndida	yə	경제	kyəŋʤe	yə
볏(鷄冠)	pesi	e	결점(결-)	kyəlʧ'əm	yə
병신	pyəŋsin	yə	저리(彼)	ʧəri	yə
다리미	taryəni	yə	진달래	t^hendik'ot	e
접시	t^hyəps'i	yə	전차(電車)	tyənʧ^ha	yə
편지	p^hyənʤi	yə	천지	t^hyəndi	yə
편리	p^hyəlli	yə	녀성(녀-)	nyəsyəŋ	yə
명주	myəŋdi	yə	렴치(廉恥)	nyəmt^he	yə
명절(명-)	myəŋʤyəl	yə	성립	səŋnip	ə
형제	hyəŋde	yə	경축(慶祝)	kyəŋʧ^huk	yə
념려(념-)	nyəmnyə	yə	저수지	ʧəsudi	(y)ə
염통	nyəmt^hi	yə	정신	ʧəŋsin	(y)ə
령수(領袖)	nyəŋsu	yə	천천이	ʧ^hənʧ^həni	(y)ə
서점(서-)	səʤəm	ə	정치(政治)	ʧəŋt^hi	(y)ə
선전(宣傳)(선-)	syənʤən	yə	청년	ʧ^həŋnyən	(y)ə
선수	syənsu	yə	천리(千里)	ʧ^həlli	(y)ə
성장(省長)	səŋʤaŋ	ə	전진	ʧənʤin	(y)ə

[표 198] ≪朝鮮語方言調査報告≫의 (yə) 실현 양상Ⅳ

위의 [표 198]은 i나 y를 가진 음절이 'yə'에 후행하되, 움라우트의 개재 자음 조건에 위반되는 경우의 (yə) 실현 양상을 나타낸 것이다. 즉, 개재 자음이 /n, r, s, s', ʦ, ʦʰ, ʦ', t, tʰ, t'/인 예들이다. 따라서 이 또한 움라우트나 첨사 i의 결합 가능성이 없는 경우에 포함된다. 이 경우, 'yə' 연쇄를 포함한 형태소는 대부분 yə형으로 실현된다. '서점', '성장', '성립' 항목이 ə형(səʥəm, sənʥaŋ, sənnip)으로, '볏', '진달래(턴디꽃)' 항목이 e형(pesi, tʰendik'ot)으로 실현되는 것이 예외적이다. ye형은 보이지 않는다.

표준어형	전사형	변이형	표준어형	전사형	변이형
겨	ke	e	경기(競技)	kyəŋi	yə
벼	pe	e	명예	myəŋe	yə
혀	se	e	혁명	hyəŋmyəŋ	yə
여우	yək'i	yə	전등	tyəŋip'ul	yə
뼈	p'e, p'edɛ	e	철도	tʰyəlk'il	yə
갈비뼈	kalbip'e	e	철필	tʰənpʰil	ə
등골뼈	sadiŋp'e	e	남편	namde	e
복사뼈	kodulp'e	e	신경	siŋgɛ	ɛ
광대뼈	əgump'e	e	석유	segyu	e
여위다	yəbida	yə	부처	putʰye(nim)	ye
연필	yənpʰil	yə	전기다마	tyəŋit'ama	yə
영향	yəŋɦyaŋ	yə	여기다	nyəgida	yə

[표 199] ≪朝鮮語方言調査報告≫의 (yə) 실현 양상 V

위의 [표 199]는 움라우트나 첨사 i의 결합 가능성이 있는 경우의 (yə) 실현 양상을 나타낸 것이다. 이 경우, yə형과 e형이 거의 같은 비율로 나타난다. 총 24개 항목 중 yə형은 11개(46%), e형은 10개(42%)가 나타난다. 그 밖에 ye형('부처')과 ɛ형('신경'), ə형('철필')이 각각 1개씩 나타난다.

한편, 宣德五·趙習·金淳培(1990)에 반영된 변항 (ya)의 실현 양상은 다음과 같다.

표준어형	전사형	변이형	표준어형	전사형	변이형
병아리	pɛuri	ɛ	닭알	talgɛl	ɛ
백양	pɛgyaŋ	ya	향내	hyaŋnɛ	ya
해바라기	hɛkyaburi	ya	영향	yəŋɦyaŋ	ya

[표 200] ≪朝鮮語方言調査報告≫의 (ya) 실현 양상 I

위의 [표 200]은 움라우트나 첨사 i의 결합 가능성이 없는 경우의 (ya)
실현 양상을 나타낸 것으로, 'ya'를 포함한 음절 두음이 순음, 연구개음,
후음인 예들이다. ya형이 4예, ɛ형이 2예 나타난다.

표준어형	전사형	변이형	표준어형	전사형	변이형
짧다	tyarɨda	ya	냥(兩)	nyaŋ	ya
가운데손가락	tyaŋsonk'arak	ya	사회	sawe	a
장끼	tyaŋk'o	ya	사죄	saʤwe	a
장(張)	tyaŋ	ya	상세(詳細)	syaŋse	ya
장구	tyaŋgwi	ya	상품(商品)	syaŋpʰum	ya
정거장(-場)	tyəŋgidaŋ	a	상업	syaŋəp	ya
시장	tyaŋmadaŋ	ya	상(賞)	syaŋ	ya
장마	tyaŋma	ya	상(上)	syaŋ	ya
장사군	taŋsak'un	a	도장(圖章)	toʤaŋ	(y)a
장화	tyaŋwa	ya	마차	maʧʰa	(y)a
고장(地方)	kodyaŋ	ya	장군	ʧyaŋgun	ya
교장	kyoʧaŋ	ya	장차(將)	ʧaŋʧʰa	(y)a
공장	koŋʤaŋ	ya	작도(斫刀)	ʧakt'wi	(y)a
운동장	undoŋʤaŋ	ya	야장(冶匠)(-場)	yɛʤyaŋ	ya
장가(丈家)	ʧaŋga	ya	된장	twɛnʤaŋ	(y)a
장모	ʧaŋmo	ya	자갈	ʧagɛdol	(y)a
광장	kwaŋʤaŋ	ya	자랑	ʧaraŋ	(y)a
성장(省長)	səŋʤaŋ	ya	작다	ʧakt'a	(y)a
모기장	mogiʤaŋ	ya	자그만하다	ʧagimanada	(y)a
립장(立場)	nipʧ'aŋ	ya	적다	ʧakt'a	(y)a
괜찮다	kwantʰyantʰa	ya	납작하다	napʧ'akʰada	(y)a
그냥	kinyaŋ	ya	기차	kiʧʰa	(y)a
사냥군	sanyaŋk'un	ya	객차	kɛkʧʰa	(y)a
외양간	onyaŋk'an	ya	전차(電車)	tyənʧʰa	(y)a
탄약	tʰanyak	ya	표창(表彰)	pʰyoʧʰaŋ	(y)a

침략	ʧʰimnyak	ya	화물차	hwamulʧʰa	(y)a
량반	nyaŋban	ya	차(車)	ʧʰa	(y)a
량(量)	nyaŋ	ya	자라(鼈)	ʧarɛ	(y)a
량해(諒解)	nyaŋɦɛ	ya			

[표 201] ≪朝鮮語方言調査報告≫의 (ya) 실현 양상 II

위의 [표 201]은 움라우트나 첨사 i의 결합 가능성이 없는 경우의 (ya) 실현 양상을 나타낸 것으로, 'ya'를 포함한 음절 두음이 치조음인 예들이다.[259] ya형과 a형이 관찰되며, yɛ형이나 ɛ형은 보이지 않는다. 그런데 이때 ya형으로 분석된 변이형은 사실상 두 부류로 나뉜다. 하나는 기존의 두음을 그대로 유지한 경우이고, 다른 하나는 기존의 두음이 후행하는 활음 y에 동화되어 구개음으로 바뀐 경우이다.

표준어형	전사형	변이형	표준어형	전사형	변이형
약(藥)	yak	ya	약대(駱駝)	yakt'ɛ	ya
약방	yakp'aŋ	ya	얕다	yat'a	ya
약하다	yakʰada	ya	하얗다	hayatʰa	ya
야만	yaman	ya	얌전하다	yamʤənada	ya
양(羊)	ya	ya	얇다	yapt'a	ya
양복	yaŋbok	ya	여덟	yadɨ	ya
양말	yaŋmal	ya	여든	yadɨn	ya
토양	tʰoyaŋ	ya	여드레	yadɨre	ya
배양	pɛyaŋ	ya			

[표 202] ≪朝鮮語方言調査報告≫의 (ya) 실현 양상 III

위의 [표 202]은 움라우트나 첨사 i의 결합 가능성이 없는 경우의 (ya) 실현 양상을 나타낸 것으로, 'ya'를 포함한 음절이 자음 두음을 갖지 않는 예들이다. 이들은 단일하게 ya형으로만 나타난다.

---

259) [표 201] 안의 굵은 가로선은 음절 두음(t(/t'/tʰ)/n/s/ʦ(/ʦ'/ʦʰ))의 구분선이다. 통시적 변화 양상을 확인하기 위하여, 해당 음절 두음은 변화가 일어나기 전 어형의 두음을 기준으로 한다. /ㅈ/이 두음인 경우는 전사된 자료의 ʧa가 [ʧa](/ʦya/)를 나타낸 것인지 [ʦa](/ʦa/)를 나타낸 것인지 확인할 수 없으므로 변이형을 (y)a로 표시하였다. 이러한 변이형은 yɛ형, ɛ형과의 비교를 위한 것이다.

표준어형	전사형	변이형	표준어형	전사형	변이형
양념	yaŋnyəm	ya	량심	nyaŋsim	ya
야장(冶匠)(야-)	yɛʥyaŋ	yɛ	사진	saʥin	a
양지쪽	yaŋʥi	ya	량식	yaŋsik	ya
양력	yaŋnyək	ya	상점	syaŋdyəm	ya

[표 203] ≪朝鮮語方言調査報告≫의 (ya) 실현 양상 Ⅳ

위의 [표 203]은 i나 y를 가진 음절이 'ya'에 후행하되, 움라우트의 개재 자음 조건에 위반되는 경우의 (ya) 실현 양상을 나타낸 것이다. 즉, 개재 자음이 /n, r, s, s', ʦ, ʦʰ, ʦ', t, tʰ, t'/인 예들이다. 따라서 이 또한 움라우트나 첨사 i의 결합 가능성이 없는 경우에 포함된다. ya형, yɛ형, a형이 다양하게 나타난다.

표준어형	전사형	변이형	표준어형	전사형	변이형
이야기	nyɛgi	yɛ	코구멍	kʰok'unɛ	ɛ
승냥이	siŋnyɛ	yɛ	장기(棋)	ʧaŋgi	(y)a
고양이	konɛ	ɛ	장미	ʧaŋmi	(y)a
장인	ʧyaŋin	ya	차표	ʧʰapʰyo	(y)a
부상병	pusaŋbyəŋ	a	자루(袋)	ʧalgi	(y)a

[표 204] ≪朝鮮語方言調査報告≫의 (ya) 실현 양상 Ⅴ

위의 [표 204]는 움라우트나 첨사 i의 결합 가능성이 있는 경우의 (ya) 실현 양상을 나타낸 것이다. ya형, yɛ형, ɛ형, a형이 다양하게 나타난다.

3.2.5.3. 변화의 확산 과정과 방향

이상에서 살펴본 현장 시간상의 변화 양상과 실재 시간상의 변화 양상에 근거하여, 변항 (yə) 및 (ya)의 통시적 변화 양상을 차례로 도식화하면 다음과 같다. 변화의 진행 과정이 드러나도록 각 변이형의 출현 비율을 시기별로 보이기로 한다.

우선, 변항 (yə)의 통시적 변화 양상은 아래와 같다.

시기	20세기 초	20세기 말	21세기 초		
	카잔 자료	朝鮮語方言調査報告	노년층	중년층	청년층
변이형	yə (ye: 2예)	yə (ye: 1예) (e: 2예) (ε: 1예)	yə (ə: 1예) ye e	yə ye e	yə ye e

[표 205] 형태소 내 변항 (yə)의 통시적 변화 양상Ⅰ (변자음 두음)

시기	20세기 초	20세기 말	21세기 초		
	카잔 자료	朝鮮語方言調査報告	노년층	중년층	청년층
변이형	yə (ye: 1예)	yə ə	yə ye e ə	yə (ye: 2예) (e: 1예) ə	yə (ye: 1예) ə

[표 206] 형태소 내 변항 (yə)의 통시적 변화 양상Ⅱ (치조음 두음)

시기	20세기 초	20세기 말	21세기 초		
	카잔 자료	朝鮮語方言調査報告	노년층	중년층	청년층
변이형	yə	yə	yə (ye: 1예)	yə	yə

[표 207] 형태소 내 변항 (yə)의 통시적 변화 양상Ⅲ (자음 두음 없는 경우)

시기	20세기 초	20세기 말	21세기 초		
	카잔 자료	朝鮮語方言調査報告	노년층	중년층	청년층
변이형	yə ye	yə (e: 2예) (ə: 3예)	yə ye e ə	yə ye e ə	yə ye e ə

[표 208] 형태소 내 변항 (yə)의 통시적 변화 양상Ⅳ (움라우트 개재자음 위반)

시기	20세기 초	20세기 말	21세기 초		
	카잔 자료	朝鮮語方言調査報告	노년층	중년층	청년층
변이형	yə	yə (ə: 1예)	yə	yə (ə: 3예)	yə (ə: 1예)
			ye	ye	ye
	ye	e (ye: 1예) (ɛ: 1예)	e	e	e
			ə		

[표 209] 형태소 내 변항 (yə)의 통시적 변화 양상 Ⅴ (움라우트 환경)

시기	20세기 초	21세기 초		
	카잔 자료	노년층	중년층	청년층
변이형	ye	yə (ə: 5예)	yə(ə: 5예)	yə (ə: 4예)
		ye	ye	
	yə	e	e	ye
				e

[표 210] 형태소 경계 변항 (yə)의 통시적 변화 양상

다음으로, 변항 (ya)의 통시적 변화 양상은 아래와 같다.

시기	20세기 초	20세기 말	21세기 초		
	카잔 자료	朝鮮語方言調査報告	노년층	중년층	청년층
변이형	ya	ya	ya	ya	ya
			yɛ	yɛ	ɛ
	yɛ		ɛ	ɛ	
	ɛ	ɛ	a	a	a
	a				

[표 211] 형태소 내 변항 (ya)의 통시적 변화 양상 Ⅰ (변자음 두음)

시기	20세기 초	20세기 말	21세기 초		
	카잔 자료	朝鮮語方言調查報告	노년층	중년층	청년층
변이형	ya	ya	ya (yɛ: 1예)	ya	ya
			ɛ	ɛ(yɛ: 1예)	ɛ
		a	a	a	a

[표 212] 형태소 내 변항 (ya)의 통시적 변화 양상Ⅱ (치조음 두음)

시기	20세기 초	20세기 말	21세기 초		
	카잔 자료	朝鮮語方言調查報告	노년층	중년층	청년층
변이형	ya	ya	ya (yɛ: 1예)	ya (yɛ: 1예)	ya

[표 213] 형태소 내 변항 (ya)의 통시적 변화 양상Ⅲ (자음 두음 없는 경우)

시기	20세기 초	20세기 말	21세기 초		
	카잔 자료	朝鮮語方言調查報告	노년층	중년층	청년층
변이형	ya	ya	ya	ya	ya
	yɛ	yɛ	yɛ	yɛ	yɛ
		a			

[표 214] 형태소 내 변항 (ya)의 통시적 변화 양상Ⅳ (움라우트 개재자음 위반)

시기	20세기 초	20세기 말	21세기 초		
	카잔 자료	朝鮮語方言調查報告	노년층	중년층	청년층
변이형	ya	ya	ya	ya	ya
	yɛ	yɛ	yɛ	yɛ	ɛ
		ɛ	ɛ	ɛ	
		a	a	a	a

[표 215] 형태소 내 변항 (ya)의 통시적 변화 양상Ⅴ (움라우트 환경)

374 음운론적 변이와 변화의 상관성

시기	20세기 초	21세기 초		
	카잔 자료	노년층	중년층	청년층
변이형	yɛ	yɛ	yɛ	yɛ
	ya	ɛ	ɛ	ɛ
				ya

[표 216] 형태소 경계 변항 (ya)의 통시적 변화 양상

이상에서 논의한 바를 통해 yə>ye>e, ya>yɛ>ɛ라는 음운 변화가 실재 시간상으로도 점진적으로 진행되어 왔음을 확인할 수 있다. 또, 동일한 tyə, tya나 어두 nyə, nya 연쇄에 대하여 yə→ye→e나 ya→yɛ→ɛ 외에도, t 구개음화나 어두 n 탈락이라는 상이한 음운 변화가 일어날 수 있음을 알게 된다. 현장 시간상에서 진행 중인 변화의 실례와 과거 이 방언에서 일어났던 음운 현상의 실제를 검토한 결과, 다음의 가설은 경험적 증거에 의하여 그 타당성이 입증되었다.

(가설) 음운 과정에 의한 통시적 음운 변화는 수의적 음운 교체를 통하여 어휘에 따라 점진적으로 수행된다. 그러한 점진적 어휘 확산 과정에서 공시적 음운 변이가 출현한다.

그렇다면 이러한 음운 변화는 구체적으로 어떠한 과정을 거쳐 확산되는지에 대해 좀더 살펴보기로 하자.

교체 자체의 측면에서 볼 때, 변이 및 변화의 확산은 수의적 교체의 점진적 필수화와 더불어 이루어진다. 단, 기존의 문법에 둘 이상의 교체 현상이 첨가되는 경우에는 개별 어휘에 따라 양방향의 변화가 동시에 이루어지거나, 각각 상이한 방향으로 변화가 수행될 수 있다.

(yə) 변화 및 (ya) 변화의 경우, *yə, *ya라는 음소 배열 제약의 등급이 상승함으로써 기존에 허용되던 음소 배열인 yə와 ya가 허용되지 않는 쪽으로 변화가 이루어지고 있다. 그리고 이 같은 제약 위계의 변화에 따라 yə→ye, ya→yɛ와 같은 모음 전설화 및 ye→e, yɛ→ɛ와 같은 y 탈

락 현상이 일어나고 있다. yə>ye>e, ya>yɛ>ɛ라는 변화의 진행 과정에서 바로 (yə) 변이 및 (ya) 변이가 출현한다. 중부 이남 방언의 경우에도 이 같은 변화가 널리 관찰된다.

한편, 개별 어휘의 측면에서는 해당 교체가 적용되기 용이한 세부 조건을 지닌 어휘로부터 점진적으로 변이 및 변화가 확산된다. yə>ye>e, ya>yɛ>ɛ 변화의 경우, 다음과 같은 경향이 관찰된다.

첫째, yə나 ya에 선행하는 자음이 변자음일 때 yə>ye, ya>yɛ와 같은 모음 전설화가 더 잘 일어난다. 반면, yə나 ya에 선행하는 자음이 치조음일 때에는 경쟁적인 음운 변화―t 구개음화, 어두 n 탈락, 치조음 뒤 y 탈락 등―가 우선적으로 일어나는 경향이 있다. 이는 전설성 활음 y 와 후설 모음 ə나 a의 연쇄에 대한 제약(*y-ə, *y-a)보다 치조음과 전설성 활음 y의 연쇄에 대한 제약(*치조음-y)의 등급이 더 높음을 의미한다.[260] 또, 두음이 없는 yə나 ya 연쇄에서는 어떠한 변화도 일어나지 않는 경향이 있다. 둘째, ye나 yɛ에 선행하는 자음이 변자음일 때 ye>e, yɛ>ɛ와 같은 y 탈락이 일어난 예들이 많다. '치조음-ye', '치조음-yɛ' 연쇄에서도 경쟁적 음운 변화인 t 구개음화나 어두 n 탈락보다는 y 탈락이 선호되는 경향이 관찰된다. 이는 치조음과 전설성 활음 y의 연쇄에 대한 제약(*치조음-y)보다 전설성 활음 y와 전설 모음의 연쇄에 대한 제약(*y-전설 모음)의 등급이 더 높음을 의미한다. 그러나 이 지역어에서 '치조음-ye', '치조음-yɛ' 연쇄 자체가 '변자음-ye', '변자음-yɛ' 연쇄보다 수적으로 적은 까닭에 그 변화 예 또한 상대적으로 드물다.

---

260) 한편, 기저의 '치조음-y-ə/a' 연쇄에 대해서는 변이형 '치조음-ə'나 '치조음-a'뿐 아니라 '치조음-y-e'나 '치조음-y-ɛ', '치조음-e'나 '치조음-ɛ' 또한 관찰된다. 이는 yə/ya 연쇄에 작용하는 조음 위치 동화 제약에 기인한다. yə→ye, ya→yɛ는 선행하는 전설성 활음에 의한 모음의 전설화로서, 동화의 일종이다. 변이형 ye, yɛ는 AGREE(place)와 MAX-IO 제약을 준수한 표면형이다. 기저의 yə, ya에 대한 변이형 e, ɛ는 AGREE(place) 제약과 *COMPLEX를 준수한 표면형이다. 이러한 변이형이 이 지역어에 공존하는 이유는 관련 제약들 간의 위계가 고정되어 있지 않기 때문이다.

  하나의 새로운 교체 현상이 출현하였을 경우 그것은 제약 위계의 변동을 의미하고, 그 언어의 문법에는 새로운 제약 위계가 자리잡을 것임을 예측할 수 있다. 제약 위계가 변동된 이래 새로운 제약 위계가 기존의 위계를 대체하기 전까지는 계속해서 변이가 존재한다. 이 지역어의 세대별 (yə) 변이, (ya) 변이 또한 점진적인 제약 위계의 변화 과정을 잘 보여 준다. 변이를 구성하는 특정 변이형의 분포가 점차 확대되어 가는 양상은 제약 위계의 점진적 변화 과정을 반영하는 것으로 해석되기 때문이다.

  그러나 단일한 연쇄에 적용되는 새로운 교체 현상이 둘 이상 출현하였을 경우, 경쟁적 교체를 낳는 상이한 제약 위계 중 어느 쪽으로 위계가 고정되느냐 여부를 변화의 초기부터 예측하기는 어렵다. 현재 진행 중인 변화의 양상을 통해 보건대, 'tyə', 'tya' 연쇄는 'ʧə', 'ʧa' 및 'ʦə', 'ʦa'를 최적형으로 하는 쪽으로, 어두 'nyə', 'nya' 연쇄는 'yə', 'ya'를 최적형으로 하는 쪽으로, 'syə', 'sya' 연쇄 및 'ʦyə', 'ʦya' 연쇄는 각각 'sə', 'sa', 'ʦə', 'ʦa'를 최적형으로 하는 쪽으로 변화될 것으로 보인다. 반면, 변자음을 두음으로 하는 'yə', 'ya' 연쇄의 경우에는 '(y)e', '(y)ɛ'를 최적형으로 하는 쪽으로 변화할 것임을 예측할 수 있다.

  한편, 이러한 변화의 진행에는 언어 외적 요인 또한 강하게 작용하는 것으로 보인다. 실제로 언어 변화를 주도하는 것은 화자와 청자이고 그들은 자신이 속한 언어 공동체에 작용하는 언어 내·외적 요인의 영향 하에 언어를 운용하므로, 언어 변화의 방향도 다분히 복합적인 요인에 의해 결정될 수밖에 없다. 따라서 '변자음-yə' 연쇄나 '변자음-ya' 연쇄의 변화에 표준어와 같은 언어 외적 요인이 강하게 작용한다면 앞으로의 변화 방향이 표준어와 가까워지는 쪽으로 달라질 가능성도 배제할 수 없다.

3.3. 요약

이 장에서는 교체 지배 변이와 변화의 실제를 검토하고 그 원리를 밝힘으로써 양자의 상관성을 확인하였다. 함북 육진 방언이라는 실증적인 언어 자료를 토대로, 수의적 음운 교체에 의한 변이와 변화의 구체적인 기제에 관하여 논의하였다. 훈춘 지역어의 세대별 음운 변이의 양상을 비교하여 현장 시간상의 변화를 확인하는 한편, 이를 20세기 초의 카잔 자료와 비교함으로써 실재 시간상의 변화 양상도 살펴보았다. 논의의 대상으로 삼은 음운론적 변항은 현재 진행 중인 음운 변화를 반영하고 있는 (ti), (tyV), (ni), (nyV), (syV), (ʦyV), (yə), (ya)였다. 논의한 내용을 요약하면 아래와 같다.

첫째, 육진 방언의 변항 (ti), (tyV), (ni), (nyV), (syV), (ʦyV), (yə), (ya)와 관련된 변이는 수의적 음운 교체에 의한 변이, 즉 교체 지배 변이이다. 그 이유는 공존하는 다양한 변이형들을 단일한 기저형으로부터 공시적 음운 과정에 의해 도출할 수 있기 때문이다. 공존하는 표면형들 간의 관계를 포착하는 음운 과정의 음성적 동인이 표면에 드러나며, 해당 음운 과정이 이 지역어의 전체 형태소들 및 전체 화자들에 걸쳐 일반적으로 적용된다는 점에서, 이들 변항과 관련된 변이는 자연성과 일반성을 갖춘 음운 과정에 의한 것이라고 할 수 있다. 또, 해당 음운 과정에 의한 교체형이 존재한다는 점에서 이들 과정은 공시적인 것이라고 할 수 있다. 관련된 음운 과정은 t 구개음화, t 뒤 y 탈락, 어두 n 탈락, n 뒤 y 탈락, s 뒤 y 탈락, ʦ 뒤 y 탈락, yə→ye→e 및 ya→yɛ→ɛ 등이다.

둘째, 수의적 음운 교체의 기제와 요인은 일차적으로 규칙에 의하여 기술될 수 있으나, 보다 근본적으로는 제약의 관점에서 설명될 수 있다. 수의적 음운 교체는 규칙의 수의적 적용에 의한 것이며, 그러한 수의적 규칙 적용의 원인은 제약들 간의 상호 경쟁에 있다. 또, 동일한 제약을 준수하기 위한 손질 책략이 여러 가지인 경우에도 규칙 간의 경쟁 및 그로 인한 수의적 규칙 적용이 이루어진다. 통시적 변화의 관점에서 보자면, 기존의 문법에 새로운 교체가 첨가되고 그것이 수의적 적용 단계를 거쳐 점차 필수화하는 가운데 공시적 변이가 출현한다. 새로운 교체의 첨가는 일차적으로 새로운 규칙의 첨가로 기술될 수 있으나, 그러한 규칙 첨가의 근본 원인은 제약 위계의 변화에서 찾을 수 있다. 기존의 제약 위계가 새로운 제약 위계로 변화하는 과정에서 공시적 변이가 출현하고, 그 위계가 확정되면서 변화가 완료된다. 관련된 제약은 *ti, *tyV, *ω[ni, *ω[nyV, *syV, *tsyV, *yə, *ya 등의 표면 적형 제약과 기저-표면 일치 제약이다.

셋째, 현장 시간상에서 진행 중인 변화의 예와 과거 이 방언에서 일어났던 음운 현상의 실제를 검토한 결과, 아래 가설의 타당성이 입증되었다. 해당 음운론적 변항과 연관된 특정한 변이형의 출현이 100년 전부터 현재에 이르기까지 어휘에 따라 점진적으로 증가하는 것으로 나타났기 때문이다.

> (가설) 음운 과정에 의한 통시적 음운 변화는 수의적 음운 교체를 통하여 어휘에 따라 점진적으로 수행된다. 그러한 점진적 어휘 확산 과정에서 공시적 음운 변이가 출현한다.

넷째, 교체의 적용 양상의 측면에서 볼 때, 변화의 확산은 수의적 교체의 점진적 필수화와 더불어 이루어진다. 단, 기존의 문법에 둘 이상의 교체 현상이 첨가되는 경우에는 개별 어휘에 따라 양방향의 변화가 동시에 이루어지거나, 각각 상이한 방향으로 변화가 수행될 수 있다. 한편, 교체의 적용 대상의 측면에서는, 해당 교체가 적용되기 용이한 세부 조건을 지닌 어휘로부터 교체가 적용되기 시작하여 점진적으로 변화가 확산된다.

끝으로, 음운론적 변화는 발화 산출과 발화 해석의 최적화를 지향하여 일어난다. 이 중 교체 지배 변이 및 변화는 발화 산출 과정이 최적화되는 방향으로 진행된다. 즉, 조음의 최적화와 식별의 최적화를 지향하여 제약 위계가 변화한다.

제4장 기저형 지배 변이와 변화

기저형 지배 변이란, 기저형의 수의적 선택에 의한 변이를 말한다. 즉, 공존하는 상이한 표면형들 간의 관계가 공시적인 음운 과정으로써 설명되지 않는 경우의 변이를 가리킨다. 한편 기저형 지배 변화란, 도출 과정상의 음운 교체와는 직접적인 관련 없이, 재해석, 단일화, 차용 및 유추 등으로 인하여 기저 차원에서 일어나는 변화를 말한다. 이 장에서는 기저형 지배 변이와 변화의 실제를 분석함으로써 변이와 변화의 원리를 밝히고, 나아가 양자의 상관성을 확인하고자 한다.[1]

우선, 훈춘 지역 노년층 화자들의 발화에서 관찰되는 음운 변이를 중심으로 공시적 변이의 기제와 요인에 대하여 논의한다. 다음으로, 현장 시간상의 변화와 실재 시간상의 변화를 검토함으로써 음운 변화의 확산 과정과 방향에 대하여 언급한다. 현장 시간상의 변화는 노년층의 변이를 중년층 및 청년층의 변이와 비교함으로써 확인할 수 있다. 실재 시간상의 변화는 세대별 음운 변이를 비교한 결과 드러난 변화의 양상을 20세기 초의 카잔 자료 및 1980년대의 방언 조사 자료와 비교함으로써 확인할 수 있다.

---

1) 본고에서 다루는 기저형 지배 변이와 어휘적 변이는 구별될 필요가 있다. 어휘적 변이가 별개의 형태소의 선택적 출현에 의한 변이라면, 기저형 지배 변이란 한 형태소의 쌍형 기저형이 선택적으로 출현함으로써 발생하는 변이이다. 쌍형 기저형 간에는 어휘적 의미 차이가 없다는 점, 그리고 쌍형 기저형의 발생 및 공존은 공시적인 음운 교체와 간접적으로 관련되어 있다는 점에서 본고는 이를 음운론적 변이에 포함시켜 논의한다.

4.1. 변이의 실제

현재 훈춘 지역어에서는 수의적 음운 교체와 같은 음운론적 기제에 의한 변이 외에도 재해석, 단일화, 차용 등의 비음운론적 기제에 의한 변이 또한 관찰된다. 이 장의 목적은 구체적인 변이의 실제를 검토함으로써 공시적인 기저형 지배 변이의 기제와 요인을 밝히는 것이다. 이 방언에서 관찰되는 변이 및 변화에 대한 논의는 개별 방언의 언어 현상뿐 아니라 한국어 제 방언의 보편적 현상에 대해서도 설명의 단서를 제공할 것으로 기대된다. 앞 장에서는 변이를 구성하는 음운론적 변항을 중심으로 살펴보았으나, 이 장에서는 변이를 초래하는 기저형 첨가 기제를 중심으로 논의하기로 한다. 크게 재해석에 의한 변이, 단일화에 의한 변이, 차용 및 유추에 의한 변이로 나눈다.

4.1.1. 재해석에 의한 변이

4.1.1.1. 변이의 양상

통시적 음운 변화 기제로서의 재해석(reinterpretation)이란, 주어진 표면형에 대해 둘 이상의 음운론적·형태론적 해석이 가능할 경우, 이후 시기의 청자가 이를 이전 시기와 다르게 해석하는 현상을 말한다.[2] 한편

---

2) 기존의 '재분석(reanalysis)'은 '형태론적 재해석'만을 가리켰다. 즉, 이전 세대와 다르게 형태소를 분석하는 현상만을 재분석이라 부르고, 이러한 기제에 의한 언어 변화만을 주된 논의의 대상으로 삼았다. 그러나 실제 언어 변화에 있어서는 형태론적 재해석뿐 아니라 음운론적 재해석도 중요한 기제로 작용한다. 형태소 분석 즉 형태소 경계 배정과는 무관하게, 형태소 내부의 음운 연쇄를 이전 세대와 다르게 해석함으로써 일어나는 변화도 많은 것이다(예. 무릎>무릅, 닭>닥). 따라서 본고는 형태론적 재해석과 음운론적 재해석을 아우르는 상위 기제로서 '재해석'이라는 용어를 사용하고자 한다. 또, 교체와는 무관하게 특정 음운 연쇄에 대한 불명료한 청취로 인하여 상이한 음운 연쇄로 분석되는 경우도 있다. 이로 인한 기

공시적 관점에서의 재해석이란, 주어진 표면형에 대해 둘 이상의 음운론적·형태론적 해석이 가능할 경우, 발화 산출의 출력(output)을 발화 산출의 입력(input)으로 복원(reconstruction)하는 과정에서 청자가 실제 입력형과는 다른 입력형을 복원해 내는 현상을 말한다. 청자의 발화 해석 과정, 즉 표면형을 기저형으로 복원하는 과정에서 재해석이 일어나면, 결과적으로 한 형태소에 대하여 새로운 기저형이 첨가된다. 따라서 이 화자는 발화 산출 과정에서 둘 이상의 기저형 가운데 어느 하나를 수의적으로 선택하게 된다.

이 지역어에서도 그러한 예들이 관찰된다. 재해석의 유형과 빈도에 차이가 있으므로 체언과 용언의 예를 나누어 살핀다.[3] 이 장에서 살펴볼 예는 /Xi-/, /Xu-/, /Xo-/, /-Xep^h-/, /XVC$_1$C$_2$/와 관련된 변이이다.

아래의 표는 /Xi-/ 용언의 화자별 실현 양상을 제시한 것이다.

제보자 항목		F$_1$ 79세	M$_4$ 71세	F$_2$ 69세	M$_5$ 69세	F$_3$ 62세	M$_6$ 60세
방언형	의미						
끼-	挾	k'ígu, k'índa k'éra	k'éra, k'ígu k'ídi, k'é	k'éˑt'a, k'igú k'eét'a, k'edí	k'ék'una k'iŋgé, k'é k'égəra k'ídamun	k'índa k'eéra	k'índa k'endá k'eéra, k'eé
			k'iwə́(使) k'iúgu(使)	k'iúnda(使) k'iwə́ra(使)	k'iwə́dʑunda(使)	k'iwə́(使)	k'ewá(使)
니기-	揉	nigínda nigígu nigéra	nigínda nigéra	nigínda nigésə nigéra	nigídi nigindam mário nigésə nigégadʑigu nigewásə	nigídi igínda igénda igédi igéˑra nigésə	nigínda nigígu nigénda nigéra

---

저형의 변화 또한 재해석에 의한 변화에 포함될 수 있을 것이다.

3) 체언은 용언에 비하여 자립성이 강하다는 점으로 인하여 언어 변화에 있어서도 일정한 차이를 보인다. 蘇信愛(2002: 76-78)는 이 지역어에 대한 분석을 토대로, 구개음화가 용언보다 체언에서 먼저 일어나는 경향이 있음을 밝힌 바 있다. 뿐만 아니라 재해석이나 단일화, 차용 및 유추에 의한 변화 또한 용언보다는 체언에서 더 먼저 일어나는 경향이 관찰된다. 이러한 체언과 용언의 비대칭성에 대해서는 宋喆儀(1982, 1991, 1995), 姜昶錫(1985) 등을 참고할 수 있다.

기-	匐	kígu, kídi kídʒa, kée	kée, kígu kéesə kídəra kímun kiúgu(使) kiwəra(使)	kígu, ké, kée	kée, kíu kínda	kée, kígo	kée kínda
구기-	繰	kugéedʒ(dʸ) et'a	kugígu, kugéra kugéedek'una kugìwək'una (被)	k'ugéra k'ugímu	k'ugínda k'ugédedina	k'ugígo k'ugéra	k'ugídi kugídi kugé·ra
히-	泳	hígu, hídʒi héra	hída, hǐda hǐ·da, hǐnda	hendá, heé seé	hínda, héera hézra, hé·bara hiǐm	hénda hégu, heé	hínda, hínịn heé, hé

[표 1] 재해석에 의한 기저형 공존과 변이 I (/Xi-/ 용언)[4]

이것을 화자별 기저형만 간추려 제시하면 아래와 같다.[5]

제보자 항목	F₁ 79세	M₄ 71세	F₂ 69세	M₅ 69세	F₃ 62세	M₆ 60세
끼-	끼-	끼-	끼-, 께-	끼-, 께-	끼-	끼-, 께-
니기-	니기-	니기-	니기-	니기-	니기-, 이게-	니기-, 니게-
기-	기-	기-	기-	기-	기-	기-
구기-	(구기-)	구기-	꾸기-	꾸기-	꾸기-	꾸기-
히-	히-	히-, 희-	헤-, 세-	히-, 희-	헤-	히-

[표 2] 재해석에 의한 기저형 공존 양상(/Xi-/ 용언)

---

4) 재해석에 의하여 '(쌀을)/일-/>/이-/'로 기저형이 변화한 데서 나아가 /이-/를 /에
-/로 다시 재해석함으로써 /이-/와 /에-/가 공존하는 경우도 관찰된다. M₁₄(29세)
의 éra (쌀을 (물함박에다))에라(일어라), égo it'a 에고 있다(일고 있다), ígo it'a 이
고 있다(일고 있다), iniŋgə́ (쌀을)이는 거, íʥi malla 이지 말라(일지 말라), ímun
ʧótʰa 이문 좋다(일면 좋다), yə́· nat'a 여·났다(일어 났다), yə́· nwara 여·놔라(일어
놔라) 등이 그러한 예이다.

5) 관찰된 모든 표면 이형태들로부터 이 지역어의 공시적인 음운 과정—원순 모음
(o, u)에 의한 순행 원순모음화, yə→ye→e 현상 등—을 취소함으로써 기저형을
설정하였다. 즉, 단일한 기저형으로부터 공시적인 음운 과정에 의해 도출될 수 없
는 표면형들에 한하여 표면형과 동일한 기저형을 각각 설정하고, 단일한 기저형
으로부터 공시적 음운 과정에 의해 도출 가능한 표면형들에 대해서는 단일한 기
저형을 설정하였다. 따라서 출현하는 표면형과 설정된 기저형 간에는 차이가 있
을 수 있다.

/Xi-/ 용언의 경우, 대체로 /Xe-/형으로 기저형이 재해석되고 있다. 예컨대 /끼-/, /께-/의 공존은 /Xi-/(/끼-/)의 /Xe-/(/께-/)로의 재해석 결과이다. i 말음 어간과 ə계 어미의 결합형(/Xi-+-əY/)[6]에 음운 교체가 일어난 활용형 [Xe(:)Y]로부터 청자가 어간을 /Xe-/로 해석한 결과이다.[7] 이 같은 해석이 가능한 이유는 e 말음 어간과 ə계 어미가 결합할 때 어미의 ə가 어간 말모음에 완전 동화되거나 탈락하는 현상을 청자가 알고 있기 때문이다.[8] /Xi-/의 /Xe-/로의 재해석에 의한 기저형 첨가는 현재 이 지역어에서 가장 활발히 일어나고 있는 기저형 첨가 유형이다. 수의적으로 일어나던 yə→e 현상이 점차 필수화하는 과정에서 이 같은 기저형 첨가 또한 촉진되고 있다. 즉, 발화 산출 과정에서 일어나는 음운 교체와 발화 해석 과정에서 수행되는 기저형의 복원은 서로 밀접한 관계를 맺고 있는 것이다. /니기-/, /히-/의 경우에도 동일한 설명이 적용된다.[9]

  아래의 표는 /Xu-/ 용언의 화자별 실현 양상을 제시한 것이다.

---

6) X, Y는 ø(零)을 포함한 임의의 분절음 또는 분절음 연쇄를 나타내며 V는 모음, C는 자음을 나타낸다. ə계 어미란 모음 ə로 시작하는 어미를 말한다. 여기서는 편의상 -əY로 표시한다.

7) 이때 일어난 음운 교체에는 활음화(XyəY) 및 수의적인 보상적 장음화(Xyə : Y), yə→ye→e 현상(Xe(:)Y)이 해당할 것이다.

8) 어간이 단음절일 경우 어미의 ə가 어간 말모음에 완전 동화되며(예. 떼-어→떼에) 어간이 2음절 이상일 경우 어미의 ə는 탈락한다(예. 당게-어→당게).

9) /히-/는 /희-/로부터 모음 변화를 겪어 재구조화된 어간이다. 하향 이중모음이었던 /ㅢ/([iy])는 점진적인 음성 변화로 인하여 [ɨy](ɨ는 i의 활음) > 중설 고위 단모음 [ɨ] > 전설 고위 단모음 [i]에 이르렀다. 일부 노년층의 발화에서는 여전히 [ɨ]가 관찰되기도 한다. /기-/, /구기-/의 실현 예는 중년층 및 청년층의 변이와 비교하기 위하여 제시한 것이다.

제보자 항목		F_1 79세	M_4 71세	F_2 69세	M_5 69세	F_3 62세	M_6 60세
방언형	의미						
쑤-	熬 (粥)	s'ɨ́nda s'ɨo, s'ə́ra s'ə́ya, s'ɨdi	s'únda, s'úgo s'ə́ra	s'ɨ́nda, s'ɨ́go s'ə́ra, s'ə́t'a s'ɨ́mu, s'ə́sa s'ils'úrok	s'ə́sə, s'ə́ s'ɨ́nda s'ɨ́niŋgaňi s'iŋgə́t'u	s'ɨ́nin, s'ɨ́ra s'ə́	s'ɨ́nda s'ə́ra
겨누-	照準	kyənúnda kyənə́ra	kyənúnda kyənʷə́ra	kyənɨdi kyənɨ́nda kyənɨ́gu kyənə́t'a kyənúnda kyənúara kyənə́ra kyənúmu kyənugú	kyənɨ́nda kyənə́ra ʧənɨ́na ʧənɨ́di ʧənə́ra	kyənúgo kyənə́ra	kyənɨ́nda kyənúgu kyənʷə́ra kyənə́ra
가두-	囚	kadá kadúnda kadára kɛk'é(被) kɛk'ét'a(被)	kadúnda kadúgu kadwára kɛk'ímu(被) kɛk'é(被)	kadúnda kadúmu kadwára kadwára kak'índa(使) kak'éra(使) katʰídi(被) katʰyét'a(被) katʰʸét'a(被)	kadá yə́ya kadá yə́·nda kadát'a kadúʥi kadúl	kadúnda kadá kɛk'é(被) kak'é(被) katʰyə́(被) katʰé(被)	kadúnda kadá kadára
거두-	收	kədə́diridi kədə́dirinda kədúgu	kədúgu kədúdi kədwára kədʷə́ra	kədúgu kədúmu kədúnda kədɨnda kədʷə́ra kədə́ra	kədúgu kədə́dirinda kədɨnda kədɨna	kədúgo kədə́ kəduméri̞	kədúnda kədə́
낮추-	低	natsʰára natsʰúgu natsʰúdi	natsʰúgu natsʰwára natsʰwə́ra	natsʰúnda natsʰúndagu natsʰwára	natsʰúdi natsʰwára natsʰwák'una	natsʰúgo natsʰwára natsʰára	natsʰúgu natsʰwá

[표 3] 재해석에 의한 기저형 공존과 변이 II (/Xu-/ 용언)

이것을 화자별 기저형만 간추려 제시하면 아래와 같다.

제보자 항목	F_1 79세	M_4 71세	F_2 69세	M_5 69세	F_3 62세	M_6 60세
쑤-	쓰-	쑤-	쓰-	쓰-	쓰-	쓰-
겨누-	겨누-	겨누-	겨느-, 겨누-'	겨느-	겨누-	겨누-
가두-	가두-	가두-	가두-	가두-	가두-	가두-
거두-	거두-	거두-	거두-, 거드-	거두-, 거드-'	거두-	거두-
낮추-	낮추-	낮추-	낮추-	낮추-	낮추-	낮추-

[표 4] 재해석에 의한 기저형 공존 양상(/Xu-/ 용언)

/Xu-/ 용언의 경우, 대체로 /Xi-/형으로 기저형이 재해석되고 있다. 예컨대 /쑤-/, /쓰-/의 공존은 /Xu-/(/쑤-/)의 /Xi-/(/쓰-/)로의 재해석 결과이다. u 말음 어간과 a/ə계 어미의 결합형(/Xu-+-a/əY/)에 음운 교체가 일어난 활용형 [XaY/XəY]로부터 청자가 어간을 /Xi-/로 해석한 결과이다.[10] 이 같은 해석이 가능한 이유는 i 말음 어간과 a/ə계 어미가 결합할 때 어간 말모음 i가 탈락하는 현상을 청자가 알고 있기 때문이다. /Xu-/의 /Xi-/로의 재해석에 의한 기저형 첨가 또한 /Xi-/의 /Xe-/로의 재해석과 마찬가지로 현재 이 지역어에서 매우 활발히 일어나고 있는 기저형 첨가 유형이다. 이는 wa/wə 연쇄에서의 w 탈락 현상이 점차 필수화함에 따라 촉발된 것으로 보인다. 이 또한 발화 산출 과정에서 일어나는 음운 교체와 발화 해석 과정에서 일어나는 기저형 복원의 상관성을 보여 주는 예이다. /겨누-/, /거두-/의 경우에도 동일한 설명이 적용된다.[11]

아래의 표는 /Xo-/ 용언의 화자별 실현 양상을 제시한 것이다.

제보자 항목		F₁ 79세	M₄ 71세	F₂ 69세	M₅ 69세	F₃ 62세	M₆ 60세
방언형	의미						
고-	煮	konnindá kwá·ra kóːra kokʰú kwaádet'a	konnindá koára kokʰú koumún	koát'i, kokʰú	konnindam mário koórari kotʰí konniŋgé	kollindágo kolkʰó korát'a koltʃʰí koómu koúls'urok	kolkʰú koára koásə koltʰí koiram mário koltsʰá
꼬-	撚	k'ónda k'ógu k'ódi k'wára	k'ónda k'wáya k'ógu k'wára	k'ónda k'ógu, k'ómu k'wára k'wádinda k'wánda	k'oniŋgé k'wás'o k'wágaʤigu k'óo k'wás'o	k'ónda k'ógo k'wára	k'ónda, k'óo k'wára k'wá·s'im k'wás'o k'wánin k'wánda k'wágu

---

10) 이때 일어난 음운 교체에는 활음화(XwaY/XwəY) 및 활음 탈락(XaY/XəY)이 해당할 것이다.

11) /가두-/, /낮추-/의 실현 예는 중년층 및 청년층의 변이와 비교하기 위하여 제시한 것이다.

쏘-	螫						
		s'ónda s'ó·gu s'óʤi s'oát'a s'wát'a	s'oógu s'ódi s'ómu s'ondá s'óː(oó)nda s'okʰú s'oomú s'otʰéŋkʰu s'onnɨndá	s'ondá s'onnɨndá s'wát'a s'oásə s'wásə s'okʰú, s'ok'ú s'otʰə́ra s'ot'ə́ra s'oómu s'otʰí s'otʰɛnét'a s'oónda	s'onnɨndá s'okʰú s'ólgu s'ógu s'ónda	s'oónda s'oóra s'oó(s'óː)lgo s'ooldí s'óːranat'a s'oómu s'ó·di	s'ó·nda s'oát'a s'ógu s'oórat'a s'oólgu s'oómun s'ódi
		s'oín(被) s'oígu(被) s'oyésə(被) s'oésə(被)	s'oét'a(被) s'oímu(被) s'ɛwát'a(被)	s'okʰígu(被) s'okʰét'a(被) s'ɛɛt'a(被) s'ɛwát'a(被) s'ɛúgo(被) s'okʰígo(被) s'oígu(使) s'oyə́ra(使)	s'ɛwat'á(被) s'ɛúñi(被) s'oék'una(被) s'ɛwə́k'una(被) s'ɛults'úl(被) s'oimyán(被) s'ɛumyán(被)	s'olgímun(被) s'olgìdɛnét'a(被) s'olgét'a(被) s'olgiwát'a(被)	s'oímun(被) s'oét'a(被) s'oé(被)

[표 5] 재해석에 의한 기저형 공존과 변이Ⅲ(/Xo-/ 용언)

이것을 화자별 기저형만 간추려 제시하면 아래와 같다.

제보자 항목	F_1 79세	M_4 71세	F_2 69세	M_5 69세	F_3 62세	M_6 60세
고-	공-	공-	공-	공-	공ː-, 공-	공ː-, 공-
꼬-	꼬-	꼬-	꼬-, 꽈-	꼬-	꼬-	꼬-, 꽈-
쏘-	쏘-	쏘-, 쏭-	쏘-, 쏭-, 쏠-	쏭-, 쏠-, 쏘-	쏠-	쏘-

[표 6] 재해석에 의한 기저형 공존 양상(/Xo-/ 용언)

/Xo-/ 용언의 경우, 대체로 /Xoh-/, /Xoʔ-/, /Xor-/, /Xorh-/, /Xwa-/형
으로 기저형이 재해석되고 있다. 예컨대 /쏘-/, /쏭-/, /쏘ㅎ-/, /쏠-/의
공존은 /Xo-/(/쏘-/)의 /Xoh-/(/쏭-/), /Xoʔ-/(/쏭-/), /Xor-/(/쏠-/)로의 재해
석 결과이다.

우선, /Xo-/>/Xoh-/는 o 말음 어간(/Xo-/)과 i계 어미(/-iY/)의 결합형
(/Xo-+-iY/)에 i 탈락 규칙이 적용된 활용형 [XoY]로부터 청자가 어간을
/Xoh-/로 해석한 결과이다.[12] 이 같은 해석이 가능한 이유는 h 말음 어

---

12) a/ə계 어미와의 결합형([Xwa] 또는 [Xoa])에 대해서도 /Xoh-/로의 재해석이 일어
날 수 있다.

간(/Xoh-/)과 i계 어미(/-iY/)가 결합할 때 'h 탈락 규칙' 및 '모음 순행 동화 규칙'이 적용된다([Xo:Y])는 점을 청자가 알고 있기 때문이다. 그런데 이때 어간이 /s'o : h-/이 아닌 /s'oh-/으로 재해석될 수 이유는 이 지역어에서 음장(length)이 변별적이지 않으며 음성적인 상승조와 고조 또한 변별되지 않기 때문이다. 훈춘 지역어는 고조(H)와 저조(L)를 성조소(toneme)로 가지는 성조 방언으로, VV[LH]는 수의적으로 V[H] 또는 V[H]로 실현된다. 경우에 따라 화자들의 음장에 대한 인식을 엿볼 수 있으나, 음장은 그 기능 부담량이 미미한 수준이다. /쏘-/[H]>/쏳-/[L] 변화는 활용형 /쏘:무/[H:L]〜/쏘무/[HL](쏘-(으)면)를 청자가 /쏘오무/[LHL]로 인식함으로써 어간을 /쏳-/[L]으로 분석한 결과로 해석된다. 한편, 이 지역어에서는 /땋-/>/따-/(編), /즛떻-/(/즛찧-/)(舂)>/즛띠-(즛찌-)/ 등과 같은 재구조화도 관찰된다. 이는 /쏘-/>/쏳-/ 재구조화의 역방향으로 변화가 일어난 경우로, 동일한 규칙들이 양방향의 재해석 및 재구조화를 촉발할 수 있음을 보여 주는 예이다.[13) /Xo-/>/Xo?-/에 대해서도 유사한 설명이 가능하다.

다음으로 /Xo-/>/Xor-/은, /Xo-/와 유음 탈락 환경이 되는 어미들과의 결합형인 [XonY], [XotY] 등으로부터 청자가 어간을 /Xor-/로 해석한 결과이다.[14) 청자가 활용형 [XonY], [XotY]를 /Xor-(i)nY/, /Xor-tY/로 분석할 수 있는 이유는 유음 말음 어간과 이들 어미가 결합할 때 유음이

---

13) /XVh-/의 /XV-/로의 재해석에 의한 어간 재구조화는 h 말음 어간과 i계 어미가 결합할 때(/XVh-+-iY/) '유성음 간 h 탈락 규칙' 및 '모음 순행 동화 규칙'이 적용된 활용형 [XV : Y]로부터 청자가 어간을 /XV-/로 분석한 결과이다. 이 같은 분석이 가능한 이유는 모음으로 끝나는 어간과 i계 어미가 결합할 때 어미의 i가 탈락하는 규칙을 청자가 알고 있기 때문이다. /땋-/[L]>/따-/[H] 변화의 경우, 어간이 /t'a : -/가 아닌 /t'a-/로 재해석될 수 있는 이유는 '따아라[LHL](땋-아라), 따아무[LHL](땋-으면)'로부터 어간을 /따-/[H]로 분석했기 때문이다.

14) 유음 탈락 환경이 되는 어미에는 n계 어미(/-nY/), t계 어미(/-tY/), in계 어미(/-inY/) 및 겸양법 선어말 어미 /-ip-/, 하오체 종결 어미 /-o/(/-u/) 등이 해당한다. 간혹 k계, im계, ʦ계 어미 앞에서도 수의적으로 유음이 탈락된다.

탈락되는 현상([XonY], XotY])을 알고 있기 때문이다.[15] /고-/의 경우에도
유사한 설명이 적용된다.[16]

한편, /꼬-/>/꽈-/의 경우와 같이 /Xo-/의 /Xwa-/로의 재해석 또한 관
찰된다. 이는 o 말음 어간(/Xo-/)과 a계 어미(/-aY/)의 결합형(/Xo-+-aY/)
에 활음화 규칙이 적용된 활용형 [XwaY]로부터 청자가 어간을 /Xwa-/
로 해석한 결과이다.

아래의 표는 /-Xepʰ-/ 용언의 화자별 실현 양상을 제시한 것이다.

항목 \ 제보자		F₁	M₄	F₂	M₅	F₃	M₆
		79세	71세	69세	69세	62세	60세
방언형	의미						
-곂-	欲	məkk'épt'a mik'éba mək'éba mək'ébasə mik'éba kagépt'a kagé·pʰado pogépt'a pogépʰa pogépʰul pogepʰás'o	pogépt'a pogéepʰasə pogéepʰumun pogept'éntʰa mek'épt'a kagéept'a ogéept'a mek'ébasə kagépʰasə álgepʰasə	mekk'éept'əra álgept'əra hagéept'əra mek'ébasə mekk'ée(éː)basə mek'ébumun pogéept'a pogéepʰasə kagépʰasə kagéepʰasə álgepʰasə mek'épt'a mekk'èpt'ɛňíu	mekk'éept'a mekk'éba məkk'í ši(p)k'u mek'ebumun kagéːpt'a kagépʰadu pogéept'a pogépʰa	pogéepk'u ma pogéʧ'i mek'épt'a mek'éːpt'a pogéept'a pogépʰa mek'éːba hagépʰun	mikk'éːpt'a mek'ebásə pogé·pt'agu

[표 7] 재해석에 의한 기저형 공존과 변이 IV (/-Xepʰ-/ 용언)[17]

---

15) 유음 말음 어간과 in계 어미(/-inY/)가 결합할 때는 i 탈락도 일어난다. 한편,
/XV-/>/XVr-/의 재해석이 -tY 앞 유음 탈락에 착안하여 유발되었다면, 이때의
재해석 또한 과도 교정적 성격을 띤다. 표준어에서는 -tY 앞에서 유음이 탈락하
지 않기 때문이다.

16) /쏘-/>/쏠-/, /꼬-/>/꼴-/(중년층 이하 자료), /공-/>/곬-/과 같이 /r/이 첨가되는
유형의 기저형 변화는 공통적으로 -tY 앞의 유음 탈락 규칙에 유인되었을 가능성
이 있다. 한편, 이 지역 청년층의 발화에서 주로 관찰되는 /돕-/>/돏-/, /줍-/>/줇-/
등의 예는 /p/ 앞의 유음 탈락 규칙에 이끌린 재해석의 결과로 보인다. /담-/>/닮-/
은 rm→mm→m(예. 삶아라(烹)→삼마라→삼아라)과 같은 음운 교체에 이끌린 재
해석의 결과로 이해된다.

17) '-곂-'은 보조 동사 구성인 '-게 싶-(-고 싶-)'의 융합형이다. 중앙어 '먹고프다, 보
고프다, 가고프다' 등의 '-고프-'에 대응된다.

이것을 화자별 기저형만 간추려 제시하면 아래와 같다.

제보자 / 항목	F_1 79세	M_4 71세	F_2 69세	M_5 69세	F_3 62세	M_6 60세
-겲-	-겲-, -겹-	-겲-, -겹-	-겲-, -겹-	-겹-, -겲-	-겲-, -겹-	-겹-

[표 8] 재해석에 의한 기저형 공존 양상(/-Xep[h]-/ 용언)

/-Xep[h]-/ 용언의 경우, 대체로 /-Xep-/형으로 기저형이 재해석되고 있다. 예컨대 /-겲-/, /-겹-/의 공존은 /-XVp[h]-/(/-겲-/)의 /-XVp-/(/-겹-/)으로의 재해석 결과이다. 유기 폐쇄음인 /p[h]/ 말음 어간과 자음으로 시작하는 어미(앞으로 '자음 어미', -CY)의 결합형(/-XVp[h]-+-CY/)에 음운 교체가 일어난 활용형 [XVpC'Y]('는 경음 표시)로부터 청자가 어간을 평폐쇄음 말음인 /-XVp-/로 해석한 결과이다. 이 같은 해석이 가능한 이유는 /p/를 포함한 평폐쇄음 말음 어간과 자음 어미가 결합할 때 어미의 두음이 경음화하는 현상을 청자가 알고 있기 때문이다.[18]

아래의 표는 /XVC₁C₂/ 체언의 화자별 실현 양상을 제시한 것이다.

항목 / 제보자		F_1 79세	M_4 71세	F_2 69세	M_5 69세	F_3 62세	M_6 60세
방언형	의미						
야듧	八	yadɨp yadɨlbi yadɨlbina yadɨpp'oda	yədɨlbi yadɨbida yadɨbiraɦanda yadɨlbiraɦanda yadɨpp'oda	yadɨlbidu yadɨlbi yadɨlbu yadɨlbe yadɨlbida yadɨbira	yadɨlbiyət'i yadɨpp'oda	yadɨbin yádɨp yadɨbida	yadɨp yadɨbigek'una yadɨbimun yadɨlbe yadɨbu
		yəradɨps'ári yadɨps'al yadɨps'aré yədɨps'aré	yadɨpk'ɛ	yadɨptʃ'ibu, yadɨps'arida yadɨps'ié	yadɨk'ɛ niradɨpk'in	yadipš'í yadɨps'al yadɨps'arida	yadɨpk[h]aňi yadɨps'al
사듦	水澤	sadɨlgira sadɨkp'ut[h]ə	sadɨlgi sadɨge	sadɨlgi sadɨlge	sadɨgi sadɨge	sadɨgi sadɨgidu	sadɨgi sadɨk

---

18) 체언에서도 이와 같은 유형의 재구조화가 관찰되나(예. /섶/>/섭/(袵), /무릎/>/무릅/(膝)) 그다지 일반적인 현상은 아니다.

항목	漢字	F1	M4	F2	M5	F3	M6
		sadɨlgeda	sadɨlgedu sadɨlgeda sadɨl(~ř)gira sadɨkp'utʰə sadɨkt'u	sadɨlgi sadɨřgi sadɨlgibutʰə	sadɨkpʰáñiguna	sadɨlgi sadɨlge sadɨlgio sadɨgʉ sadɨlgillu sadɨpʰáñi sadɨkpʰané	sadɨge sadɨgidu sadɨkpʰán
수탉	雄鷄	sútʰagi sútʰal(~ř) sútʰalgi sútʰakp'oda	sútʰagi sútʰagɨ sútʰalgin sútʰagin sútʰakp'oda sútʰagira sútʰagɨ sútʰakt'u	sútʰak sútʰalgʉ sútʰařgi sútʰalgi sútʰagɨ sútʰakt'u	sútʰagi sútʰagira sútʰakt'u	sútʰalgi sútʰagi sútʰakp'utʰə sútʰakt'u sútʰagidu sútʰa(ř)kk'a	sútʰagi sútʰak sútʰalgi sútʰakt'u
암탉	牝鷄	ámtʰagi ámtʰari ámtʰal(~ř)gi ámtʰařgi ámtʰakp'oda	ámtʰagi ámtʰalgi ámtʰagira ámtʰagɨ ámtʰakt'u	ámtʰak ámtʰalgi ámtʰalgʉ ámtʰaka ámtʰakt'u	ámtʰagira ámtʰagi ámtʰak ámtʰakt'u ámtʰagin	ámtʰalgi ámtʰakt'u ámtʰagidu ámtʰagɨ	ámtʰagi ámtʰak ámtʰalgi ámtʰalge ámtʰalgidi ámtʰakt'u
(산) 기슭	山脚	kisɨlgiranin kisigira saŋk'isɨl saŋk'isɨgi saŋk'isɨlbutʰə saŋk'isɨ(r)kt'u	kisɨlgi saŋk'isɨlgi saŋk'isɨlge kisɨlge kisɨlgedu kisɨkp'utʰə kisɨ(r)gigu kisɨge kisɨ(r)gidi	kisɨlgi sak'isɨk saŋk'isɨlgi saŋk'isɨlge saŋk'isɨkt'u kisɨlge kisɨlgida saŋk'isɨkp'utʰə kisɨkp'utʰə saŋk'isɨlgi	saŋk'isɨlgira saŋk'isɨlgi saŋk'isilgé kisɨrkp'utʰə kisilbodado	kisɨlgi kisɨlgi kisɨlge kisɨkp'utʰə saŋk'isɨlgi	kisɨgi saŋk'isɨgi saŋk'isɨgio saŋk'isɨge saŋgisɨgedu saŋgisɨk arɛgisɨkt'u
더덕	沙蔘	tədálgi tədálgiri tədəlgíe tədálgidu tədálgiman tədəlgisɛɲʧʰíra tədəlgihémira	tədá(l)gi tədəgɨ tədákp'utʰə tədákt'u tədəgi tədálgiboda tədálgi tədəlgé tədəgi tədágʉ	tədálgi tədálgɨ tədəlge tədálgidu tədálgiri tədálgye tədálgʸe	tədálgi tədálgidu	tədálgi tədálgie tədálgibutʰə tədálgiri	tədálgi tədəlge tədálgidu tədálgisɛŋ tsʰɛ

[표 9] 재해석에 의한 기저형 공존과 변이(/XVC₁C₂/ 체언)

이것을 화자별 기저형만 간추려 제시하면 아래와 같다.

제보자 항목	F1	M4	F2	M5	F3	M6
	79세	71세	69세	69세	62세	60세
야듧	야듧	야듧, 여듧, 야듭	야듧, 야듭	야듧	야듭	야듭, 야듧

사듦	사듦	사듦, 사득	사듦, 사듦이	사득	사듦, 사득, 사득이	사득, 사득이
수탉	수탉, 수탁	수탉, 수탁	수탉, 수탁	수탁	수탉, 수탁이	수탁, 수탉
암탉	암탉, 암탁	암탉, 암탁	암탉	암탁	암탉, 암탁, 암탁이	암탁, 암탉, 암탉이
(산)기슭	기슭, 기슥	기슥, 기슭이, 기슭에	기슭	기슭	기슭	기슥
더덝	더덝이	더덝, 더덝이, 더덕	더덝, 더덝이	더덝이	더덝이	더덝이, 더덝

[표 10] 재해석에 의한 기저형 공존 양상(/XVC₁C₂/ 체언)

$/XVC_1C_2/$ 체언의 경우, 대체로 $/XVC_2/$, $/XVC_1C_2i(e, i)/$, $/XVC_2i/$형으로 기저형이 재해석되고 있다. 예컨대 /야듦/, /야듭/의 공존은 /XVrp/(/야듦/)의 /XVp/(/야듭/)으로의 재해석 결과이다. 자음군인 /rp/ 말음 어간과 자음 어미의 결합형(/XVrp+-CY/)에 음운 교체가 일어난 활용형 [XVpC'Y]로부터 청자가 어간을 /XVp/으로 분석한 결과이다.[19] 이 같은 분석이 가능한 이유는 /p/를 포함한 폐쇄음 말음 어간과 자음 어미가 결합할 때 어미의 두음이 경음화하는 현상을 청자가 알고 있기 때문이다.[20] /사듦/ > /사득/, /수탉/>/수탁/, /암탉/>/암탁/, /기슭/>/기슥/, /더덝/>/더덕/ 등 /XVrk/의 /XVk/으로의 재해석도 동일한 기제로 설명된다.

한편, [표 9]의 변이(예. '[야들비]~[야드비]')를 수의적 음운 교체에 의한 것으로 볼 가능성도 있다. /r/이 /p/, /k/ 앞에서 탈락하는 현상이 빠른 발화에서 간혹 관찰되기 때문이다. 그러나 변자음 앞의 유음 탈락 현상은 그다지 생산적인 음운론적 과정이 아니며, 동일한 음운론적 환경을 지닌 '밟아, 밝아'(*밥아, *박아) 등 용언의 활용에서는 일반적으로 관찰되지 않는다. 그러므로 체언 어간에서만 나타나는 이러한 변이는 기저형의 수의적 선택에 의한 것으로 간주한다.

---

19) 이 지역의 경우, /rm/, /rp/, /rk/는 자음 어미 앞에서 /m/, /p/, /k/로 단순화한다.

20) 일부 노년층 화자의 경우, 간혹 용언 어간말 비음 뒤에서 경음화가 일어나지 않기도 한다.

4.1.1.2. 변이의 기제와 요인

앞에서 재해석에 의한 기저형 지배 변이의 양상을 살펴보았다. 청자가 표면형을 재해석함으로써 기존의 기저형과 다른 형태의 기저형을 생성해 내고, 결과적으로 기존의 기저형에 새로운 기저형을 첨가하게 되어 쌍형 기저형이 형성된다. 이렇게 형성된 쌍형 기저형 중 하나를 화자가 발화 산출 과정에서 수의적으로 선택함으로써 공시적 변이가 출현한다. 3장에서 살펴본 교체 지배 변이가 발화 산출 과정에서 촉발된 변이였다면, 재해석에 의한 기저형 지배 변이는 발화 해석 과정에서 촉발된 변이라 할 수 있다. 즉, 전자가 화자에 의해 촉발된 현상으로서 발화 산출 과정의 최적화를 지향한다면, 후자는 청자에 의해 촉발된 현상으로서 발화 해석 과정의 최적화를 지향한다는 점에서 차이가 있다. 한편, 교체 지배 변이 및 변화는 활성적인 음운 교체의 영향을 직접적으로 받는 반면, 재해석에 의한 기저형 지배 변이 및 변화는 해당 언어 공동체 내에서 활성적인 음운 교체의 영향을 간접적으로 받는다는 점 또한 주목할 만하다.

기왕의 연구는 공시적 음운 변동에 있어서건 통시적 음운 변화에 있어서건, [기저형→표면형]이라는 발화 산출 과정에만 초점을 맞추어 기술한 것이 대부분이다. 반면에 [표면형→기저형]이라는 발화 해석 과정의 관점에서는 적극적인 논의가 이루어지지 않았다. 그러나 음운 변화의 촉발이나 확산이 주로 세대 간의 언어 전수 과정에서 일어난다고 볼 때, 음운 변화에 대한 온전한 설명은 '전승(transmission)' 문제를 해명하지 않고서는 이루어지기 어렵다. 이때 전승이란, n-1 세대(G_{n-1}) 화자의 언어를 n 세대(G_n)의 청자가 청취하고 해석함으로써 n 세대의 청자가 자신의 문법을 형성하는 과정이라고 할 수 있다. 따라서 이 같은 전승의 기제를 밝히기 위해서는 n-1 세대의 발화와 n 세대의 발화, 즉 변화의 '결과'만을 비교하여 설명할 것이 아니라, n-1 세대의 발화를 n 세대의 청자가

'어떻게 듣고 해석했는가'의 문제를 해명해야만 할 것이다. 발화 산출 과정과 발화 해석 과정의 양방향에서 음운 변화를 바라볼 때, 비로소 음운 변화의 근본적인 원리가 밝혀질 수 있을 것으로 기대된다.

재해석에 의한 기저형 지배 변이의 요인은 재해석으로 인한 새로운 기저형의 첨가와 그로 인한 기저형의 수의적 선택에 있다. 그런데 보다 근본적으로, 그러한 재해석이 일어나는 원인은 무엇일까? 이를 밝히기 위해서는 공시적인 발화 산출 기제 및 해석 기제에 대하여 면밀히 분석할 필요가 있다.

우선, 공시적인 발화 산출 및 발화 해석 과정은 아래와 같이 도식화된다.[21]

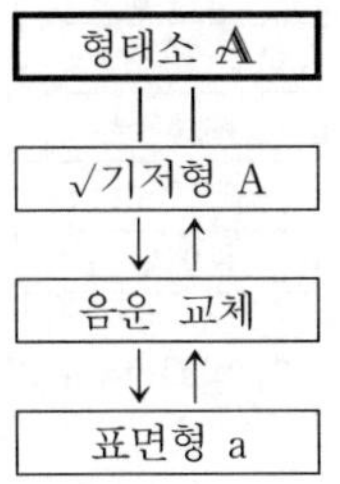

[그림 1] 발화 산출과 해석 과정 (↓ 산출 방향, ↑ 해석 방향)

발화 산출 과정은 형태소의 기저형으로부터 표면형이 도출되는 과정이다. 이는 기저형 선택 과정 및 선택된 기저형의 표면 도출 과정으로 이루어진다.[22] 이때, 표면형 도출 과정에서 다양한 음운 교체가 일어날

---

21) Donegan and Stampe(1979: 158-159)는 우리의 발화 산출을 지배하는 것과 동일한 과정들(processes)의 체계에 의하여, 청취된 발화가 분석된다고 보았다. 이러한 맥락에서 김경아(2000: 102)에서도 음성형의 산출 과정과 그 음성형에 대한 형태음운론적 분석 과정을 설정하여 발화 산출과 발화 인식의 측면을 구별하였다. 발화 산출 과정과 발화 해석 과정 간의 연계를 인정한다는 점에서는 본고도 같은 입장이다. 그러나 자연 음운론에 기반한 이들의 논의와 본고는 이론적 접근 방식의 차이를 지닌다.

수 있다. 한편, 발화 해석 과정은 표면형으로부터 한 형태소의 특정 기저형이 복원되는 과정이다. 이는 표면형의 기저 복원 과정 및 복원된 기저형을 해당 형태소에 연결시키는 과정을 포함한다. 이때, 기저형 복원 과정에서 다양한 음운 교체의 취소가 일어날 수 있다(예. 께라 → (yə →e 취소) → 껴라 → (활음화 취소) → 끼어라 → (형태소 분석) → 끼-(挾) + -어라(명령형 종결 어미)). 그렇다면 재해석에 의한 기저형 첨가는 발화 해석 과정 중 어느 단계에서 일어나는가? 그것은 아래 [그림 2]에 제시한 바와 같이 기저형 복원 과정에서 일어나는 것으로 보인다.

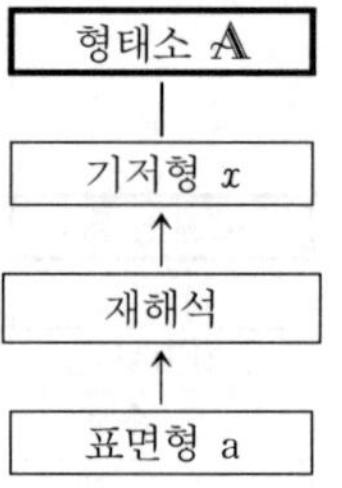

[그림 2] 발화 해석 과정[23]

표면형 a를 기저형으로 복원하는 과정, 특히 표면형에 일어난 것으로 생각되는 음운 교체를 취소하는 과정에서 재해석, 즉 이전 시기와 다른 음운론적·형태론적 해석이 행해짐으로써(예. 께라 → (형태소 분석) → 께-(挾) + -어라(명령형 종결 어미))[24] 형태소 A에 대한 새로운 기저형 x(예. /께-/(挾))가 첨가될 수 있다.[25] 이 중에서 음운 교체 취소를 통한 기저형

---

22) 단, 기저형 선택은 쌍형 기저형이 존재하는 경우에 한하여 이루어진다.

23) 기본적으로 단형 기저형이면서 단일 기저형인 경우의 발화 해석 과정을 보인다.

24) 이 지역어에서 /Xe-/ 어간과 명령형 어미 '-어라'가 결합할 때는 '어' 탈락이 일어난다. w가 탈락되어 '께-'로 실현되는 어간 '꿰(貫)-'의 경우, '꿰-+-어라'가 '께(:)라'로 실현되는 것이 그러한 예이다.

25) 불명료한 청취에 의한 재해석, 형태론적 재해석 등도 일어날 수 있다. 여기서는 음운 교체 취소와 관련된 재해석에 초점을 맞춘다.

복원은 구체적으로 다음과 같은 기제에 의하여 이루어진다.

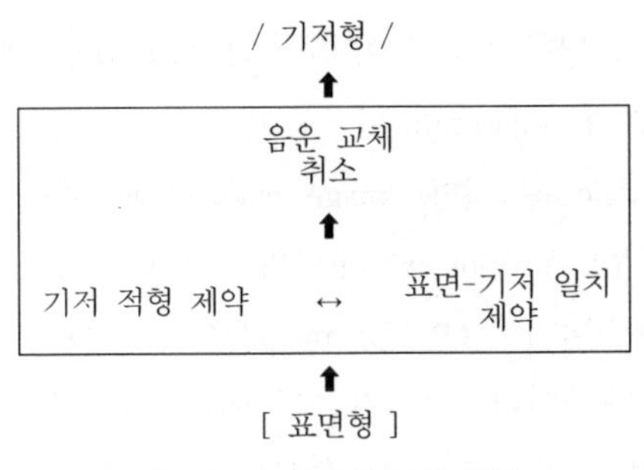

〔그림 3〕 기저형 복원 과정

　기저형 복원 과정은 표면형으로부터 음운 교체를 취소시켜 기저형을
복원하는 과정이다. 이때 음운 교체의 취소는 제약의 지배를 받는다. 제
약에는 기저 적형 제약(Underlying form Well-formedness Constraints, UWFC's)
과 표면-기저 일치 제약(Surface form-Underlying form Identity Constraints,
SUIC's)이 있다. '기저 적형 제약'이란, 해당 언어의 기저 층위에 존재할
수 있는 음운 형식에 대한 제약이다.[26] 이 제약은 해당 지역어의 기저형
들, 나아가 어휘부(Lexicon)에 대한 일반화를 나타낸다. 표면형 도출 과
정에 작용하는 표면 적형 제약이 해당 지역어에 존재하는 음운 현상의
동인을 반영한다면, 기저형 복원 과정에 작용하는 기저 적형 제약은 그
러한 음운 현상의 결과를 반영한다고 할 수 있다. 따라서 표면 적형 제
약이 공시적 변이나 통시적 변화에 직접적으로 영향을 미친다면, 기저
적형 제약은 재해석 등의 기제와 더불어 변화에 간접적으로 영향을 미
친다고 할 수 있을 것이다.

　기저형 복원 과정에서 이 제약이 표면-기저 일치 제약보다 상위에
올 경우, 표면형과 동일한 형태로 재해석이 일어나는 것을 저지하게 된

---

26) 이것은 Stanley(1967)의 형태소 구조 조건(Morpheme Structure Conditions, MSC's)
　　과 유사한 성격을 지닌다.

다. 기저형 복원과 관련된 이러한 사실은 신어 실험을 통해서도 확인할 수 있다. 제보자들에게 'magét'a(마겠다)'(/임의의 용언 어간/+-았/었(과거 시제 선어말 어미)-+-다(평서형 종결 어미))라는 활용형을 제시하고 이를 활용시키도록 한 결과, magímun(마기문(마기-+-(으)면)), magídʑi(마기지), magígo(마기고), magídza(마기자), magé nat'a(마게(마기-+-어) 났다)(M₁₁, 39세), magímun(마기문), magídi(마기디(마기-+-지)), magésənin(마게서는)(M₆, 60세), magímu(마기무(마기-+-(으)면)), magídi(마기디)(M₄, 71세)와 같은 활용형이 관찰되었기 때문이다. 제보자들이 어간 기저형을 /마기-/로 복원한 것은 /Xe-/형의 용언 어간 기저형보다는 /Xi-/형의 기저형이 이 지역어의 기저 적형 제약에 보다 부합한다는 청자들의 인식을 토대로 재해석이 이루어졌음을 시사한다.[27]

한편, 기저형 복원 과정에서 기저 적형 제약이 표면-기저 일치 제약보다 상위에 올 경우, 표면형으로부터 취소해야 할 음운 교체의 수가 증가하는 방향으로 복원이 이루어질 수도 있다.[28] 예컨대, '쏴라'라는 활용형을 '쏘-+-아라'가 아닌 '쏳-+-아라'로 분석한 청자의 경우를 보자. '쏴라'를 '쏘-+-아라'로 분석할 때에는 '쏴라 → (활음화 취소) → 쏘아라 → (형태소 분석) → 쏘-(螫) + -아라(명령형 종결 어미)'와 같은 기저형 복원 과정을 거치는 데 반하여, '쏴라'를 '쏳-+-아라'로 분석할 때에는 '쏴라 → (활음화 취소) → 쏘아라 → (모음 간 h 탈락 취소) → 쏳

---

27) 화자들에게는 기존 활용 어간의 형상에 대한 인식과 더불어, 그들 활용형에 적용되는 음운 규칙들에 대한 인식이 있으므로, 임의의 활용형을 접하게 되더라도 기존 활용 어간과 같은 형태로 복원하는 것이 가능하다. 실제로 제보자 M₄(71세)는 "제(자기가) 보구, 니르구(읽고), 듣구, 쓰구 하면서 장악한 법칙이 있다"면서 '이렇게 해야 되겠다'는 '본인의 법칙'에 따라서 신어(무의미어) 실험에 즉각적으로 응할 수 있었음을 밝혔다.

28) 그러나 취소할 음운 교체의 수의 증감과 두 제약의 효과가 반드시 일대일 대응되는 것은 아니다. 복원 과정이 간소화된 결과가 반드시 기저 적형 조건을 더 위반하는 것은 아니며, 기저 적형 조건을 덜 위반하기 위해서 반드시 복원 과정이 복잡화되어야 하는 것도 아니다.

아라 → (형태소 분석) → 쏳-(螫) + -아라(명령형 종결 어미)'와 같은 복원 과정을 거치게 된다.[29] 결과적으로 '모음 간 h 탈락'이라는 음운 교체의 취소를 복원 과정에 추가함으로써 복원 과정이 복잡화되는 효과가 발생한다. 이러한 재해석의 동인을 본고는 '기저 적형 제약의 준수'라는 측면에서 찾고자 한다. /Xo-/형을 포함한 /XV-/형의 기저형보다 /XoC-/형을 포함한 /XVC-/형의 기저형이 기존의 어휘부에서 더 일반적이라는 점이 작용하여 이 같은 기저형 복원이 이루어진 것으로 이해하는 것이다. 즉, 폐음절 구조의 용언 어간 기저형이 개음절 구조의 그것보다 이 지역어의 기저 적형 제약에 더 부합하는 형태라는 점을 청자들이 알고 있었기에 이러한 재해석이 가능했으리라고 본다.

'표면-기저 일치 제약'이란 표면형과 기저형을 일치시키도록 요구하는 제약이다.[30] 이 제약은 복원 과정의 간소화를 위한 제약으로서, 표면 층위의 표시가 기저 층위에서도 최대한 보존되도록 작용한다. 기저형 복원 과정에서 이 제약이 기저 적형 제약보다 상위에 올 경우, 표면형과 동일한 형태로 재해석이 일어나게 된다. 기저형 복원과 관련된 이러한 사실은 신어 실험을 통해서도 확인할 수 있다. 제보자들에게 'magét'a(마겠다)'(/임의의 용언 어간/+-었-(과거 시제 선어말 어미)+-다(평서형 종결 어미))라는 활용형을 제시하고 이를 활용시키도록 한 결과, magému(마게무(마게-+-(으)면)), magédi(마게디), magégu(마게구(마게-+-고)), magé·sə (마게서(마게-+-어서)), magéra(마게라(마게-+-어라)(F₆, 45세), magédʑi(마게

---

29) 이 지역어에서는 h 말음 어간과 a/ə계 어미가 결합할 때에도 수의적으로 활음화가 일어난다.

30) 이것은 최적성 이론의 어휘부 최적화 원리(Lexicon Optimization Principle)와 유사한 성격을 지닌다. 어휘부 최적화 원리는 제약 위반을 최소한으로 하는 기저형 후보를 입력형으로 선택하도록 하는 지침이다(Prince and Smolensky(1993/2002: 209). 이것은 특이한 어휘형을 기저형으로 삼아야 하는 근거가 없는 한, 언어 학습자는 입력형이 출력형과 동일하다고 가정한다는 점을 시사한다(안상철 2003: 15). 언어 사용자가 기저형을 계속하여 공시적인 표면형과 일치시키고자 하는 경향은 공시태 가설(Synchrony Hypothesis)이라는 이름으로 제안되기도 하였다(Hutton 1996).

지), magés'imyən(마겠으면), magégu(마게구), magénokʰo (마게놓고)(M₁₄, 29세)와 같은 활용형이 관찰되었기 때문이다. 제보자들이 어간 기저형을 /마게-/로 복원한 것은 표면 층위의 표시가 기저 층위에서도 최대한 보존되도록 하려는 청자들의 심리가 작용한 결과로 해석된다. 이와 같이 표면-기저 일치 제약이 기저 적형 제약보다 상위에 놓일 때, /Xe-/형의 용언 어간 기저형과 같이 이 지역어의 기저 적형 제약에 그다지 부합하지 않는 형태도 새로운 기저형으로 기존의 어휘부에 첨가될 수 있다.

한편, 기저형 복원 과정에서 표면-기저 일치 제약이 기저 적형 제약보다 상위에 올 경우, 표면형으로부터 취소해야 할 음운 교체의 수가 감소하는 방향으로 복원이 이루어질 수도 있다. 예컨대, ‘꽈라’라는 활용형을 ‘꽈+-아라’로 분석한 청자의 경우를 보자. ‘꽈라’를 ‘꼬-+-아라’로 분석할 때에는 ‘꽈라 → (활음화 취소) → 꼬아라 → (형태소 분석) → 꼬-(撚) + -아라(명령형 종결 어미)’와 같은 기저형 복원 과정을 거치는 데 반하여, ‘꽈라’를 ‘꽈+-아라’로 분석할 때에는 ‘꽈라 → (형태소 분석) → 꽈-(撚) + -아라(명령형 종결 어미)’와 같은 복원 과정을 거치게 된다. 결과적으로 ‘활음화’라는 음운 교체의 취소를 복원 과정에 포함시키지 않음으로써 복원 과정이 간소화되는 효과가 발생한다. 본고는 이러한 재해석이 ‘표면-기저 일치 제약’을 준수하기 위해서 일어난다고 이해한다. /Xwa-/형의 기저형이 /Xo-/형의 기저형보다 표면형에 더욱 가깝다는 사실과 이 같은 기저형 복원은 무관하지 않은 것이다. 새로 첨가된 /Xwa-/형의 기저형은 기존의 어휘부에 존재하지 않던 것으로, 기존의 기저 적형 제약을 위반한다. 그러나 이러한 유형의 재해석이 빈번히 행해짐으로써 /Xwa-/형의 기저형이 지속적으로 추가된다면, 이를 통해 이 지역어의 기저 적형 제약이 점진적으로 변화할 수도 있을 것이다.

크게 위 두 제약의 상호 위계에 따라서 재해석의 방향 또는 복원되는 기저형의 유형이 결정된다.[31] 재해석에 의한 기저형 복원 방향이 일정한 규칙성을 띰에도 불구하고, 경우에 따라 동일한 표면형에 대하여 상이한 재해석이 일어나는 경우는 바로 이와 같은 이유에서이다. 임의의 활용형 '마겠다'에 대하여 /마기-었-다/와 /마게-었-다/라는 양방향의 재해석이 일어난 것이 그 대표적인 예이다. 이러한 가설의 타당성은 재해석에 의한 변화의 실제를 분석함으로써 보다 분명히 입증될 것이다. 재해석에 의한 변화의 실제를 다루는 장에서 변화의 방향과 동인에 대해서도 상술하기로 한다.

재해석에 의한 기저형 첨가 요인을 밝히기 위하여 발화 해석 과정상의 재해석 기제에 대하여 살펴보았다. 그렇다면 발화 산출 과정에서 기저형의 수의적 선택은 어떠한 기제에 의하여 일어나는가? 표면상으로는, 새로 첨가된 기저형 즉 '신형'이 수의적 선택에 의하여 출현하다가 그 선택 빈도가 점차 높아지는 과정에서 이러한 변이가 출현한다고 기술할 수 있다.[32] 그런데 왜 구형과 신형 중 신형의 선택 비율이 증가하는가? 이에 대해서는 몇 가지 가능성을 상정해 볼 수 있다.

첫째, 발화 해석 과정에서 복원되는 빈도가 높아질수록 발화 산출 과정에서 선택되는 빈도도 높아지기 때문이라고 볼 수 있다. 예컨대, 발화 해석 과정에서 /끼-/를 /께-/로 재해석하는 빈도가 상대적으로 높은 청자는 자신의 발화 산출 과정에서도 /끼-/보다 /께-/를 선택하는 빈도가 상대적으로 높아질 것임을 예측할 수 있다. 즉, 발화 해석시의 복원 빈도와 발화 산출시의 선택 빈도는 정비례 관계에 있는 것이다. 이 같은 기저형 복원과 기저형 선택의 상호 작용에 의하여 기존의 기저형 /끼-/가 새로운 기저형 /께-/에 의하여 대체될 때, 기저형의 재구조화가 일어난다고 본다.

둘째, 해당 형태소의 이형태 교체가 존재하는 경우, 기저형의 선택에

---

31) 그러나 보다 구체적인 차원에서는 기저 적형 제약들 간의 상호 경쟁 및 표면-기저 일치 제약들 간의 상호 경쟁도 가능할 것이다.

32) 편의상, 새로 첨가된 기저형을 신형(new form), 기존의 기저형을 구형(old form)으로 부른다.

는 표면 이형태를 최소화하려는 제약 또한 작용할 것으로 보인다. 이를 '표면 이형태 최소화 제약'이라고 부르기로 하자.[33] 재해석을 통해 일단 첨가된 기저형이 점차 그 선택 빈도를 높여가는 과정, 즉 이형태의 관점에서 보면 그것의 분포를 확대해 가는 과정은 이러한 발화 산출 과정상의 제약과 연관되어 있다. 빈도수가 높은 어미와의 결합형에서 어간의 재해석이 촉발되고 다시 발화 산출시 빈도수가 높은 어미 앞에서 새로 첨가된 어간 기저형을 빈번히 선택한다고 보면, 그것에 유인되어 다른 어미 앞에서도 새로 첨가된 기저형을 선택하게 될 가능성이 높아진다. 이러한 기저형 선택 과정에서 '표면 이형태 최소화 제약'이 작용한다고 볼 수 있다. 실제로 활용 및 곡용을 조사하는 과정에서, 화자가 어간 이형태를 최대한 통일시키려 하는 것을 우리는 자주 관찰할 수 있다.

　요컨대, 동일한 환경에 출현하는 표면형이 둘인 경우의 기저형 지배 변이는 다음과 같은 신형의 첨가 및 필수화 과정에서 출현하는 것으로 보인다. 신형 첨가와 필수화의 통시적 과정을 발화 산출상 선택 비율의 관점에서 도식화하면 아래와 같다.

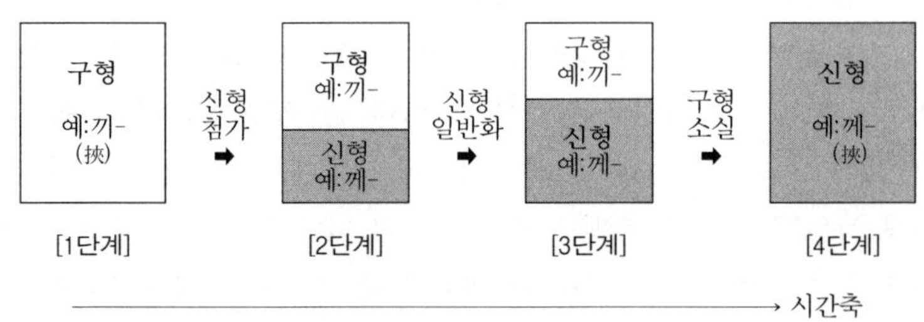

[그림 4] 신형 첨가 및 쌍형 기저형의 단형화 과정

---

33) 이는 Kiparsky(1972)의 평준화 조건과 동일한 성격을 지닌다. 넓은 의미에서 Benua(1995)가 제안한 출력형-출력형 동일성 제약(Output-Output Identity), Kenstowicz(1996)의 통일성 제약(Uniform Exponence, UE) 등과도 유사한 일면이 있다. 이때 출력형-출력형 동일성 제약이란 '출력형과 출력형 간에 충실한 대응이 이루어져야 한다'는 제약이며, 통일성 제약이란 '어느 한 어휘 항목(형태소, 어간, 접사, 단어)이 실현될 때 실현형들 사이의 차이를 최소화하라'는 제약이다.

특정 형태소에 대한 기저형이 하나만 존재할 경우(1단계와 4단계), 그 형태소는 단형 기저형을 가진 것으로 간주된다. 1단계와 4단계의 기저형만 비교하면, 이는 기저형의 변화(/끼-/>/께-/), 즉 재구조화로 해석된다. 그러나 1단계의 기저형이 일시에 4단계의 기저형으로 바뀐다고 볼 수는 없다. 특정 형태소에 대한 쌍형 기저형(/끼-/, /께-/)이 공존하는 단계(2단계와 3단계)가 관찰되기 때문이다. 이는 기저형의 변화가 신형의 첨가와 그것의 점진적인 필수화 과정으로 이루어짐을 의미한다.[34] 즉, 신형의 선택 빈도가 점차 높아지고 구형의 선택 빈도는 상대적으로 낮아지면서 결과적으로 구형은 소실되고 신형이 그 자리를 대신하게 되는 것이다.[35] 이러한 기저형 대체의 중간 과정에서 공시적인 기저형 지배 변이가 출현한다.

---

34) 이 지역어에서 관찰되는 기저형의 점진적 대체 과정에 대해서는 蘇信愛(2004b, 2005b)를 참고할 수 있다.

35) 이때 어떤 환경에서부터 쌍형 기저형의 단형화가 시작되어 어떤 방향으로 그것이 진행되는지를 보다 정밀히 분석할 필요가 있다. 대체로 빈도수가 높은 조사나 어미 앞에서부터 신형으로의 대체가 이루어지는 경향이 있다. 조사의 경우 '-이'나 '-으'(을), 어미의 경우 '-아/어'와 결합한 형태에서 기저형의 재해석이 촉발되고, 구형이 점차 신형으로 대체되는 것으로 나타난다.

4.1.2. 단일화에 의한 변이

4.1.2.1. 변이의 양상

통시적 음운 변화 기제로서의 단일화란, 이전 시기의 복수 기저형을 이후 시기의 청자가 단일 기저형으로 만드는 현상을 말한다.[36] 이때 복수 기저형이란, 양자의 관계가 음운 교체로써 설명되지 않는, 조건 환경에 따라 상보적으로(complementarily) 선택되어 출현하는 한 형태소의 두 기저형을 가리킨다.[37]

그러나 '단일화'를 지향하는 일부 현상은 공시적 관점에서 '재해석'에 포함되기도 한다. 이는 복수 기저형의 단일화가 이루어지는 방식과 관련된다. 우선, 복수 기저형 중 어느 하나로 기저형이 단일화되는 경우, 이것은 공시적 '재해석'을 통해 이루어진다.[38] 양자의 관계가 공시적 음운 과정으로써 설명되지 않는 두 표면 이형태 중 하나가 새로운 단일 기저형으로 재해석되어 점진적으로 그 분포를 확대해 나가는 과정을 거치기 때문이다. 반면, 두 기저형의 혼효형으로 기저형이 단일화되는 경우에는 '재해석'과 직접적인 관련을 맺지 않는다.[39]

한편 공시적 기제로서의 단일화란, 발화 산출의 출력을 발화 산출의

---

36) 단일화는 복수 기저형에만 적용되는 기제로서, 궁극적으로 기저형의 수가 감소하는 결과를 낳는다.

37) 쌍형 기저형은 두 기저형의 관계가 음운 교체로써 설명되지 않는다는 점에서는 복수 기저형과 동일하다. 그러나 조건 환경에 따라 상보적으로 선택되어 출현하는 것은 아니라는 점에서 복수 기저형과 구별된다. 쌍형 기저형은 그것이 선택되어 출현하는 조건 환경이 동일하다. 즉, 중복 분포가 가능한 것이다. 복수 기저형이 지닌 분포상의 특성을 명확히 드러내기 위하여 '복수 기저형' 대신 '복수 기저 이형태'라고 표현할 수도 있을 것이다. '이형태'라는 용어를 기저 층위에서 사용하는 데에 문제가 있기는 하나, 본고는 경우에 따라 '표면 이형태'에 대응되는 개념으로서 '기저 이형태'라는 용어 또한 사용하기로 한다.

38) /니르-/∽/닑-/>/닑-/(讀, 謂)이 그러한 대표적인 예이다.

39) /듣-/∽/드르-/ -> /듫-/(聽)이 그러한 대표적인 예이다.

입력으로 복원하는 과정에서 청자가 복수 기저형을 단일 기저형으로 복원해 내는 현상을 가리킨다. 청자의 발화 해석 과정, 즉 표면형을 기저형으로 복원하는 과정에서 단일화를 지향하는 현상이 일어나면, 공시적으로 한 형태소에 대하여 새로운 기저형이 첨가된다. 따라서 이 화자는 발화 산출 과정에서 둘 이상의 기저형 가운데 어느 하나를 수의적으로 선택하게 된다.

이 지역어에서도 그러한 예가 관찰된다. 단일화의 유형과 빈도에 차이가 있으므로 체언과 용언의 예를 나누어 살핀다. 이 장에서 살펴볼 예는 /XVm(ŋ)k-∽XVm(n)i(u)-/, /XVrk-∽XVri-/, /XVri-∽XVt-/, /XVŋk∽XVmu/, /XVrk∽XVri(u)/, /XVk'∽XVsi(u)/와 관련된 변이이다.[40]

아래의 표는 /XVm(ŋ)k-∽XVm(n)i(u)-/ 용언의 화자별 실현 양상을 제시한 것이다.

제보자 항목		F₁	M₄	F₂	M₅	F₃	M₆
방언형	의미	79세	71세	69세	69세	62세	60세
심ㄱ/ 시므-	植	šimundá šímindanin šimʉ(~i)dí šimugú šimə́ra šimudɛnɛsə́nin šimgwə́do šimmə́t'a šiŋgwə́t'a šimgə́ya	šimgəra šiŋgúŋ šimnínda šimgúnda šímgu šiŋgúgu šímt'(~d)i šíms'o šimumú šimə́ra šimgé(被) šimgét'ira(被)	šímninda šímgu šimmə́ra šiŋgwə́t'i šímk'(~g)u šimúmu šímt'əra šímt'i šimmúmu šímʤa šimmə́ra šiŋgə́ra šimmə́ šimmə́sə šiŋgə́sə šimuniŋgə́ šimundá šimgugú šimugú šimúpt'e šimmə́s'ik'u ma	šiŋgúgu šiŋgúŋge šiŋgundam mário šiŋgwə́ šimgwə́ šiŋgwə́ra šimgwə́ra šimgúna šimgwə́do	šímninda šimə́ra šímk'u	šiŋgwə́s'ipt'e šímninda šimə́ra šimmə́ra šímk'o šímk'u

---

40) 본고에서 '/ /∽/ /'는 복수 기저형을 나타내고, '/ /, / /'는 쌍형 기저형을 나타낸다.

늠ㄱ/ 느무-	搗	nu(~ʉ)ŋgúnda nuŋgudí nuŋgwə́sə nuŋgundaniŋ gé nuŋgwə́ra nuŋgə́	nimgúnda niŋgúgu niŋgwə́ra niŋgúgədin nimugə́din nimugú nimudzámun nimʷə́nna nimgə́nna nimúl, niŋgúo nimúo	numundá nuŋgə́sə	nuŋgundá nuŋgət'am mário nuŋgún nuŋgundam mário nuŋgwə́ra numundá numə́ra numə́nniŋga	nʉmmúo nummundá nummúdʑi nummə́(~a) nummə́ʧ'i nummúgu	nuŋgúnda nuŋgwə́sə nuŋgúŋgə nuŋgwə́ nuŋgulk'ə́t'u nuŋgwə́ra
공ㄱ/ 고누-	均	koŋgára koŋgúgu koŋgúmu	konúnda konára konúgu konugə́din konás'o	koŋgúgu koŋgára	koŋgúnda koŋgwə́ra koŋgwára kóŋgwas'o koŋgúndi	koŋgára koná, koŋgá konúnda konúgu	koŋgúgu koŋgúdi koŋgára koŋgána koŋgánoňi

[표 11] 단일화에 의한 기저형 공존과 변이 I (/XVm(ŋ)k-∽XVm(n)i(u)-/ 용언)

이것을 화자별 기저형만 간추려 제시하면 아래와 같다.[41]

<table>
<tr><td rowspan="3">항목　　제보자</td><td colspan="2">F₁</td><td colspan="2">M₄</td><td colspan="2">F₂</td><td colspan="2">M₅</td><td colspan="2">F₃</td><td colspan="2">M₆</td></tr>
<tr><td colspan="2">79세</td><td colspan="2">71세</td><td colspan="2">69세</td><td colspan="2">69세</td><td colspan="2">62세</td><td colspan="2">60세</td></tr>
<tr><td>_VY</td><td>_CY</td><td>_VY</td><td>_CY</td><td>_VY</td><td>_CY</td><td>_VY</td><td>_CY</td><td>_VY</td><td>_CY</td><td>_VY</td><td>_CY</td></tr>
<tr><td>심ㄱ/시므-</td><td>시므-
심구-</td><td>시므-</td><td colspan="2">심구-
심-</td><td>심-
싱ㄱ-</td><td>심-</td><td colspan="2">심구-</td><td colspan="2">심-</td><td>심구-
심-</td><td>심-</td></tr>
<tr><td>늠ㄱ/느무-</td><td colspan="2">눙구-</td><td colspan="2">늠구-
느무-</td><td>눙ㄱ-</td><td>누무-</td><td colspan="2">눙구-
누무-</td><td colspan="2">눔무-</td><td colspan="2">눙구-</td></tr>
<tr><td>공ㄱ/고누-</td><td colspan="2">공구-</td><td colspan="2">고누-</td><td colspan="2">공구-</td><td colspan="2">공구-</td><td>공구-
고누-</td><td>고누-</td><td colspan="2">공구-</td></tr>
</table>

[표 12] 단일화에 의한 기저형 공존 양상(/XVm(ŋ)k-∽XVm(n)i(u)-/ 용언)[42]

/XVm(ŋ)k-∽XVm(n)i(u)-/의 경우, 대체로 /XVm(ŋ)ku-/형으로 기저형의 단일화가 진행되고 있다. /XVm(ŋ)ku-/형은 기존의 기저형들과 상이한 제 3의 기저형이다.[43] 자음 어미 앞의 기저형인 /XVm(n)i(u)-/나 그것

---

41) 본고는 '-으X'계 어미의 기저형을 /-X/∽/-으X/가 아닌 단일한 /-으X/로 전제하고, 이에 따라 소위 비자동적 교체 어간의 기저형을 설정하였다. 관찰된 모든 표면 이형태들로부터 이 지역어의 공시적인 음운 과정을 취소함으로써 기저형을 설정하였다.

42) 자음 어미(CY) 앞에서 선택되는 기저형과 모음 어미(VY) 앞에서 선택되는 기저형을 각각 제시하였다. 음운 교체로써 설명될 수 있는 부분을 고려하여 기저형을 설정하였다. 화자에 따라서는 이미 단일화가 완료된 경우가 있는가 하면, 개별 화자마다 단일화의 방향도 동일하지가 않다. 또, 표준어 차용에 의한 변이도 혼재되어 있다. 이 중에서 단일화와 연관된 대표적 예에 대해서만 논의하기로 한다.

과 유사한 /XVm-/형으로 단일화가 이루어지는 경우도 있다. 예컨대, 동일한 환경(__VY)에서 /공ㄱ-/, /고누-/가 공존하는 현상(F_3)은 /XVŋk-/(__VY)∽/XVnu-/(__CY)라는 복수 기저형이 /XVnu-/로 단일화되는 중간 과정을 반영한다. 발화 해석 과정에서 청자가 CY 앞의 이형태 [XVnu-]를 단일 기저형으로 인식함으로써, VY 앞에 출현하는 기저형 목록에 /XVnu-/가 첨가되고, 따라서 발화 산출 과정에서 /XVŋk-/와 /XVnu-/가 수의적 선택 관계에 놓이게 된 것이다. M_4(71세)의 경우, 복수 기저형의 단일화가 동시에 두 방향으로 이루어짐으로써, 쌍형 기저형이 형성된 예도 보여 준다. /XVmk-/∽/XVmu-/(/늠ㄱ-/∽/느무-/)가 각각 /XVmku-/(/늠구-/), /XVmu-/(/느무-/)로 단일화된 것이다. 전자는 제 3의 기저형으로 단일화된 경우이고, 후자는 복수 기저형 중 하나로 단일화된 경우이다. /심ㄱ-/∽/시므-/에 대해서도 유사한 설명이 적용된다.

아래의 표는 /XVrk-∽XVri-/ 용언의 화자별 실현 양상을 제시한 것이다.

제보자 항목		F_1 79세	M_4 71세	F_2 69세	M_5 69세	F_3 62세	M_6 60세
방언형	의미			parímu parimú parinin palgá parindá palgára parigénna palgáməkʼu palgádinda		parigí palgɯ(ɨ)gu parindá palgigí palgɯgí parigí palgadindán palgádide palgánoʧʰi	
밝/바 르-	剝	palgáda palgásə paridʑí paridʑáñi palgádʑinda	parindá, palgára parɯgú, paridí palgá palgádetʼa		paríníŋgə palgára		palgásə parigú parindá

---

43) /XVm(ŋ)ku-/형의 형성에 대해서는 두 가지 가능성이 존재한다. 하나는 기존의 복수 기저형인 /XVm(ŋ)k-/∽/XVm(n)ɨ(u)-/의 혼효에 의해 형성되었을 가능성이다. 다른 하나는 해당 어간의 모음 어미(-VY)와의 결합형 [XVm(ŋ)kVY]로부터 어간 기저형을 /XVm(ŋ)ku-/로 재해석했을 가능성이다. 이 같은 재해석이 가능한 이유는 첫째, /XVm(ŋ)ku-/와 a/ə계 어미(-aY)가 결합할 때([XVm(ŋ)kwa/əY]) 활음 w가 탈락하는 현상([XVm(ŋ)ka/əY])이 현재 이 지역어에서 활발하게 일어나고 있기 때문이다. 둘째, /XVm(ŋ)k-/와 i계 어미(-iY)가 결합할 때([XVm(ŋ)kiY]) 연구개음 뒤에서 i가 원순모음화하는 현상([XVm(ŋ)kuY])이 현재 이 지역어에서 활발하게 일어나고 있기 때문이다.

				palgʷiwə́t'a(被) palgiwát'a(被)			
주묽/ 주무르 -	按	tsumulgə́ tsumurugú tsumulgə́ra tsumuldí	tsumulgə́ra tsumurugú	tsumundá tsumudí tsumudə́ra tsumurə́ tsumulgə́ tsumulgú tsumulmú	tsumu(l)gə́ tsumulgə́ra tsumulgə́sə tsumugə́ tsumuldí	tsumurúgu tsumurə́ tsumulgúnda tsumulgwə́ya tsumuldí tsumudí tsumulgú tsumulmún	tsumu(l)gə́ tsumulgə́sə tsumundá tsumugú tsumulgədú tsumulgə́
게긂/ 게그르 -	怠	kegiridá kegirigé kegiriňá(~ɛ)ʰ anda kegilləsə	keiridá kegilgə́sə kegirin kegirimú keirimbɛí	kegirə́sə kegirindán	kegildá kegiridá kegɨlgə kegɨlge kegirigé kegiridágo kegiriňá kegilgə́sə kegilləsə	keirɨ́n keilləsə	keir(ɨ)dá keilgə́sə
(배)붉/ 부르-	飽	pɛ́ purudá pébulgə pɛbullət'a pɛburundʒúl	purúgu purudá pulgə́sə purumú pullə́du purə́du pulgə́ purúl	péburuda pébulgəsə	pébulləsə pɛ́ purɨu	pébulləsə péburɨmu	péburɨdanaňi purudá pulgə́sə
맑/마 르-	裁	marɨndá malgát'a	marɨndá malgára malgwát'a(使) magwiúnda(使) magwiwə́t'a(使)	malgásə marɨndá	marɨo marɨu malgásə	malgɨnda malgára malgá	marɨndá malgá malgásə
닑/니 르-	讀, 謂	nirɨndá nirɨgú nilgə́ra nirɨdí nilkʰɨ́gu(使) nilkʰét'a(使)	nirɨndá niŋnɨndá nirɨdí nirɨmú nilgɨ́l nilgɨ́ra ilgə́ra, nilk'ú niŋnɨ́ŋguna nirɨnɨ́ŋguna	nirɨndá ilgə́ra nilgára nirɨgú	nirɨna nirɨ́n nirɨdí nirɨmú nilgə́ra	nirɨndá nirɨgú, nilgə́ irɨgú iŋnɨndá ilgə́, ilgə́ra	nirɨndá irɨndá iŋnɨ́nda nilgə́ra ilgə́ra

〔표 13〕 단일화에 의한 기저형 공존과 변이Ⅱ (/XVrk-∽XVrɨ-/ 용언)

이것을 화자별 기저형만 간추려 제시하면 아래와 같다.

제4장 기저형 지배 변이와 변화   407

제보자\항목	F_1 79세		M_4 71세		F_2 69세		M_5 69세		F_3 62세		M_6 60세	
	__VY	__CY	__VY	__CY	__VY	__CY	__VY	__CY	__VY	__CY	__VY	__CY
밝/바르-	밝-	바르-	밝-	바르-	밝-	바르-	밝-	바르-	밝-	바르- 발그-	밝-	바르-
주묽/주무르-	주묽-	주무루 주물-	주묽-	주무루	주물- 주묽-	주물-	주묽-	주물-	주물- 주물구-	주무루 주물- 주물구-	주물- 주묽-	주물-
게릁/게그르-	게글ㄹ-	게그르-	게릁-	게그르- 게으르-	게글-	게그르-	게릁- 게을ㄹ-	게글- 게그르-	게을ㄹ-	게으르-	게읅-	게을-
(배)붉/부르-	붉- 불ㄹ-	부루	붉- 붉- 불-	부루	붉	부루-	불ㄹ-	부르-	불ㄹ-	부루	붉-	부루-
맑/마르-	맑-	마르-	맑-	마르-	맑-	마르-	맑-	마르-	말그-		맑-	마르-
늙/니르-	늙-	니르-	늙-	늙- 니르-	늙-	니르-	늙-	니르-	읽-	읽- 니르-	늙-	니르- 이르- 읽-

[표 14] 단일화에 의한 기저형 공존 양상(/XVrk-∽XVri-/ 용언)

/XVrk-∽XVri-/의 경우, 대체로 /XVrki-/형으로 기저형의 단일화가 진행되고 있다. /XVrki-/형은 기존의 기저형들과 상이한 제 3의 기저형이다.[44] 자음 어미 앞의 기저형인 /XVri(u)-/와 유사한 /XVr-/형으로 단일화가 이루어지거나, 모음 어미 앞의 기저형인 /XVrk-/으로 단일화가 진행되는 경우도 있다. 예컨대, 동일한 환경(__CY)에서 /바르-/, /발그-/가 공존하는 현상(F_3)은 /XVrk-/(__VY)∽/XVri-/(__CY)라는 복수 기저형이 /XVrki-/로 단일화되는 중간 과정을 반영한다.[45] 이는 복수 기저형이 제 3의 기저형으로 단일화되는 경우이다.[46] 이 제보자(F_3)의 경우, 복수

---

44) /XVrki-/형의 형성에 대해서는 두 가지 가능성이 존재한다. 하나는 기존의 복수 기저형 /XVrk-/∽/XVri-/의 혼효에 의해 형성되었을 가능성이다. 다른 하나는 해당 어간의 모음 어미(-VY)와의 결합형 [XVrkVY]로부터 어간 기저형을 /XVrki-/로 재해석했을 가능성이다. 이 같은 재해석이 가능한 이유는 /XVrki-/와 모음 어미(-VY)가 결합할 때([XVrkiVY]) 어간 말모음 i가 탈락하는 현상([XVrkVY])이 이 지역어에서 필수적으로 일어나고 있기 때문이다.

45) 중년층 및 청년층의 발화에서 /발그-/로 기저형이 단일화된 예가 확인된다(蘇信愛 2004b: 131).

46) /park-/과 모음 어미(VY) 결합형 [parkVY]에 대해 재해석이 일어난 결과일 가능성도 있다. i 말음 어간과 a/ə계 어미가 결합할 때 어간 말모음 i가 탈락하는 현상

408 음운론적 변이와 변화의 상관성

기저형의 단일화가 동시에 두 방향으로 이루어짐으로써, 쌍형 기저형이 형성된 예도 보여 준다. /XVrk-∽XVri-/(/주뭂-/∽/주무르-/)가 각각 /XVr-/(/주물-/), /XVrku-/(/주물구-/)로 단일화된 것이다. 전자는 자음 어미 앞의 기저형과 유사한 형태로 단일화된 예이고, 후자는 제 3의 기저형으로 단일화된 예이다. 한편, 동일한 환경(_CY)에서 /니르-/, /닑-/이 공존하는 현상(M₄)은 /XVrk-/(_VY)∽/XVri-/(_CY)라는 복수 기저형이 /XVrk-/으로 단일화되는 중간 과정을 반영한다.[47] 이는 기존의 복수 기저형 중 하나인 모음 어미 앞의 형태로 단일화되는 경우이다. 발화 해석 과정에서 청자가 VY 앞의 이형태 [XVrk-]을 단일 기저형으로 인식함으로써, CY 앞에 출현하는 기저형 목록에 /XVrk-/이 첨가되고, 따라서 발화 산출 과정에서 /XVri-/와 /XVrk-/이 수의적 선택 관계에 놓이게 된 것이다. /게긂-/∽/게그르-/, /붉-/∽/부르-/, /맑-/∽/마르-/에 대해서도 유사한 설명이 적용된다.

아래의 표는 /XVri-∽XVt-/ 용언의 화자별 실현 양상을 제시한 것이다.

제보자 항목		F₁ 79세	M₄ 71세	F₂ 69세	M₅ 69세	F₃ 62세	M₆ 60세
방언형	의미						
드르/ 들-	聽	tit'í tinnindán tɨlk'yé	tik'ú, tit'í tinnɨ̀ndá tit'ə́ra, tirə́sə tirɨ́mu	tik'ú, tit'ə́ra tinnɨ̀ndá tirə́sə, tiʧ'á tirɨ́mu	ti(r)k'í tɨlk'i tirɨ́n tit'í, tik'í tinnɨ́ndu tɨllindágu tɨllingé tɨllɨ́n tirát'i	tinnɨ́nda tirə́ra, tik'ú tit'í, tirə́	tinnɨ́nda tirə́ra tik'ú, tɨllɨ́n tik'ét'a
			tik'inda(被) tik'ésə(被)	tik'inda(被)		tik'inda(被)	tik'inda(被)
시르/ 싣-	載	šík'u šit'i šíʈ't'əra	šíllinda, šilk'ú šilt'əra, šit'í šíts'a	širə́ra šík'u širɨ́mu	širə́ šíllinda šillɨ́n	širə́ra šík'o šit'i	šíllinda širə́ra šílk'u

을 청자들이 알고 있기 때문이다.

47) F₃(62세)와 M₆(60세)의 경우에도 동일한 환경(_CY)에서 /이르-/, /읽-/이 공존하는 현상이 관찰된다. 그러나 이 경우 단일 기저형 /읽-/은 표준어형의 차용에 의한 것일 가능성이 있다.

		širə́ širə́ra šínnindanin šílt'i šíllinda ši(r)k'é(被) šilk'é(被)	šik'é(被) šik'ídəra(被)	širə́t'a šíllinda šínninda šílk'u, šílkʰu	šílk'u šíls'o šilʧ'í šílʧ'i, šílla šik'əkʧ'íl	sik'édet'a(被)	
다르/ 달-	走	talʦ'á, taɾ̃t'í taránadi tallindá tat'ínin talt'ínin tal(~ɾ̃)k'ú taɾ̃k'ú tark'í taɾíragu tarára tallín taɾ̃k(~kʰ)índa(使) taɾ̃k'ét'a(使)	tallínda tarásə, talkʰú taltʰí	tallindá talkʰú takʰú tarímu tarásə tarára taránao talkʰínda(使) takʰínda(使) talgínda(使) talkʰéra(使) takʰéra(使)	tará talʧ'í	tallindá talliŋgə́t'u tas'ó, talʧʰí tallindam mário táranaʤi	tallínda talk'ú talt'í talk'í talk'índa(使) tɛk'éra(使) tɛk'éya(使) tɛk'índa(使)
겨르/ 겯-	編	kyərə́sə kyə́llinda kyə́lk'u kyə́lt'i kyə́lt'anaǎi kyərə́ra	kyə́llinda kyə́k'u, kyə́t'ı kyə́nninda kyəríps'o kyə́s'ips'o kyərə́ra kyərə́t'a kyə́s'it'əguma kyə́lgét'a(被) kyə́k'ét'a(被)	kyə́nninda kyə́llinda kyə́kk'u kyə́k'u, kyə́t'i kyərə́s'o kyərə́s'it'əguma	ʧərə́naʧ'i ʧə́s'o ʧə́mʤɛʤər íri	ʧə́nninda ʧə́ə́, ʧə́t'a kyə́nninda kyə́k'es'o kyərə́ya kyə́kt'í kyəŋnindá	ʧə́nninda ʧərə́ra ʧə́k'u ʧə́t'i, ʧə́ːn ʧə́nna kyərə́ra
거르/ 걷-	步	kə́t'i, kə́lt'i kə́ls'o kə́llinda kə́lʦ'anda kəlk'éra(使) kəlk'índa(使) kəl(~r)k'ét'a(使)	kərə́onda kə́lk'u kə́lʦ'a kə́llinda kəlk'índa(使) kəlk'éra(使)	kərə́ganda kərə́ra kərímu kə́k'u kə́ʧ'a kə́nninda kə́ls'o kək'éra(使)	kə́lʧ'í kərə́ra kə́llinda kə́lʧ'agu kə́llin kərə́gaʤa kəlk'índa (使)	kərə́ra kə́lk'o kə́lt'i kə́lk'í kə́llinda kə́lk'yə(e) ganda(使) kə́lk'é ganda(使) kək'é(使)	kərə́ra kə́lk'u, kə́lt'i kəlliŋgə́ kə́lla, kə́ls'o kərindá kəriŋgə́
무르/ 묻-	問	murə́bara murə́bonda múʧ'(~t')i mút'i	murə́bara múk'u murúmu múnninda	múk'o, mút'i	murə́boʤi múk'u	murə́ murə́bogú mút'i	murə́ múk'o

[표 15] 단일화에 의한 기저형 공존과 변이 Ⅲ (/XVri–∽XVt–/ 용언)

이것을 화자별 기저형만 간추려 제시하면 아래와 같다.

항목 \ 제보자	F_1 79세 _VY	_CY	M_4 71세 _VY	_CY	F_2 69세 _VY	_CY	M_5 69세 _VY	_CY	F_3 62세 _VY	_CY	M_6 60세 _VY	_CY
드르/듣-	듫-	듣-	드르-	듣-	드르-	듣-	듫-	듣- 듫-	드르-	듣-	듫-	듣- 듫-
시르/싣-	싫-	싣- 싫-	—	싫- 싣-	싫- 싫-	싫- 싣- 싫-	싫-		시르-	싣-	싫-	
다르/닫-	닳-	닳- 닫-	다르-	닳-	다르-	닳-	닳-		—	닳- 닫-	닳-	
겨르/겯-	겷-		겷-	겷- 겯-	겷-	겯- 겷-	져르-	졇-	져으- 겨르-	졇- 겷- 격-	져르- 겨르-	졇-
거르/걷-	—	걷- 걿-	걿-		걿-	걷- 걿-	걿-		걿-		걿-	
무르/묻-	무르-	묻-	무르-	묻-	—	묻-	무르-	묻-	무르-	묻-	무르-	묻-

[표 16] 단일화에 의한 기저형 공존 양상(/XVri-∽XVt-/ 용언)[48]

/XVri-∽XVt-/의 경우, 대체로 /XVrʔ-/형으로 기저형의 단일화가 진행되고 있다.[49] /XVrʔ-/형은 기존의 기저형들과 상이한 제 3의 기저형이다. 예컨대, 동일 환경(_CY)에서 /듣-/, /듫-/이 공존하는 현상(M_5)은 /XVri-/(_VY)∽/XVt-/(_CY)라는 복수 기저형이 /XVrʔ-/로 단일화되는 중간 과정을 반영한다. 그런데 /XVrʔ-/의 형성에 대해서는 두 가지 가능성이 존재한다. 하나는 /듣-/>/듫-/과 같은 음운 변화에 의한 것으로 보는 것이고, 다른 하나는 기저형끼리의 혼효가 일어난 결과로 파악하는 것이다. 본고는 후자의 입장이다. '드꼬(듣고), 드떠라(듣더라), 드러(들어), 드르니(들으니)'와 같은 표면 음성형들로부터 기저형 간의 혼효가 촉발되어 /듫-/과 같은 제 3의 기저형으로 단일화가 일어난 것으로 보는 것이다. '드꼬, 드떠라'와 같은 표면형으로부터 재해석된 기저형 /듫-/

---

48) 자음 어미 앞의 기저형으로 /듫-, 싫-, 닳-, 겷-, 걿-, 뭃-/이 존재하는 경우, 모음 어미 앞의 기저형은 /드르-, 시르-, 다르-, 겨르-, 거르-, 무르-/일 수도 있고 /듫-, 싫-, 닳-, 겷-, 걿-, 뭃-/일 수도 있다. 그러나 문법의 경제성을 감안하여 이러한 경우는 후자를 모음 어미 앞의 기저형으로 간주한다. 이러한 분석은 기저형 단일화의 측면에서도 합리적으로 이해된다.

49) 일부는 /XVrh-/로 단일화되는 경향도 관찰된다.

과 '드러, 드르니'와 같은 표면형으로부터 재해석된 기저형 /들-/이 혼효되어 /듥-/이라는 단일 기저형이 형성되었다고 본다. 이때 새로운 기저형의 출현을 음운 변화에 의한 것으로 보지 않고, 단일화에 의한 것으로 보는 이유는 다음과 같다. 첫째, /XVri-∾XVt-/(소위 t-불규칙 활용 어간)은 이미 15세기 문헌 자료에도 등장하며, 이 지역어를 반영한 100년 전의 문헌 자료에서도 관찰된다. /XVt-/에 대한 /XVr?-/의 출현이 /t/>/r?/과 같은 점진적 약화에 의한 것이라면, 이와 같은 음운 변화가 왜 최근에야 일어나게 되었는지를 해명해야 한다.[50] 둘째, 이러한 /t/의 약화가 최근 들어 생긴 음운 변화라면 t-규칙 활용 어간에서도 이러한 변화가 일어날 것으로 기대된다. 그러나 현재 t-규칙 활용 어간에서는 아무런 변화도 일어나지 않고 있다. 이에 본고는 /XVr?-/의 형성이 순수한 음운 변화에 의한 것이 아니라 재해석 및 단일화에 의한 것이라고 판단한다. /시르-/∾/싣-/, /다르-/∾/닫-/, /겨르-/∾/겯-/, /거르-/∾/걷-/, /무르-/∾/묻-/에 대해서도 유사한 설명이 적용된다.

아래의 표는 /XVŋk∾XVmu/ 체언의 화자별 실현 양상을 제시한 것이다.

---

50) 이때 '싫다'를 고형(古形)으로 보지 않고 '싣다'를 고형으로 보는 이유는 다음과 같다. 첫째, 파생어에 고형이 남아있는 경우가 많음을 고려했을 때, 노년층의 경우 사동 파생 어기에 /t/만 보이며, 비사동사형에서 /t>r?/의 변화를 보인 청장년층 화자들도 사동 파생 어기에는 여전히 /t/가 유지되어 있으므로(/싣기-/), /t/가 포함된 어간이 더 고형임을 알 수 있다. 둘째, 60대 여성 제보자의 진술에서도 '싣다'가 더 고형임을 알 수 있다. '실따'와 '시따' 중 "(본인은) '시따'를 더 많이 쓴다"고 하면서, "'시따'가 더 사투리"라고 했기 때문이다.

제보자 항목	F1 79세	M4 71세	F2 69세	M5 69세	F3 62세	M6 60세
방언형 / 의미	naŋgí naŋgɨ naŋgɨllu namudú namubóda naŋgidú naŋgísa naŋgína namubuthɔ́ namúga	naŋgedásə naŋgí, naŋgé naŋgɨ, naŋgé· namudú naŋgíboda namúdu naŋgɨllu naŋgíri naŋgɨllusə namubuthɔ́	naŋgɨ naŋgí naŋgé· naŋgɨbuthə naŋgúe naŋgíga(-과) naŋgíboda	naŋgí naŋgíu naŋgɨ naŋgísa naŋgíga naŋgɨdu namúdu naŋgimáːňi	naŋgéda naŋgɨllo naŋgɨ naŋgídu naŋgí naɲɨllo naŋgɨbuthə	naŋgɨllu naŋgí(獨) naŋgɨlli naŋgɨril naŋgéda naŋgɨ(獨) naŋgɨ(-을) naŋgídu naŋgɨdu naŋgíman
낭ㄱ/ 나무 木	namunníphi naŋgik'a mɛtʼibéra	namùk'əphúru namunníphi namunňíphi namuátʃhi namuádʑi namuk'ádʑi sollaŋgi toŋnaŋgí toŋnaŋgibuthɔ́ toŋnaŋgíboda toŋnaŋgí sollaŋgí namubəlgədʑí pədillaŋgí šidɨ̀nàŋgi tshamnaŋgyè thəphɔŋnàŋgíra kašinamuk'ódʑi kašinaŋgíra	namusúri naŋgisúri naŋginníphi naŋginíphu naŋginiphé hɛthaŋnaŋgí sollaŋgí pədinaŋgí pədillaŋgí namudarí naŋgudarí namugilgí naŋgigilgí naŋgigilgɨ naŋgigilgíbuthə naŋgigilgé	namunníphi naŋginíphina naŋginníphi namuáltshagi namugádʑi namuk'ádʑi naŋgiáltshagi naŋgiátʃhi mulphurenaŋ gɨdu	namuk'ɨlgéna namuíphu namunniphé naŋgɨíphi naŋgitʼɛgi naŋgipʼurí naŋgɨníphi naŋgigilgərí namuk'ɨlgíe namuk'ɨlgí sonamú(標) sonaŋgí sollaŋgí pədillaŋgí naŋgimithé	namúip(標) namuíphu(標) namuíphe(標) naŋgiíphi naŋgiíphi naŋgiíphe naŋgiíphu naŋgiɦallá toŋnaŋgí naŋgigilgəriri naŋgigilgɨlman naŋgigilgɨl namuátshi namuadzɛgí naŋgiátshi naŋgiátshi

[표 17] 단일화에 의한 기저형 공존과 변이 I (/XVŋk∽XVmu/ 체언)[51]

이것을 화자별 기저형만 간추려 제시하면 아래와 같다.

제보자 항목	F1 79세		M4 71세		F2 69세		M5 69세		F3 62세		M6 60세	
	_VY	_CY	_VY	_CY	_VY	_CY	_VY	_CY	_VY	_CY	_VY	_CY
낭ㄱ/나무	낭ㄱ	나무 낭기	낭ㄱ	나무	낭그 낭ㄱ	낭그 낭기	낭ㄱ	낭기 낭그	낭ㄱ	낭기 낭그	낭ㄱ	낭그

[표 18] 단일화에 의한 기저형 공존 양상(/XVŋk∽XVmu/ 체언)

/XVŋk∽XVmu/의 경우, 대체로 /XVŋki/나 /XVŋki/형으로 기저형의

---

51) (獨)은 명사의 단독형, (標)는 제보자가 해당 음성형을 표준어라고 진술한 경우를
나타낸다.

단일화가 진행되고 있다. 이들은 모음 어미 앞의 기저형 /XVŋk/에 각각 주격 조사 -i('-이')와 대격 조사 -ɨ('-으')가 결합한 형태이다. 예컨대, 동일한 환경(_VY)에서 /낭ㄱ/, /낭그/가 공존하는 현상(F_2)은 /XVŋk/(_VY)∽/XVmu/(_CY)라는 복수 기저형이 /XVŋki/로 단일화되는 중간 과정을 반영한다. 발화 해석 과정에서 청자가 대격 조사 -ɨ 결합형 [XVŋkɨ]를 단일 기저형으로 인식함으로써, VY 앞에 출현 가능한 기저형 목록에 /XVŋki/가 첨가되고, 따라서 발화 산출 과정에서 /XVŋk/과 /XVŋki/가 수의적 선택 관계에 놓이게 된 것이다. 한편, 동일한 환경(_CY)에서 /나무/, /낭기/가 공존하는 현상(F_1)은 /XVŋk/(_VY)∽/XVmu/(_CY)라는 복수 기저형이 /XVŋki/로 단일화되는 중간 과정을 반영한다. 발화 해석 과정에서 청자가 주격 조사 -i 결합형 [XVŋki]를 단일 기저형으로 인식함으로써, CY 앞에 출현 가능한 기저형 목록에 /XVŋki/가 첨가되고, 따라서 발화 산출 과정에서 /XVmu/와 /XVŋki/가 수의적 선택 관계에 놓이게 된 것이다.

아래의 표는 /XVrk∽XVrɨ(u)/ 체언의 화자별 실현 양상을 제시한 것이다.

제보자 항목		F_1 79세	M_4 71세	F_2 69세	M_5 69세	F_3 62세	M_6 60세
방언형	의미						
갉/ 가르	紛	kalgí, kalgɨ kalgèdá karɨgá karɨbóda	kalgɨ, kalgí kalgé karɨ(獨) karɨbutʰə karɨbóda	kalgɨ kalgɨdu kalgí kalgé· kalgɨbutʰə	kalgí, kalgɨ kalgíra karúra karɨ karɨdú	kalgiéda kalgɨ kalgíbutʰə kalgíboda kalgedásə	kalgɨ kalgí kalgi(y)éda
		tsʰanips'algal gɨllu	oks'usugalgí eda s'alk'algíeda t'ək'algí nuŋk'arugatʰɨŋ gé	mes'algalgíbo da	t'əkk'algíra t'əkk'arúe t'əkk'algé	karɨyági nips'alk'algɨl lu	milk'algɨrɨ t'ək'algé t'əkk'algí t'əkk'algɨ t'əkk'algídu
쉬/ 시르	甑	šilgí, šilgɨ šilgedásə šilgɨdu širɨgá	šilgí šilgedá šilgɨ, širɨ(獨) šilgiⁿágu	šilgɨ, šilgyé šilgéeda šilgɨbutʰə šilgíboda	šilgí, šilgɨ šilgɨdú šilgíga	šilgí, šilgɨ šilgedásə šilgé šilgéda šilgedá šilgɨbutʰə	šilgí, šilgɨ šilgíman
		širɨt'arirá	širɨt'əgʉl	širɨdarí	šilgɨanéda	širimitʰí	širɨt'àrí

		širimitʰí	širit'arí širimitʰí širip'oí širit'íri	šilgidarí širibó, širit'í širit'íri	širit'ə́k širit'arí	širit'arirɨ́l širit'í širip'oí	širip'oí širip'oí šilgibó šilgit'ə́k
(농)맑 / (농) 마르	(龍) 屋脊	malgí malgɨ́ malgíra malgídu malgɨ́butʰə malgíman nʸoŋmalgí nʸoŋmalgíri nʸoŋmalgíman nʸoŋmalgí nʸoŋmalt'ɛ́	malgɨ́ nyoŋmalgɨ́ nyoŋmalgí nyoŋmalgé nyoŋmaributʰə́ nyoŋmalgí	noŋmalgíra noŋmalgɨ́ noŋmalgé noŋmalgíbutʰə noŋmalgíman	malgíra malgí malgɨ́ malgísa malgídu marɨ́du malgé yoŋmalgí yoŋmalgɨ́ yoŋmalgíri	malgé꞉(ʸé) malgíbutʰə malgɨ́ malgí malgíman yoŋmalgíra yoŋmalgíri yoŋmalgíman tʃibuŋmalgí tʃimmalgí	malgí malgɨ́ malgíe malgíbutʰə malgɨ́man malgídu
붉/ 부루	萬	pulgí pulgú purumán purubutʰə́	pulgí, pulgú purué, pulgé purubutʰə́ purubóda	pulgí, pulgɨ́ pulgɨ́butʰə pulgɨ́ga(-과) pulgúboda	pulgí pulgína pulgúdu pulgídu pulgúllonin	pulgí, pulgú pulgíbutʰə pulgíboda pulgíe	pulgí, pulgú pulgúbutʰə purú pulgídu pulgúma
		purusɛŋtʃʰí puruš'í purus'émi	purusɛŋtʃʰí puruš'í	pulgisɛŋtʃʰí pulgusɛŋtʃʰíri	pulgusɛŋtʃʰí	pulgis'é꞉mi pulgisɛŋtʃʰí	pulgusɛŋtʃʰí
몱/ 모루	鐵砧	molgí molgú molgedá molgíman molgíbutʰə	molgí, molgɨ́ molgé morubutʰə́ molgíboda morubóda morugá(-과)	mólgi mólgiri molgié mólgiboda	molgí molgíra molgué molgɨ́ molgú molgíman	—	molgí molgú molgu ué molgíe molgúman molgíman

[표 19] 단일화에 의한 기저형 공존과 변이 II (/XVrk∽XVri(u)/ 체언)

이것을 화자별 기저형만 간추려 제시하면 아래와 같다.

제보자 항목	F₁ 79세		M₄ 71세		F₂ 69세		M₅ 69세		F₃ 62세		M₆ 60세	
	_VY	_CY	_VY	_CY	_VY	_CY	_VY	_CY	_VY	_CY	_VY	_CY
갉/가르	갉	가르	갉	가르	갉	갈그	갉	가르	갉 갈기	갈기	갉 갈기	갈기
싥/시르	싥	실그 시르	싥	실기 시르 (시루)	싥 실기	실그 실기	싥	실그 실기	싥	실그	싥	실기
맑/마르	맑	말기	맑	마르	맑	말기	맑	말기 마르	맑 말기	말기	맑 말기	말기
붉/부루	붉	부루	붉 부루	부루	붉	불그 불구	붉	불기	붉 불기	불기	붉	불구
몱/모루	몱	몰기	몱	몰기 모루	몱 몰기	몰기	몰구	몰기	—		몱 몰구 몰기	몰구

[표 20] 단일화에 의한 기저형 공존 양상(/XVrk∽XVri(u)/ 체언)

/XVrk∽XVri(u)/의 경우, 대체로 /XVrki/나 /XVrki/형으로 기저형의 단일화가 진행되고 있다. 이들은 모음 어미 앞의 기저형 /XVrk/에 각각 주격 조사 -i와 대격 조사 -i가 결합한 형태이다. 예컨대, 동일 환경(_VY)에서 /섥/, /실기/와 /몱/, /몰기/가 공존하는 현상(F₂)은 /XVrk/(_VY)∽/XVri(u)/(_CY)라는 복수 기저형이 /XVrki/로 단일화되는 중간 과정을 보여 준다.[52] 청자가 주격 조사 -i 결합형 [XVrki]를 단일 기저형으로 인식함으로써, VY 앞에 출현 가능한 기저형 목록에 /XVrki/가 첨가되고, 따라서 발화 산출 과정에서 /XVrk/와 /XVrki/가 수의적으로 선택되는 것이다.[53] 한편, 동일한 환경(_CY)에서 /시르/, /실그/가 공존하는 현상(F₁)은 /XVrk/(_VY)∽/XVri/(_CY)라는 복수 기저형이 /XVrki/로 단일화되는 중간 과정을 반영한다. 발화 해석 과정에서 청자가 대격 조사 -i 결합형 [XVrki]를 단일 기저형으로 인식함으로써, CY 앞에 출현 가능한 기저형 목록에 /XVrki/가 첨가되고, 따라서 발화 산출 과정에서 /XVri/와 /XVrki/가 수의적 선택 관계에 놓이게 된 것이다. /맑/∽/마르/, /붉/∽/부루/의 경우에도 유사한 설명이 적용된다.

아래의 표는 /XVk'∽XVsi(u)/ 체언의 화자별 실현 양상을 제시한 것이다.

---

52) 동일 환경(_VY)에서 /몱/, /몰기/, /몰구/가 공존하는 현상(M₆) 또한 단일화의 중간 과정에서 나타나는 변이로 이해된다.

53) 목적어의 위치에 출현하는 [XVrki]는 두 가지 해석 가능성을 지닌다. /XVrk/+/-i/(대격 조사)로 분석될 수도 있고, /XVrki/(단독형)에 대격 조사가 생략된 형태로 분석될 수도 있다. 이 지역어에서는 대격 조사가 자주 생략되기 때문이다. 한편, 주어 위치에 출현하는 [XVrki] 또한 두 가지로 해석될 수 있다. /XVrk/+/-i/(주격 조사)로 분석되거나 /XVrki/(단독형)에 주격 조사가 생략된 형태로 분석될 수 있다. 이 지역어에서는 체언의 단독형에 항상 -i가 결합되는 까닭에, 주격형과 단독형이 형태상 동일하기 때문이다. 후자의 분석을 따른다면, 이들 어간은 모두 두 가지 방향(주격형, 대격형)으로 동시에 단일화되는 과정을 보여 주는 셈이다.

제보자 / 항목		F₁ 79세	M₄ 71세	F₂ 69세	M₅ 69세	F₃ 62세	M₆ 60세
방언형	의미						
뮤/ 무수	菁	muk'ídi muk'ú muk'é musugá musubutʰə́ musumán	muk'í muk'ú muk'é musudú musubutʰə́ musubóda	muk'í muk'ú muk'é muk'úbutʰə muk'édu muk'úboda muk'íboda	muk'íra muk'ú muk'ídu muk'úllo	muk'í muk'ú muk'íbutʰə muk'íe	muk'íraŋ muk'í muk'ú muk'íbutʰə muk'ú muk'é muk'úman
		musunnípʰi mususɛŋgíri	musunnípʰi musuníp musudzóŋnyu	muk'unnípʰi muk'unnípʰu muk'isɛŋgíri muk'ušɛŋgíri muk'usɛŋgílbutʰə	pommuk'í muk'usɛŋgíri muk'innípʰi muk'unnípʰi muk'u íp	muk'inípʰi	muuípʰi muk'iípʰi muk'isɛŋgíl pommuk'ídu ʧosəmmuk'í
늇/ 뉴수	撓	nʸuk'í, nuk'í nuk'ísa nuk'ínin yuk'í, nuk'ú yuk'é yuk'íbutʰə yuk'ímã	nuk'í, nuk'é nusubutʰə́ nuk'úbutʰə nusubóda	nuk'ú, nuk'í nuk'úbutʰə nuk'íboda	yuk'í yuk'íra yuk'ú yuk'úbutʰə	nuk'í, yuk'í nyuk'ú nyuk'í nyuk'íbutʰə nyuk'íe nʸuk'íman nʸuk'ídu nʸuk'íbutʰə	yuk'í, yuk'ú yuk'ídu yuk'íma(n)
		yusupʰáňi tálluk'u	tálluk'u tálluk'ibutʰə tallusutʰέgira tálluk'i tálluk'u mašwinúk'i nuk'ušwí nusupʰán nusutʰigí tallusutʰigí tállusuⁿagu mašwinuk'í tálluk'iboda	nuk'upʰán nuk'ipʰán nuk'upʰáni nuk'ímaší nyusupʰán nyusupʰáňira go	yuk'utʰigíri yuk'upʰáňira yuk'ipʰáňi yuk'upʰáňira	nyuk'utʰigirɨ nyuk'upʰáni nyuk'ipʰáňi nyuk'utʰiniŋgə́	yunnorí(標) yuk'upʰán
엮/ 여스	狐	yək'í, yək'ɨ yək'ɨbutʰə yək'ídu yək'íga yəsɨga yəsɨmã yəsidú yəsibutʰə́	yək'í, yək'ɨ yəsigé yək'igé yəsibutʰə yək'igá(-과) yəsibóda yəsɨga(-과) yəsidú	yək'í, yək'ɨ yək'igé yək'ée yək'ɨbutʰə yək'íboda	yək'í, yək'ɨ yək'ídu	yək'í, yək'ɨ yək'igé yək'íge yək'ié yək'íbutʰə yək'íya	yək'ɨnin yək'í yek'íge yək'é yək'ídu yək'íma yək'ɨbutʰə
		yəsisɛk'íra yəsigúrira	yəsisέk'i yəsisɛk'í yəsigúl	yək'idɛgaré yək'idɛgaríri yək'idɛgaryé yək'ɨsɛk'ɨ yək'isɛk'íri yək'igúl yəsigúre yəsigúru	yək'isɛk'í	yək'isɛk'í yək'isέk'ira ʥi yək'igúridi	yək'isɛk'í yək'ígul yək'íguri
슈/ 슈슈	高粱	šuk'ú suk'ú	šuk'í, šusú šusúrɨ	šuk'í, suk'u šuk'ídi	suk'í suk'íra	suk'í, suk'ú suk'úbətʰə	suk'í suk'úman

		šuk'ira susugá šusumá susú	šusubutʰə	šuk'ú, šuk'é suk'í suk'udú šuk'úbutʰə šuk'íboda šuk'ídu	suk'íga suk'ú	suk'ídu suk'íman	suk'ú, susú suk'ira suk'ídu suk'úbutʰə suk'íman
		šušuárira susári suswári kəš'uk'í kəsusuári	tsʰalsusú tsʰalšuk'í tsʰasuk'í mesusú mešuk'í mesuk'í šusɨnnípʰi šusɨt'ɛ šusɨt'yaá šusɨt'ɛé šusɨt'yaé	tsʰalšuk'í mešuk'í mesuk'u mesuk'únɨn mesuk'úman mešuk'ínɨn susári suk'idɛ́ suk'udɛ́ri suk'idɛ́man susunípʰi suk'inípʰi suk'inípʰu suk'unípʰe suk'inípʰe suk'iál suk'iári susuál, suk'iál suk'iári t'ins(š)uk'ira paps'uk'í paps'usú	tsʰalsuk'í mešuk'í tsʰalsuk'únɨn paks'uk'í paks'uk'ú mebaks'uk'í tsʰalbaks'uk'í	tsʰalsuk'í paps'usú susuípʰu	tsʰalsuk'ú tsʰalsuk'í mesuk'inɨ́n tsʰalsusú susuál susúari susuári ɔuwári tsʰalsusúal susúal
옥슈/ 옥슈 슈	玉高粱	okš'uk'ira oks'uk'ú okš'uk'ú oks'uk'úllu tsʰaroks'uk'ír udu oks'úk'i okš'uk'íga oks'usumá	oks'uk'ú okš'uk'í oks'usk'úri okš'uk'ú okš'uk'é okš'ubutʰə okš'ušubóda oks'usubóda	oks'uk'ú, oks'uk'í oks'uk'ídu	oks'uk'ira oks'uk'u	oks'úk'igo oks'úk'u oks'uk'í oks'uk'íe oks'uk'ú oks'uk'íbutʰə oks'uk'íboda	oks'uk'í oks'uk'ìdú oks'uk'úman okš'ik'íman
			oks'usugalgíe da okš'ut'yaá oks'uári okš'ušál okš'usál oks'usunnípʰi	tsʰaroks'uk'í tsʰaroks'uk'ú nɨn tsʰaroks'uk'urú oks'usú suswári oks'usu kwɛːgí oks'usu soŋtʃʰí		oks'uk'unípʰi oks'uk'ibəlgə dʒídu oks'ut'ɛ·	tsʰaroks'uk'í

[표 21] 단일화에 의한 기저형 공존과 변이III(/XVk'∽XVsɨ(u)/ 체언)[54]

54) 여기서 '윷'은 놀이 도구로서의 '윷'을 지칭한다. '도개걸윷모'의 '윷'은 '쑴(쑹)'이라고 한다. '슈끼'는 '옥슈끼(옥수수)'의 뜻으로 쓰이는 경우가 많고, 일반적 의미의 '수수'는 대개 '밥슈끼'라고 한다.

이것을 화자별 기저형만 간추려 제시하면 아래와 같다.

제보자 / 항목	F_1 79세		M_4 71세		F_2 69세		M_5 69세		F_3 62세		M_6 60세	
	_VY	_CY	_VY	_CY	_VY	_CY	_VY	_CY	_VY	_CY	_VY	_CY
묶/무수	묶	무수	묶	무수	묶	무끼 무꾸	묶	무끼	묶 무끼	무끼	묶	무끼
늮/뉴수	늮	유끼	늮	누수	늮	누꾸 누끼	육	유꾸	늮 뉴끼	뉴끼	육	유끼
엮/여스	엮	여끄 여끼 여스	엮	여스 여끄	엮 여끼	여끼 여끄	엮	여끼	엮 여끼	여끼	엮	예끼
숢/슈슈	숢	슈수	숢	슈수	숢	슈끼 슈꾸	숢	수끼	수끼		숢	수꾸 수수
옥숢/ 옥슈슈	옥숢	옥슈끼 옥수수	옥숢	옥슈 슈 옥수꾸	옥숢	옥수끼	옥숢	–	옥숢 옥수끼	옥수끼	옥수끼	옥수끼 옥수꾸

[표 22] 단일화에 의한 기저형 공존 양상(/XVk'∽XVsɨ(u)/ 체언)

/XVk'∽XVsɨ(u)/의 경우, 대체로 /XVk'i/나 /XVk'ɨ(u)/형으로 기저형의 단일화가 진행되고 있다. 이들은 모음 어미 앞의 기저형 /XVk'/에 각각 주격 조사 -i와 대격 조사 -ɨ가 결합한 형태이다. 예컨대, 동일 환경(_VY)에서 보이는 /엮/, /여끼/의 공존(F_2)은 /XVk'/(_VY)∽/XVsɨ/(_CY)라는 복수 기저형이 /XVk'i/로 단일화되는 중간 과정을 반영한다.[55] 청자가 주격 조사 -i 결합형 [XVk'i]를 단일 기저형으로 인식함으로써, VY 앞에 출현 가능한 기저형 목록에 /XVk'i/가 첨가되고, 따라서 발화 산출 과정에서 /XVk'/과 /XVk'i/가 선택적으로 출현하는 것이다. /묶/∽/무수/, /늮/∽/뉴수/, /숢/∽/슈슈/, /옥숢/∽/옥슈슈/의 경우에도 유사한 설명이 적용된다.

4.1.2.2. 변이의 기제와 요인

---

55) 동일 환경(_CY)에서 /여스/, /여끄/가 공존하는 현상(M_4) 또한 단일화의 중간 과정에서 나타나는 변이로 이해된다.

앞에서 단일화에 의한 기저형 지배 변이의 양상을 살펴보았다. 청자가 복수 기저형의 단일화를 꾀하는 중간 과정에서 쌍형 기저형이 형성된다. 이렇게 형성된 쌍형 기저형 중 하나를 화자가 발화 산출 과정에서 수의적으로 선택함으로써 공시적 변이가 출현한다. 재해석에 의한 기저형 지배 변이와 마찬가지로, 단일화에 의한 기저형 지배 변이 또한 발화 해석 과정에서 촉발된 변이라 할 수 있다. 즉, 청자에 의해 촉발된 현상으로서 발화 해석 과정의 최적화를 지향한다는 점에서 공통적이다.

단일화에 의한 기저형 지배 변이의 요인은 단일화를 위한 과도 단계에서의 기저형 첨가와 그로 인한 기저형의 수의적 선택에 있다. 근본적으로 그러한 단일화가 일어나는 원인을 파악하기 위하여, 단일화에 의한 기저형 첨가가 발화 해석 과정 중 어느 단계에서 일어나는지를 살펴보기로 하자. 그것은 아래 [그림 5]에 제시한 바와 같이 기저형 복원 과정에서 일어나는 것으로 보인다.

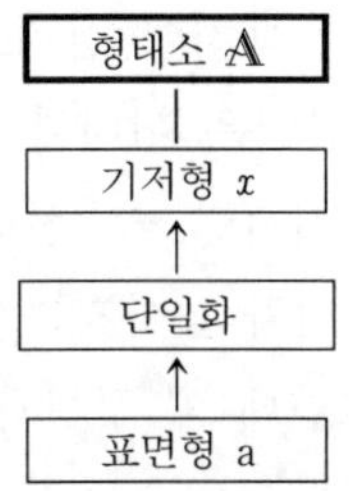

[그림 5] 발화 해석 과정[56]

표면형 a를 기저형으로 복원하는 과정에서, 기존의 복수 기저형 중 어느 하나가 단일 기저형으로 재인식되거나[57], 기존의 복수 기저형 간의 혼

---

56) 기본적으로 단형 기저형이면서 복수 기저형인 경우의 발화 해석 과정을 보인다.
57) 복수 기저형의 단일화가 방법상으로는 재해석을 통해 일어난다고 할 수 있으나, 그 결과 복수 기저형의 단일화가 초래된다는 점에서 이를 단일화에 의한 기저형 첨가 현상으로 분류한다.

효가 일어남으로써 형태소 A에 대한 새로운 기저형 x가 첨가될 수 있다.

해당 형태소가 복수 기저형을 가진 경우, 그 형태소에 대응되는 기저형 복원 과정에서 기저 이형태의 수를 최소화하려는 제약이 작용할 것으로 보인다.[58] 이를 '기저 이형태 최소화 제약'이라고 부르기로 하자. 기저 이형태의 수를 최소화하는 것은 그만큼 어휘부의 부담을 감소시키는 효과를 지닌다. 특정 기저형과 그것의 출현 환경을 별도로 기억하지 않아도 됨으로써 어휘부가 최적화되는 것이다.[59] 또, 형태소와 기저형이 일대일 대응을 이루게 되면, 발화 해석 과정 또한 간소화될 것이다. 이를 위해 복수 기저형 중 어느 하나로 기저형이 단일화되거나 복수 기저형 간의 혼효를 통해 기저형이 단일화되는 현상이 발생한다.[60] 이러한 가설의 타당성은 단일화에 의한 변화의 실제를 분석함으로써 보다 분명히 입증될 것이다. 단일화에 의한 변화의 실제를 다루는 장에서 변화의 방향과 동인에 대해서도 상술하기로 한다.

단일화에 의한 기저형 첨가가 일어나는 원인을 밝히기 위하여 발화 해석 과정상의 단일화 기제에 대하여 살펴보았다. 그렇다면 발화 산출 과정에서 기저형의 수의적 선택은 어떠한 기제에 의하여 일어나는가? 표면상으로는, 새로 첨가된 기저형 즉 '신형'이 수의적 선택에 의하여 출현하다가 그 선택 빈도가 점차 높아지는 과정에서 이러한 변이가 출현한다고 기술할 수 있다. 그런데 왜 구형과 신형 중 신형의 선택 비율

---

58) '기저 이형태'란 용어에 어폐가 있기는 하나, 표면 이형태에 대응되는 술어로 기저 이형태라는 술어를 쓰는 것이 양자의 공통점을 포착해 준다는 장점이 있다. 표면 이형태이든 기저 이형태이든 그 출현 환경이 상보적이라는 점에서 공통적이기 때문이다.

59) 단, 이때의 '어휘부 최적화'는 어휘부의 경제성이 제고된다는 의미로서, 최적성 이론의 '어휘부 최적화'와는 다른 개념이다.

60) 쌍형 기저형의 단형화 또한 형태소와 기저형의 일대일 대응을 지향한다는 점에서는 복수 기저형의 단일화와 그 동인이 같다. 한 형태소에 대한 새로운 기저형이 첨가되어 쌍형 기저형을 이루다가 점차 그 중 하나로 단형화되어 가는 과정 또한 어휘부의 최적화를 위한 현상으로 이해할 수 있다.

이 증가하는가? 이에 대해서는 몇 가지 가능성을 상정해 볼 수 있다.

　첫째, 발화 해석 과정에서 복원되는 빈도가 높아질수록 발화 산출 과정에서 선택되는 빈도도 높아지기 때문이라고 볼 수 있다. 예컨대, 발화 해석 과정에서 /듣-/∽/드르-/를 /듫-/로 단일화하는 빈도가 상대적으로 높은 청자는 자신의 발화 산출 과정에서도 /듣-/∽/드르-/보다 /듫-/을 선택하는 빈도가 상대적으로 높아질 것이다. 발화 해석시의 복원 빈도와 발화 산출시의 선택 빈도는 정비례 관계에 있기 때문이다. 이 같은 기저형 복원과 기저형 선택의 상호 작용에 의하여 기존의 복수 기저형 /듣-/∽/드르-/가 새로운 단일 기저형 /듫-/에 의하여 대체될 때, 기저형의 재구조화가 일어난다고 본다.

　둘째, 해당 형태소의 이형태 교체가 존재하는 경우, 기저형의 선택에는 표면 이형태를 최소화하려는 제약 또한 작용할 것으로 보인다. 앞에서 이를 '표면 이형태 최소화 제약'이라고 부른 바 있다. 단일화를 통해 일단 첨가된 기저형이 점차 그 선택 빈도를 높여가는 과정, 즉 이형태의 관점에서 보면 그것의 분포를 확대해 가는 과정은 이러한 발화 산출 과정상의 제약으로써 설명될 수 있다. 빈도수가 높은 어미와의 결합형을 대상으로 어간 기저형의 단일화가 촉발되고 다시 발화 산출시 빈도수가 높은 어미 앞에서 새로 첨가된 어간 기저형을 빈번히 선택한다고 보면, 그것에 유인되어 다른 어미 앞에서도 새로 첨가된 기저형을 선택하게 될 가능성이 높아진다. 이러한 기저형 선택 과정에서 '표면 이형태 최소화 제약'이 작용한다고 볼 수 있다. 실제로 활용 및 곡용 조사 과정에서, 화자는 어간 이형태를 통일시키려는 경향을 드러낸다.

　요컨대, 동일한 환경에 출현하는 표면형이 둘인 경우의 기저형 지배 변이는 다음과 같은 신형의 첨가 및 필수화 과정에서 출현하는 것으로 보인다. 신형 첨가와 필수화의 통시적 과정을 발화 산출상 선택 비율의 관점에서 도식화하면 아래와 같다.

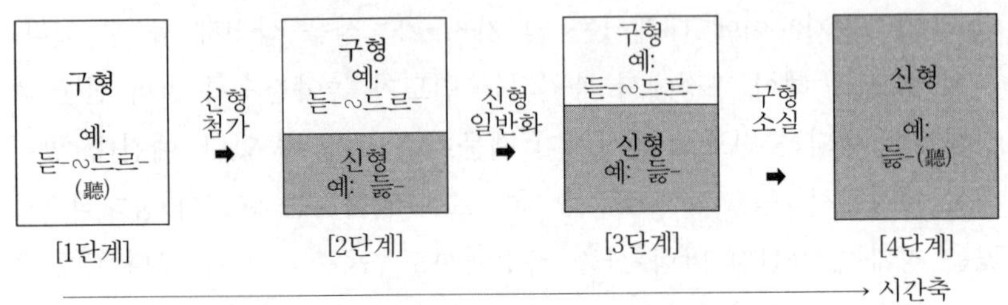

[그림 6] 신형 첨가 및 쌍형 기저형의 단형화 과정

　　특정 형태소에 대한 기저형이 하나만 존재할 경우(1단계와 4단계), 그 형태소는 단형 기저형을 가진 것으로 간주된다.[61] 1단계와 4단계의 기저형만 비교하면, 이는 기저형의 변화(/듣-∽드르-/>/듳-/), 즉 재구조화로 해석된다. 그러나 1단계의 기저형이 일시에 4단계의 기저형으로 바뀐다고 볼 수는 없다. 특정 형태소에 대한 쌍형 기저형(/듣-∽드르-/, /듳-/)이 공존하는 단계(2단계와 3단계)가 관찰되기 때문이다. 이는 기저형의 변화가 신형의 첨가와 그것의 점진적인 필수화 과정으로 이루어짐을 의미한다. 즉, 신형의 선택 빈도가 점차 높아지고 구형의 선택 빈도는 상대적으로 낮아지면서 결과적으로 구형은 소실되고 신형이 그 자리를 대신하게 되는 것이다. 이러한 기저형 대체의 중간 과정에서 공시적인 기저형 지배 변이가 출현한다.

---

61) 여기서 단형 기저형이란 쌍형 기저형에 대응되는 말이며, 복수 기저형에 대한 대응어는 단일 기저형임을 다시 한번 밝힌다.

4.1.3. 차용 및 유추에 의한 변이

4.1.3.1. 변이의 양상

표준어를 포함한 타 방언형의 차용 및 그에 대한 유추에 의해서 새로운 기저형이 첨가될 수도 있다. 표준어나 타 방언형을 차용함으로써 새로운 기저형의 첨가가 이루어지면, 발화 산출 과정에서 기저형의 수의적 선택이 일어나게 된다. 개별적인 어형 차용 후, 차용한 어형과 해당 방언형 사이의 규칙적인 음운론적 차이에 기반하여 유추가 행해지는 경우도 많다.

이 지역의 화자들 또한 신형인 차용어와 구형인 이 지역어형 간의 관계를 일정한 대응 패턴으로 인지하고 있다. 그리고 이러한 음운 대응 패턴, 이른바 '대응 규칙'을 기존의 형태소들에 유추적으로 적용시키고 있음을 확인할 수 있다. 이 지역 노년층 화자들의 발화에서 'tyV형'과 'ʦV형'이 공존하는 현상이 그러한 차용 및 유추의 대표적인 예이다.

항목 \ 제보자		M₁ 85세	F₁ 79세	M₃ 72세	M₄ 71세	F₂ 69세	M₅ 69세	F₃ 62세	M₆ 60세
방언형	의미								
돟-	好	tyótʰa tótʰa	tótʰa ʧótʰa ʧótʰi	tyótʰa ʧótʰa	tyótʰa ʦótʰa ʧotʰa	tʸótʰa ʧótʰa tyótʰa ʦótʰa	ʧótʰa tókʰennɨnde tótʰi	ʧótʰa ʦótʰa	tyótʰa ʧótʰa ʦótʰa ʦ(~ʧ)óasə
어때	何	ə́t'ɛ	ə́t'ɛ(~t'ʸɛ) ə́t'ésə	ə́t'ɛsə ə́ʧ'ɛ ə́t'yɛ	ə́t'yɛ ə́t'ɛsə ə́ʧ'ɛsə	ə́t'ɛ, ə́t'ʸɛ ə́t'ɛ(~t'ʸɛ)	ə́t'ɛ	ə́t'ɛ	ə́t'ɛ
데일	第一	teíl	teíl, teél tél, terí	ʧeíl, teél téːl	teíl, téːl tél	téíl, teíl téːl tyéːl	téːl ʧéːl teíl	ʦé·l tél	ʦéːl ʧéːl
데수	弟嫂	tʸesú teswí	tesú	tesú ʧesú	teswí tesú ʧesúš'i	tesú	tesú	tʸesú	tesú ʦesú
댱화	長靴	tyaɲɦwá tʸaɲɦwá	taɲɦwá	tyaɲɦwá tʸaɲɦwá	tʸaɲɦwá ʦaɲɦwá	tʸaɲɦwá tyaɲɦwá	ʧaɲʰwá	ʧ(~ʦ)aɲɦwá ʦaɲɦwá	ʧ(~ʦ)aɲɦwá ʧaɲwá ʦaɲwá
듕매	仲媒	tʸuŋmé	ʧuŋmɛ́k'	ʧuŋmɛk'ú	tyuŋmé	ʧuŋmɛ́ːk'	ʧuŋmɛk'ú	ʦuŋmɛ́k'	ʧuŋmɛ́k'

(꾼)	(꾼)		un	ni	tuŋmé tsuŋmé	uňi ʧuŋmék' uňi	ňi	uňi	un
당수	長壽	tyaŋsú tʸaŋsú	taŋsú tsaŋsú	tsaŋsú tyaŋsú ʧaŋsú	tsaŋsú tyaŋsú	tʸaŋsú tyaŋsú ʧaŋsú ʧaŋsuⁿadá	ʧáŋsu	tsaŋsú	ts(~ʧ)áŋsu
당손 가락	長指	tyaŋsoŋk' urági	taŋsok'ur ák taŋsok'ur ági	ʧaŋsoŋk' arági ʧaŋsoŋk' aragí	tyansoŋk' urák tyansok' urák tʸaŋsoŋk' árak tyaŋsoŋk' arák	tʸaŋso(n) k'aragíra tyaŋsoŋk' árak tyaŋsoŋk' aragídi	ʧaŋsok'a rák	taŋsoŋk'a ragí	ʧaŋsoŋk' aragí
당사 (꾼)	商業 (꾼)	tʸaŋsák'u ni kʰoŋʤaŋ sa	taŋšEk'uní taŋšik'uňí taŋsEk'ún ʧaŋsEk'ún ʧaŋsak'ún	tʸaŋsak'u ňí ʧáŋsa ʧaŋsak'ú ni	tyaŋsɛk'ú nira- tsaŋsak'ún ʧaŋsak'úni tyaŋ(~tʸaŋ) sɛk'úni tʸaŋsɛk'úni ʧaŋsák'ũi tsáŋsa ʧáŋsa kʰoŋdyáŋsɛ kʰoŋʤánsɛ s'aldyaŋsέ	tʸaŋsak'u ňí ʧaŋsak'u ní tyaŋsak'u ňí ʧáŋsa s'aldyaŋs ak'uňídi s'aldyaŋs ak'ún	ʧaŋsak'ú ňi ts(~ʧ)aŋs ak'uňirá s'alʤaŋs ak'úňira ʧáŋsa tsáŋsa	tsaŋsak'ú ňi tsaŋsak'u ňira-	ʧaŋsak'ún tsaŋsak'u ní tsansak'u ní tsáŋsa s'aldzaŋs ák'un

[표 23] 변항 (tyV)의 화자별 음성 실현 양상

[표 23]은 (tyV)라는 변항에 대한 각 화자들의 음성 실현형을 보인 것 이다. 이것을 변이형으로 분류하여 나타내면 다음과 같다.

제보자 항목	M_1 85세	F_1 79세	M_3 72세	M_4 71세	F_2 69세	M_5 69세	F_3 62세	M_6 60세
동-	tyV, tV	tV, ʧV	tyV, ʧV	tyV, ʧV tsV	tyV, ʧV tsV	ʧV, tV	ʧV, tsV	tyV, ʧV, tsV
어때	tV	tV	tyV, ʧV tV	tyV, tV ʧV	tyV, tV	tV	tV	tV
데일	tV	tV	tV, ʧV	tV	tV, tyV	tV ʧV	tsV tV	tsV, ʧV
데수	tyV, tV	tV	tV, ʧV	tV, ʧV	tV	tV	tyV	tV, tsV
당화	tyV	tV	tyV	tyV, tsV	tyV	ʧV	ʧV, tsV	ʧV, tsV
등매(꾼)	tyV	ʧV	ʧV	tyV, tV tsV	ʧV	ʧV	tsV	ʧV
당수	tyV	tV, tsV	tyV, ʧV tsV	tyV, tsV	tyV, ʧV	ʧV	tsV	tsV

[표 24] 변항 (tyV)의 화자별 변이형 실현 양상

음운론적 변항 (tyV)에 대한 변이형 중 'tyV형(예. 둏-)'과 'ʦV형(예. 좋-)'
의 관계는 공시적인 음운 과정, 즉 음운 교체로써 설명되지 않는다. tyV
가 ʧV로 변동되는 구개음화 현상과는 달리, tyV가 ʦV로 변동되는 현상
은 그 음성적 동기가 표면에 드러나지 않기 때문이다.[62] 따라서 이때의
ʦV형은 표준어형의 차용에 의하여 첨가된 기저형으로 간주된다.[63] 실제
로 이 지역의 노년층 화자들은 이 지역어의 '댜, 뎌, 됴, 듀'(/tyV/)가 표
준어나 타 방언에서는 '자, 저, 조, 주'(/ʦV/)에 대응한다고 직접적으로
진술한다.[64] 그리고 이들 노년층 화자들은 발화 상황에 따라서 의식적으
로 양자를 구별하여 사용한다고 한다. 즉, 공식적인 자리나 외지에 나가
서는 tyV형이 아닌 ʦV형을 사용한다는 것이다. 따라서 노년층 화자들
의 발화에서 나타나는 tyV형과 ʦV형의 공존은 어휘 차용 후 대응 규칙
생성에 의한 기저형 지배 변이로 간주된다.[65]

---

62) 이러한 음운 변동을 폐쇄음의 파찰음화로 이해하고자 한다면, 왜 공명도가 더 높
은 일반 모음 앞에서는 이러한 파찰음화가 일어나지 않는지를 설명해야 하며, 구
개성 모음류인 i, y 앞에서 변동된 음이 왜 구개음이 아닌 치조음인지 또한 설명
해야 할 것이다.

63) 이 지역어를 비롯한 인근의 연변 지역어에서는 현재 /ㅈ/의 주(主) 변이음이 [ʧ]
가 아니라 [ʦ]이다. 역사적으로 이미 구개음화(예. 둏->좋-(好))를 겪은 인근의 방
언들에서는 /tyV/>/ʦV/(/쟈져죠쥬/>/자저조주/)의 변화 또한 완료되었으므로 이
전 시기에 tyV형으로 실현되던 형태소들은 현재 모두 ʦV형으로 실현되고 있다.
이를 토대로 한 연변 표준어형 또한 마찬가지이다.

64) 노년층 화자들은 /자, 저, 조, 주/([ʦV])와 /쟈, 져, 죠, 쥬/([ʧV])의 차이 또한 구별
하고 있다.

65) 규칙 생성(rule creation)이란, 개신된 방언과의 지속적인 접촉을 통해 대상 방언
의 개신형들과 모(母) 방언의 비개신형들의 체계적인 대응 패턴을 화자가 인지함
으로써, 모 방언의 언어 내적 요인과는 무관하게 새로운 규칙을 스스로 만들어내
는 것을 말한다. 여기서는 /tyV/→ /ʦV/와 같은 대응 규칙이 생성되었다고 할 수
있다(예. 댱화→장화). 이에 대한 보다 자세한 논의는 蘇信愛(2005a)를 참고할 수
있다. 이와 관련하여, 언어 변화를 해당 언어 외적인 요인에 의한 변화(adaptive
change)와 해당 언어 내적인 요인에 의한 변화(evolutive change)로 나누고, 전자
를 조정 규칙(adaptive rule)의 관점에서 설명한 논의인 Andersen(1973), 방언 접촉

그 밖에, 아래 제시된 'ʦɨ형'과 'ʧi형'의 공존도 그러한 예들 중 하나다.[66]

제보자 항목 방언형	의미	F₁ 79세	M₄ 71세	F₂ 69세	M₅ 69세	F₃ 62세	M₆ 60세
줒-	吠	ʦinnindá ʦisə́sə	ʧínninda(標) ʧisə́ra ʧisə́sə ʦisə́ra ʦínninda ʦinnindá ʦisɨ́mu ʦidzɨ́mu ʦizɨ́mu ʦisə́sə ʦidzɨ́ňi	ʦɨ́nninda ʦinnindá ʦ(~ʧ)ínninda ʦisə́ra ʧənnindá	ʦɨ́nnin ʦisə́ra ʦə́nňa ʦə́t'i ʦəsɨ́ňi ʦə́nninda	ʧínninda ʧisə́ra ʧisə́dɛgo ʧisə́dɛdi ʧít'i	ʧínninda ʦɨ́nninda ʧisə́ra, ʧík'u
쫒-	裂	ʦ'ɨ́nninda ʦ'ɨ́dzəra ʦ'ɨ́dzimun	ʦ'ɨ́dzəra ʦ'ɨ́nninda ʦ'ɨ́dzədo ʧ'ínninda(標)	ʦ'ɨ́dzədinda ʦ'ɨ́sədinda ʦ'ɨ́səra ʦ'ɨ́simun ʦ'ɨ́t'i	ʦ'ɨ́nninda ʦ'ɨ́dzəra ʦ'ɨ́ ʦ'ɨ́nna	ʦ'ɨ́dzə ʦ'ɨ́dzimu	ʦ'ɨ́dzəbərinda ʧ'ídzəbərinda ʦ'ɨ́dzəra ʦ'ɨ́dzimyən ʧ'ídzəra ʧ'innɨ́nda ʦ'ɨ́dzədedimun
부즈 런하-	勤	pudzirənadá	puʤirənadá	pudz(ʤ)irəna dá pudzïrənàdá	pudzirənadá pudzirənagú	puʤirəⁿán puʤirənⁿaňira	pudzirəní puʤirənⁿàdá
줏떵-	搗	ʦiʧ'innɨ́nda ʦiʧ'ə́·ra	ʦit'ʸésə ʦit'ʸə́sə ʦit'ésə	ʦit'ésə ʦit'indán ʦit'indá ʦit'innɨ́nda	ʦit'iə́sə ʦit'ínninda ʦit'íʧ'i ʦiʧ'innindá ʦiʧ'ə́·ra	ʧ'it'innɨ́nda ʦ'it'innɨ́nda	ʦit'innindá ʦit'ʸə́ːra ʦit'iə́sə
즐-	濘	ʦirə́sə	ʦidá ʦinnáre ʦirə́sə	ʦildá ʦirə́sə	ʦirə́sə	ʦildá	ʦildá
어즈 럽-	亂	ə́dzirəbun ə́dzirək'e	ə́dzirəpt'a ə́dzïrəpʰena·sə ə́dzï(dzi)rəpt'a ə́dzirəbun ə́ʤirəbasə	ə́dzirəpt'a ə́zirəpt'a ə́zirək'u ə́zirəbun ə́zirəbadu ə́dzirəpt'əra	ə́dzirəpt'ɛ·nna ə́dzirəbundi ə́dzirək'u ə́dzirəpt'a	ə́dzirəpt'a ə́ʤirəbadinda	ə́dzirəpt'a ə́dzirəba ə́dzirək'e ə́ʤirəun ədzɨ́rəpt'im
거츨-	荒	kəʦʰɨ́lge kəʦʰɨ́lda	kəʧʰɨ́lda kəʦʰɨ́lda kəʧʰírək'əna	kəʦʰɨ́lda kəʦʰɨ́lgəʦʰiran	kəʦʰɨ́da	kəʧʰɨ́lge	kəʦʰɨ́lge

[표 25] 변항 (ʦɨ)의 화자별 음성 실현 양상(용언)

을 통한 방언 습득에 대한 논의인 Chambers(1992)를 참고할 만하다.
66) sɨ형과 ʃi형의 공존(예. 슲다~싫다)도 동일한 맥락에서 이해되나, 지면의 한계로 다루지 않는다. 이에 대한 자료는 蘇信愛(2004a)를 참고할 수 있다.

항목 \ 제보자		F₁	M₄	F₂	M₅	F₃	M₆
		79세	71세	69세	69세	62세	60세
방언형	의미						
아츰	朝	atsʰɨ́m atsʰimé aʧʰɨ́m	aʧʰɨ́m(標) atsʰɨ́m	atsʰɨ́m aʧʰɨ́m aʧʰimú atsʰɨmbutʰə́	atsʰɨ́m atsʰimemún aʧʰíme	aʧʰɨ́m aʧʰimédo aʧʰímiʥi	aʧʰɨ́m aʧʰimé
며츨	幾日	metsʰɨ́l metsʰɨ́rin	metsʰɨ́l metsʰɨ́riu	metsʰɨ́l metsʰɨ́re metsʰɨ́ri	metsʰɨ́l myətsʰɨ́rimun	metsʰirí metsʰɨ́ldzã metsʰɨ́ril metsʰɨ́l meʧʰ(~tsʰ)íl	metsʰɨ́l meʧʰɨ́l meʧʰ(~tsʰ)íl metsʰɨ́ldzãɦao
기츰	咳	kitsʰɨ́m	kiʧʰɨ́m kitsʰɨ́m	kiʧʰɨ́m kitsʰɨ́m	ʧítsʰɨm kiʧʰɨ́m	kiʧʰɨ́m kitsʰɨ́m	kitsʰɨ́m
즘승	獸	tsimsɨ́egeda	tsimsɨ́ŋ tsimsɨ́ý ʧimsɨ́i	tsimsɨ́i tsimsɨí tsimsiŋk'é	tsimsɨ́i tsimsɨ́inde	tsimsɨ́ira ʧimsɨ́i	tsimsɨ́in tsimsɨ́ŋ

[표 26] 변항 (ʦɨ)의 화자별 음성 실현 양상(체언)

[표 26]은 (ʦɨ)라는 변항에 대한 각 화자들의 음성 실현형을 보인 것이다. 이것을 변이형으로 분류하여 나타내면 다음과 같다.

항목 \ 제보자	F₁	M₄	F₂	M₅	F₃	M₆
	79세	71세	69세	69세	62세	60세
줓-	ʦɨ	ʦɨ, ʧi	ʦɨ, ʧi, ʧə	ʦɨ, ʦə	ʧi	ʦɨ, ʧi
쫒-	ʦɨ	ʦɨ, ʦi, ʧi	ʦɨ	ʦɨ	ʦɨ	ʦɨ, ʧi
부즈런하-	ʦɨ	ʧi	ʦɨ	ʦɨ	ʧi	ʦɨ, ʧi
줓뗳-	ʦɨ	ʦɨ, ʦi	ʦɨ	ʦɨ	ʧi, ʦɨ	ʦɨ
즐-	ʦɨ	ʦɨ	ʦɨ	ʦɨ	ʦɨ	ʦɨ
어즈럽-	ʦɨ	ʦɨ, ʦi, ʧi	ʦɨ	ʦɨ	ʦɨ, ʧi	ʦɨ
거츨-	ʦɨ	ʧi, ʦɨ	ʦɨ	ʦɨ	ʧi	ʦɨ

[표 27] 변항 (ʦɨ)의 화자별 변이형 실현 양상(용언)

항목 \ 제보자	F₁	M₄	F₂	M₅	F₃	M₆
	79세	71세	69세	69세	62세	60세
아츰	ʦɨ, ʧi	ʧi, ʦɨ	ʦɨ, ʧi	ʦɨ, ʧi	ʧi	ʧi
메츨	ʦɨ	ʦɨ	ʦɨ	ʦɨ	ʦɨ, ʧi	ʦɨ, ʧi
기츰	ʦɨ	ʧi, ʦɨ	ʧi, ʦɨ	ʦɨ, ʧi	ʧi, ʦɨ	ʦɨ
즘승	ʦɨ	ʦɨ, ʧi	ʦɨ	ʦɨ	ʦɨ, ʧi	ʦɨ

[표 28] 변항 (ʦɨ)의 화자별 변이형 실현 양상(체언)

음운론적 변항 (ʦɨ)에 대한 변이형 'ʦɨ형(예. 줓(줓)-)'과 'ʧi형(예. 짖

(짓)-)'의 관계는 공시적인 음운 과정, 즉 음운 교체로써 설명되지 않는 다. ʦi가 ʧi로 변동되는 현상은 그 음성적 동인이 표면에 드러나지 않기 때문이다. '즈→지'는 자음에 의한 모음의 동화 현상으로서, 선행하는 자음 /ㅈ/의 구개성이 전제된 상태에서만 일어날 수 있다. 그러나 이 지역어의 /ㅈ/은 중세 국어와 마찬가지로 주(主) 변이음이 치음 내지는 치조음이다. i 앞에서 실현되는 /ㅈ/의 음가가 [ʧ]가 아니라 [ʦ]인 것이 다. 따라서 이 지역어에서 순수한 음운 과정으로서의 구개모음화는 일 어날 수 없다.[67] 따라서 여기서 관찰되는 ʧi형은 표준어의 차용에 의해 첨가된 기저형으로 간주된다. 연변 표준어를 비롯하여, 형태소 내부에 서 구개음화가 완료된 타 방언에서는 중세 국어 단계에 ʦi 연쇄를 가졌 던 형태소들이 대부분 ʧi 연쇄를 가진 형태소로 변화되었다. 형태소 내 부의 구개음화가 진행 중인 이 지역어의 경우, 이들은 여전히 ʦi형으로 실현되는 것이 일반적이다. 실제로 이 지역의 노년층 화자들은 이 지역 어의 '즈'([ʦi])가 표준어나 타 방언에서는 '지'([ʧi] 또는 [ʦi])에 대응된다 고 직접적으로 진술한다. 그리고 발화 상황에 따라서 의식적으로 양자 를 구별하여 사용한다고 한다.[68] 즉, 공식적인 자리나 외지에 나가서는 ʦi형이 아닌 ʧi형을 사용한다는 것이다. 따라서 노년층 화자들의 발화에 서 나타나는 ʦi형과 ʧi형의 공존은 어휘 차용 후 대응 규칙 생성에 의 한 기저형 지배 변이로 간주된다.[69]

---

67) 보다 자세한 논의는 蘇信愛(2004a)를 참고할 수 있다.

68) 예컨대, M₄(71세)는 "늙은 사람들이 '즈'(예. 아츰)라고 한다"면서 그것이 '경흥말', '토백이말'이라고 하였다. 반면, "젊은 사람들은 '지'(예. 아침)라고 한다면서 그것 은 '지금 사람들 말을 따른 것', '표준말'이라고 하였다. '쯪는다'와 '찢는다', '즞다' 와 '짓다', '슗다'와 '싫다'도 그러한 관계에 있다고 하였다. 책을 읽기 때문에 "표준 말은 모르는 게 없다"며, "강연을 하거나 할 때는 (본인 말에) 사투리(예. 아츰) 하 나도 안 들어간다"고 하였다. 본인은 시내에 나가서는 '아침'으로 바꾸어 말한다면 서, "냄이 다 그러는데 나 혼자 '아츰'이라 해서 되겠소?"라고 반문하였다. F₃(62세) 도 '기침'은 '표준어'라고 하면서, "젊은 사람들 앞에서 사투리 쓸 수 없어서 우정 (일부러) 표준어 쓰기도 한다"고 하였다. 그러나 본인은 "싸투리 쓰다 표준어 쓰 면 어색하다"고 하였다.

4.1.3.2. 변이의 기제와 요인

앞에서 차용 및 유추에 의한 기저형 지배 변이의 양상을 살펴보았다. 청자가 표준어나 타 방언으로부터 개별 어휘를 차용하거나 이에 대한 유추를 행함으로써 기존의 기저형에 새로운 기저형을 첨가하게 되어 쌍형 기저형이 형성된다. 이렇게 형성된 쌍형 기저형 중 하나를 화자가 발화 산출 과정에서 수의적으로 선택함으로써 공시적 변이가 출현한다. 이 또한 청자에 의해 촉발된 변이라 할 수 있다.

차용 및 유추에 의한 기저형 지배 변이의 요인은 차용으로 인한 새로운 기저형의 첨가와 그로 인한 기저형의 수의적 선택에 있다. 그런데 보다 근본적으로, 그러한 차용이 일어나는 원인은 무엇일까? 이는 교통의 발달로 인한 빈번한 방언 접촉, 교육망의 확대, 방송 매체의 보급 등을 통하여 표준어 및 타 방언을 습득할 기회가 증가한 데 원인이 있을 것이다. 그렇다면 발화 산출 과정에서 기저형의 수의적 선택은 어떠한 기제에 의하여 일어나는가? 표면상으로는, 새로 첨가된 기저형 즉 '신형'이 수의적 선택에 의하여 출현하다가 그 선택 빈도가 점차 높아지는 과정에서 이러한 변이가 출현한다고 기술할 수 있다. 그런데 왜 구형과 신형 중 신형의 선택 비율이 증가하는가? 즉, 이 지역 방언형과 차용형 중 차용형의 선택 비율이 증가하는 이유는 무엇일까? 이에 대해서는 몇 가지 가능성을 상정해 볼 수 있다.

첫째, 일반적으로 언어 사용자들은 공식적인 자리나 낯선 사람들과 만나는 장소에서는 권위를 지닌 언어적 변종을 사용하려는 경향이 있다. 대개 표준어나 경제·사회·문화의 중심지에서 사용되는 언어가 이러한 외재적 권위(overt prestige)를 지닌 것으로 여겨진다. 이 지역어의 화자들도 발화가 이루어지는 장소나 상황에 따라 의식적으로 표준어형이나 권위를 지닌 방언의 어형을 사용하는 것을 볼 수 있다.[70] 이러

---

69) 여기서는 /ʦi/→/ʦi/와 같은 대응 규칙이 생성되었다고 할 수 있다(예. 줗다→짖다).

한 경향이 점차 증가함에 따라 기존의 방언형이 차용형으로 대체되어 가는 것으로 해석된다.[71] 전학석(1987: 375-376)도 이 지역어의 음운 체계와 음운론적 특성이 점차로 고유의 특성을 잃고 표준어의 방향으로 변화하고 있다고 언급하면서, 이러한 변화의 원인으로 표준어의 영향과 이웃 지방 말의 영향을 꼽았다. 그 중에서도 특히, 해방 후에 시행된 학교 교육망의 확대와 각종 선전 도구를 통한 조선어 표준어 규범화 사업 및 보급 사업의 실시를 변화의 주된 요인으로 보았다.

둘째, 실제 언어 생활에서 어떤 어형을 청취하는 빈도가 높아질수록 발화 산출 과정에서 해당 어형을 선택하는 빈도도 높아지기 때문이라고 볼 수 있다. 최근 들어 교육의 영향 및 방송 매체의 급속한 보급으로 인하여, 이 지역 대부분의 청자들은 고유의 방언형보다는 표준어형에 노출되는 빈도가 더 높아진 실정이다. 이러한 상황에서 예컨대, /둏-/(tyV형) 대신 /좋-/(tsV형)을 청취하는 빈도가 상대적으로 높은 청자는 자신의 발화 산출 과정에서도 /둏-/보다 /좋-/을 선택하는 빈도가 상대적으로 높아질 것임을 예측할 수 있다. 즉, 청취 빈도가 발화 산출시의 선택 빈도에 영향을 미칠 수 있는 것이다. 이 같은 청취와 산출의 상호 작용에 의하여 기존의 기저형 /둏-/이 새로운 기저형 /좋-/에 의하여 대

---

70) 조사 지점인 회룡봉촌의 경우, 경제·사회·문화의 중심지는 인근의 훈춘시이다. 따라서 회룡봉촌의 화자들에게 권위를 지닌 타 방언이란 훈춘시에서 사용되는 말이라 할 수 있다. 훈춘시에서 사용되는 방언은 대개 함북 길주·명천 방언을 기반으로 형성되었다. 이 방언에서는 표준어와 마찬가지로 tyV형 대신 tsV형이, tsi형 대신 tʃi형이 사용된다.

71) 그러나 표준어형의 직접 차용으로 인한 기저형 대체(replacement)가 일어나는 대신, 표준어형과 방언형의 절충형으로 기저형이 재구조화되는 경우도 있다. 이는 모(母) 방언이 지닌 내재적 권위(covert prestige)를 추구하려는 동기가 동시에 작용한 결과로 생각된다. 흔히 일상어형(토속어형)(vernacular forms)이나 비표준어형(non-standard forms)은 동일 언어 공동체 내 구성원끼리의 결속력을 상징하는 내재적 권위를 지니는 것으로 알려져 있다. 이 지역어에서 /땨르(쨔르)-∽땳(쟒)-/(短)이 표준어형 /짧-/으로 대체되는 대신 /짜르-∽짤르-/로 재구조화된 경우가 그러한 절충의 예이다.

체될 때, 이 또한 기저형의 재구조화가 일어난 것으로 간주된다.

셋째, 청자에 의하여 이 지역 방언형과 차용형 간의 음운 대응 패턴이 인지되었을 때, 즉 일정한 대응 규칙이 생성되었을 때, 화자는 이 규칙의 구조 기술에 부합하는 모든 형태소에 이를 적용시키고자 한다. 예컨대, 표준어 혹은 권위를 지닌 방언의 어형 중에 tyV형이 존재하지 않으며 그 대신 tsV형이 존재함을 알게 된 화자들은 $tyV {\rightarrow} tsV$라는 대응 규칙을 생성한다. 이는 곧 화자가 표준어나 권위 있는 지역 방언의 표면 적형 제약에 대하여 알고 있음을 의미한다. 따라서 대상 언어에 존재하는 모든 tsV형 형태소의 표면형을 청취하지 않았더라도, 이 지역 화자들은 자신들이 인식한 표면 적형 제약에 근거하여 새로운 대응 규칙을 유추적으로 적용시켜 나갈 수 있는 것이다. 실제로 이러한 사실은 이 지역 노년층 화자들의 진술에서도 여러 차례 확인된 바이다.[72]

요컨대, 동일한 환경에 출현하는 표면형이 둘인 경우의 기저형 지배 변이는 다음과 같은 신형의 첨가 및 필수화 과정에서 출현하는 것으로 보인다. 신형 첨가와 필수화의 통시적 과정을 발화 산출상 선택 비율의 관점에서 도식화하면 아래와 같다.

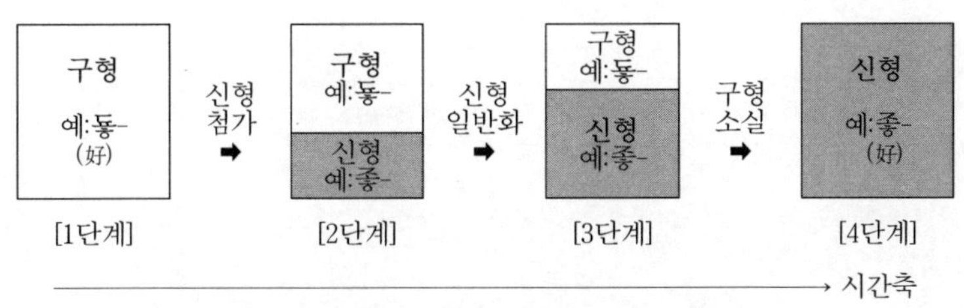

[그림 7] 신형 첨가 및 쌍형 기저형의 단형화 과정

---

72) 제보자 M₄(71세)의 진술에 따르면, 평소에는 '둏다'나 '좋다'('두 줄'; ʧV형)라고 말하다가도 '낯선 사람들과 만나는 자리'에서나 '청년들 앞에서'는 의식적으로 '좋다'('한 줄'; tsV형)라고 바꾸어 말한다고 한다. 이 중 가장 일상적인 발음은 '둏다'(tyV형)이고 그 다음이 '좋다'(ʧV형)로, '현대에 맞게 말하려면' '좋다'(tsV형)라고 해야 함에도 불구하고 '댜뎌됴듀'로부터 '자저조주'로까지 바꾸기는 쉽지 않다고 하였다.

특정 형태소에 대한 기저형이 하나만 존재할 경우(1단계와 4단계), 그 형태소는 단형 기저형을 가진 것으로 간주된다. 1단계와 4단계의 기저형만 비교하면, 이는 기저형의 변화(/둏-/>/좋-/), 즉 재구조화로 해석된다. 그러나 1단계의 기저형이 일시에 4단계의 기저형으로 바뀐다고 볼 수는 없다. 특정 형태소에 대한 쌍형 기저형(/둏-/, /좋-/)이 공존하는 단계(2단계와 3단계)가 관찰되기 때문이다. 이는 기저형의 변화가 신형의 첨가와 그것의 점진적인 필수화 과정으로 이루어짐을 의미한다. 즉, 신형의 선택 빈도가 점차 높아지고 구형의 선택 빈도는 상대적으로 낮아지면서 결과적으로 구형은 소실되고 신형이 그 자리를 대신하게 되는 것이다. 이러한 기저형 대체의 중간 과정에서 공시적인 기저형 지배 변이가 출현한다.

4.2. 변화의 실제

앞에서 노년층의 발화에서 관찰되는 기저형 지배 변이의 양상을 살펴보았다. 기저형 지배 변이가 출현하는 요인은 한 형태소에 대한 새로운 기저형이 첨가되어 그것이 선택적으로 출현하기 때문이라고 보았다. 새로운 기저형의 첨가는 발화 해석 과정의 최적화를 위하여 일어나는 경우도 있고, 외재적인 사회적 권위를 드러내기 위하여 일어나는 경우도 있음을 확인하였다. 이 장의 목적은 변화의 실제를 검토함으로써 통시적인 기저형 지배 변화의 확산 과정과 방향을 밝히는 것이다. 노년층의 변이를 중년층 및 청년층의 변이와 비교함으로써 현장 시간상의 변화를 논의하고, 이를 100년 전의 문헌 자료에 반영된 언어적 사실과 비교함으로써 실재 시간상의 변화 또한 확인하고자 한다. 여기서 제시하는 변화의 예들은 공시적 변이의 요인과 기제에 대한 앞의 가설을 실증적으로 뒷받침할 것이다. 즉, 이 장을 통하여 공시적인 기저형 지배 변이와 통시적인 기저형 지배 변화의 상호 관계에 대한 검증이 이루어질 것이다.

4.2.1. 재해석에 의한 변화

통시적 음운 변화 기제로서의 재해석이란, 주어진 표면형에 대해 둘 이상의 음운론적·형태론적 해석이 가능할 경우, 이후 시기의 청자가 이를 이전 시기와 다르게 해석하는 현상을 말한다. 여기에는 크게 세 가지 유형의 재해석이 포함된다. 첫째, 형태소 내부나 경계의 공시적인 음운 교체에 유인되어 재해석이 이루어지는 경우, 둘째, 불명료한 음성형의 청취로 인하여 음운 연쇄가 재해석되는 경우[73], 셋째, 언어 내·외

---

73) 중년층 및 청년층 화자들의 경우, '쟈져죠쥬'에 대하여 [ʧ(∼ʦ)V]와 같은 불명료한 음성형의 청취로 인하여 이전 세대의 [ʧV](/ʦyV/)를 /ʦV/('자저조주')로 재해석

적 권위를 지향하여 과도 교정적인 재해석이 이루어지는 경우가 그것이다.[74] 이때 '언어 내·외적 권위 지향'에 따른 재해석의 예들은 사실상 첫 번째 유형과 두 번째 유형에 속하는 현상들 가운데서 추출할 수 있을 것이다. 이는 사회적 요인과 연관된 것이란 점에서, 그 분류 기준 자체가 다른 성격을 지니기 때문이다. 그러나 단순히 '재해석 기제'의 측면에서 현상을 분류하는 데서 나아가 '재해석 요인'의 측면에서 현상을 분류하는 데에는 세 번째 유형을 따로 설정하는 것이 유의미할 것으로 생각된다. 본고는 이러한 유형 분류하에 재해석에 의한 변화에 대하여 논의하고자 한다.

이 장에서는 중년층, 청년층의 재해석에 의한 변이를 노년층의 그것과 비교함으로써 현장 시간상의 변화를 확인하고, 과거의 문헌 자료 및 방언 조사 자료를 검토함으로써 실재 시간상의 변화도 아울러 확인하기로 한다.

4.2.1.1. 현장 시간상의 변화

4.2.1.1.1. 이 지역 중년층 화자들의 발화에서 재해석에 의한 변이는 다음

했을 가능성이 있다. 이는 이전 세대 화자의 발화에서 일어나는 수의적 y 탈락으로 인하여 이후 세대의 청자가 [ʃV]~[tsV]와 같은 변이적 상황에 노출되었기 때문이라고 본다. 뿐만 아니라, tsV형('자저조주')을 표준으로 삼는 언어 규범이 영향을 미쳤을 가능성도 배제할 수 없다. 이러한 사실은 노년층의 공시적 변이(ʃV~tsV)가 수의적 음운 교체에 의한 것인 반면, 중년층 및 청년층의 공시적 변이(ʃV~tsV)는 부분적으로 기저형의 수의적 선택에 의한 것일 수 있음을 의미한다. 따라서 /tsyV/>/tsV/ 변화의 기제 또한 복합적인 것으로 해석된다. /syV/('샤셔쇼슈')>/sV/('사서소수') 변화에 대해서도 같은 설명이 적용된다.

74) 발화 해석 과정에서 과도 교정(hypercorrection)을 바라보자면, 그것은 본질적으로 재해석의 일종이라 할 수 있다. 규칙 취소를 통해 기저형을 복원하는 과정에서, 음운 교체 P가 적용되지 않은 표면형 a를 음운 교체 P가 적용된 것으로 해석함으로써 실제와는 다른 기저형 A'을 복원하게 되고, 이렇게 첨가된 새로운 기저형을 발화 산출시 선택함으로써 이른바 과도 교정이 이루어지는 것이다. 이는 규칙 취소를 통한 복원 과정에서 취소해야 할 규칙을 실제보다 많이 상정한 결과라 하겠다.

과 같이 실현된다. 살펴볼 예는 /Xi-/, /Xu-/, /Xo-/, /-Xep^h-/, /XVC$_1$C$_2$/와 관련된 변이이다.

아래의 표는 /Xi-/ 용언의 화자별 실현 양상을 제시한 것이다.

방언형	의미	M$_7$ 59세	F$_4$ 56세	M$_8$ 55세	F$_5$ 54세	M$_9$ 48세	M$_{10}$ 45세	F$_6$ 45세
끼-	挾	k'índa k'eéra k'iúnda(使) k'iwára(使)	k'índa k'éra	k'índa k'é·ra k'iwádzun da(使)	k'inda k'éra	k'ída k'era k'iúda(使) k'iwə́dzwə ra(使)	k'ígo k'iwə́ra(使)	k'indá k'ígu k'éera k'iwádzwə ra(使)
니기-	揉	nigínda nigíndagu nigéra	nigínda nigéra	nigínda nigéra	nigínda nigét'a	igínda igéra	igéra, igíʥi nigígo	nigígu nigéra
기-	匍	kénda kégu kéera ké	kínda kénda kégu kéʥi kéera	kígu ké·, kée	kée, kégu kédi	kígo, kée	kígo ké·, kée	kígu, kée
구기-	縐	k'ugínda k'ugéet'a	k'ugínda k'ugígu k'ugímun k'ugé·ra k'ugéera	k'ugínda k'ugíʥi k'ugé·nna	k'ugínda k'ugígu k'ugée k'ugéet'a	k'ugígo k'ugyára	k'ugíʥi k'ugéʥet'a	k'ugígu k'ugéra
히-	冰	hínda heé	hénda heésə	hínda héra hé, hé·	hénda hédi, héra héera hé·ra	hínda	hínda hénda héra, hégu hígu	hé hénda

[표 29] 재해석에 의한 기저형 공존과 변이 I (/Xi-/ 용언)

이것을 화자별 기저형만 간추려 제시하면 아래와 같다.

항목	M$_7$ 59세	F$_4$ 56세	M$_8$ 55세	F$_5$ 54세	M$_9$ 48세	M$_{10}$ 45세	F$_6$ 45세
끼-	끼-	끼-	끼-	끼-	끼-	끼-	끼-
니기-	니기-	니기-	니기-	니기-	이기-	니기-	니기-
기-	게-	기-, 게-	기-	게-	기-	기-	기-
구기-	꾸기-	꾸기-	꾸기-	꾸기-	꾸기-	꾸기-	꾸기-
히-	히-	헤-	히-	헤-	히-	히-, 헤-	헤-

[표 30] 재해석에 의한 기저형 공존 양상(/Xi-/ 용언)

중년층의 경우에도 /Xi-/의 재해석에 의한 변이가 관찰된다. 노년층의 경우에 비하여 기저형 /Xe-/의 비율이 높다. 이는 이 지역어의 일부 기저형 /Xi-/가 점차 /Xe-/형으로 변화되어 가고 있음을 반영하는 것으로 해석된다.

아래의 표는 /Xu-/ 용언의 화자별 실현 양상을 제시한 것이다.

방언형	의미	M7 (59세)	F4 (56세)	M8 (55세)	F5 (54세)	M9 (48세)	M10 (45세)	F6 (45세)
쑤-	熬(粥)	s'índa s'ára	s'ígu s'ára s'únda s'índa s'ídza s'ʷónna s'wónna s'ónna	s'únda s'wára	s'úgu, s'ə́ s'əsə s'índa s'íra s'ə́dzʷə(~o)t'a	s'ígo s'ə́dzʷəra	s'ígo s'ára	s'űgu s'ígu s'indá s'ára
겨누-	照準	kyənúgu kyənúnda kyənʷát'a	kyənúnda kenúnda kenúna kyənára kyənʷára	kenúgu kenára	kyənúgu kyənúmu kyənʷ(~ó)ə́ ra	kyənúgo kyənʷára	kyənúgo kyənʷára	kyənúgu kyənʷára kʸə(~e)nʷə́ kye(~ə)nʷə́ ra kʸenʷə́sə
가두-	囚	kadúnda kadwə́ kadwə́ra	kadúgu kadára kadá kadə́ra	kadúgu kadwə́ra	kadúnda kadúgu kadára kadát'a kaʧʰé(被)	kadúnda kadwə́nʷat'a	kadínin kadwə́ra kadúʥi kadásənin kadwát'a kaʧʰə́(被) kɛk'é(被)	kadúnda kadúʥi kadá
거두-	收	kədúgu kədə́ kədwə́diri nda	kədɨrʸárɨ kədílk'e kədúgu kədúdza kədə́ kədə́nna	kədə́ kədə́dɨrinda kədúgu	kədúgu kədígusə kədídi kədíra kədígu kədə́ra	kədígo kədə́	kədɨgo kədígo kədíʥi kədə́ kədə́ra kədə́t'a	kədúnda kədúgo kədə́ra kədwə́ra
낮추-	低	naʦʰúgu naʦʰwára	naʦʰúgu naʦʰára naʦʰwára naʦʰwə́dall a naʦʰádalla	naʦʰwára naʦʰúgu	naʦʰá naʦʰúnda cf. yaʦʰá yaʦʰúnda	naʦʰí(~u)go naʦʰúʥi naʦʰára	naʦʰúgo naʦʰwára	naʦʰára

[표 31] 재해석에 의한 기저형 공존과 변이 Ⅱ (/Xu-/ 용언)

이것을 화자별 기저형만 간추려 제시하면 아래와 같다.

제보자 항목	M7 59세	F4 56세	M8 55세	F5 54세	M9 48세	M10 45세	F6 45세
쑤-	쓰-	쓰-, 쑤-	쑤-	쑤-, 쓰-	쓰-	쓰-	쓰-
겨누-	겨누-	겨누-	게누-	겨누-	겨누-	겨누-	겨누-
가두-	가두-	가두-	가두-	가두-	가두-	가두-, 가드-	가두-
거두-	거두-	거드-, 거두-	거두-	거두-, 거드-	거드-	거드-	거두-
낮추-	낮추-	낮추-	낮추-	낮추-	낮츠-	낮추-	—

[표 32] 재해석에 의한 기저형 공존 양상(/Xu-/ 용언)

중년층의 경우에도 /Xu-/의 재해석에 의한 변이가 관찰된다. 노년층의 경우에 비하여 기저형 /Xi-/의 비율이 높다. 이는 이 지역어의 일부 기저형 /Xu-/가 점차 /Xi-/형으로 변화되어 가고 있음을 반영하는 것으로 이해된다.

아래의 표는 /Xo-/ 용언의 화자별 실현 양상을 제시한 것이다.

제보자 항목		M7 59세	F4 56세	M8 55세	F5 54세	M9 48세	M10 45세	F6 45세
방언형	의미							
고-	煮	koára kolkʰú koúmu	kolkʰú kollɨndá kolsʼó koltʃʰí	kollɨndá ko(l)kʰú kolkʰú koára koltʃʰí	kolkʰó kollɨndá kwáː	—	kollɨnda kolkʰú korɨmin koltʃʰí	koára kolkʰú koltʰí koulsʼúrok
꼬-	撚	kʼwánda kʼónda kʼwára kʼóra kʼógu kʼwágu	kʼónda kʼwára	kʼána kʼágu kʼóʤi kʼwára kʼómu kʼónda kʼwátʼa	kʼógu kʼonɨŋgé kʼòndanɨŋgé kʼónda kʼoára kʼwátʼa kʼásə	kʼwáda kʼóda kʼógo kʼwára	kʼólda kʼónda kʼwára kʼónɨn kʼwánɨn kʼólʤi kʼwáʤi kʼómu kʼwámu kʼwása kʼwáʤi kʼóldza kʼwádza	kʼónda kʼwára kʼóʤi kʼógu kʼwátʼa
쏘-	螫	sʼwáːtʼa sʼwátʼa sʼwágu sʼá·mu	sʼógu sʼóʤi sʼómu sʼónda	sʼoógu sʼoátʼa sʼonnɨndá sʼoátʼa	sʼóratʼa sʼórasə sʼoórasə sʼoó(óː)lmu	sʼóda sʼónda sʼógo sʼóʤi	sʼónda sʼóratʼa sʼólʤi	sʼónda sʼóogu sʼóʤi

s'óz̠lgu s'ógu s'óz̠lmu s'oómu	s'wáz̠t'a s'waát'a	s'ódʑi s'oónda s'óʧʰi	s'ó·lgu s'ólgu s'ódi s'óʤi s'óna s'ónda s'waát'a	s'ómyən s'oát'a	
s'olgiwát'a(被) s'ɛwát'a(被) s'ɛúmun(被)	s'oígu(被) s'oímu(被) s'oʸét'a(被) s'oyét'a(被)	s'oíŋgə(被) s'oét'a(被) s'oʸét'a(被) s'oyét'a(被) s'olgíʤi(被) s'olgéma(被)	s'olgímun(被) s'olgésə(被) s'olgét'a(被) s'olgiúnda(被) s'olgiwá(被)	s'oímyən(被) s'oyə́t'a(被)	s'olgiwát'a(被) s'olgiúmu(被)	s'oét'a(被) s'olgét'a(被)

[표 33] 재해석에 의한 기저형 공존과 변이III(/Xo-/ 용언)

이것을 화자별 기저형만 간추려 제시하면 아래와 같다.

제보자 항목	M_7 59세	F_4 56세	M_8 55세	F_5 54세	M_9 48세	M_{10} 45세	F_6 45세
고-	공, 곻-	곻-	곻, 공-	곻, 고-	—	곻-	공, 곻-
꼬-	꼬-, 꽈	꼬-	꼬-, 까	꼬-	꼬-, 꽈	꼴, 꼬-, 꽈	꼬-
쏘-	쏘, 쏠, 쏴	쏘	쏘, 쐏	쏘, 쏠	쏘	쏠	쏘

[표 34] 재해석에 의한 기저형 공존 양상(/Xo-/ 용언)[75]

중년층의 경우에도 /Xo-/의 재해석에 의한 변이가 관찰된다. 노년층의 경우에 비하여 기저형 /Xorh-/, /Xwa-/, /Xor-/의 비율이 높다. 이는 이 지역어의 일부 기저형 /Xo-/가 점차 /Xorh-/형, /Xwa-/형, /Xor-/형으로 변화되어 가고 있음을 반영하는 것으로 해석된다.

아래의 표는 /-Xepʰ-/ 용언의 화자별 실현 양상을 제시한 것이다.

---

75) F_5(54세)의 hwánda (이불을)환다(혼다), hwá menda 화 멘다(호아 맨다), hwagú it'a, hwágu it'a 화구 있다(호고 있다)는 /호-/의 /화-/로의 재해석이 일어난 경우로, /Xo-/>/Xwa-/의 추가적인 예이다.

제보자 항목		M7 59세	F4 56세	M8 55세	F5 54세	M9 48세	M10 45세	F6 45세
방언형	의미							
-겶-	欲	mekk'éept'a mekk'ébasə pogéept'a pogé šipʰəsə pogéepʰasə s'agéept'a kagéepʰasə	pogé·pt'a pogéːpt'a pogéept'a pogépʰa mekk'éept'a mekk'ébasə mekk'éebasə mek'ébumun kagéept'a kagépʰasə kagéepʰasə	mekk'épt'a mek'é·pt'a mekk'ébasə mek'ébasə mek'ébumun pogépt'a pogí šipt'a pogí šipʰə pogépʰa pogópʰa ʦagé·pt'a ʦagépʰɯda nólgept'a nólgepʰɯda nolgepʰa kagépt'a kagépʰa kagépʰɯda kagé šipt'a	mekk'ept'έːntʰa mekk'épt'a mekk'ébasə pogéept'a pogépt'a pogéepʰa pogépʰa pogépʰumun kagépʰa	məkk'épt'a məkk'éšipt'a məkk'éšip ʧ'i mek'ébumun mek'ébasə məkk'épʰɯ mun	mek'yápt'a mekk'yápt'a mek'yábu mɨn pogé šipt'a pogépʰa	mekk'yápt'a mekk'yába pogépt'a

[표 35] 재해석에 의한 기저형 공존과 변이 IV (/-Xepʰ-/ 용언)

이것을 화자별 기저형만 간추려 제시하면 아래와 같다.

제보자 항목	M7 59세	F4 56세	M8 55세	F5 54세	M9 48세	M10 45세	F6 45세
-겶-	-겝-, -겶-	-겝-	-겝-, -겶-	-겝-, -겶-	-겝-, -겶-	(-겹-)	-겹-

[표 36] 재해석에 의한 기저형 공존 양상(/-Xepʰ-/ 용언)

중년층의 경우에도 /-Xepʰ-/의 재해석에 의한 변이가 관찰된다. 노년
층의 경우에 비하여 기저형 /-Xep-/의 비율이 높다. 또, /-Xyəp-/이라는
새로운 기저형도 출현하고 있다.[76] 이러한 기저형의 공존은 이 지역어의

---

76) /-겝-/>/-겹-/은 /-겶-/>/-겝-/ 이후에 이루어진 재구조화로 보인다. 이는 현재
   이 지역어에서 활발하게 일어나고 있는 yə→ye→e 현상에 이끌린 재해석의 결과
   로 이해된다. [-겝-]이라는 표면형을 /-kyəp-/에 yə→ye→e 교체가 일어난 것으로
   해석함으로써 어간을 /-겹-/이라고 인식한 것이다. 표준어에는 yə→ye→e와 같은
   음운 교체가 존재하지 않으며, 이러한 사실을 이 지역 화자들도 어느 정도 인식하
   고 있으므로 이는 일종의 과도 교정적 재해석으로 간주된다. 그런데 이것은 형태
   소 분석 여하와는 무관하므로 형태론적 재해석은 아니다. 그러나 이 또한 형태소

기저형 /-Xepʰ-/이 점차 /-Xep-/형이나 /-Xyəp-/형으로 변화되어 가고 있음을 반영하는 것으로 이해된다.

아래의 표는 /XVC₁C₂/ 체언의 화자별 실현 양상을 제시한 것이다.

방언형	의미	M_7 59세	F_4 56세	M_8 55세	F_5 54세	M_9 48세	M_{10} 45세	F_6 45세
야듧	八	yadɨ́bi yadɨ́pp'oda	yadɨ́bi	yədɨ́p yadɨ́bidi	yadɨ́lbi yadɨ́bʉ(~i) yadɨ́be yadɨ́lbiman	yadɨ́benin yədə́bimňida yədə́benin	yədɨ́p yadɨ́p yadɨ́binde yadɨ́be	yadɨ́p yádɨlbida yadɨ́lbʉl yadɨ́be yadɨ́lbe yadɨ́pp'oda
			yadɨ́ps'arida	yadɨ́pk'ɛ yadɨ́ps'albutʰə niradɨ́bi niradɨ́pk'ɛ yadɨ́pk'agi yadipš'indé	yadɨ́ps'ari yadɨ́(p)k'ɛ	yadɨ́ps'arida yədə́ps'arida	yadɨ́ps'al	yadips'ál yadɨ́pt'al
사듧	水澤	sadɨ́lgi sadɨ́gidi sadɨ́gira sadɨ́gi sadɨ́lgidu sadɨ́lgɨ	sadɨ́řgi sadɨ́lgi sadɨ́ginde sadɨ́gibutʰə sadɨ́ŋman	sadɨ́kk'ədʑi sadɨ́girago do sadigíraŋge sadikpʰáňi sadikpʰané	sadɨ́lgi sadɨ́gi sadɨ́lge sadɨ́řgi sadɨ́kp'utʰə sadɨ́řgibutʰə sadɨ́(r)gidu sadɨ́giman sadɨ́řgé sadigé sadɨ́gi sadɨ́rgi	sadɨ́lgi sadɨ́lge sadɨ́butʰə sadɨ́lgedo	sadɨ́girago sadɨ́gi sadɨ́gisa sadɨ́řk sadɨ́k sadɨ́gil sadɨ́ge sadɨ́lge sadɨ́kt'u	sadɨ́řgi sadɨ́lgi sadɨ́kp'utʰə sadɨ́lgi sadilgé sadɨ́lgidu
수탉	雄鷄	sútʰalgi sútʰakt'u sútʰagi sútʰalgɨ	sútʰakt'u sútʰagi	sútʰak sútʰakt'u sútʰagi	sútʰagi sútʰagi sutʰagé	sútʰagi sútʰagi	sútʰakt'u sútʰagi sútʰak sutʰagé	sútʰalgi sútʰakt'u sútʰak
암탉	牡鷄	ámtʰalgi ámtʰakt'u ámtʰagi ámtʰalgɨ	ámtʰagi ámtʰakt'u	ámtʰak amtʰakt'u ámtʰagi cf. tagí	ámtʰagiga ámtʰa(l)gi ámtʰagi, ámtʰagi amtʰagé	ámtʰagi	ámtʰakt'u ámtʰagira ámtʰak	ámtʰagi ámtʰakt'u ámtʰagidu ámtʰakk'a
(산)기슭	山脚	saŋk'ìsɨ́lgi saŋk'ìsɨ́lgi saŋk'ìsɨ́kt'u	kisɨ́lgi kisɨ́gi kisɨ́lge	saŋk'ísil saŋk'isɨ́k saŋk'isɨ́gira	kisɨ́lgi kisɨ́gi saŋk'isɨ́gi	saŋgisɨ́lgi saŋk'isɨ́lgiru sank'isɨ́lbutʰə	kisɨ́gi saŋk'isɨ́gi kisɨ́girago	kisɨ́lgi kisɨ́ge kisɨ́giro

내부의 음운적 구조에 대한 일종의 '재해석'이라는 점에서 '형태론적 재분석'과 구별하여 '음운론적 재해석'으로 파악하고자 한다. M_{14}(29세)의 발화에서 관찰된 /메-(肩負)>/며-/, /베-(斬)>/벼-/, /하펨(欠)>/하폄/이 추가적인 예이다. /비앵기/(飛行機)>/비양기/, /배우-(學)>/뱌우-/, /대우-(被觸)>/댜우-/ 또한 ya→yɛ→ɛ 현상에 이끌린 과도 교정적 재해석의 결과로 이해된다.

			kisɨŋman	san kisɨŋman	sank'isɨr(~ř)gi saŋk'isɨge saŋk'isɨlge saŋk'isɨřge butʰə saŋk'isɨgídu saŋk'isɨŋman saŋk'isɨlgi	saŋk'isɨlge	saŋk'isɨge	sank'isɨlgi saŋgisɨlgi saŋgisɨl saŋgisɨlkp'utʰə saŋgisɨlbutʰə saŋgisɨrm man saŋk'isɨkt'u
더덖	沙蔘	tədálgi tədálgɨ tədálgidu	tədági tədálgi tədálgirɨ tədálgiman	tədálgi tədəgidu	tədálgi tədálgiman tədəlgidú tədálgirɨl tədálgie tədəlgis'ági	tədəlgí tədálgeda tədálgidu	tədálgi tədəlgí tədəgidú tədálgibutʰə tədálgie	tədák tədál tədálgi tədági tədági tədálge tədákp'utʰə tədálgiman

[표 37] 재해석에 의한 기저형 공존과 변이(/XVC₁C₂/ 체언)

이것을 화자별 기저형만 간추려 제시하면 아래와 같다.

제보자 항목	M₇ 59세	F₄ 56세	M₈ 55세	F₅ 54세	M₉ 48세	M₁₀ 45세	F₆ 45세
야듧	야듧	야듭	야듭	야듧, 야듭, 야듧이	야듭, 여덥	여듭, 야듭	야듧, 야듭
사듥	사듥, 사득	사듥, 사득, 사득으	사득	사듥, 사득, 사듥으 사득이	사듥	사득, 사듥	사듥, 사듥이
수탉	수탉, 수탁	수탁	수탁	수탁	수탁	수탁	수탉
암탉	암탉, 암탁	암탁	암탁	암탁, 암탁이	암탁	암탁	암탁, 암탁이
(산)기슭	산기슭	기슭, 기슥	기슭, 기슥	기슭, 기슥, 기슭에, 기슥이	기슭	기슥	기슭, 기슥
더덖	더덖, 더덖이	더덖, 더덖이	더덖이, 더덕이	더덖이	더덖, 더덖이	더덖이, 더덕이	더덕, 더덖 더덖이

[표 38] 재해석에 의한 기저형 공존 양상(/XVC₁C₂/ 체언)

  중년층의 경우에도 /XVC₁C₂/의 재해석에 의한 변이가 관찰된다. 노년층의 경우에 비하여 기저형 /XVC₂/의 비율이 높다. /XVC₁C₂i/형을 비롯하여 /XVC₂i/형, /XVC₂i/형도 출현하고 있다. 이는 이 지역어의 일부 기저형 /XVC₁C₂/가 점차 /XVC₂/형, /XVC₁C₂i/형, /XVC₂i/형, /XVC₂i/형으로 변화되어 가고 있음을 반영하는 것으로 해석된다.

4.2.1.1.2. 이 지역 청년층 화자들의 발화에서 재해석에 의한 변이는 다음과 같이 실현된다. 살펴볼 예는 /Xi-/, /Xu-/, /Xo-/, /-Xep^h-/, /XVC$_1$C$_2$/ 와 관련된 변이이다.

아래의 표는 /Xi-/ 용언의 화자별 실현 양상을 제시한 것이다.

제보자 / 항목		M$_{11}$ 39세	F$_8$ 38세	M$_{12}$ 31세	M$_{13}$ 29세	M$_{14}$ 29세
방언형	의미					
끼-	挾	k'endá, k'é k'eéra, kígo k'ék'una k'eédzwəra k'iwədzwəra(使)	k'inda k'ígo, k'éra k'yəbát'a k'iwádzugo(使) k'iúdʑi(使) k'iwa(被)	—	k'iət'a, k'ígo k'iwəra(使) k'iwədzwəra(使)	k'ígo k'ídʑi k'yəra
니기-	揉	nigénda, nigégo nigézra	igínda. igígo igéya	—	nigínda igéra, igídʑi nigéra	igéda, igégu igéra
기-	㽅	kénda, kée kínda kiəganda	kégo, kée kému	kée, kégo kínda, kénda kímu, kédʑi kídʑi	kénda, ké kígo, kíge kiəganda	kígo, kée kíə
구기-	繑	k'ugénda	k'ugígo k'ugídʑi k'ugyəra	—	k'ugígo k'ugyə	k'ugída, k'ugyə k'ugímyən
히-	泳	heə, hé·sə heéganda heégo, hé·dʑi	—	hyənda hédʑi, hégo hyəra, héra	hída, hiəsə	hé·, heə héda

[표 39] 재해석에 의한 기저형 공존과 변이 I (/Xi-/ 용언)[77]

이것을 화자별 기저형만 간추려 제시하면 아래와 같다.

---

77) M$_{14}$(29세)의 발화에서는 /비-(空)/, /베-(空)/의 공존 또한 관찰된다. 관련된 활용형은 다음과 같다. piə it'a(비어 있다), pé : it'a(베 : 있다), piəsə(비어서), pé·sə(베·서), péet'a(베엤다), pé·dʑi anat'a(베·지 않았다), pí·dʑi(비·지), p(^{y})ému(베(베)무), pímu(비무), pé : is'imun(베 : 있으문), péet'əra(베엤더라), pé : it'ira(베 : 있드라), pínda(빈다), pindá(빈다), peénda(베엔다), pé·nda(벤·다), piúdʑi málla(使)(비우지 말라), piwət'a(使)(비웠다), pewək'una(使)(베웠구나), p^{y}eúdʑi(使)(베우지)

제보자 항목	M₁₁ 39세	F₈ 38세	M₁₂ 31세	M₁₃ 29세	M₁₄ 29세
끼-	께-, 끼-	끼-	—	끼-	끼-
니기-	니게-	이기-	—	니기-, 이기-	이게-
기-	게-, 기-	게-	기-, 게-	기-, 게-	기-
구기-	꾸게-	꾸기-	—	꾸기-	꾸기-
히-	헤-	—	혀-	히-	헤-

[표 40] 재해석에 의한 기저형 공존 양상(/Xi-/ 용언)

청년층의 경우에도 /Xi-/의 재해석에 의한 변이가 관찰된다. 노년층 및 중년층의 경우에 비하여 기저형 /Xe-/의 비율이 높다. 이는 이 지역 이의 일부 기저형 /Xi-/기 점치 /Xe-/형으로 변회되어 가고 있음을 반영하는 것으로 여겨진다.

아래의 표는 /Xu-/ 용언의 화자별 실현 양상을 제시한 것이다.

항목		제보자 M₁₁ 39세	F₈ 38세	M₁₃ 29세	M₁₄ 29세
방언형	의미	s'índa, s'ə́ra, s'ɨ́ʤi	s'ɨ́da, s'ə́	s'indá, s'ɨ́go s'ə́ra	s'ɨ́da, s'ə́ra, s'ɨ́go
쑤-	熬(粥)				
겨누-	照準	kyənúgo kyənúnda kyənwə́ra kyənʷə́ra	kyənúgo kyənʷə́ra	kyə́nugo kyənwə́ra	kyənúgo kyənúʤi kyənɨ́myən kyənə́bara
가두-	囚	kadúnda kadɨ́nda kadára, kadʷára kak'indam(被)	kadúnda kadwə́ra kaʧʰiwə́t'a(被)	kadúmyən kadá kaʧʰiwə́t'a(被)	kadúgo, kadá kadwə́sə
거두-	收	kədɨ́go, kədɨ́ʤi kədə́, kədə́ra	kədúnda kədə́ra	kədə́, kə́digo kədɨ́ʤi, kədə́ra	kə́də
낮추-	低	cf. yaʧʰɨ́go yaʧʰára	naʦʰúgu naʦʰʷára naʦʰʷə́ra naʦʰʷə́ra	naʦʰwə́ra	naʦʰúgo naʦʰʷə́ra naʦʰʷə́t'a

[표 41] 재해석에 의한 기저형 공존과 변이 II (/Xu-/ 용언)

이것을 화자별 기저형만 간추려 제시하면 아래와 같다.

제보자 항목	M₁₁ 39세	F₈ 38세	M₁₃ 29세	M₁₄ 29세
쑤-	쓰-	쓰-	쓰-	쓰-
겨누-	겨누-	겨누-	겨누-	겨누-, 겨느-
가두-	가두-, 가드-	가두-	가두-	가두-
거두-	거드-	거두-	거드-	—
낮추-	(얒츠-)	낮추-	(낮추-)	낮추-

[표 42] 재해석에 의한 기저형 공존 양상(/Xu-/ 용언)

청년층의 경우에도 /Xu-/의 재해석에 의한 변이가 관찰된다. 노년층 및 중년층의 경우에 비하여 기저형 /Xi-/의 비율이 높다. 이는 이 지역어의 일부 기저형 /Xu-/가 점차 /Xi-/형으로 변화되어 가고 있음을 반영하는 것으로 이해된다.

아래의 표는 /Xo-/ 용언의 화자별 실현 양상을 제시한 것이다.

제보자 항목		M₁₁ 39세	F₈ 38세	M₁₃ 29세	M₁₄ 29세
방언형	의미				
고-	煮	koára, koúgo koúʥi	—	koára koúgo koúʥi koádo	koltʰá, kolkʰó koátʼa, koádo koɨʥi, koɨda kolkʰɨ, koɨgi kóːgo(~u) korɨmyən koásʼɨmyən (korásʼɨmyən)
꼬-	撚	kʼónda kʼwára, kʼwá	kʼónda kʼwára kʼwágo kʼwámu	kʼógo, kʼwára	kʼóda, kʼwáda kʼwára, kʼwágo kʼwáʥi, kʼwámyən
쏘-	螫	sʼoónda sʼoá(wàá)tʼa sʼógo	sʼónda sʼoátʼa sʼólgo sʼólmun	sʼoátʼa sʼógu sʼólgo sʼólʥi sʼóranatʼa sʼóranara	sʼóra, sʼógo sʼómyən, sʼónda sʼóranninde sʼólʥi, sʼólgo sʼóda, sʼokʰó sʼoátʼa, sʼwáː
		sʼoyə́tʼa(被)	sʼolgétʼa(被) sʼolgímun(被)	sʼoyə́tʼa(被) sʼoímun(被) sʼolgétʼa(被) sʼolliwə́tʼa(被)	sʼolgiwátʼa(被) sʼolgiúmyən(被) sʼolgìúʥi(被)

[표 43] 재해석에 의한 기저형 공존과 변이Ⅲ(/Xo-/ 용언)

이것을 화자별 기저형만 간추려 제시하면 아래와 같다.

항목 \ 제보자	M₁₁ 39세	F₈ 38세	M₁₃ 29세	M₁₄ 29세
고-	고우-	—	고우-	곯-, 고으-
꼬-	꼬-	꼬-, 꽈-	꼬-	꼬-, 꽈-
쏘-	쏘-	쏘-, 쏠-	쏘-, 쏠-	쏠-, 쏘-, 쏳-

[표 44] 재해석에 의한 기저형 공존 양상(/Xo-/ 용언)

청년층의 경우에도 /Xo-/의 재해석에 의한 변이가 관찰된다. 노년층 및 중년층의 경우에 비하여 기저형 /Xou-/, /Xwa-/, /Xor-/의 비율이 높다. 이는 이 지역어의 일부 기저형 /Xo-/가 점차 /Xou-/형, /Xwa-/형, /Xor-/형으로 변화되어 가고 있음을 반영하는 것으로 해석된다.

아래의 표는 /-Xepʰ-/ 용언의 화자별 실현 양상을 제시한 것이다.

항목 \ 제보자		M₁₁ 39세	F₈ 38세	M₁₃ 29세	M₁₄ 29세
방언형	의미				
-겂-	欲	mek'éwə mek'éba mek'épt'a mekk'éwəsə mek'éumun	mik'épt'a mek'yə́pt'a mək'íšipt'a mək'íšipʰɰmun mekk'éba mek'ébumu pogéept'a	mek'yə́pt'a mek'yə́basə	mekk'yə́pt'a mekk'yə́ba mik'yə́pt'a

[표 45] 재해석에 의한 기저형 공존과 변이 IV(/-Xepʰ-/ 용언)

이것을 화자별 기저형만 간추려 제시하면 아래와 같다.

항목 \ 제보자	M₁₁ 39세		F₈ 38세	M₁₃ 29세	M₁₄ 29세
-겂-	＿VY -게우- -겁-	＿CY -겁-	-겁- -겹-	-겹-	-겹-

[표 46] 재해석에 의한 기저형 공존 양상(/-Xepʰ-/ 용언)

청년층의 경우에도 /-Xepʰ-/의 재해석에 의한 변이가 관찰된다. 노년층 및 중년층의 경우에 비하여 기저형 /-Xyəp-/의 비율이 높다. 또, /-Xep-/∽-Xeu-/라는 새로운 기저형도 출현하고 있다.[78] 이는 이 지역어의 기저형 /-Xepʰ-/이 점차 /-Xep-/형, /-Xep-/∽-Xeu-/형, /-Xyəp-/형으로 변화되어 가고 있음을 반영하는 것으로 이해된다. 이러한 현상은 한 언어 공동체 내에서도 동일한 표면형에 대한 청자들의 분석이 저마다 다를 수 있음을 극명하게 보여 준다. [-껩-] 대하여 청자별로 각각 다른 어간 분석을 행한 결과 /-kep-/, /-kep-/∽-keu-/, /-kyəp-/ 등과 같은 어간 기저형들이 공존하는 것이다. 이를 통해 재해석이라는 언어 변화의 기제가 본질적으로 비체계적인 과정(non-systematic process) (Hock 1991: 199)이라는 점을 다시 한 번 확인할 수 있다.[79]

---

78) /-껩-/>/-껩-/∽-게우-/는 /-꼛-/>/-껩-/ 이후에 이루어진 재구조화로 보인다. 이는 'ㅂ 규칙' 활용 패러다임과 대비하여 'ㅂ 불규칙' 활용 패러다임에의 유추가 행해진 결과로 해석된다. 자음 어미 앞 이형태 [-껩-]이 변화의 최초 동기를 부여했다면 이 또한 넓은 의미에서 재해석에 포함시킬 수 있을 것이다. 그러나 이 지역 화자들의 문법에 해당 재해석의 근거가 되는 음운 규칙 또는 활용 패러다임이 결여되어 있다는 점에서, 이는 일반적인 재해석과는 구별될 필요가 있다. 이 지역어에는 'ㅂ 불규칙' 활용 패러다임이 존재하지 않기 때문이다. 현재 노년층 및 중년층 화자들의 발화는 물론, ≪試篇 露韓小辭典≫의 '아깝아 하기, 돕아 주기, 아깝아 하는, 무섭운, 분싀스럽운, 어듭운, 덥운, 배잡운 데, 궁니스럽어디기, 칩운, 칩의', ≪露韓會話≫의 '쉽어, 가참운' 등의 예에서도 이러한 사실은 확인된다. 따라서 이때 유추의 대상은 표준어나 타 방언일 수밖에 없으며, 이 같은 변화는 일종의 과도 교정으로 이해되어야 할 것이다. M₁₃(29세) 및 M₁₄(29세)의 /씁-/(苦)>/씁-/∽쓰우-/, /헤깝-/(輕)>/헤깝-/∽/헤까우-/, /짭-/(鹹)>/짭-/∽/짜우-/, /가랍-/(癢)>/가랍-/∽/가라우-/, /마랍-/(마렵-)>/마랍-/∽/마라우-/, /가참-/(近)>/가참-/∽/가차우-/, /텁-/(떫-)>/텁-/∽/터우-/, /자부럽-/(睏)>/자부럽-/∽/자부러우-/ 등도 이 같은 재구조화의 예이다. 한편, M₉(48세)의 /젓-/(吠)>/젓-/∽/져으-/는 'ㅅ 불규칙' 활용 패러다임에 유추된 과도 교정의 예이다.

79) 이 같은 다양한 재해석은 청자마다 재해석의 동기가 상이한 데 기인하며, 이는 청자의 연령과도 밀접한 연관을 맺을 것으로 보인다. 표준어의 영향이 상대적으로 강하게 작용하는 청년층의 경우, 'ㅂ 불규칙' 활용 패러다임에의 유추나 e→yə와 같은 과도 교정 성격의 변화를 수행하는 경향이 두드러지기 때문이다.

아래의 표는 /XVC₁C₂/ 체언의 화자별 실현 양상을 제시한 것이다.

제보자 / 항목		M₁₁	F₈	M₁₂	M₁₄
		39세	38세	31세	29세
방언형	의미				
야듦	八	yədə́bi yədɨbil yədɨbenin yədə́bida yadips'ál yədə́ps'arida yadɨk'ɛ niradɨpk'ɛ	yadɨbida yadɨbenin yadɨbul yədə́p yadɨps'al yadə́pk'ɛ yadɨpk'adʑi	yadɨp yadɨbik'uma yadɨlbida yadɨlbida	yədə́p yədɨbe yədə́bul yadɨbida yədɨbida yədə́pk'ɛda yadə́pk'ɛda
사릅	水蔘	sadɨk sadɨgi sadɨgira sadɨgesə sadɨgiran sadɨge sadɨkt'o	sadigí sadigi sadɨk sadɨge sadɨgiraŋgə́ sadɨgema(ã) sadɨkp'utʰə sadɨginin sadɨgirobutʰə	sadɨlgi sadɨlge sadɨlgi	sadɨk sadɨgi sadɨgil sadɨlge sadɨkt'o
수탉	雄鷄	sútʰak sútʰagi sútʰakt'u	sútʰak sútʰagi sútʰakt'u sútʰagi	sútʰagi sútʰagi sútʰage	sútʰak sútʰalgi sútʰakt'o
암탉	牝鷄	ámtʰak ámtʰagi ámtʰagi ámtʰakt'u	ámtʰak ámtʰagi ámtʰagidʑi ámtʰakt'u	ámtʰak ámtʰagi ámtʰagi ámtʰage	ámtʰak ámtʰalgi ámtʰakt'o
(산)기슭	山脚	kisɨk kisɨgi kisɨgiragodo saŋk'isɨk saŋk'isɨge saŋk'isɨgira saŋk'isɨkp'utʰə saŋk'isɨgi	saŋk'isɨk saŋk'isɨgiradʑi saŋk'isúge saŋk'isúgi saŋk'isɨŋman saŋk'isɨkp'utʰə	kisɨlgi saŋk'isɨlgi kisɨ(l)gibutʰə	saŋk'isɨk saŋk'isɨgi saŋk'isɨgil saŋk'isɨge saŋk'isɨkp'utʰə́
더덕	沙蔘	tədə́lgi tədə́lgiranin tədə́lgie tədə́lgibutʰə tədə́lgidu	tədə́lgi tədə́lgiril tədə́giman tədə́lgiman tədə́lginin tədə́lgie tədə́gido tədə́lgibutʰə	—	tədə́lgi, tədə́lge tədə́lgiril tədə́kp'utʰə́ tədə́ŋman

[표 47] 재해석에 의한 기저형 공존과 변이(/XVC₁C₂/ 체언)

이것을 화자별 기저형만 간추려 제시하면 아래와 같다.

제보자 항목	M_{11} 39세	F_8 38세	M_{12} 31세	M_{14} 29세
야듧	여덥, 여듭	야듭, 여덥	야듭, 야듧	여덥, 여듭, 야듭
사듧	사득	사득	사듧	사득, 사듧
수탉	수탁	수탁	수탁	수탁, 수탉
암탉	암탁	암탁	암탁	암탉
(산)기슭	기슥	기슥	기슭, 기슭이	기슥
더덝	더덝이	더덝이	—	더덝, 더덝이

[표 48] 재해석에 의한 기저형 공존 양상(/XVC_1C_2/ 체언)

청년층의 경우에도 /XVC_1C_2/의 재해석에 의한 변이가 관찰된다. 노년층 및 중년층의 경우에 비하여 기저형 /XVC_2/의 비율이 높다. /XVC_1C_2i/형도 출현하고 있다. 이는 이 지역어의 일부 기저형 /XVC_1C_2/가 점차 /XVC_2/형, /XVC_1C_2i/형으로 변화되어 가고 있음을 반영하는 것으로 간주된다.

4.2.1.1.3. 이상에서 살펴본 재해석에 의한 변이 양상을 도식화하면 대략 다음과 같다. 변화의 진행 과정이 드러나도록 각 변이형의 출현 비율을 세대별로 보이기로 한다.[80]

우선, 용언의 경우는 아래와 같다.

시기 변이형	노년층	중년층	청년층
	Xi-	Xi-	Xi-
	Xe-	Xe-	Xe-

[표 49] /Xi-/의 현장 시간상의 변화 양상

노년층, 중년층 및 청년층의 변이 양상을 비교함으로써 우리는 일부

---

80) 단, 재해석에 의한 변화가 동일한 조건 환경을 갖춘 모든 형태소에서 관찰되는 것은 아님을 유의할 필요가 있다. 아래의 도식 또한 /Xi-/, /Xu-/, /Xo-/, /-Xep^h-/, /XVC_1C_2/ 유형의 형태소들 중 변화가 관찰되는 것들에 한하여, 각 변이형의 유형 빈도를 제시한 것이다.

기저형 /Xi-/가 점차 /Xe-/형으로 변화되어 가는 과정을 확인할 수 있
다. 즉, 재해석에 의한 기저형의 변화가 현장 시간상에서 점진적으로 진
행되고 있음을 알게 된다.

시기	노년층	중년층	청년층
변이형	Xu-	Xu-	Xu-
	Xi-	Xi-	Xi-

[표 50] /Xu-/의 현장 시간상의 변화 양상

누년층, 중년층 및 청년층의 변이 양상을 비교함으로써 우리는 일부
기저형 /Xu-/가 점차 /Xi-/형으로 변화되어 가는 과정을 확인할 수 있
다. 즉, 재해석에 의한 기저형의 변화가 현장 시간상에서 점진적으로 진
행되고 있는 것이다.

시기	노년층	중년층	청년층
변이형	Xo-	Xo-	Xo-
	Xoh- (Xo?-: 1예)	Xoh-	Xou- (Xoi-: 1예)
		Xorh-	Xor-
	Xorh-		Xwa-
	Xor-	Xor-	Xorh-
	Xwa-	Xwa-	Xoh-

[표 51] /Xo-/의 현장 시간상의 변화 양상

노년층, 중년층 및 청년층의 변이 양상을 비교함으로써 우리는 일부
기저형 /Xo-/가 점차 /Xo-/형, /Xou-/형, /Xor-/형, /Xwa-/형, /Xorh-/형,
/Xoh-/형 등으로 변화되어 가는 과정을 확인할 수 있다. 재해석에 의한
기저형의 변화가 현장 시간상에서 점진적으로 진행되고 있으며, 이 같

은 재해석의 방향 및 그로 인한 음운 변화의 방향은 개별 어휘마다 달라질 수 있음을 알게 된다.

시기	노년층	중년층	청년층
변이형	$-Xep^h-$	$-Xep^h-$	$(-Xep^h-)$
			$-Xep-$
	$-Xep-$	$-Xep-$	$-Xy\partial p-$
		$-Xy\partial p-$	$-Xep- \sim -Xeu-$

[표 52] /$-Xep^h-$/의 현장 시간상의 변화 양상

노년층, 중년층 및 청년층의 변이 양상을 비교함으로써 우리는 일부 기저형 /$-Xep^h-$/이 점차 /$-Xep-$/형, /$-Xy\partial p-$/형, /$-Xep- \sim -Xeu-$/형으로 변화되어 가는 과정을 확인할 수 있다. 재해석에 의한 기저형의 변화가 현장 시간상에서 점진적으로 진행되고 있음을 알 수 있을 뿐 아니라, 이 같은 재해석의 방향 및 그로 인한 음운 변화의 방향은 개별 어휘마다 달라질 수 있음도 알게 된다.

한편, 체언의 경우는 아래와 같다.

시기	노년층	중년층	청년층
변이형	XVC_1C_2	XVC_1C_2	XVC_1C_2
		XVC_2	XVC_2
	XVC_2		
	$XVC_1C_2i(e)$	$XVC_1C_2i(e, ɨ)$	
	XVC_2i	XVC_2i	XVC_1C_2i

[표 53] /XVC_1C_2/의 현장 시간상의 변화 양상

노년층, 중년층 및 청년층의 변이 양상을 비교함으로써 우리는 일부

기저형 /XVC₁C₂/가 점차 /XVC₂/형, /XVC₁C₂i/, /XVC₂i/형 등으로 변화되어 가는 과정을 확인할 수 있다. 재해석에 의한 기저형의 변화가 현장 시간상에서 점진적으로 진행되고 있으며, 이 같은 재해석의 방향 및 그로 인한 음운 변화의 방향은 개별 어휘마다 달라질 수 있음을 보게 된다.

4.2.1.2. 실재 시간상의 변화

세대별 변이의 양상을 비교함으로써 현장 시간상의 변화를 살펴보았다. 그렇다면 실재 시간상의 변화는 어떠한지 확인해 보기로 한다.

현재 재해석에 의한 변화를 보이는 어휘들은 20세기 초의 카잔 자료에 다음과 같은 형태로 나타난다. 확인 가능한 항목들만 제시하면 아래와 같다.

항목＼출전	綴字敎科書	항목＼출전	露韓小辭典
구기-(繰)	kuge	기-(匐)	kée
쑤-(熬)	s'u-gi	거두-(收)	kədúgi
가두-(囚)	kada nyəkʰu	가두-(囚)	kadúnin
-겊-(欲)	mek'ebumin		

[표 54] 재해석에 의한 변화와 관련된 어간 활용 양상(용언)

항목＼출전	綴字敎科書	항목＼출전	露韓會話	항목＼출전	露韓小辭典
수탉 (雄鷄)	su-tʰaktəri su-tʰak'e su-tʰak kyətʰe su-tʰargi su-tʰargi su-tʰak'e du su-targiriguna	수탉	sú-tʰargi cf. taktəri targ-ári targ-árini targ-ári	수탉	sú-tʰargi ná
암탉 (牝鷄)	am-tʰaktəri	암탉	ám-tʰargi	암탉	ám-tʰak, ám-tʰargi
기슭 (山脚)	kisirgi	야듧 (八)	nir-yadɨb yer-yadɨm-nyɛr yɛmun yadɨb še yadɨptsɛ	사듥 (水澤)	sadirgi
				괘흙 (泥)	kwɛ-hik, kwɛ-hirgí

[표 55] 재해석에 의한 변화와 관련된 어간 활용 양상(체언)

충분한 활용형 및 곡용형을 확인할 수 없다는 자료상의 한계가 있기는 하나, 적어도 이 자료상으로는 재해석에 의한 변이가 관찰되지 않는다. 즉, 동일한 조건 환경에서 둘 이상의 기저형이 선택적으로 출현하는 경우가 나타나지 않는 것이다. 유독 '먹-(食)'이라는 활용 어간과 결합한 /-겠-/의 경우에만 모음 어미 앞에서 [-겝-]으로 실현된 점이 특이하다.[81]

한편, 현재 재해석에 의한 변화를 보이는 어휘들은 宣德五・趙習・金淳培(1990)에 다음과 같은 형태로 나타난다. 확인 가능한 항목들만 제시하면 아래와 같다.

출전 항목	朝鮮語方言調査報告
끼-(挾)	k'ida
니기-(揉)	niginda
기-(匐)	kinda
겨누-(照準)	kyənuda
거두-(收)	kədunda
쏘-(螫)	s'onda
야듧(八)	yadɨ
기슭(山脚)	k'isɨl

[표 56] 재해석에 의한 변화와 관련된 어간 활용 양상

역시 자료상의 한계로 인하여 정확한 양상을 확인하기는 어려우나, 적어도 이 자료상으로는 재해석에 의한 변이가 관찰되지 않는다. 즉, 동일한 조건 환경에서 둘 이상의 기저형이 선택적으로 출현하는 경우가 나타나지 않는 것이다. 어간 기저형은 대체로 카잔 자료의 그것과 일치한다.

---

81) '자-', '가-', '보-' 등 다른 어간과 결합된 /-겠-/은 현재 모음 어미 앞에서 여전히 [-겠-]으로 실현된다. 이는 '자겠-', '가겠-', '보겠-' 등에 비하여 '먹겝-'의 사용 빈도가 상대적으로 높은 점과 연관된 것으로 보인다.

4.2.1.3. 변화의 확산 과정과 방향

본고에서 다룬 재해석에 의한 음운 변화의 예는 용언의 경우 크게 다음의 네 가지 유형으로 분류된다.

유형 1: /Xi-/ > /Xe-/
유형 2: /Xu-/ > /Xɨ-/
유형 3: /Xo-/ > /Xoh-/, /Xor-/, /Xwa-/, /Xou(ɨ)-/, /Xorh-/
유형 4: /-Xepʰ-/ > /-Xep-/, /-Xyəp-/, /-Xep-∽-Xeu-/

앞에서 살펴본 현장 시간상의 변화 양상과 실재 시간상의 변화 양상에 근거하여, 재해석에 의한 통시적 변화 양상을 도식화하면 다음과 같다. 아래는 변화의 진행 과정이 드러나도록 각 변이형의 출현 비율을 시기별로 보인 것이다.

시기	20세기 초	20세기 말	21세기 초		
	카잔 자료	朝鮮語方言調査報告	노년층	중년층	청년층
변이형	(Xi-)	Xi-	Xi- / Xe-	Xi- / Xe-	Xi- / Xe-

[표 57] /Xi-/의 통시적 변화 양상

시기	20세기 초	20세기 말	21세기 초		
	카잔 자료	朝鮮語方言調査報告	노년층	중년층	청년층
변이형	Xu-	Xu-	Xu- / Xɨ-	Xu- / Xɨ-	Xu- / Xɨ-

[표 58] /Xu-/의 통시적 변화 양상

시기	20세기 초	20세기 말	21세기 초		
	카잔 자료	朝鮮語方言調査報告	노년층	중년층	청년층
변이형	(Xo-)	Xo-	Xo-	Xo-	Xo-
			Xoh- (Xo?-: 1예)	Xoh-	Xou- (Xoi-: 1예)
				Xorh-	Xor-
			Xorh-		Xwa-
			Xor-	Xor-	Xorh-
			Xwa-	Xwa-	Xoh-

[표 59] /Xo-/의 통시적 변화 양상

시기	20세기 초	21세기 초		
	카잔 자료	노년층	중년층	청년층
변이형	(-Xepʰ-)	-Xepʰ-	-Xepʰ-	(-Xepʰ-)
				-Xep-
			-Xep-	-Xyəp-
	-Xep-	-Xep-	-Xyəp-	-Xep-∽-Xeu-

[표 60] /-Xepʰ-/의 통시적 변화 양상

체언의 경우에는 다음과 같은 변화 유형이 관찰된다.

$$/XVC_1C_2/ \> /XVC_2/, /XVC_1C_2i(e, \ni)/, /XVC_2i/$$

앞에서 살펴본 현장 시간상의 변화 양상과 실재 시간상의 변화 양상에 근거하여, 재해석에 의한 통시적 변화 양상을 도식화하면 다음과 같다. 아래는 변화의 진행 과정이 드러나도록 각 변이형의 출현 비율을 시기별로 보인 것이다.

시기	20세기 초	21세기 초		
	카잔 자료	노년층	중년층	청년층
변이형	XVC_1C_2	XVC_1C_2	XVC_1C_2	XVC_1C_2
		XVC_2	XVC_2	XVC_2
		$XVC_1C_2i(e)$	$XVC_1C_2i(e, ɨ)$	
		XVC_2i	XVC_2i	XVC_1C_2i

[표 61] /XVC_1C_2/의 통시적 변화 양상

이상에서 논의한 바를 통해 재해석에 의한 기저형의 변화가 실재 시간상으로도 점진적으로 진행되어 왔음을 확인할 수 있다. 또, 동일한 조건의 어휘에 있어서도 재해석의 방향은 다양할 수 있음을 알게 된다.

그렇다면 이러한 음운 변화는 구체적으로 어떠한 과정을 거쳐 확산되는지에 대해 좀더 살펴보기로 하자.

변화의 확산 과정을 기저형 선택 양상의 차원에서 기술하자면, 쌍형 기저형을 구성하는 특정 기저형의 선택이 점진적으로 필수화하는 과정을 거쳐 기저형 지배 변화가 이루어진다고 할 수 있다. 신형과 구형으로 이루어진 쌍형 기저형 중에서 보다 후기에 도입된 기저형, 즉 신형의 선택 비율이 점차 높아짐으로써 단형 기저형으로 변화되는 것이 일반적이다. 그러한 변화의 중간 과정에서 공시적인 기저형 지배 변이가 출현한다.

한편, 재해석에 의한 음운 변화 또한 어휘에 따라 점진적으로 확산되는 양상을 보인다. 그러나 이러한 비음운론적 기제에 의한 변화는 음운 과정에 의한 변화와는 달리 다분히 산발적으로 일어나는 경향이 있다. 따라서 어떠한 세부 조건을 지닌 어휘에서부터 재해석이 먼저 일어나 점차 그 대상을 확대해 나가는지에 대해서는 명확한 기준을 찾기 어렵다. 여기에는 해당 어휘의 형태론적 조건, 어휘 사용의 빈도 등이 관여

할 것으로 생각된다.[82]

그런데 재해석이라는 변화의 기제가 본질적으로 비체계적인 과정으로 간주되어 왔음에도 불구하고, 우리는 앞에 제시한 예들을 분석하는 가운데 일정한 규칙성을 포착할 수 있었다. 그것은 재해석에 의한 변화의 유형과 방향에 관한 것이다. 이는 곧 재해석이 일어나는 근본 요인을 반영하는 것으로도 해석된다. 이에 재해석의 결과 어떠한 효과가 발생했는지를 확인함으로써 변화의 요인과 방향에 대하여 살펴보기로 하자. 다음은 이 지역어에서 일어나고 있는 재해석의 유형과 그 발생 효과를 기저형 복원 과정의 측면에서 정리한 것이다.

구분	재해석 유형				복원 과정상 취소가 생략된 교체	복원 과정상 취소가 첨가된 교체	발생 효과	일반성
	舊 기저형	결합 어미	해석대상 표면형	新 기저형				
용언	Xi-	əY	Xe(ː)Y	Xe-	활음화 yə→ye→e	모음순행동화 (또는 ə 탈락)	복원과정간소화	고
용언	Xu-	a/əY	XaY/XəY	Xɨ-	활음화 w 탈락	ɨ 탈락	복원과정간소화	고
용언	Xo-	iY	XoːY	Xoh-	ɨ 탈락	h 탈락 모음순행동화	복원과정복잡화	저
용언	Xo-	nY 외	XonY 외	Xor-	—	r 탈락	복원과정복잡화	저
용언	Xo-	aY	XwaY	Xwa-	활음화 (어미 분석)	(a 탈락)	복원과정간소화	중
용언	Xoh-	iY	XoiY	Xoi-	h 탈락 (어미 분석)	(ɨ 탈락)	복원과정간소화	저
용언	Xoh-	tY	XotʰY	Xorh-	—	유음 탈락	복원과정복잡화	저

---

82) Phillips(1984: 336)는 어휘 사용 빈도를 어휘 확산의 기제로 보면서, '생리적으로 (physiologically) 동기화된 음변화는 고빈도어에 먼저 적용되고, 그렇지 않은 변화는 저빈도어에 먼저 적용된다'는 빈도 촉발 가설(Frequency Actuation Hypothesis)을 제기한 바 있다. 이때 전자에는 모음 약화 및 탈락과 각종 동화 등이 해당되고, 후자에는 유추적 수평화(analogical leveling)가 해당된다고 하였다. 즉, 무조건 출현 빈도가 높은 어휘에 모든 음변화가 먼저 적용되는 것이 아니라, 표면형에 작용하는 음변화(전자)의 경우와 기저형에 작용하는 음변화(후자)의 경우는 그 적용 양상이 다름을 주장한 것이다. 이는 '출현 빈도가 낮은 어휘 항목은 음성적으로 (phonetically) 동기화된 변화에 대하여 저항력이 제일 강한 반면에, 출현 빈도가 높은 어휘들은 관념적으로(conceptually) 동기화된 변화에 저항력이 강할 것'이라고 가정한 Hooper(1976b: 95)의 논의와도 상통하는 것이다. 이에 대한 검증과 보다 구체적인 논의는 후일의 과제로 남긴다.

용언	$XVh-$	$\dot{i}Y$	$XV\underset{\cdot}{Y}$	$XV-$	h 탈락 모음순행동화	i 탈락	복원과정간소화	저
용언	$-XVp^h-$	CY	$-XVpC'Y$	$-XVp-$	평폐쇄음화	—	복원과정간소화	저
용언	$-XVp-$	CY	$-XVpC'Y$	$-XVp-$ $\backsim -XVu-$	평폐쇄음화	(복수 기저형 선택)	복원과정복잡화	저
용언	$-Xep-$	C/VY	$-XepC'Y$ $-XepVY$	$-Xyəp-$	—	yə→e	복원과정복잡화	중
체언	XVC_1C_2	CY	$XVC_2C'Y$	XVC_2	자음군단순화	—	복원과정간소화	고
체언	XVC_1C_2	i	XVC_1C_2i	XVC_1C_2i	(어미분석)	—	복원과정간소화	저
체언	$XV(C_1)C_2$	i	XVC_2i	XVC_2i	(어미분석)	—	복원과정간소화	저

[표 62] 재해석의 유형과 작용 효과

재해석에 의한 음운론적 변화는 크게 두 방향으로 진행되고 있다. 하나는 기저형의 복원 과정이 간소화되는 방향이고, 다른 하나는 존재하는 음운 규칙을 최대한으로 활용함으로써 복원 과정을 오히려 복잡화하는 방향이다.[83] 그러나 실제 재구조화된 항목의 양적인 측면을 고려하면, 복원 과정이 간소화되는 방향의 재구조화가 더 일반적이라 할 수 있다. 또, 재해석 결과 복원 과정이 복잡해진 예들 중에서 /-XeC-/> /-XyəC-/, /-XVp-/>/-XVp-∽-XVu-/를 비롯하여 /Xo-/>/Xor-/, /Xoh-/> /Xorh-/ 등의 변화는 암묵적으로 '과도 교정(hypercorrection)'의 성격을 띤다는 점에서, 이들의 근본적인 재해석 동기는 사실상 '외적인 권위의 지향'이라고 해석할 여지도 있다.[84] 결국 기저형 복원 과정의 측면에서만

---

83) 이때 재해석에는 음운론적 재해석과 형태론적 재해석이 모두 포함된다. /Xo-/> /Xwa-/, /Xoh-/>/Xoi-/, /XVC₁C₂/>/XVC₁C₂i/, /XV(C₁)C₂/>/XVC₂i/의 경우는 형태론적 재해석의 예이다.

84) /XV-/>/XVh-/의 경우도 과도 교정으로 해석할 여지가 있다. 표준어의 '낳-는', '쌓-는'에 대하여 이 지역어에서는 '난ː'(낳-은), '싼ː'(쌓-은)이 실현되기도 하기 때문이다. 그 밖에 /돕-/>/돏-/(助), /담-/>/닮-/(盛), /쫏-/>/쫓-/(啄)과 같은 재구조화의 예도 복원 과정이 복잡해진 경우인 동시에 과도 교정의 일종으로 해석될 수 있다. /돕-/>/돏-/, /담-/>/닮-/은 변자음 앞의 유음 탈락에 이끌린 과도 교정으로 보이며, /쫏-/>/쫓-/의 경우는 어간말 파찰음의 마찰음화(ㅈ, ㅊ>ㅅ)에 이끌린 과도 교정의 예로 보인다. 현재 이 지역어에서는 /꽃/>/꼿/(花)과 같은 체언의 경우는 물론 /줒(짖)-/>/줏(짓)-/(吠), /찾-/>/찻-/(尋), /쯫(찢)-/>/쯧(찢)-/(裂), /맞-/>/

본다면, 청자들이 표면형을 재해석하고자 하는 주된 심리적 동인은 '복원 과정의 간소화'를 통해 발화 해석 과정을 최적화하는 것이라고 할 수 있다. 뿐만 아니라 복원 과정의 간소화를 지향하여 기저형이 변화할 경우, 이는 결과적으로 발화 산출 과정에 적용되는 음운 규칙의 수를 감소시키는 효과를 지니게 된다. 그러므로 복원 과정의 간소화로 인한 기저형의 변화는 궁극적으로 표면형 도출 과정의 간소화 또한 가능케 하는 것이다. 위에서 살펴본 예들 외에도 이 지역어에서는 /XVri-/> /XVr-/, /Xə-/>/Xi-/, /XVk'-/>/XVk'u-/, /XVr-/>/XV-/, /XVh-/>/XV-/ 등의 변화가 추가적으로 관찰된다.[85] 이들 예 또한 복원 과정의 간소화를 지향한다는 점에서 공통적이다.

그 밖에, 기존에 존재하던 일반적 음운 규칙과 관련된 재해석보다는 최근에 발생했거나 최근 들어 활성화된 음운 규칙과 관련된 재해석이 더 빈번하다는 점을 주목할 만하다. /Xi-/>/Xe-/(/끼-/>/께-/)나 /Xu-/> /Xi-/(/쑤-/>/쓰-/)와 같이, yə→ye→e나 w 탈락 등에 유인된 재구조화 의 예들이 많다는 점이 이러한 사실을 뒷받침한다.

맛-/(被打)과 같은 용언의 경우에도 어간말 파찰음의 마찰음화가 관찰되기 때문 이다.

85) /주무르-/>/주물-/, /건너-/>/건느-/, /묶-/>/묶우-/ 및 /슦-/>/슦우-/, /볶-/>/볶 우-/, /낚-/>/낚우-/, /모딜-/>/모디-/, /일-/>/이-/, /땋-/>/따-/, /즛떻-/(/즛쩧-/, /짓쩧-/)>/즛떠-/(/즛찌-/, /짓찌-/), /쩧-/>/찌(:)-/ 등이 그러한 예이다.

4.2.2. 단일화에 의한 변화

통시적 음운 변화 기제로서의 단일화란, 이전 시기의 복수 기저형을 이후 시기의 청자가 단일 기저형으로 만드는 현상을 말한다. 이 장에서는 중년층, 청년층의 단일화에 의한 변이를 노년층의 그것과 비교함으로써 현장 시간상의 변화를 확인하고, 과거의 문헌 자료 및 방언 조사 자료를 검토함으로써 실재 시간상의 변화도 아울러 확인하기로 한다.

4.2.2.1. 현장 시간상의 변화

4.2.2.1.1. 이 지역 중년층 화자들의 발화에서 단일화에 의한 변이는 다음과 같이 실현된다. 살펴볼 예는 /XVm(ŋ)k-∽XVm(n)ɨ(u)-/, /XVrk-∽XVrɨ-/, /XVrɨ-∽XVt-/, /XVŋk∽XVmu/, /XVrk∽XVrɨ(u)/, /XVk'∽XVsɨ(u)/ 와 관련된 변이이다.

아래의 표는 /XVm(ŋ)k-∽XVm(n)ɨ(u)-/ 용언의 화자별 실현 양상을 제시한 것이다.

방언형	의미	M7 59세	F4 56세	M8 55세	F5 54세	M9 48세	M10 45세	F6 45세
심ㄱ/ 시므-	植	šimára šimugú šimiʥí šiŋgúgu šiŋgúʥi šimát'a	šímninda šmára šimát'a	šímədu šimúmunin šimirá šimára šímk'u šimát'ira	šímʧ'i	šimnindá šimára šimk'o	šimára šímk'u šímʧ'i šimát'a šiməʥə	šimára šímninda šímk'u šimát'a
늠ㄱ/ 느무-	搗	nuŋgundá numundá nuŋgwə́ra nuŋgə́sə	numundá nuŋgúnda nuŋgwə́sə nuŋgʷə́ra	nuŋgúnda nuŋgwə́nna	nuŋgudí nuŋgúnda nuŋgúgidu nuŋgúdi nuŋgára	nuŋgúnda nuŋgə́ nuŋgúgo nuŋgwə́t'a	nummúnda nummə́ra nuŋgə́ra nɯmugó nummúʥi nummullá	nuŋgúnda nuŋgúʥi nuŋgwə́ra
공ㄱ/ 고누-	均	koŋgúgu koŋgára	koŋgúgu koŋgundá koŋgára koŋgundaŋgé koŋgʷára koŋgindá koŋgúgu	konúnda konwára konúgu	konúnda konunun konúʥi konára	koŋgára koŋgúgo koŋgúdza koŋgwára	koŋgundá koŋgára koŋgúgo koŋgúʥi	koŋgára koŋgánara koŋgúgu

〔표 63〕 단일화에 의한 기저형 공존과 변이 I (/XVm(ŋ)k-∽XVm(n)ɨ(u)-/ 용언)

460 음운론적 변이와 변화의 상관성

이것을 화자별 기저형만 간추려 제시하면 아래와 같다.

항목 \ 제보자	M7 59세 _V	_C	F4 56세 _V	_C	M8 55세 _V	_C	F5 54세 _V	_C	M9 48세 _V	_C	M10 45세 _V	_C	F6 45세 _V	_C
심ㄱ/시므-	시므-		심-		심-		(심-)		심-		심-		심-	
늠ㄱ/느무-	눙구-	눙구- 누무-	눙구-	눙구- 누무-	눙구-		눙구-		눙구-		눙ㄱ-	눔무-	눙구-	
공ㄱ/고누-	공구-		공구- 공그-		고누-		고누-		공구-		공구-		공구-	

[표 64] 단일화에 의한 기저형 공존 양상(/XVm(ŋ)k-∽XVm(n)ɨ(u)-/ 용언)

중년층의 경우에도 /XVm(ŋ)k-∽XVm(n)ɨ(u)-/의 단일화에 의한 변이가 관찰된다. 노년층의 경우에 비하여 기저형 /XVm(ŋ)ku-/의 비율이 높다. 이는 이 지역어의 일부 기저형 /XVm(ŋ)k-∽XVm(n)ɨ(u)-/가 점차 /XVm(ŋ)ku-/형으로 변화되어 가고 있음을 반영하는 것으로 해석된다.

아래의 표는 /XVrk-∽XVri-/ 용언의 화자별 실현 양상을 제시한 것이다

방언형	의미	M7 59세	F4 56세	M8 55세	F5 54세	M9 48세	M10 45세	F6 45세
밝/ 바르-	剝	parɨgú palgára palgásə palgát'a palgiúnda (使) palgiwə́t'a (使)	parɨgú palgá	palgára palgá parɨgú parɨnɨŋgə́n	palgɨ́ra	palgásə palk'ó parɨʥí paldzí palgɨʥí pallára	parɨgó palgá palgánɛgu	palgá palgásə parɨgú parɨk'ídi
주묽/ 주무르- _	按	ʦumulgú ʦumulʥí ʦumulgára ʦumulgə́sə	ʦumundá ʦumurə́ra ʦumurɨ́nda ʦumurɨ́gu ʦumurɨʥi ʦumulgə́	ʦumugára ʦumugú ʦumúrəra ʦumulʥí	ʦumulgára ʦumulgə́ ʦumú(l)gu ʦumú(l)di ʦumúldi ʦumurə́ ʦumúlmu	ʦumurə́ ʦumulgó ʦumulʥí ʦumúlmu ʦumulgə́t'a ʦumullə́	ʦumurə́ ʦumurɨ́go ʦumurɨ́ʥi ʦumullə́ ʦumulgúʥi ʦumulʥí ʦumuʥí ʦumugúna ʦumugə́ ʦumullə́t'a	ʦumundá ʦumullúnda ʦumulgúnda ʦumullə́ ʦumulgó ʦumulʥí ʦumulgúʥi ʦumullə́ra
게긁/ 게그르- _	怠	keɨrɨdá keillə́sə	keɨrɨ́da kegɨrɨ́da	keɨrɨ́da keɨrə́sə	keɨrɨdá keɨrə́sə	keɨrɨ́da keilgə́sə keillə́do	keɨrɨdá keɨrə́sə keillə́t'a	keɨrɨdá keillə́sə

용언	漢字							
(배)붉/ 부르-	飽	pé purudá pébulləsə pé pulləsə	péburumu pulləsə purudá pébulləsə	pé purúmu pébullə	péburuda péburə pébullə pébulgə	pébulləsə pé purúmyən pé pullədu pé puridórok	pébulləsə purudé·nna puruna purumú pulləsə	péburuda pébulləsə pébullə péburumu
맑/ 마르-	裁	marindá malgát'a	malgáya marindá	marinin marigú malgá	malgínda malgát'a maridʑí malgidʑí malgá malgɨmun malgíge(使) malgínda(使)	marínda maruɡó malgára malgìwát'a(使) malgiúmyən(使)	marindá malgásə malgiwə́t'a(使)	marindá marát'a marára
넑/ 니르-	讀 謂	ilgə́ra irigú iridʑí	ilgə́ra iŋnindá iks'o irindá nirindá irinɨ́ŋgə nirinɨ́ŋgə	nilgɨdana nílgəra nilgindán nɪgə́nninde nigə́du ni(r)gɨgí nilgɨ́rɛdu ni(l)gigó niridá nir̃s'ó nígigədin nigə́ya i(l)gə́ra i(l)gɨrá il(~r̃)gə́ra igədú ik'ó ňik'ída	irigí ilgə́ra ilgə́dalla irindá iŋnindá	ilgə́ra ilk'ó ilk'é ikt'a	ilk'usərɨ ilk'ó ilgə́ra ilkʰéra(使)	iŋnindá ilgə́ra

[표 65] 단일화에 의한 기저형 공존과 변이 II (/XVrk-∽XVri-/ 용언)

이것을 화자별 기저형만 간추려 제시하면 아래와 같다.

항목	M7 (59세) _V	_C	F4 (56세) _V	_C	M8 (55세) _V	_C	F5 (54세) _V	_C	M9 (48세) _V	_C	M10 (45세) _V	_C	F6 (45세) _V	_C
밝/바르-	밝-	바르-	밝-	바르-	밝-	바르-	—	발그-	밝- 발르-	밝- 바르- 발- 발그-	밝-	바르-	밝-	바르-
주묽/주무르-	주묽-	주물-	주물- 주묽-	주물- 주무르-	주묵- 주물-	주물-	주묽- 주물-	주물-	주물- 주묽- 주물르-	주물-	주물- 주물ㄹ- 주물구-	주무르- 주물구- 주물-	주물ㄹ-	주물- 주물루- 주물구-
게긁/게그르-	게을ㄹ-	게으르-	—	게으르- 게그르-	게을-	게으르-	게을-	게으르-	게긁- 게을ㄹ-	게으르-	게을- 게을ㄹ-	게으르-	게을ㄹ-	게으르-
(배)붉/	붉-	부루-	붉-	부루-	붉-	부루-	불-	부루-	불르-	부르-	붉-	부루-	붉-	부루-

부르-								붉- 붉-					–
맑/마 르-	맑-	마르-	맑-	마르-	맑-	마르-	말그-	말그- 마르-	맑-	마르-	맑-	마르-	마르-
늙/니 르-	읽-	이르-	읽-	읽- 니르-	늙-	닐그- 니르- 늙-	읽-	이르- 읽-	읽-		읽-		읽-

[표 66] 단일화에 의한 기저형 공존 양상(/XVrk-∽XVri-/ 용언)

중년층의 경우에도 /XVrk-∽XVri-/의 단일화에 의한 변이가 관찰된다. 노년층의 경우에 비하여 기저형 /XVrki-/의 비율이 높다. 이는 이 지역어의 일부 기저형 /XVrk-∽XVri-/가 점차 /XVrki-/형으로 변화되어 가고 있음을 반영하는 것으로 이해된다.

아래의 표는 /XVri-∽XVt-/ 용언의 화자별 실현 양상을 제시한 것이다.

방언형	의미	M7 59세	F4 56세	M8 55세	F5 54세	M9 48세	M10 45세	F6 45세
드르/ 들-	聽	tɨnnɨndá tɨrə́ra tɨk'ú	tɨʧ'í, tɨk'ú tɨts'á tɨnnɨnda áradɨk'enna tɨlk'ínɨn tɨrə́nnɨnde tɨrə́ra	aradɨ(r)t'í tɨlk'ínɨn aradɨnnínde tɨřk'úsə arámot'ɨt'i tɨk'is'ɨri	tɨt'í, tɨk'í tɨnnɨndá	tɨllínda tɨřk'ó tɨřʧ'í tɨllɨndi tɨʧ'í yət'ɨk'ó	tɨk'í tɨrə́ra tɨnnɨndá tɨʧ'í	tɨlk'ínɨn tɨk'ínɨn tɨlk'ét'a tɨnnɨndá tɨllínda tɨllɨŋgé tɨrə́ra tɨrə́nnɨnde tɨrəbwádu tɨk'ú tɨlk'ín tɨllá, tɨtk'ó tɨlʧ'í, tɨk'í
		tɨk'índa (被)	tɨk'índa(被) tɨk'ét'a(被)		án dɨk'inda(被)	tɨllínda(被)	tɨllínda(被) tɨk'índa(被) tɨllyə́onɨn (被)	
시르/ 싣-	載	širə́ra šík'u šít'i	šínnɨnda šík'u, šíʧ'i širə́ra širɨn širə́t'a	širə́sə širə́t'a šílk'u širə́ra šílʧ'i šílʧ'a	šíl(r)k'u šík'u šít'i širə́ra šínnɨnda šíllɨnda	šíllɨnda širə́ra šílk'o	širə́ra šílk'o šílʧ'i, šíts'a	šíllɨndá šík'o šílʧ'i širə́ra
		šik'é(被)	šik'é(被) šik'ín(被)	šilk'é(被)	šílk'u šíts'a	šillyə́(被)	sik'é(被)	šik'é(被)
다르/ 닫-	走	tallɨndá talk'ú talt'í	tarat'án tallɨndá tarára ta(l)k'ú talk'ú talʧ'í talk'í	talk'ídu tallɨnda tarágaʤa talʧ'í talk'ɨúnda (使)	talts'á tallɨndá tarágaʤa talkʰ(~k')ín da(使)	tallɨndá tarará	tallɨŋgə́ tarára talts'á talk'ó	tallínda tarágara talk'ú

		talk'ìwára(使) talk'ìúnda(使)	talk'éra(使) talk'ígu(使)	talk'íugu(使) talk'ìwát'a(使)	talk'índa(使)			
겨르/ 겯-	編	ʧə́nninda ʧə́k'u ʧərə́ra kyə́nninda kyə́k'u kyə́t'i kyərə́ra	ʧərə́ ʧə́lk'u ʧərə́ra ʧə́lʧ'i ʧə́lk'i ʧə́llinda	ʧə́nninda ʧə́llinda ʧərə́s'o ʧərə́sə ʧərə́ra kyərə́ra ʧərə́ ʧə́lk'u kyə́lk'u ʧə́lʧ'a	kyə́nninda kyərə́ra kyə́k'u kyə́llin	kyə́lt'a ʧə́t'a ʧə́nninda ʧə́k'u ʧərín ʧərə́ra ʧə́tʧ'i ʧə́tʧ'a ʧə́s'ik'uma	ʧə́nninda ʧə́k'o ʧə́tʧ'i ʧərə́gadʑigu ʧərə́ra ʧə́nnin	kyə́llinda kyə́lk'u
거르/ 걷-	步	kə́nninda kərə́ra kə́k'u kə́t'i	kə́llinda kə́lk'u kə́lʧ'i kərə́ra kə́lk'i	kərə́ganda kə́lʧ'a kə́lk'u kə́lʧ'i kə́llinda	kərə́gara kərə́ra kə́k'u kə́lt'i kə́lk'í kə́nninda kə́ts'a kə́lts'a	kərə́gaya kə́lk'o kə́lts'a	kərə́gara kə́k'o kə́lʧ'i kə́k'e kə́lk'i kə́k'i kə́nninda	mó k'ə́llinda
		kək'iwá(使) kək'ìúnda(使)	kə́lk'índa(使) kək'éra(使)	kək'iúnda(使) kək'iwára(使)	kək'índa kə́lk'éra(使)	kə́lk'yə́ganda(使)	kə́lk'éra(使)	kə́lk'índa(使)
무르/ 묻-	問	múk'u murə́ra	murə́ múk'u mútʧ'i	murə́bogu múk'u mútʧ'i	murə́bara murə́bogu múnnunda múk'u mút'i	murə́bara múk'o	murə́bara murə́bogu mútʧ'i	murə́bonda mútʧ'i

[표 67] 단일화에 의한 기저형 공존과 변이III(/XVri-∽XVt-/ 용언)

이것을 화자별 기저형만 간추려 제시하면 아래와 같다.

항목＼제보자	M7 59세 _V	_C	F4 56세 _V	_C	M8 55세 _V	_C	F5 54세 _V	_C	M9 48세 _V	_C	M10 45세 _V	_C	F6 45세 _V	_C
드르/듣-	드르-	듣-	듫-	듣- 듫-	—	듣- 듫-	—	듣-	—	듫- 듣-	드르-	듣-	듫-	듫- 듣-
시르/신-	시르-	신-	시르-	신-	싫-	싫-	싫-	신- 싫-	싫-	싫-	싫-	싫- 신-	싫-	싫- 신-
다르/닫-	닳-	닳-	닳-	닳-	닳-	닳-	닳-	닳-	닳-	닳-	닳-	닳-	닳-	닳-
겨르/견-	져르- 겨르-	졿- 곓-	곓-	곓-	져르-	견-	곓-	견- 곓-	져르-	곓- 졿-	져르-	견-	—	곓-
거르/걷-	거르-	걷-	걿-	걿-	걿-	걷-	걿-	걷- 걿-	걿-	걷-	걿-	걷- 걿-	—	걿-
무르/묻-	무르-	묻-	무르-	묻-	무르-	묻-	무르-	묻-	무르-	묻-	무르-	묻-	무르-	묻-

[표 68] 단일화에 의한 기저형 공존 양상(/XVri-∽XVt-/ 용언)

중년층의 경우에도 /XVri-∽XVt-/의 단일화에 의한 변이가 관찰된다.
노년층의 경우에 비하여 기저형 /XVr?-/의 비율이 높다. 이는 이 지역
어의 일부 기저형 /XVri-∽XVt-/이 점차 /XVr?-/형으로 변화되어 가고
있음을 반영하는 것으로 해석된다.

아래의 표는 /XVŋk∽XVmu/ 체언의 화자별 실현 양상을 제시한 것이다.

항목 방언형 / 의미		M7 59세	F4 56세	M8 55세	F5 54세	M9 48세	M10 45세	F6 45세
낭구/ 나무	木	naŋgí naŋgɨ́ naŋgídu naŋgéː naŋgéda naŋgɨ́lli naŋgíbutʰə	naŋgí naŋgɨ́ namúsa naŋgídu naŋgɨ́butʰə naŋgíe naŋgée naŋgéː	naŋgí namú naŋgʉ naŋgɨ́ naŋgé naŋgínɨn naŋgínɨn naŋgɨ́lli naŋgɨ́butʰə naŋgíga naŋgíma naŋgídu namúdu naŋgɨ́du	naŋgí naŋgɨ́ náŋgiru naŋgɨ́lli naŋgɨ́llu naŋgɨ́llodo naŋgɨ́du naŋgída	naŋgí naŋgɨ́ naŋgé naŋgído naŋgíeda	naŋgí naŋgɨ́ naŋgídu naŋgɨ́boda namubóda naŋgibóda naŋgiípʰi namuípʰira	naŋgí naŋgɨ́ naŋgie naŋgídu naŋgíbutʰə
			naŋgiípʰira	tʰoŋnaŋgɨ́ toŋnaŋgí naŋgiʧʼímu naŋgidʑəlgú namuk'əpʧ'ié	tsɛrɛdʑinaŋgí pədɨllaŋgí pɛgyaŋnaŋgí toŋnaŋgí tsʰəŋsollaŋgí namuípʰi naŋgiípʰi namuk'ɨlgí namuk'ádʑi	naŋgìp'úri naŋgiípʰira	tsaŋdzɛnaŋgí toŋnaŋgɨ́ toŋnaŋgí sollaŋgí s'arinaŋgí pədɨllaŋgí naŋgiípʰi namuípʰi namunnípʰe namugilgíra namuk'ádʑi	naŋginípʰi naŋginípʰu naŋgigilgí naŋgigilgɨ́ tsʰəŋsóllaŋgi pədɨ́llaŋgi

[표 69] 단일화에 의한 기저형 공존과 변이 I (/XVŋk∽XVmu/ 체언)

이것을 화자별 기저형만 간추려 제시하면 아래와 같다.[86]

---

86) 이는 관찰된 표면형에만 근거하여 기저형을 설정한 것이므로 자료상의 우연적
공백이 존재할 가능성이 있다.

항목＼제보자	M7		F4		M8		F5		M9		M10		F6	
	59세		56세		55세		54세		48세		45세		45세	
	_V	_C	_V	_C	_V	_C	_V	_C	_V	_C	_V	_C	_V	_C
낭ㄱ/나무	낭ㄱ 낭기	낭기	낭기 낭ㄱ	나무 낭기 낭ㄱ	낭ㄱ	나무 낭ㄱ 낭기	낭ㄱ	낭ㄱ	낭ㄱ 낭기	낭기	낭ㄱ	낭기 낭ㄱ 나무	낭ㄱ 낭기	낭기

[표 70] 단일화에 의한 기저형 공존 양상(/XVŋk∽XVmu/ 체언)

중년층의 경우에도 /XVŋk∽XVmu/의 단일화에 의한 변이가 관찰된다. 노년층의 경우에 비하여 기저형 /XVŋki/나 /XVŋkɨ/의 비율이 높다. 이는 이 지역어의 일부 기저형 /XVŋk∽XVmu/가 점차 /XVŋki/나 /XVŋkɨ/로 변화되어 가고 있음을 반영하는 것으로 이해된다.

아래의 표는 /XVrk∽XVrɨ(u)/ 체언의 화자별 실현 양상을 제시한 것이다.

방언형	의미	M7 59세	F4 56세	M8 55세	F5 54세	M9 48세	M10 45세	F6 45세
갈/가르	紛	kalgí kalgí kalgídu kalgídu karɨbutʰə́ kalgíbutʰə	kalgí karí kalgídu	kalgí karú kalgí kalgíe kalgídu kalgíbutʰə	kalgí kalgí kalgéda kalgigá kalgíbutʰə	kalgí(-을) kalgí(獨) kalgíbutʰə kalgéda	kalgí kalgí karúdu kalgíga karúril karúman karúbutʰə	kalgí kalgí karí karú kalgíbutʰə kalgíe
				oks'uk'ugarú t'əkk'algíma			s'alk'algí ips'alk'algí	t'əkk'algí t'əkk'algí t'əkk'arídu t'əkk'arúnin t'əkk'algíbutʰə t'əkk'algíman t'əkk'algídu kariyák kalgiyák
싥/시르	甑	šilgí šigíeda šilgíman šilgí	šilgí šilgé šilgí šilgídu šilgíma	šilgí šilgí šilgíri šilgíʰagu	šilgedá šilgíeda šilgéda šilgí, šilgí šilgídu	šíri širíbutʰə širíeda	šilgí, šilgí šigí šigíbutʰə šilgíma šilgíma šilgídu	šilgí, šilgí šilgiéda šilgídu
		širɨt'arí širɨp'oí	širɨt'ári širɨp'ó	t'əkš'iríe t'əkš'ilgée	širɨt'arí širɨmitʰɨ	širɨt'arí širidək'ɛ	šit'arí	širit'arí

항목	한자							
		širït'í širimitʰísa širimitʰinɨ š(~s)ilgéda	t'əkš'ilgídu širït'àrí širip'ó šilgip'óra šilgit'íra širit'írɨ	širip'oí				
(뇽)맑/ (뇽)마르	(龍) 屋脊	malgí malgí malgíri malgé malgíbutʰə marut'ɛradi	yoŋmalgí yoŋmalgí yoŋmalgídu yomal(g)butʰə	n(~r)yoŋmarú ryoŋmarú ryoŋmarúgu ryoŋmarúga malgí malgí malgídu malgíbutʰə	malgí malgí malge: malgíbutʰə malgíman	ryoŋdumaríri ryoŋdumarí ryoŋdumaríbutʰə	yoŋmalgí ryoŋmagí yoŋmagí yoŋmagíe yoŋmagíbutʰə yoŋmagíboda taŋmalgí taŋmalgibutʰə taŋmalgídu	malgí malgíbutʰə malgíbutʰə malgíru malgímanin malgík'əʤi
붉/부루	萵	pulgí pulgí pulgié pulgíbutʰə pulgídu pulgis'ámiradi	pulgí, pulgú pulgídu pulgúga pulgúbutʰə pulgúlludu pulgú pulgusɛŋtʃʰí	pulgí pulgídu pulgíri pulgíʰagu	pulgí pulgú pulgée pulgúbutʰə pulgíga pulgusɛŋtʃʰíri	pulgí pulgí(獨) pulgíbutʰə pulgé: pulgý(~í)e pulgušéŋtʃʰí pulgüšéŋtʃʰí	pulgína pulgú pulgyé pulgé pulgúdu pulgúbutʰə pulgis'ɛŋtʃʰí	pulgí pulgíman pulgú pulgie pulgídu pulgúbutʰə pulguš'í pulguš'ɛ·m
몷/모루	鐵杵	molgí molgi molgé molgíri molgíman molgíbutʰə	—	molgí molgéda mo(l)géda molgídu molgíagu mogíman	molgíragido molgíri molgídu molgie	mo:gí mogíbutʰə mogʸé	molgí molgíman molgíagu molgídu molgíbutʰə mogí, mogú mogíe	mogí mogie mogíbutʰə mogéda mogú mogídu

[표 71] 단일화에 의한 기저형 공존과 변이 II (/XVrk∽XVri(u)/ 체언)

이것을 화자별 기저형만 간추려 제시하면 아래와 같다.

<table>
<tr><td rowspan="3">제보자
／
항목</td><td colspan="2">M7</td><td colspan="2">F4</td><td colspan="2">M8</td><td colspan="2">F5</td><td colspan="2">M9</td><td colspan="2">M10</td><td colspan="2">F6</td></tr>
<tr><td colspan="2">59세</td><td colspan="2">56세</td><td colspan="2">55세</td><td colspan="2">54세</td><td colspan="2">48세</td><td colspan="2">45세</td><td colspan="2">45세</td></tr>
<tr><td>_V</td><td>_C</td><td>_V</td><td>_C</td><td>_V</td><td>_C</td><td>_V</td><td>_C</td><td>_V</td><td>_C</td><td>_V</td><td>_C</td><td>_V</td><td>_C</td></tr>
<tr><td>갊/가르</td><td>갊</td><td>갈기
갈그
가르</td><td>갊</td><td>가르
갈기</td><td>갈기
갈그</td><td>갈기
갈그
가루</td><td>갊</td><td>갈기
갈그</td><td>갊</td><td>갈그</td><td>갊</td><td>가루
갈기</td><td>갈기
갈그</td><td>가르
가루
갈그</td></tr>
<tr><td>싦/시르</td><td>싦
실기</td><td>실기</td><td>싦</td><td>실기</td><td>싦</td><td>실기</td><td>싦
실기</td><td>실기</td><td colspan="2">시리</td><td>싦</td><td>실그
실기</td><td>싦
실기</td><td>실기</td></tr>
<tr><td>맑/마르</td><td>맑</td><td>말기</td><td>맑</td><td>말기
맑</td><td>맑</td><td>말기
마루</td><td colspan="2">말그
말기</td><td colspan="2">마리</td><td colspan="2">말기
말그</td><td>맑</td><td>말기
말그</td></tr>
<tr><td>붉/부루</td><td>붉
불기</td><td>불기</td><td colspan="2">불기
불구</td><td colspan="2">불기</td><td colspan="2">불기
불구</td><td colspan="2">불기</td><td colspan="2">불기
불구</td><td colspan="2">불기
불구</td></tr>
<tr><td>몷/모루</td><td>몷</td><td>몰기</td><td colspan="2">—</td><td>몷</td><td>몰기</td><td colspan="2">몰기</td><td colspan="2">모기</td><td>몷
몰기</td><td>몰기</td><td>목
모기</td><td>모기</td></tr>
</table>

[표 72] 단일화에 의한 기저형 공존 양상(/XVrk∽XVri(u)/ 체언)

제4장 기저형 지배 변이와 변화 467

중년층의 경우에도 /XVrk∽XVri(u)/의 단일화에 의한 변이가 관찰된다. 노년층의 경우에 비하여 기저형 /XVrki/나 /XVrkɨ/의 비율이 높다. 이는 이 지역어의 일부 기저형 /XVrk∽XVri(u)/가 점차 /XVrki/나 /XVrkɨ/로 변화되어 가고 있음을 반영하는 것으로 간주된다.

아래의 표는 /XVk'∽XVsɨ(u)/ 체언의 화자별 실현 양상을 제시한 것이다.

방언형	의미	M_7 59세	F_4 56세	M_8 55세	F_5 54세	M_9 48세	M_{10} 45세	F_6 45세
뮦/무수	菁	muk'íradi muk'ú muk'é muk'ídu muk'údu muk'íbutʰə	muk'í muk'ú muk'úru muk'ídu muk'úga muk'úman	muk'í muk'ú muk'ídu muk'íagu muk'íman muk'ée	muk'í muk'ú muk'íe muk'íga muk'úbutʰə muk'íboda	múk'i(獨) múk'í(獨) muk'íbutʰə muk'é	muk'í muk'ídu muk'údu muk'uagú muk'iágu	muk'í muk'ú muk'íman muk'íe
			muk'iípʰi muk'usɛŋ girí	muk'unípʰe muk'ɨ p'uríe	muk'uš'iná muk'uípʰi muk'umalli úŋge muk'ušɛŋgíri	muk'iípʰe muk'iíp s'ak		muk'unípʰi muk'usɛŋgíri
눆/뉴수	웆	nuk'í yuk'í yuk'ú yuk'é yuk'ibu tʰə	yuk'í yuk'ú yuk'ídu yuk'úga yuk'úbu tʰə	yuk'í yuk'ɨ yuk'ú yuk'íe yuk'úrul yuk'íman	yuk'íraŋge yuk'úraŋ yuk'í yuk'ú yuk'úbutʰə yuk'íe	yuk'í yuk'ú yuk'úbutʰə yuk'údu yuk'é	yuk'í yuk'ú yuk'íradzɛ yuk'íman yuk'úmai yuk'íbutʰə yuk'ídu yuk'íe yuk'íɦago yuk'ɨagu	yuk'ú yuk'íman yuk'íbutʰə yuk'íguna
		yuk'ipʰán	yuk'upʰán yuk'ipʰáẓn	yuk'inorí yuk'ipʰáni yuk'ipʰáňi	yuk'upʰáňi ra		yuk'ipʰán yuk'upʰán	yuk'ipʰáňi
엮/여스	狐	yək'í yək'ɨ yək'ídu yək'ɨbutʰə yək'ɨdu	yək'í yək'ɨ yək'íga	yək'í yək'íri yək'íga yək'igé yək'ídu yək'íbutʰə yək'ígat'a	yək'í yək'ɨ yək'íbutʰə yək'íboda yək'íga	yək'í yək'ɨ yək'ɨbutʰə yək'iege	yək'í yək'ɨ yək'ídu yək'ɨdu yək'iagú yək'itʰərɨ yək'íbutʰə yək'ɨboda yək'íboda	yək'í yək'ɨ yək'íe yək'ídu yək'ík'ədzi
			yək'isɛk'í		yək'isɛk'í	yək'išɛ́k'í	yək'išɛk'í	yək'išɛk'í

			yək'igúridi		yək'isɛk'í yək'ik'orí	yək'ígul	yək'isɛk'í yək'igúrira	yək'igúl
슊/슈 슈	高粱	suk'í suk'ú suk'é suk'íagu suk'údu suk'úbutʰə	suk'í suk'ú suk'úman suk'ídu	suk'í suk'ɨ suk'é suk'ée suk'ídu suk'íagu suk'ɨagu suk'íbutʰə	suk'íra suk'ú suk'údu suk'úru suk'umáːñi	suk'í suk'ú suk'ídu susú	suk'í suk'ú suk'íe suk'údu suk'úagu suk'úman suk'íman suk'úma	suk'í suk'ú suk'íe suk'ídu
			suk'í iságiradi suk'uári suk'iári	tsʰals'uk'u suʧ'áa pʰulsuk'ɨ pʰulsuk'ú nin	suk'uiságɨ suk'ugalgɨ suk'uári susuípʰi suk'uípʰi tsʰalsuk'í mesuk'í	mesúk'i suk'idzúgu	suk'uíp susuári	suk'unípʰi tsʰalsuk'í
옥슊/ 옥슈슈	玉高 粱	oks'uk'í oks'uk'ú oks'uk'é oks'uk'ú du oks'uk'uagu oks'uk'u butʰə oks'uk'í du	oks'uk'íra oks'ɨ(~i)k'ío oks'úk'u oks'uk'ídu oks'uk'úman	oks'uk'ɨ oks'uk'íra oks'uk'ídu	oks'uk'ídi oks'uk'ú oks'ùk'údu oks'usú	oks'úk'u du oks'uk'ú oks'uk'í du	oks'uk'í oks'uk'ú oks'uk'ú nin oks'uk'édo oks'uk'údu oks'uk'ídu	oks'uk'írado oks'uk'ídu
			oks'úk'u iságɨ	oks'uk'úisagi oks'it'ɛe oks'uʧ'áa oks'ut'éman		tsʰaroks'uk'í oks'uk'udzúgu	oks'uk'uipʰé oks'uk'iípʰe oks'uk'iári oks'ut'á oks'ut'aí oks'ut'áŋ meoks'uk'í	tsʰarokšik'í

[표 73] 단일화에 의한 기저형 공존과 변이Ⅲ(/XVk'∽XVsɨ(u)/ 체언)

이것을 화자별 기저형만 간추려 제시하면 아래와 같다.

항목＼제보자	M7 59세		F4 56세		M8 55세		F5 54세		M9 48세		M10 45세		F6 45세	
	_V	_C	_V	_C	_V	_C	_V	_C	_V	_C	_V	_C	_V	_C
묶/무수	묶	무끼 무꾸	무꾸,무끼		묶 무끼	무끼	무끼무꾸		묶	무끼	묶	무끼 무꾸	묶 무끼	무끼
눆/뉴수	눆 육	유끼	유끼유꾸		유끼유끄		유끼유꾸		육	유꾸	유끼유끄		육	유끼
엮/여스	여끼여끄		엮	여끼	여끼		여끄여끼		여끄 여끼	여끄	여끼여끄		엮 여끼	여끼
슊/슈슈	수끼수꾸		수꾸,수끼		슊 수끼	수끼 수끄	슊	수꾸	슊	수끼 수꾸	수끼수꾸		슊 수끼	수끼
옥슊/ 옥슈슈	옥슈	옥수꾸	옥수끼 옥수꾸		옥슈	옥수끼	옥슈	옥수끼 옥수꾸 옥수	옥슈	옥수꾸 옥수끼	옥슈	옥수꾸 옥수끼 옥수께	옥슈	옥수끼

[표 74] 단일화에 의한 기저형 공존 양상(/XVk'∽XVsɨ(u)/ 체언)

중년층의 경우에도 /XVk'∽XVsɨ(u)/의 단일화에 의한 변이가 관찰된다. 노년층의 경우에 비하여 기저형 /XVk'i/나 /XVk'ɨ/의 비율이 높다. 이는 이 지역어의 일부 기저형 /XVk'∽XVsɨ(u)/가 점차 /XVk'i/나 /XVk'ɨ/로 변화되어 가고 있음을 반영하는 것으로 여겨진다.

4.2.2.1.2. 이 지역 청년층 화자들의 발화에서 단일화에 의한 변이는 다음과 같이 실현된다. 살펴볼 예는 /XVm(ŋ)k-∽XVm(n)ɨ(u)-/, /XVrk-∽XVri-/, /XVri-∽XVt-/, /XVŋk∽XVmu/, /XVrk∽XVri(u)/, /XVk'∽XVsɨ(u)/ 와 관련된 변이이다.

아래의 표는 /XVm(ŋ)k-∽XVm(n)ɨ(u)-/ 용언의 화자별 실현 양상을 제시한 것이다.

제보자 항목		M₁₁ 39세	F₈ 38세	M₁₃ 29세	M₁₄ 29세
방언형	의미				
심ㄱ/ 시므-	植	šímk'u šiməsa šiməya	šiməya šímk'o šimúmyə(~e)n šimət'əra	šimət'a šímnɨnda šímʧ'i šímk'o	šímnɨn šímt'a šímk'u šímk'in šimk'ét'a šimə́ šiməra šímk'o šimgyə́(被)
늠ㄱ/ 느무-	搗	nuŋgúnda nuŋgwə́ra nuŋgʷə́nna	—	—	nuŋgúda nuŋgúgo nuŋgunɨŋə́n nuŋgwə́ra nuŋgwə́ora
공ㄱ/ 고누-	均	konúgu koŋgúnda koŋgwánna koŋgwánʷara koŋgúʥi	koŋgɨ́nda koŋgɨ́go koŋgánna	—	koŋgúnda koŋgwára koŋgʷára koŋgwá koŋgúgo

[표 75] 단일화에 의한 기저형 공존과 변이 I (/XVm(ŋ)k-∽XVm(n)ɨ(u)-/ 용언)

이것을 화자별 기저형만 간추려 제시하면 아래와 같다.

제보자 항목	M₁₁ 39세		F₈ 38세		M₁₃ 29세		M₁₄ 29세	
	__VY	__CY	__VY	__CY	__VY	__CY	__VY	__CY
심ㄱ/시므-	심-		심-		심-		심-	
늠ㄱ/느무-	눙구-		—		—		눙구-	
공ㄱ/고누-	공구-	고누- 공구-	공ㄱ-		—		공구-	

[표 76] 단일화에 의한 기저형 공존 양상(/XVm(ŋ)k-∽XVm(n)ɨ(u)-/ 용언)

청년층의 경우에도 /XVm(ŋ)k-∽XVm(n)ɨ(u)-/의 단일화에 의한 변이가 관찰된다. 노년층 및 중년층의 경우에 비하여 기저형 /XVm(ŋ)ku-/의 비율이 높다. 이는 이 지역어의 일부 기저형 /XVm(ŋ)k-∽XVm(n)ɨ(u)-/가 점차 /XVm(ŋ)ku-/로 변화되어 가고 있음을 반영하는 것으로 이해된다.

아래의 표는 /XVrk-∽XVrɨ-/ 용언의 화자별 실현 양상을 제시한 것이다

제보자 항목		M₁₁ 39세	F₈ 38세	M₁₃ 29세	M₁₄ 29세
방언형	의미				
밝/바르-	剝	parɨndá palgára	palgá palgɨ́go palgɨ́ʥi palgádzek'una	palk'ó, pakʧ'í palgára palgá palgɨ́myən pakʦ'á pak'ó parɨ́ps'o pařkk'ó palgɨ́myən palgɨ́ls'urok pařk'ét'a pak'ét'a	palgá parɨ̀gó palgáʥət'a
주묽/ 주무르-	按	ʦumurə́ra ʦumullə́ ʦumulgwə́ra ʦumulgó ʦumulgʷə́ ʦumulʤí	ʦumulgə́ra ʦumulgó ʦumulʤí ʦumulgə́	ʦumúrʉʥi ʦumúrə ʦumúlgo ʦumúlʤi ʦumùrə́du	ʦumurúgo ʦumullə́
게긁/ 게그르-	怠	keirɨ́da kɨrə́sə	keirɨ́da keɨllə́sə keɨlgɨ́da keɨlgə́sə	keirɨdá keirɨʤí keɨllə́sə	keirɨdá keɨllə́
(배)붉/ 부르-	飽	purudá, pɛ́burə pɛ́burumun	purudá pulgə́sə pulgə́ puruʤi pulgumún	pɛ́bulləsə pɛ́burumun pɛ́bullədu	pɛ́bulləsə pɛ́burumun

닭/ 마르-	裁	marigómaridzá malgíʤi malgídza malgímyən	marindá malgára	malgígo(使) malgyə́ra(使)	má:lda, má:nda má·lgo, má·lʤi
					malgìúda(使) malgìwát'a(使)
닑/ 니르-	讀, 謂	ilkʰó, ikʧ'í iŋnínda iŋnindá illínda, ilʦʰá	ilk'ó, ikʧ'í iŋnínda iŋnindá, ilgə́ra ikt'ə́ra, ik'ó	iŋnínda ilgə́ra	ilk'ó, ilgə́do ikʧ'í
			ikʰínda(使) ilkʰéra(使)	ilkʰínda(使) ilkʰyə́ra(使)	ikʰíʤi(使) ilkʰíʤi(使) ilkʰyə́ra(使)

[표 77] 단일화에 의한 기저형 공존과 변이 II (/XVrk-∽XVri-/ 용언)

이것을 화자별 기저형만 간추려 제시하면 아래와 같다.

제보자 항목	M$_{11}$ 39세		F$_8$ 38세		M$_{13}$ 29세		M$_{14}$ 29세	
	__VY	__CY	__VY	__CY	__VY	__CY	__VY	__CY
밝/바르-	밝-	바르-	발그-		밝-		밝-	바르-
주묽/주무르-	주물- 주물르- 주물구-	주물-	주묽-	주물-	주물-	주무르- 주물-	주물르-	주무르-
게긁/게그르-	게으르-		게을르- 게을그-	게으르- 게을그-	게을르-	게으르-	게을르-	게으르-
(배)붉/부르-	부르-		불그-	불그- 부루-	배붉-	배부루-	붉-	부르-
닭/마르-	—	마르- 말그-	닭-	마르-	—		말-	
닑/니르-	—	잃- 읽-	읽-		읽-		읽-	

[표 78] 단일화에 의한 기저형 공존 양상(/XVrk-∽XVri-/ 용언)

청년층의 경우에도 /XVrk-∽XVri-/의 단일화에 의한 변이가 관찰된다. 노년층 및 중년층의 경우에 비하여 기저형 /XVrki-/의 비율이 높다. 이는 이 지역어의 일부 기저형 /XVrk-∽XVri-/가 점차 /XVrki-/로 변화되어 가고 있음을 반영하는 것으로 해석된다.

아래의 표는 /XVri-∽XVt-/ 용언의 화자별 실현 양상을 제시한 것이다..

제보자 항목 방언형 / 의미	M₁₁ 39세	F₈ 38세	M₁₃ 29세	M₁₄ 29세
드르/ 들- (聽)	t'ɨk'ó tirə́ra tɨnnɨ́nda tɨllɨ́n	tɨnnɨ́nda tirə́ra tɨk'ú tit'ɛ́ɛnda tiʧ'í, tɨls'ó	tɨnnɨ́nda tirə́t'a	tɨlʧ'í tirə́bat'a tir̃ʧ'í tɨʧ'í tɨlk'í tir̃k'ó tir̃(~l)k'ó tɨ́ts'a, tɨk'í
	tɨllínda(被)	tɨk'ídɛnda(被) tɨk'índa(被)	tɨk'índa(被) tɨk'íugo(被)	tir̃k'índa(被)
시르/ 실- (載)	širə́ra, šílk'o šíllɨnda, širə́	širə́ra šilk'o šílʧ'i	šíllɨnda šílk'o	š(~s)irə́ra šík'o šílʧ'i širɨ́myən šílts'a šílk'o
	šilk'(~g)éʤə(被) šilk'éʤə(被)	šilk'yə́ʤə(被)	šilk'íwə(被)	šilk'yə́(被)
다르/ 닫- (走)	tará, talts'águ tallínda tanniŋgé taránago	taltsʰá, talʧʰi tallínda	tallínda, tar̃kʰó tarára, talʧ'í tarábodza, tálts'a	talkʰó taltʰə́ra talʧʰ(~ʧ')í tallínda
				talkʰíúnda(使) talkʰíwára(使)
겨르/ 결- (編)	ʧə́nninda, tsə́·nda tsərə́t'a, ʧərə́ra ʧə́k'o, tsə́ʧ'i	kyəŋnɨ́nda kyək'ə́t'a kyə́k'o	tsəmnɨ́nda	—
거르/ 걷- (步)	kə́nnɨnda kə́k'o kə́k'e kə́lk'i kə́lʧ'i kə́ls'o	kə́rə́ra kə́tk'o kərə́gadza kə́llinda kə́lʧ'i kə́ls'o kə́lt'əra kə́lk'et'a	kərə́gadza kə́lk'o, kə́lʧ'i kə́lts'a	kərə́ra, kə́k'o kə́rəgada kə́l(~r)ts'a kəlliŋgé kə́r(~l)k'iboda kərʧ'í
	kə́k'et'a(使)	kəlk'iúnda(使) kəlk'yə́ra(使)	kəlk'iúnda(使) kəlk'iwə́t'a(使)	kək'ída(使) kərk'yət'a(使)
무르/ 묻- (問)	murə́bora, múk'o murə́bogu	murə́bogu murə́boʤi mút'a	múk'o murə́bara murə́boʤi	murə́bara múk'o múʧ'i mút'a

〔표 79〕 단일화에 의한 기저형 공존과 변이III(/XVri-∾XVt-/ 용언)[87]

이것을 화자별 기저형만 간추려 제시하면 아래와 같다.

---

87) M₁₄(29세)의 k'ɛdarát'a (깨달았다), k'ɛdalʧ'i mótʰɛt'a (깨닫지 못했다), k'ɛdalk'í (깨닫기)가 추가적인 예이다.

제보자 항목	M₁₁ 39세		F₈ 38세		M₁₃ 29세		M₁₄ 29세	
	__VY	__CY	__VY	__CY	__VY	__CY	__VY	__CY
드르/든-	듫-	듫-듫	듫-	듫-듫	드르-	든-	듫-	듫-듫
시르/신-	싫-		싫-		—	싫-	싫-	신-싫-
다르/닫-	닳-	닳-닫	—	닳-	닳-, 닳-		닳-	
겨르/곌-	졀-	졏-	겨-		—	접-	—	
거르/걷-	—	건-겲-	겲-	건-겲-	겲-		겲-	건-겲-
무르/묻-	무르-	묻-	무르-	묻-	무르-	묻-	무르-	묻-

[표 80] 단일화에 의한 기저형 공존 양상(/XVri-∽XVt-/ 용언)[88]

청년층의 경우에도 /XVri-∽XVt-/의 단일화에 의한 변이가 관찰된다. 노년층 및 중년층의 경우에 비하여 기저형 /XVr?-/의 비율이 높다. 이는 이 지역어의 일부 기저형 /XVri-∽XVt-/이 점차 /XVr?-/로 변화되어 가고 있음을 반영하는 것으로 이해된다.

아래의 표는 /XVŋk∽XVmu/ 체언의 화자별 실현 양상을 제시한 것이다.

제보자 항목		M₁₁ 39세	F₈ 38세	M₁₄ 29세
방언형	의미			naŋgí, naŋgɨ naŋg(y)é na(ŋ)gɨbutʰə namú, namúga naŋgíboda namúboda
낭ㄱ/나무	木	naŋgí, naŋgɨ, namúdu naŋgée, naŋgídu naŋgíboda, naŋgɨbutʰə	naŋgí, naŋgɨ naŋgídu naŋgíma, naŋgɨbutʰə naŋgée(~íe)	
		pədɨllaŋgí, sollaŋgí naŋgiípʰi, namuípʰi naŋginípʰira, namuk'aríe namuk'ɨlgí, naŋgik'ɨlgí naŋgik'ɨlgɨ, naŋgik'ádʒi	pɛgyaŋnaŋgí, pədɨllaŋgí naŋgiípʰi, namugadʒí namuádʒi, namuk'ádʒie naŋgik'ádʒie	namuíp, naŋgiíp pədɨllaŋgí namuk'ɨrú namugɨlgərí

[표 81] 단일화에 의한 기저형 공존과 변이 I (/XVŋk∽XVmu/ 체언)

---

88) /XVri-∽XVt-/ 유형의 형태소 중 유독 '무르/묻-(問)'의 경우에만 /XVr?-/형으로의 재구조화가 일어나지 않고 있다. 그 이유는 '무르/묻-(問)'이라는 동사 어간이 대부분 '물어 보-'의 형태로 사용되기 때문인 듯하다. 실제로 이 어간의 모음 어미 앞 형태와 자음 어미 앞 형태를 얻기 위한 조사 과정에서 제보자들은 거의 다 '물어 봐라, 물어 보구 있다' 등 '물어 보-' 형태를 사용하였다.

이것을 화자별 기저형만 간추려 제시하면 아래와 같다.

항목 \ 제보자	M_{11}		F_8		M_{14}	
	39세		38세		29세	
	__VY	__CY	__VY	__CY	__VY	__CY
낭ㄱ/나무	낭기 낭그	낭기 낭그 나무	낭기, 낭그		낭기 낭그	낭기 낭그 나무

[표 82] 단일화에 의한 기저형 공존 양상(/XVŋk∽XVmu/ 체언)

청년층의 경우에도 /XVŋk∽XVmu/의 단일화에 의한 변이가 관찰된다. 노년층 및 중년층의 경우에 비하여 기저형 /XVŋki/나 /XVŋkɨ/의 비율이 높다. 이는 이 지역어의 일부 기저형 /XVŋk∽XVmu/가 점차 /XVŋki/나 /XVŋkɨ/로 변화되어 가고 있음을 반영하는 것으로 해석된다.

아래의 표는 /XVrk∽XVrɨ(u)/ 체언의 화자별 실현 양상을 제시한 것이다.

항목 \ 제보자		M_{11}	F_8	M_{14}
		39세	38세	29세
방언형	의미			
갉/가르	紛	kalgí, kalgɨ́ kalgíe, karúbutʰə kalgɨ́butʰə, kalgíboda	kalgɨ́, kalgú kalgí, kalgídu kalgɨ́butʰə, kalgyéda	karú, kalgí kalgɨ́, kalgíe kalgɨ́butʰə, karumán
		s'alk'algídu milk'algɨ́llu	ips'algalgɨ́ tsʰaips'algalgɨ́	s'alk'algí
슭/시르	甑	šilgí, šilgɨ́, šilgɨ́butʰə širíra, šilgíe širínɨn, šilgíma	šilgí, šilgé, šilgɨ́, širú šilgídu, šilgíe šilgíma, šilgɨ́butʰə	šilgí, širí šilgɨ́, šilgíman
		šilgit'aríra šilgip'ó, šilgit'í	širɨt'arí, širut'arí širup'ó, šilgiboí	šilgit'arí, širɨt'arí t'əkš'irí, širip'ó, širɨt'ál t'əkš'ilgí, t'əkš'ilgié
(농)맑/ (농)마르	(龍) 屋脊	malgí, malgíra malgídu, malgíman malgɨ́butʰə	malgí, malgíman malgíbutʰə malgée, malgírɨ	marú ryoŋmàrú ryoŋmarúrɨ ryoŋmàrúdo ryoŋmàrúga
		ʧimmalgíra ʧimmalgɨ́ ʧimmalgɨ́butʰə ʧimmalgíe		
붉/부루	萬	pulgí, pulgɨ́ pulgú, pulgíeda pulgúbutʰə pulgíman, pulgúdu	pulgí, pulgʉ́ pulgíman, pulgéː pulgúbutʰə pulgídu, pulgʉ́butʰə	pulgí, pulgɨ́ pulgéː pulgúbutʰə pulgíboda pulgimán
		pulguš'ɛ·mú	pulgiš'ɛmí	pulgúš'ɛŋʧʰɨ

				pulgiš'ɛŋʧʰí pulguš'ɛmú
몱/모루	鐵砧	mogíra, mogú molgé, mogé molgíra, molgídu mogíbutʰə molgíbutʰə mogíman molgíman, molgíri šwɛt'ɛmogú	—	mok, mogúl mogíra, mogé mokp'útʰə mogúbutʰə šwɛmók šɛt'ɛmók

[표 83] 단일화에 의한 기저형 공존과 변이Ⅱ(/XVrk∽XVri(u)/ 체언)[89]

이것을 화자별 기저형만 간추려 제시하면 아래와 같다.

항목 \ 제보자	M_{11} (39세)		F_8 (38세)		M_{14} (29세)	
	__VY	__CY	__VY	__CY	__VY	__CY
갊/가르	갈기 갈그	가루 갈기	갈그, 갈기		갈기 갈그	갈그 가루
샑/시르	실기 실그	시리 실기 실그	섦 실기 실그	실기 실그 시루	섦	실기 시리
맑/마르	말기, 말그		말기		마루	
붉/부루	불기, 불그		불기, 불구		불기, 불그	
몱/모루	몱	몰그 몰기	—		목	목 모구

[표 84] 단일화에 의한 기저형 공존 양상(/XVrk∽XVri(u)/ 체언)

청년층의 경우에도 /XVrk∽XVri(u)/의 단일화에 의한 변이가 관찰된
다. 노년층 및 중년층의 경우에 비하여 기저형 /XVrki/나 /XVrkɨ/의 비
율이 높다. 이는 이 지역어의 일부 기저형 /XVrk∽XVri(u)/가 점차
/XVrki/나 /XVrkɨ/로 변화되어 가고 있음을 반영하는 것으로 이해된다.

---

89) '붉/부루'의 곡용형 중 'pulgé : '는 '붉-에'가 아닌 '불기-에(처격 조사)'로 분석된
다. 이 지역어에서는 i 말음 체언과 처격 조사 '-에'가 결합할 때 활음화와 보상적
장음화 및 y 탈락이 수의적으로 일어나기 때문이다(불기-에→불계(ː)→불게(ː)).

아래의 표는 /XVk'∽XVsɨ(u)/ 체언의 화자별 실현 양상을 제시한 것
이다.

| 제보자 | | M11 | F8 | M14 |
| | | 39세 | 38세 | 29세 |
방언형	의미			
묶/무수	菁	muk'í, muk'ú, muk'úbutʰə muk'íe, muk'ídu muk'údu, muk'íman	muk'í, muk'ú muk'íe, muk'ié muk'ídu, muk'íbutʰə muk'úbutʰə muk'íboda, muk'íman	muk'í, muk'ú muk'ído, muk'é muk'uňíp
		muk'unípʰi muk'ušɛŋgíri	muk'iípʰi, muk'uípʰira muk'ušɛŋgí muk'umalliugέ	muk'usɛŋʧʰíri muk'ugimʧʰíri
뉵/뉴수	撓	yuk'í, yuk'ú yuk'úbutʰə yuk'ídu, yuk'íe yuk'úman, yuk'íman yuk'ínɨn, yuk'íbutʰə	yuk'í, yuk'ú yuk'ídu, yuk'íman yuk'í(~ý)e, yuk'úbutʰə	yuk'í, yuk'ú yuk'údo, yuk'íe yuk'íman, yuk'úbutʰə
		yuk'upʰán	yuk'ipʰáňi	yuk'uʧʰígi yuk'upʰán, yuk'uári
역/여스	狐	yək'í, yək'írɨ yək'ítʰərɨm yək'igé, yək'ídu yək'iⁿantʰésə yək'ímã, yək'íro yək'íbutʰə, yək'íboda	yək'í, yək'ɨ yək'i(~y)é yək'ídu, yək'íman yək'ɨbutʰə	yək'í, yək'írɨl yək'ído, yək'íe
		yək'is(š)ɛk'í, yək'igúri	yək'išɛk'í, yək'igúri yək'isɛk'irá	yək'isɛk'í, yək'igúl
슉/슈수	高粱	suk'í, suk'ú suk'íman suk'íe, suk'úman suk'údu, suk'ídu suk'íbutʰə, suk'úbutʰə	suk'í, suk'ú suk'ídu, suk'údu suk'imaːnɦadá	suk'í, suk'ído suk'ísa
		ʦʰalsuk'í, mesuk'í sut'áiragodo suk'uiságirago mesuk'ígu, suk'udέe	ʦʰalsuk'í	ʦʰalsusú mesusú, suk'iál
옥슉/ 옥슈슈	玉高粱	oks'uk'í, oks'uk'ú	oks'uk'í oks'uk'ú oks'uk'úman oks'uk'úga	oks'uk'í, oks'uk'é oks'uk'ú, oks'úk'u
		oks'uʦ'áŋ oks'ut'έrɨ ʦʰaroks'uk'ígu	ʦʰaroks'uk'í meoks'uk'í	oks'uál

[표 85] 단일화에 의한 기저형 공존과 변이Ⅲ(/XVk'∽XVsɨ(u)/ 체언)

이것을 화자별 기저형만 간추려 제시하면 아래와 같다.

제보자	M₁₁		F₈		M₁₄	
	39세		38세		29세	
항목	__VY	__CY	__VY	__CY	__VY	__CY
묶/무수	무끼, 무꾸		무끼, 무꾸		묵	무끼
뉵/뉴수	유끼, 유꾸		유끼, 유꾸		유끼, 유꾸	
엮/여스	여끼		여끼, 여끄		여끼	
슊/슈슈	수끼, 수꾸		수끼, 수꾸		수끼	
옥슊/옥슈슈	옥슊	—	옥수끼, 옥수꾸		옥슊	—

[표 86] 단일화에 의한 기저형 공존 양상(/XVk'∽XVsɨ(u)/ 체언)

청년층의 경우에도 /XVk'∽XVsɨ(u)/의 단일화에 의한 변이가 관찰된다. 노년층 및 중년층의 경우에 비하여 기저형 /XVk'ɨ/나 /XVk'ɨ/의 비율이 높다. 이는 이 지역어의 일부 기저형 /XVk'∽XVsɨ(u)/가 점차 /XVk'ɨ/나 /XVk'ɨ/로 변화되어 가고 있음을 반영하는 것으로 해석된다.

4.2.2.1.3. 이상에서 살펴본 단일화에 의한 변이 양상을 도식화하면 대략 다음과 같다. 아래는 변화의 진행 과정이 드러나도록 각 변이형의 출현 비율을 세대별로 보인 것이다.[90]

우선 용언의 경우를 살펴보기로 한다.

시기	노년층	중년층	청년층
변이형	XVm(ŋ)ku-	XVm-	XVm-
		XVm(n)ɨ(u)-	XVm(ŋ)ku-
	XVm(ŋ)k-∽XVm(n)ɨ(u)-	XVm(ŋ)ku-	

[표 87] /XVm(ŋ)k-/∽/XVm(n)ɨ(u)-/의 현장 시간상의 변화 양상

---

90) 단, 단일화에 의한 변화가 동일한 조건 환경을 갖춘 모든 형태소에서 관찰되는 것은 아님을 유의할 필요가 있다. 아래의 도식 또한 /XVm(ŋ)k-∽XVm(n)ɨ(u)-/, /XVrk-∽XVrɨ-/, /XVrɨ-∽XVt-/, /XVŋk∽XVmu/, /XVrk∽XVrɨ(u)/, /XVk'∽XVsɨ(u)/ 유형의 형태소들 중 변화가 관찰되는 것들에 한하여, 각 변이형의 유형 빈도를 제시한 것이다.

노년층, 중년층 및 청년층의 변이 양상을 비교함으로써 우리는 일부 기저형 /XVm(ŋ)k-/∽/XVm(n)ɨ(u)-/가 점차 /XVm(ŋ)ku-/로 변화되어 가는 과정을 확인할 수 있다. 즉, 단일화에 의한 기저형의 변화가 현장 시간상에서 점진적으로 진행되고 있음을 알게 된다.

시기	노년층		중년층	청년층
변이형	XVrkɨ-		XVrkɨ-	XVrkɨ-
	XVrk-		XVrk-	
	XVrr-∽XVrɨ-		XVrr-∽XVrɨ-	XVrk-
	XVrk-∽XVrɨ-		XVrk-∽XVrɨ-	XVrr-∽XVrɨ-

[표 88] /XVrk-/∽/XVrɨ-/의 현장 시간상의 변화 양상

노년층, 중년층 및 청년층의 변이 양상을 비교함으로써 우리는 일부 기저형 /XVrk-∽XVrɨ-/가 점차 /XVrkɨ-/로 변화되어 가는 과정을 확인할 수 있다. 즉, 단일화에 의한 기저형의 변화가 현장 시간상에서 점진적으로 진행되고 있음을 보게 된다.

시기	노년층	중년층	청년층
변이형	XVrʔ-	XVrʔ-	XVrʔ-
	XVrɨ-∽XVt-	XVrɨ-∽XVt-	XVrɨ-∽XVt-

[표 89] /XVrɨ-/∽/XVt-/의 현장 시간상의 변화 양상

노년층, 중년층 및 청년층의 변이 양상을 비교함으로써 우리는 일부 기저형 /XVrɨ-∽XVt-/이 점차 /XVrʔ-/로 변화되어 가는 과정을 확인할 수 있다. 단일화에 의한 기저형의 변화가 현장 시간상에서 점진적으로 진행되고 있는 것이다.

한편, 체언의 경우는 아래와 같다.

시기	노년층	중년층	청년층
변이형	XVŋki	XVŋki	XVŋki
	XVŋki	XVŋki	
	XVŋk		XVŋki
		XVŋk	XVŋk
	XVŋk∽XVmu	XVŋk∽XVmu	XVŋk∽XVmu

[표 90] /XVŋk/∽/XVmu/의 현장 시간상의 변화 양상

노년층, 중년층 및 청년층의 변이 양상을 비교함으로써 우리는 일부 기저형 /XVŋk∽XVmu/가 점차 /XVŋki/나 /XVŋki/로 변화되어 가는 과정을 확인할 수 있다. 단일화에 의한 기저형의 변화가 현장 시간상에서 점진적으로 진행되고 있으며, 이 같은 단일화의 방향 및 그로 인한 음운 변화의 방향은 개별 어휘마다 달라질 수 있음을 알게 된다.

시기	노년층	중년층	청년층
변이형	XVrki	XVrki	XVrki
	XVrki(u)	XVrki(u)	
	XVrk		XVrki(u)
	XVri(u)	XVrk	XVrk

[표 91] /XVrk/∽/XVri(u)/의 현장 시간상의 변화 양상

노년층, 중년층 및 청년층의 변이 양상을 비교함으로써 우리는 일부 기저형 /XVrk∽XVri(u)/가 점차 /XVrki/나 /XVrki/로 변화되어 가는 과정을 확인할 수 있다. 단일화에 의한 기저형의 변화가 현장 시간상에서 점진적으로 진행되고 있으며, 이 같은 단일화의 방향 및 그로 인한 음

운 변화의 방향은 개별 어휘마다 달라질 수 있음을 보게 된다.

시기	노년층	중년층	청년층
변이형	XVk'i	XVk'i	XVk'i
	XVk'i̯(u)	XVk'i̯(u)	
	XVk'		XVk'i̯(u)
	XVsi̯(u)	XVk'	XVk'

[표 92] /XVk'/∽/XVsi̯(u)/의 현장 시간상의 변화 양상

노년층, 중년층 및 청년층의 변이 양상을 비교함으로써 우리는 일부 기저형 /XVk'∽XVsi̯(u)/가 점차 /XVk'i/나 /XVk'i̯/로 변화되어 가는 과정을 확인할 수 있다. 단일화에 의한 기저형의 변화가 현장 시간상에서 점진적으로 진행되고 있음을 알 수 있을 뿐 아니라, 이 같은 단일화의 방향 및 그로 인한 음운 변화의 방향은 개별 어휘마다 달라질 수 있다는 점도 알게 된다.

4.2.2.2. 실재 시간상의 변화

세대별 변이의 양상을 비교함으로써 현장 시간상의 변화를 살펴보았다. 그렇다면 실재 시간상의 변화는 어떠한지 확인해 보기로 한다.

현재 단일화에 의한 변화를 보이는 어휘들은 20세기 초의 카잔 자료에 다음과 같은 형태로 나타난다. 확인 가능한 항목들만 제시하면 아래와 같다.

출전 항목	綴字教科書	출전 항목	露韓小辭典
쉼/시므-(植)	šɨymgəšə šɨymununya	쉼/시므-	šim-gunɨn šimgúgi šimugí šim-gunɨn
둚/두르-(圍)	turgə šešə turgə meešə turgə megu turgə andza turugu	둚/두르-	turgúgi(使)
딞/디르-(刺)	tirginda(被)	밝/바르-(剝)	parigí
넑/너르-(廣)	nərɨnya, nərɨngə	주묾/주무르-(按)	ʦumurugí
닑/니르-(讀, 謂)	nirgə ʦuma nirgɔra, nirgə dɑgu nirgə, ni-rɨ-gi ni-rɨ-ɣɛt-ta ni-rɨ-myəŋ, nirɨu nirɨma, nirɨdy anyešə nirɨninde, nirɨrʦur nirɨgirɨ, nirɨgira	닑/니르-	nirgígi(使) nirɨgí cf. 露韓會話 nirgə́ra
드르/듣-(聽)	tɨrɨrk'ənɨn, tɨrɨragu tɨrɨmun, tɨrəšə tɨrɨrira, tɨrɨni tɨrət'a, tɨk-ki tɨs-so, tɨk-kil-lɛ tɨk'u, tɨk'yešə(被) tɨk'inɨn(被), tɨk'i ɣɛšə(被) tɨk'ye(被), tɨyk'ye(被) tɨk'igi(被), tɨt'y anyešə tɨt'i, tɨnnɨndagu tɨt'y aninɨn, tɨk'idy aninda(被) tɨt'y anikʰu, tɨk'inɨnkʰənyənɨ	드르/듣-	kodi-tɨk'i ʧ'əŋ mallɨ tɨk'í ará tɨk'í tɨk'í tɨk'ío(被) tɨk'ígi(被)
다르/닫-(走)	ta-rɨ-myəŋ, tarara, tara ɣašə tara tɨrəšə, tara nagira tara tɛngyera, tara wašə tara našə, tasso, tak'ira	다르/닫-	tará tɛŋgígi
거르/걷-(步)	kək-ki cf. 露韓會話 kərə́, kərəra kərɨmu(걸음-을)	시르/싣-(載)	širə kagí širəda ʦugí šík'u kagí šik'ú nɛryə kagí
무르/묻-(問)	murə pogirɨ, murə bašə murə poo, murə pomun murə poryarɨ, murə poɣɛt'a muk'ira	무르/묻-	murə pogí
쥬/즈르-(투)	ʦirgə		

[표 93] 단일화에 의한 변화와 관련된 어간 활용 양상(용언)

항목＼출전	綴字教科書	항목＼출전	露韓會話	항목＼출전	露韓小辭典
낭ㄱ/ 나무(木)	pɛ nɛŋgi, naŋgi, naŋge pɛ naŋgi ʦʰam naŋge naŋgešə naŋgiri naŋgeda naŋgi puriri naŋgilliša naŋgillɛ naŋgini namu kaʤe namu pat namu patʰe namu patʰiri namu patʰeraŋ namu hara namudəri namu aʤɛgiri namu ʦ'age namu ʦ'aɣiri namu patʰešə namu pakʰʉyri namu kaʤilli namu mitʰeni namu mudegi ʦʰam namu kyətʰe	낭ㄱ/ 나무	nɛŋgí naŋgɨ namú-gwa namú patʰí namú patʰɨ	낭ㄱ/ 나무	ʦʰám-pɛ nɛŋgí nɛŋgí, naŋgé t'ɛɛr namú, -nɛŋgí ʦʰám-namú, -nɛŋgí naŋgilli paktál laŋgé k'ɛɛm naŋgilli niŋum namú, -nɛŋgí sasɨ-namú, -nɛŋgí šidɛ namú, -nɛŋgí pʰi-namú, -nɛŋgí sol lamú, -lɛŋgí
엮/여스 (狐)	yek'i, yək'i yək'i sɛk'iri yək'inin yəsɨ gwa yəsɨ sadɨyriraŋ yəsɨ ərgurye	엮/여스	cf.單語와 表現 yek'-í, yək'-ɨ yək'-á, yək'-illɨ yək'-inin, yəsɨ yəsɨ-gé yəsɨ-géšə yəsɨ-dər-i yek'i-dər-i	엮/여스	yek'í, yəsɨ
앆/아스 (弟)	ak-ki, ɛk-ki	앆/아스	ɛk'í cf.單語와 表現 ɛk'-í, ak'-ɨ ak'-á, ak'-illɨ ak'-inin, asɨ asɨ-gé, asɨ-géšə	앆/아스	ak'inin, ɛk'í ɛk'iranɨn, asɨ
쟒/쟈르 (袋)	ʧargɨ	뮦/무수 (菁)	muk'í	뮦/무수	pom musú, -muk'í muk'í, pom musú, musú
챢/챠스 (桎)	ʧʰak'iri, ʧʰak'e	갋/가르 (粉)	kargɨ́	쟒/쟈르	ʧargí, ʧaridəri
				쟒/ 자르(柄)	ʧargí
				궁ㄱ/ 구무(穴)	su-k'uŋgí su-k'umúdə(ri)

[표 94] 단일화에 의한 변화와 관련된 어간 활용 양상(체언)

항목 \ 출전	綴字敎科書 _V	綴字敎科書 _C	항목 \ 출전	露韓小辭典 _V	露韓小辭典 _C
쉬/시므-	쉼ㄱ-	싀무-	쉬/시므-	(쉼-)	시무- 심구-
둚/두르-	둚-	두루	둚/두르-	둚-	
딁/디르-	딁-		밝/바르-		바르-
넑/너르-		너르-	주묽/주무르-		주무루-
닑/니르-	닑-	니르-	닑/니르-	닑- cf.露韓會話 닑-	니르-
드르/들-	드르-	들-	드르/들-		들-
다르/닫-	다르-	닫-	다르/닫-	다르-	
거르/걷-	cf.露韓會話 거르-	걷-	시르/싣-	시르-	싣-
부르/붇-	부르-	붇-	부르/붇-	부르-	
즑/즈르-	즑-				

[표 95] 단일화에 의한 변화와 관련된 어간 기저형(용언)

항목 \ 출전	綴字敎科書 _V	綴字敎科書 _C	항목 \ 출전	露韓會話 _V	露韓會話 _C	항목 \ 출전	露韓小辭典 _V	露韓小辭典 _C
낭ㄱ/나무	낭ㄱ	나무	낭ㄱ/나무	낭ㄱ	나무	낭ㄱ/나무	낭ㄱ	나무
엵/여스	엵	여스	엵/여스	cf.單語와 表現 엵	cf.單語와 表現 여스	엵/여스	엵	여스
앆/아스	앆		앆/아스	앆 cf.單語와 表現 앆	cf.單語와 表現 아스	앆/아스	앆	아스
쟒/쟈르	쟒		묽/무수	묽		묽/무수	묽	무수
챠/챠스	챠		갌/가르	갌		쟒/쟈르	쟒	쟈르
						쟒/자르	쟒	
						궁ㄱ/구무	궁ㄱ	구무

[표 96] 단일화에 의한 변화와 관련된 어간 기저형(체언)

충분한 활용형 및 곡용형을 확인할 수 없다는 자료상의 한계가 있기는 하나, 적어도 이 자료상으로는 단일화에 의한 변이가 거의 관찰되지 않는다. 즉, 동일한 조건 환경에서 둘 이상의 기저형이 선택적으로 출현하는 경우가 거의 나타나지 않는 것이다. 다만 /쉼-∽시므-/의 경우 ≪試

篇 露韓小辭典》에 '심구는, 심구기, 심구는'과 '시무기'가 공존한다. 이는 단일화에 의한 기저형 지배 변이를 보여 주는 예로 해석된다.[91]

　한편, 현재 단일화에 의한 변화를 보이는 어휘들은 宣德五・趙習・金淳培(1990)에 다음과 같은 형태로 나타난다. 확인 가능한 항목들만 제시하면 아래와 같다.

항목 ＼ 출전	朝鮮語方言調査報告
싥/시므-(植)	simgunda
게긂/게그르-(怠)	kegirida
닑/니르-(讀, 謂)	nilgəra
드르/듣-(聽)	tirət'a
시르/싣-(載)	sirəra
다르/닫-(走)	tarara
거르/걷-(步)	kərəra
낭ㄱ/나무(木)	naŋgi, sollaŋgi pədillaŋgi, p'oŋnaŋgi nirimnaŋgi, wenamudari
갊/가르(粉)	kalgi
쟒/쟈르(袋)	ʧalgi
잒/자르(柄)	ʧalgi
싥/시르(甑)	silgi, sirit'ək
묶/무수(菁)	muk'i
옄/여스(狐)	yək'i
슊/슈슈(高粱)	s'uk'i, paps'uk'i
옥슊/옥슈슈(玉高粱)	oks'uk'i

[표 97] 단일화에 의한 변화와 관련된 어간 활용 양상[92]

항목 ＼ 출전	朝鮮語方言調査報告	
	_V	_C
싥/시므-		심구-
게긂/게그르-		게그르-
닑/니르-	닑-	

---

91) '심구-'를 '싥-우(사동 접미사)-'로 해석할 여지도 있으나, '심구-'와 '시무-'가 그 사용되는 문맥상 뚜렷하게 구별되지 않는다.

92) 《朝鮮語方言調査報告》의 자료는 자음 어미 앞의 이형태 및 기저형을 확인할 수 없어 논의에 제약이 따른다.

드르/들-	드르-	
시르/실-	시르-	
다르/닫-	다르-	
거르/걸-	거르-	
낭ㄱ/나무	낭ㄱ	나무
갉/가르	갉	
쟒/쟈르(袋)	쟒(짥)	
쟒/자르(柄)	쟒(짥)	
싥/시르	싥	시르
묶/무수	묶	
엮/여스	엮	
슦/슈슈	쑦	
옥슦/옥슈슈	옥슦	

[표 98] 단일화에 의한 변화와 관련된 어간 기저형

역시 자료상의 한계로 인하여 정확한 양상을 확인하기는 어려우나, 적어도 이 자료상으로는 재해석에 의한 변이가 거의 관찰되지 않는다. 즉, 동일한 조건 환경에서 둘 이상의 기저형이 선택적으로 출현하는 경우가 거의 나타나지 않는 것이다. 어간 기저형은 대체로 카잔 자료의 그것과 일치한다. 다만, 기존의 /싦-∽시므-/에 대하여 '심군다'라는 활용형이 출현한다는 점이 특기할 만하다. /심구-/는 이미 카잔 자료에서도 등장했던 것으로, 단일화에 의한 기저형 지배 변이를 보여 주는 예로 해석된다.

4.2.2.3. 변화의 확산 과정과 방향

본고에서 다룬 단일화에 의한 음운 변화의 예는 용언의 경우 크게 다음의 세 가지 유형으로 분류된다.

유형 1: /XVm(ŋ)k-∽XVm(n)i(u)-/ > /XVŋku-/

유형 2: /XVrk-∽XVri-/ > /XVrki-/

유형 3: /XVri-∽XVt-/ > /XVrʔ-/

 앞에서 살펴본 현장 시간상의 변화 양상과 실재 시간상의 변화 양상에 근거하여, 단일화에 의한 통시적 변화 양상을 도식화하면 다음과 같다. 아래는 변화의 진행 과정이 드러나도록 각 변이형의 출현 비율을 시기별로 보인 것이다.

시기	20세기 초	21세기 초		
	카잔 자료	노년층	중년층	청년층
변이형	XVm(ŋ)k- ∾XVm(n)i(u)-	XVm(ŋ)ku- XVm(ŋ)k- ∾XVm(n)i(u)-	XVm- XVm(n)i(u)- XVm(ŋ)ku-	XVm- XVm(ŋ)ku-

[표 99] /XVm(ŋ)k-/∾/XVm(n)i(u)-/의 통시적 변화 양상

시기	20세기 초	21세기 초		
	카잔 자료	노년층	중년층	청년층
변이형	XVrk-∾XVri-	XVrki- XVrk- XVrr-∾XVri- XVrk-∾XVri-	XVrki- XVrk- XVrr-∾XVri- XVrk-∾XVri-	XVrki- XVrk- XVrr-∾XVri-

[표 100] /XVrk-/∾/XVri-/의 통시적 변화 양상

시기	20세기 초	21세기 초		
	카잔 자료	노년층	중년층	청년층
변이형	XVri-∾XVt-	XVr?- XVri-∾XVt-	XVr?- XVri-∾XVt-	XVr?- XVri-∾XVt-

[표 101] /XVri-/∾/XVt-/의 통시적 변화 양상

체언의 경우에는 다음과 같은 세 가지 변화 유형이 관찰된다.

유형 1: /XVŋk∽XVmu/ > /XVŋki/, /XVŋkɨ/
유형 2: /XVrk∽XVrɨ(u)/ > /XVrki/, /XVrkɨ(u)/
유형 3: /XVk'∽XVsɨ(u)/ > /XVk'i/, /XVk'ɨ(u)/

앞에서 살펴본 현장 시간상의 변화 양상과 실재 시간상의 변화 양상에 근거하여, 단일화에 의한 통시적 변화 양상을 도식화하면 다음과 같다. 아래는 변화의 진행 과정이 드러나도록 각 변이형의 출현 비율을 시기별로 보인 것이다.

시기	20세기 초	21세기 초		
	카잔 자료	노년층	중년층	청년층
변이형	XVŋk∽XVmu	XVŋki	XVŋki	XVŋki
		XVŋkɨ	XVŋki	
		XVŋk		XVŋkɨ
			XVŋk	XVŋk
		XVŋk∽XVmu	XVŋk∽XVmu	XVŋk∽XVmu

[표 102] /XVŋk/∽/XVmu/의 통시적 변화 양상

시기	20세기 초	21세기 초		
	카잔 자료	노년층	중년층	청년층
변이형	XVrk∽XVrɨ(u)	XVrki	XVrki	XVrki
		XVrkɨ(u)	XVrkɨ(u)	
		XVrk		XVrkɨ(u)
		XVrɨ(u)	XVrk	XVrk

[표 103] /XVrk/∽/XVrɨ(u)/의 통시적 변화 양상

시기	20세기 초	21세기 초		
	카잔 자료	노년층	중년층	청년층
변이형	XVk'∽XVsi(u)	XVk'i	XVk'i	XVk'i
		XVk'i(u)	XVk'i(u)	
		XVk'		XVk'i(u)
		XVsi(u)	XVk'	XVk'

[표 104] /XVk'/∽/XVsi(u)/의 통시적 변화 양상[93]

이상에서 논의한 바를 통해 단일화에 의한 기저형의 변화가 실재 시간상으로도 점진적으로 진행되어 왔음을 확인할 수 있다. 또, 동일한 조건의 어휘에 있어서도 단일화의 방향은 다양할 수 있음을 알게 된다.

궁극적으로 이 같은 단일화의 목적은 기저 이형태를 최소화함으로써 발화 해석 과정을 최적화하고 어휘부를 간소화하는 데 있음을 언급한 바 있다. 뿐만 아니라, 기저 이형태의 최소화는 결과적으로 발화 산출 과정을 최적화하는 효과도 지닌다고 할 수 있다. 그런데 여기서 특히 주목할 점은, 현재 이 지역어의 경우 단형의 복수 기저형이 단일화하는 과정에서 둘 이상의 쌍형 기저형이 형성되고 있다는 점이다. 쌍형 기저형의 단형화와 복수 기저형의 단일화 모두 어휘부의 경제성을 제고한다는 점에서는 공통적이다. 그러나 그 둘 중에서는 복수 기저형의 단일화가 쌍형 기저형의 단형화보다 우선시된다는 사실을 이 지역어의 자료가 보여 주고 있는 것이다. 복수 기저형의 단일화를 위해서라면 어휘부 내에 쌍형 기저형이 형성되는 것도 얼마든지 감수될 수 있음을 이 지역어의 기저형 지배 변이를 통해 확인할 수 있다. 이는 화자들이 형

---

93) ≪朝鮮語方言調査報告≫의 자료는 자음 어미 앞의 이형태 및 기저형을 확인할 수 없으므로 논외로 한다.

태소의 기저 이형태를 최소화하려는 '기저 이형태 최소화 제약'의 지배를 강하게 받고 있음을 입증하는 것이기도 하다.

그렇다면 이러한 음운 변화는 구체적으로 어떠한 과정을 거쳐 확산되는지에 대해 좀더 살펴보기로 하자.

변화의 확산 과정을 기저형 선택 양상의 차원에서 기술하자면, 쌍형 기저형을 구성하는 특정 기저형의 선택이 점진적으로 필수화하는 과정을 거쳐 기저형 지배 변화가 이루어진다고 할 수 있다. 신형과 구형으로 이루어진 쌍형 기저형 중에서 보다 후기에 도입된 기저형, 즉 신형의 선택 비율이 점차 높아짐에 따라 단형 기저형으로 변화되는 것이 일반적이다. 그러한 변화의 중간 과정에서 공시적인 기저형 지배 변이가 출현한다.

한편, 단일화에 의한 음운 변화 또한 어휘에 따라 점진적으로 확산되는 양상을 보인다. 그러나 이러한 비음운론적 기제에 의한 변화는 음운 과정에 의한 변화와는 달리 다분히 산발적으로 일어나는 경향이 있다. 따라서 어떠한 세부 조건을 지닌 어휘에서부터 단일화가 먼저 일어나 점차 그 대상을 확대해 나가는지에 대해서는 명확한 기준을 찾기 어렵다. 여기에는 해당 어휘의 형태론적 조건, 어휘 사용의 빈도 등이 관여할 것으로 생각된다.

4.2.3. 차용 및 유추에 의한 변화

통시적 음운 변화 기제로서의 차용 및 유추란, 표준어를 포함한 타 방언의 어형들을 차용함으로써 이들의 음운론적 특성에 유추하여 이전 시기의 고유한 방언형을 새로운 어형으로 대체하는 것을 말한다.[94] 이 장에서는 중년층, 청년층의 차용 및 유추에 의한 변이를 노년층의 그것과 비교함으로써 현장 시간상의 변화를 확인하고, 과거의 문헌 자료 및 방언 조사 자료를 검토함으로써 실재 시간상의 변화도 아울러 확인하기로 한다.

4.2.3.1. 현장 시간상의 변화

4.2.3.1.1. 이 지역 중년층 화자들의 발화에서 차용 및 유추에 의한 변이는 다음과 같이 실현된다.

아래의 표는 변항 (tɕɨ)의 화자별 음성 실현 양상을 제시한 것이다.

항목 \ 제보자		M7 59세	F4 56세	M8 55세	F5 54세	M9 48세	M10 45세	F6 45세
방언형	의미							
줓-	吠	tʃínnɨnda tʃisə́ra	tʃínnɨnda tʃisə́ra	tʃínnɨnda tʃisə́tʼa tʃisə́sə	tsə́nnɨnda tsədzə́sə tsəsə́sə tsəsə́ra tsɨ́nnɨn	tʃisə́ra tʃinnɨnda tʃə́nnɨŋguna tʃəə́ra	tʃínna tʃidzɨ́mu	tʃisə́ra tsə́nnɨnda
쫓-	裂	tsʼɨ́dzədʑinda tʃʼidzɨmún	tsʼɨ́dzədʑin da tsʼɨ́dzəgugè sʼo	tsʼɨ́nnɨnda tsʼinnɨndá tsʼɨ́dzəra tsʼɨ́dzɨmyən tʃʼinnɨndá tsʼɨ́nna	tsʼɨ́nnɨnda tsʼɨ́dzəra tsʼɨ́dzətʼa tsʼɨ́dzɨmu	tsʼɨ́tʼa tsʼɨ́dzəra tsʼɨ́dzɨmun	tsʼinnɨndá tsʼɨ́dzɨmu tʃʼidzə́dʑetʼa	tʃʼínnɨnda tsʼɨ́nnɨnda tsʼɨ́dzəra tsʼɨ́dzɨmun
부즈런 하-	勤	pudʑirəna dá	pudzirənʱa dá	pudʑirənàdá pudʑirənɛ́ɛsə pudzirənɛ́ɛsə pudzirənɛ́·ya	pudʑirənadá	pudʑirənán de	pudʑirənadá	pudʑirənadá

---

94) 여기서는 타 언어의 차용에 의한 음운 변화는 다루지 않는다. 조사 지역인 회룡봉촌은 중국에서도 오지에 속하는 까닭에 중국어를 비롯한 외국어의 영향으로 음운론적 변화가 초래될 가능성이 거의 없다. 차용이 일어나더라도 일부 어휘적 차용에 국한된다.

		M7	F4	M8	F5	M9	M10	F6
줏뗑-	搗	—	—	tɕitʃʼígu tɕitʃʼə́ra tʃitʃʼínninda tʃitʃʼə́ra	tsit'ínninda	—	tɕitʃʼínda tɕitʃʼígo tɕitʃʼéra	tʃitʃʼi(~ɨ)nnínda tʃitʃʼə́ra
즐-	湭	—	tsɨldá tsɨrə́sə	tsɨldá tsɨrə́sə	tsɨrə́sə tsɨɨpt'e	tsɨlgúna	tsɨrə́sə	tsɨldá
어즈럽-	亂	ə́dʑirəpt'a	ə́dʑirəpt'a	ə́dʑirəpt'a ə́dʑirəbə ə́dʑirəunde	ə́dzirəpt'a ə́dzirəpʰyə	ə́dʑirəwədʑet'a	ə́dʑirəpt'a	ə́dʑirəpt'a ədʑírəps'o
거츨-	荒	k'ətʃʰída k'ətʃʰírəsə	kətsʰɨlge kətsʰɨge	kətʃʰɨlge	—	—	—	kətʃʰɨlge

[표 105] 변항 (ʦɨ)의 화자별 음성 실현 양상(용언)

제보자 항목		M7 59세	F4 56세	M8 55세	F5 54세	M9 48세	M10 45세	F6 45세
방언형 / 아츰	의미 / 朝	atʃʰimé atsʰimé	atʃʰim atsʰimɛ́ atsʰimé	atʃʰim atsʰimé	atʃʰim atsʰim atsʰɨ́m	—	atʃʰimɛ́	atʃʰimé atsʰimɛ́du onatʃʰíme
며츨	幾日	metsʰɨ́lšʼik metʃʰilgán	metsʰɨ́l metsʰɨ́l	metsʰɨ́l metsʰɨ́ri metsʰɨ́ri metsʰils'ɛ metsʰɨ́lšʼik	metsʰɨ́l	myətsʰɨ́l	metsʰɨ́lšʼik	metsʰɨ́(~tʃʰi)l metsʰɨlšʼík
기츰	咳	—	kitsʰɨ́m	kitsʰɨ́m	kitsʰɨ́m	kitsʰɨ́m	kitʃʰɨ́m	kitʃʰɨ́m
즘승	獸	tʃimsɨ́ŋ	tʃimsɨ́ŋ tsimsɨ́ŋ	tsimsɨ́dʑi tsimsɨe tʃimsɨ́i	tsimsɨ́ŋga tsimsiŋdɨ́ri	tsimsɨ́ida tsimsɨ́i tʃimsɨ́ŋ tʃimsɨ́i	tsimsɨ́inin tsimsɨ́i tsimsɨ́ira tsimsɨ́ŋ tʃimsiŋdzɛbí	tʃimsɨ́ŋ tsimsɨ́ŋ tsimsɨ́i

[표 106] 변항 (ʦɨ)의 화자별 음성 실현 양상(체언)

이것을 화자별 기저형만 간추려 제시하면 아래와 같다.

제보자 항목	M7 59세	F4 56세	M8 55세	F5 54세	M9 48세	M10 45세	F6 45세
줏-	tʃi	tʃi	tʃi	tsə, tsɨ	tʃi, tʃə	tʃi	tʃi, tsə
쫏-	tsɨ, tʃi	tsɨ	tsɨ, tʃi	tsɨ	tsɨ	tsɨ, tʃi	tʃi, tsɨ
부즈런하-	tʃi	tsɨ	tʃi, tsɨ	tʃi	tʃi	tʃi	tʃi
줏뗑-	—	—	tsɨ, tʃi	tsɨ	—	tsɨ	tʃi
즐-	—	tsɨ	tsɨ	tsɨ	tsɨ	tsɨ	tsɨ
어즈럽-	tʃi	tʃi	tʃi	tsɨ	tʃi	tʃi	tʃi
거츨-	tʃi	tsɨ, tsɨ	tʃi	—	—	—	tʃi

[표 107] 변항 (ʦɨ)의 화자별 변이형 실현 양상(용언)

제보자 항목	M₇ 59세	F₄ 56세	M₈ 55세	F₅ 54세	M₉ 48세	M₁₀ 45세	F₆ 45세
아츰	ʧi, ʦɨ	ʧi, ʦɨ, ʦɨ	ʧi, ʦɨ	ʧi, ʦɨ	—	ʧi	ʧi, ʦɨ
메츨	ʦɨ, ʧi	ʦɨ, ʦɨ	ʦɨ	ʦɨ	ʦɨ	ʦɨ	ʦɨ
기츰	—	ʦɨ	ʦɨ	ʦɨ	ʦɨ	ʧi	ʧi
즘승	ʧi	ʧi, ʦɨ	ʦɨ, ʧi	ʦɨ	ʦɨ, ʧi	ʦɨ, ʧi	ʧi, ʦɨ

[표 108] 변항 (ʦɨ)의 화자별 변이형 실현 양상(체언)

중년층의 경우에도 변항 (ʦɨ)에 대한 변이가 관찰된다. 노년층의 경우
에 비하여 ʧi형의 출현 비율이 높다. 즉, 기저형 /ʦɨ/의 비율이 높은 것
이다. 이는 이 지역어의 기저형 /ʦɨ/가 점차 /ʦɨ/로 변화되어 가고 있음
을 반영하는 것으로 해석된다.

4.2.3.1.2. 이 지역 청년층 화자들의 발화에서 차용 및 유추에 의한 변
이는 다음과 같이 실현된다.

아래의 표는 변항 (ʦɨ)의 화자별 음성 실현 양상을 제시한 것이다.

제보자 항목		M₁₁ 39세	F₈ 38세	M₁₂ 31세	M₁₃ 29세	M₁₄ 29세
방언형	의미					
즞–	吠	ʧisə́ra ʦə́nnɨnda	ʧisə́ra	ʧínnɨnda ʧisə́ra	ʧisə́ra	ʧínnɨnda ʧidzə́ra, ʧisə́ra ʧisdz(~š)ə́ra
쫒–	裂	ʦ'ɨ́k'o ʦ'ɨ́dzəra	ʦ'ɨ́dzəra ʧ'ínnɨnda ʧ'ídzəra	ʧ'ídzəʨinda	—	ʦ'ɨ́t'a, ʧ'ít'a ʦ'ɨ́dzɨmun ʧ'idzə́notʰa
부즈런 하–	勤	puʨirənadá puʨirənʱàdá	puʨirənadá	puʨirənadá	—	puʨirənàdá
즞떻–	搗	ʧit'yə́ra ʧit'éra ʧit'ígo, ʧit'ídza	ʧiʧ'innɨ́nda ʧiʧ'ikʰó	—	—	ʦiʧ'ə́nʷat'a ʦiʧ'ə́nokʰu
즐–	澪	ʦirə́sə	ʦirə́sə	ʦɨldá, ʦirə́sə cf. ʧilbəkʰadá	ʦɨ́lda	ʦɨldá
어즈럽–	亂	ə́ʨirəpt'a ə́ʨirəwəʨinda ə́ʨirəpk'e	ə́ʨirəpt'a	ə́ʨirəpt'a	ə́ʨirəpt'a	ə́ʨirəpt'a ə́ʨirəumun ə́ʨirəwəsə ə́ʨirə(p)k'e
거츨–	荒	—	kəʧʰɨ́lda	k'ə́ʦʰɨlk'əʦʰɨraŋ gə	—	—

[표 109] 변항 (ʦɨ)의 화자별 음성 실현 양상(용언)

제보자 항목		M₁₁ 39세	F₈ 38세	M₁₂ 31세	M₁₃ 29세	M₁₄ 29세
방언형	의미	aʧʰím	aʧʰimímun	aʧʰím	—	aʧʰím
아츰	朝	aʧʰimé				aʧʰimé
며츨	幾日	metsʰɨl metsʰɨri mʸətsʰɨl	metsʰɨl meʧʰɨl metsʰ ils'ík	meʧʰɨl metsʰɨl metsʰɨri	meʧʰɨl	metsʰɨl
기츰	咳	kiʧʰím	kiʧʰím	kiʧʰím	—	kiʧʰími
즘승	獸	ʧimsiɲíra ʧimsɨi	ʧimsɨ́ŋ ʧimsɨi	ʧimsɨ́ŋ	—	ʧimsiŋdɨllo ʧimsɨin

[표 110] 변항 (ʦɨ)의 화자별 음성 실현 양상(체언)

이것을 화자별 기저형만 간추려 제시하면 아래와 같다.

제보자 항목	M₁₁ 39세	F₈ 38세	M₁₂ 31세	M₁₃ 29세	M₁₄ 29세
즞-	ʧi, ʦə	ʧi	ʧi	ʧi	ʧi
쫒-	ʦɨ	ʦɨ, ʧi	ʧi	—	ʦɨ, ʧi
부즈런하-	ʧi	ʧi	ʧi	—	ʧi
즛띃-	ʧi	ʧi	—	—	ʦɨ
즐-	ʦɨ	ʦɨ	ʦɨ	ʦɨ	ʦɨ
어즈럽-	ʧi	ʧi	ʧi	ʧi	ʧi
거츨-	—	ʧi	ʦɨ	—	—

[표 111] 변항 (ʦɨ)의 화자별 변이형 실현 양상(용언)

제보자 항목	M₁₁ 39세	F₈ 38세	M₁₂ 31세	M₁₃ 29세	M₁₄ 29세
아츰	ʧi	ʧi	ʧi	—	ʧi
메츨	ʦɨ	ʦɨ, ʧi	ʧi, ʦɨ	ʧi	ʦɨ
기츰	ʧi	ʧi	ʧi	—	ʧi
즘승	ʧi	ʧi	ʧi	—	ʧi

[표 112] 변항 (ʦɨ)의 화자별 변이형 실현 양상(체언)

청년층의 경우에도 변항 (ʦɨ)에 대한 변이가 관찰된다.[95] 노년층 및 중
년층의 경우에 비하여 ʧi형의 출현 비율이 높다. 기저형 /ʦɨ/의 비율이

---

95) 청년층 화자들의 경우에도 '즌새(는개), 츠다(除), 즈리다, 즈린내, 쯤(隙)' 등의 어
   휘는 항상 'ʦɨ'형으로만 실현시킴으로써 변항 (ʦɨ)의 변이를 보여 준다.

높은 것이다. 이는 이 지역어의 기저형 /tsɨ/가 점차 /tsi/로 변화되어 가고 있음을 반영하는 것으로 이해된다.

4.2.3.1.3. 이상에서 살펴본 차용 및 유추에 의한 변이 양상을 도식화하면 대략 다음과 같다. 변화의 진행 과정이 드러나도록 각 변이형의 출현 비율을 세대별로 보이기로 한다.[96]

시기	노년층	중년층	청년층
변이형	tsɨ tsi	tsi tsɨ	tsɨ tsi

[표 113] 변항 (tsɨ)의 현장 시간상의 변화 양상(용언)

시기	노년층	중년층	청년층
변이형	tsɨ tsi	tsi tsɨ	tsɨ tsi

[표 114] 변항 (tsɨ)의 현장 시간상의 변화 양상(체언)

노년층, 중년층 및 청년층의 변이 양상을 비교함으로써 우리는 기저의 tsɨ 연쇄가 점차 tsi형으로 변화되어 가는 과정을 확인할 수 있다. 즉, 차용 및 유추에 의한 기저형의 변화가 현장 시간상에서 점진적으로 진행되고 있음을 알게 된다.

---

96) 단, 차용 및 유추에 의한 변화가 동일한 조건 환경을 갖춘 모든 형태소에서 관찰되는 것은 아님을 유의할 필요가 있다. 아래의 도식 또한 /tsɨ/ 유형의 형태소들 중 변화가 관찰되는 것들에 한하여, 각 변이형의 유형 빈도를 제시한 것이다.

4.2.3.2. 실재 시간상의 변화

세대별 변이의 양상을 비교함으로써 현장 시간상의 변화를 살펴보았다. 그렇다면 실재 시간상의 변화는 어떠한지 확인해 보기로 한다.

현재 차용 및 유추에 의한 변화를 보이는 어휘들은 20세기 초의 카잔 자료에 다음과 같은 형태로 나타난다.

방언형	의미	전사형	변이형	방언형	의미	전사형	변이형
거즛부래	詐言	kədzip'urɛri hagí	ʦi	츠-	篩	ʦʰigi	ʦi
즐-	濘	ʦin-kaŋʤɛɛgi ʦin ɔɛ pat	ʦi	일쯕이	早	irʦ'igi	ʦi
즛	貌(行動)	wén ʦiši	ʦi	즞-	裂	ʦik'ín ʦarí	ʦi
즘승	獸	ʦimsiŋ, ʦimsɨi ʦimsiŋdəri ʦimsɨ́ pár, -i ʦimsɨ́ tʰərí ʦimsiŋ, -ʦimsɨ́y ʦimsɨ́ soríri tʰígi nar ʦimsɨ́ ar, -i	ʦi	아즘	嫂	adzɨm, -i	ʦi
아즈만	嫂	adzɨman, -i	ʦi	부즈즉	咔嚓	pudzɨdzɨk hagí	ʦi
즌창	泥濘	ʦin-ʦʰáŋ, -ʦʰɛ̃	ʦi	쯤	隙	ʦ'im, -i	ʦi
즈음	邊	ʦiim, -i	ʦi	즉금	卽今	ʦik'im	ʦi
즞-	吠	ʦik'í	ʦi				

[표 115] ≪試篇 露韓小辭典≫의 (ʦi) 실현 양상[97]

카잔 자료상으로는 (ʦi) 변이가 관찰되지 않는다. 'ʦi' 연쇄를 포함한 형태소는 모두 ʦi형으로 실현된다. 즉, 동일한 조건 환경에서 둘 이상의 기저형이 선택적으로 출현하는 경우가 나타나지 않는 것이다.[98]

---

97) 'ʦik'ín'은 'ʦ'ik'ín'(즞긴)의 오기(sic)로 보인다. ≪韓國人을 위한 綴字敎科書≫의 부즉거례셔(咔嚓) pudzik'əryešə, 즐거(早) ʦirgə, ≪露韓會話≫의 즈대니오(濘) ʦid-yɛnío, 즈읍니(濘) ʦiimni, 아즈마니(嫂) adzɨmaní, 일쯕이(早) irʦ'igí 등이 추가적인 예이다.

98) 한편, 당시의 'si' 연쇄는 ≪試篇 露韓小辭典≫의 '으쓸하오, 쓱기, 사스나무, -냉기, 사스나무 밭, -밭이, 가스에미', ≪韓國人을 위한 綴字敎科書≫의 '슬큰 멍는

한편, 현재 차용 및 유추에 의한 변화를 보이는 어휘들은 宣德五・趙
習・金淳培(1990)에 다음과 같은 형태로 나타난다.

표준어형	전사형	변이형	표준어형	전사형	변이형
거칠다	kəʧʰida	ʧi	이슬비	ʧinɛ, ʧinsɛ	ʧi
기침	kiʧʰim	ʧi	요지음	yoʤim	ʧi
날짐승	nalʧ'imsiŋ	ʧi	오징어	oʤiŋə	ʧi
짖다	ʧisəra	ʧi	진흙	ʧinik	ʧi
층집(樓房)	ʧʰindeʤip	ʧi	아직	anʤuk	ʧu
층층대	ʧʰinde	ʧi	부지런하다	puʤirənhada	ʧi
칡	ʧʰik	ʧi	질다(濘)	ʧida	ʧi
아주머니(嫂)	aʤumani	ʧu	모자라다	moʤirada	ʧi
아침	aʧʰim	ʧi	찢다	ʧ'iʤəra	ʧi
일찌기(早)	ilʧ'igi	ʧi	짐승	ʧimsii	ʧi

[표 116] ≪朝鮮語方言調査報告≫의 (ʨi) 실현 양상[99]

이 자료상으로도 (ʨi) 변이가 거의 관찰되지 않는다. 'ʨi' 연쇄를 포함
한 형태소는 대부분 ʨi형으로 실현된다. 즉, 동일한 조건 환경에서 둘
이상의 기저형이 선택적으로 출현하는 경우가 많지 않는 것이다. 다만
'oʤiŋə(오징어)'와 'puʤirənhada(부지런하다)'의 경우에는 'ʨi'형으로 실현되
고 있어 주목할 만하다. 이들은 차용 및 유추에 의한 기저형 지배 변이
의 예로 해석된다.[100]

다, 슬쏘, 쓰어셔', ≪露韓會話≫의 '슥패'에서와 같이 모두 'si형'으로 실현된다. 단,
'승냥이'(豺)에 대응되는 어형만은 항상 '싱내'로 나타난다.

99) ≪朝鮮語方言調査報告≫에서는 /ㅈ, ㅊ/을 일괄적으로 ʧ, ʧʰ로 음소 전사하였으
므로 그 실제 음가는 확인할 수 없다. 그러나 이전 시기의 카잔 자료와 현재의
훈춘 지역어를 고려했을 때, i 앞의 /ㅈ, ㅊ/은 [ʨ], [ʨʰ]로 실현되었을 것으로 보
인다.

100) 특히, 오징어를 가리키는 이 지역어 어휘는 '낙지'라는 점에서 '오징어'는 차용에
의한 것일 가능성이 크다. 한편, 당시의 'si' 연쇄는 다음과 같이 실현된 것으로 보
고되어 있다. 가슴 kasim 구슬 kusul 다스리다 tasirida 말씀 mals'im 머슴 məsim
메스껍다 mesigəpt'a 벼슬 pyəsil 부스럼 pusirem 부스레기 pusuregi 비슷하다
pisitthada 사슴 sasim 수치스럽다 suʧʰisirəpt'a 스물 simul 승냥이 siŋnyɛ 싱겁다
siŋgəpt'a 쓰다(戴) s'ida 쓰다(用)s'ida 쓰다(苦) s'ipt'a 쓰라리다(痛苦) s'irarida 쓰

4.2.3.3. 변화의 확산 과정과 방향

이상에서 살펴본 현장 시간상의 변화 양상과 실재 시간상의 변화 양상에 근거하여, 변항 (ʦɨ)의 통시적 변화 양상을 도식화하면 다음과 같다.[101] 아래는 변화의 진행 과정이 드러나도록 각 변이형의 출현 비율을 시기별로 보인 것이다.

시기	20세기 초	20세기 말	21세기 초		
	카잔 자료	朝鮮語方言調査報告	노년층	중년층	청년층
변이형	ʦɨ	ʦɨ (ʦi: 1예)	ʦɨ ʦi	ʦɨ ʦi	ʦɨ ʦi

[표 117] 변항 (ʦɨ)의 통시적 변화 양상(용언)

시기	20세기 초	20세기 말	21세기 초		
	카잔 자료	朝鮮語方言調査報告	노년층	중년층	청년층
변이형	ʦɨ	ʦɨ (ʦi: 1예)	ʦɨ ʦi	ʦɨ ʦi	ʦɨ ʦi

[표 118] 변항 (ʦɨ)의 통시적 변화 양상(체언)

이상에서 논의한 바를 통해 차용 및 유추에 의한 기저형의 변화가 실재 시간상으로도 점진적으로 진행되어 왔음을 확인할 수 있다.

이러한 차용 및 유추의 목적은 화자의 사회적 권위를 드러내는 것이

러지다(倒下) s'irədida 쓰레기 s'iregi 쓸다 s'ilda 벼슬(官) pyəsɨl 기슭 k'isɨl 사슴 sasɨm 말씀 mals'ɨm 슬그머니 sɨlgiməni 실컷 sikʰin 싫다 siltʰa 휩쓸다 hwips'irida 다스리다 tasirinda

101) 변항 (ʦɨ)의 변이는 기저형 지배 변이이므로, 아래의 [표]에 나타낸 변이형들 또한 표면형이 아닌 기저형들이다.

란 점에서, 앞서 살펴본 재해석 및 단일화의 경우와 구별된다. 다만, 사회적 권위를 지향하여 일어나는 과도 교정적 재해석의 경우에 한하여 그 근본 동기가 동일하다고 할 수 있을 것이다.

이 같은 변화의 확산 과정을 기저형 선택 양상의 차원에서 기술하자면, 쌍형 기저형을 구성하는 특정 기저형의 선택이 점진적으로 필수화하는 과정을 거쳐 기저형 지배 변화가 이루어진다고 할 수 있다. 신형과 구형으로 이루어진 쌍형 기저형 중에서 보다 후기에 도입된 기저형, 즉 신형의 선택 비율이 점차 높아짐에 따라 단형 기저형으로 변화되는 것이 일반적이다. 한편, 개별 어휘의 차원에서 기술하자면, 역시 어휘에 따라 점진적으로 변화가 이루어진다고 할 수 있을 것이다.

4.3. 요약

이 장에서는 기저형 지배 변이와 변화의 실제를 검토하고 그 원리를 밝힘으로써 양자의 상관성을 확인하였다. 함북 육진 방언이라는 실증적인 언어 자료를 토대로, 기저형의 수의적 선택에 의한 변이와 변화의 구체적인 기제에 관하여 논의하였다. 훈춘 지역어의 세대별 음운 변이의 양상을 비교하여 현장 시간상의 변화를 확인하는 한편, 이를 20세기 초의 카잔 자료와 비교함으로써 실재 시간상의 변화 양상도 살펴보았다. 새로운 기저형의 첨가 기제를 크게 재해석, 단일화, 차용 및 유추로 나누고, 이들에 의한 변이 및 변화의 예들을 검토하였다. 논의한 내용을 요약하면 아래와 같다.

첫째, 재해석에 의한 기저형 첨가는, 주어진 표면형에 대해 둘 이상의 음운론적·형태론적 해석이 가능할 경우, 청취한 표면형의 기저형 복원 과정에서 청자가 기존의 기저형과 상이한 기저형을 복원한 데 기인한다. 이에 따라 한 형태소에 대한 기저형이 둘 이상 공존할 경우, 발화 산출 과정에서는 기저형의 수의적 선택이 일어난다. /Xi-/, /Xu-/, /Xo-/, /-Xepʰ-/, /XVC₁C₂/의 재해석으로 인한 기저형 지배 변이가 그러한 예이다.

둘째, 단일화에 의한 기저형 첨가는, 청취한 표면형의 기저형 복원 과정에서 청자가 기존의 복수 기저형을 단일 기저형으로 복원한 데 기인한다. 이에 따라 한 형태소에 대한 기저형이 둘 이상 공존할 경우, 발화 산출 과정에서는 기저형의 수의적 선택이 일어난다. /XVm(ŋ)k-∽XVm(n)i(u)-/, /XVrk-∽XVri-/, /XVri-∽XVt-/, /XVŋk∽XVmu/, /XVrk∽XVri(u)/, /XVk'∽XVsi(u)/의 단일화로 인한 기저형 지배 변이가 그러한 예이다.

셋째, 표준어를 포함한 타 방언형의 차용 및 그에 대한 유추에 의해서 새로운 기저형이 첨가될 수 있다. 개별적인 어형 차용 후, 차용한 어형과 해당 방언형 사이의 규칙적인 음운론적 차이에 기반하여 유추가 행해지는 경우도 많다. 이에 따라 한 형태소에 대한 기저형이 둘 이상 공존할 경우, 발화 산출 과정에서는 기저형의 수의적 선택이 일어난다. 노년층 화자들의 발화에서 'tyV형'과 'tsV형'이 공존하는 현상이 그러한 기저형 지배 변이의 예이다. 전 세대에서 관찰되는 'tsi형'과 'ʧi형'의 공존도 같은 맥락에서 이해될 수 있다.

넷째, 기저형 지배 변화는 새로운 기저형의 첨가와 그것의 점진적인 필수화 과정으로 이루어진다. 즉, 신형의 선택 빈도가 점차 높아지고 구형의 선택 빈도는 상대적으로 낮아지면서 결과적으로 구형은 소실되고 신형이 그 자리를 대신하게 되는 것이다. 이러한 기저형 대체의 중간 과정에서 공시적인 기저형 지배 변이가 출현한다. 이 같은 사실은 현장 시간상에서 진행 중인 변화의 예와 과거 이 방언에서 일어났던 음운 현상의 실제를 검토한 결과 입증된 바이다. 특정한 음운론적 변항의 출현이 100년 전부터 현재에 이르기까지 어휘에 따라 점진적으로 증가하는 경향이 확인되었기 때문이다.

끝으로, 기저형 지배 변화의 방향은 기저형 첨가 기제에 따라 각각 다르게 나타난다. 일부 과도 교정적 변화의 경우를 제외하면, 재해석에 의한 변화는 주로 복원 과정을 간소화하는 방향으로 이루어진다. 단일화에 의한 변화는 복수 기저형을 단일화한다는 점에서 어휘부의 간소화를 지향하여 일어난다. 넓은 의미에서 이들은 발화 해석 과정의 최적화를 향하여 일어나는 현상들로 파악할 수 있다. 한편, 차용 및 유추에 의한 변화는 외재적인 사회적 권위를 지닌 어형에 가까워지는 방향으로 일어나고 있다.

제5장 결 론

5.1. 논의의 정리

　본고는 함북 육진 방언을 중심으로 공시적 음운 변이와 통시적 음운 변화의 원리를 밝히고 양자의 상호 관계를 규명하는 데 목적을 두었다. 기존의 통시 음운론이 주로 음운 변화의 결과를 기술하는 데 그친 반면, 본고는 음운 변화의 요인과 진행 과정에 대하여 설명하고자 시도하였다. 육진 방언의 진행 중인 변화에 대한 정밀한 관찰을 바탕으로, 통시적 음운 변화는 공시적 음운 변이의 단계를 거쳐 점진적으로 이루어짐을 입증하였다. 논의한 내용을 장별로 정리하면 아래와 같다.

　2장에서는 음운론적 변이와 변화에 대한 개념을 정의하고, 발화 산출 과정에 작용하는 수의성의 유형에 따라 변이 및 변화의 유형을 분류하였다. 표면형 도출 과정상의 수의성에 기인한 변이 및 변화는 '교체 지배 변이 및 변화'로, 기저형 선택 과정상의 수의성에 기인한 변이 및 변화는 '기저형 지배 변이 및 변화'로 분류하였다. 공시적 변이와 통시적 변화를 공통된 원리에 의하여 파악하려는 이 같은 시도는 기존의 공시태 개념을 완화함으로써 통시태와의 상관성 속에서 공시태를 파악해야 할 필요성에서 비롯한 것이다. 이 장에서는 공시적 변이와 통시적 변화의 상호 관계에 대하여 아래와 같은 가설을 제시하였다.

　(가설) 음운 과정에 의한 통시적 음운 변화는 수의적 음운 교체를 통하여 어휘에 따라 점진적으로 수행된다. 그러한 점진적 어휘 확산 과정에서 공시적 음운 변이가 출현한다.

3장에서는 교체 지배 변이와 변화의 실제를 검토하고 그 원리를 밝힘으로써 양자의 상관성을 확인하였다. 함북 육진 방언이라는 실증적인 언어 자료를 토대로, 수의적 음운 교체에 의한 변이와 변화의 구체적인 기제에 관하여 논의하였다. 훈춘 지역어의 세대별 음운 변이의 양상을 비교하여 현장 시간상의 변화를 확인하는 한편, 이를 20세기 초의 카잔 자료와 비교함으로써 실재 시간상의 변화 양상도 살펴보았다. 논의의 대상으로 삼은 음운론적 변항은 현재 진행 중인 음운 변화를 반영하고 있는 (ti), (tyV), (ni), (nyV), (syV), (ʦyV), (yə), (ya)였다. 3장의 논의 내용을 간추리면 아래와 같다.

첫째, 육진 방언의 변항 (ti), (tyV), (ni), (nyV), (syV), (ʦyV), (yə), (ya)와 관련된 변이는 수의적 음운 교체에 의한 변이, 즉 교체 지배 변이이다. 그 이유는 공존하는 다양한 변이형들을 단일한 기저형으로부터 공시적 음운 과정에 의해 도출할 수 있기 때문이다. 공존하는 표면형들 간의 관계를 포착하는 음운 과정의 음성적 동인이 표면에 드러나며, 해당 음운 과정이 이 지역어의 전체 형태소들 및 전체 화자들에 걸쳐 일반적으로 적용된다는 점에서, 이들 변항과 관련된 변이는 자연성과 일반성을 갖춘 음운 과정에 의한 것이라고 할 수 있다. 또, 해당 음운 과정에 의한 교체형이 존재한다는 점에서 이들 과정은 공시적인 것이라고 할 수 있다. 관련된 음운 과정은 t 구개음화, t 뒤 y 탈락, 어두 n 탈락, n 뒤 y 탈락, s 뒤 y 탈락, ʦ 뒤 y 탈락, yə→ye→e 및 ya→yɛ→ɛ 등이다.

둘째, 수의적 음운 교체의 기제와 요인은 일차적으로 규칙에 의하여 기술될 수 있으나, 보다 근본적으로는 제약의 관점에서 설명될 수 있다. 수의적 음운 교체는 규칙의 수의적 적용에 의한 것이며, 그러한 수의적 규칙 적용의 원인은 제약들 간의 상호 경쟁에 있다. 또, 동일한 제약을 준수하기 위한 손질 책략이 여러 가지인 경우에도 규칙 간의 경쟁 및 그로 인한 수의적 규칙 적용이 이루어진다. 통시적 변화의 관점에서 보자면, 기존의 문법에 새로운 교체가 첨가되고 그것이 수의적 적용 단계를 거쳐 점차 필수화하는 가운데 공시적 변이가 출현한다. 새로운 교체의 첨가는 일차적으로 새로운 규칙의 첨가로 기술될 수 있으나, 그러한 규칙 첨가의 근본 원인은 제약 위계의 변화에서 찾을 수 있다. 기존의 제약 위계가 새로운 제약 위계로 변화하는 과정에서 공시적 변이가 출현하고, 그 위계가 확정되면서 변화가 완료된다. 관련된 제약은 $^*ti$, $^*tyV$, $^*_\omega[ni$, $^*_\omega[nyV$, $^*syV$, $^*\mathrm{ts}yV$, $^*y\partial$, $^*ya$ 등의 표면 적형 제약과 기저-표면 일치 제약이다.

셋째, 현장 시간상에서 진행 중인 변화의 예와 과거 이 방언에서 일어났던 음운 현상의 실제를 검토한 결과, 2장에서 제시한 가설의 타당성이 입증되었다. 음운 과정에 의한 통시적 음운 변화는 수의적 음운 교체를 통하여 어휘에 따라 점진적으로 수행되며, 그러한 점진적 어휘 확산 과정에서 공시적 음운 변이가 출현한다. 대상 음운론적 변항과 연관된 특정 변이형의 출현이 100년 전부터 현재에 이르기까지 어휘에 따라 점진적으로 증가하는 것으로 나타났기 때문이다.

넷째, 교체의 적용 양상의 측면에서 볼 때, 변화의 확산은 수의적 교체의 점진적 필수화와 더불어 이루어진다. 단, 기존의 문법에 둘 이상의 교체 현상이 첨가되는 경우에는 개별 어휘에 따라 양방향의 변화가 동시에 이루어지거나, 각각 상이한 방향으로 변화가 수행될 수 있다. 한편, 교체의 적용 대상의 측면에서는, 해당 교체가 적용되기 용이한 세부 조건을 지닌 어휘로부터 교체가 적용되기 시작하여 점진적으로 변화가 확산된다.

다섯째, 음운론적 변화는 발화 산출과 발화 해석의 최적화를 지향하여 일어난다. 이 중 교체 지배 변이 및 변화는 발화 산출 과정이 최적화되는 방향으로 진행된다. 즉, 조음의 최적화와 식별의 최적화를 지향하여 제약 위계가 변화한다.

4장에서는 기저형 지배 변이와 변화의 실제를 검토하고 그 원리를 밝힘으로써 양자의 상관성을 확인하였다. 함북 육진 방언이라는 실증적인 언어 자료를 토대로, 기저형의 수의적 선택에 의한 변이와 변화의 구체적인 기제에 관하여 논의하였다. 훈춘 지역어의 세대별 음운 변이의 양상을 비교하여 현장 시간상의 변화를 확인하는 한편, 이를 20세기 초의 카잔 자료와 비교함으로써 실재 시간상의 변화 양상도 살펴보았다. 새로운 기저형의 첨가 기제를 크게 재해석, 단일화, 차용 및 유추로 나누고, 이들에 의한 변이 및 변화의 예들을 검토하였다. 4장의 논의 내용을 간추리면 아래와 같다.

첫째, 재해석에 의한 기저형 첨가는, 주어진 표면형에 대해 둘 이상의 음운론적·형태론적 해석이 가능할 경우, 청취한 표면형의 기저형 복원 과정에서 청자가 기존의 기저형과 상이한 기저형을 복원한 데 기인한다. 이에 따라 한 형태소에 대한 기저형이 둘 이상 공존할 경우, 발화 산출 과정에서는 기저형의 수의적 선택이 일어난다. /Xi-/, /Xu-/, /Xo-/, /-Xep^h-/, /XVC$_1$C$_2$/의 재해석으로 인한 기저형 지배 변이가 그러한 예이다.

둘째, 단일화에 의한 기저형 첨가는, 청취한 표면형의 기저형 복원 과정에서 청자가 기존의 복수 기저형을 단일 기저형으로 복원한 데 기인한다. 이에 따라 한 형태소에 대한 기저형이 둘 이상 공존할 경우, 발화 산출 과정에서는 기저형의 수의적 선택이 일어난다. /XVm(ŋ)k-∽XVm(n)ɨ(u)-/, /XVrk-∽XVrɨ-/, /XVrɨ-∽XVt-/, /XVŋk∽XVmu/, /XVrk∽XVrɨ(u)/, /XVk'∽XVsɨ(u)/의 단일화로 인한 기저형 지배 변이가 그러한 예이다.

셋째, 표준어를 포함한 타 방언형의 차용 및 그에 대한 유추에 의해서 새로운 기저형이 첨가될 수 있다. 개별적인 어형 차용 후, 차용한 어형과 해당 방언형 사이의 규칙적인 음운론적 차이에 기반하여 유추가 행해지는 경우도 많다. 이에 따라 한 형태소에 대한 기저형이 둘 이상 공존할 경우, 발화 산출 과정에서는 기저형의 수의적 선택이 일어난다. 노년층 화자들의 발화에서 'tyV형'과 'tsV형'이 공존하는 현상이 그러한 기저형 지배 변이의 예이다. 전 세대에서 관찰되는 'tsi형'과 'tʃi형'의 공존도 같은 맥락에서 이해될 수 있다.

넷째, 기저형 지배 변화는 새로운 기저형의 첨가와 그것의 점진적인 필수화 과정으로 이루어진다. 즉, 신형의 선택 빈도가 점차 높아지고 구형의 선택 빈도는 상대적으로 낮아지면서 결과적으로 구형은 소실되고 신형이 그 자리를 대신하게 되는 것이다. 이러한 기저형 대체의 중간 과정에서 공시적인 기저형 지배 변이가 출현한다. 이 같은 사실은 현장 시간상에서 진행 중인 변화의 예와 과거 이 방언에서 일어났던 음운 현상의 실제를 검토한 결과 입증된 바이다. 대상 음운론적 변항과 연관된 특정 변이형의 출현이 100년 전부터 현재에 이르기까지 어휘에 따라 점진적으로 증가하는 것으로 나타났기 때문이다.

다섯째, 기저형 지배 변화의 방향은 기저형 첨가 기제에 따라 각각 다르게 나타난다. 일부 과도 교정적 변화의 경우를 제외하면, 재해석에 의한 변화는 주로 복원 과정을 간소화하는 방향으로 이루어진다. 단일화에 의한 변화는 복수 기저형을 단일화한다는 점에서 어휘부의 간소화를 지향하여 일어난다. 넓은 의미에서 이들은 발화 해석 과정의 최적화를 향하여 일어나는 현상들로 파악할 수 있다. 한편, 차용 및 유추에 의한 변화는 외재적인 사회적 권위를 지닌 어형에 가까워지는 방향으로 일어나고 있다.

공시태와 통시태를 철저히 이원화하고, 이상적인 화·청자로 구성된 동질적인 언어 공동체를 전제한 상태에서는 역동적인 언어의 실제를 설명하는 데 많은 한계가 따른다. 언어는 지금 이 순간에도 끊임없이 변화하고 있음을 인정하는 한, 공시적 음운 변이에 대한 합리적인 설명 없이 통시적 음운 변화를 설명하는 것은 불가능하다. 본고는 이러한 인식을 바탕으로 함북 육진 방언의 실증적인 언어 자료를 검토하여, 생동하는 언어의 본질적 측면을 밝히고자 하였다. 본고에서 이루어진 이상의 논의는 궁극적으로 다음과 같은 가설의 타당함을 입증하는 것이기도 하다.[1]

(1) 공시태는 역동적 속성을 내포하고 있다. 이 같은 역동성이 통시태의 원천이 된다.

(2) 동일 시기의 한 언어 공동체 내 화자들의 문법은 세부적으로 일정한 차이를 지닌다.

(3) 다양한 변이 현상 중 산발적 변이가 아닌 규칙적 변이는 언어 능력의 차원에서 설명해야 할 문제이다.

5.2. 남은 문제

본고는 함북 육진 방언의 변이와 변화에 대한 실증적인 자료를 분석함으로써, 공시적 음운 변이와 통시적 음운 변화가 밀접한 상관 관계를 맺고 있음을 논증하였다.

주된 자료로 삼은 육진 방언은 한국어의 제 방언 중에서도 가장 보수적인 성격의 방언이란 점에서, 이에 대한 조사와 연구는 국어 음운사적으로 매우 중요한 의미를 지닌다. 현재 이 지역어에서 일어나고 있는 주된 음운 변화가 근대 국어 시기에 중앙어에서 일어났던 것들과 대부분 일치하기 때문이다. 문헌 자료상으로 확인할 수 없는 음운 변화의 미세한 진행 과정을 직접 관찰함으로써, 우리는 과거 중앙어에서 일어

---

1) 이러한 시각은 비단 음운론적 변이와 변화뿐 아니라 형태론적, 통사론적, 의미론적 변이와 변화에 있어서도 유효할 것이다. 문법화(grammaticalization)나 융합(fusion)의 경우는 여러 변이형이 공존하는 공시적 변이의 단계를 거쳐 점진적으로 형태론적 변화가 이루어진 대표적인 예라 하겠다.

났던 변화의 진행 과정을 유추해 볼 수 있을 것이다.

뿐만 아니라, 공시적 음운 변이를 발화 산출과 해석의 관점에서 기술하고 이를 통시적 변화와 관련지어 설명한 본고의 논의는 국어 음운사 연구에 있어서도 새로운 시각을 제공할 것이다. 통시적인 음운 변화의 요인과 진행 과정을 밝히기 위해서는 통시적 현상 또한 공시적 현상과의 연관성 속에서 바라보아야 함을 논증하였기 때문이다. 예컨대 ㆍ의 변화, ㅿ의 변화, ㅸ의 변화 등도 당시의 공시적 발화 산출 과정 및 발화 해석 과정과의 상관성하에서 새롭게 조명할 수 있을 것이다.

그러나 본고에서 이끌어낸 일반화는 어느 한 방언의 한정된 자료를 바탕으로 했다는 한계를 지닌다. 본고에서 도출한 일반화가 비단 육진 방언뿐 아니라 국어의 다른 방언이나 다른 언어에 대해서도 동일하게 적용될 수 있음을 보이는 것은 앞으로의 과제이다. 이를 위해서는 다양하고 폭넓은 언어 자료를 검토함으로써 본고의 가설을 지속적으로 검증하고 보완해야 할 것이다.

음운론적 변이와 변화의 원리를 언어 내적 측면에 국한시켜 연구하고, 변이와 변화에 대한 언어 외적 측면의 검토를 병행하지 못한 점도 앞으로 보완되어야 할 부분이다. 변이와 변화를 지배하는 언어 내적 원리와 언어 외적 원리를 각각 밝히고, 나아가 이들이 상호 작용하는 방식을 밝히는 것이 궁극적으로 가장 중요한 과제일 것이다.

참고 문헌

강옥미(2003), 『한국어 음운론』, 태학사.

姜昶錫(1985), 「活用과 曲用에서의 形態論과 音韻論 - 音韻現象에 대한 非音韻論的 制約의 克服을 위하여」, 『울산어문논집』 2, 울산대학교 인문대학 국어국문학과, 47-67.

姜昶錫(1989), 「現代國語 音韻論의 虛와 實 - 실용적 관점에서의 비판적 검토를 중심으로」, 『國語學』 19, 國語學會, 3-40.

강희숙(1994), 「음운변이 및 변화에 관한 사회언어학적 연구 - 전남 장흥 방언을 중심으로」, 박사학위논문(전북대).

慶興郡誌 編纂委員會(1988), 『咸鏡北道 慶興郡誌』, 慶興郡誌 編纂委員會.

고구려연구재단(2004), 『조선시대 북방사 자료집』, 북방사 자료총서 2, 고구려연구재단.

郭忠求(1980), 「十八世紀 國語의 音韻論的 研究」, 『國語研究』 43, 國語研究會.

郭忠求(1982), 「牙山地域語의 二重母音 變化와 二重母音化 - y系 二重母音과 ə>wə 變化를 中心으로」, 『方言』 6, 韓國精神文化研究院, 27-55.

郭忠求(1986a), 「Русско-Корейскiе Разговоры(露韓會話)(解題)」, 『韓國學報』 44, 일지사, 207-220.

郭忠求(1986b), 「<露韓會話>와 咸北 慶興方言」, 『震檀學報』 62, 震檀學會, 79-125.

郭忠求(1987), 「<露韓小辭典>의 國語學的 價値」, 『冠嶽語文研究』 12, 서울大學校 國語國文學科, 27-63.

郭忠求(1988), 「<로한ᄌ뎐>의 韓國語와 그 轉寫에 대하여」, 『梨花語文論集』 10, 이화여자대학교 한국어문학연구소, 125-155.

郭忠求(1991), 「咸鏡北道 六鎭方言의 音韻論」, 博士學位論文(서울대).

郭忠求(1994a), 「系合 內에서의 單一化에 의한 語幹 再構造化」, 『國語學研究』(南川朴甲洙 先生華甲紀念論文集), 太學社, 549-586.

郭忠求(1994b), 『咸北 六鎭方言의 音韻論 - 20世紀 러시아의 Kazan에서 刊行된 文獻資料에 依한』, 國語學叢書 20, 太學社

郭忠求(1996), 「國語史 研究와 國語 方言」, 『李基文教授 停年退任紀念論叢』, 신구문화사, 45-71.

곽충구(1997), 「중부방언의 특징과 그 성격」, 『한국어문』 4, 韓國精神文化研究院, 1-39.

곽충구(2000), 「함북방언의 비자동적 교체 어간과 그 단일화 방향」, 『21세기 국어학의 과제』, 月印, 1123-1166.

郭忠求(2001), 「口蓋音化 規則의 發生과 그 擴散」, 『震檀學報』 92, 震檀學會, 237-268.

곽충구(2005), 「육진방언의 음운변화 - 20세기초로부터 1세기 동안의 변화」, 『震檀學報』 100, 震檀學會, 183-220.

김경아(2000), 『국어의 음운표시와 음운과정』, 國語學叢書 38, 太學社

金圭南(1998), 「全北 井邑市 井海마을 言語社會의 音韻變異 研究」, 博士學位論文(全北大).

김남미(2005), 「15세기 국어의 중모음 연구」, 박사학위논문(서강대).

金芳漢(1985), 『改訂 言語學論攷』, 서울大學校出版部.

金芳漢(1988a), 「共時態와 通時態」, 『언어학』 9·10, 한국언어학회, 21-27.

金芳漢(1988b), 『歷史-比較言語學』, 民音社

金鳳國(2003), 「複數基底形의 類型 (1) - 形成 要因의 觀點에서」, 『震檀學報』 95, 震檀學會, 165-199.

金星奎(1987), 「語彙素 設定과 音韻現象」, 『國語研究』 77, 國語研究會.

金星奎(1988), 「非自動的 交替의 共時的 記述」, 『冠嶽語文研究』 13, 서울大學校 國語國文學科, 25-44.

金手坤(1978), 「現代國語의 움라우트 現象 - '아기'와 '애기'를 中心으로」, 『國語學』

6, 國語學會, 145-160.

김영석(1987/1996), 『영어음운론』, 한신문화사.

김옥영(2006), 「강릉지역어의 음운탈락현상 연구 - 최적성이론을 중심으로」, 박사학위논문(서강대).

金完鎭(1974), 「音韻變化와 音素의 分布 : 순경음 'ㅸ'의 경우」, 『震檀學報』 38, 震檀學會, 105-120.

金鍾圭(2003), 「히아투스와 音節」, 『韓國文化』 31, 서울대학교 韓國文化 研究所, 1-21.

金周弼(1985), 「口蓋音化에 대한 通時論的 研究」, 『國語研究』 68, 國語研究會.

김주필(1994), 「17·18세기 국어의 구개음화와 관련 음운현상에 내한 동시론석 연구」, 박사학위논문(서울대).

김진우(1971), 「國語母音論에 있어서의 共謀性」, 『語文研究』 7, 충남대학교 어문연구회, 87-94.

김태경(2005), 『국어의 음운 제약과 음운 변동 현상』, 한국학술정보(주).

金泰均(1986), 『咸北方言辭典』, 京畿大學校 出版局.

金 玄(2003), 「活用上에 보이는 形態音韻論的 變化의 要因과 類型」, 박사학위논문(서울대).

朴慶來(1984), 「槐山方言의 音韻에 대한 世代別 研究」, 『國語研究』 57, 國語研究會.

朴慶來(1993), 「忠州方言의 音韻에 대한 社會言語學的 研究」, 博士學位論文(서울대).

박선우(2006), 「국어의 유추적 음운현상에 대한 연구」, 박사학위논문(고려대).

박창원(1987), 「표면음성제약과 음운현상 - 고성지역어의 음절구조를 중심으로」, 『國語學』 16, 國語學會, 301-324.

박창원(1990), 「음운규칙의 통시적 변화」, 『姜信沆敎授回甲紀念 國語學論文集』, 太學社, 427-438.

박창원(1991), 「음운 규칙의 변화와 공시성 - 움라우트 현상을 중심으로」, 『國語學의 새로운 認識과 展開』(金完鎭先生 回甲紀念論叢), 民音社, 297-322.

방언연구회(2001), 『方言學 事典』, 태학사.

배주채(1996), 『국어음운론개설』, 신구문화사.

白斗鉉(1992), 『嶺南 文獻語의 音韻史 研究』, 國語學叢書 19, 太學社

백두현(2005), 「진행 중인 음운 변화의 출현 빈도와 음운사적 의미 - 17세기 후기 자료 <음식디미방>의 자음변화를 중심으로」, 『語文學』 90, 한국어문학회, 45-72.

蘇信愛(2002), 「延邊 琿春地域 朝鮮語의 進行中인 音變化 研究 - 口蓋音化 현상을 중심으로」, 석사학위논문(서강대).

소신애(2003a), 「음변화의 진행 과정 - 연변 훈춘지역 조선어의 구개음화를 중심으로」, 『언어』 28-3, 한국언어학회, 405-426.

소신애(2003b), 「tyV 연쇄의 회피 현상 - 연변 훈춘지역 조선어를 중심으로」, 『국어국문학』 134, 국어국문학회, 181-210.

소신애(2004a), 「/ㅅ, ㅈ, ㅊ/의 음가와 구개모음화 - 연변 훈춘지역어를 중심으로」, 『국어국문학』 137, 국어국문학회, 269-298.

蘇信愛(2004b), 「語幹 再構造化의 進行 過程 (1) - 琿春地域 世代別 話者들의 活用 語幹의 차이를 중심으로」, 『語文研究』 32-4, 韓國語文敎育研究會, 117-139.

소신애(2005a), 「방언 접촉을 통한 규칙 생성과 언어 변이 - 연변 훈춘지역 조선어의 음운론적 변이를 중심으로」, 『조선-한국 언어문학 연구』 제2집, 연변대학조선언어문학학과 편, 흑룡강조선민족출판사, 82-95.

소신애(2005b), 「어간 재구조화의 진행 과정 (2) - 훈춘지역 세대별 화자들의 활용 어간의 차이를 중심으로」, 『국어학』 45, 국어학회, 41-68.

蘇信愛(2006), 「音韻論的 變異의 類型과 要因 - 咸北 六鎭 方言을 中心으로」, 『語文研究』 34-1, 韓國語文敎育研究會, 83-106.

宋基中(1994), 「朝鮮朝 建國을 後援한 勢力의 地域的 基盤」, 『震檀學報』 78, 震檀學會, 85-123.

宋 敏(1986), 『前期近代國語 音韻論 研究』, 國語學叢書 8, 탑출판사.

宋喆儀(1982), 「國語의 音節問題와 子音의 分布制約에 관하여」, 『冠嶽語文研究』 7,

서울大學校 國語國文學科, 175-194.

宋喆儀(1991), 「國語 音韻論에 있어서 體言과 用言」, 『國語學의 새로운 認識과 展開』 (金完鎭先生 回甲紀念論叢), 民音社, 278-296.

宋喆儀(1995), 「曲用과 活用의 不規則에 대하여」, 『震檀學報』 80, 震檀學會, 273-290.

신승용(2003), 『음운 변화의 원인과 과정』, 國語學叢書 43, 太學社.

申昇容(2004), 「교체의 有無와 규칙의 共時性·通時性」, 『語文研究』 32-4, 韓國語文 教育研究會, 63-92.

안상철(2003), 『최적성 이론의 언어분석』, 한국문화사.

엄태수(1999), 『한국어의 음운규칙 연구』, 국학자료원.

이기문·김진우·이상억(2000), 『국어음운론』(증보판), 學研社.

이덕호(1985), 「청년문법학파의 언어 이론 - 특히, 음운 법칙의 무예외성과 유추 문제를 중심으로」, 『한글』 187, 한글학회, 141-186.

李明奎(1974), 「口蓋音化에 對한 文獻的 考察」, 『國語研究』 31, 國語研究會.

이미재(1988), 「언어 변화에 관한 사회언어학적 연구 - 경기도 화성 방언을 중심 으로」, 박사학위논문(서울대).

이미재(1993), 「언어 변화의 사회적 요인 연구」, 『언어학』 15, 한국언어학회, 305-315.

李秉根(1969), 「黃澗地域語의 音韻」, 『論文集』 1, 서울大學校 教養課程部 27-54.

李秉根(1973), 「東海岸方言의 二重母音에 대하여」, 『震檀學報』 36, 震檀學會, 135-147.

李秉根(1975), 「音韻規則과 非音韻論的 制約」, 『國語學』 3, 國語學會, 17-44.

李秉根(1979), 『音韻現象에 있어서의 制約』, 탑출판사.

이봉원(2002), 「현대국어 음성·음운 현상에 대한 사용기반적 연구」, 박사학위논 문(고려대).

이상규(2003), 『국어방언학』, 학연사.

이익섭(2000), 『사회언어학』(개정판), 민음사.

이진호(2002), 「음운 교체 양상의 변화와 공시론적 기술」, 박사학위논문(서울대).

이진호(2005), 『국어 음운론 강의』, 삼경문화사.

이호영(1996), 『국어음성학』, 태학사.

임지룡(1992), 『국어의미론』, 탑출판사.

전상범(2004), 『음운론』, 서울대학교출판부.

전상범·김진우·정국·김영석(1997), 『최적성이론』, 한신문화사.

鄭然粲(1968), 「慶南 方言의 母音體系 - 特히 固城·統營 附近을 中心으로」, 『國文學論集』 2, 檀國大學校 國語國文學硏究部, 59-79.

정인호(2004), 「原平北方言과 全南方言의 音韻論的 對照 硏究 - 龍川 地域語와 和順 地域語를 중심으로」, 박사학위논문(서울대).

趙成植 외(1990), 『英語學辭典』, 신아사.

崔明玉(1988), 「國語 UMLAUT의 硏究史的 檢討 - 共時性과 通時性의 問題를 中心으로」, 『震檀學報』 65, 震檀學會, 63-80.

崔明玉(1993), 「語幹의 再構造化와 交替形의 單一化 方向」, 『省谷論叢』 24, 崔明玉(1998)에 재수록, 231-287.

崔明玉(1998), 『國語音韻論과 資料』, 태학사.

최명옥·곽충구·배주채·전학석(2002), 『함북 북부지역어 연구』, 태학사.

崔銓承(1986), 『19세기 후기 全羅方言의 음운현상과 그 역사성』, 翰信文化社.

崔銓承(1988), 「통시적 음성변화의 공시적 變異와 例外의 성격」, 『先淸語文』 16·17, 서울대학교 국어교육과, 崔銓承(1995)에 재수록, 483-500.

崔銓承(1992), 「남원방언의 담화 스타일에 나타난 음운현상의 變異와 變化의 방향」, 『어학』 19, 전북대학교 어학연구소, 51-83.

崔銓承(1994), 「국어 方言史 연구의 가능성과 그 한계: Ross King의 <한국어 방언에 관한 러시아 자료 연구>(1991)을 중심으로」, 『語文硏究』 25, 충남대학교 어문연구회, 39-72.

최전승(1995), 『한국어方言史연구』, 태학사.

최전승(1998), 「국어 방언과 방언사 기술에 있어서 언어 변이(variation)에 관한 연구(Ⅰ)」, 『방언학과 국어학』(청암 김영태 박사 화갑기념논문집), 태학사, 593-643.

최전승(2004), 『한국어 방언의 공시적 구조와 통시적 변화』, 亦樂.

최전승·최재희·윤평현·배주채(1999), 『국어학의 이해』, 태학사.

한영균(1985), 「음운변화와 어휘부의 재구조화—순경음 'ㅸ'의 경우」, 『冠嶽語文硏究』 10, 서울大學校 國語國文學科, 375-402.

홍미주(2002), 「체언 어간말 유기자음에 대한 사회언어학적 연구」, 석사학위논문 (경북대).

洪允杓(1985), 「口蓋音化에 대한 歷史的 硏究」, 『震檀學報』 60, 143-157.

宣德五·趙習·金淳培(1990), 『朝鮮語方言調査報告』, 延邊人民出版社[1991: 태학사 影印].

小倉進平(1927), 「咸鏡南北道方言」, 『朝鮮語』 2, 朝鮮敎育硏究會, 1-34.

小倉進平(1930), 「咸鏡南道及び黃海道方言の硏究」, 『京城帝國大學法文學部 硏究調査冊子』 第二輯, 小倉進平(1944)에 재수록, 297-380.

小倉進平(1944), 『朝鮮語方言の硏究』, 岩波書店.

전학석(1987), 「훈춘지방말의 어음론적특성」, 『조선어문석사론문집』, 심양: 료녕민족출판사, 312-390.

전학석(2005), 「중국에서의 우리 말 방언의 실태 및 특성」, 『해외 한국어 방언의 실태와 특징』, 제2회 강남대학교 제1대학 국제학술세미나 자료집, 37-48.

중국조선어실태조사보고 집필조(1985), 『중국조선어실태조사보고』, 심양: 료녕민족출판사.

최윤갑(1997), 「중국에서의 조선어규범화사업에 대한 회고와 현재 부딪친 문제」, 『KOREAN 규범문제와 관련한 국제학술토론회 론문집』, 연변대학조선언어문학연구소 편, 연변인민출판사, 64-76.

Andersen, H. (1973), "Abductive and Deductive Change", *Language* 49-4, 765-793.

Anttila, R. (1974), "Formalization as Degeneration in Historical Linguistics", In P.

Baldi and R. N. Werth (eds.) (1978), 348-376.

Anttila, A. (1997), "Deriving Variation from Grammar", In F. Hinskens, R. V. Hout, and W. L. Wetzels (eds.) (1997), 35-68.

Anttila, A. and Y.-M. Yu Cho (1998), "Variation and Change in Optimality Theory", *Lingua* 104, 31-56.

Archangeli, D. and D. T. Langendoen (eds.) (1997), *Optimality Theory,* Blackwell.

Archangeli, D. and D. Pulleyblank (1986), "The Content and Structure of Phonological Representations", ms. University of Arizona and University of Southern California.

Bailey, C-J. N. (1973), *Variation and Linguistic Theory*, Washington, D.C. : Center for Applied Linguistics.

Baldi, P. and R. N. Werth (eds.) (1978), *Readings in Historical Phonology*, The Pennsylvania State University Press.

Beckman, J. N. and L. W. Dickey and S. Urbanczyk (eds.) (1995), *Papers in Optimality Theory: University of Massachusetts Occasional Papers* 18, Amherst Mass. : Graduate Linguistic Student Association

Benua, L. (1995), "Identity Effects in Morphological Truncation", In J. N. Beckman, L. W. Dickey and S. Urbanczyk (eds.) (1995), 77-136.

Bermúdez-Otero, R. (1996), "Stress and Quantity in Old and Early Middle English: Evidence for an Optimality-theoretic Model of Language Change", ms., University of Manchester.

Bermúdez-Otero, R. (1999), "Constraint Interaction in Language Change: Quantity in English and Germanic", Doctoral dissertation, University of Manchester.

Bloomfield, L. (1933), *Language*, New York: Henry Holt & Company.

Brugmann, K. (1897), *Grundriss der Vergleichenden Grammatik der Indogermanischen Sprachen*, Erster Band: Einleitung und Lautlehre, Karl J. Trübner.

Bybee, J. (2001), *Phonology and Language Use*, Cambridge University Press.

Bynon, T. (1977), *Historical Linguistics*, Cambridge University Press.

Campbell, L. (1996), "On Sound Change and Challenges to Regularity", M. Durie and M. Ross (eds.) (1996), *The Comparative Method Reviewed*, Oxford University Press, 72-89.

Campbell, L. (1998), *Historical Linguistics*, The MIT Press.

Chambers, J. K. (1992), "Dialect Acquisition", *Language* 68-4, 673-705.

Chambers, J. K. and P. Trudgill (1998), *Dialectology* (2nd edition), Cambridge University Press.

Chambers, J. K. & P. Trudgill & N. Schilling-Estes (eds.) (2002), *The Handbook of Language Variation and Change*, Blackwell.

Chen, M. Y. (1972), "The Time Dimension: Contribution toward a Theory of Sound Change", *Foundations of Language* 8, 457-498.

Chen, M. Y. and W. S-Y. Wang (1975), "Sound Change: Actuation and Implementation", *Language 51*, 255-281.

Chomsky, N. (1965), *Aspects of the Theory of Syntax*, The M.I.T. Press.

Chomsky, N. and M. Halle (1968), *The Sound Pattern of English*, New York: Harper & Row.

Clements, G. N. and E. V. Hume (1995), "The Internal Organization of Speech Sounds", In J. Goldsmith (ed.) (1995), 245-306.

Coseriu, E. (1958), *Sincronia, Diacronia e Historia, el Problema de Cambio Lingüístico*, Monterideo: Universidat de la repubica, Facultad de humanidades y ciencias, German translation by H. Sohre (1974), *Synchronie, Diachronie und Geschichete,* München: Wilhelm Fink Verlag.

Coseriu, E. (1968), Sincronía, Diacronía y Tipologá, German translation by U. Petersen, Synchronie, Diachronie und Typologie, in D. Cherubin (ed.) (1975), *Sprachwandel: Reader zur Diachronischen Sprachwissenschaft*, Berlin: Walter de Gruyter.

Delbrück, B. (1880), *Einleitung in das Sprachstudium*, Leipzig: Breitkopf and Härtel.

Donegan, P. (1993), "On the Phonetic Basis of Phonological Change", In C. Jones (ed.) (1993), *Historical Linguistics*, New York: Longman, 98-130.

Donegan, P. and D. Stampe (1979), "The Study of Natural Phonology", In D. A. Dinnsen (ed.) (1979), *Current Approaches to Phonological Theory*, Indiana University Press, 126-173.

Dressler, W. U., H. C. Luschützky, O. E. Pfeiffer and J. R. Rennison (1987), *Phonologica 1984*, Cambridge University Press.

Eric, F. and C. Trips (eds.) (2004), *Diachronic Clues to Synchronic Grammar*, John Benjamins Publishing Company.

Goldsmith, J. (1976), "Autosegmental Phonology", Doctoral dissertation, MIT.

Goldsmith, J. (1990), *Autosegmental and Metrical Phonology*, Blackwell.

Goldsmith, J. (1993), "Harmonic Phonology", J. Goldsmith (ed.) (1993), *The Last Phonological Rule*, The University of Chicago Press, 21-60.

Goldsmith, J. (ed.) (1995), *The Handbook of Phonological Theory*, Blackwell.

Guy, G. R. (1980), "Variation in the Group and the Individual: The Case of Final Stop Deletion", In W. Labov (ed.) (1980), *Locating Language in Time and Space*, Academic Press, 1-36.

Guy, G. R. (1997), "Competence, Performance, and the Generative Grammar of Variation", In F. Hinskens, R. V. Hout, and W. L. Wetzels (eds.) (1997), 125-144.

Halle, M. (1962), "Phonology in Generative Grammar", *Word* 18, 54-72.

Harris, R. (1988), *Language, Saussure and Wittgenstein: How to Play Games with Words*, Routledge, 고석주 옮김(1999), 『소쉬르와 비트겐슈타인의 언어』, 보고사.

Hayes, B. (1996), "Phonetically Driven Phonology", ms., University of California,

Los Angeles.

Hinskens, F., R. V. Hout, and W. L. Wetzels (eds.) (1997), *Variation, Change and Phonological Theory*, Amsterdam: John Benjamins Publishing Company.

Hock, H. H. (1991), *Principles of Historical Linguistics*, Mouton de Gruyter.

Hockett, C. (1958), *A Course in Modern Linguistics*, The McMillan Company.

Hoenigswald, H. M. (1960), *Language Change and Linguistic Reconstruction*, The University of Chicago Press.

Holmes, J. (2001), *An Introduction to Sociolinguistics* (2nd edition), Longman.

Holt, E. (1997), "The Role of the Listener in the Historical Phonology of Spanish and Portuguese: An Optimality-Theoretic Account", Doctoral dissertation, Georgetown University.

Holt, E. (ed.) (2003), *Optimality Theory and Language Change*, Kluwer Academic Publishers.

Hooper, J. B. (1976a), *An Introduction to Natural Generative Phonology*, Academic Press.

Hooper, J. B. (1976b), "Word Frequency in Lexical Diffusion and the Source of Morphophonological Change", In W. M. Christie Jr. (ed.) (1976), *Current Progress in Historical Linguistics*, Amsterdam: North-Holland, 95-105.

Hutton, J. (1996), "Optimality Theory and Historical Language Change", Paper presented at the Fourth Phonology Meeting, Manchester University.

Hyman, L. M. (1975), *Phonology: Theory and Analysis*, New York: Holt, Rinehart & Winston.

Jakobson, R. (1929), "Remarques sur L'évolution Phonologique de Russe Comparée à Celle des Autres Langues Slaves", In R. Jakobson(1962), *Roman Jakobson Selected Writings* I, The Hague: Mouton.

Jakobson, R. (1931), "Prinzipien der Historischen Phonologie", English translation by A. Keiler, Principles of Historical Phonology, In P. Baldi and R. N.

Werth (eds.) (1978), 103-120.

Jeffers, R. and I. Lehiste(1979), *Principles and Methods for Historical Linguistics*, Cambridge: The MIT Press.

Kager, R. (1999), *Optimality Theory*, Cambridge University Press.

Kenstowicz, M. (1996), "Base-Identity and Uniform Exponence: Alternatives to Cyclicity", In J. Durand and B. Laks (eds.) (1996), *Current Trends in Phonology*, University of Salford Publications, 363-393.

Kim, Jong-Kyoo (2000), "Quantity-sensitivity and Feature-sensitivity of Vowels: A Constraint-based Approach to Korean Vowel Phonology", Doctoral dissertation, Indiana University.

King, J. R. P. (1991), "Russian Sources on Korean Dialects", Doctoral dissertation, Harvard University.

King, J. R. P.(forthcoming), *Russian Sources on Korean Dialects*.

King, R. D. (1969), *Historical Linguistics and Generative Grammar*, Englewood Cliffs, N. J. : Prentice-Hall.

Kiparsky, P. (1965), "Phonological Change", Doctoral dissertation, Indiana University, Reproduced by the Indiana University Linguistics Club, 1971.

Kiparsky, P. (1968a), "Linguistic Universals and Linguistic Change", Reprinted in P. Kiparsky(1982), 13-44.

Kiparsky, P. (1968b), "How Abstract is Phonology?", ms., Indiana University Linguistics Club.

Kiparsky, P. (1972), "Explanation in Phonology", In S. Peters (ed.) (1972), *Goals in Linguistic Theory*, Englewood Cliffs, N. J. : Prentice-Hall., 189-225.

Kiparsky, P. (1982), *Explanation in Phonology*, Foris Publication.

Kiparsky, P.(1994), "An OT Perspective on Phonological Variation", Paper presented at NWAV-23, Stanford University.

Kiparsky, P.(1995), "The Phonological Basis of Sound Change". In J. Goldsmith (ed.) (1995), 640-670.

Kisseberth, C. W. (1970), "On the Functional Unity of Phonological Rules", *Linguistic Inquiry* 1, 291-306.

Kisseberth, C. W. (1972), "On Derivative Properties of Phonological Rules", In M. Brame (ed.) (1972), *Contributions to Generative Phonology*, Austin: University of Texas Press, 201-228.

Koutsoudas, A., G. Sanders and C. Noll (1974), "The Application of Phonological Rules", *Language* 50, 1-28.

Labov, W. (1966), *The Social Stratification of English in New York City*, Washington D. C. : Center for Applied Linguistics.

Labov, W. (1971), "Methodology", In W. O. Dingwall (ed.) (1971), *A Survey of Linguistic Science*, Linguistic Program, University of Maryland, 412-497.

Labov, W. (1972), *Sociolinguistic Patterns,* Philadelphia: University of Pennsylvania Press.

Labov, W. (1994), *Principles of Linguistic Change* (Vol. 1), Blackwell.

Labov, W. (1997), "Resyllabification", In F. Hinskens, R. V. Hout and W. L. Wetzels (eds.) (1997), 145-179.

Lacharité, D. and C. Paradis (1993), "The Emergence of Constraints in Generative Phonology and a Comparison of Three Current Constraint-Based Models", *Canadian Journal of Linguistics* 38, 169-195.

Lass, R. (1984), *Phonology*, Cambridge University Press.

Leben, W. (1973), "Suprasegmental Phonology", Doctoral dissertation, MIT.

Lee, Min-Kyung (2001), *Optionality and Variation in Optimality Theory*, 경진문화사.

Lehmann, W. P. (1968), "Saussure's Dichotomy between Descriptive and Historical Linguistics", In W. P. Lehmann and Y. Malkiel (eds.) (1968), 5-20.

Lehmann, W. P. and Y. Malkiel (eds.) (1968), *Directions for Historical Linguistics,*

A Symposium, Austin: University of Texas Press.

Leslau, W. (1969), "Frequency as Determinant of Linguistic Change in the Ethiopian Languages", *Word* 25, 180-189.

Martinet, A. (1955), *Économie des Changements Phonétiques*, Berne: Franche.

Martinet, A. (1960/1971), *Éléments de Linguistique Générale*, Paris: Armand Colin, 『一般言語學槪要』, 金芳漢 譯(1978), 一潮閣.

Martinet, A. (1975), *Evolution des Langues et Reconstruction*, Presses Universitaires de France.

McCarthy, J. (1986), "OCP Effects: Gemination and Antigemination", *Linguistic Inquiry* 17, 207-263.

McCarthy, J. (2002), *A Thematic Guide to Optimality Theory*, Cambridge University Press.

McCarthy, J. and A. Prince (1993), "Prosodic Morphology I", ms., University of Massachusetts, Amherst, and Rutgers University, New Brunswick, N.J.

McCarthy, J. and A. Prince (1995), "Faithfulness and Reduplicative Identity", In J. N. Beckman, L. W. Dickey and S. Urbanczyk (eds.) (1995), 249-384.

McMahon, A. (1994), *Understanding Language Change*, Cambridge University Press.

McMahon, A. (2000), *Change, Chance, and Optimality*, Oxford University Press.

Milroy, J. (1992), *Lingustic Variation and Change*, Blackwell.

Ohala, J. J. (1989), "Sound Change is Drawn from a Pool of Synchronic Variation", L. E. Breivik and E. H. Jahr (eds.) (1989), *Language Change*, Mouton de Gruyter, 173-198.

Paradis, C. (1988), "On Constraints and Repair Strategies", *The Linguistic Review* 6, 71-97.

Paul, H. (1886), "Der Lautwandel, English translation" by H. A. Strong, On Sound Change, In P. Baldi and R. N. Werth (eds.) (1978), 3-22.

Phillips, B. S. (1983), "Lexical Diffusion and Function Words", *Linguistics* 21,

487-499.

Phillips, B. S. (1984), "Word Frequency and the Actuation of Sound Change", *Language* 60-2, 320-343.

Postal, P. (1968), *Aspects of Phonological Theory*, New York: Harper and Row.

Prince, A. and P. Smolensky (1993), "Optimality Theory: Constraint Interaction in Generative Grammar", New Brunswick, N. J. : Rutgers University Center for Cognitive Science, Technical report RuCCS-TR-2. (ROA version: 2002).

Saussure, F. (1915/1972), *Course de Linguistique Générale*, Payot, 최승언 옮김 (1990), 『일반언어학 강의』, 민음사.

Schane, S. A. (1973), *Generative Phonology*, Englewood Cliffs, N. J. : Prentice-Hall.

Shibatani, M. (1972), "The Phonological Representations of English Inflectional Endings", *Glossa* 6-1, 117-127.

Shibatani, M. (1973), "The Role of Surface Phonetic Constraints in Generative Phonology", *Language* 49, 87-106.

Singh, R. (1987), "Well-formedness Conditions and Phonological Theory", in W. U. Dressler, et al. (eds.) (1987), *Phonologica 1984*, Cambridge University Press, 273-285.

Sommerstein, A. H. (1974), "On Phonotactically Motivated Rules", *Journal of Linguistics* 10-1, 71-94.

Sommerstein, A. H. (1977), *Modern Phonology*, London: Edward Arnold.

Spencer, A. (1996), *Phonology*, Blackwell.

Stampe, D. (1969), "The Acquisition of Phonetic Representation", Papers from the Fifth Regional Meeting of the Chicago Linguistic Society, Reprinted in D. Stampe(1979).

Stampe, D. (1973), "A Dissertation on Natural Phonology", Doctoral dissertation, University of Chicago.

Stampe, D. (1979), *A Dissertation on Natural Phonology*, New York: Garland Publishing.

Stanley, R. (1967), "Redundancy Rules in Phonology", *Language* 43-2, 393-436.

Sturtevant, E. H. (1917), *Linguistic Change*, Chicago: University of Chicago Press.

Vennemann, T. (1974), "Phonological Concreteness in Natural Generative Phonology", In R. Shuy and C.-J. Bailey (eds.), *Toward Tomorrow's Linguistics*, Washington, D. C. : Georgetown University Press, 202-219.

Wang, W. S-Y. (1969), "Competing Changes as a Cause of Residue", *Language* 45-1, 9-21.

Wang, W. S-Y. and C-C. Cheng (1977), "Implementation of Phonological Change", In W. S-Y. Wang (ed.) (1977), *The Lexicon in Phonological Change*, Hague: Mouton Publishers, 148-158.

Wardhaugh, R. (1998), *An Introduction to Sociolinguistics* (3rd edition), Blackwell.

Weinreich, U., W. Labov and M. I. Herzog (1968), "Empirical Foundation for a Theory of Language Change", In W. P. Lehmann and Y. Malkiel (eds.) (1968), *Directions for Historical Linguistics*, A Symposium, Austin: University of Texas Press, 95-188.

Zwicky, A. M. (1972), "Note on a Phonological Hierarchy in English", In R. Stockwell and R. Macaulay (eds.) (1972), *Linguistic Change and Generative Theory*, Bloomington: Indiana University Press, 275-301.

부록 1. 제보자 인적 사항

제보자 M₁ : 고성준(高成俊), male, 85세
출신지: 경신진 회룡봉촌
성장지: 북한, 경신진 회룡봉촌
배우자 출신지: 회룡봉촌은 아님
학력 및 학교 위치: 소학졸
직업 및 직장 위치: 경신진 회룡봉촌에서 농사
외지 출타 많은 편
군복무 여부: 군복무 경험 있음

제보자 F₁ : 김경자(金京子), female, 79세
출신지: 함북 경흥군 아오지읍 송악리(산굴)
성장지: 함북 경흥군 아오지읍 송악리(산굴)(1946년 회룡봉촌으로 이주)
부모 출신지: 함북 경흥군 아오지읍
배우자 출신지: 경신진 회룡봉촌(벌등촌)
학력 및 학교 위치: 아오지에서 초중졸
직업 및 직장 위치: 경신진 회룡봉촌에서 농사

제보자 M₂ : 김규현(金奎鉉), male, 73세
출신지: 경신진 회룡봉촌
성장지: 경신진 회룡봉촌
부모 출신지: 함북 경흥군 하여평리
학력 및 학교 위치: 경신진 회룡봉촌에서 소학 중퇴
직업 및 직장 위치: 경신진 회룡봉촌에서 농사

군복무 여부: 군복무 경험 없음

제보자 M₃ : 김대현(金大鉉), male, 72세
출신지: 훈춘시 경신진 사도포
성장지: 경신진 사도포(70년대에 회룡봉촌으로 이주)
부모 출신지: 함북 경흥군
배우자 출신지: 경신진 회룡봉촌
학력 및 학교 위치: 훈춘시에서 소학졸, 초중졸
직업 및 직장 위치: 경신진 회룡봉촌에서 농사
군복무 여부: 군복무 경험 없음
타 제보자와의 관계: 김복순의 남편, 김향옥의 고모부

제보자 M₄ : 박남성(朴楠星), male, 71세
출신지: 경신진 회룡봉촌
성장지: 경신진 회룡봉촌
부모 출신지: 경신진 회룡봉촌
배우자 출신지: 경신진 회룡봉촌
학력 및 학교 위치: 경신진 회룡봉촌에서 소학졸(독학으로 풍부한 학식 갖춤)
직업 및 직장 위치: 경신진 회룡봉촌에서 농사
군복무 여부: 군복무 경험 없음
타 제보자와의 관계: 김대현, 김복순의 사돈

제보자 F₂ : 김복순(金福順), female, 69세
출신지: 경신진 회룡봉촌
성장지: 경신진 회룡봉촌
부모 출신지: 함북 경흥군(父). 경신진 회룡봉촌으로 이주
배우자 출신지: 훈춘시 사도포
학력 및 학교 위치: 경신진 회룡봉촌에서 소학졸, 경신진 이도포에서 초중졸
직업 및 직장 위치: 경신진 회룡봉촌에서 농사
타 제보자와의 관계: 김대현의 처, 김향옥의 고모

제보자 M₅ : 고권필(高權弼), male, 69세
출신지: 경신진 이도포
성장지: 경신진 이도포, 방천, 권하 등을 거쳐 17세에 회룡봉촌으로 이주
부모 출신지: 함북 경흥군
배우자 출신지: 경신진 회룡봉촌
학력 및 학교 위치: 무학
직업 및 직장 위치: 경신진 회룡봉촌에서 농사
주로 출타하는 지역: cf. 손녀가 경신진에서 소학교 재학
군복무 여부: 군복무 경험 없음
타 제보자와의 관계: 이경해의 매형, 고병륭의 아버지

제보자 F₃ : 박경순(朴京順), female, 62세
출신지: 경신진 회룡봉촌
성장지: 경신진 회룡봉촌
부모 출신지: 경신진 회룡봉촌
배우자 출신지: 경신진 회룡봉촌
학력 및 학교 위치: 경신진 이도포에서 초중졸
직업 및 직장 위치: 경신진 회룡봉촌에서 농사
주로 출타하는 지역: cf. 훈춘시 춘하진과 도문시에 자녀 거주

제보자 M₆ : 동학진(董鶴振), male, 60세
출신지: 경신진 회룡봉촌
성장지: 경신진 회룡봉촌
부모 출신지: 경신진 회룡봉촌(선대는 함북 명천군)
배우자 출신지: 훈춘시 경신진 이도포
학력 및 학교 위치: 회룡봉촌에서 소학 중퇴
직업 및 직장 위치: 경신진 회룡봉촌에서 농사
군복무 여부: 군복무 경험 없음

제보자 M₇ : 이경해(李京海), male, 59세
출신지: 경신진 회룡봉촌
성장지: 경신진 회룡봉촌
부모 출신지: 경신진 회룡봉촌
배우자 출신지: 경신진 금당촌
학력 및 학교 위치: 초중졸
직업 및 직장 위치: 경신진 회룡봉촌에서 농사. 지부 서기 경력 있음
군복무 여부: 군복무 경험 없음
타 제보자와의 관계: 라인숙의 남편, 이성화의 아버지

제보자 F₄ : 라인숙(羅仁淑), female, 56세
출신지: 경신진 금당촌(회룡봉에서 20리 떨어진 곳)
성장지: 경신진 금당촌
부모 출신지: 금당촌(父), 경신진 조양촌(母)
배우자 출신지: 경신진 회룡봉촌
학력 및 학교 위치: 경신진 금당촌에서 소학졸, 경신진 이도포에서 농중졸
직업 및 직장 위치: 회룡봉촌에서 농사
타 제보자와의 관계: 이경해의 처, 이성화의 어머니

제보자 M₈ : 박승권(朴承權), male, 55세
출신지: 경신진 회룡봉촌
성장지: 경신진 회룡봉촌
부모 출신지: 경신진 회룡봉촌
배우자 출신지: 훈춘시 반석진
학력 및 학교 위치: 경신진 회룡봉촌에서 소학졸
직업 및 직장 위치: 경신진 회룡봉촌에서 농사
주로 출타하는 지역: cf. 요녕성 심양시, 광동성 심수시, 절강성에 가족 거주
군복무 여부: 군복무 경험 없음

제보자 F₅ : 김애숙(金愛淑), female, 54세

출신지: 경신진 회룡봉촌
성장지: 경신진 회룡봉촌
부모 출신지: 경신진 회룡봉촌
배우자 출신지: 경신진 금당촌
학력 및 학교 위치: 회룡봉촌에서 소학졸
직업 및 직장 위치: 회룡봉촌에서 농사
주로 출타하는 지역: cf. 연길, 훈춘, 이도포에 가족 거주

제보자 M_9 : 이성동(李星東), male, 48세
출신지: 경신진 회룡봉촌
성장지: 경신진 회룡봉촌
부모 출신지: 경신진 회룡봉촌
배우자 출신지: 용정시
학력 및 학교 위치: 경신진 이도포에서 초중졸
직업 및 직장 위치: 회룡봉촌에서 상점 운영
주로 출타하는 지역: 훈춘시
군복무 여부: 군복무 경험 있음. 광주(廣州)에서 4년간 군복무(한족 접촉)
타 제보자와의 관계: 이경해의 조카, 이성화의 사촌

제보자 M_{10} : 고병룡(高炳龍), male, 45세
출신지: 경신진 회룡봉촌
성장지: 경신진 회룡봉촌
부모 출신지: 경신진 이도포(父), 경신진 회룡봉촌(母)
배우자 출신지: 경신진 조양촌
학력 및 학교 위치: 경신진 회룡봉촌에서 소학졸. 회룡봉촌에서 경신진 이도
        포로 통학하여 초중졸. 경신진에서 고중졸
직업 및 직장 위치: 경신진 회룡봉촌에서 농사
주로 출타하는 지역: 경신진 이도포, 훈춘시 cf. 경신진에서 자녀가 소학교 재
        학중
군복무 여부: 군복무 경험 없음

중국어 사용 수준: 중
타 제보자와의 관계: 고권필의 아들, 이경해의 외조카

제보자 F_6 : 김옥련(金玉連), female, 45세
출신지: 경신진 회룡봉촌
성장지: 경신진 회룡봉촌
부모 출신지: 경신진 회룡봉촌
배우자 출신지: 경신진 회룡봉촌
학력 및 학교 위치: 경신진 회룡봉촌에서 소학졸, 경신진 이도포에서 초중졸
직업 및 직장 위치: 경신진 회룡봉촌에서 농사

제보자 F_7 : 김춘월(金春月), female, 44세
출신지: 경신진 회룡봉촌
성장지: 경신진 회룡봉촌
부모 출신지: 경신진 회룡봉촌
배우자 출신지: 경신진 회룡봉촌
학력 및 학교 위치: 경신진 회룡봉촌에서 초중졸. 경신진 이도포에서 고중졸
직업 및 직장 위치: 회룡봉촌에서 농사

제보자 M_{11} : 박정욱(朴正旭), male, 39세
출신지: 경신진 회룡봉촌
성장지: 경신진 회룡봉촌
부모 출신지: 경신진 회룡봉촌(父), 경신진 금당촌(母)
배우자 출신지: 경신진 권하촌
학력 및 학교 위치: 경신진 회룡봉촌에서 소학졸, 경신진 이도포에서 초중졸
직업 및 직장 위치: 경신진 회룡봉촌에서 농사
주로 출타하는 지역: 경신진 이도포, 훈춘시, 연길시
군복무 여부: 군복무 경험 없음
타 제보자와의 관계: 라인숙의 외조카

제보자 F₈ : 김향옥(金香玉), female, 38세
출신지: 경신진 회룡봉촌
성장지: 경신진 회룡봉촌
부모 출신지: 경신진 회룡봉촌
배우자 출신지: 경신진 회룡봉촌
학력 및 학교 위치: 경신진 회룡봉촌에서 소학졸, 경신진 이도포에서 초중졸
직업 및 직장 위치: 경신진 회룡봉촌에서 상점 운영. 2005년에 훈춘시로 이주
주로 출타하는 지역: 훈춘시
타 제보자와의 관계: 김복순의 외조카

제보자 M₁₂ : 이성화(李成華), male, 31세
출신지: 경신진 회룡봉촌
성장지: 경신진 회룡봉촌
부모 출신지: 경신진 회룡봉촌(父), 경신진 금당촌(母)
배우자 출신지: 미혼
학력 및 학교 위치: 경신진 이도포에서 초중 중퇴
직업 및 직장 위치: 조사 당시 무직. 현재는 외지에서 근무
주로 출타하는 지역: cf. 연태에서 한국 사람 접하며 일한 적 있음
군복무 여부: 군복무 경험 있음(한족 접촉)
타 제보자와의 관계: 이경해, 라인숙의 아들

제보자 M₁₃ : 김철송(金鐵松), male, 29세
출신지: 경신진 회룡봉촌
성장지: 경신진 회룡봉촌
부모 출신지: 경신진 회룡봉촌(父), 훈춘시 마적달진(母)
배우자 출신지: 미혼
학력 및 학교 위치: 경신진 회룡봉촌에서 소학졸, 경신진 이도포에서 초중 중퇴
직업 및 직장 위치: 경신진 회룡봉촌에서 농사
주로 출타하는 지역: 훈춘시, 경신진 이도포 cf. 청도에 동생 거주
군복무 여부: 군복무 경험 없음

타 제보자와의 관계: 김홍란의 오빠, 김청일의 친구

제보자 M_{14} : 김청일(金淸日), male, 29세
출신지: 경신진 회룡봉촌
성장지: 경신진 회룡봉촌
부모 출신지: 경신진 회룡봉촌(父), 경신진 권하촌(母)
배우자 출신지: 미혼
학력 및 학교 위치: 경신진 회룡봉에서 소학졸, 경신진 이도포에서 초중졸,
        훈춘시에서 자비 학교(2년)졸
직업 및 직장 위치: 경신진 회룡봉촌에서 농사
주로 출타하는 지역: 훈춘시, 경신진 이도포
군복무 여부: 군복무 경험 없음
중국어 사용 수준: 하
타 제보자와의 관계: 김철송의 친구

제보자 F_9 : 김홍란(金紅蘭), female, 25세
출신지: 경신진 회룡봉촌
성장지: 경신진 회룡봉촌
부모 출신지: 경신진 회룡봉촌
학력 및 학교 위치: 경신진 이도포에서 초중졸
직업 및 직장 위치: 조사 당시는 무직. 2005년부터 청도에서 근무
타 제보자와의 관계: 김철송의 동생

부록 2. 음운 현상 조사 항목

본고와 관련된 음운 현상 조사 항목의 목록을 정리하면 대략 다음과 같다. '방언형'은 주로 노년층의 발화에서 관찰된 형태들 중 가장 대표적인 것을 채택하였다. 각 방언형의 '의미' 난에는 대응되는 한국어 표준어나 한자, 뜻풀이 등을 제시하였다. 여기에는 본문의 도표에 제시되지 않은 조사 항목들도 추가적으로 포함되어 있다. 덧붙여 카잔 자료에 출현하는 관련 항목들의 전체 목록도 문헌의 구별 없이 통합적으로 제시하였다.

1. 변항 (ti) 조사 항목

방언형	의미	방언형	의미	방언형	의미
가매티	누룽지(鍋焦)	딜래비	조카사위(姪婿)	빼애디-	빼어지-(被拔)
단디	단지(罐)	딜구배	산사자(山査子)	우티	옷(衣)
텬디꽂	진달래(杜鵑)	디래	지라(脾臟)	꺼꾸러디-	꺼꾸러지-(倒)
장딴디	장딴지(小腿)	칼티	갈치(刀魚)	디나-	지나-(過)
농디레	미꾸라지(鰍魚)	라디오	라디오	덕합하-	적합하-(適合)
디레	지렁이(蚯蚓)	굴기받티개	밑싣개	벌레디-	벌려지-
아오디	아오지(阿吾地)	디진	지진(地震)	-던디(든디)	-든지(선택)
딮	짚(藁)	끼불어디-	기울어지-(被傾)	티셩	치성(致誠)
명디	명주(紬)	디각질	바람에 곡식의 검불을 날리는 일	티료	치료(治療)
고티-	고치-(改)	딮-	짚-	약해디-	약해지-(被弱)
다티-	건드리-(觸)	받티-	받치-	꺾어디-	꺾어지-(被折)
티-	치-(打)	디나가	지나가-(過)	깎아디-	깎아지-
띠-	찌-(蒸)	딕이-	(닭 따위를)쫓-	뜯어디-	뜯어지-
마사디-	부서지-(破)	딘하-	진하-(濃)	쫄아디-	줄어들-(減)
떨어디-	떨어지-(落)	꺼디-	꺼지-(陷)	엇디	어찌(何)
빠디-	빠지-(沒)	구겨디-	구겨지-(縐)	짤가디-	잘라지-(被斷)
디르/딇-	찌르-(刺)	넘어디-	넘어지-(倒)	끊어디-	끊어지-(被斷)

바디	바지(袴)	다배디-	자빠지-(倒)	째디-	찢어지-(被裂)
번디-	뒤집-(飜),번역하-	쟈빠디-	자빠지-(倒)	쫒어디-	찢어지-(被裂)
깨디-	깨지-(破)	까꾸라디-	꺼꾸러지-(倒)	더럽아디-	더러워지-(被汚)
엎우러디-	엎어지-(倒)	번뎌디-	자빠지-(倒)	말게디-	말리-(被捲)
데디-	던지-(投), 버리-	쓰러디-	쓰러지-(靡)	써디-	써지-(被寫)
모딜-	굵-(粗)	밑디-	밑지-	펴디-	펴지-(被伸)
띃-	찧-(春)	다티-	다치-(傷)	헤엄티-	헤엄치-(泳)
떡-	찍-(砍)	묻히-	묻히-(被埋)	(실)모디	실감개
느베고티	누에고치(繭)	헤티-	헤치-(破)	꽈디-	꽈지-(被撚)
디그릇	질그릇(陶器)	(소리)디르-	(소리)지르-	발가디-	발라지-(被剝)
디키-	지키-(守)	디우-	지우-(消)	발퀴와디-	발라지-(被剝)
걸티-	걸치-(橫, 披)	헤테디-	흩어지-(散)	맑아디-	맑아지-(被淸)
꺾어디-	꺾어지-(折)	꼳꼳이	꼿꼿이(直)	믿어디-	믿어지-(被信)
디패	지팡이(杖)	따개디-	쪼개지-	누래디-	누래지-(被黃)
디경	지경, (밭 따위의) 경계(地境)	닞어디-	잊히-(被忘)	훑어디-	훑어지-
평디	평지(平地)	어부재기타-	고함치-	갇히-	갇히-(被囚)
디-	지-(落)	딘맥	진맥(診脈)	퍼디-	퍼지-(被汲)
-디	-지(연결어미)	즛띃-	짓찧-(春)	삶아디-	삶아지-(被烹)
-디	-지(종결어미)	없어디-	없어지-	우볘디-	후벼지-
같이	같이(共)	벌어디-	벌어지-	달예디-	달여지-
해돋이	해돋이(日出)	집도티	집돼지	다례디-	다려지-
미닫이	미닫이(門)	멧도티	멧돼지	숯어디-	시쳐지-
고슴돛이	고슴도치(刺蝟)	엎어디-	엎어지-	맨들아디-	만들어지-
긑이-	남기-(遺)	넘티	염통(心腸)	불러디-	불러지-(被呼)
붙이-	붙이-(貼)	고디식하-	고지식하-(老實)	(오줌)고티	방울(滴)
닉어디-	익어지-(被熟)	뻗티-	뻗치-	꼬부래디-	꼬부라지-(被曲)
닉헤디-	익혀지-	절까티	젓가락(楮)	절어디-	(소금에)절여지-
닦여디-	닦여지-	딜부	질부(姪婦)	훌어디-	휘어지-
께에디-	꿰어지-(被貫)	처디-	처지-	무뎌디-	무뎌지-
썰어디-	썰어지-	갈가디-	갈라지-(被分)	드티-	(자리를)옮기-
싸알아디-	썰어지-	고해바티-	고해바치-	드텨디-	옮겨지-
익숙해디-	익숙해지-	소리티-	소리치-	부서디-	부서지-
즈처디-	짓무르-	도두라디-	도드라지-	터디-	터지-(爆)
쫒게디-	찢어지-(被裂)	당겨디-	당겨지-(被引)	메에티-	메어치-
(상을)티-	훔치-, 닦-	풀어디-	풀어지-(被解)	녹아디-	녹아지-
(곡셕)무디	무지(堆)	곧곧이	곳곳이	어지럽아디-	어지러워지-(被亂)
식어디-	식어지-(被冷)	싣게디-	실리-(被載)	메테디-	더러워지-
선던	선전(宣傳)	(덭에)티우-	걸리-	던디-	던지-(投)
휘늘어디-	휘늘어지-	목난디이	목이 쉬는 것	차디-	차게 되-(被冷)
날마디르	날마다	섞이와디-	섞이-(被混)	꿋어디-	끌리-(被引)
낫아디-	나아지-	뺏게디-	벗겨지-(被剝)	심어디-	심어지-(被植)
-는디	-는지(연결어미)	굽헤디-	구워지-(被燔)	달아매디-	달아매어지-(被縣)

뎐깃세	전기세(電氣稅)	-딤	-지(종결어미)	감겨디-	감겨지-
베에디-	베어지-	구겨디-	구겨지-	삶게디-	삶기-(被烹)
퍼디-	(물에)퍼지-	맡이-	맡기-(任)	묶어디-	묶어지-(被束)
퍼디우-	(물에)불리-	불거디-	부러지-(被折)	담겨디-	담겨지-
볫딮	볏짚	젓어디-	저어지-	잠궈디-	잠겨지-
바꽈디-	바꿔지-(被換)	엇디-	어찌하-	테격	체격(體格)
썩어디-	썩어지-(被腐)	몰개밀이	모래무지	붇(-이)	붓(筆)
날개티-	날개치-	헤에디-	헤어지-(別)	낟(-이)	낫(鎌)
디둥기	질항아리(陶盆)	굳어디-	굳어지-(被固)	곧(-이)	곳(處)
좁헤디-	좁혀지-	경사디-	경사지-(傾斜)	갇(-이)	갓(笠)
가리와디-	(앞이)가려지-	탕을 티-	다지-	벋(-이)	벗(友)
닫아디-	닫아지-(被關)	채와디-	채워지-(被滿)	숟(-이)	(머리)숱
묻히-	(먹을)묻히-	솩와디-	솩이어지-	숟(-이)	숯(炭)
적어디-	적어지-(減)	긑(-이)	끝(末)	덭(-이)	덫
쏟아디-	쏟아지-(被瀉)	뜯(-이)	뜻(意)	볕(-이)	볕(陽)
에에디-	(지붕이)이어지-(被蓋)	겥(-이)	곁(傍)	햇볕(-이)	햇볕(陽)
텨디-	(칸이)쳐지-	빋(-이)	빚(債)	겉(-이)	겉(皮)
끼워디-	끼워지-(被挾)	밭(-이)	밭(田)	맏(-이)	맏이(長)
밝아디-	밝아지-(被明)	돋(-이)	돼지(猪)	시르밑(-이)	시룻밑
비싸디-	비싸지-	몯(-이)	못(釘)	바깥(-이)	바깥(外)
커디-	커지-	밑(-이)	밑(底)	피낟(-이)	피(稊稗(米))

1-1. 카잔 자료의 변항 (ti) 관련 항목

방언형	의미	방언형	의미	방언형	의미
디키-	지키-(守)	해돋이	해돋이(日出)	구부러디-	구부러지-(曲)
고디식하-	고지식하-(老實)	붙이-	붙이-(貼)	궁니스랍어다	영리해지-(聰)
-디₁	-지(연결어미)	마사디-	부서지-(破)	(쇠로)디-	주조하-(鑄)
어딜-	어질-(賢)	나디-	나오-(出)	쟈빠디-	자빠지-(倒)
떨어디-	떨어지-(落)	디나-	지나-(過)	넘어디-	넘어지-(倒)
모딜₁-	모질-(猛)	디톄	지체(遲滯)	디페	지팡이(杖)
모딜₂-	굵-(粗)	명디	명주(明紬)	모딜어디-	굵어지-(粗)
디	지(기간)	하디	동가리(總)	똑똑해디-	똑똑해지-(聰)
티-	치-(打)	어듭어디-	어두워지-(暗)	잃어디-	잃어지-(失)
고티-	고치-(改)	티셰	치성(致誠)	하딕	하직(下直)
져물어디-	저물어지-(昏)	긷이-	남기-(遭)	헤티-	헤치-(破)
차디	우두머리(次知)	띃-	찧-(舂)	내티-	내치-(黜)
늙어디-	늙어지-(老)	세어디-	세어지-(强)	뚜디-	뒤지-(索)
딮	짚(藁)	벗어디-	벗겨지-(脫)	밝아디-	밝아지-(明)
엇디	어찌(何)	아깝아디-	아까워지-(惜)	(한)가운디	가운데(中)
엇디-	어찌하-(何)	고티	고치(繭)	썩어디-	썩어지-(腐)
어푸러디-	엎어지-(倒)	디셰	지세(地稅)	곱아디-	고와지-(美)

무디	무지(堆)	디그릇	질그릇(陶器)	깨애디-	깨지-(破)
-던디₁	-던지(연결어미)	디르-	찌르-(刺)	맡이-	맡기-(任)
-던디₂	-든지(연결어미)	어듭아디-	어두워지-(暗)	암돌(-이)	암돼지(母豬)
꺾어디-	꺾어지-(折)	디굴	땅굴(地窟)	고순돌(-이)	고슴도치(刺蝟)
-마디르	-마다(조사)	같이	같이(共)	볕(-이)	볕(陽)
-디₂	-지(연결어미)	디나	지나-(過)	긑(-이)	끝(末)
-디₃	-지(종결어미)	환해디-	환해지-(明)	낟(-이)	낫(鎌)
단디	단지(罐)	빠디-	빠지-(沒)	밭(-이)	밭(田)
쉰틱하-	신칙하-(申飭)	뿔어디-	불어나-(殖)	붇(-이)	붓(筆)
걸티-	걸치-(滯)	터디-	터지-(爆)	밑(-이)	밑(低)
끊어디-	끊어지-(斷)	꽈디-	꽈지-(撚)	매돌(-이)	멧돼지(野豬)
하딕하-	하직하-(下直)	풀어디-	풀어지-(解)	맏(-이)	맏이(長)
다티-	건드리-(觸)	데다-(더다-)	던지-(投),버리-	나무밭(-이)	숲(林)
닭이-	찔리-(刺)	친디	친지(親知)	피낟(-이)	피(稊稗(米))
띡-	찍-(啄)	디경	지경(地境)	숟(-이)	숯(炭)
반반해디-	반반해지-(美)	모딜기	모질게(猛)	몯(-이)	못(釘)

2. 변항 (tyV) 조사 항목

방언형	의미	방언형	의미	방언형	의미
둏-	좋-(好)	뎡하-	정하-(定)	듕새	밤참
엇뎨	어째(何)	관텽	관청(官廳)	듕참	밤참
뎨일	제일(第一)	(인명)재턴	재천(在天)	상댱	상장(賞狀)
뎨수	제수(弟嫂)	뎡뎌~하다	정정하-	문뎔귀	돌쩌귀
댱화	장화(長靴)	검뎡	검정(黑)	텬댱	천장(天障)
듕매(꾼)	중매(꾼)(仲媒-)	뎌것	저것(彼)	부텨	부처(佛)
댱수	장수(長壽)	깜댱벌거지	검정 벌레(黑蟲)	뎐하-	전하-(傳)
댱손가락	가운뎃손가락(長指)	양텰기와	양철기와	뎝시	접시(楪子)
댱사(꾼)	장사(꾼)(商業-)	텰람셩	천남성(天南星)	뎌기	저기(彼處)
댱마당	장(터)(場)	샹뎜	상점(商店)	댱마	장마
말댱	말목(杙)	꽃상뎜	꽃상점(-商店)	뎔	절(寺)
댱가	장가(丈家(娶))	놋텹	놋그릇	뎜심	점심(點心)
따르/땨	짧-(短)	댱	장(張)(단위)	시댱	시장(市場)
듕	중(中)	듕학교	중학교(中學校)	듕심	중심(中心)
니빠뎨	이빨 빠진 사람(缺齒人)	뎌리	저렇게(彼)	교댱	교장(校長)
듕국	중국(中國)	뎐기	전기(電氣)	뎌리	저리(彼處)
됴션	조선(朝鮮)	뎡거댱	정거장(停車場)	뎐댱	전당(典當)
텬디꽃	진달래(杜鵑)	뎜	점(點)(단위)	뎌생	저승(彼生)
뎌게	저기(에)(彼處)	뎐	조문(弔問)할 때 가져 가는 떡 따위의 음식	뎐화	전화(電話)
뎐깃불	전깃불(電燈)	뎜배기	귀가 어두워 말을 잘 못 알아 듣는 사람	앙텬통곡	앙천통곡(仰天痛哭)
뎡개	무릎(膝)	텬국	천국(天國)	형뎨	형제(兄弟)
쇼텹	작은 접시(小楪)	텬댱	천당(天堂)	문구댱	문구장(門球場)
뎔귀	절구(臼)	텬반	천장(天障)	향댱	향장(鄉長)
뎍-	적-(寫)	면댱	면장(面長)	촌댱	촌장(村長)
뎜	점(點)	향뒤텽	한 마을의 상사(喪事)를 주관하는 조직	책댱	책장(-張)
뎜재	삿자리(簟子)	운동댱	운동장(運動場)	훈댱	훈장(訓長)
뎡배기	정수리(頂)	댱날	장날(場-)	관턍-	괜찮-
남뎡	남정, 남편(男丁)	가댱	가장(家長)	백뎡	백정
뎌	저(彼)	가뎡	가정(家庭)	뎍당하-	적당하-(適當)
-텨르	-처럼(조사)	톄게뎍	체계적(體系的)		

2-1. 카잔 자료의 변항 (tyV) 관련 항목

방언형	의미	방언형	의미	방언형	의미
뎡게	저기(에)(彼處)	공댱	공론(公論)	황제	황제(皇帝)
댱손이	장손이(人名:長孫)	채뎡	빗장(栓子)	됴션	조선(朝鮮)
눈멀대	눈먼 사람(盲人)	엇대	어째(何)	뎌렇-	저렇-(彼)
남뎡	남정(男丁)	촨댱	노(船杖(櫓))	댱부	장인(丈父)
둏-	좋-(好)	뎌승	저승(彼生)	댱모	장모(丈母)
대뎝	대접(盌)	살댱	문살(혹은 울타리 만드는 데 쓰인 나무) 중 굵은 것	댱	장(張)
댱새	장사꾼(商人)	뎌귀	돌쩌귀(摺鐵)	텬디	천지(天地)
니빠대	이 빠진 사람(缺齒人)	언뎡하-	언약하-(言定)	댜	저 아이(彼兒)
셩듕	시내(城中)	관댱	관장(官長)	신톄	신체(身體)
뎌	저(彼)	뎌긔	저기(彼處)	쳘필	철필(鐵筆)
뎌게(뎌것)	저것(彼)	뎐	융(絨)	뎨엘	제일(第一)
뎜	점(點)	텬반	천장(天盤)	담담하-	잠잠하-(潛潛), 어둡-(暗)
댱즈	항상(常)	뎜심	점심(點心)	듕간	중간(中間)
댱	장(場)	듕스럽- (듕스레)	중간 정도의 크기이-(中)	셤듕	섬중(島中)
텰	철(鐵)	검뎡	검정(黑)	톄재	체자(帖子)
-텨르	-처럼(조사)	훈댱	훈장(訓長)	텰안	철환(鐵丸), 총알
텬하	천하(天下)	댜르-	짧-(短)	디톄	지체(遲滯)
텰대	노리쇠	뎨디-	버리-(棄)	됴졈	물건 만드는 곳(工場)
뎡녀쿠	정녕코(叮嚀)	톄급	선물(膳物)	뎐댱	전당(典當)
말댱	말목(杙)	뎡	정(釘)	고댱	곳(處)
허뎨	허락(許題)	무텰	산탄(霰彈)	허뎍	허가(許適), 동의
삼뎡	삼실을 만들기 전 두드려서 보드랍게 만든 삼의 껍질	밤듕	밤중(夜中)	곡됴	곡조(曲調)
듕	중(中)	본톄	선물(膳物)	듀쇽	놋쇠, 황동
댱개	장가(丈家(娶))	텬쥬	천주(天主)	뎜제	삿자리(簟子)
졀당	절(寺)				

3. 변항 (ni) 조사 항목

방언형	의미	방언형	의미	방언형	의미
니-	이-(戴)	닙쌀	입쌀(稻米)	닙히-	입히-(使服)
니매	이마(額)	님재	임자(主人)	닐기우-	일으키-(使起)
닉-	익-(熟)	닢	잎(葉)	니우-	이우-(使戴)
니불	이불(被)	니기-	이기-(採)	니부자리	이부자리
닐어나	일어나(起)	닛-	잊-(忘)	께닙-	껴입-
니르/닑-	이르-(謂), 읽-(讀)	닛-	잇-(連)	닑히-	읽히-(使讀)
닙-	입-(服)	리혼	이혼(離婚)	닉히-	익히-(使熟)
니레	이레(七日)	님금	임금(君)	닐어셔-	일어서-(起立)
니(빨)	이(빨)(齒)	리자	이자(利子)	리안사	李安社(人名)
니	이(蝨)	리유	이유(理由)	니뿌리	이촉(齒根)
니른	일흔(七十)	리해	이해(理解)	니르각질	고자질
닐굽	일곱(七)	니엉	이엉	닐구-	일으키-(使起)

3-1. 카잔 자료의 변항 (ni) 관련 항목

방언형	의미	방언형	의미	방언형	의미
니르/닑-	이르-(謂), 읽-(讀)	닐야듭	일여덟(七八)	닉-	익-(熟)
니불	이불(被)	닐아웁	일곱 내지 아홉(七九)	니하-	이롭-(利)
니	이(齒)	니르 나무	일흔 나마(七十餘)	닢	잎(葉)
닛-	잊-(忘)	닐기-	읽히-(使讀)	니매	이마(額)
닙쌀	입쌀(稻米)	닐어셔-	일어서-(起立)	님재	임자(主人)
니른	일흔(七十)	닙-	입-(服)	닙히-	입히-(使服)
닐굽	일곱(七)	니빠대~	이 빠진 사람(缺齒人)	닐어나	일어나-(起)
니악스럽- (니악하-)	이악스럽-(惡)				

4. 변항 (nyV) 조사 항목

방언형	의미	방언형	의미	방언형	의미
옛날	옛날(昔)	녀름	여름(夏)	련락	연락(連絡)
뉵	육(六)	녁-	약-, 영리하-(聰明)	련재	연재(連載)
뇰(뇨)	(닭 따위의) 모이(料)	녚구리	옆구리(脇)	련습	연습(練習)
뉴수/뉵	윷(攎)	년세	연세(年歲)	례절	예절(禮節)
뇽디레	미꾸라지(鰍魚)	녀편네	여편네(女便)	례모	예모(禮貌)
뇽마루/뇽맑	용마루(龍屋脊)	녚(아리)	옆(側)	네-	(지붕을)이-(蓋)
례물	예물(禮物)	년	연(鳶)	녀진말	여진말(女眞語)
량반	양반(兩班)	년어	연어(鰱魚)	령수	영수(領袖)
넣-	넣-(投入)	년치	나이	령하	영하(零下)
념티	염통(心臟)	령감	영감	네-	이불 따위를 시치-
념려	염려(念慮)	녀학생	여학생(女學生)	령	영(零)
녀자	여자(女子)	년말	연말(年末)		

4-1. 카잔 자료의 변항 (nyV) 관련 항목

방언형	의미	방언형	의미	방언형	의미
년	연(鳶)	녀동새~	여동생(女同生)	녀인명	여인명(女人名)
내애기	이야기(話)	녀종	여종(婢女)	녀조캐	여조카(姪女)
녀름	여름(夏)	뉵식	육식(肉食)	냑빠르-	약-(聰明)
녜기-	여기-(想)	냥푼	양푼(水盤)	녚구리	옆구리(脇)
뇽막	농막(農幕)	녜렴	여염(閭閻)	년의	연어(鰱魚)
냥	양(兩)	옛날	옛날(昔)	념네	염려(念慮)
넣-	넣-(投入)	뉴리	유리(琉璃)	녁실	역성(贊)
녀파리	옆(側)	양식	양식(糧食)	녀편	여편(女便)
냥반	양반(兩班)	년	년(年)	뉵	육(六)
념틔	염통(心臟)	냠냠하-	얌전하-(婉)	냥	냥(兩 화폐단위)
뉴하-	머무르-(留)				

5. 변항 (syV) 조사 항목

방언형	의미	방언형	의미	방언형	의미
셔른	서른(三十)	셔-	서-(立)	숑이퍼슷	송이버섯(松栮)
셔방가-	장가가-(娶)	선하-	(눈에)선하-	슌대	순대
셔울	서울(京)	셔두르-	서두르-	문샹	문상(門上). 한 문중에서 대수가 가장 높고 손위인 사람
셔답	빨래(洗踏)	생슈(슝)같-	엉뚱하-	셰샹	세상(世上)
보션	버선(襪)	랭슈	냉수(冷水)	이샹스럽-	이상스럽-
셕매	연자방아(石磨)	터업슉하-	텁수룩하-	뺑샹	냉장고(氷箱)
셕경	거울(石鏡)	모셔리	모서리	발쎠	벌써(已)
셤	섬(島)	박슈	박수(拍手)	테슈	퇴직(退休)
온셩	온성(穩城)	슈	수(형식명사)	샤셜	이야기
셩	성(姓)	샹뎜	상점(商店)	이샹하다	이상하-
구셥	이쉽-(窮)	칠셩고기	칠성고기	샹차이	고수풀(香荽)
무셥-	무섭-(怖)	슈박	수박(西瓜)	티셩	치성(致誠)
셔마셔마	섬마섬마(立)	슈슈/슉	수수(高粱)	쳬셰	처서(處暑)
쇼에	송어(松魚)	옥슈슈/옥슉	옥수수(玉高粱)	셩질	성질(性質)
슈에	숭어(鱸魚)	샹튀	상투(髻)	셰슈	세수(洗手)
슈갑	장갑(掌匣)	복슈애	복숭아(桃)	슈건	수건(手巾)
션생	선생(先生)	곡셕	곡식(穀食)	쌰구재	미치광이
셤	섬(石)	션비	선비(士)	쌰재	애꾸
셜기	설기(雪糕)	쇼애	언니		

5-1. 카잔 자료의 변항 (syV) 관련 항목

방언형	의미	방언형	의미	방언형	의미
샤랑	사랑(舍廊, 庫)	샹마	다 자란 수말(牡馬)	슈양버들	수양버들(垂楊)
시새리	저마(苧麻)	셤기-	섬기-(事)	셔방(가)	장가(가-)(娶)
쎠개	서캐(蟣)	말셕	말혁(馬革)	신션	신선(神仙)
셔당	서당(書堂)	구셥-	아쉽-(窮)	듀쇽	놋쇠, 황동
셔-	서-(立)	불샹하-	불쌍하-(憐)	검슈하-	검소하-(儉素)
(불으)쎠-	켜-(點燈)	슝굼이	순금이(人名: 順金)	-(으)ㅂ쇼	-(으)십시오 (종결어미)
셩듕	시내(城中)	셩뉴리	성률이(人名)	예슈	예수(賞主)
업새(우)-	없애-(除去)	셩샘이	성삼이(人名)	숀	선(綣)
셰우-	세우-(使立)	응드리셔-	(이를)드러내 보이-(露(齒))	화샹	화상(畵像)
발쎠	벌써(已)	동셔	동서(同壻)	셕	(말)혁((馬)革)
슈~에	숭어(鱸魚)	밴셰	만두(餃子)	맹셰	맹세(盟誓)
셕매재	연자방아꾼(石磨-)	샹겁	상급(賞給)	됴션	조선(朝鮮)

임석	음식(飮食)	슈에식	세수(洗手)	배셜	배설(排設)
-셔	-서(조사)	세피	청솔모	바션	버선(襪)
셔~왜	성화(成火)	화슌이	화순(和順)하게	세납	세납(稅納)
샤바귀	목이 올라오고 뒤축이 좀 높은 가죽신	티셰	치성(致誠)	션생	선생(先生)
불새~이 (불생키)	불쌍히(憐)	무셥-	무섭-(怖)	셔른	서른(三十)
채셕	댓돌(臺石)	성	형(兄)	성뉴왜	성냥(石硫黃)
만셕	만석(人名:萬石)	백셩	백성(百姓)	이샹	손위(以上)
셰-	세-(量)	셰져~하-	세정하-(洗淨)	화풍션	기선(汽船)
불쎄르	불시에(不時-)	일쎄	날씨(日勢; 日氣)	셕판	석판(石板)
앞셔	앞서, 먼저(先)	셟이	서럽게(慟)	소셩하-	소성하-(蘇醒)
샥괘	모자(帽子)	슈건	수건(手巾)	생션	생선(生鮮)
곡셕	곡식(穀食)	셔르 나무	서른 나마(三十餘)	셤	섬(島)
디셰	지세(地稅)	슈번	수번(守番) 전방 수비	도셰	도서(圖署)
슌하-	순하-(順)	셕매	연자방아(石磨)	닐어셔-	일어서-(起立)
셔울	서울(京)	슈군	수군(水軍)	셰월	세월(歲月)
쌔리	미치광이(狂)	들어셔-	들어서-(入)	슈운	수은(水銀)
쎠-	켜-(鋸)	셩님	형님(兄)	황셰~	황성(皇城)
사셜	사설(辭說), 이야기	샹년	작년(上年)	슈엠	수염(鬚髥)
셩	성(姓)	쇼식	소식(消息)	샬	숄
셜움	설움(慟)	셩냥	돌담(石牆)	샬픠	스카프
셟-	섧-(慟)	슈박	수박(西瓜)	셮	섶(袵)
셩	성(城)				

6. 변항 (tsyV) 조사 항목

방언형	의미	방언형	의미	방언형	의미
죠애	종이(紙)	쟝기	장기(奕)	만져	먼저(先)
죠개	조개(蛤)	제비	제비(燕)	져어리	정어리
쟈랑	자랑(誇)	쥬전자	주전자(銚)	절반	절반(折半)
쵸	초(燭)	가져오-	가져오-	죠연하-	조용하-
쥭	죽(粥)	쟈빠디-	자빠지-(倒)	종지	종지(鍾子;小盆)
쟝	장(醬)	점점	점점(漸漸)	우재	농담
쟐기	자루(袋)	죠끔	조금	챠	차(車)
쟉-	작-(少, 小)	쟝뚱기	장독	뎐쟝	전당(典當)
-쟈	-자(청유종결어미)	간쟝	간장	정신	정신(精神)
졎	젖(乳)	쟝물	국	셕매재	연자방아꾼(石磨-)
져낙	저녁(夕)	쳐	처(妻)	뎜재재	삿자리(簟子) 만드는 사람
졂-	젊-(幼)	쪄몰-	지물 (昏)	얘재	대장쟁이(冶匠)
쳔	천(千)	쳔신	차지	젼	전(前)

6-1. 카잔 자료의 변항 (tsyV) 관련 항목

방언형	의미	방언형	의미	방언형	의미
-쟈	-자(청유종결어미)	쵸롱	초롱(燈籠)	호젼	공출, 호전(戶錢)
죰	죰(若干)	강재~물	빗물로 인해 생긴 웅덩이, 진흙탕 물	대쟝간	대장간(冶場)
짐쟉하-	짐작하-(斟酌)	쟝뜩	잔뜩(滿)	정신	정신(精神)
졎히-	젖게 하-(潤)	챡	덧, 차꼬(着鋼)	정승	정승(政丞)
졔~이	정히(正)	즁택이	망태기(網槖)	젹삼	적삼(衫)
쟉-	작-(小), 적-(少)	쥭	죽(粥)	배젹삼	베적삼(布衫)
져낙	저녁(夕)	져굴셮	저고리 섶(衽)	단졍하-	단정하-(端正)
종즤	종지(鍾子;小盆)	됴졈	물건 만드는 곳(工場)	졔련	여염(閭閻), 마을
젼지	부엌(廚房)	져구나	겨우(僅)	쟈개	재갈(馬銜)
져얼	겨울(冬)	절반	절반(折半)	대쟝	대장(大將)
감쟉하-	깜짝하-(動)	졂운이	젊은이(靑年)	화격	평화, 평화로운 기간
쥬듸	주둥이(嘴)	만져	먼저(先)	금젼	금전(金錢)
광쟈위	삽(鍬)	쪽구망-	조그맣-(小)	쇠졎	쇠젖(牛乳)
쟝물	국(醬-(湯))	챳물	찻물(茶水)	죠꿈하-	조그맣-(小)
비져슥	비슷하게(似)	쪽지	손잡이, 자루(柄)	챠	차(車)
견듸-	견디-(耐)	소곰재	잠자리(蜻蛉)	생견	생존(生存)
쟈빠디-	자빠지-(倒)	쳔	천(千)	쟝님	장님(盲人)
방졍하-	방정하-(方正)	방쳔	강둑(防川)	쥴입	출입(出入)
셰져~하-	세정하-(洗淨)	졈댜니-	점잖-(雅)	뎐쟈	전당(典當)

셕매재	연자방아군(石磨-)	정말	정말(正-;事實)	홍정	흥졍(興成)
아젹	아침(朝)	쵸	초(燭)	족지	쪽지(條紙)
졋	젖(乳)	걱져~하-	걱정하-(憂)	죠~에	종이(紙)
졋통	젖통(乳房)	술막쟝	주막(酒幕)	져막	두루마기(周衣)
부재	부자(富者)	아재기	가지(枝)	쥬엔	주인(主人)
젼	전(前)	사정	사정(私情),친분	족져피	족제비(鼠狼)
춍	총(銃)	대졉	대접(待接)	감졔	감자(甘藷)
챠통	차통(茶罐)	젠이	전혀(全然)	가쟝	매우(極)
쳥하-	청하-(請)	졈졈	점점(漸漸)	텬쥬	천주(天主)
죵굴이-	쫑긋하-(動)	쟝제	담장(垣墻)	녀죵	여종(婢女)
족족	족족(每)	쳥에	청어(靑魚)	졀	젓가락(箸)
긔졀하-	기절하-(氣絶)	쳥하-	청하-(請)	챠~아제	갈퀴, 쇠스랑(鐵杷)
쳬	처(妻)	졔비	제비(燕)	마쥬~	마중(迎)
마즁	마중(迎)	져구리	저고리(襖)	챠	차(茶)
쳔금	천금(人名:千金)	죠롱	조롱(鳥籠)	쥭	죽(粥)
져물-	저물-(昏)	고재	말뚝(橛子)	츳돌	추(錘)
부젹	부족(不足), 부적(不適)	구쟈	구차(苟且)	두죡	두족(頭足)
졂-	젊-(幼)	대쟝	대장장이(冶匠)	죠꿈	조금(若干, 少)
쟐/쟈르	자루(袋)	봄쳘	봄철(春)	죵	종(奴)
우재	농담(弄談)	졀메기	젖먹이(乳兒)		

7. 변항 (yə) 조사 항목

방언형	의미	방언형	의미	방언형	의미
며츨	며칠(幾日)	여스/엮	여우(狐)	몃	몃(幾)
-(으)며	-(으)며(연결어미)	열콩	강낭콩(江南豆)	벼리-	벼리-
며느리	며느리(婦)	열-	열-(開)	미련하-	미련하-
형(님)	형(님)(兄)	여물-	여물-(熟)	면댱	면장(面長)
겨울	겨울(冬)	엿	엿(飴)	텬댱	천당(天障)
겨릅	겨릅(麻骨)	처녀	처녀	명년	내년(明年)
펴-	펴-(伸)	평디	평지(平地)	형편	형편
녀편네(-편)	여편네(女便)	명디	명주(明紬)	편편하-	편편하-
남편	남편(男便)	텬디꽃	진달래(杜鵑)	모서리	모서리
편하-	편하-(便)	넘티	염통(心臟)	명	명(命)
병	병(瓶)	편지	편지(簡)	설기	설기(雪糕)
병	병(病)	다련	다리미(熨斗)	녀자	여자(女子)
(해)볕	(해)볕(陽)	보션	버선(襪)	녀름	여름(夏)
변소	변소(便所)	년	연(鳶)	녁-	약,총명하-(聰明)
년어	연어(鰱魚)	져낙	저녁(夕)	넒구리	옆구리(脇)
셔른	서른(三十)	쳔	천(千)	년세	연세(年歲)
셔방가-	장가가-(娶)	넘려(넘-)	염려(念慮)	넒(아리)	옆(側)
셔울	서울(京)	뎜심	점심(點心)	(불을)켜-	켜-(點火)
셔답	빨래(洗踏)	명심하-	조심하-(銘心操心)	(톱으로)켜-	켜-(鉅)
셕매	연자방아(石磨)	졋	젖(乳)	(기지개를)켜-	켜-(伸)
구셥-	아쉽-(窮)	셕경(셕-)	거울(石鏡)	(물이)켜우-	켜-(渴)
무셥-	무섭-(怖)	뎐깃불	전깃불(電燈)	겨누-	겨누-(照準)
셔마셔마	섬마섬마(立)	면도	면도	겨르/곁-	엮-(編)
써개	서캐(蟣)	디경	지경(地境)	곁	곁(傍)
졈-	젊-(幼)	남뎡	남정, 남편(男丁)	향뒤텽	한 마을의 상사(喪事)를 주관하는 조직
져물-	저물-(昏)	온셩	온성(穩城)	뼈대	뼈대(骨)
뎡게	저기(에)(彼處)	셩	성(姓)	별명	별명(別名)
뎡개	무릎(膝)	겨	겨(糠)	구경	구경
뎔구	절구(臼)	혀	혀(舌)	결혼	결혼(結婚)
뎍-	적-(寫)	쳐	처(妻)	명산	명산(名山)
뎜재	삿자리(簟子)	쇼텹	작은 접시(小楪)	면적	면적(面積)
뎡배기	정수리(頂)	뎜	점(點)	경	경(經)
뎌	저(彼)	셤	섬(島)	민병	민병(民兵)
-텨르	-처럼(조사)	녀편네(녀-)	여편네(女便)	벼슬	벼슬(爵)
넣-	넣-(投入)	벼	벼(禾)	편	편(便)
문역	문가(門邊)	여비-	여위-(瘦)	띠-	찌-(蒸)
부텨	부처(佛)	견디-	견디-(耐)	마시-	마시-(飮)
껴닙-	껴입-	겹히-	접히-(疊)	쑤시-	쑤시-(刺)
벽	벽	비-	비-(空)	(살이)지-	찌-(肥)

벽돌	벽돌	피-	피-(開)	지-	지-(負)
문덜귀	돌쩌귀	히-(희-)	희-(白)	지-	지-(敗)
관텅	관청(官廳)	히-(희-)	헤엄치-(泳)	가지-	가지-(持)
뻥-	펴-(伸), 뻗-	올리-	올리-(昇)	치-	치-(添)
변하-	변하-(變)	내리-	내리-(降)	니-	이-(戴)
엿	엿(飴)	빠디-	빠지-(沒)	쏘이-	쏘이-(被螫)
합치-	합치-(合)	번디-	뒤집-(飜),번역하-	쌓이-	쌓이-(積)
덜	절(寺)	견디-	견디-(耐)	니기-	이기-(揉)
상덤	상점(商店)	데디-	던지-,버리-(投)	구기-	구기-(縐)
겨드랑이	겨드랑이(腋)	깨디-	깨지-(破)	먹이-	먹이-(使食)
역정	역정	디-	지-(落)	기-	기-(匐)
천신	차지	다티-	건드리-(觸)	끼-	끼-(挾)
어렵-	어렵-(難)	고티-	고치-(改)	우비-	후비-(抉)
혁띠	혁대(革帶)	긑이-	남기-(遺)	갑히-	고이-(澱)
명팀	명팀(名team)	티-	치-(打)	그치-	그치-(止)

7-1. 카잔 자료의 변항 (yə) 관련 항목

방언형	의미	방언형	의미	방언형	의미
인경	인경(人定)	사녕	사냥(獵)	별	별(星)
곁	곁(傍)	녛-	넣-(投入)	샛별	샛별(人名:明星)
펴-	펴-(伸)	녀파리	옆(側)	별 일	별 일(別-)
편안하-	편안하-(便安)	-(으)련마느	-(으)련마는 (연결어미)	텰	철(鐵)
볏	볏(肉冠)	알령하-	안녕하-(安寧)	몡디, 명디	명주(明紬)
해볕	햇볕(陽)	-(으)려무나	-(으)려무나 (종결어미)	-(으)몃셔	-(으)면서(연결어미)
무병하-	무병하-(無病)	모력	갈기(鬣)	(불을)켜-, 써-	켜-(點火)
-(으)몃	-(으)며(연결어미)	-셔	-서(조사)	던	융(絨)
며냄이	人名	셕매재	연자방아꾼(石磨-)	년	연(鳶)
-여	-여(호격 조사)	사셜	사설(辭說),이야기	일 년	일 년(一年)
덩게	저기(에)(彼處)	무셥-	무섭-(怖)	젠이	전혀(全然)
대뎝	대접(盌)	셔~왜	성화(成火)	손네	손녀(孫女)
뎌게(뎌것)	저것(彼)	셔당	서당(書堂)	졈댜니-	점잖-(雅)
뎌	저(彼)	구셥-	아쉽-(窮)	명년	내년(明年)
덩녀쿠	정녕코(叮嚀)	셩샘이	성삼이(人名)	-(으)려니	-(으)려니(종결어미)
채뎡	빗장(栓子)	셩뉴리	성률이(人名)	임셕, 임석	음식(飮食)
뎌승	저승(彼生)	셩	형(兄)	졎	젖(乳)
언뎡하-	언약하-(言定)	발쎠	벌써(已)	졈졈	점점(漸漸)
뎌긔	저기(彼處)	쎠개	서캐(蟣)	젼지	부엌(廚房)

검뎡	검정(黑)	말셕	말혁(馬革)	셔른	서른(三十)
텬반	천장(天盤)	앞셔	앞서, 먼저(先)	뼤	뼈(骨)
-텨르	-처럼(조사)	젖통	젖통(乳房)	여스/엮	여우(狐)
텬하	천하(天下)	전	전(前)	남뎡	남정(男丁)
텰대	노리쇠	비져싁	비슷하게(似)	뼤륵이, 벼륵(이)	벼룩(蚤)
-는커녀느	-는커녕	정쉰	정신(精神)	아젹	아침(朝)
구녀	구멍(穴)	셕매	연자방아(石磨)	대접	대접(待接)
넘틱	염통(心臟)	방정하-	방정하-(方正)	사정	사정(私情), 친분
녀름	여름(夏)	셰져~하-	세정하-(洗淨)	쳬	처(妻)
절반	절반(折半)	절당	절(寺)	셩듕	시내(城中)
졂운이	젊은이(靑年)	져얼, 겨얼	겨울(冬)	뎡	정(釘)
만져	먼저(先)	져구나	겨우(僅)	채셕	댓돌(臺石)
져낙	저녁(夕)	쳥하-	청하-(請)	셰피	청솔모
긔절하-	기절하-(氣絶)	졂-	젊-(少)	곡셕	곡식(穀食)
정말	정말(正-(事實))	방쳔	강둑(防川)	병	병(病)
져물-	저물-(昏)	넘녀(녀-)	염려(念慮)	쇠젖	쇠젖(牛乳)
영게	여기(에)(此處)	개몡	개명	져구리	저고리(襖)
여르매	열매(實)	변변하-	변변하-(適)	절메기	젖먹이(乳兒)
-여	-야(종결어미)	군병	군병(軍兵)	절	젓가락(箸)
염쇠	염소(羖)	쎠-	켜-(鋸)	호젼	공출(供出), 호전(戶錢)
허엫-	허옇-(白)	엿기름	엿기름(麥芽)	져막	두루마기(周衣)
여븨-	여위-(瘦)	감제	감자(甘藷)	됴졈	물건 만드는 곳(工場)
역	가, 변(邊)	기력(이)	기러기(鴻)	쳔	천(千)
병대	병대(兵隊)	이백여	이백여(二百餘)	네렴(녀-)	여염(閭閻)
몡	명(名)	졀	절(寺)	쳥에	청어(靑魚)
셔르나무	서른나마(三十餘)	결당	절(寺)	관병	관병(官兵)
셩냥	돌담(石牆)	벼개	베개(枕)	더렿-	저렇-(彼)
텰안	철환(鐵丸), 총알	남편	남편(男便)	검뎡칠	검정칠(黑)
샹년	작년(上年)	편	편(便)	션생	선생(先生)
녀동생	여동생(女同生)	병생	평생(平生)	겹재우-	겹처 쌓-(疊)
녀조캐	여조카(姪女)	녀편(-편)	여편(女便)	배셜	배설(排設)
몇	몇(幾)	병난	병난(兵亂)	바션	버선(襪)
열	열(十)	벼슬	벼슬(爵)	셕판	석판(石板)
넘녀(넘-)	염려(念慮)	그별	기별(奇別)	소성하-	소성하-(蘇醒)
셩뉴애	성냥(石硫黃)	별게	별 것(別-)	신션	신선(神仙)
셩님	형님(兄)	며늘	며느리(婦)	생션	생선(生鮮)
천금	천금(人名:千金)	됴션	조선(朝鮮)	모역	목욕(沐浴)
열-	열-(實)	볕	볕(陽)	졍승	정승(政丞)

여슷	여섯(六)	인명	인명(人名)	걱져~하-	걱정하-(憂)
여긔	여기(此處)	형	형(兄)	젹삼	적삼(衫)
여~으	영	별명	별명(別名)	배젹삼	베적삼(布衫)
열-	열-(開)	명일	명절(名日)	단졍하-	단정하-(端正)
역새	역새(鳥名)	입역	입가(口邊)	핏겿	피나무 껍질
만셕	만석(人名:萬石)	여물-	여물-(熟)	텬디	천지(天地)
뎜	점(點)	네렴(-렴)	여염(閭閻)	셯	섟(社)
동셔	동서(同壻)	들어셔-	들어서-(入)	년젼	연전(年前)
백셩	백성(百姓)	바르뻑	바람벽(壁)	화풍션	기선(汽船)
졔~이	정히(正)	맹셰	맹세(盟誓)	셤듕	섬중(島中)
셔-	서-(立)	과녁	과녁(的)	뼤대	뼈대(骨)
웅드리셔-	(이를)드러내 보이-(露(齒))	닐어셔-	일어서-(起立)	쳘필	철필(鐵筆)
셟이	서럽게(慟)	셩	성(城)	부형	부형(父兄)
셔울	서울(京)	영	영(永)	물역	물가(水邊)
셩	성(姓)	열쇄	열쇠(鑰匙)	셕	(말)혁((馬)革)
홍졍	홍정(興成)	영홰	영화(榮華)	녀인명	여인명(女人名)
금젼	금전(金錢)	평디	평지(平地)	쳔	천(千)
경산	경산(地名)	경심	점심(點心)	계롄	여염(閭閻), 마을
허덕	허가(許適), 동의	네기-	여기-(想)	마시-	마시-(飮)
녀편(녀-)	여편(女便)	댕기-	다니-(行)	이-	이-(계사)
황셰~	황성(皇城)	죽이-	죽이-(殺)	부즉거리-	부직거리-
도셔	도서(圖署)	데디-	던지-, 버리-(棄)	싀기-	시키-(使)
명실	명절(名日)	고티-	고치-(改)	막히-	막히-(塞)
디경	지경(地境)	티-	치-(打)	듣기-	들리-(被聽)
겯-	엮-(編)	대리-	데리-(率)	챙기-	챙기-(備)
녀죵	여종(婢女)	버무리-	버무리-(拌)	달기-	달리-(被縣)
셔방가-	장가가-(娶)	번들거리-	번들거리-(燦)	아깝아디-	아까워지-(惜)
져굴셮	저고리 섟(社)	얼리-	속이-(騙)	쟈빠디-	자빠지-(倒)
녹영	사슴(鹿)	부리-	버리-(보조동사)	밝아디-	밝아지-(明)
안경	안경(眼鏡)	뿌리-	던지-(投)	끊어디-	끊어지-(斷)
화젹	평화, 평화로운 기간	올리-	올리-(昇)	빠디-	빠지-(沒)
며커리	미투리(麻鞋)	(살이)지-	찌-(肥)	반반해디-	반반해지-(美)
더귀	돌쩌귀(摺鐵)	앉이-	앉히-(使坐)	늙어디-	늙어지-(老)
뎜졔	삿자리(簟子)	가지-	가지-(持)	환해디-	환해지-(明)
무텰	산탄(霰彈)	버닥닥거리-	파닥거리-	껶어디-	꺾어지-(折)
삼뎡	삼실을 만들기 전 두드려서 보드랍게 만든 삼의 껍질	닙히-	입히-(使被)	그불이-	굴리-(使轉)
졔비	제비(燕)	맥기-	맡기-(任)	허비-	할퀴-(搔)

텰안	철환(鐵丸),총알	두두리-	두드리-(鼓)	(분부)나리-	내리-(下(命))
흉년	흉년(凶年)	맞히-	맞히-(使被打)	끓이-	끓이-(沸)
년의	연어(鰱魚)	쥐-	쥐-(握)	옥기-	헤매-(迷)
녀동새~	여동생(女同生)	동지-	동이-(纏)	이기-	이기-(勝)
넉실	역성(贙)	기-	기-(匐)	놓이-	놓이-(被置)
넓구리	옆구리(脇)	알아맞히-	이해하-(解)	차리-	차리-(裝)
아련하-	아련하-(窕)	모시-	모시-(事)	그지-	그치-(止)
실력	기절(氣絶)	늘이-	늘이-(垂)	치-	치-(養)
설움	설움(慟)	쉬-	쉬-(息)	뺏기-	벗기-(使脫)
셟-	셟-(慟)	디키-	지키-(守)	들이-	들이-(使入)
전듸-	견디-(耐)	떨어디-	떨어지-(落)	신기-	신기-(使履)
젖히-	젖게 하-(潤)	일어디-	잃어지-(失)	걸기-	걸리-(縣)
섬기-	섬기-(事)	져물어디-	저물어지-(昏)	채리-	차리-(裝)
열기-	열리-(被開)	어푸러디-	엎어지-(倒)	뙇-	찧-(舂)
먹이-	먹이-(使食)	걸티-	걸치-(滯)	세어디-	세어지-(强)
기타-	남기-(遣)	덮이-	덮이-(被蓋)	채례디-	차지가 되-

8. 변항 (ya) 조사 항목

방언형	의미	방언형	의미	방언형	의미
달걀	달걀(鷄卵)	샹튀	상투(髻)	고향	고향(故鄕)
해갸불	해바라기(向日花)	약	약(藥)	쟝	장(醬)
걀쿰하-	갸름하-	호야재	이빨 빠진 사람(豁牙子)	쟐기	자루(袋)
뱡우리	병아리(鷄雛)	야쟝 (야-)	대장장이(冶匠)	훈댱	훈장(訓長)
쟈랑	자랑(誇)	구냥	구멍(穴)	면댱	면장(面長)
쟉-	작-(少), 적-(小)	고냥이	고양이(猫)	텬댱	천장(天障)
-쟈	-자(청유종결어미)	말댱	말목(杖)	향뒤	상여
댱화	장화(長靴)	댱가	장가(丈家, 娶)	향댱	향장(鄕長)
댱수	장수(長壽)	따르/땨르-	짧-(短)	촌댱	촌장(村長)
댱손가락	가운뎃손가락(長指)	-(으)랴르	-도록(어미)	책댱	책장
댱사(꾼)	장사(꾼)(商業)	냥반	양반(兩班)	관턍-	괜찮-
댱마당	장터(場)	향기롭-	향기롭-(香)	-디 않(아니)-	-지 않(아니)-
향옥이	향옥이(香玉: 人名)	빠-	뾰족하-(尖)		

8-1. 카잔 자료의 변항 (ya) 관련 항목

방언형	의미	방언형	의미	방언형	의미
뱌우리	병아리(鷄雛)	관댱	관장(官長)	관대	관장(官長)
찬댱	노(船杖; 櫓)	눈멀대	눈 먼 사람(盲人)	이샹	손위(以上)
살댱	문살(혹은 울타리 만드는 데 쓰인 나무) 중 굵은 것	니빠대	이 빠진 사람(缺齒人)	뎐쟈	전당(典當)
댱개	장가(丈家; 娶)	말댱	말목(杖)	쟈개	재갈(馬銜)
댜르-	짧-(短)	쟐	자루(袋)	대쟝	대장(大將)
댱손이	장손(長孫: 人名)	셕매재	연자방아꾼(石磨-)	챠	차(車)
공댱	공론(公論)	부재	부자(富者)	챠	차(茶)
댱새	장사꾼(商人)	셩내, 싱냐	승냥이(豺)	구챠하-	구차하-(苟且)
댱즈	항상(常)	고내	고양이(猫)	야듭	여덟(八)
댱	장(場)	훈댱	훈장(訓長)	야든	여든(八十)
-(으)랴르	-도록(어미)	냥	냥(兩: 화폐단위)	야드 나무	여든나마(八十餘)
만약	만약(若)	불새~이 (불생키)	불쌍히(憐)	대쟝	대장장이(冶匠)
냥반	양반(兩班)	뒤새~	두상(頭狀)	샹년	작년(上年)
-냐	-냐(종결어미)	강재~물	빗물로 인해 생긴 웅덩이, 진흙탕 물	고향	고향(故鄕)
사냥	사냥(獵)	소곰재	잠자리(蜻蛉)	가쟝	매우(極)
-ㄴ 양	-ㄴ 양(樣)	고내	고양이(猫)	쟈빠디-	자빠지-(倒)
냥	양(兩)	양	양(羊)	대쟝간	대장간(冶場)

샤랑	사랑(舍廊,庫)	희내	과시, 뽐내기(誇)	쟉-	적-(少), 작-(小)
샥괘	모자(帽子)	화샹	화상(畵像)	샬	숄
샤바귀	목이 올라오고 뒤축이 좀 높은 가죽신	댱	장(張)	쟝제	담장(垣墙)
샹겁	상급(賞給)	우재	농담(弄談)	쟈랑	자랑(誇)
쟈빠디-	자빠지-(倒)	해개불	해바라기(向日花)	챠~아제	갈퀴, 쇠스랑(鐵杷)
-쟈	-자(청유종결어미)	빠~아 새	새의 일종(小鳥)	양-	양-(養)
술막쟝	주막(酒幕)	뺨	뺨(顋)	양국	양국(洋國)
짐쟉하-	짐작하-(斟酌)	댱부	장인(丈父)	챵	덫, 차꼬(着鋼)
쟝뜩	잔뜩(滿)	댱모	장모(丈母)	얄	열(十)
광쟈위	삽(鍬)	댬댬하-(-댬)	잠잠하-(潛潛), 어둡-(暗)	야라	여러(幾)
감쟉하-	깜짝하-(動)	냑빠르-	약-(聰明)	약	약(藥)
쟝물	국(醬-(湯))	불샹하-	불쌍하-(憐)	샬피	스카프
챳물	찻물(茶水)	냠푼	양푼(水盤)	양냄이	양남이(人名)
챠통	차통(茶罐)	냠냠하-(냠-)	얌전하-(窕)	양목	양목(養木)
싀샤리	저마(苧麻)	양식	양식(糧食)	냠냠하-(-냠)	얌전하-(窕)
약하-	약하-(弱)	훈댱	훈장(訓長)	뎌 아	저 아이(彼兒)
쟝님	장님(盲人)	고재	말뚝(橛子)	그리 아니-	그리 아니-
오양	외양간(牛舍)	말댱	말목(杙)	-디 아니-	-지 아니-
강내	뒤뜰(後庭), 집 뒤편의 공간	고댱	곳, 고장(處)	샹마	다 자란 수말(牡馬)
구냥	구멍(穴)	셩냥	돌담(石牆)		

찾아보기

소신애

· 전남 목포 출생
· 서강대학교 문학부 인문계 졸업(1999)
· 서강대학교 대학원 국어국문학과 문학석사(2002)
· 서강대학교 대학원 국어국문학과 문학박사(2006)
· 서강대 대우교수, 홍익대, 아주대, 숭실대 강사 역임
· 현 University of California at Los Angeles의 visiting scholar.

주요 논저

· 음변화의 진행 과정(2003)
· /ㅅ, ㅈ, ㅊ/의 음가와 구개모음화(2004)
· Phonological Variation in the North Hamkyeng Dialect(2006)
· 言語 變化 機制로서의 過度 矯正(2007) 등

國語學叢書 64

음운론적 변이와 변화의 상관성

초판 제1쇄 인쇄 2009년 4월 20일   초판 제1쇄 발행 2009년 4월 30일
지은이 소신애
펴낸이 지현구 **펴낸곳** 태학사 **등록** 제406-2006-00008호
주소 경기도 파주시 교하읍 문발리 파주출판도시 498-8
전화 마케팅부 (031) 955-7580~2 편집부 (031) 955-7584~90 **전송** (031) 955-0910
홈페이지 www.thaehaksa.com **전자우편** thaehak4@chol.com

ISBN 978-89-5966-301-9 94710

ISBN 978-89-7626-147-2 (세트)

國語學 叢書 目錄

① 李崇寧　　　　　（근간）
② 姜信沆　　　　　한국의 운서
③ 李基文　　　　　國語音韻史研究
④ 金完鎭　　　　　中世國語聲調의 研究
⑤ 鄭然粲　　　　　慶尙道方言聲調研究
⑥ 安秉禧　　　　　崔世珍研究
⑦ 남기심　　　　　국어완형보문법 연구
⑧ 宋　敏　　　　　前期近代國語 音韻論研究
⑨ Ramsey, S. R.　　Accent and Morphology in Korean Dialects
⑩ 蔡　琬　　　　　國語 語順의 研究
⑪ 이기갑　　　　　전라남도의 언어지리
⑫ 李珖鎬　　　　　國語 格助詞 '을/를'의 研究
⑬ 徐泰龍　　　　　國語活用語尾의 形態와 意味
⑭ 李南淳　　　　　國語의 不定格과 格標識 省略
⑮ 金興洙　　　　　현대국어 심리동사 구문 연구
⑯ 金光海　　　　　고유어와 한자어의 대응 현상
⑰ 李丞宰　　　　　高麗時代의 吏讀
⑱ 宋喆儀　　　　　國語의 派生語形成 研究
⑲ 白斗鉉　　　　　嶺南 文獻語의 音韻史 研究
⑳ 郭忠求　　　　　咸北 六鎭方言의 音韻論
㉑ 김창섭　　　　　국어의 단어형성과 단어구조 연구
㉒ 이지양　　　　　국어의 융합현상
㉓ 鄭在永　　　　　依存名詞 'ᄃᆞ'의 文法化
㉔ 韓東完　　　　　國語의 時制 研究
㉕ 鄭承喆　　　　　濟州道方言의 通時音韻論
㉖ 김주필　　　　　구개음화의 통시성과 역동성 (근간)
㉗ 최동주　　　　　국어 시상체계의 통시적 변화 (근간)
㉘ 신지연　　　　　국어 지시용언 연구
㉙ 權仁瀚　　　　　조선관역어의 음운론적 연구
㉚ 구본관　　　　　15세기 국어 파생법에 대한 연구
㉛ 이은경　　　　　국어의 연결어미 연구
㉜ 배주채　　　　　고흥방언 음운론

國語學 叢書 目錄